中国社会科学院
社会学研究所
40周年庆
Institute of Sociology
CASS 40th Anniversary

迈向人民的社会学
TOWARDS PEOPLE'S SOCIOLOGY

中国社会科学院社会学研究所四十年学术集萃

Collected Works of the Institute of Sociology CASS

中国社会科学院社会学研究所 / 编

社会科学文献出版社
SOCIAL SCIENCES ACADEMIC PRESS (CHINA)

前　言

　　1979 年 3 月，邓小平同志在中央理论工作务虚会议上郑重指出，"实现四个现代化是一项复杂繁重的任务，思想理论工作者当然不能限于讨论它的一些基本原则。……政治学、法学、社会学以及世界政治的研究，我们过去多年忽视了，现在也需要赶快补课。"1952 年社会学因为种种原因在中国被取消，到此时已经过去 27 个年头，终于，社会学重新获得在中国生存发展的机遇，这是改革开放后中国社会学的第一个春天。世界知名社会学家、中国社会学界德高望重的费孝通先生，扛起恢复重建中国社会学的重担，南北奔走，国内外穿梭，联系相关学者，思考恢复重建社会学的当务之急，提出了"五脏六腑"方略，其中之一就是组建改革开放后第一个社会学研究所。1980 年 1 月 18 日，中国社会科学院社会学研究所正式挂牌成立。从此，中国社会科学院社会学研究所的整体发展与中国改革开放发展同步，社会学研究所的科研工作见证了改革开放以来中国社会发生的快速转型和巨大变迁，社会学研究所的科研成果努力反映着中国改革开放发展稳定的伟大实践、伟大经验和精彩故事。

　　在这 40 年里，社会学研究所从建所之初仅有的两个研究组，发展到今日有了 11 个研究室，2 个期刊编辑部，2 个职能部门，成为中国社会学界学科门类比较齐全、人员规模最大的社会学科研教学机构，发挥着新型智库的重要作用，在国内外社会学界具有重要的影响力。在这 40 年里，在党和国家以及中国社会科学院的关心、指导和支持下，费孝通等老一辈社会学家披肝沥胆，社会学研究所全体职工共同努力，牢记初心，不忘使命，以富民强国为职志，以构建人民的社会学为方向，致力于深入研究中国社会改革开放发展稳定的重大理论和现实问题，形成了一系列重大学术议题，产出了大量具有学术和社会价值的科研成果，积累了丰富的社会调研资料。

四十载砥砺奋进，四十载春华秋实。建所以来，社会学研究所秉承第一任所长费孝通先生制定的"从实求知，美美与共"的所训，弘扬"高尚的学术信誉，深厚的学术修养，端正的学术作风，高雅的学术品质"的学术理念，开风气，育人才。几代学人在理论和实践的结合上孜孜探索，在学科建设、人才培养、组织建设、思想建设等方面均取得了长足的发展和进步，特别是在社会学理论、历史与方法研究，社会分层与流动研究，社会组织与群体研究，文化、家庭与性别研究，青少年问题研究，社会心理学研究，社会保障、社会福利和社会政策研究，城乡社会变迁研究，社会发展与社会问题研究，廉政建设与社会评价等领域取得了丰硕的成果。

值此 40 年所庆之际，我们从众多成果中选取了 1980 年至 2018 年期间，社会学研究所几十位学者发表在《中国社会科学》《社会学研究》《社会》《民族研究》等四大期刊上的 400 余篇学术文章，按成果发表年份编排，集成此套《迈向人民的社会学——中国社会科学院社会学研究所四十年学术集萃》（十卷本）。此套文集是对社会学研究所 40 岁生日的献礼，是对 40 年发展历程的回顾与总结，我们希冀以此促进学科发展和学术进步，为中国的社会现代化建设提供更多的学术思想和智慧。

当前，进入"不惑之年"的中国社会科学院社会学研究所，同整个中国社会学一样，站在了新的历史起点，开始新的征程，迈向人民的社会学是新时代中国社会学的使命与方向。展望未来，中国社会科学院社会学研究所将坚持"推动社会学研究中国化，实现社会学所建设国际化"的办所理念，继续秉承历史责任和学者使命，为实现把我国建设成为富强民主文明和谐的社会主义现代化国家，为努力构建中国特色社会学的学科体系、学术体系和话语体系，不懈努力，继续开拓创新，再创新的辉煌！

编者

2020 年 1 月

凡　例

一　文集以时间为序编排，同一时间发表的文章顺序不分先后。

二　文集以学术性论文为主，保留著名学者的专题性学术讲话稿，学者的考察报告、出访报告、书的序言、参访记录不再编入文集。

三　参考文献原则上遵照《社会学研究》的体例，早年论文中文献标注项目有缺失的，遵原文。经典著作无法确认版本的，引文遵原文。

四　原则上正文中的数据应与图表中的数据对应，图表中的数据疑似有误但不能确认者，遵原文。

五　专业术语、人名、地名等不统一之处，遵原文。

目录

2012 年

2010 年

近年来农民工的经济状况和社会态度[*]

李培林　李　炜

摘　要：改革开放 30 年来，农民工作为中国产业工人的组成部分，成为支撑中国经济持续快速增长的重要力量。基于 2006 年和 2008 年"中国社会状况综合调查"的数据，对近年来特别是国际金融危机背景下农民工的经济状况和社会态度进行分析，结果显示，2006 年数据反映出农民工在收入水平较低、劳动强度较高的情况下，却保持着较为积极的社会态度；近两年的新变化是，农民工的收入水平和社会保障水平都有了显著的提高，但在就业和生活压力加大的影响下，其社会安全感、公平感、满意度和未来预期却都有所降低。这种经济状况和社会态度变化不一致的情况，应当引起高度关注。研究认为，尽管中国已进入转变发展方式和产业结构升级的新阶段，但从比较优势看，中国未来 30 年要继续保持经济高速增长，农民工仍然是一个主要的推动力量。为此，应在战略选择和政策层面予以关注。

关键词：农民工　经济状况　社会态度　金融危机

改革开放 30 多年来，中国道路最显著的成就是快速发展。1978～2008 年中国国内生产总值（GDP）年均增长 9.8%。中国道路呈现的发展奇迹，是由各种因素促成的，包括在政治上采取了解放思想、实事求是、与时俱进的思想路线和保持宏观调控能力的政治领导，建立了富有强大经济动力和社会活力的社会主义市场经济体制，在社会方面实现了工业化和城市化的快速推进。当然，还包括实现了人口的低速度增长、劳动力的充分供给和社会抚养比的持续下降等。其中，一个非常重要的因素，就是调动起广大人民群众的积极性，特别是数以亿计的农民从农业转移到工业和服务业

---

　*　原文发表于《中国社会科学》2010 年第 1 期。

等非农产业领域，极大地提高了全社会的劳动生产率，使"中国制造"成为世界瞩目的改变世界经济格局的新现象。

然而，2008 年爆发的由美国次贷危机演变而成的全球性金融危机，对中国的经济景气产生了深刻影响，特别是对中国农民工的就业和工作状况产生了很大的冲击。改革开放以来，中国出现过三次较为严重的就业紧张局面，但每次主要涉及的就业人群不同。第一次是改革开放初期，由于1000 多万"上山下乡知识青年"集中返城，出现了非常严峻的城镇就业紧张形势；第二次是 1998～2003 年国有企业大规模改革期间，5 年中累计下岗 2818 万人；第三次就是这次在国际金融危机的影响下，数千万农民工的就业受到冲击。由于国际经济形势的恶化，海外市场对中国产品的需求锐减，据 2009 年 2 月 2 日中央农村工作领导小组办公室主任陈锡文在国务院新闻发布会上公布的数字，全国大约有 2000 万农民工因此次金融危机失去工作，占外出农民工总数的 15.3%。（陈锡文，2009）根据国家统计局农民工监测调查数据，在 2009 年春节前返乡的大约 7000 万农民工中，因企业关停、企业裁员、找不到工作、收入低等与国际金融危机影响有关的因素而返乡的农民工为 1200 万人，占返乡农民工的 17.1%，占全部外出农民工的 8.5%。（盛来运、王冉、阎芳，2009）另据人力资源和社会保障部副部长杨志明披露，2009 年春节返乡的 7000 万农民工中，有 80% 已经返城，但其中 1100 万人尚未找到工作；在面临失业压力之外，农民工的劳动状况也出现了一些逆转，如农民工工资拖欠问题出现反弹，流动性大的行业和小企业中农民工劳动合同签订率偏低，农民工社会保险参保率环比下降等（余昌淼、李红、孙宇，2009）。

农民工是中国产业工人的主要组成部分，也是支撑中国经济持续增长的重要力量。农民工的工作、生活状况和社会态度，与中国的经济增长、社会稳定和农民的生活改善都密切相连，这也是我们的调查所关注的主题。本调查报告使用的数据，来自中国社会科学院社会学研究所于 2006 年及2008 年开展的两次"中国社会状况综合调查"。[①] 此项全国抽样调查覆盖全国 28 个省（直辖市、自治区）的 130 个县（市、区）、260 个乡（镇、

---

① "中国社会状况综合调查"为中国社会科学院国情调查重大项目，是由中国社会科学院社会学研究所主持的一项大型社会研究调查。调查每两年进行一次，第一次调查的时间为2006 年 4～8 月，第二次调查的时间为 2008 年 5～9 月。

街道）、520 个村（居）委会，两次调查分别成功入户访问了 7069 位和 7139 位年龄在 18 岁至 69 岁的居民，调查误差小于 2%，符合统计推论的科学要求。① 我们利用其中农民工、城镇职工和农民群体的案例数据资料形成本研究报告。

一 农民工的工资收入和社会保障等经济状况

本研究所界定的农民工，是指具有农业户籍身份，从事二、三产业劳动的工资收入者，并未包括那些农业户籍的具有雇主、个体经营和自我雇用身份的二、三产业从业者。因此本文中农民工群体的规模会小于农业户籍的非农从业人员，而后者在一些论著中也被理解为宽泛意义上的农民工。采用这一界定主要是考虑到，虽然同是农业户籍的非农产业劳动者，但雇员与雇主或自我雇用者，在劳动方式、经济境遇和社会地位上存在着明显的差异。为了和农民工群体相比较，我们将城镇职工界定为具有非农户籍身份的从事二、三产业劳动的工资收入者；农民则是指目前正在从事农业生产劳动的农业户籍人口。

在 2006、2008 年两次调查的样本中，这三类人群的案例数以及主要的人口特征分布如下（见表 1）。

表 1 城镇职工、农民工与农民群体的样本构成

单位：人，%

		2006 年			2008 年		
		城镇职工	农民工	农民	城镇职工	农民工	农民
人数		1152	769	2703	981	820	2514

---

① "中国社会状况综合调查"的抽样方法是以 2000 年全国第 5 次人口普查的县（区、市）统计资料为基础进行抽样框设计，采用分层多阶段抽样方式。首先，采用城镇人口比例、居民年龄、受教育程度、产业比例 4 大类指标 7 个变量，对东、中、西部的 2797 个县（区、市）进行聚类分层，在划分好的 37 个层中，采用 PPS 方法抽取 130 个县（区、市），在抽中的每个县（区、市）中，采用 PPS 方法抽取 2 个乡（镇、街道）；在抽中的每个乡（镇、街道）中，采用 PPS 方法抽取 2 个村（居）委会，而后收集抽中村（居）委会中所有居民个人或家庭的名单资料，共覆盖 160 余万人、近 50 万户居民。然后，在此抽样框中，采取 PPS 方法抽样，最后抽中 7000 余户进行调查访问。

续表

		2006 年			2008 年		
		城镇职工	农民工	农民	城镇职工	农民工	农民
性别	男	60.1	66.7	48.5	62.5	57.7	48.3
	女	39.9	33.3	51.5	37.5	42.3	51.7
年龄分组	18~24 岁	9.6	14.6	4.2	9.5	37.7	7.5
	25~34 岁	38.5	37.1	18.7	25.9	26.3	13.4
	35~44 岁	29.2	29.4	29.7	34.4	21.5	28.8
	45~54 岁	17.9	14.7	26.2	23.2	10.8	24.7
	55 岁及以上	4.7	4.2	21.2	7.1	3.8	25.5
受教育程度	小学及以下	8.0	38.4	72.0	4.3	15.0	56.2
	初中	22.6	45.0	23.8	33.6	64.0	39.7
	高中（职高技校中专）	33.6	13.6	4.1	31.2	18.1	3.8
	大专及以上	35.7	3.0	0.1	30.9	2.9	0.0

调查结果显示，与 2006 年相比，2008 年农民工的工作条件和待遇得到了一定程度的改善，但和城镇职工相比，仍有较大差距。农民工最大的收益是工资收入的提升。与 2006 年相比，2008 年农民工的平均月工资从 921元涨到了 1270 元，提高了近 38%。在 2006 年，有近 80% 的农民工月工资在 1000 元以下，而在 2008 年月收入在千元以上的农民工占了 53.9%。农民工工资增加的速度快于城镇职工，因此农民工的工资收入和城镇职工的差距在缩小。尽管如此，农民工和城镇职工的收入差距还十分明显，他们的平均月工资只相当于城镇职工的 76.3%（见表 2）。

表 2　农民工与城镇职工的月收入比较

单位：%

月工资收入	2006 年		2008 年	
	农民工 N = 738	城镇职工 N = 1126	农民工 N = 813	城镇职工 N = 971
500 元及以下	27.1	17.1	8.8	8.0
501~1000 元	52.2	37.0	37.3	31.2
1001~1500 元	13.9	21.8	30.3	21.3
1501~2000 元	3.8	11.2	15.9	17.7

月工资收入	2006 年		2008 年	
	农民工 N = 738	城镇职工 N = 1126	农民工 N = 813	城镇职工 N = 971
2000 元以上	3.0	12.8	7.7	21.8
总计	100.00	100.00	100.00	100.00
平均月薪：元	921	1346	1270	1665
	$X^2 = 111.83$, $P < 0.001$		$X^2 = 77.01$, $P < 0.001$	

尽管农民工的工资收入与 2006 年相比有较大的提升，但其劳动强度仍然很高。从劳动时间上看，农民工的周平均工作时间 2008 年为 56.2 小时，2006 年为 56.6 小时，几乎相同。城镇职工的周平均工作时间 2008 年为 47.4 小时，2006 年为 47.9 小时，也基本没有变化。在平均收入远低于城镇职工的情况下，农民工周平均劳动时间高出城镇职工近 9 小时。在 2006 年和 2008 年，分别有约 81% 和 77% 的农民工每周实际劳动时间超过 40 小时，约 1/3 的农民工每周工作 60 小时以上（见表 3）。

表 3　农民工与城镇职工的周工作时间比较

单位：%

每周工作时间	2006 年		2008 年	
	农民工 N = 762	城镇职工 N = 1146	农民工 N = 807	城镇职工 N = 960
不足 20 小时	2.3	2.6	2.1	1.5
21 ~ 40 小时	16.3	44.2	20.6	45.0
41 ~ 60 小时	47.8	39.5	42.4	41.9
61 ~ 80 小时	25.9	10.3	23.3	7.9
80 小时以上	7.7	3.4	11.6	3.7
总计	100.00	100.00	100.00	100.00
平均每周工作时间（小时）	56.6	47.9	56.2	47.4
	$X^2 = 199.53$, $P < 0.001$		$X^2 = 185.3$, $P < 0.001$	

农民工和城镇职工更重要的工作待遇差异，是在社会保障方面。如在养老保险方面，有 9% 的农民工拥有基本养老保险，在城镇职工中为 59.9%；在医疗保险方面，农民工享有职工医疗险或居民医疗险的比例为

17.4%，而城镇职工的享有率为71.3%；农民工失业保险的覆盖率为8%，城镇职工为38.7%；在工伤保险方面，农民工与城镇职工的差距小一些，覆盖率分别为23.1%和33.5%。[①] 不过，有2/3的农民工参加了"新型农村合作医疗"（简称"新农合"）（见表4）。

表4　2008年农民工与城镇职工享有的社会保障待遇比较

社会保障	农民工（%）N=769	城镇职工（%）N=1152	X^2	P
基本养老保险	9.0	59.9	493.2	0.000
医疗保险	17.4	71.3	517.7	0.000
失业保险	8.0	38.7	222.3	0.000
工伤保险	23.1	33.5	34.2	0.000
生育保险	3.0	15.3	89.9	0.000
新农合	66.7	5.7 [*]	759.9	0.000

[*] 新型农村合作医疗的参保人群应该是拥有农业户口的居民。但在调查中我们发现，在快速推进城市化的过程中，有部分原户籍身份为农业，但已转变为非农户口的城镇居民，其原先参加的新型农村合作医疗仍然有效。因此出现了城镇职工中仍有极少部分人享有"新农合"的情况。

在劳动权益保障方面，农民工和城镇职工也有较大的差距。尽管《劳动合同法》于2008年1月1日开始施行，我们在半年后的调查中仍然发现，农民工的劳动合同签订率仅为44.3%，低于城市职工的61.3%签订率17个百分点。通过不同单位劳动合同签订率的比较，可以发现，在国有企业和三资企业中，劳动合同签订率较高，均在80%以上，其中农民工和城镇职工的签订率并没有太大的差异；国有或集体事业单位的劳动合同签订率居中，为77.4%，但在此类单位就业的农民工的劳动合同签订率远远低于城镇职工，其比例仅为后者的70%；集体企业和私营企业的劳动合同签订率较低，分别为57%和44%，其中集体企业中的农民工劳动合同签订率

① 据人力资源和社会保障部公布的2008年全国社会保险情况，当年全国参加基本养老保险、医疗保险、失业保险、工伤保险的农民工分别为2416万人、4266万人、1549万人和4942万人。根据人力资源和社会保障部及国家统计局对农民工就业状况的调查，2008年底农民工就业人数为2.25亿。以此推算，2008年农民工基本养老保险、医疗保险、失业保险、工伤保险的覆盖率分别为10.74%、18.96%、6.88%和21.96%，和表4中我们调查所得数据极为接近。参见中国政府网，2009年6月11日，http://www.gov.cn/jrzg/2009-06/11/content_1337841.htm，最后访问日期：2009年10月21日。

和城镇职工的差距最大（35.5%：74%）；个体工商经营机构的劳动合同签订率非常低，平均为9.5%，其中农民工的签订率仅为城镇职工的43%。由此可见，依靠《劳动合同法》维护劳动者的权益，不仅要普遍提高劳动合同签订率，还要特别关注提高农民工的劳动合同签订率。

在2006年"中国社会状况综合调查"的第一次调查中，我们就发现，农民工与城镇职工的收入差距并非来自户籍身份的歧视，而是两个群体在人力资本（受教育水平和劳动技术水平）上存在差异的影响。（李培林、李炜，2007）2008年调查数据的分析结果依然相同。从受教育情况看，农民工中依然有79%的人仅具有初中及以下的受教育水平，高中、中专学历者占18.1%，大专及以上学历者微乎其微，仅有2.9%；而在城镇职工中，约70%具有高中以上的受教育水平，有35%具有大专及以上学历。从所从事工作的技术水平来看，农民工中从事体力和半体力劳动的比例高达61.4%，而城镇职工中有58.3%的人从事需要专业技能的工作，比农民工高出20.5个百分点（见表5）。

表5　2008年农民工与城镇职工的工作技能比较

单位：%

工作技能	农民工　N = 819	城镇职工　N = 981
需要很高专业技能的工作	2.70	6.60
需要较高专业技能的工作	6.50	22.10
需要一些专业技能的工作	28.60	29.60
半技术半体力工作	34.90	24.20
体力劳动工作	26.50	15.90
其他	0.90	1.60
总计	100.00	100.00

$$X^2 = 131.1, \ P < 0.001$$

我们采用多元回归分析进一步考察农民工和城镇职工收入差距的主要原因。表6多元线性回归中的因变量是农民工和城镇职工的月收入，由于收入的分布是右偏态的，因此采用取对数的方式进行了转换，即为半对数模型（semi-log model）。自变量涵盖了4个大类：（1）农民工身份，是农民工为1、城镇职工为0的虚拟变量；（2）人力资本，包括一组劳动技能等级的虚拟变量、受教育年限、年龄及年龄平方（年龄与收入的关系往往是二次曲线形态）、性别（男性为 1、女性为 0 的虚拟变量）；（3）工作状况，包括每周工作时间和有无管理职位（有管理职位为 1、无管理职位为 0）；（4）就业地点，包括一组就业场所的虚拟变量（大中城市、小城镇、农村，以农村为参照组）和一组就业区域的虚拟变量（东、中、西部，以西部为参照组）。表 6 的多元回归分析结果表明，在人力资本、工作状况、就业地点相同的条件下（这些因素得到控制），农民工身份对应的回归系数未达到统计显著性，说明农民工与城镇职工的收入差异并非受身份差异的影响，更主要的还是受人力资本因素的影响（见表 6）。

表 6　各类因素对农民工和城镇职工工资收入对数的多元回归分析（2008 年）

变量类型	自变量	非标准回归系数	标准误	标准回归系数
	常数	5.504 ***	0.157	
身份	农民工（参照组：城镇职工）	− 0.038	0.038	− 0.030
人力资本	劳动技能（参照组：体力工作）			
	高级专业技能工作	0.697 ***	0.066	0.242
	较高专业技能工作	0.483 ***	0.048	0.273
	一些专业技能工作	0.291 ***	0.038	0.214
	半技术半体力工作	0.203 ***	0.036	0.149
	受教育年限	0.032 ***	0.006	0.148
	年龄	0.028 ***	0.007	0.515
	年龄平方	0.000 ***	0.000	− 0.582
	男性（参照组：女性）	0.200 ***	0.026	0.157
工作状况	周工作时长	0.004 ***	0.001	0.108
	管理职位（参照组：无管理职位）	0.194 ***	0.034	0.123
就业地点	就业场所（参照组：农村）			
	大中城市	0.139 ***	0.040	0.110
	小城镇	− 0.115 ***	0.039	− 0.080
	就业区域（参照组：西部）			
	东部	0.375 ***	0.036	0.299
	中部	0.038	0.039	0.028
	N = 1708			
	$R^2 = 0.342$			

*** $P < 0.001$。

由于这一回归方程中含有部分虚拟变量，各自变量的标准化回归系数无从比较，因此要想得知各自变量对因变量收入的解释力大小，可以采用各自变量的净决定系数①相互比较的方法。从表7的自变量的净解释权重②一项中可以看出，在回归方程给定的4大类9组变量中，东、中、西部的区域差异对收入的净解释力权重最大，占21.65%；其次为劳动技能，占17.46%；受教育年限、年龄、性别、工作时长、管理职位、就业场所等自变量的解释力权重分别为3.69%、3.34%、6.87%、5.06%、3.38%和6.82%，而是否农民工身份对收入的净解释力权重仅有0.11%。由此可以看出，能从事专业技能工作、就业于东部地区和大中城市市区、有管理职位、男性、受教育年数较多的农民工和城镇工人，都会得到较高的工资；当引入人力资本、工作状况、就业地点等因素来考察农民工和城镇职工的收入差异时，农民工身份因素对收入几乎没有什么影响（见表7）。

表7　各类因素对农民工和城镇职工工资收入影响力的分析

模型	自变量	模型 R^2	自变量的净 R^2	自变量的净解释权重（%）
全模型	包含所有自变量	0.3423	—	—
模型1	不包含农民工身份	0.3419	0.0004	0.11
模型2	不包含劳动技能	0.2825	0.0598	17.46
模型3	不包含受教育年限	0.3296	0.0126	3.69
模型4	不包含年龄及年龄平方	0.3308	0.0114	3.34
模型5	不包含性别	0.3187	0.0235	6.87
模型6	不包含周工作时长	0.3249	0.0173	5.06
模型7	不包含管理职位	0.3307	0.0116	3.38
模型8	不包含就业场所	0.3189	0.0233	6.82
模型9	不包含就业区域	0.2682	0.0741	21.65

① 自变量的净 R^2 是某自变量对因变量收入的净决定系数。其算法是用含有所有自变量的回归方程（全模型）的 R^2，减去不含某变量的回归方程（嵌套模型）的 R^2。这两个模型之间 R^2 的差值，可以理解为在其他解释变量都纳入的条件下，排除某一自变量，所导致的对因变量解释力的边际递减，因此可以看作该自变量的净解释力。

② 表7中的"自变量的净解释权重"是某自变量对因变量收入的净决定系数（net R^2）占回归方程中所有自变量的决定系数（R^2）的比重。在表7中，4大类9组变量对收入因变量的总解释力 R^2 = 0.3423，而9组自变量各自的净解释力合计为0.234，占总解释力 R^2（0.3423）的68.4%。R^2 中其余的31.6%的解释当归于自变量之间交织重复的关系。

综上所述，农民工的工资水平近两年有了显著提高，与城镇职工的工资水平的相对差距有所缩小，而且这种差距主要是区域差异以及劳动者的受教育水平和劳动技能等人力资本因素影响的结果，而不是户籍等身份因素影响的结果；与此同时，农民工的社会保障状况，虽然近两年有了显著改善，但与城镇职工相比还有很大差距，这种差异则与户籍制度有着密切的联系。这些情况及其变化说明，劳动力市场分割的情况有所改进，但依然存在；建立统一的劳动力和人力资源市场必须深化体制改革，而改善农民工的经济状况，则需要加大农民工的人力资本投入。

二 农民工社会态度的变化

在金融危机的背景下，农民工群体生活压力感的方向有所变化，在社会安全感、社会公平感、对政府的满意度等方面有所降低，对社会群体利益冲突的感知出现上升趋势。

金融危机首先影响了农民工群体对于生活压力的感知。在调查中我们列举了公众经常遭遇的 10 个方面的生活困扰，2008 年农民工遭受这些生活困扰的平均比例为 29.3%。虽然和 2006 年相比变化不大，但明显可以看出，农民工群体在教育（"子女教育费用高，难以承受"）和医疗（"医疗支出大，难以承受"）方面的生活压力大幅下降了十余个百分点，而在就业方面（"家人下岗失业或无稳定收入"）的压力感上升了 12.2 个百分点。同样，农民群体 2006 年和 2008 年的生活压力感知也出现了类似的趋势。这一方面说明近年来政府推行的新型农村合作医疗、农村免费义务教育等一系列惠农措施，使农民的生活和社会保障有了明显的改善；另一方面也说明在金融危机的影响下，农民工感觉到了就业形势的严峻（见表 8）。

表 8　农民工、城镇职工和农民群体生活压力感知的比较

单位：%

生活压力	2006 年			2008 年		
	城镇职工	农民工	农民	城镇职工	农民工	农民
住房条件差，建/买不起房	44.2	45.4	48.0	52.8	42.2	48.6
子女教育费用高，难以承受	34.2	35.1	34.6	30.9	22.3	26.1

生活压力	2006 年			2008 年		
	城镇职工	农民工	农民	城镇职工	农民工	农民
医疗支出大，难以承受	33.8	39.4	50.9	33.1	26.7	40.4
赡养老人负担过重	21.3	25.5	24.0	18.8	20.4	20.0
家庭收入低，日常生活困难	34.3	51.6	60.8	40.3	49.2	56.4
家人下岗失业或无稳定收入	32.2	28.0	21.5	36.2	40.2	34.5
人情支出大，难以承受	25.3	30.0	43.9	28.8	23.6	41.8
家庭成员有矛盾，烦心得很	6.3	9.3	12.2	7.2	12.5	11.4
社会风气不好，担心被欺骗和家人学坏	29.4	22.6	19.0	31.9	28.5	22.7
社会治安不好，常常担惊受怕	32.2	26.7	18.9	30.8	27.8	22.2
平均	29.3	31.4	33.4	31.1	29.3	32.4

通过比较农民工、城镇职工和农民三个群体在两次调查中对近年来生活水平变化认可的比例，也可以发现，在金融危机的背景下，农民工的生活状况受到了影响。2006 年和 2008 年两次调查中都询问了"和 5 年前相比您的生活水平发生了什么变化"的题目，在 2006 年城镇职工、农民工和农民群体中分别有 61.2%、69.5% 和 72.3% 的人认为自己的生活水平有所改善（选择生活水平"有很大提升"和"有较大提升"的比例之和）。由此可以看出，这三个群体对生活状况改善的认可度以农民群体最高，其次为农民工，最后为城镇职工。而在 2008 年的调查中，城镇职工中认可生活水平改善的比例上升了 4 个百分点（自 61.2% 升至 65.2%），农民群体相应的比例上升了近 9 个百分点（自 69.5% 升至 78.4%），而农民工群体只上升了不到 1 个百分点（72.3% 至 73.1%）。

在社会安全感方面，与 2006 年相比，2008 年农民工对社会安全的总体感知的平均值有轻微下降，由 73.7% 降到 71%。从安全感的 7 个方面看，农民工对劳动安全的感知下降最为突出，比 2006 年低了 6.3 个百分点（从75.6% 降至 69.3%）（见表 9）。这似乎也反映出在金融危机的背景下，农民工的劳动条件和劳动关系也出现了一定程度的恶化。

与 2006 年相同的是，2008 年城镇职工、农民工、农民三个群体的社会安全感仍然呈现依次由低到高的倾向，其平均值分别为 69.5%、71.0% 和

78.8%，说明农民工群体的社会安全感相对低于农民而高于城镇职工。但同时也可以看出，2008年城镇职工和农民群体的社会安全感都较2006年有所上升，而农民工群体的安全感不升反降，在结果上更靠近低端的城镇职工，而和安全感最高的农民群体拉开了距离。这也体现了农民工群体社会安全感的相对减弱。

表9　农民工、城镇职工和农民的社会安全感比较

单位：%

安全感	2006 年			2008 年		
	城镇职工	农民工	农民	城镇职工	农民工	农民
财产安全	76.1	81.0	77.8	77.0	79.0	82.2
人身安全	74.8	84.4	84.2	80.7	79.6	85.6
交通安全	59.9	62.8	67.4	58.7	60.9	67.7
医疗安全	57.0	65.8	66.4	66.6	66.5	77.8
食品安全	44.5	62.7	68.8	59.2	63.1	72.7
劳动安全	75.8	75.6	81.7	76.6	69.3	82.3
个人信息隐私安全	75.3	83.4	78.6	67.7	78.3	83.5
平均	66.2	73.7	75.0	69.5	71.0	78.8

与2006年相比，2008年农民工的总体社会公平感也有所下降，自61.8%降至58.7%。下降最明显的方面为"财富及收入分配"，自42.2%明显下降到27.4%；"工作与就业机会"也下降了近6个百分点。这些方面的公平感减弱，可能与金融危机带来的失业风险加大、收入紧缩有关。但在"提拔干部""公共医疗""义务教育""城乡之间的待遇""养老等社会保障待遇"等5个方面又有明显的提升（见表10）。这些变化反映出农民工群体对近年来农村社会保障成效的认可。

表10　农民工、城镇职工和农民的社会公平感的比较

单位：%

社会公平感	2006 年			2008 年		
	城镇职工	农民工	农民	城镇职工	农民工	农民
财富及收入分配	31.5	42.2	44.9	21.5	27.4	35.2
工作与就业机会	39.5	51.4	50.8	36.8	45.6	45.9

社会公平感	2006 年			2008 年		
	城镇职工	农民工	农民	城镇职工	农民工	农民
高考制度	75.9	73.8	68.6	81	71.6	71.4
提拔干部	30.1	33.0	39.5	42.9	47.3	54.8
公共医疗	49.7	52.5	52.1	63.8	60.8	71.8
义务教育	75.8	76.8	77.4	84	87.6	86.9
实际享有的政治权利	61.9	66.5	61.2	64.2	61.8	67.3
司法与执法	57.3	54.6	53.3	51.9	50.7	56.6
不同地区、行业之间的待遇	28.3	36.8	37.4	33.2	35.3	40.4
城乡之间的待遇	27.9	28.7	28.6	41	37.9	38.6
养老等社会保障待遇	45.2	37.9	33.5	61.2	50.5	47.3
总体上的社会公平感	55.9	61.8	67.2	67.4	58.7	74.3

与 2006 年不同的另一点是，2008 年农民工总体的社会公平感明显低于城镇职工和农民群体。2006 年城镇职工、农民工、农民三个群体的总体社会公平感分别为 55.9%、61.8% 和 67.2%，农民工比城镇职工高出近 6 个百分点，并且农民工在 8 个领域中的社会公平感都明显高于城镇职工。但 2008 年上述三个群体的总体公平感比例分别为 67.4%、58.7% 和 74.3%，在城镇职工和农民群体总体社会公平感上升的对比下，农民工反而成了公平感最低的群体，而且仅有 5 个领域的社会公平感高于城镇职工。

在对地方政府工作的满意度（很满意＋比较满意）方面，与 2006 年相比，2008 年农民工的满意度在不同方面有升有降（见图 1）。① 上升最明显的两项是"医疗卫生服务"和"社会保障救助"，分别从 2006 年的 59.3% 和 48.3%，上升到 70.1% 和 59.4%，均提升了 10 个百分点以上。而下降最明显的两项是"发展经济"和"环境保护"，分别从 2006 年的 71.8% 和 57.5% 降至 61.5% 和 46.5%。这也进一步印证了农民工对政府推进社会保障的成效的赞许，以及对金融危机条件下经济不景气状况的忧虑。

---

① 在 2008 年的调查中，关于对当地政府满意度的题目有部分调整，措辞也不一致，因此难以和 2006 年调查数据完全对应。为了便于比较，图 1 中所列题目选择的是两个年度政府满意度测量中内容相同但措辞不完全相同的 7 个题目，在措辞上统一采用 2006 年问卷的表述方式。

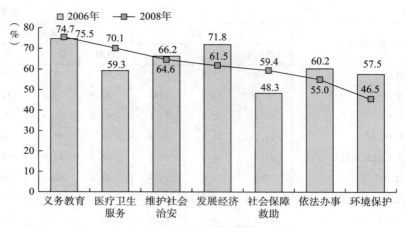

图1 农民工群体对地方政府满意度的年度比较

在2006年的调查中，农民工对地方政府的满意度也明显高于城镇职工（63.4%：60.5%）。但在2008年的调查中，这一趋势有所改变。农民工的平均满意度非常接近且略低于城镇职工，而和农民群体的差距较大，低于后者4.3个百分点（见表11）。在社会保障、基础教育、保护环境、维护社会治安等方面，农民工的满意度都明显低于城镇职工和农民群体。

表11 2008年农民工、城镇职工和农民对当地政府满意度的比较

单位：%

政府满意度	城镇职工	农民工	农民
提供好的医疗卫生服务	67.9	70.1	77.9
为群众提供普遍的社会保障	65.5	59.4	64.6
提供优质的基础教育	80.7	75.5	80.2
保护环境，治理污染	53.3	46.5	63.6
打击犯罪，维护社会治安	69.6	64.6	74.3
廉洁奉公，惩治腐败	45.8	48.1	51.5
依法办事，执法公平	53.6	55.0	60.7
发展经济，增加人们的收入	57.8	61.5	64.3
为中低收入者提供廉租房和经济适用房	47.8	46.1	40.0
扩大就业，增加就业机会	56.9	58.7	53.1
政府信息公开，提高政府工作的透明度	59.2	57.0	59.8
平均	59.8	58.4	62.7

伴随着社会安全感、公平感和满意度的下降，农民工对社会群体间利益冲突的感知也有所上升。对于调查中询问的"您认为我国是否存在社会群体之间的利益冲突"这一问题，2006年城镇职工、农民工和农民三个群体回答"有严重冲突"和"有较大冲突"的比例分别为37.4%、18.6%和15.6%；在2008年的调查中，三个群体对这一问题持相同答案的比例分别为30.1%、21.6%和13.7%。由此可见，城镇职工和农民群体认为我国社会群体之间有严重或较大利益冲突的比例都在下降，而农民工群体的相应回答却在上升。

同样，三个群体对社会群体间的利益冲突未来激化可能性的判断，也呈现类似的趋势。在2006年的调查中，认为社会群体利益冲突"绝对会激化"和"可能会激化"的比例，城镇职工为54.4%，农民工为38.8%，农民为31.5%。而在2008年的调查中，三个群体相应的比例为47.3%、48%和27.3%。其趋势也是农民工群体对社会群体冲突激化可能性的判断上升了，而其他两个群体相应的比例下降了。

进一步综合相关分析，可以发现，农民工群体对生活压力的感知、对生活水平提升的感知、社会安全感、社会公平感、对政府工作的满意度、对社会群体利益冲突的感知等一系列社会态度，都存在着一定程度的相互关联。从表12社会态度各层面之间的Pearson相关分析可以看出，农民工面临的生活压力越高，对生活水平的提升程度的感知就越低（相关系数为 -0.222），

表12 2008年农民工的生活压力与社会态度各层面的相关分析①（相关系数 R）

	生活水平提升的感知	社会安全感	社会公平感	对政府工作满意度	社会群体利益冲突感知
生活压力感知	-.0222**	-0.309**	-0.415**	-0.260**	0.198**
生活水平提升的感知		0.085*	0.244**	0.306**	-0.161**
社会安全感			0.559**	0.520**	-0.166**

① 调查中，生活压力感知由13项有关日常生活中的困扰的测量题目组成，取值范围0～14；社会安全感由7项有关社会各领域的安全度评分题目合成，取值范围7～28；社会公平感由涉及13个社会生活层面公平程度的评分合成，取值范围13～52；对政府工作满意度由11项有关政府工作的评分题目合成，取值范围11～44；社会群体利益冲突感知是一个4级分值的测量题目。上述题目的分值越低，表示某方面的程度越低（弱），分值越高，表示某方面的程度越高（强）。

续表

	生活水平提升的感知	社会安全感	社会公平感	对政府工作满意度	社会群体利益冲突感知
社会公平感				0.678 **	- 0.202 **
对政府工作满意度					- 0.270 **

** $P < 0.01$, * $P < 0.05$。

其社会安全感、社会公平感和对政府工作的满意度也就越低（相关系数分别为 - 0.309、 - 0.415、 - 0.260），对社会群体间利益冲突的感知也就越强（相关系数为 0.198）。同样，社会安全感、公平感和满意度之间也存在着中等强度的正相关，它们和社会群体利益冲突的感知也存在着一定程度的负相关。农民工生活压力和社会态度之间的相关，预示着：金融危机背景下农民工面临的生活压力，不但会导致对生活水平提升的感知的负面影响，还会将这种消极的感受逐渐扩展到社会层面。

三　农民工社会态度影响因素的分析

在 2006 年对农民工群体的研究中我们发现，农民工尽管在经济地位和社会境遇上处于弱势地位，但他们却是一个在社会态度上甚为积极的群体。可能的解释包括以下几个方面：首先，与农民工对自身境遇的归因有关。虽然农民工的经济状况和社会待遇低下，但他们倾向于认为这是自身的素质与能力所致，而非社会性因素造成的。其次，和农民工的生活期望与权利意识有关。农民工由于受教育水平较低，生活需求和社会期望也低，因而更容易满足于得到的收益，他们的社会安全感、公平感、满意度、信任感等社会评价也就更加积极。最后，与农民工的比较参照体系有关。农民工更容易与家乡的农民相比较，与自己过去的生活相比较。换句话说，农民工的利益曲线是向上走的，更容易产生比较积极的社会态度。（李培林、李炜，2007）

但在金融危机导致的经济不景气的背景下，农民工的生活压力增加，社会态度已经产生了一定的负面变化，这就有必要进一步分析和探究那些影响其社会态度的相关因素，以便寻求有助于缓解农民工群体所面临困境的对策。

利用 2008 年的调查数据，我们把影响农民工社会态度的因素分为如下几类：（1）个人因素，包括性别、年龄、受教育年限等变量；（2）经济因素，以工资收入作为指标；（3）社会保障因素，包括是否拥有养老、医疗（含"新农合"）、失业、工伤等社会保障；（4）生活水平变化因素，即对近年来个人生活水平提升与否的感受；（5）社会比较因素，即对本人在当地的社会经济地位等级的认定。以上述因素为自变量，以对上述生活压力的感知、社会安全感、社会公平感、对政府的满意度等社会态度为因变量，我们采用多元线性回归的方法来检验上述因素的影响力（见表13）。

回归分析一共列出了4个模型。模型1是各自变量对生活压力感知的回归方程。从模型1可以看出，年龄、月工资、生活水平提升程度和个人的社会经济地位等级认同对生活压力感知有明显的影响：年龄越大，生活压力感越强（b = 0.043）；工资收入的提高，可以降低生活压力感（b = -0.034）；个人社会经济地位等级的主观认同越高，即和他人的社会比较中认为自己的地位越高，对生活压力的感知也就越低（b = -1.224）；如果个人近年来的生活水平比以前有所改善，也会使生活压力感降低（b = -0.443）。但是社会保障类的因素，对生活压力的影响并不明显。

模型2是各自变量对社会安全感的回归方程，模型1中的因变量生活压力感知在此模型中又作为解释变量之一纳入。从模型2可以看出，生活压力感知是社会安全感最主要的影响因素，其每增强1分，安全感相应削弱0.301分。其次是社会经济地位的自我认同，地位等级认同越高，社会安全感越强。社会保障对安全感有明显的提升作用，在其他条件相等的情况下，拥有医疗险和工伤险的农民工比没有此两种保险的人，安全感分别提高1.657分和0.821分。特别值得注意的是，参加新型农村合作医疗对社会安全感也有明显的提升（b = 0.969）。在个人变量中，男性的社会安全感高于女性；受教育程度对安全感有负面的影响，受教育年限每增加1年，社会安全感减弱0.168分（b = -0.168）。

模型3是各自变量对社会公平感的回归方程。与模型2类似，生活压力感知对社会公平感有负面的影响（b = -0.641），社会经济地位的主观认同对公平感有提升作用（b = 1.047）。在社会保障因素中，医疗险和"新农合"的享有会增强公平感（回归系数分别为2.227和1.325）。个人变量中受教育程度对公平感有明显的减弱作用，受教育年限每增加1年，公平感得分下降0.464分。

表 13 2008 年农民工社会态度影响因素的多元回归分析

自变量		模型 1 因变量：生活压力感知		模型 2 因变量：社会安全感		模型 3 因变量：社会公平感		模型 4 因变量：对政府满意度	
		回归系数	标准化回归系数	回归系数	标准化回归系数	回归系数	标准化回归系数	回归系数	标准化回归系数
个人因素	常数	8.007***		20.502***		29.702***		23.438***	
	年龄	.043***	.161	.016	.054	.013	.026	.080***	.136
	男性（参照组：女性）	-.298	-.050	.552**	.081	.223	.019	-1.044*	-.078
	受教育年限	.008	.006	-.168***	-.109	-.464***	-.181	-.397***	-.134
经济因素	月工资收入	-.034**	-.083	-.029	-.061	.020	.023	-.047	-.053
	养老险	-.176	-.022	-.178	-.020	.652	.043	.623	.036
社会保障因素	医疗险	-.408	-.052	1.657***	.189	2.227***	.151	2.306**	.141
	失业险	.878*	.082	-.726	-.059	.645	.031	-.906	-.042
	工伤险	-.196	-.028	.821*	.104	-.035	-.003	.870	.058
	新农合	-.188	-.030	.969***	.136	1.325***	.109	1.400*	.103
生活水平提升		-.443***	-.135	-.050	-.013	.890	.137	2.058***	.282
社会经济地位等级		-1.224***	-.351	.476***	.121	1.047***	.155	.463	.061
生活压力感知		—		-.301***	-.271	-.641***	-.334	-.496***	-.216
N		766		686		521		526	
调整 R^2		0.201		0.187		0.276		0.226	

*** $P<0.001$，** $P<0.01$，* $P<0.05$。

模型 4 是各自变量对政府满意度的回归方程。生活压力感知依然对满意度有负向作用（b = -0.496）。而生活水平的持续改善则对满意度有正向作用（b = 2.058）。社会保障中医疗险和"新农合"的享有也对满意度有明显的提升作用（回归系数分别为 2.306 和 1.400）。个人变量中受教育程度对满意度起到了减弱的作用（b = -0.397），男性对政府的满意度低于女性，年长者的满意度则高于年轻人（b = 0.080）。

综合上述模型，可以归纳出影响农民工社会态度的因素特点。

1. 生活压力感知在社会安全感、社会公平感和对政府满意度的 3 个模型中，都有显著的负面影响，这说明对农民工而言，生活压力加大是降低其以往积极社会态度的主要因素。而生活压力的缓解在客观上有赖于个人收入和生活状况的改善，在主观上受自我社会经济地位比较的影响。

2. 社会保障性因素在促使农民工社会态度的积极化方面有明显的作用。在上述社会安全感、社会公平感和对政府满意度的 3 个模型中，享有社会保障，特别是享有医疗保险和新型农村合作医疗，都会增强农民工的社会安全感、社会公平感和对政府的满意度。

3. 影响农民工社会态度的个人因素中，教育的作用是最突出的。教育是最重要的人力资本，但它也开阔了人们的眼界，提高了心理预期。因此受教育程度的提高，反而会降低农民工的社会安全感、社会公平感和对政府的满意度。

四　讨论与政策启示

改革开放 30 多年来中国经济持续高速增长，数以亿计的农民工做出了巨大贡献。中国在未来的 30 年要继续保持经济高速增长的态势，农民工仍然是一个主要的推动力量。根据本调查报告的研究和分析，在战略选择和政策层面有以下几点值得关注。

第一，随着中国进入工业化中期，产业结构将不断升级，技术进步对经济增长的贡献将更为显著，对劳动力技术素质的要求也会快速提高，农民工在未来必须适应这一新的要求。另外，随着中国城市化的发展、人口老龄化的影响和劳动力供给的变化，中国劳动力低成本时代会逐渐结束，中国未来的经济增长也必须实现从"中国制造"向"中国品牌"的转变，中国劳动力的比较优势也会更加体现在劳动力素质上。从调查分析中可以看到，农民工的受教育水平和技术素质相对于城镇职工来说，仍然普遍偏低，而且这也对农民工的收入水平产生了决定性的影响。目前，绝大多数农民工还只有初中教育水平，因此，要通过制定和实施大规模的职业教育和职业培训计划，提高农民工的知识水平和劳动技能。这是一项从经济社会发展全局考虑的战略选择，要通过大规模的劳动力素质的提高，来促进全社会劳动生产率的极大提高，从而继续保持在国际竞争中的比较优势，以满足中国产业结构和世界经济格局进入新阶段的要求。

第二，随着国际市场竞争的加剧和国际贸易保护主义的抬头，中国经济增长过度依赖出口和外需的状况将难以为继，必须转变发展方式，更多地依靠国内消费的支撑。根据对调查数据的分析，农民工的收入水平和社会保障水平，相对于城镇职工来说还是较低的，但从 2006 年到 2008 年两次调查数据的对比来看，农民工在收入水平和社会保障水平方面的增长弹性很大，要在工业化和城市化的过程中，把农民工当作统筹城乡发展的关键性因素，通过改善农民工的收入水平和生活方式，使农民工成为迅速增长的消费力量，进而带动农村消费的增长。

第三，随着农民工大规模地从农业转移到工业和服务业、从农村进入到城市，农民工经历了工业化和城市化的洗礼，生活世界和社会态度都发生了深刻变化，这也使整个社会结构发生了巨变，整个社会管理体制需要为这种巨变做出调整，农民工自身也要为适应这种巨变做出调适。根据对调查数据的分析，农民工相比较而言，具有更加积极进取的社会态度，这主要是由农民工收益比较曲线持续上升的历史逻辑决定的；国际金融危机和经济不景气的影响及其产生的生活压力，对农民工在社会安全感、社会公平感和对政府满意度等方面的社会态度产生了负面影响，而生活压力更主要地来自就业的威胁而不是收入水平。因此，必须把农民工的就业保障问题放在首要位置上加以重视和解决。

第四，中国统筹城乡发展战略的实施和推进覆盖城乡的社会保障体系的建设，将会逐步稳定和改变劳动者和城乡家庭居民的消费预期，扩大即期消费。但是，对于农民工来说，不同的社会保障项目，在满足需求和保持积极进取的社会态度方面，效果是不同的。调查分析发现，在各类社会保障中，城镇职工医疗保险和新型农村合作医疗，对改善农民工生活状况和社会态度效果最为明显。这可能是因为养老保险的功用在于保障劳动者退休之后的生活，这对于吃"青春饭"的农民工，从长远来看意义重大，但对于目前正值青壮年的农民工而言，他们会感到并非当务之急。此外，农民工普遍采取灵活就业方式，这使得他们的工作变换甚为频繁，失业保险的保障功能往往难以完全体现，而工伤保险则多适合于处于特殊风险岗位的劳动者。从调查情况来看，目前医疗保险对提高农民工社会保障待遇效果最为明显，新型农村合作医疗对农民工的积极作用则体现了流动的农民工在城乡社会保障体系间的"两栖"状态。因此，在推进覆盖城乡的社会保障体系建设过程中，在积极完善各项社会保障制度的同时，要把完善农民工的医疗保障作为提高农民工社会保障水平的突破口。

在过去的 30 年，农民工的工作、生活状况和社会态度是影响中国经济社会发展全局的重要因素，在中国未来 30 年的发展中，他们的工作、生活状况和社会态度依然是影响改革发展、稳定全局的重要因素。

参考文献

陈锡文，2009，《无工作返乡的农民工约两千万 政府积极应对》，2 月 2 日，http://news. xinhuanet. com/politics/2009 - 02/02/content_10750425. htm，最后访问日期：2009 年 10 月 21 日。

李培林、李炜，2007，《农民工在中国转型中的经济地位与社会态度》，《社会学研究》第 3 期。

盛来运、王冉、阎芳，2009，《国际金融危机对农民工流动就业的影响》，《中国信息报》7 月 8 日，第 1 版。

余昌森、李红、孙宇，2009，《国际金融危机下的中国农民工问题及对策——访国务院农民工工作联席会议办公室主任、人力资源和社会保障部副部长杨志明》，《中国党政干部论坛》第 5 期。

中国劳动力市场人力资本对社会
经济地位的影响[*]

李培林　田　丰

摘　要：本文试图解释为什么在中国教育收益率不断提高的情况下，收入差距出现不断扩大的趋势。根据中国社会科学院社会学研究所在 2008 年进行的"中国社会状况综合调查"的数据，本文分析了以受教育年限、技术水平和工作经验为表征的人力资本因素对劳动力市场上人们的社会经济地位的影响，这种社会经济地位是以收入水平和社会保障状况来界定的。根据对调查数据的分析，本文发现，不同的社会阶层，教育收益率是有很大差异的，但这种差异主要是受人力资本因素的影响，而社会保障状况的差异则主要是受户籍等制度因素的影响。本文由此引申出的结论是，中国劳动力市场具有二元分割的特征，这种特征决定了劳动力市场上的社会分层机制。

关键词：人力资本　劳动力市场　社会经济地位　中国

一　问题的提出和已有的研究

改革开放以来，特别是 20 世纪 90 年代中期以后，中国有两个相互矛盾的现象伴随产生：一个现象是收入差距不断扩大，收入和财富差距越来越成为不同社会阶层之间明显的界标；另一个现象是教育越来越普及，高等教育的毛入学率从 1997 年的 9.1% 上升到 2007 年的 23%，中国进入高等教育大众化阶段，同时教育收益率不断提高，教育通常被认为是现代社

---

[*]　原文发表于《社会》2010 年第 1 期。

会促进社会平等的最重要因素。

对于这种矛盾现有两种可能的解释：一是多种因素影响下收入差距的迅速扩大，抵消了教育普及的平等化效应；二是教育机会本身存在不平等问题，教育的发展和教育收益率的提高并没有真正地发挥促进社会平等的作用。对于后一种解释，早在 20 世纪 60 年代初，美国教育社会学家安德森（C. A. Anderson）基于对大量新的调查材料的分析，提出了著名的"安德森悖论"，即教育的民主化过程并没有对有利于社会平等的社会流动产生促进作用，而在此之前，各种研究结论几乎一致认为，教育的大众普及会使社会地位的平等化程度提高（Anderson，1961）。法国当代著名社会学家布迪厄（P. Bourdieu）和帕斯隆（J-C. Passeron）则把这个悖论推向一个具有震撼力的命题，他们在《继承人》和《再生产》这两部合著的著作中，通过对法国高等教育经验材料的分析，提出学校教育并不像人们想象的那样是一种铲除社会不平等的制度，而是一个以"遗传"的方式生产和再生产社会不平等，并使此类不平等正当化和永久化的重要手段。他们还认为，教育的不平等也并非仅仅取决于经济因素，而是各种因素共同作用的结果，其中文化因素起到了至关重要的作用，成为生产与再生产社会阶层以及社会不平等的核心要素（Bourdieu & Passeron，1964，［1970］1990）。他们的这一对传统现代化思想具有颠覆性的"文化资本"和"社会再生理论"，在学术界引起了激烈而广泛的争议，也对现代教育社会学产生了深远的影响。

一些国外研究中国的社会学家通过经验研究曾经发现，在中国改革开放之前的 20 世纪 60～70 年代，中国的教育收益率的估计值是负数，与世界各国的一般经验大相径庭（Whyte，1975，1981；Whyte & Parish，1984；Parich，1984；Davis-Friedmann，1985）。这个结果尽管存在很大的争议，但却与改革初期的所谓"脑体倒挂"现象相吻合。赖德胜（1999：456～457）曾根据中国社会科学院经济研究所"收入分配与改革"课题组 1988 年和 1995 年全国收入分配调查资料①，计算出从 1988 年到 1995 年我国平均教育收益率从 3.8% 上升到 5.73%，改变了改革初期的"脑体倒挂"和

---

① 这项研究主要由赵人伟、李实主持，其研究成果已经先后发表于《中国居民收入分配研究》（中国社会科学出版社，1994 年版）、《中国居民收入分配再研究》（中国财政经济出版社，1999 年版）和《中国居民收入分配研究Ⅲ》（北京师范大学出版社，2008 年版）。

"论资排辈"状况，从工龄收益率高于教育收益率转变为教育收益率高于工龄收益率。李春玲（2003a）运用中国社会科学院社会学研究所"中国社会结构变迁研究"课题组于 2001 年在全国 12 个省的调查数据，计算出 2001 年中国教育收益率约为 11.8%，如果考虑到制度等其他因素的影响，教育收益率降低到 6%，而且教育收益率并未随工作年限增加而提高，她认为"脑体倒挂"现象已基本消除，对收入差距和教育收益率最重要的制度影响因素是城乡分割的二元社会结构。刘精明（2006b）分析了中国人民大学社会学系 2003 年度"全国综合社会调查"在全国 28 个省市区的调查资料，发现 1998 年以后高教领域中的教育不平等总体上呈现一种下降趋势，但来自社会阶层背景以及自身社会阶层位置的影响差异，一直明确地存在于 1978~2003 年。

基于以上的研究，本文考察的主要问题是：在日益市场化的劳动力竞争中，人力资本究竟发挥着什么作用？这种作用又受到了哪些因素的限制，在何种程度上决定着人们的社会经济地位？通过什么渠道才能在充分发挥人力资本作用的基础上促进社会经济地位的公平？

二 基本数据和变量的说明

本文研究所使用的数据，是中国社会科学院社会学研究所于 2008 年 5 月至 9 月，采用分层多阶段抽样方式进行的第二次"中国社会状况综合调查"（GSS2008，CASS）[①]，覆盖了全国 28 个省市区的 134 个县（市、区）、251 个乡（镇、街道）和 523 个村（居委会），共成功入户访问了 7139 位年龄在 18~69 岁的居民，调查误差小于 2%，符合统计推论的科学要求。这次调查以民生为主题，调查内容涉及收入、消费、就业、教育、医疗、社会保障、社会态度等诸多方面的内容。

本文使用的几个主要概念包括：人力资本、教育收益率和社会经济地位，以及知识人力资本、技能人力资本和经验人力资本等人力资本的次属概念。

---

① 该项调查研究由李培林主持，李炜及他率领的社会学所社会发展研究室负责调查实施，2008 年的调查（以民生问题为主题）是继 2006 年此类调查（以和谐稳定为主题）后的第二次调查。

人力资本 诺贝尔经济学奖获得者西奥多·W. 舒尔茨在 1960 年美国经济学年会上，以会长的身份作了"人力资本投资"的演说，第一次系统地提出了人力资本的理论。舒尔茨（1990）认为，国民产量的增长比土地和按时计算的劳动量以及能再生产的物质资本的增长更大，这种情况在现代社会越来越明显，对人力资本的投资就是这个差额的主要说明，而技术和知识是人力资本的主要类型。在此后关于人力资本的大量经验研究中，教育、医疗健康和技术培训等，是最经常被使用的表征人力资本的指标。在本文中，我们用受教育年限、技术水平和工作年限，分别代表"知识人力资本"、"技能人力资本"和"经验人力资本"。

教育收益率 这是一个从人力资本的角度衡量教育投资的经济效益的重要指标，通常从两个方面计算：一是从个人角度，即个人教育收益率，是指个人因接受教育数量的增加，所获得的经济回报的一种测度；二是从社会整体的角度，即社会教育收益率，即计算国家和社会加大对教育投资后所获得的经济回报。两个方面的收益率均可以采用明瑟尔收益率和内部收益率进行测算。本文中的教育收益率是按照国内学者一般的处理方法，即从个人角度出发，使用明瑟尔收益率计算方法所获得的个人收益率。在计算过程中将地区、单位体制、性别和户籍制度等因素纳入，建立明瑟尔方程的扩展形式。

社会经济地位 这是一个建立在收入、教育、职业和社会保障状况等基础上的，衡量个人或者家庭所处的与其他群体相对而言的经济和社会位置，是一个综合了经济和社会两个方面考虑的综合性指标。在分析家庭的社会经济地位时，要通盘考虑收入、教育、职业和社会保障等方面。

三 "知识人力资本"和"经验人力资本"对
社会阶层经济地位的影响

参照国内已有的对社会分层的研究（李强，1993；陆学艺，2004；李培林等，2005），我们依照以职业为主划分社会阶层的分类方法，将社会职业人群划分为国家干部、私营企业主（私企老板）、公有制企业经营管理者、非公有制企业经营管理者、专业技术人员、办事人员、个体工商户和自营职业者、城市工人、农民工和农民十个社会阶层。受抽样调查和样本规模有限的影响，社会中主要社会阶层的比例，与以往研究相比有一定的出入，但总体变化不大。

表1 教育和工作经验对社会分层的影响

单位：%，元，年

	百分比	年收入水平	受教育年限	工作年限
国家干部	0.59	35561	14.8	23.1
私企老板	0.73	93567	9.8	24.6
公有制企业经营管理者	1.18	35262	13.5	25.8
非公有制企业经营管理者	1.75	39181	12.2	20.9
专业技术人员	4.28	29441	14.5	19.6
办事人员	6.27	23905	13.0	18.9
个体工商户和自营职业者	11.16	19578	8.9	26.6
城市工人	12.78	15804	10.7	24.1
农民工	13.41	7556	7.7	27.0
农民	47.84	5170	6.0	34.6

表1显示了各个社会阶层的"知识人力资本"（受教育年限）、"经验人力资本"（工作年限）和年收入水平的基本状况，图1更为直观地表现了"知识人力资本"与收入水平和"经验人力资本"与收入水平之间的关系。由图1可以看出，私企老板在收入水平与受教育年限和收入水平与工作年限的散点分布中，明显地脱离其他阶层；而其他九个阶层的收入水平和受教育年限则呈现出明显的线性分布特征，即随着平均受教育年限的增加，收入水平也在提高。而在计算以职业分层为基础的受教育年限与收入水平之间的相关系数时，如果将私营企业主阶层排除后，两者的相关系数从 0.204 上升到 0.856，达到一个非常高的相关水平，说明"知识人力资本"对阶层间收入水平的解释是有效的。

而收入水平和工作年限之间的关系则要复杂得多。由于受私企老板群体这个奇异值的影响，全社会劳动力市场上收入水平与工作年限竟然是负相关，其相关系数为 -0.240，即工作年限越长，收入水平越低。"经验人力资本"对收入水平的作用是反向的，这种结果显然违背了真实的社会情况。因此，我们把私企老板群体这个奇异值排除，并把劳动力市场中的不同职业分成白领职业（包括国家干部、公有制企业经营管理者、非公有制企业

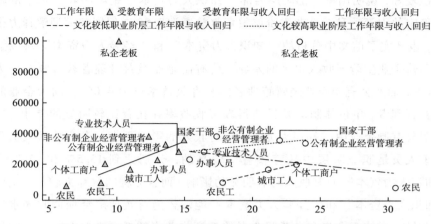

图1　各阶层平均受教育年限、工作年限和收入的分布和回归

经营管理者、专业技术人员和办事人员）和蓝领职业（包括个体工商户、城市工人、农民工）两组，分别观察"经验人力资本"和收入水平的相关关系，则可以发现显著的线性变化，即呈现工作年限越长，收入水平越高的趋势。

由此可见，各职业阶层间"知识人力资本"和收入水平存在较强的相关关系，甚至前者对后者有一定的决定性作用，受教育程度事实上已经成为高收入高保障职业的门槛，这也反映了社会总体"脑体倒挂"的现象已经根本扭转，但在局部领域仍可能存在。"经验人力资本"与收入水平总体上存在虚假的负相关关系，实际上"经验人力资本"对职业阶层和收入水平的向上流动能够发挥比较大的作用。"知识人力资本"和"经验人力资本"两者比较，前者的门槛性作用更强，后者是阶梯式的上升，这两者之间并非相互独立的，而是同步作用的。

四　"知识人力资本"和"经验人力资本"对各阶层收入的不同影响

"知识人力资本"和"经验人力资本"除了对职业阶层间的收入水平差异具有重要的影响外，也对各职业阶层收入水平产生不同的影响。本文使用明瑟尔方程，进一步考察各职业阶层不同的教育收益率（见表2）。

从分析结果来看，国家干部阶层的教育收益率较高，为12.2%，且显著性较好，说明国家干部阶层内部"知识人力资本"是影响收入水平的较为稳定的因素。私营企业主阶层教育收益率为8.5%，但回归模型解释力很弱，也证实了前文中分析的"知识人力资本"和"经验人力资本"难以解释私营企业主阶层收入水平的差异。公有制企业经营管理者教育收益率为8.1%，而非公有制企业经营管理者的教育收益率仅为4.0%。同为企业的经营管理者，单位体制的差异使得教育收益率存在着比较明显的差距，这说明公有制企业中"知识人力资本"对收入的影响更大。专业技术人员和办事人员是职业阶层中教育收益率较高的，分别达到13.5%和13.3%，"知识人力资本"对其收入均有明显的影响，而且方程的解释力较高，说明"知识人力资本"和"经验人力资本"能够较为有效地解释他们收入水平的差异。个体工商户和自营职业者的教育收益率较低，仅为4.2%，"知识人力资本"发挥的作用并不大。城市工人的教育收益率是7.9%，远远高于农民工的1.9%，且受教育年限对城市工人收入的影响是显著的，对农民工却不显著，这种差别说明户籍制度仍造成了劳动力市场的分割。农民职业阶层的教育收益率为5.3%，但回归方程的解释力较低，也说明农民收入受到"知识人力资本"和"经验人力资本"的影响并不明显。

表 2　分职业阶层的教育收益率

变量	总体	国家干部	私营企业主	公有制企业经营管理者	非公有制企业经营管理者	专业技术人员	办事人员	个体工商户和自营职业者	城市工人	农民工	农民
常数项	7.729***	7.757***	9.979***	8.176***	9.603***	7.769***	7.866***	9.197***	8.719***	8.990***	7.242***
受教育年限	0.147***	0.122*	0.085	0.081	0.04	0.135***	0.133***	0.0415*	0.079***	0.019	0.053***
工作年限	-0.011*	0.056	0.011	0.043	0.04	0.016	0.012	0.002	-0.017	0.007	0.030**
工作年限平方	0.000	-0.001	0.000	0.000	-0.001	0.000	0.000	0.000	0.000	0.000	0.000*
R^2	0.236	0.186	0.063	0.075	0.096	0.117	0.183	0.055	0.065	0.01	0.029
调整后 R^2	0.235	0.096	-0.023	0.028	0.058	0.105	0.175	0.049	0.06	0.004	0.028

续表

变量	总体	国家干部	私营企业主	公有制企业经营管理者	非公有制企业经营管理者	专业技术人员	办事人员	个体工商户和自营职业者	城市工人	农民工	农民
教育收益率（%）	14.70	12.20	8.50	8.10	4.00	13.50	13.30	4.20	7.90	1.90	5.30

$^{***}p \leqslant 0.005$；$^{**}p \leqslant 0.01$；$^{*}p \leqslant 0.0$。

综合上述分析结果，在多数职业阶层内部，"知识人力资本"越高，收入越高，说明随着竞争性的劳动力市场逐步形成，"脑体倒挂"的现象不仅在职业阶层之间，而且在职业阶层内部也基本消失了。同时，在各职业阶层之间，存在着明显的教育收益率差异，真正统一的劳动力市场尚未形成，在分割的劳动力市场中，"人力资本"并不能解释所有的收入差异。以农民工阶层为例，不但其收入水平明显要低于城市工人，而且在其职业阶层内部的"知识人力资本"基本没有发挥作用。

市场化程度高的部门，教育收益率也更高，这种假设没有得到证实。公有制企业经营管理者的教育收益率要高于非公有制企业的经营管理者，而通常人们认为非公有制部门市场化水平较高，人力资本要素应该能够发挥更大的作用。

教育收益率较高的阶层与受教育水平较高的阶层是重叠的，比如国家干部、专业技术人员和办事人员中教育收益率较高，均在12%以上；他们的平均受教育年限也在13年以上。这三个阶层在社会学研究中通常被定义为标准的"中产阶级"。这也说明，随着产业结构的升级和社会结构的变动，教育和"知识人力资本"对社会阶层划分的影响也越来越大。

五　不同劳动力市场条件下人力资本要素对收入的影响

以往研究从多重视角来划分劳动力市场，于学军分析了劳动力市场中性别差异所带来的教育收益率差距，他发现1986年男女收益率的差异为2个百分点，而到1994年这一差距扩大到3个百分点以上（于学军，2000）。还有的研究按照单位体制类型，将劳动力市场划分为公有制部门和非公制部门，并认为市场化程度高的部门，其收益率要高于市场化程度低的部门，因而公有制部门的教育收益率要低于非公有制部门（杜育红、孙志军，2003）。在社会经济快速发展过程中，教育收益率的地区差异也会扩大，但国内研究对地区教育收益率的差异并无定论，总体上看，西部地区的教育收益率并不低。户籍制度一直被认为是影响劳动力自由流动和市场竞争的关键性因素，直接导致了城乡二元体制，并造成了城乡地区间的教育收益率差异。阿普勒顿（Appleton）等人对1999年中国城市劳动就业调查数据的研究发现，城市中两类群体（城镇居民和农民工）的收益率已经相差不大，并推论竞争性的劳动力市场在中国城市已初步形成（Appleton et al.，2002）。而对教育收益率随着时间变化出现升高的趋势，研究界基本已经达成共识，但在对原因的解释上还存在一定的分歧。在本文中，我们在教育收益率的分析中，加入性别、所有制、户籍、区域和年龄组等变量，并把这些变量的差异，视为给定的不同的劳动力市场条件，然后考察在不同的劳动力市场条件下，教育收益率可能发生的变化。

（一）性别因素对人力资本在劳动力市场中作用的影响

通过男女性别之间的教育收益率比较发现（见表3），男女教育收益率基本相当，分别为13.5%和13.6%，女性甚至略高于男性。在公有制单位中，女性的教育收益率达到15.0%，比男性的教育收益率要高出2.4个百分点，而在非公有制单位中，女性的教育收益率仅为10.1%，低于男性0.7个百分点。实际上在同等的受教育水平下，非公有制单位女性的平均收入要低于公有制单位女性的平均收入，特别是接受过高等教育的女性"知识人力资本"在非公有制单位中难以实现，可能是部门之间女性教育收益率差异的主要原因。

表3　性别因素对人力资本在劳动力市场中作用的影响

不同劳动力市场	男性		女性	
	教育收益率（%）	调整后 R^2	教育收益率（%）	调整后 R^2
总体	13.5	0.203	13.6	0.237
公有制	12.6	0.167	15.0	0.226

不同劳动力市场	男性		女性	
	教育收益率（%）	调整后 R^2	教育收益率（%）	调整后 R^2
非公有制	10.8	0.147	10.1	0.157
农业户口	7.2	0.090	5.0	0.066
非农业户口	12.3	0.148	12.5	0.147
东部	10.2	0.197	14.2	0.343
中部	11.6	0.146	11.3	0.150
西部	13.6	0.209	11.2	0.167
城市	11.6	0.161	13.8	0.225
农村	7.9	0.087	3.7	0.049

非农户口从业人员的教育收益率，无论男女都要明显高于农业户口从业人员的教育收益率，而相比于男性来说，农业户口女性从业人员的教育收益率下降的幅度更大。非农户口的女性教育收益率略高于男性，为12.5%，而农业户口的女性教育收益率仅为5.0%，说明户籍制度对"知识人力资本"的限制对女性造成的损失更大。

从地区间教育收益率差异来看，男性的教育收益率在东中西部为依次递增，而女性则为依次递减。特别是在东部地区，女性教育收益率为14.2%，比男性高4个百分点；而西部地区的女性教育收益率要低于男性2.4个百分点。东中西部之间的教育收益率差异可以解释为高等教育所带来的收益差距。比如，东部地区接受过大学本科教育的平均收入超过了4.1万元，中部地区不到3.2万元，而西部地区还不到2.4万元，正是高等教育收益的差距导致女性劳动力市场"知识人力资本"作用降低。

（二）单位体制因素对人力资本在劳动力市场中作用的影响

本文分析发现，总体而言，公有制部门的教育收益率更高（见表4），为13.9%，比非公有制单位高1.9个百分点，这说明"知识人力资本"在公有制部门收益更高。研究还发现，在公有制部门就业的农业户口劳动力和在农村公有制部门就业的劳动力教育收益率较低，分别为4.1%和4.3%。造成这两种情况的原因基本相同，他们大多属于中低受教育程度劳动者，但是收入明显低于公有制部门的同等受教育程度的劳动者，如在公有制部门就业的小学文化程度的农业户口劳动者平均收入为 1.1 万元，而在非公有制部门就业的小学文化程度的农业户口劳动者平均收入仅为 0.6 万元。公有制部门中低人力资本的收入均等化事实上非常类似于计划经济下的"大锅饭"，是造成公有制部门农业户口就业劳动者教育收益率低的原因。

表 4　单位体制因素对人力资本在劳动力市场中作用的影响

不同劳动力市场	公有制单位		非公有制单位	
	教育收益率（%）	调整后 R^2	教育收益率（%）	调整后 R^2
总体	13.9	0.190	12.0	0.169
男性	12.6	0.167	10.8	0.147
女性	15.0	0.226	10.1	0.157
农业户口	4.1	0.027	8.0	0.091
非农业户口	15.3	0.194	9.4	0.105
城市	14.5	0.194	11.0	0.153
农村	4.3	0.003	7.7	0.083
东部	15.9	0.285	11.4	0.243
中部	12.4	0.132	8.9	0.090
西部	9.7	0.114	9.8	0.111

公有制部门的教育收益率还会受到地区因素的影响，也呈现依次下降的趋势，东部地区为 15.9%，中部地区为 12.4%，西部地区为 9.7%；非公有制部门中东部地区的教育收益率最高，中部最低，西部居中。

（三）户籍制度因素对人力资本在劳动力市场中作用的影响

非农户口的劳动者教育收益率明显要高于农业户口，高出 4.4 个百分点，"知识人力资本"明显受到户籍制度的影响（见表 5）。而在分析中即便控制了地域影响，只分析城镇就业的非农户口和农业户口劳动者，同样可以发现明显的差异，因此，并不能认为统一的竞争性劳动力市场已经形成。前文分析中发现，城市工人的教育收益率较高，而农民工的教育收益率很低，这也证明劳动力市场存在明显分割。

户籍制度对人力资本在劳动力市场中作用的限制，在地区间也有所不同。西部地区非农户口的"知识人力资本"作用最明显，教育收益率达到了12.9%。东部地区农业户口的教育收益率最高，为8.9%，这说明东部地区由于企业用工较少考虑户籍因素的影响，形成竞争的劳动力市场可能性更大，所以，尽管受到户籍制度的限制，东部地区农业户口的劳动力的市场化程度更高。

表5　户籍制度因素对人力资本在劳动力市场中作用的影响

不同劳动力市场	非农户口		农业户口	
	教育收益率（%）	调整后 R^2	教育收益率（%）	调整后 R^2
总体	12.7	0.146	8.3	0.096
东部	12.0	0.167	8.9	0.192
中部	10.7	0.095	5.9	0.041
西部	12.9	0.149	5.4	0.052

（四）　地域因素对人力资本在劳动力市场中作用的影响

总体而言，西部地区的教育收益率为13.1%，高于中部地区，仅比东部地区低0.3个百分点。这说明"知识人力资本"同样可以在西部地区发挥作用，因此，投资于西部教育与东部并不会产生效率方面的明显差距，应当制定有利于西部高等教育的社会政策。

城乡间的教育收益率差异一直存在，有研究认为，2001年两者的差距达到了7个百分点（李春玲，2003a）。本文研究发现，城乡间的教育收益率差异为5.1个百分点，是比较悬殊的，它说明现阶段劳动力市场仍然受到城乡二元分割体制的影响。经济体制转型后，市场经济发展较好的城镇地区，教育收益率的作用更为明显，而在缺乏竞争性劳动力市场的农村，教育收益率明显低于城镇地区。

表6　地域因素对人力资本在劳动力市场中作用的影响

不同劳动力市场	教育收益率（%）	调整后 R^2
地区		
东部	13.4	0.289

续表

不同劳动力市场	教育收益率（％）	调整后 R^2
中部	12.7	0.165
西部	13.1	0.199
城乡		
城市	13.3	0.196
农村	8.2	0.089

（五）年龄因素对人力资本在劳动力市场中作用的影响

分析发现，教育收益率在不同的年龄组中，呈现年龄越大，教育收益率越低的特点。在 15～24 岁的年龄组中，教育收益率高达 21.7％；25～34 岁组的教育收益率为 17.9％；35～44 岁组和 45～54 岁组的教育收益率差不多，分别为 13.0％ 和 12.5％；55～69 岁组的教育收益率最低，仅为 8.4％。这也证明随着时间的推移，"知识人力资本"对经济地位和收入水平的决定作用越来越大。

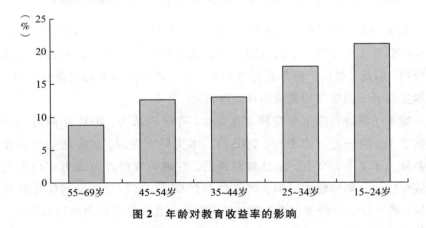

图 2　年龄对教育收益率的影响

六　经济地位获得的影响机制

由于社会经济发展的不平衡，制度因素方面尚存在一定的不平等，因此在中国劳动力市场上，人力资本要素（包括知识、技能和工作经验）与各种其他经济社会因素，形成了共同的社会经济地位影响机制。

本文以明瑟尔方程为基础，逐步建立扩展方程。先加入被调查者的技能水平，分析人力资本三个要素（包括知识、技能和工作经验）对收入的影响机制；然后加入地区、单位体制、性别、户籍等与社会制度相关的要素，分析各种制度因素对收入的影响机制（见表7）。

表7　经济地位获得影响机制的回归模型

	模型1		模型2		模型3	
	回归系数	标准化回归系数	回归系数	标准化回归系数	回归系数	标准化回归系数
常数项	7.780 ***		8.685 ***		8.912 ***	
受教育年限	0.140 ***	0.464	0.083 ***	0.275	0.050 ***	0.164
工作年限	−0.006	−0.066	0.013 **	0.134	0.019 ***	0.216
工作年限平方	0.000	0.021	0.000 *	−0.142	0.000 ***	−0.238
技术水平（以技术劳动为参照）						
半技术半体力劳动			−0.461 ***	−0.148	−0.364 ***	−0.118
体力劳动			−1.141 ***	−0.455	−0.778 ***	−0.311
地区（以东部为参照）						
中部					−0.386 ***	−0.151
西部					−0.553 ***	−0.190
性别（以男性为参照）						
女性					−0.395 ***	−0.157
单位体制（以公有制为参照）						
非公有制					0.351 ***	0.137
户籍性质（以农业户口为参照）						
非农业户口					0.410 ***	0.150
每周工作时间						
R^2	0.2432		0.3512		0.4421	
调整后的 R^2	0.2427		0.3505		0.4410	
N	4860		4804		4800	

* $p < 0.05$；** $p < 0.01$；*** $p < 0.001$。

第一个回归模型是根据明瑟尔方程的计算结果，总体的教育收益率达到了14.0%。

第二个回归模型在明瑟尔方程的基础上加入了被调查者的技术水平，构建成了一个较为完整的人力资本三要素对收入影响的回归模型，模型的解释力从0.24上升到0.35，说明"技术人力资本"对收入水平解释是有效且必要的。

第三个回归模型在三个人力资本要素的基础上又加入了社会制度因素的影响，主要考虑地区、性别、户籍和单位体制四个因素。结果发现，"知识人力资本"和"技术人力资本"影响有所下降，"经验人力资本"影响有所上升，说明在同等的社会制度条件下，"经验人力资本"对收入水平的作用要更大一些。同时，模型的解释力从0.35上升到0.44，说明社会制度因素对收入水平的影响也是必须考虑的变量。

通过上述三个模型的分析发现，人力资本要素对经济地位获得有重要的影响，但这种影响并不是独立作用的，而是与社会制度变量共同作用的。社会制度因素与人力资本要素一样，对收入水平有重要的影响，非农业户口、男性、东部地区、公有制单位的平均收入水平要更高一些。

人力资本三个要素对收入水平的影响机制并不相同：在控制了"技术人力资本"之后，"知识人力资本"的影响有所下降，说明"知识人力资本"和"技术人力资本"存在一定程度的共性，"经验人力资本"则是相对独立的变量。同时，在相同的"知识人力资本"和"技术人力资本"条件下，收入水平的差异是由"经验人力资本"的差异来决定的。在控制社会制度因素后，"经验人力资本"比"知识人力资本"和"技术人力资本"对收入水平的作用要更大一些，说明了"论资排辈"也是"经验人力资本"差异的反映，并不能完全否定。

七 结论与讨论

中国经济体制改革极大地解放了生产力，人们生活水平普遍提高，国家综合实力显著增强。"中国经验"和"中国道路"成为国际学术界关注和研究的一个热点。但在对"中国经验"和"中国道路"的总结中，收入和财富的差距不断扩大，却成为人们忧虑和诟病的一个突出问题。对这个问题，民众普遍不满，学者们进行了各种原因分析和道义批评，政府也采取了一系列有力措施进行干预。但从目前来看，效果并不明显。这说明，在市场化的条件下，扭转收入差距扩大的趋势，要比在"大锅饭"的情况下拉开收入差距困难得多。

然而，不容否认，收入差距的扩大，也有合理的因素，比如劳动力市场上教育收益率的显著提高。本文的研究发现，教育收益率的提高，使得人力资本在决定收入方面发挥了更为重要的作用。中国劳动力市场上个人教育收益率的不断提高，意味着中国劳动力市场化程度不断加深，机会公平竞争的机制在逐步形成。而教育收益率在不同职业阶层之间存在明显的差异，说明人力资本对职业群体分层是一个非常重要的影响因素。

人力资本在劳动力市场上的作用，仍然受到一些制度性因素的限制甚至扭曲。特别是户籍、单位体制等制度因素，对劳动力市场的分割作用以及对教育收益率的影响，都是十分明显的。综合多种影响因素分析，人力资本要素和多种制度因素一起，共同形成了决定收入水平和经济地位获得的机制，而经济地位的获得，又与户籍、社会保障、教育、医疗等社会地位决定因素紧密相连。这说明，要缩小收入差距，单靠提高教育收益率和增进教育机会的公平是无济于事的，必须从制度因素入手，加大调整收入分配的力度。

不过，个人教育收益率的提高，只是说明劳动力市场公平竞争程度的提高，并不能证明教育的发展对社会公平就一定起到促进作用。本文由于数据资料的限制，并没有分析获得教育机会的公平问题，如果教育机会不公平，即便个人教育收益率提高，也难以促进社会公平，反而可能会固化原有的不平等。

另外，即便形成了公平竞争的劳动力市场，也不能确保社会公平的实现。市场竞争公平与社会公平是不同的概念，市场公平的原则是优胜劣汰，而实现社会公平则需要救助市场竞争中的弱者。政府必须通过财政、税收、社会保障制度和社会福利政策，来促进社会公平的实现。

在本项研究中，私营企业主群体作为一个奇异值的发现，是值得关注和研究的现象，这说明私营企业主的成功，并不主要依赖于人力资本的投入和工作经验的积累，而是依赖于其他的因素。这些其他的因素，有可能是初始资本的拥有、创业精神、社会资本网络、营利机会的把握等，也可能是权力关系、投机行为等。由于掌握的研究文献有限，我们还不是很清楚私营企业主群体这种不同于其他社会阶层的特点，究竟是中国转型期的特有现象，还是带有普遍性的现象。

总的来说，尽管中国劳动力市场化程度已经有了很大幅度的提高，却仍然存在多重二元分割状态；人力资本要素在人们的收入获得机制中发挥了重大作用，但也会受到各种因素的限制，统一、开放、流动的劳动力市场尚未完全形成；人力资本作用和个人教育收益率的提高，并没能遏制收入差距扩大的趋势，必须从完善财政、税收、社会福利、保障制度和促进教育机会公平两方面入手，采取强有力措施，才能扭转收入差距不断扩大的趋势。

参考文献

杜育红、孙志军，2003，《中国欠发达地区的教育、收入与劳动力市场经历》，《管理世界》第 9 期。

赖德胜，1999，《教育、劳动力市场和收入分配》，载赵人伟、基斯·格里芬主编《中国居民收入分配再研究》，中国财政经济出版社。

——，2001，《教育与收入分配》，北京师范大学出版社。

李春玲，2003a，《文化水平如何影响人们的经济收入——对目前教育的经济收益率的考查》，《社会学研究》第 3 期。

——，2003b，《社会政治变迁与教育机会不平等——家庭背景及制度因素对教育获得的影响（1940～2001）》，《中国社会科学》第 3 期。

李培林等，2005，《社会冲突与阶级意识》，社会科学文献出版社。

李强，1993，《当代中国社会分层与流动》，中国经济出版社。

李实、李文彬，1994，《中国教育投资的个人收益率的估计》，载赵人伟、基斯·格里芬主编《中国居民收入分配研究》，中国社会科学出版社。

刘精明，1999，《"文革"事件对升学入学模式的影响》，《社会学研究》第 6 期。

——，2005，《国家、社会阶层与教育：教育获得的社会学研究》，中国人民大学出版社。

——，2006a，《劳动力市场结构变迁与人力资本收益》，《社会学研究》第 6 期。

——，2006b，《高等教育扩展与入学机会差异：1978－2003》，《社会》第 3 期。

陆学艺主编，2004，《当代中国社会流动》，社会科学文献出版社。

舒尔茨，西奥多·W，[1961] 1992，《论人力资本投资》，吴珠华等译，北京经济学院
　　出版社。

杨东平，2006，《高等教育入学机会：扩大之中的阶层差距》，《清华大学教育研究》
　　第 1 期。

于学军，2000，《中国城市转型时期劳动力市场中的人力资本回报率研究》，载王裕国
　　等主编《中国劳动力市场与就业问题》，西南财经大学出版社，第 180～195 页。

Anderson, C. A. 1961. "A Skeptical Note on Education and Mobility." in A. H. Halsey,
　　J. Floud, and C. A. Anderson (ed.). *Education, Economy and Society*. New York/Lon-
　　don: McMillan: 164 – 179.

Appleton, Simon, John Knight, Lina Song, and Qingjie Xia. 2002. "Towards a Competitive
　　Labour Market? Urban Workers, Rural Migrants, Redundancies and Hardships in
　　China." Institute for Contemporary China Studies, Working Paper. Nottingham: University
　　of Nottingham.

Ayalon, H. and Y. Shavit. 2004. "Educational Reforms and Inequalities in Israel: The MMI
　　Hypothesis Revisited." *Sociology of Education*, Vol. 77. No. 2.

Benjamin, Dwayne, Loren Brandt, Paul Glewwe, and Guo Li. 2000. Markets, Human Capital,
　　Inequality: Evidence from Rural China. Working Paper 298, William Davidson Institute,
　　The University of Michigan Business School.

Bourdieu, P. et Jean-Claude. Passeron. 1964. Les Héritiers, les Etudiantsetal Culture. Paris:
　　Minuit.

——. [1970] 1990. *Reproduction in Education, Society, and Culture*. Translated from the
　　French by Richard Nice. London: Sage.

Davis-Friedmann, Deborah. 1985. "Intergenerational Inequalities and the Chinese Revolution."
　　Modern China (11): 177 – 201.

Hout, M., A. Raftery, and E. O. Bell. 1993. "Making the Grade: Educational Stratification in
　　the United States. 1925～1998." in Y. Shavit and H. P. Blossfeld (eds.). *Persistent Ine-
　　quality: Changing Educational Attainment in Thirteen Countries*. West view Press.

Johnson, Emily N. and Gregory C. Chow. 1997. "Rates of Return to Schooling in China." *Pa-
　　cific Economic Review* (2): 101 – 113.

Li Haizheng. 2003. "Economic Transition and Returns to Education in China." *Economics of
　　Education Review* (*June*). Jun, Vol. 22, Issue3: 317.

Lucas, S. R. 2001. "Effectively Maintained Inequality: Education Transitions, Track Mobili-
　　ty, and Social Background Effect." *American Journal of Sociology*, vol. 106, No. 6.

Mare, R. 1981. "Change and Stability in Educational Stratification." *American Sociological*

Review, Vol. 46. No. 1.

Parish, William L. 1984. "Destratification in China." in J. L. Watson (ed.). *Class and Social Stratification in Post-Revolution China.* Cambridge: Cambridge University Press: 84 – 120.

Shavit, Y. and H. P. Blossfeld (eds.) 1993. *Persistent Inequality: Changing Educational Attainment in Thirteen Countries.* Colorado: West view Press.

Whyte, Martin, 1975. Inequality and Stratification in China. *China Quarterly*, 64: 684 – 711.

——. 1981. Destratification and Restratification in China. In G. Berreman (ed.). *Social Inequality*: 309 – 336. New York: Academic.

Whyte, Martin and William L. Parish. 1984. *Urban Life in Contemporary China.* Chicago: University of Chicago Press.

Zhang Jusen and Zhao Yaohui. 2002. "Economic Return to Schooling in Urban China: 1988 – 1999". Discussion Draft.

Zhao, Yaohui. 1997. "Labor Migration and Returns to Rural Education in China." *American Journal of Agricultural Economics* (79), November: 1278 – 1287.

Zhou, Xueguang. 2000. "Economic Transformation and Income Inequality in Urban China: Evidence from Panel Data." *American Journal of Sociology* (105): 1135 – 1374.

城市工人与农民工的收入差距研究[*]

田 丰

摘 要：本文选择 2008 年社会状况综合调查数据中城市工人和农民工样本，使用布朗分解方法解析城市工人与农民工收入差距，重点解答城市工人与农民工收入差距形成的原因和过程。研究发现单位之间的收入差异是总体收入差距的主要部分，而入职户籍门槛是阻碍农民工进入公有制单位，获取较高收入的重要原因。在同一所有制性质的单位内部，城市工人与农民工同工不同酬占总体收入差距比例不大。人力资本差异能够解释收入差距的 36.2%，说明人力资本要素虽然能够影响到收入状况，但统一、竞争的劳动力市场并未完全形成。

关键词：城市工人 农民工 收入差距

一 问题的提出和已有的研究

城乡收入差距问题一直是困扰中国经济社会发展的重大问题。随着经济体制改革的深入，计划经济体制下形成的城乡二元经济格局已经发生了重大变化，社会主义市场经济条件下，以产品价格"剪刀差"形式存在的城乡不公平的社会现象逐渐消失，非公有制经济成分的快速发展也打破了计划经济时代的"统包统配"的就业制度和"铁饭碗"的企业固定工制度。根据国家统计局公布的数据，城镇非公有制经济就业人员的比重从 1978 年的 0.2% 增加到 2008 年的 74.8%（国家统计局，2009a）。这为 2.25 亿进城务工的农村劳动力（国家统计局，2009b）提供了较为充分的

---

* 原文发表于《社会学研究》2010 年第 2 期。

就业机会。从经济学视角来看，劳动力从农业转向非农产业，可以通过缩小农业与非农产业之间的边际生产率差别，从而缩小城市与农村之间的收入差距来实现，因而劳动力流动是缩小城乡收入差距的一种重要机制（蔡昉，2005）。然而，现实社会中，农村劳动力流动没有改变城乡收入差距扩大的情况，从统计数据来看，2000 年之后城镇居民可支配性收入与农村居民家庭人均纯收入的比值仍然呈现上升趋势，从 2000 年的 2.79 增加到 2008 年的 3.31，① 这说明经济学理论不能完全解释中国城乡收入差距扩大的现实状况。

事实上，近年来农村居民收入有了较大幅度的增长，农村居民家庭人均纯收入从 2000 年的 2253.4 元增加到 2008 年的 4706.6 元，增加了 1.1 倍；同时，工资性收入在人均纯收入中的比重，从 2000 年的 31% 上升到 2008 年的 39%。② 根据国家统计局 2009 年发布的前三季度数据，即便在农民工就业遭遇困境的情况下，工资性收入也占到农村居民收入的 55% 左右，比 2008 年同期增加了 9.9%（孙靓，2009），可见农村居民外出务工收入是农村居民收入的重要组成部分。但与此同时，农民工平均工资占城镇职工平均工资的比例由 2002 年的 64% 下降到了 2007 年的 51%（朱长存、马敬芝，2009），说明农民工工资收入与城镇职工工资收入差距在不断扩大。这就引发了一个问题，城市工人与农民工收入差距究竟是如何形成的？

在解释收入差距的诸多理论中，人力资本和劳动力市场分割是两个占据主流地位的理论。在人力资本理论的解释框架下，人力资本指的是劳动力所具有的知识、技能和健康水平等，而教育是其中最重要的人力资本投资。研究认为，农民工在受教育程度和劳动技能上与城市工人相比存在明显的差距（韩俊，2009），受教育程度差异是造成城市工人与农民工收入差距的主要原因（德姆希尔等，2009）；同时，农民工内部也会因为人力资本的不同而产生一定的收入差异（周其仁，1997）。明瑟尔（Mincer，1970）将人力资本与收入联系起来，建立教育收益率指标，并证明在统一、竞争的劳动力市场条件下，个体收入差异是人力资本差异在价格上的

---

① 数据来源：根据《中国统计年鉴 2009》表 9 - 2 中数据及笔者计算而成。
② 数据来源：根据《中国统计年鉴 2009》表 9 - 18 中数据及笔者计算而成。

反映。按照明瑟尔的分析逻辑推理，如果城乡之间能够形成统一、竞争的劳动力市场，那么个体的教育收益率应当趋于一致。阿普尔顿等（Appleton et al.，2004）对1999年全国城市数据的分析发现，城市中城镇居民与农民工的教育收益率已非常接近，城镇居民的教育收益率为6%，农民工的教育收益率为5.6%。武向荣分析了2003年中国社会科学院经济研究所的调查数据后发现，城市职工的教育收益率为7.64%，农民工的教育收益率为5.26%，两者人力资本要素的回报率仍然存在明显的差异（武向荣，2009）。研究者在分析结果上的不一致意味着中国是否存在统一、竞争的劳动力市场是有疑问的。

人力资本理论对人力资本回报率的解释是建立在统一、竞争的劳动力市场的假定基础之上的。刘精明结合中国劳动力市场发展过程和对人力资本收益的分析，认为"国家权力和市场力量常常以不同的结合形态相互交织在一起，通过不同的方式改变着各分割部门的结构特征和劳动力市场条件，从而共同决定着当前人力资本回报的基本格局及其变化路径"（刘精明，2006）。刘精明的研究旨在说明中国仍然存在着造成城市工人与农民工收入差距的制度性因素。

而劳动力市场分割理论强调劳动力市场的分割属性，强调社会制度和其他社会性因素对劳动报酬和就业的重要影响。分割的劳动力市场阻断了劳动力在不同地区、行业和职业间横向自由流动，产生工资差异和工资歧视问题（赖德胜，1996；蔡昉等，2001；杨宜勇，2001），导致农村居民的教育收益率一直低于城市居民（李实、李文彬，1994；李春玲，2003）。城乡之间的劳动力市场分割依然存在，两者职业流动机会还不平等，农村流动人口与城市居民共同的劳动力市场并未完全形成（王春光，2006）。

在劳动力市场分割理论框架下，研究者使用不同的调查数据和分析方法，对按户籍分组的劳动者收入差距进行实证研究。王美艳利用中国社会科学院2001~2002年在五个城市的调查数据研究发现，外来劳动力与城市本地劳动力之间的全部工资差异中劳动力市场歧视造成的收入差距占43%，同时，她还发现就业岗位间的工资差异对总工资差异的作用（59%），大于就业岗位内的工资差异的作用（41%）（王美艳，2005）；谢嗣胜、姚先国利用浙江省2003~2004年的调查数据，使用Oaxaca、Blinder以及Cotton分解的方法，发现劳动力市场歧视能够解释企业中城市工与农民工一半以上的收入差异（谢嗣胜、姚先国，2006）；邓曲恒利用中国社会科学院2002 年的 CHIP 数据，使用 Oaxaca-Blinder 分解方法，发现城镇居民与流动人口收入差异的大部分是劳动力市场歧视造成的（邓曲恒，2007）。

总结以往对人力资本和劳动力市场分割的研究，其结论正如蔡昉所说："中国正在经历从计划经济向市场经济的转轨，劳动力市场不完善或者发育过程本身也造成了特殊的就业和工资歧视现象。当劳动力大规模地从农村向城市转移发生，而分割城乡劳动力市场的户籍制度尚未彻底改革时，作为劳动力市场上的后来者，在城市劳动力市场上面临着双重的歧视，既在岗位获得上受到'进入'歧视，在工资待遇上也受到歧视——同工不同酬。"（蔡昉，2005）

本文在前人研究的基础上，使用人力资本和劳动力市场分割理论分析城市工人与农民工的收入差距，重点是使用布朗分解方法解析城市工人与农民工之间收入差异的形成机制，并力图分析就职门槛和同工不同酬对于收入差距的影响程度。

二 研究设计和假设

布劳认为社会分化有两种形式——不平等和异质性，在两个异质性群体的比较上，在存在明显不平等的情况下，对异质性群体仅能做出的论断就是关于它们之间的差异的描述（布劳，1991）。套用于中国现实，城市居民和农村居民是按照户籍制度划分的异质性群体，他们在受教育程度、收入等方面存在着明显的不平等。加之接受过高等教育的农村居民多从农业户籍转化为非农户籍的城市居民，更加大了两组人群之间的人力资本差异，所以，从某种意义上说，这两组人群是不可比的。韩俊对此也有相类似的观点，他认为由于文化程度与从事的工作存在着很大的差异，从严格意义上说，城市职工与农民工之间的收入差距不具有可比性（韩俊，2009）。而前文回溯的研究中，大部分都没有严格区分城市居民与农民工，或者城镇职工与农民工在社会结构中的不平等状况，如德姆希尔等人分解了城市居民与农民工的收入差异，认为受教育水平差异是造成收入差异的主要原因（德姆希尔等，2009）。这种不加区分的分析方法实际上夸大了人力资本和受教育程度对城市工人与农民工收入差距的影响。

不可比的另一个原因是研究对象处于不同的行业和职业位置，以往研究往往将城市职工与农民工、城市居民与农民工的收入进行比较，然而，这两个群体在不同所有制、不同行业、职业甚至工种的分布上有较大差异，这两个群体内部的差异也是明显的。只有在城市工人与农民工在职业类型和工作岗位上具有共性的前提下，分析城市工人与农民工的收入差异才具有身份上的或社会阶层上的意义。因此，本文将城市工人和农民工界定在处于劳动力年龄、从事一线生产和服务工作、有工资收入的工人群体这样狭义的概念之中。这两个群体的共同之处是直接从事生产和服务，如果按照阶层来理解的话，都属于工人阶层，这样就减少了不同阶层差异的影响，两个异质性群体之间的不平等状况有所缩小，分析所获得的结果将更为合理。

文献回溯发现，影响城市工人与农民工之间收入差距的主要是人力资本和劳动力市场分割两个因素，即人力资本差异和劳动力市场分割都对城市工人和农民工的收入差异有所影响。需要进一步分析的是，人力资本差异和劳动力市场分割是如何发挥混合作用的。在狭义的城市工人和农民工界定下，他们同属于社会阶层中的工人阶层，在企业或者单位内部同属于从事一线工作的工作者，这样便去除了所处社会阶层的不同对收入差距的影响。所以，收入差异可以较为清楚地分为两个部分：单位之间的收入差异和单位内部的收入差异。

以往研究表明，单位之间的收入差异的重要表现为公有制单位的收入水平要高于非公有制单位的收入水平。其中公有制单位工人人力资本较高也是不可忽视的因素，对年均增长趋势和实际增长指数的分析发现，国有企业职工的待遇要明显高于乡镇企业（姚先国、盛乐，2003）。单位内部的收入差异也可以分解为两个方面，一是由于人力资本差异造成的；二是同工不同酬，其原因之一是农民工与城市工人在户籍基础上形成的身份差异。

将收入差异分解为单位之间收入差异和单位内部收入差异，是在城市工人和农民工已经进入单位之后的考虑。在进入单位之前，还存在着机会的不平等，不同类型劳动人口进入不同单位的机会不同，即所谓的入职门槛。机会不同也可能受到两个方面的影响，一是户籍制度导致非农户籍人口更有可能进入收入水平较高的公有制单位，二是人力资本较高的人能够进入更高回报的单位。

　　至此，本文已经建立了劳动力市场分割和人力资本对城市工人与农民工收入差距影响机制的分析框架，即将收入差距分成单位之间和单位内部两个部分，其形成过程必须经历两个关键环节——入职环节和工作环节，两个部分和两个环节均会受到劳动力市场分割和人力资本的双重影响。在此分析框架下，劳动力市场分割的实现不仅是户籍制本身，也可能是由户籍制度限制、进入高收入企业机会和不平等的人力资本收益共同形成的（见图1）。

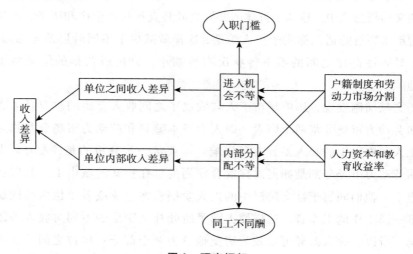

图1　研究框架

　　据此，本文提出四个研究假设。

　　1. 存在以户籍为标志的入职门槛，即在同等人力资本情况下，城市工人有更多机会进入较高收入的公有制单位。

　　2. 城市工人与农民工在同一单位内部存在收入差异，即单位内部的城市工人与农民工同工不同酬。

　　3. 城市工人与农民工收入差异的主要原因是在同等人力资本条件下，进入不同单位类型的概率造成的。

　　4. 人力资本差异也是造成城市工人与农民工收入差异的重要原因。

三　研究方法和数据

　　为了检验上述的四个研究假设，本文使用布朗分解（Brown et al.，

1980a，1980b）的方法，来分析城市工人与农民工收入水平差异的影响因素及其大小。在现有的国内外研究中，布朗分解的应用在经济学对性别收入差异分析中较为普遍，成为一种较为成熟的分析方法。但由于户籍制度为中国社会所特有，布朗分解在分析户籍制度造成的收入差异方面的应用相对较少。

与以往分析城市工人与农民工的收入差距的研究方法相比，布朗分解分析的侧重点有所不同，它不但可以将收入差距的大小作为分析内容，而且能够更为清楚地回答收入差距的原因（当然，不可能包括所有影响因素），以及不同原因的影响大小的比较。

本文将影响收入的原因分为人力资本和劳动力市场分割两个方面。如果收入差距是人力资本造成的，说明差距是相对合理的，那么解决收入差距重在对农民工的教育和培训；反之，若人力资本要素的影响不大，就说明户籍制度造成的劳动力市场分割是收入差距背后的主要原因，那么解决收入差距问题还需要注重户籍制度导致的不公平。

用布朗分解来分析城市工人与农民工的收入差异问题，首先假定工人获得在某种类型单位工作的机会概率是劳动力市场和个人特征——人力资本要素共同决定的，可以使用 Multinomial Logit 模型来估计城市工人和农民工选择工作单位类型的影响因素。

然后假设在统一、竞争的劳动力市场条件下，城市工人和农民工在不同单位类型就业的概率 p_{ij} 是由 Multinomial Logit 模型的预测结果来决定的，其形式如公式1。

$$p_{ij} = prob(y_i = type_i) = \frac{e^{\alpha'_j x_i}}{\sum_{k=1}^{J} e^{\alpha'_i x_i}}, i = 1, \cdots, N; j = 1, \cdots, J \qquad （公式1）①$$

最后，布朗分解将城市工人和农民工的工资差异分解为四个部分，其形式如公式2：在本文布朗分解中第（1）项是假设城市工人与农民工在同一单位类型内部能够获得相同的收入水平，即同工同酬，但是由个体特征（人力资本）差异导致的工资差异；第（2）项是在同一单位类型内部且具有相同个人特征的城市工人与农民工不能同工同酬导致的工资差异，这一

---

① 公式中是 α'_j 对应于第 j 类工作单位类型的系数，x_i 表示决定劳动力供给和需求的外生变量。

项表示了同一单位内部工资差异中人力资本差异不能够解释的部分；第（3）项假设同工同酬且机会均等的情况下，城市工人与农民工就职机会完全是由两者个体特征（人力资本）差异造成的，就职机会差异导致了工资的差距；第（4）项中，农民工与城市工人同工同酬，但是由于非人力资本差异，二者就职于相应工作单位的机会不均等，就职机会不均等导致了工资差异。

$$\overline{w}^u - \overline{w}^r = \overbrace{\sum_{j=1}^{J} p_j^r \hat{\beta}_j^u (\overline{x}_j^u - \overline{x}_j^r)}^{1} + \overbrace{\sum_{j=1}^{J} p_j^r x_j^r (\hat{\beta}_j^u - \hat{\beta}_j^r)}^{2} +$$

$$\underbrace{\sum_{j=1}^{J} \overline{w}_j^u (p_j^u - \hat{p}_j^r)}_{3} + \underbrace{\sum_{j=1}^{J} \overline{w}_j^u (\hat{p}_j^r - p_j^r)}_{4} \qquad \text{（公式2）①}$$

布朗分解将城市工人与农民工的工资差异分解为四个部分，除了有各自独立的意义外，第（1）项和第（2）项合起来被称为组内差异，第（3）项与第（4）项合并被称为组间差距。组内差异所占比例越高，组间差异所占比例越低，说明由就职机会不均等造成的差异小，同工不同酬引起的差异就大；反之，组内差异所占比例越低，组间差异所占比例越高，说明由就职机会不均等引起的差异越大，同工不同酬引起的差异就越小。布朗分解中的第（1）项与第（3）项合并为城市工人与农民工的工资差异中人力资本要素可以解释的部分，第（2）项与第（4）项合并则为工资差异中人力资本要素不能够解释的部分。在总工资差异中，不能够由个人特征（人力资本）解释的部分越高，说明工资差异中就职机会不均等导致的差异程度越高；反之，总工资差异中能够由个人特征解释的部分所占比例越高，就职机会不均等导致的差异程度就越低。

本文研究所使用的数据，来自中国社会科学院社会学研究所于 2008 年 5 月至 9 月进行的第二次"中国社会状况综合调查"（GSS2008，CASS）。

---

① 公式中上标 u 和 r 分别代表城市工人和农民工；$\overline{w}^u$ 和 $\overline{w}^r$ 分别代表城市工人和农民工的小时工资对数加权平均值；$\overline{x}_j^u$ 和 $\overline{x}_j^r$ 分别代表城市工人和农民工在不同单位类型（j）中各种个人特征的平均值的两组向量；$\hat{\beta}_j^u$ 和 $\hat{\beta}_j^r$ 代表按照四种不同单位类型，将城市工人和农民工分组估计出来的各个控制变量系数的两组向量；p_j^u 和 p_j^r 是城市工人和农民工在不同单位类型的实际分布概率；$\hat{p}_j^r$ 是假定农民工与城市工人一样，在没有歧视的条件下，所获得的不同单位类型的预测分布概率。

该调查采用分层多阶段抽样方式，在全国 28 个省（市、区）的 134 个县（市、区）、251 个乡（镇、街道）和 523 个村（居委会），成功入户访问了 7139 位年龄在 18 ~ 69 岁的居民，其调查误差小于 2%，符合统计推论的科学要求。这次调查以民生为主题，调查内容涉及收入、消费、就业、教育、医疗、社会保障、社会态度等诸多方面的内容。除了个人人口特征，如年龄、性别、受教育程度以外，本文主要分析内容包括单位类型和收入。单位类型按照单位体制和规模划分为公有制单位、外资和私营企业、其他小型单位（如雇佣人员在 8 人以下的个体工商户）和无固定工作单位四种类型。收入包括三类收入的测量，即个人全年的总收入、从事职业的月收入和平均小时工资。在对城市工人和农民工都采取了狭义界定的基础上，删除了部分相关信息缺失的样本，共获得有效样本 1107 个，其中城市工人样本 617 个，农民工样本 490 个。

四 分析结果

城市工人与农民工工作单位类型和收入差异的原因可能是与人力资本水平相关的因素，如受教育程度、工作经验等；也可能是与人力资本无关的因素，如具有同等人力资本的工人因为不同户籍而具有不同的就职机会和收入水平，也就是劳动力市场分割和收入歧视。表 1 中比较城市工人与农民工的性别和技能水平差异，发现性别结构基本一致，技术水平方面城市工人略高于农民工。从收入的绝对数量来看，城市工人总体收入水平高于农民工，其中年收入①高 31.6%，月收入②高 18.9%，小时工资收入③高 26.2%。年收入的差距最大，印证了城市工人年收入中包含了比农民工更多的福利收入；月工资差距小，而小时工资差距大，印证了农民工为了获取更多的收入，付出了比城市工人更长的劳动时间。

表 2 中分析了不同单位类型的收入水平。从不同类型单位之间的收入差异来看，无论是年收入、月工资收入，还是小时工资收入，公有制单位

---

① 年收入是指被调查者 2007 年各项收入的总和，包括工资收入和非工资收入（如投资等）。

② 月工资收入是被调查者 2008 年从事这项工作每月获得的工资收入，由于年份不同，加之被调查者有低报总收入的倾向，所以年收入平均值不足月收入平均值的 12 倍。

③ 小时工资收入是用月收入除以平均每周工作时间，再除以 4，所获得的近似值。

都要明显高于其他三类单位。没有固定单位的年总收入和月工资收入水平明显低于其他三类单位，但在小时工资收入上与私营及三资企业和其他单位就业的差异较小，与公有制单位有明显差距，这说明非公有制单位的劳动报酬具有一定的相似性。总体而言，公有制单位的收入水平要明显高于其他类型的单位，尤其是在控制了劳动强度之后的小时工资上，与其他类型单位的差异更为明显。

表 1　城市工人和农民工样本特征

	城市工人	农民工
性别		
男	61.3%	61.1%
女	38.7%	38.9%
技术水平自评		
需要技术	38.9%	28.3%
半技术半体力	30.8%	32.0%
完全体力	30.3%	39.7%
收入（元）		
年收入	16623.7	12635.2
月工资收入	1422.7	1197.0
小时工资收入	7.7	6.1

表 2　不同单位类型的收入水平

单位类型	年收入	月工资收入	小时工资收入
公有制单位			
均值	18956.8	1660.6	9.3
标准误	870.2	208.1	0.9
样本量	289	289	289
私营及三资企业			
均值	14020.8	1262.6	6.1
标准误	477.0	46.7	0.2
样本量	497	497	497
其他单位			
均值	13671.5	1238.7	6.4

单位类型	年收入	月工资收入	小时工资收入
标准误	974.9	77.7	0.4
样本量	206	206	206
无固定单位			
均值	9786.9	869.2	6.0
标准误	760.5	49.5	1.0
样本量	115	115	115

表3中列出了与人力资本和劳动强度相关的指标，可以看出，城市工人受教育年限和工作年限都要高于农民工，在人力资本要素上占有明显的优势；而农民工在劳动强度上明显高于城市工人。

表3　城市工人和农民工受教育年限、工作年限和劳动强度

	受教育年限[①]		工作年限[②]		平均每周工作时间	
	城市工人	农民工	城市工人	农民工	城市工人	农民工
均值	10.81	8.38	22.56	21.26	48.90	55.21
标准差	2.60	0.13	10.61	11.91	14.20	17.19
样本量	617	490	617	490	617	490

注：①受教育年限根据被调查者受教育程度转换而来。

②工作年限的计算方法是根据被调查者的年龄减去受教育年限，再减去7年所获得。

从以上描述可以看出，在狭义界定下的城市工人与农民工性别结构基本一致，差别在于：城市工人的人力资本要高于农民工，农民工的劳动强度要大于城市工人，城市工人收入明显高于农民工。下面将对城市工人与农民工之间收入差距及其形成原因做进一步的分析。

以往的经验研究已经证明了农民工进入公有制单位就职的机会小于城市工人（谢桂华，2007；德姆希尔等，2009），与城市工人相比，农民工的就职单位类型存在着结构性差异，因此，本文使用Multinomial Logit模型分别分析了城市工人和农民工在不同单位类型的就业机会（概率），并以此作为基础，预测在劳动力市场分割的条件下，农民工在不同类型单位的就职机会；同样也可以预测城市工人在农民工所处的劳动力市场中，在不同类型单位的就职机会。在Multinomial Logit模型中，除了人力资本要素外，还放入了性别和地区的虚拟变量，以无工作单位的工人为参照组，使用极大似然法进行估计。分析发现，相对于没有工作单位的工人，城市工人受教育年限每提高 1 年，进入公有制单位就职的概率提高 5.8 个百分点；而农民工受教育年限每提高 1 年，进入公有制单位就职的概率只提高 0.8 个百分点。同时，城市工人受教育年限每提高 1 年，进入私营及三资企业就职的概率降低 4.7 个百分点；而农民工受教育年限每提高 1 年，进入私营及三资企业就职的概率只降低 1.1 个百分点。这意味着在同等教育程度的情况下，农民工进入公有制单位就职的机会远少于城市工人，更有可能在非公有制单位就职。

表 4　进入不同单位类型机会的 Multinomial Logit 模型　参照组：无单位

	城市工人			农民工		
	公有制单位					
	系数	P 值	边际影响	系数	P 值	边际影响
受教育年限	.419	.000	.058	.249	.018	.008
工作年限	-.336	.018	.007	-.268	.000	-.004
工作年限平方	.006	.022	.000	.005	.000	.000
女性	-.312	.413	-.105	.539	.285	-.006
中部	-.879	.051	.128	.969	.069	.070
西部	-.823	.120	.117	.718	.252	.046
常数项	2.956	.185		-1.066	.457	
	私营及三资企业					
受教育年限	.154	.080	-.047	.066	.224	-.011
工作年限	-.362	.010	-.004	-.198	.000	-.015
工作年限平方	.006	.020	.000	.003	.005	.000
女性	.161	.669	.083	.781	.010	.074
中部	-1.396	.002	-.080	-.380	.234	-.144
西部	-1.303	.014	-.077	-.279	.432	-.137
常数项	6.275	.004	3.392	.000		
	其他单位					
受教育年限	.267	.006	-.003	.144	.028	.013
工作年限	-.423	.003	-.012	-.180	.003	-.001
工作年限平方	.007	.004	.000	.003	.007	.000

续表

	城市工人			农民工		
	其他单位					
女性	.054	.896	.021	.682	.047	.005
中部	-1.699	.000	-.086	.122	.740	.058
西部	-1.644	.005	-.082	.317	.429	.087
常数项	5.005	.028		1.076	.289	

Number of obs = 617	Number of obs = 490
LRchi2 (18) = 102.1	LRchi2 (18) = 67.77
Prob > chi2 = .0000	Prob > chi2 = .0000
Loglikelihood = -692.0	Loglikelihood = -501.6
Pseudo R^2 = .0687	Pseudo R^2 = .0633

在 Multinomial Logit 模型基础上，可以通过预测更加直观地表示城市工人与农民工在不同类型单位间的就职机会差异，即分别以城市工人的就职单位类型分布概率方程，来预测农民工的就职单位类型分布概率，同时以农民工的就职单位类型分布方程来预测城市工人的就职单位类型分布概率，然后与各自的实际就职单位分布概率做比较。

表 5 中列出了城市工人与农民工在不同单位就职概率实际值、预测值及差异，可以看出，农民工在公有制单位就业的实际比例仅为 5.51%，但是如果让农民工享有城市工人进入公有制单位的条件，则会有 28.34% 的农民工进入公有制单位就业，两者相差了 22.83 个百分点。同样，如果让城市工人依照农民工劳动力市场的就职条件，那么只有 8.61% 的城市工人会进入公有制单位，比实际上在公有制单位就职的 42.46% 低 33.85 个百分点，由此可以证明城市工人与农民工在不同类型单位就职的机会是不平等的，农民工进入条件更好的公有制单位就业较为困难。这证实了本文的第 1 个假设，即存在限制户籍的入职门槛。

表 5　城市工人与农民工在不同单位就职概率实际值、预测值及差异

	农民工			城市工人		
	实际值	预测值	差异	实际值	预测值	差异
公有制单位	5.51	28.34	-22.83	42.46	8.61	33.85

续表

	农民工			城市工人		
	实际值	预测值	差异	实际值	预测值	差异
私营及三资企业	57.96	44.15	13.81	34.52	52.55	−18.03
其他单位	21.02	18.25	2.77	16.69	24.9	−8.21
无单位	15.51	9.26	6.25	6.32	13.95	−7.63

笔者在前文的分析中发现，无论是年收入、月工资收入，还是小时工资收入，公有制单位都要明显高于其他类型的单位。在收入指标的选择上，考虑到年收入包含了个人非工资性收入在内，月收入没有考虑到城市工人与农民工在劳动强度上的差异，而平均小时工资收入既直接反映了从事此项工作所获得的直接收入，还控制了城市工人与农民工之间劳动强度差异所导致的收入差异。因此，本文以小时工资收入为因变量，根据明瑟尔（Mincer，1970）扩展方程对城市工人和农民工的收入进行分析，进入模型的变量包括受教育年限、工作年限、工作年限平方、性别和地区。

布朗分解要对城市工人和农民工分别按照四种不同类型单位进行估计，需要建立八个回归方程。为了简便起见，文中只列出城市工人和农民工的扩展模型。表6中显示的是城市工人和农民工的明瑟尔方程结果，城市工人的教育收益率为5.3%，农民工的教育收益率仅为1.6%，且农民工受教育年限的影响并不显著。两者相同的是女性的收入水平要低于男性；中西部地区的收入水平低于东部地区，其中城市工人在中部与西部之间收入差距不大，而西部地区的农民工的收入水平要低于中部地区。

表6 城市工人和农民工的明瑟尔扩展方程

	城市工人		农民工	
	系数	P 值	系数	P 值
常数项	1.803	.000	1.755	.146
受教育年限	.053	.000	.016	.807
工作年限	−.022	.015	−.002	.846
工作年限平方	.000	.151	.000	.000
女性	−.337	.000	−.287	.000
中部	−.271	.000	−.245	.000

	城市工人		农民工	
	系数	P 值	系数	P 值
西部	- .276	.000	- .355	.000
R^2	.1934		.1322	
调整后的 R^2	.1854		.1215	

在明瑟尔方程基础上，根据前文中所述的公式，可以得出布朗分解的结果（见表7）。布朗分解中第（1）项所解释的收入差异仅占总体的1.59%，这说明城市工人与农民工在同一单位类型内部同工同酬的条件下，由个体特征（人力资本）差异所造成的收入差异比例仅占总体的1.59%。第（2）项为负值，且占总体的比例很低，仅为0.68%，这说明在同一单位类型内部并不存在对农民工的歧视，反而由于其劳动强度和艰苦程度更大，具有一定的优势；证明假设2是错误的，即同一单位类型内部对农民工的歧视——同工不同酬，不是城市工人与农民工收入差距的主要原因。第（3）项解释的差异占到总体差异的36.61%，说明在同工同酬且进入不同类型单位机会均等的条件下，由于个体特征（人力资本）差异造成了收入差异。计算结果发现，城市工人由于人力资本较高，进入公有制单位和获得较高收入的机会更多。第（4）项差异是总体差异中最大的一部分，达到了62.47%，说明在农民工与城市工人同工同酬的情况下，就职机会不均等所导致的工资差异占到城市工人与农民工收入差异的大部分。

布朗分解结果还发现，单位类型内部的收入差异［第（1）项与第（2）项之和］所占比例很小，绝大部分的收入差异是单位类型之间的收入差异［第（3）项与第（4）项之和］造成的，这说明城市工人与农民工的工资差异大部分是由农民工缺少进入较高收入单位的机会造成的，证明了假设3是正确的，即城市工人与农民工收入差异的主要原因是在同等人力资本条件下，进入不同单位类型的概率差异。

表7　城市工人与农民工收入差异的布朗分解结果

	小时收入对数	百分比
对数小时工资总差异	.182218	100
单位类型内部差异（1）＋（2）	.001668	.915355

	小时收入对数	百分比
第（1）项	.002901	1.591862
第（2）项	-.00123	-.67651
单位类型之间差异（3）+（4）	.18055	99.08465
第（3）项	.066727	36.6193
第（4）项	.113823	62.46535
个体特征可以解释的差异（1）+（3）	.069627	38.21116
个体特征不可以解释的差异（2）+（4）	.11259	61.78884

布朗分解中的第（1）项与第（3）项合并则为城市工人与农民工的工资差异中个体特征（人力资本要素）差异可以解释的部分；第（2）项与第（4）项合并则为工资差异中个体特征（人力资本要素）不能够解释的部分。计算发现，个体特征（人力资本要素）差异可以解释城市工人与农民工收入差异的38.21%。证明了假设4是正确的，即个体特征（人力资本要素）差异也是造成城市工人与农民工收入差异的重要原因。但更需要注意的是，尽管个体特征（人力资本要素）差异也是造成城市工人与农民工收入差异的重要原因，但个体特征（人力资本要素）不能够解释的收入差异所占总体差异的比例更大，这意味着农民工在就业中遭受了不公正的待遇，较少获得进入收入更高、工作条件更好的公有制单位的就职机会，自由、统一的劳动力市场并没有完全形成。

五 结论与讨论

在现实社会中我们可以看到，劳动力配置市场化程度的提高及农村劳动力流动既没有缩小城乡间收入差距，也没有从根本上改变城市工人收入高于农民工的情况。劳动力市场是一个抽象的、不能为人所直接观察到的客体，劳动力市场的作用必然要通过某种实际的客体与劳动者相互作用才能最终实现收入分配（劳动力价格）。换言之，收入是企业或单位与劳动者之间通过供求关系变化等市场化方式形成的劳动力价格，抑或是非市场化方式导致的劳动力价格扭曲。城市工人与农民工收入差距的形成是多种因素混合作用的结果，户籍、企业和人力资本等因素均能够对城市工人和农民工收入形成机制产生比较大的影响，因此，分析城市工人与农民工的收入差异，必须厘清不同因素对他们收入差距影响的作用机制。

布朗分解可以将收入差异的形成分解为不同因素的影响，并区分不同因素影响的重要程度。本文认为城市工人和农民工的收入为人力资本和户籍制度所共同决定，收入差距的产生既有人力资本差异的影响，也有户籍制度歧视的作用，且均可以体现在两个具体环节——入职门槛和同工不同酬。入职门槛可以检验户籍制度和人力资本在进入较高收入的单位就业时的不同作用；同工不同酬可以检验户籍制度和人力资本在同一单位内部收入决定机制中的不同作用。

本文在使用 Multinomial Logit 模型预测，检验在入职环节是否明显存在不同户籍工人进入不同所有制单位机会的差异时，发现如果让城市工人依照农民工劳动力市场的就职条件，那么只有 8.61% 的城市工人会进入公有制单位，比实际上在公有制单位就职的 42.46% 低 33.85 个百分点，也就是说，以农民工在公有制单位的就职条件，只有大约 20% 的城市工人能够在现在的岗位上就业。这验证了公有制单位在招录工人时主要限定户籍作为入职门槛，人力资本发挥的作用是次要的，这意味着在劳动力市场上，人力资本与工作岗位之间还没有实现最有效的匹配方式。许多拥有较高人力资本的农村劳动力只获得了比自己人力资本要求更低的工作职位，劳动力市场由于户籍制度的分割而损失了市场配置的效率。

然后，笔者分析了城市工人与农民工在入职之后工作收入的差异，发现在相同的单位体制内部，在同等人力资本的前提下，城市工人与农民工之间的收入差异很小，这说明城市工人与农民工同工不同酬的现象已经有所改观，单位内部的户籍歧视基本消失，而单位之间的收入差异占到城市工人与农民工收入差异的绝大部分。这意味着在不考虑入职门槛的情况下，人力资本在单位内部的收入形成过程中发挥了最为重要的作用，即收入水平的高低是按照人力资本的高低分配的，户籍性质在单位内部对收入的影响是次要的。

在入职和工作两个环节，人力资本与户籍的作用是不同的。在入职环节，户籍是最重要的影响因素；而在工作环节，人力资本是最重要的影响因素。在两者发挥次要作用的时候，也能够间接影响到城市工人与农民工的收入差距。因此，有必要在分析了人力资本与户籍两个因素在入职和工作两个环节的不同影响程度之后，对人力资本和户籍对收入差异的直接和间接作用加以汇总。分析发现，在城市工人与农民工的收入差距中，大约38.2%的收入差异是由于个体特征，即城市工人和农民工的人力资本所决定的，这也印证了城市工人的平均受教育程度要高于农民工，这部分由于城市工人的人力资本高于农民工所造成的收入差异，属于劳动力市场化配置所造成收入差异的合理性因素。户籍导致农民工与城市工人的收入差异，主要是通过两者进入收入较高的公有制单位的机会（概率）不同，进而在单位内部按照人力资本分配形成的收入差异，这部分差异占到收入差距总体的61.8%。这部分差异是由于社会制度和企业所设定的户籍限制造成的，属于劳动力市场分割在收入形成机制中的不合理因素。

本研究重点在于解答城市工人与农民工收入差距形成的原因和过程。在社会主义市场经济逐步完善的情况下，户籍制度造成的收入差异依然存在，其形成过程却改头换面。在同等岗位、同等人力资本的前提下，同工不同酬造成的收入差异大幅减少，更突出了户籍造成入职机会差异对收入差异的影响，这也解答了之前学者（谢桂华，2007）在研究城市工人与农民工收入差异时所提出的问题。同时，在限定了工作岗位（一线工作）、社会阶层（工人阶层）和收入标准（小时工资）的条件下，布朗分解的过程实际上是用人力资本和户籍作为收入的主要决定因素，分析人力资本和户籍在入职和工作两个环节对城市工人与农民工收入差距产生的不同作用。

此外，在城市工人与农民工的差异研究中，收入只是其中的一个方面，社会保障状况、企业福利、劳动条件等重要差异并未展现。在分析框架上，本文将企业作为一个重要因素纳入，但由于使用的数据源自一个全国性抽样调查，并非以企业为单位设计，企业相关信息的缺失使得本文无法深入分析企业对城市工人与农民工的收入差距的影响。调查样本规模有限也增加了布朗分解在统计方法上犯错的可能性。

参考文献

贝克尔，2007，《人力资本理论：关于教育的理论和实证分析》，郭虹等译，中信出版社。

布朗，1991，《不平等和异质性》，王春光、谢圣赞译，中国社会科学出版社。

蔡昉，2005，《为什么劳动力流动没有缩小城乡收入差距？》，《理论前沿》第 20 期。

蔡昉、都阳、王美艳，2001，《户籍制度与劳动力市场保护》，《经济研究》第 12 期。

邓曲恒，2007，《城镇居民与流动人口的收入差异：基于 Oaxaca-Blinder 和 Quantil 方法的分解》，《中国人口科学》第 2 期。

国家统计局，2009a，《多方式就业格局初步形成规模显著扩大》，国家统计局网站（http://www. stats. gov. cn/tjfx/ztfx/qzxzgcl60zn/t20090914_402586654. htm）。

——，2009b，《2008 年末全国农民工总量为 22542 万人》，国家统计局网站（http://www. stats. gov. cn/was40/gjtjj_ detail. jsp？searchword =％C5％A9％C3％F1％B9％A4&channelid = 6697&record = 87）。

韩俊，2009，《中国农民工战略问题研究》，上海远东出版社。

赖德胜，1996，《论劳动力市场的制度性分割》，《经济科学》第 6 期。

李春玲，2003，《文化水平如何影响人们的经济收入——对目前教育的经济收益率的考察》，《社会学研究》第 3 期。

李实、李文彬，1994，《中国教育投资的个人收益率的估计》，载于赵人伟、基斯·格里芬编《中国居民收入分配研究》，中国社会科学出版社。

刘精明，2006，《劳动力市场结构变迁与人力资本收益》，《社会学研究》第 6 期。

陆学艺，2003，《农民工体制需要根本改革》，《中国改革》第 12 期。

孙靓，2009，《2009 年三季度经济述评之三》，国家统计局网站（http://www. stats. gov. cn/tjfx/ztfx/2005sbnjjsp/t20091105_402598924. htm）。

王春光，2006，《我国城市就业制度对进城农村流动人口生存和发展的影响》，《浙江大学学报》（人文社会科学版）第 5 期。

王美艳，2005，《城市劳动力市场上的就业机会与工资差异——外来劳动力就业与报酬研究》，《中国社会科学》第 5 期。

武向荣，2009，《中国农民工人力资本收益率研究》，《青年研究》第 4 期。

西尔维·德姆希尔、马克·格甘特等，2009，《农民工是中国城市的二等工人吗？——一种相关的数学解析模型》，李贵苍译，《国外理论动态》第 8 期。

肖文韬，2004，《户籍制度保护了二元劳动力市场吗？》，《中国农村经济》第 3 期。

谢桂华，2007，《农民工与城市劳动力市场》，《社会学研究》第 5 期。

谢嗣胜、姚先国，2006，《农民工工资歧视的计量分析》，《中国农村经济》第 4 期。

许浩，2008，《"同工不同酬"源于用工"双轨制"——专访人保部劳动工资研究所所长苏海南》，《中国经济周刊》第 25 期。

杨宜勇，2001，《劳动力市场的行政分割》，《经济研究参考》第 27 期。

姚先国、盛乐，2003，《乡镇企业和国有企业经济效率差异的人力资本产权分析》，《经济研究》第 3 期。

中国统计年鉴编委会，2009，《中国统计年鉴2009》，中国统计出版社。

周其仁，1997，《机会与能力——中国农村劳动力的就业和流动》，《管理世界》第
　　5期。

朱长存、马敬芝，2009，《农村人力资本的广义外溢性与城乡收入差距》，《中国农村观
　　察》第4期。

Appleton, S. , J. Knight, L. Song & O. Xia. 2004. "Contrasting Paradigms: Segmentation and
　　Competitiveness in the Formation of the Chinese Labour Market. " *Journal of Chinese Economic and Business Studies* 3.

Brown, R. , M. Moon & B. Zoloth. 1980a. "Incorporating Occupational Attainment in Studies
　　of Male-Female Earnings Differentials. " *The Journal of Human Resources* 15.

——. 1980b. "Occupational Attainment and Segregation by Sex. " *Industrial and Labor Relations Review* 33.

Mincer, J. 1970. "The Distribution of Labor Incomes: A Survey with Special Reference to the
　　Human Capital Approach. " *Journal of Economic Literature* 8.

家庭现代化理论及其发展的回顾与评述[*]

唐 灿

摘 要: 本文主要回顾和介绍了家庭现代化理论在最近50年间被西方学界批评和修正的过程,并对其主要理论观点的发展变化进行了梳理和评论。这些主要理论观点的发展变化包括:对一元化和单线演进的家庭变迁理论进行反思,逐步接受家庭变迁存在多种路径和复杂多样模式的可能性;家庭变迁研究的分析范畴经历了从家庭结构到家庭关系的转变;在方法上,不再执着于对传统和现代家庭及其行为进行简单的分类,等等。

关键词: 家庭变迁 现代化理论 分析范畴

有着浓重进化论和结构功能主义色彩的家庭现代化理论,在20世纪60年代前后,曾经在家庭社会学领域占据了无可比拟的权威性地位,在中国80年代恢复社会学之后,该理论也一直是家庭社会学研究者的主要分析工具。但如同其他领域中的现代化理论一样,20世纪60年代之后,家庭现代化理论在西方也经历了被批评、被抛弃、被修正和被发展的历程。与此同时,一些新的家庭研究理论被提出或发展,如交换理论、象征互动理论、生命历程和家庭策略等,学者们认为,个人化(individualization)已经成为西方家庭理论发展的最新形态,其界定性的特征是分析焦点从家庭本身转移到个别成员身上。上述几种理论即涵盖了个人化研究动向的四个主要取向。

但是在查阅和回顾家庭现代化理论及其发展的过程中,本人感受到以下两点。其一,国内学界(包括本人)关于家庭现代化理论的介绍和认知

---

* 本文是中国社会科学院重大课题"五城市家庭结构与家庭关系变迁"的研究成果之一,课题组成员有:李银河、王震宇、唐灿、马春华、石金群等。原文发表于《社会学研究》2010年第3期。

一直存在着片面性，家庭现代化理论更多地被指代为家庭小型化、核心化和亲属关系削弱等标准，特别是对该理论在被修正和发展的过程中不断丰富和吸纳的新材料、新因素和新观点，国内学界缺乏全面性了解。其二，虽然有更加新鲜的理论诞生，但是家庭现代化理论在宏观层面上，在与现代化过程相伴的家庭变迁方面，仍是具有解释力和影响力的社会学理论。其所概述的有关家庭现代化的概念、标准和模板，在分析世界性的家庭变迁方面，至今仍具有不可替代的权威性，影响着包括发达和欠发达国家在内的世界多数国家对其家庭现代化道路和范式的评价。正是出于这种考虑，本文将对家庭现代化理论及其发展和演变过程做一历史性的回顾和评述。

一　家庭现代化理论及其缺陷

现代化理论是一个包涵广泛的理论体系，家庭现代化理论只是运用其基本框架、核心范畴和理论预设来研究家庭问题的一个部分。

现代化理论的主要内容是说明人类社会从工业革命以来所经历的涉及社会生活诸领域的深刻变革过程是有某些既定特征的，以这些特征的出现为标志，表明社会实现了由传统向现代的转变。现代化理论关注和强调技术对传统社会的影响，关心的是传统性向现代性的转变及转变过程，并将近现代社会的发展主要视为从"传统"向"现代"的转变过程。在价值方面，现代化理论认为"现代化"这种转变是"有益"的，理论的核心范畴是"传统"和"现代"，并以此为基本框架展开分析。

许多研究总结了现代化理论的特点，概述如下。[①]

第一，"一元化"模式，把西方的现代化作为一个普世主义的模式，只承认这种模式的合理性；第二，"单线演进"的发展理论，以西方、美国社会历史的演进过程作为标准模式，认为无论先进还是后进国家都必须经历如同他们社会一样的发展阶段和历程；第三，否定传统，在其理论框架中，传统是与现代对立的，是现代化的障碍，必须经历一个从传统到现

---

① 以下论述主要参见：中国现代化战略研究课题组、中国科学院中国现代化研究中心，2003；谢立中，2002；罗荣渠，1993；殷陆君，1985。

代的更替过程。

研究者一般将现代化理论的演进分为三个时期，大致如下。

第一个时期是 20 世纪 50～60 年代。第二次世界大战之后，经典现代化理论盛行。现代化理论在西方发达社会基础上构建出来，并主导了发展问题的研究。

第二个时期是 20 世纪 70～80 年代。由于现代化理论自身的弱点及"依附理论"等对立理论的产生，经典现代化理论受到批评，进入反思和修正时期。

第三个时期是 20 世纪 70 年代末以来，由于理论家们在对现代化理论进行革新方面所做的种种努力，现代化理论作为一个学术流派又重新活跃起来。

（一）进化论与结构功能主义的结合体——家庭现代化理论

现代化理论普遍被认为是进化论与结构功能主义理论的混合物，这种理论特色也突出地反映在家庭现代化理论中。

在进化论统治早期家庭社会学研究的时期，家庭被认为是按照固定的阶序向前发展进化的。如摩尔根在其著名的《古代社会》中将人类家庭的进化过程图示为血缘家庭—普纳路亚（群婚）家庭—对偶家庭——夫一妻制家庭的演变（摩尔根，1987）。这种家庭是按照一定进化阶序发展、演进的思想，深刻地影响了包括马克思和恩格斯在内的后代研究者。在家庭现代化理论中，家庭现代化的历程也被认为是按照同样的范式和固定的发展线索演进、变化的，西方和美国家庭的发展过程被当作其他国家家庭现代化的标本。典型的如勒纳（Daniel Lerner）所说，"现代化的西方模式显示了某些过程和序列是全球性的……相同的模式实际上将在全世界所有的现代化社会中重演，而不论其种族、肤色、信仰是如此迥然不同"（转引自 Hareven，1976a）。另一位著名的社会学家列维（Marion J. Levy）在对"现代化社会"与"非现代化社会"的特征进行比较后，总结归纳了现代化社会的八个特征作为评价标准。其中与家庭有关的部分包括：由于高度专业化，各种组织是相互依存的，功能是非自足的；伦理具有普遍主义的性质，而不是由家庭和亲属关系决定的个别性；社会关系是合理主义、普遍主义、功能有限和感情中立的；家庭是小型化的，家庭功能比较少；等等（转引自布莱克，1996：216）。古德（W. J. Goode）也曾先后表达了这样的观点，在迈向工业化和城市化的世界革命中，不同类型的扩大家庭趋于向夫妇式家庭制度的转变，"这一规律是：在世界各地，所有的社会制度都在或快或慢地走向某种形式的夫妇式家庭制度和工业化，这在人类历史上还是破天荒第一次"（古德，1986/1982：245）。总的来说，这种认为家庭将从世界范围内各种不同传统走向均质化和统一规范的现代化理念，在很长时间里都是家庭现代化理论的主题。吉登斯（A. Giddens）这样评论说，"社会学中最著名的理论传统，包括那些从马克思、涂尔干和韦伯的著作引申出来的观点，在解释现代性的性质时都倾向于注意某种单一的驾驭社会巨变的动力"。"涂尔干把现代制度的性质主要归结于工业主义的影响"，"既然世界文化的多样性是一个整体，对现代性的这种制度作出多种反应就是可能的"（吉登斯，1999：9~10、153）。

帕森斯（T. Parsons）所创立的结构功能主义学说也是家庭现代化的主要理论来源之一。结构分化的概念是现代化理论与结构功能主义之间的主要联系，帕森斯在《当代美国的亲属制度》一文中曾经从结构分化的角度对美国家庭的变迁进行过周密的论证。他认为，核心家庭的孤立化是美国亲属制度最独特的性质，并且成为其大部分独特功能和问题的基础；核心家庭的出现是家庭功能专门化的结果，而不是家庭非功能化（defunctional-ization）和家庭解体所导致的。随着工业社会普遍的分化趋势，美国的核心家庭，特别在居住和经济方面，已经成为结构孤立的群体。核心家庭因为其某些特定的重要职能——在帕森斯看来主要是儿童的社会化和夫妻间的情感支持——使得社会对其有着特别依赖（Parsons，1943）。米特罗尔（Michael Mitterauer）和西德尔（Reinhard Sieder）详细地论述了家庭的宗教、司法、经济、社会化、生育、文化和保护性职能在社会向工业化的转变中从家庭转交给社会机构的过程，指出，"一般说来，家庭将其职能交给超常的社会体制的长期过程是不可逆转的……家庭交出其职能是同现存或新创立的社会机构采纳这些职能同步发展的"，"职能削弱的整个过程可以被看作家庭结构从一种严格的等级机构向一种个人之间的伙伴关系发展。家庭成员获得了更大的独立性以及随心所欲生活的权利"（米特罗尔、西德尔，1987：63~81）。而斯梅尔瑟在论述工业革命和社会变迁时这样解释道，"当一种社会角色或组织产生分化……变成两种或更多的角色或组织时，它原有的功能便在新的历史条件下继续存在。这些在结构上相互区别但又紧密相关的新的社会单位在代偿原有单位的功能上是一致的"（Smelser，1959：2）。

强调个人主义价值观念与夫妇式家庭制度间的适应性，以及核心家庭制度与工业化之间的适应性是家庭现代化理论的两个重要观点。帕森斯认为，与父母分开生活，彼此经济独立，同时也独立于任何特殊主义的亲属关系群体，这是美国式孤立的核心家庭不同于其他国家家庭制度的主要缘由。这种核心家庭由于没有与扩大的亲属关系的利益瓜葛，因此从功能上能够满足其成员的情感需求和个性需要。他还进一步指出，孤立的核心家庭不受强制性的扩大亲属群体及其权利和义务等关系的制约，有益于工业化社会所需的职业流动和地域流动（Parsons，1943）。古德在他的论著中更详细地论述了家庭制度的变迁在结构方面的意义。他认为，夫妇式家庭制度的观念能够最大限度地满足个人主义和平等主义的价值观，丈夫与妻子以及他们的子女之间的关系得到重视，而与扩大的亲属制度相联系的义务关系被削弱，这种家庭制度促进了个体间的平等，而这种个体平等、独立和自由的观念是与工业化所需的价值观念相吻合的。夫妇式家庭和工业化这两种制度其内部观念和内在价值是统一的，因而它们是相互适应的（转引自赫特尔，1987：38~43）。

古德是家庭现代化理论最主要的代表人物之一，其主要代表作《世界革命与家庭模式》和《家庭》①是家庭现代化理论的经典著作。与其他持现代化理论观点的学者相比，古德在家庭现代化理论方面的贡献主要有两点。

第一，作为家庭理论的专门研究者，古德系统而严密地论证了传统社会中扩大家庭支配个体的合法性，以及夫妇式家庭能够充分体现平等主义和个人主义的合理性，而夫妇式家庭的制度形式和价值观念都是与工业社会中经济进步的观念相吻合的。他强调了在世界范围内，传统的家庭制

---

① 古德的《世界革命与家庭模式》（*World Revolution and Family Patterns*）出版于 1963 年，《家庭》（*The Family*）一书于 1964 年出版。两书都是关于跨文化的家庭变迁研究巨著。本人曾在与马春华和石金群合作的论文《女儿赡养的伦理与公平》（《社会学研究》2009年第 6 期）中将《世界革命与家庭模式》误认为是《家庭》一书的另一中文译名，在此予以匡正，并向读者诚恳致歉。

度——通常指扩大家庭或联合家庭——正在瓦解，家庭正在向夫妇式家庭制度转变。在对多个国家进行跨文化考察之后，古德指出了在世界范围内家庭现代化变化的共同特征：1. 母系制衰落，转向父系制或双系制。2. 共同的亲属群体影响下降，世系制在权力和重要性方面都在下降。他特别指出，中国的宗族已经瓦解。3. 嫁妆或聘金的流行程度下降，而这与青年人的婚姻自主有关，亲属不再能主宰年轻人的择偶和婚姻。在现代条件下，无论是嫁妆还是聘金都会越来越接近西方的模式，即双方交换礼品。4. 越来越多的配偶年龄相当，婚龄差别缩小。5. 近亲结婚现象减少，与此一致的是包办婚姻减少。6. 离婚率升高或趋向中值，这与人们重视婚姻的爱情基础和离婚自由有关。7. 妇女独立就业的人数不断增加。8. 妇女的权利增多，妇女赢得越来越多的平等权利的趋势明显可见。9. 父母对子女恋爱和择偶的控制减少，在这方面，父母逐渐丧失了决定权。10. 两性关系更自由，因为工业化的意识形态强调个人选择的权利，其就业体系支持人们摒弃传统的生活方式。11. 西方国家的未婚同居现象在未来很可能会变成西方国家整个婚姻周期中普遍存在的一个阶段，如同"约会"一样。而这与妇女对婚姻中的家务劳动和其他不平等形式的反感有关，妇女只好采取一些消极对抗方式，遵循对她们约束力较小的非正式准则。12. 妇女的婚龄提高，这与妇女受教育程度的提高有关。13. 出生率降低，这主要是婴儿成活率的提高和妇女参加工作的比例提升造成的。14. 家庭法的通过远远走在一般公众舆论之前，有关家庭和婚姻的新锐思想往往超越其他意识形态而领先。

第二，与其他单因素假设和技术决定论者主要强调工业化对家庭制度的单向影响不同，古德论证了家庭模式不能仅仅通过经济和技术状况来加以判断和预测，家庭变迁的推动力来自多种因素的共同作用。古德认为，工业化和家庭二者的变化是两个平行和相互适应的过程（前文已有介绍），它们都受到社会、个人观念的变化，如经济发展、平等主义、个人主义等的影响。古德在经济因素之外还注意到文化、意识形态和其他因素的特殊影响作用，例如，他注意到即使在现代化过程中，一些亚洲国家，如菲律宾，也存在与现代化预期相反的趋势，城市家庭的规模比农村家庭要大。他指出，"由于每种制度都有不同的基点，任何家庭模式的发展方向也就不同"（古德，1986/1982：244），现代化也包括了价值观念的变化，而这种变化部分地独立于工业化，并会对工业化本身产生巨大影响。古德还认为，家庭制度不仅受工业化过程的影响，同时，作为一种重要的因素，家庭制度既可以促进工业化，也可能成为工业化的障碍。他以中国和日本家庭的不同继承制度为例，认为，中国的诸子均分制与日本长子继承制对两国的家庭资本积累产生了不同的影响，并进一步造成了两个国家在现代化进程方面的差别。古德在1986年再版的《家庭》一书的前言中指出，"家庭进程并不完全取决于政治和经济结构，实际上它们互相依存，且各有其独立性。它们相互作用的结果是，既有可能促进政治和经济机构的运转，也有可能阻止这种运转"。

（二）家庭现代化理论存在的缺陷及其修正

古德对丰富和完整家庭现代化理论做出了巨大贡献，但是他在批判社会变迁单因素假说的同时，仍提出了一种直线性和一元化的进化模式，即世界范围内，扩大家庭瓦解和向夫妇式家庭制度变化的共同趋势，以及以西方的家庭模式作为判别家庭现代与否的标准。此外，在古德的著作中还渗透着现代比传统进步、比传统更具价值的先验取向，这必然导致将传统与现代对立，不重视特殊主义的发展模式等理论缺陷。虽然古德注意到了一些后发展国家和地区家庭模式的复杂性，但是他更多地将那些与预期的现代化标准不相符的因素作为"抵制工业化"的因素，例如，亲戚群体的继续存在将会阻碍家庭现代化的进程。他的论著将那些复杂的、与现代化不符的家庭模式和现象主要当作一种向现代化演变的过渡阶段（古德，1986/1982）。

帕森斯和古德等人的家庭现代化理论在20世纪70年代之后，受到了许多研究者的批评和质疑。对于传统与现代的关系，1973年出版的《德狄勒斯》（*Deedalus*）冬季刊展开过讨论，讨论者的中心论点是：在许多社会中，传统和现代性是不可分离的，现代文化和传统文化是一种相互作用的关系，它们渗透于社会和政治结构之中，并在特定的社会中制约着经济的发展。穆尔（Wilbert E. Moore）发表评论说，现代化理论对下列的事实视而不见：世界上大多数国家长期受到了来自西方不同程度的影响，这样便导致了不同文化和社会组织间的广泛的渗透和融合，所有社会的现代化进程无不受到这种文化间交互作用的制约。罗斯柴尔德（C. Saflios-Rothschild）认为，"现代人"和"现代态度"明显地被涂上了现代美国中产阶级观念的色彩，并用这种观念来假定所有人的行为具有趋同的倾向。他还认为，传统也可以成为意识形态和行为的准则并赋予现代性以合理性（以上转引自赫特尔，1987：45）。除对上述单线进化和价值先验取向的批评之外，经历了 20 世纪 60 年代民权运动的一些学者还对现代化理论给出的关于现代家庭的标准提出了严厉的批评。斯冈茨尼就批评说，用"标准社会学理论"（standard package）和"样板家庭"（benchmark family）来覆盖家庭形式的多样性显得太虚假。某些家庭形式无疑在数量上占优势，但是把其中一类当作所有家庭形式的理想类型是欠妥的（Scanzoni，1987）。

针对上述对家庭现代化理论的批评，以及 20 世纪 60 年代以后出于后发展国家家庭变迁多样化的事实和研究者不断推出的质疑现代化理论的新发现，家庭现代化理论开始自身的反省和修改，开始思考民族、种族、阶级、信仰等因素导致的家庭变迁的不同路径和复杂多样的模式，也开始重新思考传统性与现代性之间的关系：在对立之外，它们是否还存在兼容、合作的可能？

美国社会学家古斯菲尔德曾经列举了现代化理论把传统与现代性对立起来的六种错误，包括：传统文化是一种稳定的体系；传统社会都是同质性的社会结构；新的变化将代替传统因素；传统与现代总是对立的；传统与现代性是两个相互排斥的系统；现代化导致传统的衰落。他认为，传统与现代并不必然相互冲突，传统有可能成为意识形态和行为的准则，并赋予现代社会合理性（Gusfield，1967）。著名的家庭史学者哈雷雯在对现代化理论做出评价和补充时这样说："现代化理论的主要弱点在于接受了简单的变革模型和机械性的时间概念……历史证据显示，一些企业工人群体保持着两种角色：在适应现代生产模式和工业安排的同时，他们还保持着前现代的风俗和工作习惯，这有助于他们调整。产业工人可能在工作中是'现代'的，在家里，在家人中是'前现代'的。现代化理论的假设明确暗示道，传统的价值观念和行为模式将被现代观念和行为模式所替换，这种替换的发生如同一个线性序列，好比人们乘火车旅行，每当列车到达一个新的车站，乘客都比前一个车站更现代一点。历史事实远为复杂和缺乏一致性……并不是所有的个性要素都会在同一时间发育和现代化。所以，接受人们在不同的生活或其他领域分别采用现代或传统的行为方式，接受一个复杂、多样的行为模式，比搜索一个全面的现代化过程要来得更加实际。如果现代化理论有助于家庭研究——它当然能够——它就必须使接受这些复杂性和多样性成为自身理论的一部分。"（Hareven，1976a）

20世纪80年代，古德的著作《家庭》在美国再版。古德在"再版前言"中展示了其勇于接受新观点和自我修正的胸怀，他这样写道，"无论一位作者是否打算再版其作品，与作品相关的学科都在发展，这种发展必将抛弃头版作品中的错误，有时甚至会抛弃其长处"。"在本书第一版中，我为家庭缺乏足够的史料而感到惋惜……"古德在文中提到的新材料和据此修正的观点包括：其一，关于家庭结构，虽然古德早就指出，早在工业化以前，西方的家庭制度就已盛行新居制，大约一千年以来，西方家庭制度就在好些方面已经不同于其他家庭制度，"但是那些较早的论述却不可能包含现有的许多资料"。他特别提到了20世纪70年代拉斯莱特等人的家庭历史综合法对家庭研究的贡献（下面将要介绍）。其二，古德承认，在其早期的著作中，多少忽略了妇女问题——尽管他自辩对妇女所遭受的不幸有过论述，"而现在有关妇女的研究是很重要的，其重要性并不在于它记述了显而易见的事实，而在于它开阔了我们的眼界"。他提到了一些女性人类学家的研究及其阐述的女性主义观点。显然，20世纪60年代之后美国蓬勃发展的女权主义运动，以及女权主义对家庭现代化理论的激烈批判对古德的学术观点有很大触动。[①] 其三，古德肯定听到了对现代化理论的浓重进化论色彩的批评，对此他辩解道，"我们很可能永远也无法确切地知道有关家庭模式的进化程序"，但是这个课题将永远是一个发人深思的课题，可以激发人们的想象力。其四，针对现代化理论中关于"孤立的核心家庭"的各种不同声音，古德指出，虽然他一直注意到并不存在真正的"核心家庭制度"，但是在许多国家进行的有关现代社会亲属关系的"规模虽小，但理论意义重大的调查"，对古德接受现代家庭的多种模式产生了重要的影响。他说，这些研究"迫使我们接受统一社会的不同家庭形态。因此我们不能认为，只有地地道道的核心家庭才算'家庭'，而其他形态则是'异常形态'"。据此他还进一步提出问题：有哪些社会条件决定

---

① 女权主义对于家庭现代化理论的批评，因其内容庞杂且影响重大，应有专门的文章予以梳理和评述。

了各种家庭形态在社会上的分布？古德对现代家庭多样模式的肯定，将家庭现代化理论向一个开放的、接纳多样性的理论体系推进了一大步。对于学科在几十年间的重大进展，古德在"再版前言"中还进一步提示家庭研究者，"现代社会的复杂性表明，我们必须谨慎从事……似乎人们都认为工业化引起了所有的这些变化……工业化和城市化仿佛一个百宝囊，包含了许多大相径庭的势力和进程。除非我们搞清楚哪些次要的因素是引起变化的原因，哪些连锁反应促使工业化和城市化产生了影响，否则，工业化和城市化本身并没有很强的说服力"（古德，1986/1982：再版前言）。

在欧洲，20 世纪 80 年代以后，学者们发现，曾经被"共同的舆论倾向于抛弃的属于家族范畴的东西"，又突然开始恢复活力，"社会学家们的研究重又突出了家族网络的力量"（雪珈兰、佐纳邦德，1998：723）。遍览这以后的家庭史研究我们发现，欧美家庭研究出现了新的发展取向，从以往强调所谓现代性的个人主义转而重新肯定传统的大家庭亲情和亲属网络在社会转型中的积极作用。

二 分析范畴：从家庭结构到家庭关系的转变

（一）"大家庭的神话"——现代化理论的结构特征假说

韦伯在 80 多年前曾经说过，核心家庭是工业革命的结果（Weber，1927）。奥格本也认为，在技术和社会快速变迁的影响下，家庭正在经历一个非功能化（defunctionalization）的过程，从以往具有经济、教育、娱乐、宗教和保障等多功能式，到目前仅剩情感和生殖这两项功能的形式。家庭规模将会缩小，家庭结构的变化伴随着与妇女角色和儿童养育及监管模式有关的两性和代际的权力关系的变化。这些功能和结构的变化被认为最终将导致家庭的解体（Ogburn，1928）。

从 19 世纪中期开始，关于家庭发展的社会学理论就形成了一种共同的认识，即存在一种从大家庭到较小家庭的变化趋势，工业化过程普遍被认为是带来这种变化的决定性因素。这种工业化前后大家庭和小家庭的两分法在很长时间里都是家庭社会学的主流话语。

19 世纪的法国学者勒普莱（Frédéric Le Play）被认为是前工业化时期

"大家庭神话"的奠基者。勒普莱在对16世纪以来家庭历史进行研究之后提出了自己的观点：以家庭内拥有广大而复杂的成员群为特征的传统家庭正向着小规模的现代家庭过渡。在现代家庭中，居住群只限于夫妻细胞，这既是生物学意义上的生产单位，又是社会的再生产单位。他将小家庭描述为工业化的产物，是工业化造成的变化了的社会条件的结果。勒普莱极其重视家庭结构的探讨，力求论证任何社会的基本特征都受制于这个社会中的家庭类型，家庭的稳定性、是否接受传统约束、为个人提供保障的情况等特征是划分家庭类型的依据。他把家庭类型分为三种：第一种是父权的扩大家庭，以传统和血缘关系为基础，具有专制性的特点，家庭的父系权威是更广泛的政治和社会权力的缩影。这种家庭制度与现代政治是相抵触的。第二种是不稳定的核心式家庭，生活在工厂制度下的工业人口占据这种家庭类型的大多数。它具有一种强烈的个人主义和世俗主义色彩，且极不稳定，成为社会关系中的统治力量，人们迅速向着野蛮堕落。这种家庭类型与家庭世系几乎毫无联系，代际关系也因之成为一个不稳定的结构。这种家庭类型被勒普莱认为是社会解体的主要诱因。第三种是主干家庭，被认为是父权家庭制度和个人主义优势的有机结合。相对于父系家庭的专制来说它是自由的，但同时又保留传统的痕迹，其结构和亲属关系都是稳定的（参见比尔基埃等，1998：26～28；赫特尔，1987：19～23；米特罗尔、西德尔，1987：22～24）。

勒普莱的家庭理论无疑具有一种保守主义的倾向，他对现代小家庭中的利己主义和个人主义，对冷漠的、讲究实际的非私人社会关系，以及性放纵、晚婚等价值和行为的批评；对亲属间温暖的责任感和紧密联系，以及为了更高的家庭利益而压抑个人情感的愿望的怀念，在其他一些学者中也能够找到回声。事实上，在滕尼斯的《共同体与社会》一书中，我们也同样感受到作者对基于家庭团体的共同体制度，对源于亲属、邻舍间的亲密的、传统的、持久的，建立在非正式关系之上的相互帮助和紧密联系的温情怀念（滕尼斯，1999）。在许多学者眼中，前工业化时期大家庭紧密而温暖的亲属关系与工业化后小家庭冷漠的个人主义之间的广泛对立形成比照。

当然也有另外一些注重家庭结构的学者把家庭结构从大到小的变化更多地视为一种进步。帕森斯就认为，核心家庭结构和独立于家庭以外的亲属关系网，是大多数现代美国家庭的特点。这种特点增强了家庭与工业制度的相容性，是一种进步。在《当代美国的亲属制度》一文中，帕森斯这样写道，"在美国，孤立的夫妇式单位与欧洲历史上的大多数家庭结构形成强烈的对比……美国家庭从根本上是一个开放式系统，主要注重夫妇式家庭，与此一致的是与附属于这个家庭的亲属集团相对疏远，而这个亲属集团是自欧洲亲属称谓形成时期以来就已经存在"。"我们显然没有在无文字社会中非常普遍的那种'扩大'家族群体，如父系宗族或者母系宗族……孤立的夫妻家庭的重要性在于其标准的家户单位。它意味着家是一个居住单位，是一个理所当然的有着共同的经济基础，特别是共享工资收入的单位。也不必负担配偶一方的任何特定亲属。典型夫妇式家庭与父母分开生活，并且彼此经济独立……通常独立于任何特殊主义的亲属关系。"（Parsons，1943）按照帕森斯的理论，前现代和农村的社会关系网络往往妨碍个人的主动性，妨碍地理上的流动性，阻碍职业成就和职业流动，它们是"传统主义"和低效的显现（manifestation），在大多数依靠获致性身份而不是亲属关系取得职业成就的社会中，这是与时代不符的存在。无论认为核心家庭制度是颓废的还是进步的，社会学家的研究成果，在很长一段时间里形成了一个固定而鲜明的观点：现代社会的显著特征是核心家庭占主导地位，而父系制度下扩大的亲属群体则是传统社会的普遍特征。所以，无论在现代化理论家列维还是斯梅尔瑟的论著中，核心家庭制度都是区别于传统的扩大亲属制度的现代社会的主要特征。在现代化理论的表述中，形成了一种价值定式，家庭结构的大或者小，成为评判家庭现代性的一种便捷的测量工具。大的、与亲属有更多联系的，就是传统的、落后的；小的、孤立的、与亲属较少联系的，就是现代的、进步的。家庭结构成为家庭社会学分析和研究的主要范畴。

（二）对家庭结构两分法的质疑和批评

以家庭规模作为判断家庭现代化的依据的理论，将工业化前后的家庭模式"两分"为大家庭和小家庭的形态，这种论点后来受到了来自社会学家，特别是社会史学家和社会统计学家们的严重挑战。20世纪70年代，由社会史学家和社会统计学家发起的大规模的对比人口与社会结构的调查，破除了关于前工业化时期的大家庭"神话"。以拉斯莱特（Peter Las-

lett）为首的剑桥人口组运用了一种分析技术："家庭重组"（family recon-
stitution），即根据从出生、死亡、结婚、遗嘱、土地转让记录中整理出来
的人口统计资料，重新考察当时普通家庭的户规模（household size），同时
推定他们的世系和亲戚关系。研究结果显示，英国 16 世纪家庭的平均规模
为 4.5 人，17 世纪、18 世纪到 19 世纪的平均规模则维持在大约 4.75 人的
水平，主干型和扩大型家庭并不占主导地位，人口结构相对简单的核心家
庭在工业化之前的几百年里早已存在（参见比尔基埃等，1998；赫特尔，
1987；米特罗尔、西德尔，1987）。在美国，格雷文（P. J. Greven）也运
用"家庭重组"技术对美国独立前的马萨诸塞州一个地区进行了考察，
他的研究表明，虽然父系权威因控制继承模式和土地而得到强化，但是
核心家庭依然在家庭形态上占有主导地位（转引自赫特尔，1987：57～
58）。"家庭重组"技术提供了与此前不同的研究结论，但是这种研究方
法仍然囿于家庭结构或家庭规模等静态指标的分析，对家庭日常生活中
的情感和各种家庭关系的动态变化未能予以更多考虑和重视。但无论如
何，对家庭和家户结构稳定性的看法，"导致了历史学家的结论，家庭
和家户结构可能不是重要的变量"（Hareven，1974）。自"大家庭神话"
被证否而破灭之后，工业化会使大家庭解体，使核心家庭占主导地位的
假说便不再流行。社会科学家们的观点趋于统一，承认西方社会中的核
心家庭在过去几百年中一直占有主导地位。现代化理论家开始探讨家庭现
代与否的其他本质特征。

　　工业化社会的城市家庭是否如帕森斯所说，是孤立的、削弱了与扩大
亲属群体的联系？苏斯曼的研究也向帕森斯的假设——在向现代化的转变
中，家庭将经历从扩大家庭到核心家庭的转变——提出了挑战。苏斯曼发
现，工业社会的地理距离并没有破坏家庭纽带，这种纽带和亲属间相互援
助的模式以及情感上的支持依然存在。这种理论被其所记录的已婚女儿与
其母亲间相互高度依存关系的研究进一步支持。在女儿有了自己的孩子
后，她们与母亲间的亲属互动仍然具有特别的重要性，这会让她们的母亲
比父亲多活大概 8 年。她指出，"美国的扩展家庭具有复杂的帮助和服务
网络，将各构成单位联在一起，形成功能网络……只有否定孤立的核心家
庭概念，才有可能把家庭理解为与社会中其他社会体系相联系的功能性社
会体系"（Sussman，1959）。

利特瓦克的研究将当代美国家庭松散的、非正式的亲属关系结构定义为"改良的扩大家庭"（modified extended）。他证实，这种家庭在 19 世纪的美国社区也存在。在农村，亲属通常相互邻近，经济交流和相互援助是他们的依靠。随着城市化的到来，虽然个人对其亲属直接经济控制的程度，特别是父母对子女的控制逐步下降，但是亲属间的联系和相互援助模式依然不变（Litwak，1960）。

古德很早之前就发现，关于工业化前扩大家庭的说法只是一种"虚构"（figment），"并不存在什么'核心家庭制度'，这种制度是指重要的家庭关系只存在于丈夫、妻子和孩子之间"（古德，1986/1982：2）。因此，古德一直很谨慎地使用和区别"核心家庭"（nuclear family）与"夫妇式家庭"（conjugal family）这两种概念。"在谈到家庭单位本身时，我们将轮番使用核心家庭或夫妇式家庭这两种说法。当泛指家庭制度时，我们将使用夫妇式家庭这一说法。如前所述，如果我们说核心家庭是指与亲戚没什么关系的多数家庭，那么，这样的核心家庭制度是根本不存在的。所有当代关于工业化国家的研究都表明，每个家庭都与很多亲戚保持着联系……尽管夫妇式家庭更注重夫妻关系，但我们必须记住，家庭是不可能完全独立的。"（古德，1986/1982：153～154）古德认为，家庭形式不能准确反映家庭的变迁，家庭关系的转变才是判定家庭变迁的主要内容。在以血缘关系为中心的传统社会中虽然也存在核心家庭结构，但是这些核心家庭不存在独立性，而是受到扩大家庭的控制和支配。夫妇式家庭的概念强调的是独立于扩大家庭之外的以夫妻为中心的家庭制度。

（三）家庭关系——家庭变迁研究的核心范畴

自 20 世纪 80 年代起，继家庭结构研究后，家庭关系成为西方家庭社会学关注的主要领域。学者们普遍认为，私人家庭生活的内容、家庭与亲属群体的关系、家庭与社区的关系这些总括为家庭关系的变化才是当代家庭的显著特征。正是这些变化而不是从血缘扩大家庭制度向核心家庭制度的转变，是现代家庭有别于前工业化家庭的核心内容。

1. 夫妇式家庭的内部关系

伴随着核心家庭的独立性和父辈权威制度的衰落，家庭重心从以父子关系为主轴向以夫妻关系为主轴的变化，已广为人知。与此同时，核心家庭还经历了从"公共家庭"（public family）向"私人家庭"（private fami-ly）的过渡，这种转变也被普遍认为是家庭制度的重大变化。

法国学者艾利斯（Philippe Ariès）在 1962 年出版的著作《童年的世纪：家庭生活的社会历史》中开始引用了"公共家庭"和"私有家庭"的概念。他认为，家庭的概念是从 17 世纪才出现的，虽然他承认在那个时代以前就存在着家庭这种样式，就是父亲、母亲和孩子，但是他认为必须要对家庭的存在和家庭的观念加以严格区分，其中关键的差别在于，现在具有的家庭观念是过去漫长历史中从来没有过的，其最主要的内容就是隐私观念。他认为，与传统社会的家庭是一个社会联系中心，是一些集合资本，是父辈权威下的等级社会相比，"现代核心家庭是一个专门的、内聚式（inward-turning）的机构。它切断了与世界的联系，成为与社会相对的、孤立的亲子群体。所有的精力都用于帮助孩子在社会上立足，重视孩子的独立性，而不是家庭的共同利益"（转引自 Hareven，1976a）。虽然后来学者们普遍认为，核心家庭的隔离可能在早期被学者过分夸大了，但是在当代家庭内部关系的主要特征的认识上，学者们有着较高的一致性，这就是夫妇式家庭的排外性，或者被表述为公共生活领域与私人生活领域的分离，以及相应的对家庭内部情感和事务的专注和平等主义。

家庭的排外性与夫妇式家庭从扩大的亲属群体和社区关系中的独立有关（这在下文还将继续介绍），也与夫妇式家庭的个人主义价值观增长、与小家庭的功能专门化有关。哈雷雯在比较了前工业化家庭与现代家庭的不同特征后介绍说，前工业化的家庭包括各种功能，是一个工作坊、教堂、感化院、学校和庇护所。在经济增长和工业化过程中，工作场所从家庭转移，家庭作为生产单位的功能转移到外部机构。由于家庭重心转向内部，承担家务、亲密性、私密化成为主要特点。与这个过程相伴，核心家庭成为治疗外部世界创伤的场所，成为家庭成员的情感避难所（Hareven，1976a）。古德在他的论著中也有类似的表述，他还指出，与工业化相适应，夫妇式家庭能最大限度地满足工业和技术社会中的个人主义和男女平等主义的价值观，夫妇式家庭的排外性和其成员之间亲密关系重要性的观念形成（参见赫特尔，1987：38~55）。这种注重家庭成员的亲密关系的观念，被认为是新的中产阶级的意识形态，它强调夫妻关系的爱情基础，以儿童为中心的家庭关系，以及重视孩子的教育等观念。

2. 家庭与扩大的亲属群体的关系

在现代家庭制度下，关于亲属关系的定义，古迪这样解释说，"我们这里所说的'亲属'，其定义是夫妻以外的关系"（古迪，1998）。考虑到夫妇式家庭的结构特征，或许我们在这里还可以将这个概念进一步扩大为夫妇式家庭以外的其他关系。古迪说道，"摒弃亲属关系的意图，由来已久。一个时期以来，在世界的不同地区，我们正在目睹由亲属关系组成的广阔集团如氏族、家族的消失，这是肯定的"（古迪，1998）。古迪所说的亲属关系消失，一直被社会学家们认为是工业社会的流动性和城市社区的开放性和异质性所致，这种变化造成个人关系相对萎缩，亲属联系削弱，邻居关系淡化，偏向社会团结的传统观念逐渐淡薄。

长久以来，亲属关系一直是社会学、人类学和历史学理解和认识家庭和社会变迁的重要指标，学者们通常以核心家庭与扩大的亲属群体的互动程度来区分前现代和现代家庭的行为和特点。无论在滕尼斯、涂尔干，还是在帕森斯和古德的经典论著中，我们都可以读到将扩大的亲属关系群体的密切互动与传统的家庭和社区模式联系起来的观点。但是如前所述，人们后来发现，在很长的一段时间里，城市中现代家庭亲属关系网络的活跃性实际上被学者们大大低估了，家庭体系中亲属义务的弱化被严重夸大。迄今，有越来越多的学者以各种研究证明，核心家庭"与居住单位之外的亲属群体的联系比迄今想象的意义要大得多"（Ben-Amos，2000）。这些研究发现对帕森斯和古德时代的家庭现代化理论起到了重要的修正和补充作用。

学者们对 20 世纪中叶欧洲家庭的研究表明，许多国家出现了相同的家庭体系，其特点是，虽然核心家庭占据主导地位，但是亲族网并没有如想象的那样消失，它还担负着大量社会功能，核心家庭纳入作用灵活的夫妻双方的亲族网中，并结为一体（雪珈兰，1998）。

苏斯曼在 20 世纪 50 年代对纽黑文的城市家庭进行了长时间的调查，她的研究结论是，必须在相互联系的亲属结构中重新认识城市的核心家庭。亲属关系结构是互惠互利的交换关系所赖以存在的基础。这种互惠和互利方式包括以下几种：生病时的照料、金钱支持、儿童照料、咨询和有益的建议，以及礼物的互赠，这些都是家庭在城市社会中依然具有团结性和凝聚力的重要证明（Sussman，1959）。苏斯曼关于互惠的亲属关系的观点后来被阿莫斯运用"互惠理论"① 的研究进一步证实和发展。阿莫斯在关于礼物的研究中指出，工业化过程中的英国家庭，亲属间的相互支持既有物质性的礼物的赠予和回报，如食品、衣物和金钱，也包括非物质性的交流，如情感、声誉、信息、关系等。父母与子女的互惠通常是一种双向的礼物交换。但两者并非对等，父母的帮助一般大于子女的回报，子女的回报因种种因素制约具有时间上的滞后性。从本质上看，这是一种"报之以情"（reciprocate with affection）的支持模式。越来越多的证据显示，在生命历程的关键时刻和动荡的社会经济条件下，亲属显然被动员起来作为依靠（Ben-Amos，2000）。

哈雷雯在对 19 世纪后期和 20 世纪早期曼彻斯特和新罕布什尔移民工人的亲属模式这一著名的研究中发现，与其说亲属关系"压制个人"和妨碍流动，倒不如说亲属关系充当了个人和家庭从前工业环境到工业环境的传输工具。工人在亲属群体中迁移并且带着亲属援助的传统模式。他们使这些模式适应工业制度并且发展出与农村中的那些习惯做法有着相当不同的新的功能。哈雷雯分析认为，这些"前现代模式的残余"（survivals of premodern patterns）实际上可能代表了移民工人对新环境的现代回应。这种与亲属群体密切互动的家庭关系被哈雷雯重新定义为一种对新经济机会做出反应的传统生产模式。但是她同时强调，这些关系与他们在农村时的本来面目已经大相径庭（Hareven，1975）。更多的经验研究也显示，传统的习惯以及传统的人际关系不仅使劳动者更能适应工业化过程，而且直接地支持了这一过程。事实上，这些现象在发展中国家的发展进程中更为明显，这也是后发展国家工业化过程中的一个重要特点。

古德在 1982 年再版并做出重新修订的《家庭》一书肯定了前 20 年中社会学家对于美国亲属关系的新发现，并部分修改了自己的观点。他承认，在工业化和亲属模式的瓦解这二者之间，并不存在着机械的联系。对于工业化前后城市家庭与亲属群体相似但又不相同的联系模式，古德回应

---

① 互惠理论出自卡尔·波兰尼的名著《大转型》中对人类经济生产方式做出的三种类型的概括：市场经济、再分配经济和互惠经济。在这三类经济中，市场经济和再分配经济属于正式制度，而互惠经济属于非正式制度。互惠经济是一种个体化的交换，它多发生在以血缘和伙伴关系结成的共同体中。多表现在以礼物为媒介的义务性赠予关系中（波兰尼，2007）。

道，虽然存在亲戚关系网活跃并毫无消失的迹象，但这种亲属间的互动并不仅仅是农村旧习俗的残余，因为它们并不构成共同体。在现代条件下，亲属网失去了对夫妇式家庭的控制和支配权力，它只是一种互助的源泉。当社会经济环境还不能像多种亲属联营方式那样提供更好的选择机会时，各种亲属模式就不大容易瓦解。在各种社会经济条件下，家庭结构所具有的优越性是现代官僚制度和公司企业所望尘莫及的。古德还引用了 G. 罗森堡和 D. 安斯波在 1973 年的研究——《工人阶级的亲戚关系》以说明，在现代家庭制度中，亲戚间交往的频繁与否主要由两种变量决定。第一个变量是，是否近亲，其顺序排列为：（1）夫妇双方的兄弟姐妹和后裔；（2）配偶的直系家庭，包括父母和兄弟姐妹；（3）更远的亲戚。也就是说，与直系家庭关系越远的亲戚，社会交往就越少。第二个变量是其他一系列因素，如地理位置、交通和通信费用等。但亲戚们无论住的远近，上述交往的等级保持不变。当代家庭与亲戚交往的主要特点为：时间较短、范围较窄、亲切感较差。古德断言，在现代生活中，亲戚关系已经不占主要地位了，这是因为当代世界提供了更多的选择机会（古德，1986/1982：173～177、249～268）。

在许多学者看来，城市家庭与亲属群体的交往，很大程度上是核心家庭为了应对城市变化和复杂的社会而做出的策略性的调整和反应。以下欧洲家庭社会学家的观点就很有代表性：家庭变化、工业变化和城市变化之间的关系，既不是简单的，也不是线性的。家庭组织不仅仅是一个忍受经济的与社会的命运之冷酷法则的客体，相反，它是一个知道如何适应各种复杂情况的抵制场所。即使在工业化造成的最恶劣的条件下，人们也试图找到一些符合其利益的策略，而这些策略常常通过家庭组织来实施（雪珈兰，1998）。

20 世纪七八十年代以后，家庭社会学研究出现新的取向，社会学家们的研究重又突出了家族网络的力量，同时，从以往强调个人主义转而重新寻找并肯定亲属网络在社会转型中的积极作用，其典型如社会资本和社会网络的研究。

3. 家庭与社区的关系

家庭与社区的关系事实上已经包含在前述关于家庭排外性等的介绍中。"私有家庭"与"公共家庭"的区别，以及私人活动领域与社会的分离被认为是当代家庭制度的主要特征。家庭退缩到严格的"家"的领域，被许多学者认为代表了家庭从前现代社团主义到个人主义的重大转变。在传统社会，"家庭"一般意味着集体进程中的一个法人团体，在这个组织中，团体结构超越部分的总和。在这种安排中，大多数个人行动与群体决定紧密相连，家庭集团的影响对个体选择的影响不仅涉及婚姻，而且涉及职业生涯和家庭内部的分工。在传统社会，获得土地财产或新的职业或婚姻，并不表明个人从出生家庭完全分离。而在现代社会，这些决定由个人做出，这被视为"独立性"和从出生家庭脱离的表现。

关于"公共家庭"的模式，《家庭史》一书中有较为详细的描述：中世纪的家庭是个经济合作组织，也是家长追求集体和个人目的的极有效的工具。婚姻及其建立家庭的行为对于巩固和扩展家业都是一项具有重要意义的事情。小两口与大家庭融为一体，他们是补充的资本和劳动力。家系集体拥有土地，家系压倒一家一户。从中滋生出开放性的家庭和联姻（博莱斯克，1998）。艾利斯（Philippe Ariès）也曾这样写道：前工业时期的法国，人们的生活完全被社区的功能吸收，家庭只是扮演从属的角色，家庭成员通过经济合作紧紧地联系在一起，家庭事务主要由血缘共同体来决定，公共与私人生活领域不存在分化。小家庭本身陷入小社区纵横交错的罗网中，公共性变成家庭的一种特征。严格的集体性生活妨碍了夫妻生活的亲密和独立性，社区的严厉干预，确保了核心家庭对外部的开放，年长一代对每个家庭成员的控制也确保了这个结果。老年人对晚辈从婚姻的安排到财产的控制，层层设防，妨碍了自主的家庭单元的发展。新工业秩序的兴起，打破了社区对家庭的控制，也打破了老一代的权力和控制。个人主义、家庭私有化和家庭生活幸福的观念随之而出。（转引自赫特尔，1987：310~313）哈雷雯对在工业化后出现的核心家庭与社区之间的关系有过很经典的评论：家庭私有观念导致家庭与社区的隔离，以及朋友、邻居和亲戚间社会支持的减少。每户成为一个自我包含（self-contained）的单元，形成了一种自发隔离（self-initiated isolation）的机制。这种隔离剥夺了老年父母对家庭日常事务的管理权力，增加了社会中不同年龄组之间的隔离（Hareven，1976b）。

学者们还认为，在前工业化时期，社区由于受到强烈的控制而具有同质性。包括亲属和邻里关系在内，共同的法则规定了彼此间的相互责任和义务，包括在生育、结婚、丧事等重大事件中的互助共济。这种相互的责任和义务观念，保证了家庭与亲属团体和邻里间的紧密合作，以及相互的忠诚和团结。但是如今，人口高度流动的城市社会大大增加了社区的异质性，虽然传统的亲属关系和邻里关系仍在持续，但是睦邻已不再是一种责任，"邻里间的群体性和忠诚性已经逐渐淡化"（赫特尔，1987：313）。

三　家庭现代化的标准和研究方向

确立一整套现代化标准，以此测量和判别处于不同发展进程中的国家或地区的现代化程度，一直是现代化理论的重要使命。学者们相信，如果没有客观的评价指标和评价标准，现代化就容易成为一个空洞的概念。

阿列克斯·英克尔斯通过对六个发展中国家个人从传统人向现代人的转变过程的开拓性研究，定义了个人现代性的一整套态度。他的理论被认为具体化了个人主义对家庭主义的胜利：现代人是孤立的、见多识广的、独立于大家庭义务和传统纽带的。

> 作为一个知情参与的公民，现代人认同更新的、更大的地区和国家实体，对公共事务，对国家和国际以及地方事务有兴趣参加或组织，保持自己对重要新闻事件的知情，选举或参加其他方面政治活动。现代人的效能感也反映在，他相信或者独自或者与他人一致行动，都可以通过行动来影响自己生命和社区的过程；他积极努力改善自身和家庭条件，他拒绝被动、顺从和对生活事件采取宿命论。他对传统权力资源的独立性表现在，在公共问题上，他更依靠公职人员或工会领导人，而不是依靠牧师和长老；在个人事务方面，依靠个人选择决定工作和配偶，而不是父母，即使他的父母更中意其他职位或其他什么人。（转引自 Hareven，1976a）

其他的现代化标准还有前面提到过的"列维模型"给出的八个现代化特征，其中包括：由于高度专业化，各种组织是相互依存的，功能是非自足的；伦理具有普遍主义的性质，而不是由家庭和亲属关系决定的个别性；社会关系是合理主义、普遍主义、功能有限和感情中立的；家庭是小型化的，家庭功能比较少；等等。此外还有"比较模型"关于现代化的标准，其社会现代化特征是：社会阶层分化、组织专门化、社会流动、城市化、家庭小型化等；个人现代化的主要特征是：参与性公民、具有丰富知识、具有充分自信心、有高度的独立性和自主性、思想解放、愿意接受新经验和新知识等（布莱克，1996：216）。

古迪曾经对现代家庭的特性做出过如下概括：这就是"个人化"，自由选择配偶，摆脱亲属束缚，以及婚姻私事化。个人事务不再与大家庭的利益相关，而成为纯粹的个人私事（古迪，1998）。

更详尽的关于家庭现代化的指标主要见诸古德的论著，前面曾引用古德在《家庭》一书中列举的家庭向现代变迁的 12 个特征，在其《世界革命与家庭模式》中，他还简要地将现代家庭特征归纳如下。

世界范围内，家庭制度正在经历从传统向现代、从不同类型的扩大家庭向夫妇式家庭制度的转变。其标志有：（1）择偶制度的转变——从家族安排和家庭利益为目标转向自由恋爱和以爱情为基础。（2）个体的幸福受到重视，家族的利益被淡化，亲属关系削弱，两性间的平等增强。（3）以代际关系为主轴的家庭关系转变为以夫妻关系为中心，与夫妇式家庭的独立相关的是，双系制度的发展导致单系制度式微。新居制和双系制有助于夫妇家庭从大家庭中独立（转引自赫特尔，1987：40~41）。

古德在《家庭变迁的理论与测量》一文中还对现代家庭行为的标准做出如下阐述：在其他学者看来，这些标准是被人们公认的，它们包括，（1）由个人（或夫妇）而不是社会控制生育，即依靠夫妇的共同理性决定来自觉实施生育控制，而不是遵循长者、教堂等的规则；（2）简单、不复杂的家庭和家庭结构，即主要是核心家庭；（3）出生家庭（family of orientation）与生育家庭（family of procreation）的分离；（4）非权威化的家庭内部关系，这导致父辈权威的下降；（5）低亲属聚集度，这通常意味着个人或核心家庭从家族对个人职业、择偶、婚姻时机和生育的控制中独立出来（Goode，1968：295~348）。

总之，典型的"现代"家庭被定义为核心家庭、儿童中心、私密性，是一个更喜欢亲密生活和私密性而不是与亲属分担责任的团体。

从今天的角度来看，上述家庭现代化标准的缺陷也是显而易见的，这些缺陷与前文提到过的现代化理论本身所固有的弱点和缺陷是一致的。首先，这些标准是西方中心论的，把西方的家庭模式作为一个普世主义的模式，以此作为测量传统与现代的指标，完全忽视了不同民族、种族和文化国家与地区的自身传统和特殊主义的发展模式；其次，这些标准过于模式化，无法度量如前文所提及的"在不同的生活或其他领域分别采用现代或传统的行为方式"的那些混合着复杂家庭行为的模式；最后，这些指标体系显示了强烈的价值取向，现代或传统的概念分别被涂抹上了进步或落后的色彩。

自家庭现代化理论出现以后，面对大量该理论无法解释的家庭历史和家庭实践性行为，有学者意识到，比在传统与现代之间划出一道界线、做出截然区分更为重要的是，研究和理解复杂而多样的家庭变化这一过程本身。哈雷雯这样说道，在家庭研究中，现代化理论并不能提供全面的解释，不能比早前的全面宏观理论的解释提供更多的内容。它的价值在于提供了整个社会变迁和个体及家庭行为的标准和概念，而不是在分类学意义上运用这些标准。我们有必要检审变迁过程本身。因此，当务之急是，在家庭史研究中，不再执着于在某一时间点上家庭是传统的或者现代的，而是关注：（1）家庭是如何平衡传统和现代的态度的？（2）变迁的过程是如何发生的？（Hareven，1976a）

古德在1982年《家庭》再版时也说道：再也不能用一套简单的依附变量来阐述家庭了。一个社会理论家的目标首先是要论证几组中心变量之间的决定性关系，不管哪些变量会成为"依附变量"……我们必须详细而准确地说明，哪些进程对家庭模式产生了影响。例如，假若我们断定工业化具有某种特殊作用，就必须阐明工业化如何改变社会控制力量对丈夫、妻子、儿童或亲属产生的作用。有哪些社会条件决定了各种家庭形态的分布？他还说，家庭研究不能仅仅满足于描述20世纪美国家庭的某个侧面。还应当指出的是，这类研究应当着重于实际行为的分析（古德，1986/1982：再版序言）。

在着重于实际行为的研究中，有中国学者在创造性地运用现代化理论的概念和范畴，探索符合自己民族特色的发展理论方面做出了特殊贡献。如杨国枢在个人现代性及相关的研究领域中有着独特的思考，他注意到了中国文化的特殊性，看到了一个中国的现代人可能会是从自己的传统人演变而来的，是适应自己的社会变迁的，中国的传统人到现代人的变化可能不是传统人到世界人的变化。而这一社会变迁，或许与发达国家社会文化变迁的趋向相一致，或许会有所不同。他认为发展趋势上的一致不能抹杀不同文化社会历史造成的不一致。由此思考，杨国枢放弃了跨文化心理学的立场，不再追随英克尔斯等人的现代化理论，而采取了本土心理学的立场。在对自己的理论立场和研究策略进行反省后，杨国枢在四个方面做出了改变：（1）从对立到分离，即传统性和现代性可能不是一个连续体的两极，而可能是各自独立的变量；（2）从一元到多元，即传统性和现代性可能不是单维变量，而可能是多维变量；（3）从单范畴到多范畴，即现代性和传统性可能在不同生活范围中是不同的，应在不同生活范围中加以测量；（4）从普同性到本土性，即现代性和传统性研究的重心可能应是本土性的，而不是普适性的、跨文化性的（杨宜音，2002）。

杨国枢的现代性研究思路给与西方家庭研究学者处于不同文化和制度背景下的中国学者提供了独立思考和理论创新的范例。借用杨国枢的表述，我们这样追问自己：基于中国传统的家庭，是从自己的传统演变而来的，是适应自己的社会变迁的。它究竟会变成"普世性"的"世界家庭"，还是会变成"特殊性"的"中国现代家庭"？中国家庭变迁的道路与发达国家家庭变迁的道路或许会趋同，或许会有所不同，中国家庭变迁的实践和经验是否有可能对现代化理论加以进一步丰富和发展？目前，更重要的或许是观察和理解家庭变迁的实际过程，而不是执着于在现代和传统之间划出一道线。

参考文献

安德烈·比尔基埃、克里斯蒂亚娜·克拉比什－朱伯尔、马尔蒂娜·雪珈兰、佛朗索瓦茨·佐纳邦德主编，1998，《家庭史》（3册），袁树仁、赵克非、邵济源、黄芳滨译，三联书店。

布莱克，1996，《比较现代化》，杨豫译，上海译文出版社。

斐迪南·滕尼斯，1999，《共同体与社会》，林荣远译，商务印书馆。

亨利·博莱斯克，1998，《欧洲的城市与乡村》，载安德烈·比尔基埃等主编《家庭史》（二）。

吉登斯，1999，《现代性的后果》，田禾译，译林出版社。

杰克·古迪，1998，《序言》，载安德烈·比尔基埃等主编《家庭史》（三）。

卡尔·波兰尼，2007，《大转型：我们时代的政治与经济起源》，冯钢、刘阳译，浙江人民出版社。

罗荣渠主编，1993，《现代化——理论与历史经验的再探讨》，上海译文出版社。

马尔蒂娜·雪珈兰，1998，《工业革命：从普罗大众到布尔乔亚》，载安德烈·比尔基埃等主编《家庭史》（三）。

马尔蒂娜·雪珈兰、佛朗索瓦茨·佐纳邦德，1998，《法国家庭》，载安德烈·比尔基埃等主编《家庭史》（三）。

马克·赫特尔，1987，《变动中的家庭——跨文化的透视》，宋践、李茹译，浙江人民出版社。

迈克尔·米特罗尔、雷因哈德·西德尔，1987，《欧洲家庭史》，赵世玲、赵世瑜、周尚意译，华夏出版社。

摩尔根，1987，《古代社会》，杨东莼译，商务印书馆。

W. 古德，1986/1982，《家庭》，魏章玲译，社会科学文献出版社。

谢立中，2002，《二十世纪西方现代化理论文选》，上海三联书店。

杨宜音，2002，《社会变迁与人的变迁——杨国枢等人关于个人现代性研究述评》，载叶启政主编《本土心理研究丛书（5）·从现代到本土》，远流图书公司。

殷陆君，1985，《人的现代化》，四川人民出版社。

中国现代化战略研究课题组、中国科学院中国现代化研究中心，2003，《中国现代化报告 2003——现代化理论、进程与展望》，北京大学出版社。

Ben-Amos, I. K. 2000. "Gifts and Favors: Informal Support in Early Modern England." *The Journal of Modern History* 72 (2) (Jun.).

Goode, W. 1968. "The Theory and Measurement of Family Change." in *Indicators of Social Change: Concepts and Measurements*, (eds.) by E. B. Sheldon & W. E. Moore. New York: Russell Sage Foundation. Cited in T. K. Hareven. 1976. "Modernization and Family History: Perspectives on Social Change." *Chicago Journals* 2 (2) (Autumn).

Gusfield, J. R. 1967. "Tradition and Modernity: Misplaced Polarities in the Study of Social Change." *The American Journal of Sociology* 72 (4) (Jan.).

Hareven, T. K. 1974. "The Family as Process: The Historical Study of the Family Cycle." *Journal of Social History* 7 (3) (Spring).

——. 1975. "Family Time and Industrial Time: Family and Work in a Planned Corporation Town, 1900 – 1924." *Journal of Urban History* 1.

——. 1976a. "Modernization and Family History: Perspectives on Social Change." *Chicago Journals* 2 (1).

——. 1976b. "The Last Stage: Historical Adulthood and Old Age." *Daedalus* 105 (4).

Litwak, E. 1960. "Geographic Mobility and Extended Family Cohesion." *American Sociological Review* 25 (June).

Ogburn, W. F. 1928. "The Changing Family." Cited in Fai-Ming Wong. 1975. "Industrialization and Family Structure in Hong Kong." *Journal of Marriage and Family* 37 (4).

Parsons, T. 1943. "The Kinship System of the Contemporary United States." *American Anthropologist* 45 (1).

Smelser, N. 1959. *Social Change in the Industrial Revolution: An Application of Theory to the British Cotton Industry*. Chicago: University of Chicago Press.

Scanzoni, J. 1987. "Families in the 1980s: Time to Refocus Thinking." *Journal of Family Issues* 8.

Sussman, M. 1959. "The Isolated Nuclear Family: Fact or Fiction." *Social Problems* 6 (4) (Spring).

Weber, M. 1927. *General Economic History*, Cited in Fai-Ming Wong. 1975. "Industrialization and Family Structure in Hong Kong." *Journal of Marriage and Family* 37 (4).

高等教育扩张与教育机会不平等[*]

——高校扩招的平等化效应考查

李春玲

摘　要：教育扩张可以为人们提供更多的教育机会，但它能否使教育机会分配变得更加平等，这一直是引发论争的问题。1999～2002 年，中国政府采取了大学扩招政策，导致大学生数量和高等教育机会成倍增长。关于这项政策的实施对高等教育机会平等化所产生的影响，目前的研究还未取得确定的结论。本文基于 2005 年 1% 人口抽样调查数据的一个次级数据集，采用 Logit 模型分析了大学扩招对不同阶层、不同户口身份、不同民族和性别之间的教育机会不平等的影响，并同时检验 MMI 假设、EMI 假设和理性选择理论在中国社会的有效性。本文的结论是：大学扩招没有减少阶层、民族和性别之间的教育机会差距，反而导致了城乡之间的教育不平等上升。

关键词：大学扩招　教育机会不平等　教育分层　城乡差距

一　研究背景：高校扩招与教育公平

2009 年 1 月新华社播发了国务院总理温家宝有关教育问题的署名文章，文中提到："有个现象值得我们注意，过去我们上大学的时候，班里农村的孩子几乎占到 80%，甚至还要高，现在不同了，农村学生的比重下降了。这是我常想的一件事情。本来经济社会发展了，农民收入逐步提高了，农村孩子上学的机会多了，但是他们上高职、上大学的比重却下降

---

*　原文发表于《社会学研究》2010 年第 3 期。

了。"（温家宝，2009）此文的发布引发了社会公众对于城乡之间教育不平等问题的热议。几个月之后，在全国高等学校招生考试的前夕，多家媒体报道了 2009 年高考报名人数骤降，与 2008 年相比下降 3.8%，实际减少约 40 万人（《人民日报》，2009；《新京报》，2009；中国新闻网，2009）。许多高中应届毕业生放弃高考，其原因是大学毕业生就业困难。对于许多农村家庭、贫困家庭和较低阶层家庭的子女来说，高等教育昂贵的经济成本如果未能换来稳定的收入和就业，显然不值得投入时间、精力和金钱来争取。与此同时，人们还注意到的一个现象是，近年来，许多农村家庭、贫困家庭和较低阶层家庭出身的孩子，在初中毕业甚至初中未毕业时就放弃升学机会，进入劳动力市场。与此对应的现象是，升入高中，尤其是升入重点高中的学生的家庭背景层次不断提升。[①] 这一系列的现象似乎显示出高等教育机会分配的不平等程度有可能在加剧。

上述现象与我国高等教育迅速发展的景象相矛盾。1999 年以来政府采取的大学扩招政策及其他相关措施，使高等教育规模急速扩大，高等教育机会迅速增长。图 1 展示了近 20 年中国高等教育机会的增长态势。1999 年以前，应届高中毕业生进入大学的比例和在校大学生人数增长较为缓慢，但 1999 年大学扩招政策实施后，高等教育规模和高等教育机会快速增长，在随后的 5 年里，中国高校招生人数以年均 20% 的幅度增长。高中毕业生进入大学的比例从 1998 年的 46.1% 猛增至 2003 年的 83.4%。2006 年以来，由于大学毕业生就业问题突出，高校扩招幅度放缓，但仍维持约 5% 的增长幅度。虽然大学扩招政策的初衷是为了缓解就业压力，但人们也许会想当然地以为，大学扩招导致的高等教育机会的增长必然会降低教育机会不平等。当高等教育处于精英教育阶段（只有少数人有机会上大学）时，高等教育的机会通常由中上层阶级和优势地位群体垄断，当高等教育机会增加而使高等教育趋向于大众化时，较低社会阶层和弱势群体有可能争取到越来越多的高等教育机会，从而导致教育机会分配的平等化。中国高等教育在短短数年中急速扩张——当今世界可能还没有哪一个国家

---

① 一项对高中生家庭背景的调查显示，在某重点中学中，政府、企业、专业人员等优势阶层的子女由 1978 年的占 44.7%，增加到 2008 年的 77.6%，增加了 33 个百分点；而工人、农民子弟的比例，则从 1978 年的占 42.4% 锐减至 2008 年的 5.9%，降低了 36.5 个百分点（"全国中小学教育现状调查研究"课题组，2009）。

能达到如此速度，按常理来说应该有利于推进教育公平。那么，大学扩招政策导致的高等教育扩张到底对高等教育机会分配的平等程度产生了何种影响？是降低了原有的不平等，还是维持了原有的不平等，或者，加剧了原有的不平等？这就是本文要解答的问题。

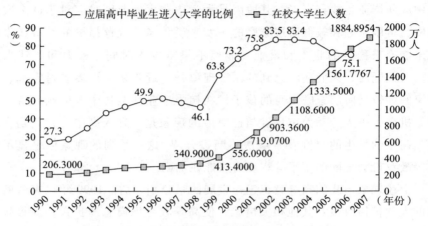

图1　中国高等教育增长趋势（1990～2007年）

数据来源：《中国统计年鉴》，1991～2008。

二　理论解释和实证研究：教育扩张与教育公平

教育机会在人口中的分配形态，极大程度地决定了社会分层的基本特征和社会不平等的程度。随着初等教育和中等教育在许多国家得到普及，更多的社会分层研究者聚焦于高等教育机会的获得，以此来研究教育机会公平问题。因为在现代社会，大学文凭成为人们获得较好社会经济地位的前提条件。大量的相关研究（Shavit & Blossfeld，1993；Sieben & De Graaf，2003；Lucas，2001；Breen & Jonsson，2000，2005；Pfeffer，2008；Stocke，2007）证实，高等教育机会的分配受到家庭背景、民族和种族、性别等因素的影响，出身较低社会阶层的人、少数民族和种族以及女性在竞争高等教育机会方面处于劣势，从而导致了社会分层界线的强化和阶级地位的再生产。20世纪中期以来，许多国家采取了高等教育扩张的策略，提供更多的大学教育机会，同时在高校录取制度方面进行一些改革，希望以此减少高等教育机会分配的不平等程度，促进整个社会的公平水平。不过，一系列的国际比较研究（Shavit & Blossfeld, 1993; Erikson & Jonsson, 1996b; Jonsson & Erikson, 2000; Shavit & Westerbeek, 1998; Sieben et al., 2001; Breen & Jonsson, 2005; Ballarino et al., 2008; Pfeffer, 2008）发现，在有些国家，高等教育扩张期间，高等教育机会分配的平等化程度有所提高，但在另一些国家却没有出现这种情况，还有少数国家在高等教育扩张期间教育不平等程度反而有所上升。针对这些相互矛盾的研究结果，学者们提出了各种理论来解释教育扩张与教育机会平等之间的关系。

（一）最大化维持不平等假设（MMI假设）

有关教育扩张与教育不平等之间关系的最著名的一个理论假设是最大化维持不平等假设（maximally maintained inequality，MMI）。这一假设声称：教育扩张并不能导致教育机会分配的平等化，相反，只要上层阶级或优势地位群体还有可能去提高他们的教育机会，教育机会不平等就会维持。之所以如此，是因为教育扩张创造的新的教育机会通常被上层阶级的子女占据，他们拥有的经济、文化、社会和动机资源有利于他们抓住这些新产生的机会。只有当上层阶级在某一级别的教育中达到饱和——比如说80%以上的上层阶级子女都能上大学，这一级别的教育不平等才会下降（Raftery & Hout, 1993; Mare, 1981; Shavit & Blossfeld, 1993; Erikson & Jonsson, 1996a; Breen & Goldthorpe, 1997; Breen & Yaish, 2006; Shavit et al., 2009）。这一假设最初由拉夫特瑞和豪特（Raftery & Hout, 1993）提出，并获得了夏维特和布劳费尔德（Shavit & Blossfeld, 1993）的多国比较研究结论的支持。夏维特和布劳费尔德对13个国家的经验数据进行比较分析的结果是：教育不平等是跨国家和跨时代的持续，教育扩张并未降低教育不平等程度。在被研究的13个国家和地区，教育机会不平等程度在教育扩张期间都未明显下降，只有瑞典明显例外，以及荷兰部分例外。

（二）有效维持不平等假设（EMI假设）

在MMI假设的基础上，卢卡斯（Lucas, 2001）进一步提出了EMI假设（effectively maintained inequality）。MMI假设认为，当上层阶级在某一水平的教育中达到饱和，比如超过80%的上层阶级的子女都能获得高等教育，那时，教育扩张产生的新的教育机会才会向较低阶层扩散，从而导致高等教育不平等下降。卢卡斯对这一假设进行了修正。他认为，即使上层阶级在高等教育中达到了饱和，但不平等还将在高等教育中以更有效的方式维持。他提出，在教育机会分配方面存在着两种不平等，一种是数量上的不平等，比如上层阶级的子女获得高等教育机会的可能性（比例）大于较低阶层的子女；另一种是质量上的不平等，即在同一级别的教育中存在着等级分层，同样是高等教育，但某些种类的高等教育的文凭具有更高的价值，而另一些种类的高等教育文凭价值较低。比如在中国的高等教育中，大学本科文凭的含金量更高，而大学专科文凭的含金量低于本科文凭。所谓质量上的不平等是指，上层阶级获取更高价值的大学教育的机会远多于下层阶级。卢卡斯的 EMI 假设声称，上层阶级在某一级别的教育（比如高等教育）中达到饱和，可能会使下层阶级获取这一级别教育的机会得到提升，从而这一级别的教育不平等似乎下降了（数量不平等下降了），但是，下层阶级争取到更多的教育机会主要体现在价值较低的教育种类（比如大学专科）而不是价值较高的教育种类（如大学本科），上层阶级仍然在含金量更高的教育种类中占据优势地位，从而教育不平等得以有效维持（质量不平等仍然维持）。EMI 假设获得了部分实证研究结论的支持（Lucas，2001；Ayalon & Shavit，2004）。

（三）个人教育决策的理性选择理论（RCT）

MMI 假设虽然是这一研究领域中最重要同时也是最广泛被引用的理论，但近 10 年来，这一理论解释不断受到争议，因为大量的实证研究结果显示，越来越多的国家在教育扩张期间教育不平等程度下降。乔森等人的研究发现，瑞典、德国和法国的教育机会不平等出现了下降趋势（Jonsson et al.，1996）；布瑞恩等人有关欧洲 8 国的比较研究证明，8 个国家中有 6 个国家的教育机会不平等在 20 世纪的后半期显示了下降趋势（Breen et al.，2005）；巴拉里诺等人对意大利和西班牙的研究证明，这两个国家的教育机会不平等也下降了（Ballarino et al.，2008）；林德贝克的研究发现丹麦的教育机会不平等下降了（Lindbekk，1998）；德·格拉阿夫等人则发现荷兰的教育机会不平等也下降了（De Graaf & Ganzeboom，1993；De Graaf et al.，2000）。这些研究发现促使研究者对相关的理论假设进行重新定位。近年来研究者关注的重点问题是，在教育扩张的背景之下，哪些因素导致了教育机会分配的平等化，哪些因素可能加剧教育不平等。换句话说，为什么在有些国家教育扩张期间教育机会不平等下降了，但在另一些国家教育扩张并未带来这样的结果？埃里克森等人对瑞典个案——它是夏维特和布劳费尔德（Shavit & Blossfeld，1993）多国比较研究中最为例外的案例——的研究发现，高就业率，尤其是针对下层阶级的就业保障，是阶级之间教育机会不平等下降的主要原因（Erikson & Jonsson，1996a，1996b）。巴拉里诺等人的研究则发现，导致意大利和西班牙的教育机会不平等下降的主要原因是就业保障增强和学校筛选作用弱化（Ballarino et al.，2008）。

在上述研究的基础上，一些社会分层理论家根据贝克（Becker，2003）的理性选择原理，提出了微观层面的教育决策理性行动模型，以支持教育不平等持续假设并解释为什么教育机会不平等会下降（Erikson & Jonsson，1996a；Breen & Goldthorpe，1997；Breen & Yaish，2006）。在这个模型里，决定一个人是否继续下一阶段的求学（E_{n+1}）或者放弃继续求学而使教育水平停留在目前水平（E_n），取决于下述四个因素：下一阶段的教育水平（E_{n+1}）在劳动力市场上的回报率（B）；决定停留在目前教育水平（E_n）而可能导致的身份地位的下降总量（SD）；获得下一阶段教育水平（E_{n+1}）的成本（C）；以及决定争取下一阶段教育水平但未能成功的概率大小（P_f）。从 E_{n+1} 收益越多，继续求学的动机越强；反之，E_{n+1} 的成本越高，获取 E_{n+1} 失败风险越大，继续求学的动力就越小。这一模型还假定，收益 B 和成本 C 对所有阶级来说都是一样的，但地位下降幅度 SD 和失败风险 P_f 对不同的阶级则含义不同。这是因为，身份地位下降是相对于其原有的地位（家庭出身），对于出身较低阶层的人来说，不继续求学而导致的地位下降会比较小，而对于出身中上阶层的人来说，不继续求学而导致的地位下降感受会比较强烈。至于失败风险 P_f 则依赖于原有的教育地位和状态。出身于优势地位家庭或上层阶级的人，更易于在求学过程中取得成功（失败的可能性较小），因为父母传递给他们的认知和技巧与教育体制的要求较为吻合。另外，如果他们求学失败，父母也能利用社会资源、经济资源和文化资源来补偿损失。但是，对较低阶级来说，求学失败概率 P_f 远高于上层阶级，而且失败后可能导致的经济或其他方面的损失也更为严重。这一模型认为，多数情况下，教育扩张会导致教育成本下降和教育收益上升，但是，如果 SD 和 P_f 的阶级差异没有变化，那么教育不平等会持续；

反之，如果 SD 和 P_f 发生了变化，比如，就业保障增强和学校筛选作用弱化（如意大利和西班牙的情况）导致失败风险 P_f 下降，那么阶级之间的教育机会不平等就可能下降。这一套解释推论被称为理性选择理论（RCT）或理性选择模型（RCM）。

从本质上来说，理性选择模型和 MMI 假设及 EMI 假设都坚持相同的假定，即教育机会的阶级不平等没有随着时间的推进而下降，教育扩张本身也不会降低教育机会不平等。MMI 假设和 EMI 假设所坚持的是，持续的教育机会的阶级不平等，是上层阶级控制了新产生的教育机会并在教育领域实施社会排斥行动所导致的后果。而理性选择模型的关键性假设是，与特定教育水平相关的身份地位变化和投资获取某种教育水平的失败风险，对于不同阶级的人含义不同。如果这两方面的阶级差异没有随着时间推进而下降，那么教育机会的阶级不平等就不会下降。反之，如果采取某些社会政策而导致这些因素发生变化，那么教育机会不平等程度有可能下降。

（四）国内相关研究结论

国内学者对于我国高等教育机会的不平等已有大量研究。许多研究结果证实，我国高等教育机会存在着阶层、城乡、民族和性别之间的不平等（谢作栩、王伟宜，2005，2006；谢作栩等，2008；谭敏、谢作栩，2009；安树芬，2002；文东茅，2005）。不过，对于大学扩招政策实施以后教育机会不平等变化趋势的专门分析并不多。由于这是一项近期实施的政策，在学术界和政策研究领域，对此项政策的社会平等效应的系统考查也不多见。有一些小规模的或局部区域的数据分析（如某几所大学的数据资料）显示，大学扩招缩小了高等教育机会分配的城乡差距和性别差距（杨昊，2009；原春琳，2007；徐平，2006），但另外一些研究则得出相反的结论，比如，杨东平（2006）声称，大学扩招后阶层差距有所扩大。不过，上述这些研究所采用的数据资料有较大的局限性，数据分析方法也较为简单。刘精明（2006）采用 2003 年度全国综合社会调查数据资料对我国高等教育机会不平等的变化趋势做了较系统的考查，得出的结论是：大学扩招后高等教育机会的阶层差距大幅缩小。但此项调查数据存在着某些局限，不太适用于考查大学扩招后教育机会不平等的变化情况，因而其结论还需进一步推敲。① 另一项值得关注的研究是哈佛大学的古毛灿（音译）采用"中国健康和营养调查"（CHNS）追踪数据对 1981～2006 年中国教育不平等变化趋势的考查（Guo，2008），这项研究得出的结论与刘精明的研究结果相反，古毛灿的数据分析显示，大学扩招后城乡和阶级之间的高等教育不平等都有很大幅度上升，城乡之间的高等教育机会不平等上升了 33.6%，而阶级之间的高等教育不平等则几乎翻了一倍，增长 96.7%。这些相互矛盾的研究结果使我们无从把握高等教育机会不平等的真实情况和变化趋势，从而也无法客观评估大学扩招政策的社会平等化效果，当然也不能更有针对性地提出促进教育公平的政策建议。为此，很有必要在已有的研究结果和理论解释的基础之上，采用更可靠的数据资料和更为精细的统计分析方法，对大学扩招后的高等教育机会不平等状况进行深入考查。

三 研究问题和研究假设

（一）研究问题

本研究要讨论的问题是：1999 年（实施大学扩招政策）以来的高等教育急剧扩张和高等教育机会迅猛增长对高等教育机会分配的平等化有何影响？是降低了教育机会不平等，还是维持了教育机会不平等，或者是加剧了教育机会不平等？本文所关注的教育机会不平等主要指四个方面的机会分配不平等：阶层之间、城乡（户口身份群体）之间、民族之间和性别之间的高等教育机会差异。不过，本文重点讨论的是阶层之间和城乡之间的高等教育机会不平等，因为这两种教育机会不平等是当前中国社会存在的最关键的教

---

① 此文的作者未在其文章中列出数据和变量的描述性统计表，因而无法获知其数据和变量的较详细的信息，但从列出的信息来看，调查数据的样本规模较小（仅为 5960），因获得高等教育的人数在总人口中的比例较小，如此小的样本量用于比较分析不同年代的高等教育机会分布会存在一些问题。虽然作者声称，此调查数据中接受大学教育的人的比例超常地高（样本分布的代表性也存在一些问题），但未列出大学扩招政策实施后接受大学教育的个案数量。另外，此文作者采用的数据是 2003 年收集的调查数据，而当时绝大多数大学扩招后上大学的人还是在校生，此调查数据的调查对象又排除了在校生，因此，笔者认为，此数据不太适用于分析大学扩招后高等教育机会不平等的变化趋势。

育不平等。① 对于民族之间和性别之间的高等教育机会差异，本文只做初步考查。②

本研究考查高等教育机会不平等变化的基本策略是：比较 1999 年之前（扩招政策实施之前）与 1999 年之后（扩招政策实施以来），不同阶层、户口身份群体、民族和性别的高等教育机会差异，观察其是否发生变化和发生何种变化，从而判断教育机会不平等是下降了、上升了还是没有变化，或者，在哪些方面教育机会不平等下降或上升了。

与此同时，本研究还想通过数据分析来验证上述三种理论假设——MMI假设、EMI 假设和理性选择模型，检验这三种理论解释在中国社会的适用性。这三种理论解释都涉及教育机会不平等的原因机制，而发现这些原因机制有助于我们寻求降低教育机会不平等的政策方案，这也是本研究最为关注的一个问题：如果大学扩招使教育机会不平等程度下降了，那么我们只需进一步扩张高等教育规模就能促进教育公平；但如果大学扩招后教育机会不平等没有下降，或者甚至上升了，那么我们就需要寻找其他对策来减少教育不平等。

（二）西方的理论解释与中国社会的特殊性

上述三种理论假设是本研究的理论探讨的出发点，但同时本研究更感兴趣的是中国社会的一些特殊性。MMI 假设、EMI 假设和理性选择模型主要是由西方主流社会分层理论家基于欧美国家的普遍经验提出的，近年来，研究者开始把这几种理论解释用于一些发展中国家的教育机会不平等问题的分析（Shavit et al.，2009）。在考查大学扩招对中国的高等教育机会不平等的影响和检验上述理论假设在中国社会的适用性时，我们需要注意中国社会的某些特殊的社会历史条件。

---

① 在当前中国社会，地区之间的高等教育机会不平等也十分突出，不过，地区之间教育不平等的原因机制与阶层不平等和城乡不平等有所不同，需要进行专门研究和理论解释，本文在这里不进行讨论。

② 由于样本量的局限，少数民族接受大学教育的个案有限，当模型涉及太多变量和较细分类时，其回归系数的显著水平会受影响，从而有可能影响对民族差异的变化趋势进行准确估计。至于目前高等教育的性别差异则是一个比较复杂的现象，一方面，严格的逐级升学考试制度，使女性获得了一些升学优势（相对于男性）；但另一方面，某些特殊群体的女性上大学的机会远低于平均水平。由于篇幅所限，本文没有针对此问题进行更细致的数据分析。

第一，西方发达社会的高等教育扩张通常是在阶级阶层结构相对稳定（或者阶级现象逐渐淡化）① 的情况下进行的，而中国社会在经历了大约20年的社会阶层结构的剧烈变迁之后，1999年大学扩招以来，社会阶层结构处于强化阶段，社会经济分化进一步加剧，阶层之间的差异进一步扩大（李春玲，2005）。MMI假设、EMI假设和理性选择模型都是基于阶级结构和阶级差异持续稳定的前提条件，那么，在中国这样一个新的阶级阶层结构正在形成、阶级阶层差异正在扩大的社会中，高等教育扩张与教育机会不平等之间的关系是否会出现某些特殊性呢？

第二，中国社会正处于制度变迁过程之中，即由原来的计划体制向市场体制过渡，教育体制的变迁也遵循着这一方向。教育体制市场化的后果之一是高等教育成本不断攀升。与此同时，教育改革的另一方向是筛选制度——逐级考试制度和学校等级分层（从全国到地方各级重点与非重点学校的分类）——的日益严格化。大学扩招以来，高等教育成本还在继续上升，教育筛选制度的严格化还在进一步发展。与中国的情况相反，在西方发达社会，教育扩张往往伴随着教育成本的明显下降和筛选制度由精英化向大众化转变。

第三，中国高等教育扩张的主要动机与多数西方社会不同。欧美国家教育扩张的主要目的是提高教育机会分配的平等程度并促进整个社会的平等化，高等教育扩张政策往往是一套高等教育改革方案（包括其他一些促进教育平等化的政策）中的一部分。而中国采取大学扩招政策的直接的、也是主要的动机是以延长年轻人受教育时间来缓解就业压力，因而在扩招政策的设计和实施过程中并未充分考虑并且也未预期它会对教育不平等产生影响。这一政策出发点是否会影响教育扩张与教育不平等之间的关系呢？

第四，大学扩招政策导致了中国高等教育规模在短期内急速扩张，短短数年之内高等教育机会的供给量几乎翻了数倍，如此速度的扩张在其他社会极为少见。MMI假设、EMI假设和理性选择模型都认为，社会结构中存在着的阶级不平等导致了教育机会分配的不平等，即使教育机会供给量增加，教育机会不平等还会持续存在，因为新增加的教育机会更多地为中上阶级所获

① 某些学者认为20世纪90年代以来西方社会出现了阶级差异缩小或阶级消亡的趋势（Pakulski & Water，1996）。不过，多数社会分层理论家，尤其是MMI假设、EMI假设和理性选择理论的支持者则认为西方社会的阶级差异持续存在。

取。但是，如果教育机会供应量猛然间增加很多，阶级不平等对教育机会分配的影响是否会短暂失灵？

第五，近10年来中国劳动力市场和就业结构具有某些与西方社会不同的特征。2001年中国加入世界贸易组织以后——大学扩招政策实施期间，经济的高速增长带动了制造业的迅猛扩张，蓝领工作岗位的数量增加很多，蓝领工人的工资水平增长明显，在某些地区和某些时期出现了蓝领工人短缺现象（比如"民工荒"）。而与此同时，由于第三产业发展滞后，白领工作岗位的增长速度较慢，大学毕业生的失业现象日益突出，大学毕业生的最初薪资水平有所下降。这些因素很显然会对个人的教育决策产生影响，使理性选择模型计算出不同的结果。

第六，中国社会的城乡二元结构导致了严重的城乡之间教育机会不公平。在中国社会，城乡之间的教育不平等也许比阶级阶层之间的教育不平等更为突出。MMI假设、EMI假设和理性选择模型主要是针对阶级不平等的运作机制而提出的理论解释，那么城乡之间教育不平等的机制和运作规则与阶级不平等是类似的吗？

（三）研究假设

根据前述已有研究所提出的理论假设，本文针对中国的实际情况提出一些相关假设来加以验证。

第一组研究假设是为了检证MMI假设。如果MMI假设是成立的（或者是适用于中国社会的），即高等教育扩张本身并不能导致教育不平等下降，除非优势地位群体达到教育饱和，那么我们应该获得的结论是：大学扩招并未导致（阶层之间、城乡之间、民族之间和性别之间）高等教育机会不平等下降，因为中上阶层和优势地位群体还未达到教育饱和。具体的假设如下。

假设1：与1999年之前相比，1999年以后高等教育机会（阶层、城乡、民族和性别）不平等没有下降。

第二组假设是针对EMI假设。EMI假设认为，高等教育不仅存在数量上的不平等（不同阶级和群体上大学的概率不同），而且存在质量上的不平等（上层阶级和优势地位群体有更多机会获得更有价值的大学文凭或进入更有名望的大学学习）。在中国的高等教育体系中，大学本科文凭与大学专科文凭的价值含金量明显不同，大学本科文凭似乎意味着正牌的高等教育，而大学专科文凭则像是杂牌的高等教育，两者在劳动力市场上的回报率也明显不同。如果 EMI 假设成立（或者是适用于中国社会），那么下面这个假设应该得到证实。

假设2：大学本科教育机会的阶层、城乡、民族和性别差异大于大学专科教育机会。

EMI 假设的另一含义是，如果高等教育扩张使中上阶层和优势群体达到了教育饱和，那么有可能出现高等教育机会不平等下降，但这种机会不平等下降主要表现在较低价值的高等教育领域（大学专科）而不是较高价值的高等教育领域（大学本科）。中国目前的高等教育扩张还未达到中上阶层和优势地位群体的教育饱和，不过，在短时期内高等教育机会猛增（大学扩招的后果），是否有可能达到一种类似于中上阶层教育饱和的效果？就目前来看，至少社会上层人员（精英群体）已达到了基本的教育饱和。在这种情况下，是否有可能出现高等教育机会不平等下降的迹象？如果有这种迹象的话，它应该表现在较低等级的高等教育领域（比如大学专科教育）而不是较高等级的高等教育领域，由此可以提出下面的假设。

假设3：在高等教育急速扩张并且优势地位群体或中上阶层在高等教育中逐渐接近于饱和时，教育机会不平等下降更可能表现在大学专科教育而不是大学本科教育。

最后，理性选择理论也为我们提供了可能的假设。根据理性选择模型，个人的教育决策（上不上大学）取决于四方面的因素：教育成本（C）、教育收益（B）、失败的风险（P_f）和地位提升（SD）。正如前文所介绍的，在大多数国家，教育扩张期间往往出现教育成本下降和教育收益上升，而教育机会不平等的下降或上升主要取决于失败风险的高低和地位提升程度。但在中国，1999 年以来高等教育的急速扩张伴随着高等教育成本（学费和生活费）不断攀升，而大学教育的短期收益（大学毕业生就业和大学毕业生最初薪资）则有所下降。这两个因素对于不同阶层的人或者城乡居民的影响程度是不同的，教育成本上升和短期教育收益下降对中上阶层的人和城市居民的教育决策影响较小，但可能对中下阶层和农村居民的教育决策产生根本影响——使其中的部分人决定不上大学。与此同时，失败风险也在上升。对于中下阶层和农村居民来说，降低失败风险的最有效的途径是减少教育系统的等级分化程度和使筛选机制宽松化。然而，自经济改革以来，中国的学校教育系统的分层化（全国重点学校、省重点学校、市重点学校和普通学校）不断增强，考试筛选制度（中考和高考）越来越严格，其后果是增强了不同阶层和城乡之间的教育不平等（李春玲，2003），因为农村孩子和中下阶层子女较难通过层层严格考试而进入大学。1999年以来，教育系统的分层化和筛选制度的严格程度还在继续发展，中下阶层成员和农村居民在进行教育决策时不能不考虑决策失败所带来的各种损失：投入大量时间和金钱但未能考入大学，或者只获得较差学校的文凭而不能找到工作，以及因追求升学而放弃就业机会所带来的经济损失。另外，中国的社会分层正处于地位等级进一步分化（阶层地位差距拉大和阶层界线明晰化）的过程中，而教育水平对地位获得的影响作用越来越大，这意味着，获得高等教育机会而导致的地位提升程度（SD）在增加。对于中上阶层和优势地位群体来说，如果失去高等教育机会则会使他们的地位大幅度下降，这促使中上阶层和优势地位群体有更强烈的愿望去追求高等教育机会，而中下阶层和弱势群体的这种追求高等教育的动力则没有那么强（根据理性选择理论的说法）。在上述这些条件发生如此变化的情况下，如果理性选择模型成立（或适用于中国社会）的话，那么，1999年实施大学扩招政策以来，贫困阶层、农村居民或弱势群体基于这一模型进行的理性计算所得出的结果很可能是越来越大的负数，即越来越倾向于放弃上大学，其结果是教育机会不平等程度上升。由此提出的具体的假设如下。

假设4：1999年以后，阶层之间、城乡之间、民族之间和性别之间的高等教育机会差距有所上升。

四 数据、变量和方法

（一）数据

本文所采用的数据是从国家统计局2005年1%人口抽样调查数据中筛选个案而形成的一个次级数据集。1%人口抽样调查数据以个体为样本个案，但保留了家庭户信息，作者依据数据中的家庭序列代码、样本与户主关系等信息，进行父代 - 子代匹配，并抽选出 1975~1985 年出生的子代样本 19615个。需要注意的是，1% 人口抽样调查数据中，并非所有的 1975~1985 年出生的人都提供了父辈信息，有部分样本的父辈信息缺失（如果他们没有与父母住在一起）。作者所生成的数据排除了父辈信息缺失的样本，即没有与父母住在一起的人。这一因素可能影响样本分布。为了判断此数据的代表性，作者比较了四种不同数据（2005 年 1% 人口抽样调查数据及其筛选、中国人民大学的 2006 年 CGSS 数据和中国社科院的 2006 年 CGSS 数据）的相关变量的频数分布。①

从四种数据的比较来看，本文采用的筛选数据在性别、受教育水平、户口、民族及家庭背景的样本分布情况具有较好的代表性。首先在受教育程度的分布上，筛选数据与原数据较为接近，只是高中以上学历的人所占比例略高：筛选数据的高中学历比例是 18.9%，而原数据是 17.2%；筛选数据的大专学历比例是 11.4%，而原数据是 8.3%；筛选数据的大学本科学历比例是 7.3%，而原数据是 4.5%。另外，从筛选数据的两个年龄组的比较来看，1980~1985 年出生组的受教育水平明显高于 1975~1979 年出生组，这与教育扩张趋势相一致，而且受教育水平增长幅度与原数据较为吻合。中国人民大学的 CGSS 抽样调查数据中的较高学历者的比例严重偏高，其高中学历、大专学历和大学本科学历的比例分别为 26.4%、15.7% 和 11.3%，远远高于 2005 年 1% 人口抽样调查数据。中国社科院 CGSS 抽样调查数据的受教育程度分布与筛选数据极为接近，但是 1980~1985 年出生组的受教育水平明显低于 1975~1979 年出生组，这显然与实际情况不相符。在家庭背景方面，2005 年 1% 人口抽样调查数据没有相关变量，筛选数据不能与原数据进行比较，只能与两个 CGSS 数据进行比较。筛选数据的父亲职业分布与中国人民大学的 CGSS 抽样调查数据较为一致，但与中国社科院的 CGSS 抽样调查数据有些差异：此数据父亲职业为农民的比例明显高于其他两个数据，并且工人比例明显低于其他两个数据。在父亲户口身份的分布上，筛选数据与中国社科院的 CGSS 抽样调查数据较一致，但与中国人民大学的 CGSS 抽样调查数据有些差距——此数据的父亲非农户口比例明显高于其他两个数据。我们无从判断两个 CGSS 数据中哪一个

---

① 因篇幅所限，比较四种数据的表格省略。

的分布更接近于真实情况，但总体而言，筛选数据与两个 CGSS 数据所反映出的家庭背景分层形态基本相似。另外，从筛选数据的两个年龄组的比较来看，1975～1979 年出生组与 1980～1985 年出生组的家庭背景分布形态比较一致，① 只是 1980～1985 年出生组的父亲中农民比例低于 1975～1979 年出生组，并且工人比例高于 1975～1979 年出生组，同时 1980～1985 年出生组的父亲中非农户口比例高于 1975～1979 年出生组，这与工业化和城市化的发展趋势是一致的。筛选数据的少数民族比例与原数据基本相同。在性别分布上，原数据的男性比例低于女性比例，这与人口的真实性别分布不符，两个 CGSS 数据的男性比例也偏低。筛选数据的男性比例则偏高，达到了 63.5%，② 这也与真实情况不符。为了解决性别分布的样本偏误，作者根据 2000 年人口普查数据中 1975～1985 年出生的人口性别比例对筛选数据进行加权，加权后的男性比例为 51.5%。

作者在使用该数据时，最担忧的一个导致样本偏误的因素是，1999 年之后接受高等教育的人在 2005 年时有一部分是在校生（他们可能是集体户口），因而调查数据未能提供其父亲信息。为此，作者初步分析了 2005 年 1% 人口抽样调查数据中 1980～1985 年出生的人（接受高等教育是在大学扩招期间）的家庭户分布情况。这一年龄组人群中，家庭户占 87.7%，集体户占 12.3%；同时，86.6% 的人与父母住在一起（或有父母信息）。在 1980～1985 年出生并接受高等教育的人中，家庭户占 73.3%，集体户占 26.7%；同时，71.8% 的人与父母住在一起（或有父母信息）。从上述分布情况来看，在校生因素对该数据的代表性有一定影响，但仍可以基于此数据来做分析。

（二）方法

在教育机会不平等的变化趋势分析中，传统的分析模式是采用线性回归模型，以被调查者的受教育年限为因变量，以影响教育机会分配的各种因素（如家庭背景、性别或民族等）为自变量，并区分年龄组（birth cohort）分别做回归分析，通过比较各年龄组回归模型的回归系数的变化，

---

① 如果筛选数据由于缺失值的原因而出现家庭背景分布的系数误差，而两个年龄组的系统误差较为类似，这对年代变化趋势的判断影响不会太大。

② 可能是由于男性更可能与父母居住在一起，因而筛选数据中的男性样本较多。

判断教育机会不平等的变化趋势（参见李春玲，2003，2005）。但这一分析模式在被用于分析教育扩张与教育机会不平等时遇到了问题，由于不同年代教育机会总量（由于教育扩张）在不断增长，即边际分布在不断变化，比较不同年龄组的回归系数所做的判断可能会产生误导。20 世纪 80年代梅尔（Mare，1980，1981）设计了教育过渡模型（a model of educational transitions），采用一系列的 Logit 模型（以是否升学为因变量）考查从小学至大学的各阶段教育机会的不平等分布。基于梅尔的分析思路，后来的研究者（Smith & Cheung，1986；Shavit & Kraus，1990）大多采用包含年龄组变量的 Logit 模型，分析教育扩张期间教育机会不平等的变化情况。这一模型以是否上大学为因变量，把年龄组作为控制变量，并通过年龄组与各自变量的交互效应来考查教育机会不平等的年代变化。本研究也采用这一模型估计大学扩招前后教育机会不平等的变化。这一模型的公式为：

$$\log\left(\frac{P_i}{1-P_i}\right) = b + \sum_k b_k X_{ki} + \sum_c g_c C_{ci} + \sum_{ck} d_c CX_{ci}$$

上述公式中，P_i 是指第 i 个人上大学的概率。X_{ki} 代表了所有的自变量（影响上大学概率的各种因素），b_k 则是各自变量的回归系数，反映了各自变量对上大学概率的影响程度。本研究要考查的影响因素是家庭阶层位置（父亲的职业）、家庭文化背景（父亲的受教育年限）、家庭经济背景（父亲月收入）、家庭户口身份（父亲的户口）、民族和性别。C_{ci} 是年龄组虚拟变量，它在模型中作为控制变量（控制了不同年代教育机会增长的效应），g_c 则是年龄组的回归系数，它反映了不同年代教育机会增长幅度。CX_{ci} 代表了所有的年龄组与各自变量的交互项，d_c 是这些交互项的回归系数，它反映了各个自变量的效应的年代变化，即教育机会不平等的变化情况。

（三）变量

1. 因变量

本研究采用了两组 Logit 模型，第一组模型（模型 1、模型 2 和模型 3）的因变量为"是否接受了高等教育"，是 = 1，否 = 0。这里的高等教育包括了大学本科教育和大学专科教育，已进入大学学习但还未完成学业的在校生也被归类为接受了高等教育。第二组模型（模型4和模型5）分别分析大学本科教育机会和大学专科教育机会，模型4的因变量为"是否接受了大学本科教育"，模型5的因变量为"是否接受了大学专科教育"。

2. 年龄组

本研究的目的是考查1999年大学扩招之前与之后的阶层、城乡、民族和性别的教育机会不平等是否发生变化。为了达到这一目的，作者把1975～1985年出生的人区分为两个年龄组，一个年龄组是1975～1979年出生的人，如果这个年龄组当中的人接受了高等教育，那么他们大多是在1999年扩招之前进入大学的；另一个年龄组是1980～1985年出生的人，他们当中如果有人接受了高等教育，应该是在大学扩招期间或之后进入大学的。① 年龄组分类形成了一个年龄组虚拟变量，1975～1979年出生年龄组＝0，1980～1985年出生年龄组＝1。年龄组虚拟变量在模型中作为控制变量。

3. 自变量

本研究用以测量阶层之间教育机会不平等的自变量包括父亲职业（家庭的阶层位置）、父亲受教育年限（家庭的文化资本）、父亲月收入（家庭的经济资本）。父亲职业共6个分类，生成5个虚拟变量（农民＝0）。父亲受教育年限为连续变量。父亲月收入的数据信息精准度较低，而且被调查者报告的月收入数值普遍较低，因而这一信息被简化成一个虚拟变量，月收入高于2000元＝1，低于2000元＝0。② 用以测量城乡之间教育机会不平等的自变量是父亲的户口身份，非农户口＝1，农业户口＝0。父亲的户口身份可以大致确定被调查者出生和生长于农村还是城市。测量性别不平等的性别虚拟变量设定为：男＝1，女＝0。测量民族之间教育不平等的变量也是一个虚拟变量，汉族＝0，少数民族＝1。

各个自变量及年龄组的描述性统计列于表1。

---

① 由于1%人口抽查调查数据未提供被调查者上大学的时间信息，我们只能通过其出生年代来大致估计他们上大学的时间。

② 由于2005年1%人口抽样调查的月收入信息的质量不高，离散程度极小，作为连续变量加入模型后其回归系数都不显著，因此，作者把这一变量转换为二分类变量（虚拟变量）。设定2000元作为高收入的临界点是基于此数据的收入分布形态，数据样本中仅有4%的人收入高于2000元。

表 1　分析变量的描述性统计 （N = 19615）

	合计	出生年龄群体	
		1975 ~ 1979	1980 ~ 1985
性别 （男性,%）	51.5	50.2	51.8
少数民族 （%）	10.1	10.4	10.0
本人受教育程度 （%）			
大专	11.4	10.1	11.8
大本	7.3	5.9	7.7
研究生及以上	0.3	0.8	0.3
父亲职业 （%）			
管理人员	3.3	3.1	3.3
专业技术人员	6.7	7.0	6.7
办事人员	7.0	7.8	6.8
商业服务业人员	10.9	9.8	11.1
农民	51.1	55.3	50.2
工人	21.0	17.1	21.9
父亲户口 （非农户口,%）	32.2	31.7	32.4
父亲月收入 （≥2000 元） （%）	4.0	4.3	3.9
父亲受教育年限 （年，均值和标准差）	7.29 （2.80）	6.93 （3.00）	7.38 （2.74）

4. 交互变量

模型共包括 10 个交互变量，即所有的自变量分别乘以年龄组，详细信息参见表 2。

表 2　大学扩招前后比较：出身背景因素对高等教育机会的影响（Logistic Model）

自变量	模型 1			模型 2			模型 3		
	B	Exp（B）	S. E.	B	Exp（B）	S. E.	B	Exp（B）	S. E.
父亲职业（参照组：农民）									
管理人员	1.620**	5.051	0.124	1.617**	5.037	0.124	1.927**	6.869	0.293
专业人员	1.192**	3.295	0.103	1.194**	3.299	0.104	1.301**	3.672	0.239
办事人员	1.703**	5.489	0.100	1.706**	5.506	0.100	1.845**	6.331	0.232
商业服务业员工	1.307**	3.695	0.091	1.300**	3.671	0.091	1.375**	3.956	0.215
产业工人	1.238**	3.448	0.083	1.225**	3.404	0.083	1.168**	3.216	0.202
父亲受教育年限	0.227**	1.255	0.012	0.225**	1.252	0.012	0.254**	1.289	0.026
父亲月收入（中高收入）	0.937**	2.552	0.096	0.943**	2.568	0.096	1.092**	2.980	0.220
父亲户口身份（非农户口）	1.846**	6.335	0.062	1.858**	6.413	0.062	1.217**	3.379	0.156
性别（男性）	-0.361**	0.697	0.062	-0.369**	0.691	0.062	-0.317**	0.728	0.114
民族（少数民族）	-0.519**	0.595	0.107	-0.517**	0.596	0.107	-0.348	0.706	0.244
年龄组（1980~1985 年出生）				0.265**	1.303	0.062	0.100	1.105	0.263
年龄组×管理人员							-0.343	0.710	0.323
年龄组×专业人员							-0.115	0.891	0.266
年龄组×办事人员							-0.149	0.861	0.257
年龄组×商业服务业员工							-0.070	0.933	0.237
年龄组×产业工人							0.082	1.085	0.222

续表

自变量	模型 1			模型 2			模型 3		
	B	Exp（B)	S. E.	B	Exp（B)	S. E.	B	Exp（B)	S. E.
年龄组 × 父亲受教育年限							-0.033	0.967	0.029
年龄组 × 父亲月收入							-0.181	0.835	0.245
年龄组 × 父亲户口							0.748**	2.113	0.170
年龄组 × 性别							-0.067	0.935	0.125
年龄组 × 民族							-0.203	0.817	0.272
Intercept	-5.096	0.006	0.108	-5.303	0.005	0.119	-5.168**	0.006	0.233
-2 log likelihood	11982.946	11964.649	11935.616						
df	10	11	21						
N	19615	19615	19615						

* $P \leqslant 0.05$；** $P \leqslant 0.01$。

注：因变量为"是否接受了高等教育"，是 = 1，否 = 0。

五　数据分析结果

（一）　高等教育机会不平等的总体状况

表 2 所列数据是以 "是否接受了高等教育" 为因变量的 Logit 模型分析结果。模型 1 包括了父亲职业、父亲受教育年限、父亲月收入、父亲的户口身份以及本人的性别和民族等自变量，但未考虑年代变化。模型 1 的所有回归系数都是显著的，这表明，如果不考虑年代变化因素，父亲职业、父亲受教育年限、父亲月收入以及本人的性别和民族身份都对 1975 ～ 1985 年出生的人的高等教育机会产生了影响。

1. 阶层差异：父亲的职业地位、受教育程度和收入水平的影响

数据显示，阶层之间的高等教育机会不平等十分明显，父亲的职业地位越高、父亲的文化水平越高、父亲的收入越高，本人接受高等教育的机会就越大。管理人员的子女上大学的机会是农民子女的 5.1 倍，专业人员的子女上大学的机会是农民子女的 3.3 倍，[①] 办事人员的子女上大学机会是农民子女的 5.5 倍，商业服务业员工的子女上大学的机会是农民子女的 3.7 倍，产业工人的子女上大学的机会是农民子女的 3.4 倍。父亲受教育年限每增加 1 年，其子女上大学的机会即提高 23%。父亲是中高收入者，其子女上大学的机会是低收入者的 2.6 倍。

2. 城乡差异：父亲户口身份的影响

城市人接受高等教育的机会远远高于农村人。城市人（父亲户口为非农户口）接受高等教育的机会是农村人（父亲户口为农业户口）的 6.3 倍。

3. 民族和性别差异

少数民族上大学的机会明显少于汉族，少数民族接受高等教育的机会只是汉族的 60%。性别之间也存在高等教育机会的差异。性别的回归系数是负值，这意味着，女性上大学的概率高于男性，在同等条件下——相同的家庭背景和民族身份，男性上大学的机会只有女性的 70%。这一结果似

---

① 由于专业人员群体中包括了许多农村地区的专业人员，所以专业人员子女上大学机会低于办事人员而接近商业服务业员工和产业工人，后三个群体的成员大多居住于城镇。

乎与人们的普遍印象相矛盾。一般而言，人们觉得男性上大学的可能性更大，不过，由于日益严格的考试制度和女生在考分方面的优势，男性可能正在失去以往所拥有的教育优势地位。2005 年 1% 人口抽样调查数据显示，1975～1985 年出生的男性和女性接受高等教育的比例十分接近，从绝对比例来看，高等教育机会的性别差异并不明显。但这并不意味着不存在性别不平等，更为细致的数据分析显示，女性的教育机会更可能受到家庭背景的影响，出生于较高社会阶层家庭和城市地区的女性上大学的机会高于同等条件的男性，而出生于较低社会阶层家庭和农村地区的女性上大学的机会则低于同等条件的男性。[①]

（二）大学扩招后教育机会不平等的变化趋势

模型 2 包括了模型 1 的所有自变量，并加入了年代变化（年龄组）控制变量。模型 2 的所有回归系数也都是显著的，这表明，在控制了不同年代教育机会供应量的变化情况下，父亲职业、父亲受教育年限、父亲月收入以及本人的性别和民族身份仍然对人们的高等教育机会产生影响。同时，年龄组回归系数显示，大学扩招后人们的高等教育机会明显增长，1980～1985 年出生的人的高等教育机会是 1975～1979 年出生的人的 1.3 倍，即增长 30%。

模型 3 的自变量增加了年龄组与各个自变量的交互项，这些交互项反映出各个自变量的影响作用在大学扩招后发生了什么变化。除了"年龄组×父亲户口"这一项回归系数是显著的以外，其他所有的交互项都是不显著的。其含义是，父亲职业、父亲受教育年限、父亲月收入以及本人的性别和民族等因素对高等教育机会的影响力在大学扩招前后没有发生变化，也就是说，大学扩招并未导致高等教育机会的阶层差异、性别差异和民族差异的上升或下降。只有城乡之间的高等教育机会发生了变化，"年龄组×父亲户口"回归系数是显著的而且是正数。这表明，大学扩招后，高等教育机会的城乡差距进一步加剧，在原有城乡差距的倍数基础上，城市人与农村人的差距进一步拉大，1975～1979 年出生的人中，城市人上大学的机会是农村人的 3.4 倍，而 1980～1985 年出生的人中，城市人上大学的机会是农村人的 5.5 倍（3.4 加上 2.1）。需要注意的一点是，模型 3 的

---

① 由于论文篇幅所限，有关性别之间高等教育机会差异的数据分析未能列入文中。

民族这一项的回归系数变得不显著了，这可能是由于样本数量的因素影响了显著水平，而并不意味着，高等教育机会的民族差异消失了。

（三）大学本科与大学专科教育机会不平等的比较

根据 EMI 假设，高等教育内部存在等级分层，越高等级的教育中的机会不平等的程度越大，在教育扩张期间，如果教育机会不平等出现了下降趋势，它更可能表现在较低等级的教育领域而不是更高等级的教育领域。大学本科与大学专科虽然都属于高等教育，但其文凭的价值含量不同，因而这两类教育机会的不平等程度也会不同。表 3 列出了两个 Logit 模型的分析结果。模型 4 考查大学本科教育机会的阶层差异、城乡差异、民族差异和性别差异，其因变量是"是否接受了大学本科教育"；模型 5 考查大学专科教育机会的阶层差异、城乡差异、民族差异和性别差异，其因变量是"是否接受了大学专科教育"（排除接受了大学本科教育的样本）。两个模型的回归系数见表 3。

1. 大学本科教育中由父亲职业地位差异（家庭阶层地位）所导致的机会不平等明显大于大学专科教育

模型 4 中父亲职业各项回归系数都大于模型 5 的相应系数。比如，管理人员的子女接受大学本科教育的机会是农民子女的 9 倍，而接受大学专科教育的机会为 5.4 倍；专业人员的子女接受大学本科教育的机会是农民子女的 5.6 倍，而接受大学专科教育的机会为 3.3 倍；办事人员的子女接受大学本科教育的机会是农民子女的 8.1 倍，而接受大学专科教育的机会为 5.1 倍；商业服务业员工的子女接受大学本科教育的机会是农民子女的 5.8 倍，而接受大学专科教育的机会为 3.4 倍；产业工人的子女接受大学本科教育的机会是农民子女的 4 倍，而接受大学专科教育的机会为 3.1 倍。大学扩招之后，父亲职业地位的影响作用在大学本科教育和大学专科教育中都没有发生变化（模型 4 和模型 5 中父亲职业与年龄组交互项回归系数都是不显著的）。

2. 父亲受教育年限（家庭文化资本）对大学本科和大学专科教育机会都有影响，但其影响程度相差不大

父亲受教育年限对大学本科和大学专科教育机会的影响程度相差不大，表现为模型 4 和模型 5 的父亲受教育年限的回归系数较为接近。同时，

大学扩招后，父亲受教育年限的影响作用在大学本科教育和大学专科教育中都没有发生变化，表现在模型 4 与模型 5 中父亲受教育年限与年龄组交互项回归系数都是不显著的。

表 3　大学扩招前后比较：出身背景因素对大学本科教育机会和
大学专科教育机会的影响（Logistic Model）

自变量	模型 4			模型 5		
	是否接受了大学本科教育			是否接受了大学专科教育		
	B	Exp（B）	S. E.	B	Exp（B）	S. E.
父亲职业（参照组：农民）						
管理人员	2.202 **	9.039	0.442	1.693 **	5.437	0.339
专业人员	1.727 **	5.623	0.415	1.201 **	3.324	0.274
办事人员	2.086 **	8.051	0.407	1.619 **	5.050	0.267
商业服务业员工	1.751 **	5.763	0.401	1.212 **	3.359	0.248
产业工人	1.398 **	4.047	0.392	1.129 **	3.092	0.229
父亲受教育年限	0.204 **	1.226	0.032	0.237 **	1.268	0.029
父亲月收入（中高收入）	0.589 **	1.803	0.212	1.027 **	2.793	0.247
父亲户口身份（非农户口）	1.290 **	3.634	0.272	1.102 **	3.009	0.181
性别（男性）	−0.391 **	0.676	0.156	−0.213 *	0.808	0.131
民族（少数民族）	0.205	1.227	0.304	−0.646	0.524	0.138
年龄组（1980~1985 年出生）	−0.381	0.683	0.437	0.248	1.282	0.298
年龄组×管理人员	−0.463	0.630	0.495	−0.285	0.752	0.373
年龄组×专业人员	−0.348	0.706	0.466	0.069	0.933	0.302
年龄组×办事人员	−0.176	0.838	0.455	−0.137	0.827	0.296
年龄组×商业服务业员工	−0.369	0.764	0.449	0.034	1.034	0.272
年龄组×产业工人	0.042	1.043	0.438	0.068	1.070	0.250
年龄组×父亲受教育年限	−0.003	0.997	0.036	−0.041	0.959	0.033
年龄组×父亲月收入	0.171	1.187	0.236	−0.244	0.784	0.276
年龄组×父亲户口	0.981 **	2.666	0.302	0.615 **	1.850	0.196
年龄组×性别	0.038	1.038	0.170	−0.123	0.884	0.143
年龄组×民族	−0.650	0.522	0.350	0.137	1.147	0.346
Intercept	−6.458 **	0.002	0.383	−5.298 **	0.005	0.265
−2 log likelihood	7214.133	9519.633				

自变量 \ 因变量	模型 4			模型 5		
	是否接受了大学本科教育			是否接受了大学专科教育		
	B	Exp (B)	S. E.	B	Exp (B)	S. E.
df	21	21				
N	19615	18229				

* $P \leqslant 0.05$；** $P \leqslant 0.01$

3. 父亲月收入（家庭经济资本）对大学本科和大学专科教育机会都有影响，但对大学专科教育机会的影响更大

比如，大学本科教育中，父亲月收入高于 2000 元的人的教育机会是父亲月收入低于 2000 元的 1.8 倍，而在大学专科教育中，父亲月收入高于 2000 元的人的教育机会是父亲月收入低于 2000 元的 2.8 倍。为什么家庭经济资本对大学专科教育机会的影响大于大学本科教育？一种可能的解释是，大学本科教育的选拔更多地依据能力选择（比如高考分数）而不是家庭经济条件，而大学专科教育机会则较有可能通过多付学费而获取。能力培养较易于受到家庭文化资本和家庭阶层地位的影响，来自中上阶层家庭的孩子和父母文化水平较高的人更可能在一系列的考试中取得成功而进入大学本科教育。而与此同时，一些私营企业主和个体工商户（他们原来的身份可能是工人和农民）因缺乏文化资本而不能使他们的子女顺利通过各种考试，他们通常利用经济资本来帮助其子女获取高等教育机会，而这一策略更易于在大学专科教育机会的竞争中发挥作用。大学扩招之后，父亲月收入的影响作用不论在大学本科教育中还是大学专科教育中都没有发生变化（模型 4 和模型 5 中父亲月收入与年龄组交互项回归系数都是不显著的）。

4. 父亲户口身份对大学本科和大学专科教育机会都有影响，同时，对大学本科教育机会的影响略大于对大学专科教育的影响

比如，父亲户口为非农户口的人获得大学本科教育的机会是父亲户口为农业户口的人的 3.6 倍，而获得大学专科教育的机会则为 3 倍。大学扩招后，不论在大学本科教育中还是大学专科教育中，父亲户口身份的影响作用都明显增强（模型 4 和模型 5 中父亲户口身份与年龄组交互项回归系数都是显著的），而且这种作用的增强在大学本科教育中更加突出。回归系数显示，大学扩招后，城市人接受大学本科教育的机会是农村人的 6.3 倍

（3.6 加上 2.7），而接受大学专科教育的机会则为 4.9 倍（3 加上 1.9）。这表明，大学本科教育机会的城乡差距大于大学专科教育，并且，在大学扩招后，大学本科教育机会的城乡差距的扩大程度大于大学专科教育。

5. 数据分析结果显示在大学本科教育和大学专科教育中女性都显示了优势

这一优势表现在模型 4 和模型 5 的性别回归系数都是显著的并且是负数。另外，大学扩招后，性别差异在大学本科教育和大学专科教育中都没有发生变化（模型 4 和模型 5 中性别与年龄组交互项回归系数都是不显著的）。

6. 模型 4 和模型 5 中的民族回归系数都不显著

这可能是样本太少所致。

综合上述数据分析结果，我们可以确定，大学本科教育中的机会不平等大于大学专科教育，尤其表现在阶层不平等和城乡不平等方面。不过，家庭经济资本的作用例外，它对大学专科教育机会的影响大于对大学本科教育机会的影响。另外，不论是大学本科教育还是大学专科教育，大学扩招并未使两者的教育机会不平等水平下降；相反，城乡之间的教育机会不平等在本科和专科教育中明显增强。

六　结论与讨论

（一）假设检验结果

将数据分析结果与前面提出的假设相对照，我们得出下述结论。

MMI 假设（假设 1）得到证实。大学扩招并未使高等教育机会的阶层不平等、城乡不平等和民族不平等下降，即使大学扩招使高等教育机会在短期内高速增长，其促进平等化的效应也没有显现。

EMI 假设（假设 2）得到证实。高等教育系统内部的等级分层与教育机会不平等有交叉作用，较高等级的高等教育领域（如大学本科教育）的机会不平等大于较低等级的高等教育领域（如大学专科教育），尤其表现在阶层不平等和城乡不平等方面。

由 EMI 假设引申出的另一个假设（假设 3）没有得到证实。尽管大学扩招政策使高等教育机会供给量在很短时期内猛然增长，但它还是未能促成阶层、城乡和民族之间的高等教育机会不平等的下降，即使在较低等级的高等教育领域（大学专科教育）中，高等教育机会的不平等也没有下降。数据分析结果对假设 3 的否定，实际上是进一步支持了 MMI 假设和 EMI 假设，即无论多么快速的教育扩张，只要上层阶层和优势地位群体未达到教育饱和，教育机会不平等就不会下降，除非有其他的条件变化（如 RCT 假设所涉及的那些因素）。同时，数据分析结果也表明，大学扩招不仅没能减少较高等级的高等教育（大学本科）机会的不平等，而且也没有减少较低等级的高等教育（大学专科）机会的不平等。高等教育机会分配的数量不平等没有下降，而高等教育机会分配的质量不平等更不可能下降。

假设 4（RCT 假设）得到部分证实。大学扩招期间和之后，高等教育机会不平等不仅没有下降，而且某些方面（城乡差距）的不平等程度还有明显上升，这间接支持了理性选择理论。根据理性选择理论的说法，教育扩张本身并不能导致教育机会不平等下降，在教育扩张期间，教育不平等程度下降还是上升取决于教育成本（C）、教育收益（B）、失败的风险（P_f）和地位提升（SD），因为这四个因素决定了人们的教育决策。教育成本下降、教育收益上升和失败风险下降可以有效地提高中下阶层和弱势群体追求高等教育的愿望，从而有可能缩小教育机会不平等。大学扩招以来，中国社会在上述四个因素的变化方面似乎都不太有利于中下阶层和弱势群体追求高等教育；相反，日益高涨的教育成本、不断缩减的短期教育收益以及失败风险和代价的增长，都有可能促使中下阶层和弱势群体放弃上大学的机会，从而导致原来的教育机会不平等进一步加深。

（二）中国社会的特殊性、理论含义及需要进一步研究的问题

正如前面所介绍的，本研究所检验的理论假设——MMI 假设、EMI 假设和教育决策的理性选择理论——都是目前国际社会学界讨论教育扩张与教育不平等关系时所关注的主要理论问题或理论解释思路。作者在检验这些理论假设的同时希望能发现中国社会的一些特殊性，这些特殊性有可能进一步丰富或修正已有的理论解释。数据分析结果的确显示了一些特殊发现，但其背后的理论含义还需要做进一步的分析。

首先，MMI 假设的推论逻辑是，如果社会结构中的阶级不平等没有发

生变化，教育机会分配的阶级不平等就会维持，而不论是否进行教育扩张（除非其扩张程度使上层阶级达到教育饱和）。中国社会正处于阶级阶层不平等扩大的时期，依照 MMI 假设的推论逻辑，教育机会的阶级阶层不平等也应该扩大。另外，依照理性选择模型推论，当阶级阶层之间差距拉大时，模型中的 SD（因接受高等教育而获得的地位提升或因没有高等教育而造成的地位下降）的阶级阶层差异也会拉大，从而阶级阶层之间的高等教育机会不平等就会上升。但是，高等教育机会的阶级阶层不平等在大学扩招后并没有上升，这可能是由于大学扩招（高等教育机会供应量的快速增长）阻止了不断扩大的阶级阶层不平等向教育领域延伸。换句话说，如果没有大学扩招政策，可能高等教育领域的阶级阶层不平等会提升。要证实这一猜想，需要时期更长的数据和区分更细的年龄组群体进行比较分析，这是作者下一步的研究。如果这种说法成立的话，那么，在一个阶级结构处于变迁时期的社会中，MMI 假设的陈述应该不同于阶级结构相对稳定的社会。

其次，数据分析结果也对 EMI 假设提供了一些特别的解释。依照 EMI 假设，高等教育领域存在着质量不平等——更有价值、更有声望的高等教育领域（比如大学本科）中的阶级不平等大于较低价值和声望的高等教育领域（比如大学专科）。数据分析结果的确显示，来自中上阶层家庭的人和拥有较多家庭文化资本的人接受大学本科教育的机会，要远远多于下层阶级的人和拥有较少家庭文化资本的人，而这种不平等在大学专科教育中表现的程度要略低一些。但与 EMI 假设相矛盾的是，家庭经济背景对大学专科教育机会的影响大于对大学本科教育机会的影响，这可以说是中国社会的特殊性——处于社会转型和阶层结构变迁时期——给中国的高等教育机会不平等带来的一个特别之处。在一个社会分层体系较稳定的社会，拥有较多经济资本的家庭通常也拥有较多的文化资本和较高的社会地位，其子女往往在竞争最有价值的高等教育机会方面具有优势。但在社会阶层结构变迁过程中的中国社会，一些新产生的、地位正在上升的社会群体——比如农民企业家和个体工商户，虽然拥有较多的经济资本但往往缺少文化资本（他们本身未受过高等教育），他们以前的社会地位也比较低，这些人的子女在竞争最有价值的高等教育机会时并没有优势，但他们可以通过金钱来为子女争取较低等级的高等教育机会。通过这种方式，这些家庭实现了代际的教育上升流动。EMI假设的另一个内容是，当教育扩张使上层阶级趋向于达到教育饱和时，下层阶级获得较低价值的高等教育的机会会增加，但较高价值的高等教育机会的不平等还将持续。但是在处于阶层结构变动时期的中国社会，如果上层阶层趋向于达到教育饱和，那么新上升的阶层（私营企业主和个体工商户等）将比下层民众更先分享教育扩张的益处，也就是说，首先是新上升的阶层群体缩小他们与上层阶层之间的教育差距，然后才是下层民众缩小他们与上层阶层之间的教育不平等。这一看法也需要进一步的数据论证。

再次，理性选择模型认为教育机会不平等的变化趋势取决于影响个人教育决策的四个因素——教育成本（C）、教育收益（B）、失败的风险（P_f）和地位提升（SD）。大学扩招以来，这四个因素的变化都不利于降低教育机会的不平等，相反还可能导致不平等程度的上升。不过，数据分析结果显示，并非各个方面的教育机会不平等都上升了，大学扩招以来，阶层之间和民族之间的高等教育机会不平等没有发生明显变化，只有城乡之间的不平等进一步拉大。为什么会有如此结果？为什么上述四个因素的变化只对城乡之间的高等教育机会不平等产生影响，而没有对阶层和民族之间的教育机会不平等产生明显影响？这是否意味着，由于中国社会的城乡差距问题突出，因而城乡之间的教育不平等是最核心的教育不平等？教育决策的理性选择理论所提及的四个因素最可能对农村居民的教育决策产生明显影响？另外，在其他国家，人们讨论教育不平等问题，通常关注的重点是阶级之间的教育机会不平等；在有些国家（比如美国或南非），种族之间的教育机会不平等问题非常突出。不过，种族之间的教育机会不平等的原因机制往往与阶级不平等的运作机制类似，因为种族之间存在明显的阶级分化。MMI假设、EMI假设和理性选择模型都是针对阶级不平等现象而提出的理论解释。在中国社会，最突出的高等教育机会不平等是城乡之间的不平等，教育机会的城乡不平等的运作机制也许会与阶级不平等有所不同。这方面的问题还需要做进一步的探讨和检验分析，尤其是理性选择模型中的四个因素是如何具体地影响农村居民的教育决策，以及为什么没有对其他相对弱势的群体产生影响。

最后，对于性别之间的高等教育机会差异，中国社会也有其特殊性——性别不平等与城乡不平等存在交叉作用。大量的研究显示，女性是教育扩张的最大受益群体（安树芬，2002；杨旻，2009），近几十年来中国教育的迅速发展，使女性的平均受教育机会日益接近于男性。本文的数据分析结果显示，在相同家庭背景情况下，女性上大学的机会还高于男性。但是，高等教育机会的性别差异在城市和农村的表现形式非常不同，城市女性的高等教育机会呈现明显的上升趋势，而农村女性的高等教育机会似乎有下降的趋势。这导致了一种奇怪的现象：当城市居民群体中的高等教育机会性别差距日益缩小，并且女性还显示出某种竞争优势的时候，农村人的高等教育机会的性别差距则在拉大。有关这一问题，作者将在以后做进一步的分析。

（三）此项研究的政策意义

自1977年高考制度恢复以来，中国高等教育改革的主要目的是多出人才（教育规模扩张）和选拔出好的人才（通过严格的逐级考试制度和日益系统化、高难度的教学内容），教育公平问题没有受到足够重视。近10年来，社会公众对于某些领域的教育不平等问题的讨论越来越多，尤其是针对农民工子女教育问题、农村教育问题和高考选拔制度，政府也开始关注教育公平问题。2009年3月5日，国务院总理温家宝在第十届全国人民代表大会上发表的《政府工作报告》中谈到教育工作时把"促进教育公平"放在了首位。这显示出政府决策者对于教育公平问题的高度关注，同时也显示了教育改革的新方向。本文开头时提及的温家宝总理的署名文章，也显示出决策者对此问题的关注度。然而，在政府不断增加教育投入尤其增加了农村教育投入的同时，在高等教育规模高速扩张的同时，我们却发现，越来越多的农村青少年、弱势群体和较低社会阶层人士自动放弃继续求学机会而进入劳动力市场，这一方面加剧了教育机会不平等进而也加剧了社会不平等，另一方面也制造了大量低技能的新生劳动力。如何降低高等教育机会不平等？大学扩招是否能减少教育不平等？本文的研究结论很清楚：单纯依靠教育规模扩张并不能降低教育不平等，相反教育不平等还可能上升。教育扩张的同时还需要其他一些配套政策，才有可能降低教育不平等。关键性的问题是，在目前的情况下，什么样的配套政策有利于减少高等教育机会不平等，特别是城乡之间的高等教育机会不平等。近年来，政府已经采取了一些政策，包括加大对农村教育的投入、减少农民的教育负担、减免学费、推进农村的义务教育、增加对贫困大学生的经济资助，等等。但是，从本文的数据分析结果来看，这些政策对于缩小高等教育机会的城乡差距作用不明显，高等教育机会的城乡差距还在继续扩大。这就需要我们对上述这些政策的实际效果做进一步的思考。教育决策的理性选择理论给我们提供了一些启示，如何提高农村居民、下层民众和弱势群体的教育收益，降低他们的教育成本和失败的风险，应该是相关政策设计的基本思路。

参考文献

安树芬，2002，《中国女性高等教育的历史与现状研究》，高等教育出版社。

李春玲，2003，《社会政治变迁与教育机会不平等》，《中国社会科学》第3期。

——，2005，《断裂与碎片——当代中国社会阶层分化趋势的实证分析》，社会科学文献出版社。

刘精明，2006，《高等教育扩展与入学机会差异 1978—2003》，《社会》第3期。

"全国中小学教育现状调查研究"课题组，2009，《中国城市高中生的家庭背景调查》，载21世纪教育发展研究院编、杨东平主编《中国教育发展报告（2009）》（教育蓝皮书），社会科学文献出版社。

《人民日报》，2009，《今年高考报名人数减少40万》，6月3日，第11版。

谭敏、谢作栩，2009，《高校大规模扩招以来我国少数民族高等教育发展状况分析》，《高教探索》第2期。

温家宝，2009，《赞同教育资金来源多样化》，中国新闻网（http://www.chinanews.com.cn/），1月4日。

文东茅，2005，《我国男性与女性高等教育机会、学业成绩及就业结果的比较分析》，《清华大学教育研究》第5期。

谢作栩、王伟宜，2005，《社会阶层子女高等教育入学机会差异研究——从科类、专业角度谈起》，《大学教育科学》第4期。

——，2006，《高等教育大众化视野下我国社会各阶层子女高等教育入学机会差异的研究》，《教育学报》第2期。

谢作栩、王蔚虹、陈小伟，2008，《我国女性高等教育入学机会的城乡差异研究》，《中国地质大学学报》（社会科学版）第6期。

《新京报》，2009，《全国高考报名人数减30万》，6月3日，第A08版。

徐平，2006，《不同高校类型中农民阶层子女高等教育入学机会差异分析》，《高教探索》第 5 期。

杨东平，2006，《中国教育公平的理想与现实》，北京大学出版社。

杨旻，2009，《高等教育机会性别不平等的因素分析与对策思考》，《江苏社会科学》第 3 期。

原春琳，2007，《高校招生向中西部倾斜——2006 年大学新生农村娃多过城市生源》，《中国青年报》5 月 29 日。

《中国统计年鉴》，1991～2008，中国统计出版社。

中国新闻网，2009，《重庆万名高中生放弃高考调查：就业难成重要原因》，4 月 19 日。

Ayalon, H. & Y. Shavit. 2004. "Educational Reforms and Inequalities in Israel: The MMI Hypothesis Revisited." *Sociology of Education* 77.

Ballarino, G. F. Bernardi, M. Requena & H. Schadee. 2008. "Persistent Inequalities? Expansion of Education and Class Inequality in Italy and Spain." *European Sociological Review* 25.

Becker, R. 2003. "Educational Expansion and Persistent Inequalities of Education: Using Subjective Expected Utility Theory to Explain Increasing Participation Rates in Upper Secondary School in the Federal Republic of Germany." *European Sociological Review* 19 (1).

Breen, R. & J. Goldthorpe. 1997. "Explaining Educational Differentials: Towards a Formal Rational Action Theory." *Rationality and Society* 9.

Breen, R. & J. O. Jonsson. 2000. "Analyzing Educational Careers: A Multinomial Transition Model." *American Sociological Review* 65 (5).

——. 2005. "Inequality of Opportunity in Comparative Perspective: Recent Research on Educational Attainment and Social Mobility." *Annual Review of Sociology* 31.

Breen, R., R. Luijkx, W. Muller & R. Pollack. 2005. "Non-Persistent Inequality in Educational Attainment: Evidence from Eight European Countries." Paper presented at the ISA-RC28 meeting, UCLA, Los Angeles.

Breen, R. & M. Yaish. 2006. "Testing the Breen-Goldthorpe Model of Educational Decision Making." In S. L. Morgan, D. B. Grusky & G. S. Fields (eds.), *Mobility and Inequality. Stanford*: Stanford University Press.

De Graaf, N. D., P. M. de Graaf & G. Kraaykamp. 2000. "Parental Cultural Capital and Educational Attainment in the Netherlands: A Refinement of the Cultural Capital Perspective." *Sociology of Education* 73.

De Graaf, P. M. & H. B. G. Ganzeboom. 1993. "Family Background and Educational Attainment in the Netherlands for the 1891—1960 Birth Cohorts." in Y. Shavit & Hans-Peter Blossfeld (eds.), *Persistent Inequality. Boulder*, Colo. : Westview.

Erikson, R. & J. O. Jonsson. 1996a. "Explaining Class Inequality in Education: The Swedish Test Case. " In R. Erikson & J. O. Jonsson (eds.), *Can Education be Equalized? The Swedish Case in Comparative Perspective.* Boulder: Westview.

——. 1996b. "The Swedish Context: Educational Reform and Long-term Change in Educational Inequality. " In R. Erikson & J. O. Jonsson (eds.), *Can Education be Equalized? The Swedish Case in Comparative Perspective.* Boulder: Westview.

Guo, M. 2008. "School Expansion and Educational Stratification in China, 1981 – 2006. " Paper presented in Neuchatel (Switzerland) Meeting of ISA-RC02 of 2008.

Jonsson, J. O. , C. Mills & W. Muller. 1996. "A Half Century of Increasing Educational Openness? Social Class, Gender and Educational Attainment in Sweden, Germany and Britain. " In R. Erikson & J. O. Jonsson (eds.), *Can Education be Equalized? The Swedish Case in Comparative Perspective.* Boulder: Westview.

Jonsson, J. O. & R. Erikson. 2000. "Understanding Educational Inequality: The Swedish Experience. " *L'Année sociologique* 50, 2.

Lindbekk, T. 1998. "The Education Backlash Hypothesis: The Norwegian Experience 1960 – 92. " *Acta Sociologica* 41.

Lucas, S. R. 2001. "Effectively Maintained Inequality: Education Transitions, Track Mobility, and Social Background Effects. " *The American Journal of Sociology* 106 (6).

Mare, R. D. 1980. "Social Background and School Continuation Decisions. " *Journal of the American Statistical Association* 75 (370).

——. 1981. "Change and Stability in Educational Stratification. " *American Sociological Review* 46.

Pakulski, J. & M. Water. 1996. *The Death of Class.* London: Sage Publication.

Pfeffer, F. T. 2008. "Persistent Inequality in Educational Attainment and its Institutional Context. " *European Sociological Review* 24 (5).

Raftery, A. E. & M. Hout. 1993. "Maximally Maintained Inequality: Expansion, Reform and Opportunity in Irish Education 1921 – 1975. " *Sociology of Education* 66.

Shavit, Y. & Hans-Peter Blossfeld (eds.) 1993. *Persistent Inequality. Changing Educational Attainment in Thirteen Countries.* Boulder: Westview Press.

Shavit, Y. & V. Kraus. 1990. "Educational Transitions in Israel: A Test of the Industrialization and Credentialism Hypotheses. " *Sociology of Education* 63 (2).

Shavit, Y. & K. Westerbeek. 1998. "Education Stratification in Italy: Reforms, Expansion, and Equality of Opportunity. " *European Sociological Review* 14 (1).

Shavit, Y. , E. B. Haim & H. Ayalon. 2009. "Expansion and Inequality of Educational Opportunity: A Comparative Study. " Paper presented in the Beijing Meeting of ISA – RC28 of 2009.

Sieben, I. & P. M. de Graaf. 2003. "The Total Impact of the Family on Educational Attainment. " *European Sociology* 5.

Sieben, I. , J. Huinink & P. M. de Graaf. 2001. "Family Background and Sibling Resemblance in Education Attainment: Trends in the Former FRG, the Former GDR, and the Netherlands. " *European Sociological Review* 17.

Smith, H. L. & P. L. Cheung. 1986. "Trends in the Effects of Family Background on Educational Attainment in the Philippines. " *American Journal of Sociology* 91.

Stocke, V. 2007. "Explaining Educational Decision and Effects of Families' Social Class Position: An Empirical Test of the Breen-Goldthorpe Model of Educational Attainment. " *European Sociological Review* 23.

知识分子心史[*]

——从 ethnos 看费孝通的社区研究与民族研究

杨清媚

摘　要： 我们对费孝通先生的理解通常有几个层次，如从经济方面去讨论他的"乡土工业"，从社会方面去讨论他的"差序格局"，或从文化方面来关注他的"文化自觉"，但是这些研究大多对费孝通缺乏整体的关照。根据这一考虑，本文侧重从文化方面对他进行整体的理解，试图通过挖掘他文本中对绅士与巫的关系之论述，来看他的文化论的基本特征。这也是过去对他的文本考察不够重视的地方。本文将通过对他这些论述的重新理解，来寻找他的汉人社区研究和民族研究两块内容之间的学术关联。其中，史禄国的 ethnos 理论是本文想要重点讨论的一个角度。

关键词： 费孝通　知识分子　ethnos　文化心史

> 我现在有了"轻舟已过万重山"的感觉，但还在船上做事情。中国正在走一条现代化的路，不是学外国，而要自己找出来。我为找这条路子所做的最后一件事情，就是做"文化自觉"这篇文章。"五四"这一代知识分子生命快过完了，句号画在什么地方，确实是个问题。我想通过我个人画的句号，把这一代知识分子带进"文化自觉"这个大题目里去。这是我要过的最后一重山。
>
> ——费孝通（转引自张冠生，2000：645～646）

晚年费孝通的"文化自觉"是由对自己的反思开始的。从他不断回顾的几

---

* 本文在写作过程中受惠于王铭铭教授提出的宝贵意见，在此谨表谢意。原文发表于《社会学研究》2010 年第 4 期。

位老师——吴文藻、派克（Robert E. Park）、史禄国（Sergei M. Shirokogoroff）
和马林诺夫斯基（Bronislaw Malinowski），便可以看到他早年从北京到英国这
一段国内外求学的经历构成了他最主要的学术给养。一方面，在吴文藻的
带领下，"燕京学派"本身已是融合英美学派的产物，为费孝通提供了社
会科学研究最基本的工具——文化理论，这使他对文化的价值或精神层面
尤其重视；另一方面，史禄国以 ethnos 理论为核心的欧陆派民族学使他关
注不同文化和民族在历史变迁中的相互关系，同时他在大瑶山开展的第一
次人类学田野，也使他对汉人和少数民族之间不同的文化特点留下深刻印
象。费孝通后来的学术道路与这两方面的影响有密切关系，只是可能连他
自己在当时都未曾清晰地意识到。在汉人研究中，由早年对江村的研究，
他引出了对绅士在现代化转型中的政治经济作用，以及历史上皇权与绅权
"双轨"结构的探讨；而在民族地区，他在 20 世纪 50 年代的民族社会历
史调查中注意到土司、头人和巫师。面对"乡土中国"的礼治社会和民族
地区的宗教仪式并存的历史与现实，他开始探索这两者背后的历史联系及
其成因。

　　在这个意义上，我认为史禄国的 ethnos 理论是奠定费孝通后来思考方
向的一个重要因素，促使他无论在汉人社区还是在民族地区都会下意识地
关注它们的文化精神寄托所在。因此，他最初关注绅士和后来讨论土司、
巫师两者之间有内在的学术理路，而这一理路是可以从他的文本中寻找到
依据和线索的。后来费孝通将这个 ethnos 粗线条地勾画为"中华民族多元
一体格局"的图景。他认为 ethnos 表达的汉与非汉民族之间混融的历史动
态过程实际隐含了更深层的含义，即在具体的政治、经济、军事关系背
后，存在着不同民族的"知识分子"① 依据对各自民族历史文化的掌握来
处理相互之间的关系。对这个问题的讨论构成了"文化自觉"的实质内

_____

① 在费孝通的理解中，"知识分子"是一个含义较宽的用法，早期指的是"文字造下的阶级"
（费孝通，1999/1948a：479），主要包括士大夫、绅士，以及与之有接续关系的现代知识分
子。在无文字的少数民族地区，尤其是在 20 世纪 50 年代的民族调查中，费孝通找到了掌握
当地社会知识和权力的土司、巫师等特殊的"知识分子"（费孝通，1999/1951：258 ~
309）。到晚年他明确提出，"各国都有自己的思想家"，"新的孔子必须是不仅懂得本民族
的人，同时又懂得其他民族、宗教的人。他要从高一层的心态关系去理解民族与民族、
宗教与宗教和国与国之间的关系"（费孝通，1999/1992：298）。也就是说，他所理解的
"知识分子"实际指的是本民族文化精神的承担者。

容。正如他所言，"全球化过程中的'文化自觉'指的就是世界范围内文化关系的多元一体格局的建立，指的就是在全球范围内进行'和而不同'的文化关系研究"（费孝通，2004/2000：222~223）。也就是说，汉人社区研究和少数民族研究作为费孝通一生学术的两个主要部分，背后有文化学研究和 ethnos 理论的共同关联。随着学术经历和成长，他对这两个部分之间关系的思考也不断推进，最终呈现为他在晚年强调的知识分子心态的历史研究。

为推动对这些问题的讨论，本文将依据费孝通的人生经历，先后梳理他继承自"燕京学派"和史禄国的学术思想，以此探讨其变革中国社会的出发点和知识分子研究在其学术思想中的位置，继而关注费孝通晚年思想的转折，讨论他对知识分子研究的反思对我们今天的启发。

一 "燕京学派"理论的一个重要层次：文化论

1930 年至 1936 年 9 月离沪去英前的这段时间，费孝通大多在北京度过，先是在燕京大学师从学界新秀吴文藻学习社会学，后到清华大学著名俄国人类学家史禄国那里求学。到英国以后，他投身另一位人类学大师马林诺夫斯基门下，1938 年学成归国旋即开展内地农村调查。在费孝通跟随马林诺夫斯基的两年时间里，从他当时与燕大同学的通信及其回忆文章中可以看到，他受英国"左派"影响颇深①，在博士学位论文中一度热衷于引述工党思想导师托尼（R. H. Tawney）的论著。但是，他一直保持着对极权主义意识形态的警惕，最终没有投向"左派"，觉得"在这年头，'左'、'右'都似有出路，又似乎都不是去处"（费孝通，1999/1937a：531）。他对思想与社会关系的思考更多赞同于曼海姆（Karl Mannheim），认

---

① 费孝通回忆道："提起这个学校（伦敦经济政治学院），老一辈的英国绅士们要摇头的，认为有点'左倾'。这当然完全和事实不符，因为它正是一个社会改良主义的大本营……到了 19 世纪末年，一些参加工人运动的知识分子，最著名的如韦柏夫妇、萧伯纳、威尔斯等人组织了费边社，主张为中产阶级和工人阶级办高等学校。费边社是一个社会改良主义的团体，反对马克思主义，妄想通过合法斗争，实现'社会主义'。他们所办的学校就是伦敦经济政治学院，曾培养出许多工党的骨干，工人贵族。"（费孝通，1999/1962：102~103）这篇文章写于 1962 年，由于当时特殊的社会历史环境，费孝通所说的"左倾"指的是激进的革命主张，而他所描述的伦敦经济政治学院是英国左派政党工党的大本营，并在二战后推动了英国"国有化"运动。

为"曼氏是要修改康德式静态的、绝对的、纯粹的知识论,要修改数量的、行为的社会学,要修改马克思片面的、部分的意态论,而创立一个综合的、价值的、相关的研究思想的方法"(费孝通,1999/1937a:529~530)。而他对曼海姆的关注,与他的老师吴文藻对德国社会学的引介有密切关系。

作为费孝通的社会学启蒙导师,吴文藻不仅为他铺垫了后来的留学道路,更为社会学"中国化"奠定了基础(林耀华等,1990:341)。从1929年进入燕京大学社会学系教学开始,吴文藻便开始探索社会科学中国研究的可能。已有不少研究指出,他在综合比较法国、美国、德国、英国社会学人类学前沿的基础上,最终选择了以英国社会人类学功能学派理论作为理论主体,以社区研究为主要方法开创中国社会学的新时代(林耀华等,1990:342~343)。但实际上,吴文藻的社会学取径是文化学的,而且将功能学派和德美文化理论综合在一起。他在1935年的一篇文章中明确谈道:"从社会学的观点来看,功能学派社会人类学有两个特点:一、功能人类学与文化社会学在理论上的关系最为密切;二、功能观点与社区观点在实地研究的方法上,完全相同。"① (吴文藻,1990/1935:122)吴文藻曾从学于博厄斯(Franz Boas),对"文化"概念及其理论发展并不陌生,是故他以"文化"为理论基础对西方社会理论进行的综合,在讲求文化的实用功能的同时,也为文化理论本身强调的"精神"留下了位置。

1932年,吴文藻邀请美国芝加哥学派的派克(Robert Park)到燕大讲学;稍晚些时期,他开始投入大量精力梳理德国社会学理论(吴文藻,1990/1934:85)。派克的人文区位学中有一部分属于心理学的内容是来自德国学派的,吴文藻后来会去梳理德国社会学理论也可能与这个

---

① 当时,法国涂尔干和莫斯的比较社会学正因为莫斯的缘故逐渐倾向民族学,轻实地工作而侧重档案与史料,这种颇具"复古主义"色彩的研究为吴文藻所不喜,反之,他对德国文化社会学大为赞赏。他说:"德国的社会学,有一部分是由其他社会科学转变而成的,在文化的比较研究上,占一极重要的地位。文化社会学派的泰斗,如韦伯兄弟(Max Weber 与 Alfred Weber)的工作,成绩最著。而马克斯·韦伯对于经济及宗教制度的变焦研究,贡献尤为重大。民族心理学派则自冯德(W. Wundt)、维尔康特(A. Vierkandt)以来,都是以心理历程为根据,来对语言、风俗、信仰及社会组织,作系统的解释。世人常以汤乌德(R. Thernwald)为此派的现今代表,因为他的'功能社会学'是由民族心理学退化出来的。"此外,在他眼中,英国社会学以社会制度的比较研究和继嗣制度研究为基础理论,但并未能在西方学术界获得独立地位;美国社会学则因博厄斯学派文化人类学的影响,而有文化社会学派之兴起,在学术界大增声色(吴文藻,1990/1935:124~125)。

启发有关。① 而派克的讲课也给费孝通留下极深刻的印象，费孝通随即写了"派克及季亭史二家社会学学说几个根本的分歧点"一文进行讨论，认为派克在社会心理学上的研究超过了季亭史（Franklin Henry Giddings）以个体心理对外界"刺激－反应"模式的局限，提出了一种"刺激－社会态度－反应"的模式（费孝通，2002/1933：143～170）。② 这个模式不仅要在个体与社会之间找到一个调节平衡的"阀门"，而且要在自然与文化之间找到一个沟通的平台，如费孝通所说，派克是在斯宾塞和齐美尔之间的人物，没有滑向极端的自然主义或文化主义，亦没有滑向涂尔干的强社会论，而是持一种关系动态论。③ 这种奠定于互动关系基础上的理论设想实为吴文藻和费孝通共同的出发点。

吴文藻从派克的人文区位学中延伸出的一个主要看法，是确定中国这个大社区的基本特点，他通过一种简单的文化比较方式，将中国人的民族性格描述成安土重迁、宗法主义、不思变革（吴文藻，2002/1934：13～14）。可以看到，这与费孝通后来在《乡土中国》中所描述的乡土社会特点相差无几。这一论述延续了滕尼斯（Ferdinand Tönnies）有关自然社会

---

① 在吴文藻看来，派克的城市区位学与德国学术密切相关，其学说由五个主要部分组成：第一，人格—文化，研究人类本性，以汤麦史（William I. Thomas）的愿望、态度与价值论为中心。第二，共生—协和，研究社区与社会、隔绝与交通、距离与亲密等，后来成为发展都市学与人文区位学的张本。第三，社会化（或交感互动），分析社会历程，包括竞争、冲突、顺应与同化诸实在历程，以德国系统社会学学派始祖齐美尔（Georg Simmel）的交感互动说为骨干，而形成芝加哥学派所论社会学上的中心问题。第四，集合行为（或集合行动），属于集合心理学的范围，内容有群众运动、社会运动以及政治运动（各种群众举其较著者，如帮会与秘密结社、宗派与政党），乃至公众与舆论，民间公道与政治历程等。第五，"文物"制度，以孙末楠（William Graham Sumner）的制度观念为出发点而稍加申释，如用"神圣的"与"世俗的"两种流行概念，来分析道德境界与政治境界的历程。这五个部分都以精神或价值研究为导向，第二部分则偏重研究方法（见吴文藻，2002/1934：13～14）。

② 季亭史，又译"吉丁斯"，他的社会学学说早在1902年即被章太炎引介到中国，被章氏等人借以抨击斯宾塞进化论中的功利主义；到1906年前后，达尔文和斯宾塞的理论受到的学界批评日益增多，其影响力很快陷入低潮，心理社会学占了上风（姚纯安，2006：53～60、136～139）。

③ 费孝通所说的"关系"来自德国形式社会学齐美尔一脉，吴文藻梳理的冯维史社会学亦属同源。所谓"关系"指的是人与人之间的相互作用，由此结成的关系的形态便是形式社会学所说的"形式"（form）。这些形式作为行为表现的范畴（categories）存在，本身便凝结了某些意识倾向，而其内容（content）则是经过这些形式构成社会生活的各种具体事物（参见费孝通，2002/1933：166）。

与人为社会的区分，不过，在滕尼斯那里，自然社会代表了一种有机联系的、有强烈共同道德感的美好社会，而在吴文藻这里则是保守落后的体现。吴文藻明确指出，滕尼斯的二分法是在文明论意义上的，不能作为社会学的研究方法（吴文藻，1990/1934：90）。在具体研究中，应以"社区"为入手点（吴文藻，2002/1934：15）。因此，"社区"被视为文化研究的单位来加以运用。中国研究的第一步是先划定一块文化区域，比如乡村社会、都市社会、部落社会，再从中划出更小的进行实地调查的社区范围（吴文藻，2002/1934：16）。吴文藻虽然并不强调区域是否有严格清晰的边界，但他无疑是将目光聚焦在这一区域范围内部，而忽略了社区与外部，包括社区与社区之间的联系。在费孝通的《江村经济》中，这种聚焦更进一步浓缩为对一个村落的微观考察，把这个点视为时空的极度浓缩。尽管费孝通承认，村庄并非一个隔绝的、自给自足的单位，而早已是世界体系中的一部分，但这些社区内外的关系体系依旧不是他写作的重点（费孝通，2001/1939：25~26）。

值得一提的是，吴文藻虽然对文化社会学有所借鉴，但他的重点并没有放在知识分子研究上，而是更侧重社会行为和社会关系，因而他有意从派克那里建立社区研究的方法论基础。也因此，他对芝加哥学派的城市社会学引介出现了一个倾斜，使其城市研究的色彩被大大淡化，为后来社区研究在农村研究的扩散埋下伏笔（王铭铭，2003：1~33）。与吴文藻不同的是，费孝通似乎对派克提倡的 life history 个案研究更感兴趣。派克认为，"我们所生活的社会，最后还是一道德的秩序。在这道德的秩序中，个人的地位以及他对于自己的认识——他人格的中心——是被决于别人的态度和团体所维持的标准。在这种社会中，个人成了 Person"（费孝通，2002/1933：163）。因此，地理、职业以及其他决定人口分布的因素，因与 Person 的地位或团体身份相结合，才在社会学研究中变得重要，但是社会学最宝贵的却是"忏悔录式的个人自述"，即个人一生体现的观念及其变化，这是集体性的（费孝通，2002/1933：164）。费孝通深以为然。他将这个视角和社区研究结合起来讨论社会变迁问题，便将对一个人物一生的整体研究转化成对具体时空中的文化接触研究，简而言之，比如，乡村社区研究就要看乡村之外的人到乡村中如何改变了当地的生活方式（费孝通，1999/1933：118~119）。更进一步说，是通过考察新的知识观念在乡村中的实践，来看思想与社会的对话关系，而这一点后来主要是通过他的知识分子研究来落实的。在这个意义上，经济变革问题成为他研究文化的入手点，但远非他的全部。他对知识分子问题的关注与他姐姐费达生有关，同时也与梁漱溟当时提倡的乡村建设运动有关。1933 年他从燕京大学毕业时，梁漱溟曾邀请他赴山东邹平参加乡村建设运动，但是他似乎并没有真正参与此事，因为在同一年他就到清华读研究生去了（阿古什，2006/1981：29）。从后来《江村经济》的研究可以看到，费孝通当时感兴趣的是观察知识分子到乡村中的制度改革，而不是像梁漱溟那样亲自到乡村中开展以教育为基础的乡村变革运动。

借助派克这个平台，吴文藻及其学生在讨论中初步建立了燕京学派的理论取向和方法论，但同时吴文藻也意识到作为理论核心的"文化"概念与历史臆测关联太紧，当他在美国念书的时候，博厄斯学派已经在面对这一理论困境。因此，对"文化"概念的运用需要重新理解，这中间有一个过程。1932 年吴文藻介绍文化人类学理论流变的时候，开始注意到马林诺夫斯基的功能主义，不过此时他并未推崇功能学派（吴文藻，1990/1932：68）。1935 年他的观点有明显变化，不仅请拉德克利夫－布朗（A. R. Radcliff-Brown）来燕京讲学，还连续撰文提倡功能主义。尽管拉德克利夫－布朗的结构功能主义和马林诺夫斯基的功能主义很不一样，前者强调每个部分对于整体的作用，犹如器官对于整个生物体的作用，后者关注的是诸多外在于个体的作用关系之集合，但是吴文藻似乎不太重视这一差别。继而他在马林诺夫斯基的文化论中找到了重新理解"文化"的方式，就是把这诸多关系归入三个不同层面——物质、社会（历史）和精神，即"文化三因子"说。①

根据"文化三因子"说，吴文藻将其与梁漱溟的文化三分法相对照，认为"梁先生视文化为人类生活的三方面，足见其见识精确。只可惜是从价值观点来分类，所以他把次序弄颠倒了。如果从事实观点来分类，便应

---

① 吴文藻认为马氏"文化论"代表了"最彻底的经验上的文化分类法"，是任何实地研究和分析最完善的"据为参考的'概念格局'"，"马氏首先肯定了文化上的三个基本事实，即是：(1) 物质底层，(2) 社会组织，(3) 语言。但是在他的文化论中，却又述及'文化的精神方面'，与前三者并举，当作文化的四个基本因子。所以我们在表格内稍加修改，以求符合"。这个修改是将此"文化三因子"调整为：物质底层（包括环境、工具、建筑、服饰等）、社会组织（包括家族、宗亲、团体、会社等）和精神生活（包括语言、文字等）。吴文藻又用博厄斯的文化概念与之相较对，认为"这与马氏的三分法巧合：顺应自然正与物质底层相当，个人关系正与社会组织相当，主观行为正与精神生活相当。这三分法目前在学术上甚为流行，中西所见略同"（参见吴文藻，1990/1938：194～227）。

把精神生活方面放在第三，把物质生活方面放在第一。这样与我们的见解完全相同"（吴文藻，1990/1938：248：注5）。①

这个"颠倒"意义重大，它意味着社会科学研究是要从经验进而历史，进而到文化或民族精神；而民族精神在当时的研究阶段是存而不论的。因为社区研究并不仅仅是物质状况的调查，"社会学家考察一社区时，除了描写经济生活和技术制度之外，还要关心民风，礼俗，典章，制度，以及民族的精神和理想"，而"有重大价值的社会学研究，必须是一个时间上的研究……例如我们研究眼前中国某一区内的亲族制度，我们决不能忽略了这制度在过去数千年来发展的大势，也不能漠视这制度在该社区内有关历史地理背景的题材"（吴文藻，1999/1936：486~488）。也就是说，在吴文藻看来，理想的社会科学研究应包含人与自然、社会以及自我各种关系的综合，但它的进路只能从经验起步，一层层往上走。

综观费孝通一生的学术研究，似乎并未越出这条道路。他的社区研究始终以制度为导向，虽然在民族研究方面初步触及历史层次，对于精神层次的研究一直关注但其实没有充分展开。晚年他回到文化史研究中试图对后者有所推进，又重读梁漱溟，希望能从不同文化观念的对话中去理解文化的历史与现实②，这中间已经过去了半个多世纪。吴文藻当时对梁漱溟

---

① 吴文藻（1990/1938：215~216）还根据这种文化三分法，历数清末以来国内思想界应对世变的主流方略及其短处，认为：第一期是对文化的物质层有了认识，以张之洞的"中体西用"为代表；第二期是对文化的社会层有了认识，从制度上感觉不足，因而注意到社会部分的变法维新；第三期是对文化的精神层有了认识，注意到语文的改进渐及心理态度和文化价值的重新估定，如梁漱溟则专从精神来讲；另外还有陈独秀辈受了马克思派唯物史观的影响，专从物质底层来看；上述这些观点都各偏一面，顾不到文化全体。

② 1988年，费孝通在《论梁漱溟先生的文化观》一文中，将梁漱溟的文化体系论和美国文化人类学家本尼迪克特（Ruth Benedict）的文化人格论并置讨论，认为两人的思想都是第一次世界大战后的产物，都是整体加特点的文化观。所不同的是，"梁先生是从对人生应采取什么态度的伦理问题上起步的"，他把中、印、西三种文明放在一个更大的发展序列中，认为人类最后要落实到肯定人生、调节欲望的儒家文化。而本尼迪克特"不像梁老先生一样从人生态度上去寻找根源，而从人的心理基础上找原因"。与吴文藻所论相近，费孝通也认为梁漱溟的文化论是中国思想界经历了"中体西用"、"中西各自为体用一致的文明体"阶段后的产物，"梁先生认为中西文化的区别是体系之区别。他进一步探索区别的关键而发现了不同的人生态度……梁先生这种从哲学入手归结到儒家的复兴论，尽管在其本质是属于全面接受西方文明才能回到儒家的人生态度的迂回战略，但是由于表面上被视为儒家辩护，难于为反传统思潮所接受而不得不退居冷宫"（费孝通，1999/1988：337~342）。

的否定，自有他对学科定位、社会客观环境和时代变迁的种种考虑；而费孝通在这迂回进路中或许不乏矛盾之情，无论外因如何，其中一个关键原因可能还是与他的燕京学派的学术给养密不可分。

对于马林诺夫斯基的"文化论"，费孝通似乎有双重心态，一方面对功能学派庸俗的实用主义感到不以为然，觉得"如马氏所谓：我们的理论不在道破宇宙之秘，只是帮你多看见一些切用的事实，'理论无非工具'的说法从此而来。在讨论文化变迁时他的态度更是显然，他没有老派克气魄大，当然更赶不上史禄国…… 近人切理是功能派的骨子，也正合了英国人的胃口…… 只有在中年人的眼里，世界是有条理的，连巫术都有功能。只有在商人的手里，螺壳都有用处…… 我在英国人的社会中总是逼得慌，郁涩得厉害，不畅快，可是我也羡慕他们对付世事那样游刃有余…… 也许我们应当从'理由强'的追求，改变到'能实用'的标准上去。不在天衣无缝，而在过得过冬天"（费孝通，1999/1937b：511）。可见费孝通内心将功能学派视为时势之下的选择，却未必是他心目中真正的学术理想。另一方面，他又对马氏"文化论"发展到后期的"文化变迁三项法"颇感兴趣。这"三项法"简单说来即"外来势力"、"接触中的事实"和"还活着的历史"，而且这三项是可以在同一社区中观察到的（费孝通，1999/1937c：505）。这正符合他对派克的 life history 和社区研究结合的设想，并且提供了入手研究的工具。

在费孝通晚年，英国人类学家利奇（Edmund Leach）的一个提问促使他再度回到马氏文化论，这个问题是：从村落社区研究何以能见整体的中国？从 1990 年到 1996 年费孝通写了许多文章不断思考这一问题，先是用"类型比较"，后来讲"人文世界"，开始承认社区未必能够作为文化研究的适当单位，要求得对中国的整体认识，应去探讨马林诺夫斯基主张的人文世界的共相（费孝通，2004/1995：64～70）。这些共相便是人类与自然和社会相处的方式，例如，在太平洋小岛上的土人依赖巫术培育园圃，他们同时也知道农耕的技术及气象征候；现代都市里的科技发达，然而人们也还要烧香求佛，不同文化知识体系表现的特点似乎不同，但是在其组成的部分上却是一致的（费孝通，2004/1995：69）。换句话说，人类不是宇宙的孤独造物，他总是身处在一个包容他的世界之中，没有一个民族文化深处不带有对这个世界的整体关怀。

有的研究认为，费孝通在《江村经济》中试图修正马林诺夫斯基的功能主义，将其从生物需要的出发点修改为社会与个人生物需要的双重合力（沈关宝，2007：27~38）；也有研究认为，费孝通的方法论其实并非功能主义（functionalism）而是功利主义（utilitarianism）的（金光亿，2007：12~15）。这些讨论可能都忽略了两点，一是费孝通对价值与道德的重视实际是与他的强调制度变革相应而生的；① 二是他在晚年对文化论的再阅读，以及对《江村经济》的反思表明，他逐渐放弃了对制度变革的强调，而把对道德的讨论推向了人与自然的关系，并且试图从这个层面讨论汉文化和少数民族文化的沟通问题。

二　从 ethnos 看"乡土中国"：绅士与伦理

费孝通说："我一生有两篇文章都是在 30 年代写起，至今还没有写完……第一篇《少数民族的社会调查》文章没有做完……第二篇《中国农村经济的发展》文章没有写完。"（费孝通，1999/1984：533~534）这第一篇文章指的是 1935 年他和妻子王同惠赴广西大瑶山调查，后因事故中断，所以他说"没有做完"。第二篇文章是指继瑶山调查之后，他回家乡休养的时候做了江村调查，并根据这次调查写作了《江村经济》，1957 年他又去了一次江村，不过《重访江村》还没发表完他就被划成右派，所以这篇文章也是仅仅开了头而没写完。他所说的两篇文章其实只有合成一篇来看才完整。原因在于，费孝通的第一次田野是在民族地区开展的，从那时候开始，他切身体会到中国所继承的帝国时代的遗产正是由汉与非汉民族共同构成的，离开了哪一方都残缺不全。而更重要的是，在我看来，这一次未完成的田野使史禄国的 ethnos 理论从此在他心中扎下了根，不断推动他在后来的经验研究中去思考知识分子的问题。

费孝通对 ethnos 的最初理解是指族团之间分合关系的变化历程，其中族团是以文化、语言、团体意识以及内婚范围为基础形成的团体，它们永远处在变迁之中，而它们的变迁又是以族团间的关系为枢纽的（费孝通，

---

① 费孝通在《乡土中国》中谈道，"我常觉得把'生存'作为人类最终的价值是不太确切的。人类如果和其他动植物有不同的地方，最重要的，在我看来，就在人在生存之外找到了若干价值标准，所谓真善美之类"（费孝通，1998/1947：84）。

1999/1936：468）。从花篮瑶的研究开始，费孝通已经将 ethnos 分解成两股线索，一股是汉人与少数民族，另一股则是以汉人为主体的华夏与西方。① 对费孝通而言，在民族地区，ethnos 呈现的问题是从帝国转变为多民族国家；在汉人社区，则呈现为乡土中国的现代化转型。后者在他心目中较为优先。在汉人社会，他认为知识分子作为文化精神的承担者也承担了文化接触的各种关系之合力，因而能把握历史变迁的方向。而他笔下最早的知识分子个案即推广乡土工业的姐姐费达生。《江村经济》这本书写的其实就是费达生。

早在 1932 年，费孝通便以费达生的口吻写作了《提倡小规模制丝合作社》（林祥，2003：185）②，1934 年又写作长文《复兴丝业的先声》对此项事业进行倡导和讨论。他对丝业的理解首先是制度上的；其次，这种制度并非来自外部的技术移植，而是从乡村内部生长起来的传统复兴与现代化的接续，他引用陶希圣的观点，认为丝业作为农村的副业，是农村抵抗经济破产的最后防线；其三，由于农村信用的贫乏，乡土工业同时必须有国家或地方的公共机关承担具体的经济责任，随着其规模扩大将有可能造就一种新的国家经济统制制度。再者，单从政治来建设中国不可取，而从制度入手除了上述条件则还有赖于对民众的教育（费孝通，1999/1934：240 ~ 248）。1936 年费孝通到这个村子养伤期间顺带进行了调查，在此基础上完成了《江村经济》一书。上述四个观点在《江村经济》中得到进一步提炼，但是这时，费达生的乡土工业已经出现了危机。

1923 年，费达生从日本东京高等蚕丝学校制丝科毕业回国，次年到吴江庙港乡开弦弓村建立蚕业指导所，1929 年又成立了生丝精制运销合作社（邱泽奇，2004：13 ~ 14）。为使这个工厂能够在农村扎下根，费达生等人

---

① 费孝通认为，历史上瑶汉关系并非总是紧张对抗的，经过最初的冲突而迁徙之后，瑶人定居瑶山几百年来与汉人形成了调适的关系。在此期间，双方的合作多于冲突，因合作则有了经济往来和语言文字学习的必要。然而近百年来，汉人由于外族压力增大而发生了强烈的向心力，开始对周围的非汉族团采取强烈的同化措施，其手段一方面是行政上的"编户"，另一方面是文化上的"教育"。面对这些同化的压力，各瑶人族团有不同的反应，一方面因经济地位的差异产生的向心动向，有可能形成"长毛瑶族"（地主）及"过山瑶族"（佃户），另一方面如果汉族施加的压力增大，他们又可能共同形成一个"瑶族"（参见费孝通，1999/1936：469 ~ 476）。可见，在谈少数民族的时候，费孝通是从汉人和少数民族的关系来看，而在谈汉人的时候，则是从西方和中国的关系来看。

② 该文原刊于 1932 年《国际贸易导报》卷四第 6 号，但未收入《费孝通文集》，可能已佚。

想方设法对缫丝机器等进行技术革新，直到 1935 年方宣告技术改革成功。实际上从 1929～1935 年合作工厂一直负债运行，仅 1929 年当年的利润勉强能与资产负债持平，从 1930 年开始即利润剧降，不仅无力还贷而且还遭遇社员积极性减退等诸多问题（费孝通，2001/1939：192）。也就是说，在费孝通开始关注开弦弓的时候，费达生的乡土工业试验已处在两难中：一方面由于 1928～1934 年国民政府不断加大对蚕业的财政投入，江苏省政府尤其积极助力，促使开弦弓原来的技术推广活动如滚雪球般不断膨胀（费孝通，2001/1939：193～194）；另一方面合作工厂并没有给乡村带来更多的利益和改善，没有形成有效的团结地方的机制，反而进一步推动乡村人口外流，正与改革者创办合作工厂的初衷相反（费孝通，2001/1939：197）。简言之，乡土工业单靠制度和技术立不住。费孝通认为改革者通过引进科学的生产技术和组织以合作为原则的新工业来复兴乡村经济的思路，实际是趋向社会主义的思想，它并没有充分考虑乡土社会的特点。①

在费孝通的理解中，中国传统经济结构是一种"农工混合的乡土经济"（费孝通，2001/1939：172～176、238；甘阳，1994）。这种农工混合的经济形式不仅是经济关系和社会结构关系体，还包括了地主与佃户、乡绅与农民在传统社会伦理中的相互义务，这才是费孝通所关注的乡土社会的本质特征——它是一个筑基于礼法与人情关系的团体。这种伦理关系的主体是儒家提倡的伦常观念，费孝通认为它是基于农业生产而产生的眷恋乡土的情感意识（费孝通，1998/1947：6～11）。虽然《江村经济》和《乡土中国》分别成书于 1938 年和 1948 年，前后相隔 10 年，但实际上它们是一体两面。在写作《江村经济》之时，"乡土中国"虽然还没有被作为一种概念提出，但是"乡土中国"所包含的社会伦理意涵在《江村经济》中已随处可见。如果说《江村经济》侧重讨论中国式的资本主义制度变革，那么《乡土中国》则在探讨与之相匹配的社会道德。有了乡土意识的羁绊，费孝通的乡村工业设想才有了保障。因此，他更要强调这种乡土伦理的现实

① 费孝通对社会史论战有许多批评，最基本的是认为社会史研究表面是在用历史思考当下和未来，其实是用虚构的历史哲学构拟现实（参见费孝通，1999/1937c：505）。他不仅反对论战中提出的马克思主义社会阶段论，也反对革命理论。虽然他所谓"农工混合的乡土经济"一说与陶希圣等人对中国社会经济"混合"状态的形容颇为吻合，但是在对待地主的问题上他反对暴力革命。

存在，与其说这是对客观现实的描绘，不如说是他心态的表达。这亦表明，"江村经济"和"乡土中国"作为费孝通乡土工业设计的完整规划，揭示出他从制度和伦理的关系这一角度来探讨中国现代化的问题。

在费孝通的乡村工业设计中，土地是最基本的问题所在，它既牵涉到乡村的社会结构和经济形态，也是"乡土"所指的另一重含义。他在江村研究中提出了对永佃制和不在地主制的看法，认为恰是永佃制和不在地主制的相互嵌扣，使绅士与佃农通过土地紧密关联在一起，也使城镇与乡村之间有了基本的联系纽带。一方面，在永佃制中，土地被划分为两层，即田底和田面，分别由地主和佃户占有，只要是田面的所有者，就能自行耕种土地。永佃制的真正含义在于村落共同体的存在保护了佃户的田面权不受田底占有者的干涉，也不会轻易转移给外来户，因此田底权的流转并不意味着土地流转，由此限制了地权外流（费孝通，2001/1939：162～163）。

另一方面，由于不在地主制的影响，大多数地主通过代理人收租，通常由收租局执行。而永佃制的存在一定程度上限制了地主可能进行的强取豪夺，但长远看也使地主的利益得到保证，因为如果佃户拒不交租被关到监狱里，最终仍要释放他们，否则反而会荒了田地，无人耕种。而且重要的是，费孝通认为这个制度的存在产生了一种相互的道义责任，对佃户而言，交租被认为理所当然，而对地主而言，亦因为传统道德约束和长远利益考虑会对佃户减免地租，也就是说，双方之间还有一脉可以商量的人情余地，不是赤裸裸的剥削关系（费孝通，2001/1939：164）。也因此，他对国民党左派和共产党当时的土地政策有所保留，认为平均地权的后果就是彻底破坏了地主和佃户之间的这种道义责任，更长远的影响是使地主停止对土地的投资，那就彻底中断了农村的金融血脉，高利贷无非是这诸多因素推动下的畸形恶果（费孝通，2001/1939：167）。

在此，费孝通批评陈翰笙的《华南土地问题》把永佃制视为历史遗存的观点，因为这将推论出消灭永佃制。相形之下，他更赞同英国经济史学家托尼（R. H. Tawney）的观点。托尼认为，自耕所有制在大城市附近极不流行，相反在这些城市资本大量流入农业的地区普遍产生了土地租佃制度，这种租佃关系的产生实际是经济关系商业化的发展所致——费孝通对此深以为然（费孝通，2001/1939：163：注2；1999/1945：399～340）。不过托尼亦谈到，在这种关系中佃户和地主之间并非和平相处，在欧洲曾经发生并且仍在发生的农民斗争很可能在中国出现（费孝通，2001/1939：163：注2）。但是对费孝通而言，永佃制本身产生的对地主和佃户双方的制约已经给解决这个危机留下了一线希望，而乡村工业的推动则能更根本地解决农村的贫困问题。

在费孝通就读伦敦经济政治学院期间，托尼亦在此教学。作为英国工党的思想导师，他的经济伦理学在这所工党学院中的影响可想而知。费孝通常爱征引的是他在1932年出版的《中国的土地和劳动》（Land and Labour in China）①，此书自然是当时与中国研究最直接相关的论著，不过托尼最著名的研究是关于宗教与资本主义兴起的讨论。托尼所关注的是英国重商主义影响下以自由个人主义为基础的社会观，这种观念以道德自主、享有权利和拥有财产的个人作为一切社会秩序观念的源泉，它以个人为单位整合自然法与理性秩序（神意），从而否定了人与人之间的相互责任和义务，也否定了社会共同体的存在基础（塞利格曼，2006/1998：8~15）。托尼认为，这种个人主义的出现正是近代欧洲政治和社会信念中发生的重大改变，路德宗教改革打破了基督教的团体原则，其后果是进一步助长了这种个人主义；而资本主义的本质是对经济利益的无限追求，在根本上背离了基督教哲学中道德原则高于经济欲望这一核心，基督教思想改革的本意试图以一种实践伦理学式的社会理论挽救社会，但在它世俗化的过程中也失去了建筑更高的社会价值原则的可能（托尼，2006/1998：167~173）。

费孝通对制度与伦理问题的思考可以说在这些方面比较接近托尼；托尼对宗教整合社会共同体的强调，正与费孝通对乡土伦理的关注出发点一致。但是与基督教世俗化的潜在危机不同的是，在费孝通看来，乡土社会的礼法本来便是以世俗社会为出发点，必然要在其中对人的欲望做出安排，"在乡土社会中欲望经了文化的陶冶可以作为行为的指导，结果是印合于生存的条件"；由于"乡土社会环境不很变，因之文化变迁的速率也慢，人们有时间可以从容地做盲目的试验，错误所引起的损失不会是致命的"，但是，自由主义经济思想对于乡土社会的精神却是非常有害的（费

---

① 费孝通曾受到托尼经济伦理学的不少影响，他在后来云南三村的研究中还称赞托尼的这本书是关于中国农村社区经济生活"这一研究领域中最好的一本书"（费孝通，1999/1945：392）。

孝通，1998/1947：85）。是故，费孝通的乡土工业设计一方面要由新绅士进行引导，他们对乡土社会有熟悉感，且负有教化之职，能够减小变革的阻力；另一方面在更高一级的生产中心城镇则需要中央政府的调控力量，以应对世界贸易体系带来的风险。

从江村研究之后直至 20 世纪 40 年代后期，由于战争所迫，包括费孝通在内的一大批知识分子聚集在中国西南。费孝通主持着云南大学和燕京大学合办的一个小小的社会学研究工作站，继续他的内地农村调查。他认为抗战初期的征兵和公共建筑①曾一时减少了农村人口的压力，但是很快，养活这批充军人口成为农民又一个沉重负担，农村的繁荣不过昙花一现。与当时各种平均地权、鼓励生育的观点不同，费孝通坚持发展乡土工业和消极地节制生育，以使土地供养的平均数降低，社会负担得到减轻（费孝通，1999/1946a：185）。云南农村的调查和这些频繁的辩论更坚定了他在《江村经济》中的基本观点。与此同时，他的眼光并不局限于国内的经济建设，他还热切关注人类世界的前途。战争的激化、太平洋战场的触发、原子弹的使用等，都使他对极权主义的意识形态和社会组织有着深深的警惕。他看到在人类现代化的技术发展到前所未有的顶峰之时，这种文化自身也携带着灭亡的恶魔，而正是由于技术强大的力量，今日极权主义的威胁远比历史上它的任何一次出现都要严重。他认为"若是在现代世界上出现了一个独占武器的秦始皇国，他的百世大业，要用武力把它推翻，恐怕不是件二世以内可以做得到的事了"（费孝通，1999/1946b：289）。与这些思考相关，费孝通对中国历史上知识分子如何对抗极权主义产生了进一步探讨的兴趣。

大约在 1948 年前后，费孝通曾经考虑过从实地调查转向历史研究与实地研究相结合，为此他召集了一个讨论班，和吴晗等历史学家一起对历史上的中国社会结构进行探讨。作为这次讨论的结果，费孝通写了三篇重要的文章——《论绅士》《论"知识阶级"》和《论师儒》。相比历史学家对史料的熟稔，费孝通的论述显得粗疏，他更关注的是绅士在传统观念结构中的地位和作用。在《论绅士》中，费孝通指出，封建制度的渐渐废弛在秦末出现了一个重要变化，即皇帝不再专属一姓，万世一系，但专制皇

---

① 费孝通这里所说的"公共建筑"指的是国民政府兴办工厂和修筑公路等举措。

权并没有在政权的转移中发生任何性质的改变，也就是说，皇帝成为宗法约束之外的一个位子或符号。这个变化实际在秦的法家变法时已经酝酿，原来"封建制度中，政权并不集中在最高的王的手上。这是个一层层重叠着的权力金字塔，每个贵族都分享着一部分权力。王奈何不得侯，侯也奈何不得公，一直到士，都是如此"，而大一统皇权出现了以后，"皇帝是政权的独占者"，"贵族是统治者的家门，官僚是统治者的臣仆"；那么，"当大一统局面形成之前，曾有些人认真地想建立一个富有效率的行政机构，这是法家"（费孝通，1999/1948b：466～470）。法家的实验是想把一切人都收束到法律之内，但是这个从宗法制中"解放"出来的皇帝，却没有被如愿收入法律之中；不同于法家的失败，孔孟老庄的合作则是要"软禁皇权"，并且在后来的政治实践中取得不少成功（费孝通，1999/1948b：470）。在朝的官僚即大夫士组成了一个消极的行政机构，而在野的绅士则大多把持了地方治理。在《论"知识阶级"》一文中，费孝通强调，无论是"大夫"、"士"还是两者结合，中国传统知识分子并不是掌握政权的人；政道合一的王道是知识分子的理想，但事实上已经不可能，只能退而求其次，素王孔子和皇权并行天下，更确切地说，是上下分治的天下（费孝通，1999/1948a：479）。

在发表《论绅士》一文的同时，费孝通又写作了《基层行政的僵化》《再论双轨政治》等文章（后来收录在《乡土重建》一书中），明确提出了皇权与绅权的"双轨"政治结构。其含义是，皇权与官僚行政体系结成一个自上而下的轨道，绅士和地方自治团体构成了另一重自下而上的轨道；后者加上政治哲学中的无为主义，构成了专制政治的两重防线（费孝通，1999/1948c：336～340）。这两重轨道是平行的而非上下联通的两橛，因为绅士可以通过一切社会关系——亲戚、同乡、同年等，把压力透到上层，一直可以到皇帝本人（费孝通，1999/1948c：340）。也就是说，费孝通所说的上下分治更接近于国家与社会的区分，而皇权与绅权的双轨则是贯通了国家与社会的两重轨道。他并没有说地方上就没有皇权的存在，而是说衙门里是皇权的天地，衙门外则是孔夫子的地盘（费孝通，1999/1948a：479）。

在费孝通看来，道统和政统永远在相互斗争之中，道统面对政统的强横，曾有三种可能的出路，一是藏守，二是屈服，三是奉天以制皇权（1999/1948d：494）。第一种出路他认为是皇权压迫的现实下绅士不得已的选择，诸如陶渊明的隐逸，有赖皇权留给的空隙，因此不是最终的解决办法（费孝通，1999/1948b：471～472）。第二种出路诸如公孙弘之流，出卖了道统，降读书人为附和强权的官吏，其实可鄙（费孝通，1999/1948d：496）。而第三种则如董仲舒以"灾异说"来约束皇权，在董氏的设想中，"上是天，中是皇，次是儒，末是民"。费孝通认为，董仲舒要以师儒来当天的代表，成为牧师或主教，假如再走一步，也许可以走到宗教的路子上去；但是这在中国历史上并没有发生，因为董仲舒的灾异说挑战了皇权的底线（费孝通，1999/1948d：495）。对此，有学者指出，费孝通并没有理解董仲舒的宗教改革是与汉武帝统一宗教的信仰同步进行的，其失败其实是被中国文明观念结构限制的结果，但是从费孝通对董仲舒的论述中可以看到，"双轨政治"在这里有了更丰富的内容，蕴含了对"双轨宗教"的思考，一方面皇帝作为天子可以祭祀上天，以此确立皇权的神圣性，另一方面是儒生成为解读天道的重要权威之一，并依托这一权威不断规范皇帝的行为与思想。由此，费孝通实际已经看到，读书人的理想是要成为帝王师，而这几乎在每个皇帝身上都落实了（张亚辉，2010：109～111）。也就是说，绅士除了扮演皇权与民之间的协调性力量之外，还在天与皇权之间扮演着类似的角色；知识分子既是帝王师又是帝王臣，围绕皇权的上下等级游动（张亚辉，2010：110）。

如果我们重新思考前述隐逸的那条道路，可将其理解成为皇帝尊崇的隐士本身也要依靠这一上下游动的结构才可成立。费孝通最终没有将隐视为理想的出路，在于他的内心总是热切希望知识分子能有所作为。如费孝通所说，他之所以对士大夫的政治意识感兴趣，是因为他想探讨历史上中国为何没有产生民主政府（费孝通，1999/1948d：485）。[①] 他并非要提倡重振绅权，而是要理解历史上留下的观念能否为今天所用，双轨体系或许

---

① 对此，费孝通谈道："自从大一统的集权政治确立之后的士大夫并没有握过政权。我所谓政权并不指做官，而是政策的决定权，也就是国家的主权……我问自己：为什么中国的历史里不曾发生中层阶级执政的政治结构？这个问题使我对士大夫阶层的政治意识发生兴趣。他们怎么不去和皇帝争取政权？中国怎么不发生有如英国大宪章一类的运动？这种经济上是地主，社会上是绅士的阶层怎么会在政治上这样消极？这些问题显然可以从多方面去研究……任何一种社会结构必然包括一套意识，就是认为应当如此的态度。它支持着那种结构……我认为惟有明白这种意识的内容，我们才能在要求改革社会结构时，克服这种阻碍改革的力量。"（费孝通，1999/1948d：485）

可以对制约集权有所帮助。他进而提出一个严峻的问题：一旦我们制度上失去建设双轨的可能，那么知识分子是否就应放弃这种追求？① 这个时候的费孝通仍然对制度建设怀抱希望，但更为明显的是，他内心对道统的坚持始终都没有放弃过。

费孝通在1948年的研究转向带着极大的理论雄心，他几乎是要将经验研究、历史研究和文化精神的研究综合在一起，试图一跃而过吴文藻所划出的三个阶段研究面向。《生育制度》《乡土中国》作为他同一时期的作品，集中凝练了他从观念上对历史的理解。这种尝试毕竟与客观历史研究相距甚远，显得过于简单。这一时期，他基本上将 ethnos 的历史过程理解成文化变迁的过程，基于综合派克和马林诺夫斯基而来的关于文化变迁研究的一整套设想，他更注重于对立关系的寻找，以此来看作为文化单位的 ethnic unit 是如何在观念与社会的互动关系中发展的，但是对于观念本身的历史却没有进一步追问。在他看来，绅士身上集合了汉人的观念与社会关系之总和，其心史所寄便是道统；乡土伦理、礼治社会，乃至双轨体系等不过是这一心史的具体表达。

但这一心史并不是中国文明史的全部心态。1943年费孝通和师友潘光旦等人登鸡足山朝圣时发现，这座佛教圣地同时汇集了来自四方、夷汉不分的朝圣者，宗教的神圣感造下了这样和谐的因缘际会（费孝通，1999/1943：68~69）。他对宗教一直没有太多关注，然而这种神圣感使他顿觉心虚，自责对宗教的无知（费孝通，1999/1943：69）。他想寻找这种神圣感的来源，于是向人寻——香客虔诚却盲目，庙里的和尚早已深深沾染了世俗气，空余一篇"沙门不敬王者论"，再也没有有德高僧；向物寻——长命鸡原本便是文化驯养的产物，即使返回自然也活不下去；向山寻——山不在高，因迦叶袈裟的神话而显赫有名，但是神话中对永恒的追求便是

---

① 费孝通认为，与双轨体系最合宜的是英美的代议制，针对梁漱溟的质疑，他回答道："如果对英美代议制怀疑，不论它值得不值得学，或是有没有能力去学，怎样防止权力的滥用，还是个急切得加以回答的问题。这问题并不是对任何人或任何党而发的，今后无论哪一党所组成的政府必然得做比以往的政府更多的事，传统的无为主义已经失其意义，而在我们的文化遗产中所有防止权力滥用的机构又是十分脆弱。我们是将坐视双轨体系的被破坏……如果我们果真没有能力学习英美代议制，我们有什么代替品呢？以往我们没有学像英美代议制是'不为'呢？还是'不能'？我很愿意梁先生能在这些问题上给我们一些指教。"（费孝通，1999/1948c：351~352）

孤独和死亡；向社会之外寻——世外桃源也一样苦于苛捐杂税。一时之间，他竟找不到这种宗教精神的寄托，或者说他觉得这种精神的前景相当悲观。姑且不论费孝通是否误解了佛教，鸡足山一行至少表明在对礼仪社会的思考之外他还曾试图理解宗教的地位。随着 20 世纪 50 年代的到来，他再度置身于少数民族之中，面对各种以宗教信仰为文化特点的边疆社会，他对 ethnos 的理解也逐渐开始容纳客观历史的丰富性。

三 文明的历史进程与心态：从 ethnos 到"中华民族多元一体格局"

1933～1935 年，费孝通在史禄国那里只修完了第一期的人体测量学内容，课程便中断了。两年里，史禄国总让费孝通做生物解剖和人体测量，却从没有在课堂上做过一次系统讲解，费孝通其实更感兴趣的是史禄国当时正在思考的通古斯人的 psycho-mental complex 问题（费孝通后来译为"心态"）[1]——这是史禄国的 ethnos 理论后期的主要关注点。[2]

费孝通在《花篮瑶社会组织》一书中已经尝试用 ethnos 来解释大瑶山地区不同民族团体之间的历史关系，并把民族团体意识之形成放在其中进行考察（费孝通，1999/1936：422～497）。他认为，ethnos 是由离心动向与向心动向两种合力推动的变迁过程，"因族团间的关系不易达到一个平衡状态，

---

[1] 根据费孝通的解释，"Psycho 原是拉丁文 Psukhe 演化而来的，本意是呼吸、生命和灵魂的意思，但英语用此为字根，造出一系列的词如 psychic，psychology 等，意义也扩大到了整个人的心理活动。晚近称 Psychology 的心理学又日益偏重体质成分，成为研究神经系统活动的学科。史氏总觉得它范围太狭，包括不了思想、意识，于是联上 mind 这个字，创造出 Psycho-mental 一词，用来指群体所表现的生理、心理、意识和精神境界的现象，又认为这个现象是一种复杂而融洽的整体，所以加上他喜欢用的 complex 一字，构成了人类学研究最上层的对象。这个词要简单地加以翻译实在太困难了。我近来把这一层次的社会文化现象简称作心态，也是个模糊的概括"（费孝通，2001/1994：82）。

[2] 费孝通此前在燕京大学念书时已经对社会心理学萌生兴趣并写过《派克及季亭史两家社会学学说几个根本的分歧点》，投入史禄国门下以后又连续写过这方面的文章，如《论内省与意识——心理学方法的分析》《霍布浩士社会发展论概论》等。前者涉及 20 世纪初期柏格森（Henri Bergson）的直觉主义心理学、詹姆士（William James）实用主义心理学等。后者则将英国社会学家、哲学家霍布浩士（Leonard Trelawney Hobhouse，又译霍布豪斯）与斯宾塞的社会学理论进行比较，推崇霍布浩士以心理学为基础的社会改良主义。不过这些讨论都比较简略。上述文章均见《费孝通文集》第 1 卷。

固定的族团单位很少成立，我们所能观察的只是在族团关系网中，族团单位分合的历程而已"（费孝通，1999/1936：468～469）。花篮瑶、坳瑶、茶山瑶、滴水花篮瑶、板瑶和山子瑶都自称瑶人，其实来源并不相同，可是在和汉人对抗中，这些族团间发生了一种向心动向，这种动向推行到极致便可能形成一个取消各自单独的族名，实行内部通婚的"瑶族"（费孝通，1999/1936：469～476）。费孝通还借助派克的人文区位学观点来解释 ethnos。在派克那里，社会变迁实质是指抽象的社会关系变化，其根本的规律即竞争、冲突、调协与同化，这四个连续的社会历程即社会化。在这个过程当中，自然社区逐渐生成最密切的道德关系，最后成为真正意义上的社会（林耀华，2002/1933：84～97）。上述瑶汉关系、不同瑶人族团之间的关系变化也包括竞争、冲突、调适、同化一系列过程。可见，费孝通侧重从抽象的社会历程来谈 ethnos，以此来排列具体的历史材料，对于历史本身并不做细部考证。他所说的"固定的族团很少成立"，意指在历史变迁中固定不变的民族实体几乎不存在，族团（ethical unit）应作为科学观察的分类范畴来看待，因此他所论及的汉人、花篮瑶、坳瑶、茶山瑶、滴水花篮瑶、板瑶和山子瑶等都是在描述一个文化变迁过程中所使用的分类。

在这个研究中，费孝通对 psycho-mental complex 的理解指的是离心动向和向心动向的合力，简言之，即某一文化群体心理的认同感。但是，当他后来越发注意多民族互动交织的历史时，离心动向和向心动向就越难以指示历史发展的轨迹，因为这两个简化的概念范围之大，无疑包含了极多的具体方向上的力，几乎不可能一一求和。他开始借助区域和民族史的研究，在民族地区寻找各种关系的综合体。在汉人地区，"双轨"体系表现为"皇权与绅权"，由绅士作为联结的纽带，而在少数民族地区情况则稍微复杂，其政治结构似乎牵涉到三种力量：皇权、土司或头人、巫师。

1950～1957年，费孝通先后访问过贵州少数民族地区和内蒙古呼伦贝尔草原，两个区域的民族历史特点给他留下了深刻的印象。在西南地区，他关注的是历史上封建王朝与少数民族的政教关系，一是长期存在军事征伐，二是以土司制度为基础进行间接统治。这些民族和汉人一起形成了一个"一点四方"格局：汉人居住在市镇上，四周环绕着苗、彝、仲（后来识别的布依族）等主要民族，即俗话说的"苗家住山头，仲家住水头，客家（汉人）住街头"（费孝通，1999/1951：265、271）。这个格局本身即帝国体系的缩影。土司制度本质上也是一种封建，它的合法性来自皇权。费孝通认为土司制度给少数民族政治、文化自由留下了一定的空间，而从明末逐渐开始的"改土归流"是"从承认民族区别而变为否定民族区别，也就是消灭少数民族，进行同化政策的开始"（费孝通，1999/1951：288）。土司制度的废止，进一步破坏了彝族原来比较完整的政治组织，使中央王朝在名义上建立了直接统治。以贵州彝族为例，明末彝族三大土司之一的永宁土司奢氏因叛乱被杀，其官职被废除之后，其治下的这支彝人便溃散，叙永一带的土地即被放弃，奢氏后裔亦改姓徙居他处（费孝通，1999/1951：288）。

费孝通实际指出了土司或头人往往等同于其社会本身。但是，土司或头人毕竟不同于汉人绅士，作为某一民族的王，他们坐拥一方，总掌军政大权，拥有对其治下生杀予夺的权力（费孝通，1999/1951：289）。他们虽处在皇权的笼罩下，但其权力的性质却接近皇权。费孝通发现，在实行土司制度的地方同样存在着政教分离，土司掌握了世俗的权力，而长老或巫师掌握了宗教的权力（费孝通，1999/1951：306）。在世俗中，一族的领袖即头人或族长地位最高，其下往往有一整套掌管宗教的体系，包含行使不同职能的巫师，而在仪式中，则是由地位最高的巫（费孝通称之为"教主"）担任仪式主持者（费孝通，1999/1951：303）。费孝通特别关注西南民族中广泛分布的铜鼓，指出这种乐器原本是古代西南民族祭祀的神器，是宗族的象征，头人权力的支持来自藉由这些神器所表达的宗教信仰；汉族征服了这些民族就要强迫其交出铜鼓，以示屈服；而不愿投降的民族则将铜鼓埋在地下，走上不断流浪逃亡的旅途（费孝通，1999/1951：306~307）。与神鼓同样具有神圣性的是口述的家谱；有形的鼓由族长保存，无形的家谱则由大巫师背诵，人死的时候，要请大巫师举行仪式，把死者的灵魂导入神鼓（费孝通，1999/1951：302~303）。据此费孝通认为，"神鼓是祖先的祠堂，也是祖先崇拜的象征。教主能背诵族里的家谱，肯定每一个人在血缘组织中的身份。人死了，他的名字记入这个口头传记的家谱里"（费孝通，1999/1951：303）。

从费孝通的精彩论述中，我们可以得到不少启发。我认为，他的叙述隐含了重要的理论内涵，即生与死的世界如何沟通的问题构成了当地的王与巫之间关系的一个重要基础，王执掌着现实世界，巫则是来往于生死之间的媒介。与神鼓一样，无形的家谱描绘的是彼岸世界的地图，所不同的是，作为神器的鼓具体呈现了彼岸世界在现实世界中的存在，它使已逝者回到生者中间生活，这种生命的力量是生生不息的。征服这些民族就要迫使他们交出神器，这表明，历史上中央王朝清楚地知道，铜鼓是这些民族文化精神的凝结之物，对它的占有或包容意味着在这一民族的精神上永久地投射了帝国文明的烙印。而在这里，负责天人沟通的巫就是当地社会的"知识分子"。和绅士在双轨体系中的上下游动一样，他们在当地政治和宗教结构中也处于同样的地位：一方面他们没有掌管神鼓，在世俗中地位要低于头人，另一方面他们对神圣性的把握又超越了世俗权力，在仪式中成为神圣的化身。

不过值得注意的是，此时费孝通对 ethnos 的理解尚未意识到要将汉人社区研究和民族研究两股线索融合为一，因而也就不察他在这两股线索上对知识分子的分别探索竟可导出如此相似的推论。但是他已经意识到，民族地区不同于"乡土中国"的最大之处便在于它的宗教性，如同他在 1956 年曾谈到的那样，宗教意识与民族意识结合、宗教和政治的结合是民族宗教的主要特点（费孝通，2006/1956a：256）。

尽管从花篮瑶研究开始，费孝通就在一种夷汉关系的思路中书写，然而直到 1978 年，他才开始认真思考民族地区和"乡土中国"如何历史地结合为一个整体。这一年费孝通发表了《关于我国民族的识别问题》一文，提出了后来"中华民族多元一体格局"的雏形（费孝通，2006/1978：293）。他认为，根据斯大林"共同语言、共同地域、共同经济生活和表现于共同文化上的共同心理素质"的民族定义，进行民族识别时要特别谨慎，因为中国历史上多民族混融杂居的情况突出，语言、地域、经济生活大多数都与单一民族不相重合，只有共同心理是相对可靠的依据。所谓共同心理，是指历史上形成的民族认同感，强调有别于其他民族的风俗习惯、生活方式特点，并赋予强烈的感情，把它升华为本民族的标志（费孝通，2006/1978：303）。其实这说的就是 ethnos 中史禄国强调的 psycho-mental complex，即费孝通后来谈的"心态"。

1988 年他在《中华民族多元一体格局》一文中进一步发挥上述观点，提出在秦汉之际汉族形成的关键阶段，北方游牧区也出现了匈奴人统治下的统一局面，汉族实际是在两大区域——黄河长江的中下游平原地带与北方草原地带并立的历史过程中出现（费孝通，2004/1988：128～129）。不过，双方的交流与融合却更为他所重视："中原和北方两大区域的并峙，实际上并非对立，尽管历史里记载着连续不断的所谓劫掠和战争，这些固然是事实，但不见于记载的经济性相互依存的交流和交易却是更重要的一面。"（费孝通，2004/1988：130）他认为，"汉"人从形成开始便不断吸收包括来自北方的其他非汉民族，反之亦如是，因此没有哪个民族在血统上、文化上不是混杂的（费孝通，2004/1988：138）。

在这个"汉"与"非汉"混杂的过程中，他所谈的民族融合其实是文化上的混合，是与政治上的统治相区分的。实际上从公元317年晋室南迁之后，中原地区的政权在大多数历史时期不在汉室手中。无论是"五胡乱华"还是满族入主，费孝通强调的是文化上的"汉化"超越了政权的更替，更进一步说，皇帝是不是汉族人并不是关键，重要的是它的皇权结构是立足于"汉"的。例如，"后唐、后晋、后汉三朝都是沙陀人建立的，以中兴唐朝出名的庄宗本身就出自沙陀。所以有唐一代名义上是汉族统治，实际上是各族参与的政权。在从唐到宋500年的时间里，中原地区实际上是一个以汉族为核心的民族熔炉"（费孝通，2004/1988：132～136）。因此，在这个意义上，他所说的"汉族"有双重含义，一重是现代法律意义上的实体的汉族，另一重则是承担历史变迁的文化心态——后者才是他全部叙述的基础。他讨论的汉之所以能够不断吸纳其他的民族文化，是由于这个文化心态能够容纳多种民族的政治和宗教宇宙观。

在他的多元一体格局中，民族融合并不是要在文化和意识上完全同化，而是在宗教和语言上都保留其特点（费孝通，2004/1988：135～136）。既然如此，这些多元的民族文化所形成的统一体便不是均质的，而是一个巨大的混合体。他拒绝用民族－国家的方式理解这个统一体的性质，认为我们应意识到今天的"中国"是对历史上中国作为一个文明体的观点之继承：

> 中国的新国家形成必然受到她历史上遗留下来的文化关系的影响。传统中国不是欧洲式的小公国，而是腹地广阔，中央与地方、城市与乡村、主体民族与少数民族之间关系比较复杂而多元的文明国家，这样的国家一般被历史学家称为'empire'（帝国），她的新形态必然也与从欧洲的小公国转变而来的民族国家（nation-state）有着很

大不同。(费孝通,2004/2000:220~221)

他谈到自己用"中华民族多元一体格局"这个概念来解释中国民族研究当中的历史和文化特征,就是试图指出,在新的国家建设中,我们必须注意到民族与民族之间、文化与文化之间的那种"和而不同"的关系,这是中国与欧洲式的民族国家最大的区别,也是世界上成功的文明体系的主要特征(费孝通,2004/2000:221)。这些"和而不同"的关系指的是心态或观念意义上的相互认知和理解。

费孝通反思自己过去对 ethnos 的理解只顾及宏观层次的历史变迁,并没有具体理解在民族分分合合的历史过程中,各个民族单位是怎样分、怎样合和为什么分、为什么合的道理(费孝通,2004/1996:166)。他觉得自己忽视了两个方面:一个方面是在民族单位中起作用的凝聚力和离心力的概念,另一个方面是民族单位本身的变化(费孝通,2004/1996:166)。也就是说,一方面关联着民族心态问题,另一方面关联着更微观具体的历史研究。他认为,多元一体格局理论上值得进一步论证的是民族共同体的主要特征——民族认同意识,进而引申出民族认同意识的多层次性问题(费孝通,2004/1996:165)。简言之,通过对 ethnos 的再思考,费孝通提出了理解中国这一文明体的两个重要维度:一个是民族关系史,另一个是与之结合和对话的民族心态史。前者是一个复杂多元的"上下内外"关系体,包含着中央与地方、主体民族与少数民族的等级关系,也包括族群之间的横向联系(参见王铭铭,2009:1~33);后者不仅是心理认同,更包含了民族的情感与道德。

归根结底,多元一体格局所描述的文明史进程,其实质是汉人的心态与少数民族的心态在历史中展开对话——这是费孝通对史禄国 ethnos 理论精粹的继承。① 但是,ethnos 强调不同文化单位之间的张力和冲突,强调永远持续的动态过程,并不重视融合"一体"的问题。费孝通曾试图从认同的多层次对此进行补充,认为在最高的层面上,汉与非汉民族有着对汉

---

① 史禄国的 ethnos "是人们的群体,说同一语言,自认为出于同一来源,具有完整的一套风俗和方式,用来维护和崇敬传统,并用这些来和其他群体做出区别。这是民族志的单位——民族志科学研究的对象"(费孝通,2001/1994:81)。费孝通解释说史氏用这个词是为了避免 Nation 所染上的国家含义,故他也未做翻译。

文化这一核心的共同信仰；游牧文化区最终会落入农业文化区里，被融化成其中的一部分（费孝通，2004/1988：148~149）。1996年，他又对这一论点做了调整，认为高层次的认同并不一定取代或排斥低层次的认同，不同层次可以并存不悖，又回到对多元的强调（费孝通，2004/1996：163）。这中间的摇摆表明，费孝通最后没有继续把"一体"的问题进行实质化的论述，而将重点放在对多元的探讨上，以期取得对"一体"问题的突破。

在费孝通内心还有知识分子这一个重要问题萦怀不去，而这个问题原本在史禄国的 ethnos 中并不受到特别重视——他所说的 ethnos 是一个远超出人类心智阶段的自启动系统（费孝通，2001/1994：84~85）。但是从20世纪90年代后期开始，费孝通不断回溯自己早年的研究起点，从中逐渐体会到知识分子或许可以成为解开 ethnos 那种强对立关系的钥匙。

四 结语

过去我们更多地从马林诺夫斯基的功能主义来看费孝通，其实正如费孝通晚年所表白的，他也曾受到史禄国很深的影响（费孝通，2001/1994：69~91）。追溯这一学术脉络，可以促进我们对民族地区的进一步理解，对民族研究与他的知识分子研究之间的关系有更为清晰的认识，而这方面过去没有引起足够重视。史禄国给费孝通留下的两份遗产——"心态"与 ethnos，成为他晚年思考文化自觉问题的重要对话对象之一。"文化自觉"用费孝通自己的话来说，就是指"生活在一定文化中的人对其文化有'自知之明'，明白它的来历，形成过程，所具有的特色和它发展的趋向，不带任何'文化回归'的意思，不是要'复旧'，同时也不主张'全盘西化'或'全盘他化'"（费孝通，2004/1997：188）。而能对自己的文化传统有所把握和担当者，即费孝通所认为的知识分子。

根据费孝通的理解，史禄国对心态的研究源自他对通古斯人社会文化中特别发达的萨满教（Shamanism）的研究。萨满被通古斯人认为是充当人神媒介的巫师，史禄国没有把它看作迷信或原始宗教，而是把它作为一种在社会生活里积累形成的生理、心理的文化现象来研究（费孝通，2001/1994：82~83）。

他的理论上的贡献也许就在把生物现象接上社会和文化现象，突破人类的精神领域，再从宗教信仰进入现在所谓意识形态和精神境界……正因为他把人类作为自然界演化过程中出现的一个阶段，我时常感觉到他的眼光是一直看到后人类的时期。宇宙的发展不会停止在出现了人类的阶段上。我们如果把人类视作宇宙发展的最高阶段，或是最后阶段，那么等于说宇宙业已发展到了尽头。这似乎是一种人的自大狂。（费孝通，2001/1994：85）

费孝通在这里指出了史禄国对他的两个启发，一是史禄国的理论蕴含着一种去人类中心主义的人类学思考；二是史禄国对通古斯人萨满教的研究使他注意到人神沟通在民族心态形成中的特殊地位。这两者关系紧密。

史禄国的 ethnos 理论综合了民族志、语言学、体质人类学和考古学四大方面（史禄国，1984/1928：3），他也曾计划从这四个方面培养费孝通。费孝通虽然未能从史禄国处学到语言学和考古学，但他却始终关注这两方面的研究。早在 20 世纪 50 年代他即提出要在民族地区开展考古学研究和建设博物馆（费孝通，2006/1956b，2006/1957）。2001 年，费孝通建议召开了"中国古代玉器与传统文化"会议，集合了一批考古学家围绕红山考古的玉器发现与中国文明的问题进行讨论。他认为，通过对玉的内涵意义的挖掘，从物质切入精神，进入价值层面的探讨，可以找到从石器到玉器这一历史进程与士大夫阶层的出现之间的复杂关系，而这正是中国文明不同于西方的重要特点之一（费孝通，2001a：362）。

同年，费孝通在《再谈古代玉器和传统文化》一文中再度提到史禄国萨满研究的重要性。当他看到考古学家对内蒙古红山墓葬玉器的研究之时，便敏锐地将其与史禄国的萨满研究联系在一起。"红山文化社会中有两批人：一批是有玉器随葬的人，另一批是没有玉器随葬的人。有玉器随葬的人很可能是代表神（God）的萨满（shaman），是上天的代言人，是通天的，他有象征其身份的特别表象（或称符号 symbol），这种表象便是玉器……我的老师史禄国认为，通古斯人起源在黄河流域，北方有些部族中就有萨满，他们就是一种能通灵的人。"（费孝通，2001b：367）

不过，费孝通对玉的理解没有止于此，他沿着史禄国的观点继续讨论萨满之后的知识分子出现的问题。他似乎不太肯定许倬云的观点，后者断定"以汉族为中心的中华民族文化中，没有发展出萨满文化来"，而更倾向于郭大顺的观点，即中国文明走过一个从"惟玉通神"发展到"以玉比德"的阶段（费孝通，2001b：367～368）。他认为，这个人文化的转折阶段大约从西周开始，到春秋孔子定儒家之后，"以玉比德"的概念也形成了（费孝通，2001b：368）。"玉器的内涵从通神到通人，即从表示人与天的关系发展到表示人与人的'礼'和'德'的关系。这是一个很大的变化……礼是将人与人的关系神圣化（sacred）……礼最要紧的是管人与人之间的大事……德是用自己的力量来约束自己，是一种内化的自觉行为。"（费孝通，2001b：368）那么，与之相关的古代社会分化便产生了重要的标准，就是产生了君子。君子与沟通天地的萨满不同，萨满是得天之灵的巫师，而君子则是通晓礼法的"士"。在从礼到德的过渡时期，文字的应用和"士"的出现有密切关系（费孝通，2001b：369）。伴随着这一过程，玉器自身的品格也出现过三个阶段的变化："第一阶段是玉器的初期阶段，它主要是作为萨满同天沟通的法器而存在；第二个阶段是在文明社会中作为表现礼的等级制度的佩饰而出现；第三个阶段是把玉器作为人们道德品行的象征"（费孝通，2001b：369）。他建议，社会学宜借鉴考古学的成果，考察玉器缘何能成为萨满通灵的象征，后来又缘何能成为人格和道德的象征，即考察玉在文化史中的延续与断裂的问题。

首先，费孝通指出上古史中曾发生过文明的断裂，这个断裂使中国古代社会从宗教社会转变成礼仪社会，使知识分子从巫师转变成士大夫。在这个转变中，士大夫再不能像萨满那样飞升或降神，不像他们那样自身即可以成为神。其次，对文字的掌握成为士大夫沟通神圣性的另一种方式。[①]但是，即使在文字出现以后，士大夫也没有抛弃玉，而是保留了对它的热爱。最后，玉所经历的历史也是知识分子心灵史，它自身的延续与断裂就是知识分子心史的延续与断裂。费孝通虽然强调断裂性，但他无法否认士

---

① 关于这一点，费孝通曾经在《论"知识阶级"》一文中谈到，文字是庙堂性的，官家的；知识分子是文字造下的阶级（费孝通，1999/1948a：479～480）。在更早的《江村经济》中，费孝通谈到家乡一带敬神的禁忌中有一项与尊敬知识相连，任何字纸都要送到庙宇里专门用来焚化纸帛的炉中焚化，不能随便丢弃或在厨房烧毁（费孝通，2001/1939：97）。王铭铭在《君子比德于玉》一文中亦关注费孝通对知识分子与文字关系的强调，不过在对玉的三个阶段演变过程的讨论中，费孝通对于第一个阶段玉何以成为萨满的通天神器也同样重视，认为这是红山文化的考古学重大发现（王铭铭，2006：69～85）。

大夫也曾经是巫师。他在民族地区看到过的铜鼓和巫师表明，这个文明依旧容纳着变革前的记忆。

由此我认为，费孝通实际发展了史禄国的理论：在 ethnos 的过程中，作为文化单位的民族不断消亡，同时又为新的民族所替代，历史其实是由许多断裂的片段组成的，彼此对立冲突，而在这里巫师与绅士之间却难以截然断开。正如有的学者已经指出的那样，知识分子所倚赖的文字本身亦带有巫术的魅惑力，反之亦然；文字作为一种巫术和科学混合的造物，正可比鉴知识分子与巫师的混融（王铭铭，2010）。此外，费孝通进一步表明，知识分子作为"文字造下的阶级"，其神圣性的来源并不单纯依靠文字，他们的道德仍旧需要有美玉象征，简言之，从萨满的通天之器到士大夫的随身佩饰，玉所承载的神圣性具有难以割断的历史连续性。正是在这个意义上，费孝通发展了他早年对知识分子的理解。在写作《皇权与绅权》之时，他的重点在于殷周制度变革之后，周代所确立的人文化的道德体系；但是他在民族地区所见的宗教问题使他注意到，只关注礼仪道德是无法充分解释"多元一体"格局的，因此在对玉的研究中，他又回到殷商的宗教文化研究中寻找两者的历史关联。从巫师到绅士的这个过渡，在他看来并不能简单视同为进化，因为他看到两者的共时性存在，及其共同的神圣性来源。这意味着，汉人的绅士和少数民族的巫师之间存在的历史纽带成为我们理解少数民族的基础——这也是知识分子的心史所系。至此，在我看来，费孝通终于将早年沿着 ethnos 铺开的两条线索重新融会贯通。

2003 年，在生命将近最后阶段，费孝通提出社会科学研究应关注将心比心地去理解他者，认为"人类的各种文化中，都可能隐含着很多永恒的、辉煌的、空前绝后的智慧，我们要学会欣赏它们、理解它们、吸收它们，这也是我所说的'美人之美、美美与共'的本意之一"（费孝通，2004/2003：165～169）。我想，费先生所说的知识分子的自觉其实是指，我们对他者的智慧的体悟要远重于知识和技术的堆积。

参考文献

阿古什，2006/1981，《费孝通传》，董天民译，河南人民出版社。

费孝通，1998/1947，《乡土中国 生育制度》，北京大学出版社。

——，1999/1933，《社会变迁研究中都市和乡村》，载《费孝通文集》第 1 卷，群言出版社。

——，1999/1934，《复兴丝业的先声》，载《费孝通文集》第 1 卷，群言出版社。

——，1999/1936，《花篮瑶社会组织》，载《费孝通文集》第 1 卷，群言出版社。

——，1999/1937a，《书评一，读曼海姆思想社会学》，载《费孝通文集》第 1 卷，群言出版社。

——，1999/1937b，《论马氏文化论》，载《费孝通文集》第 1 卷，群言出版社。

——，1999/1937c，《再论社会变迁》，载《费孝通文集》第 1 卷，群言出版社。

——，1999/1943，《鸡足朝山记》，载《费孝通文集》第 3 卷，群言出版社。

——，1999/1945，《〈云南三村〉英文版的"导言"与"结论"》，载《费孝通文集》第 2 卷，群言出版社。

——，1999/1946a，《内地的农村——纪念这七年艰苦的内地生活》，载《费孝通文集》第 2 卷，群言出版社。

——，1999/1946b，《论武器》，载《费孝通文集》第 4 卷，群言出版社。

——，1999/1948a，《论知识阶级》，载《费孝通文集》第 5 卷，群言出版社。

——，1999/1948b，《论绅士》，载《费孝通文集》第 5 卷，群言出版社。

——，1999/1948c，《乡土重建》，载《费孝通文集》第 4 卷，群言出版社。

——，1999/1948d，《论师儒》，载《费孝通文集》第 5 卷，群言出版社。

——，1999/1951，《兄弟民族在贵州》，载《费孝通文集》第 6 卷，群言出版社。

——，1999/1962，《留英记》，载《费孝通文集》第 7 卷，群言出版社。

——，1999/1984，《两篇文章》，载《费孝通文集》第 9 卷，群言出版社。

——，1999/1988，《论梁漱溟先生的文化观》，载《费孝通文集》第 11 卷，群言出版社。

——，1999/1992，《孔林片思》，载《费孝通文集》第 12 卷，群言出版社。

——，2001/1939，《江村经济——中国农民的生活》，戴可景译，商务印书馆。

——，2001/1994，《人不知而不愠——缅怀史禄国老师》，载《师承·补课·治学》，生活·读书·新知三联书店。

——，2001a，《中国古代玉器和传统文化》，载《费孝通文集》第 15 卷，群言出版社。

——，2001b，《再谈中国古代玉器和传统文化》，载《费孝通文集》第 15 卷，群言出版社。

——，2002/1933，《派克及季亭史二家社会学学说几个根本的分歧点》，载北京大学社会学人类学研究所编《社区与功能——派克、布朗社会学文集及学记》，北京大学出版社。

——，2004/1988，《中华民族多元一体格局》，载《论人类学与文化自觉》，华夏出版社。

——，2004/1995，《从马林诺夫斯基老师学习文化论的体会》，载《论人类学与文化自觉》，华夏出版社。

——，2004/1996，《简述我的民族研究经历和思考》，载《论人类学与文化自觉》，华夏出版社。

——，2004/1997，《反思·对话·文化自觉》，载《论人类学与文化自觉》，华夏出版社。

——，2004/2000，《新世纪·新问题·新挑战》，载《论人类学与文化自觉》，华夏出版社。

——，2004/2003，《试谈扩展社会学的传统界限》，载《费孝通文集》第16卷，群言出版社。

——，2006/1956a，《中国民族学当前的任务》，载《费孝通民族研究文集新编》（上卷），中央民族大学出版社。

——，2006/1956b，《开展少数民族地区和与少数民族历史有关的地区的考古工作》，载《费孝通民族研究文集新编》（上卷），中央民族大学出版社。

——，2006/1957，《大理历史文物的初步察访》，载《费孝通民族研究文集新编》（上卷），中央民族大学出版社。

——，2006/1978，《关于我国的民族识别问题》，载《费孝通民族研究文集新编》（上卷），中央民族大学出版社。

甘阳，1994，《〈江村经济〉再认识》，《读书》第10期。

金光亿，2007，《江村研究的现代意义》，载李友梅主编《江村调查与新农村建设研究》，上海大学出版社。

林祥主编，2003，《费孝通先生大事年表》，载林祥主编《世纪老人的话——费孝通卷》，辽宁教育出版社。

林耀华，2002/1933，《社会历程之分析》，载北京大学社会学人类学研究所编《社区与功能——派克、布朗社会学文集及学记》，北京大学出版社。

林耀华、陈永龄、王庆仁，1990，《吴文藻传略》，载《吴文藻人类学社会学文集》，民族出版社。

邱泽奇，2004，《费孝通与江村》，北京大学出版社。

塞利格曼，2006/1998，《学报版导言——托尼的世界及其学术成就》，载托尼《宗教与资本主义的兴起》，赵月瑟、夏镇平译，上海译文出版社。

沈关宝，2007，《从学以致用、文野之别到文化自觉——费孝通老师的文化功能论》，载李友梅主编《江村调查与新农村建设研究》，上海大学出版社。

史禄国，1984/1928，《北方通古斯的社会组织》，吴有刚、赵复兴、孟克译，内蒙古人民出版社。

托尼，2006/1998，《宗教与资本主义的兴起》，赵月瑟、夏镇平译，上海译文出版社。

王铭铭，2003，《乡村研究与文明史的想象》，载《走在乡土上——历史人类学札记》，中国人民大学出版社。

——，2006，《心与物游》，广西师范大学出版社。

——，2009，《中间圈："藏彝走廊"与人类学的再构思》，社会科学文献出版社。

——，2010，《文字的魔力：关于书写的人类学》，《社会学研究》第 2 期。

吴文藻，1990/1932，《文化人类学》，载《吴文藻人类学社会学研究文集》，民族出版社。

——，1990/1934，《德国的系统社会学派》，载《吴文藻人类学社会学文集》，民族出版社。

——，1990/1935，《功能学派社会人类学的由来与现状》，载《吴文藻人类学社会学文集》，民族出版社。

——，1990/1938，《论文化表格》，载《吴文藻人类学社会学文集》，民族出版社。

——，1999/1936，《〈花篮瑶社会组织〉导言》，载《费孝通文集》第 1 卷，群言出版社。

——，2002/1934，《导言》，载北京大学社会学人类学研究所编《社区与功能——派克、布朗社会学文集及学记》，北京大学出版社。

姚纯安，2006，《社会学在近代中国的进程（1895 – 1919）》，生活·读书·新知三联书店。

张冠生，2000，《费孝通传》，群言出版社。

张亚辉，2010，《萨满式文明——从巫的延续看"多元一体格局"》，载王铭铭主编《中国人类学评论》第 17 辑，世界图书出版公司。

市场抑或非市场：中国收入不平等
成因实证分析[*]

陈光金

摘　要： 关于中国收入不平等的形成机制问题，已有研究大体形成两种归因模式，第一种模式主要甚至完全把这种不平等归因于中国经济的市场化进程，第二种模式则主要甚至完全将其归因于非市场化机制。本文基于1989～2008年进行的8次全国性住户抽样调查数据，首先运用分组分解方法对这20年中的中国收入不平等的成因进行实证分析，对根据学术界流行的几个主要论断提出的假设进行检验；然后运用基于回归的夏普里值分解分析方法，把通过半对数线性回归发现的对中国现阶段收入分配有显著影响的主要变量纳入一个统一分解分析框架，估计出每一种变量的集中程度对总体收入不平等的贡献，对本文提出的一个综合性假设进行检验。分析结果表明，中国收入不平等的成因是复杂的，市场化机制扮演着主要的角色，非市场的结构-制度因素也发挥着不可忽视的作用，还有一些因素所起的作用则具有混合性质。

关键词： 市场化机制　非市场化机制　混合机制　不平等指数　不平等分解

一　文献回顾：中国收入不平等的两种归因模式

在现阶段，中国收入不平等已经达到相当高的水平，甚至可以说已经过高了。这种不平等的形成机制，吸引了大量研究者的注意。相关研究文

---

* 原文发表于《社会学研究》2010年第6期。

献之多，可谓汗牛充栋，但其寻找收入不平等形成机制的主要思路，总的来说都围绕一个焦点问题展开：考虑到 30 多年来中国改革收入分配体制的最主要路径是引入市场化机制，从计划经济时代受到国家再分配权力调控的按劳分配转向市场经济体制下的按要素分配，同时这一转变迄今尚未完成，因此，一个被不断追问的问题就是，中国收入不平等的不断加剧是市场化分配机制的引入所造成的吗？如果粗略地把收入不平等的形成机制简化为市场化机制与非市场化机制两大类别，同时注意到市场化改革尚未完成，那么，我们可以把这个问题重新表述为：推动中国现阶段收入不平等加剧的主要原因是市场化机制还是非市场化机制？问题的这种提法意味着，我们并不把现阶段中国收入不平等问题的成因完全地归结于其中某一类机制以致排除另一类机制的影响，只是期望在其中识别出起主要作用的机制。

关于决定收入分配的所谓市场化机制，尽管似乎还没有哪个研究者给出一个完备而明了的界定，但综合已有的各种说法，可以这样来理解它的基本含义：一个社会中参与收入分配的人们依靠自身的能力、努力和要素投入获取收入的过程。当然，在这种情况下，收入分配（不）平等程度的变化，往往还反映着市场体制下经济增长和经济结构调整过程的影响（库兹涅茨，1996/1989）。反之，如果人们的收入获得所依凭的不是这样一种机制，那就是依凭所谓非市场化机制了。组成非市场化机制的因素很多也很复杂，在当代社会，大致包括诸如税收和再分配、权力、行业垄断、特定社会结构（尤其是附着于某种具有强制性和歧视性的制度安排的社会结构），以及规范各种社会集团之间利益博弈的特定制度安排等因素。按照这样的理解，先验地认定两类机制中的任何一类机制整体上具有扩大或缩小收入不平等的作用，要冒很大的误读现实的风险，因为每一类机制所包含的各种因素中，都会有一些因素倾向于扩大不平等，一些因素倾向于缩小不平等，还有一些因素的作用则不确定，取决于其他条件的影响及其性质，因而需要根据经验材料加以具体研究（参见库兹涅茨，1996/1989）。

从现有关于改革以来中国收入不平等形成机制的研究文献看，上述风险是存在的。这些文献所持有的观点基本上介于两种归因模式之间，并且有分别向其中一种模式靠拢的趋势。第一种模式主要甚至完全把中国收入不平等归因于市场化机制，认为经济的市场化改革，以及在收入分配中引入市场化机制，必然导致收入不平等的扩大（胡代光，2004；杨圣明，2005；傅玲、刘桂斌，2008；徐现祥、王海港，2008；张奎、王祖祥，2009）。第二种模式则主要甚至完全将收入不平等归因于非市场机制，尤其是权力因素和社会结构因素，认为市场化机制应当是一种缩小不平等的机制，或者说即使在一个时期内市场化机制扩大了不平等，那也是经济发展过程中的必然现象，因而是正当合法的，并且经济的进一步发展将会缩小收入不平等（林幼平、张澍，2001；陈志武，2006；李实、罗楚亮，2007a；何伟，2006）。

与属于第二种归因模式的相关研究相比，第一种归因模式的相关研究显得实证性不足。大多数这类研究满足于某种抽象的论断，然后罗列一些现象来为这种推断提供"经验"支持。当然，也有一些研究运用了实证方法来探究市场化机制扩大收入不平等的具体表现。周业安（2004）认为，中国经济的市场化进程必然带来不平等，因为城镇和农村都出现了日益严重的收入不平等。不过，周业安似乎并未直接指斥市场化机制导致的不平等，因为他强调，如果说这种不平等中蕴含着不公平，那也是各项相关制度不完善的结果。另外，江苏省统计局在一项经验研究中发现，江苏省收入不平等扩大的一个重要原因是非公有制单位劳动报酬增长速度较慢（江苏省统计局，2007），这在某种程度上为第一种归因模式提供了支持。在中国，非公有制经济的发展与市场化的进程基本上是一致的，因此，当有学者把中国的收入不平等归咎于"生产关系具有资本主义性质"的非公有经济的存在（谭芝灵，2006；卢嘉瑞，2002）时，实际上也是试图为市场化机制寻找具体的表现方式。

有一些研究分析了不同收入来源的差距对总体不平等的影响（吕杰、张广胜，2005；李学灵、张尚豪，2006；万广华，2006）。例如，农村家庭经营收入差距和工资性收入差距被认为是农村收入不平等的两大成因，其中家庭经营收入差距的贡献尤其大，不过，随着时间推移，工资性收入差距对农村收入不平等的贡献在上升；也有研究认为，农村住户收入不平等的主要决定因素是工资性收入（辛翔飞等，2008）。还有一些研究分析了教育对收入不平等的影响。田士超、陆铭（2007）通过对上海的研究发现，教育是地区内收入差距的最重要影响因素。国内外不少类似研究都得出了相似的结论（Chiswick，1971；Tinbergen，1972；赖德胜，2001；白雪梅，2004；岳昌君，2004）。应当指出，在农村内部，无论家庭经营收入还是工资性收入，都主要与市场化机制相关；而城乡劳动力的教育回报差异也较多地受到市场化机制的影响。因而，这方面的研究本来可以为第一种归因模式提供支持，但相关研究者似乎并未有意识地从这个角度来理解它们的作用。

第二种归因模式在相关研究者中是占据主流地位的。在这一模式下，权力和某些结构性因素一般被当作主要的解释变量。关于权力对收入获得从而对收入不平等的影响，由于数据获得的困难（陈宗胜、周云波，2001），很难进行研究。不多的一些相关文献是把与权力寻租相关的收入和其他非正常、非法收入合在一起研究，并赋予"灰色收入"这样的名称（陈宗胜、周云波，2001；王小鲁，2007）。在这些研究看来，灰色收入是中国收入不平等的主要根源。不过，问题在于，首先，这些研究都承认，全部灰色收入中只有部分直接或间接与权力寻租相关，还有一部分是公共权力和公共资源受到不法侵害的产物；其次，其数据的获得既不可能依靠严格抽样调查，也不可能依靠官方统计，基本上只能依靠研究者的估计，或者以少量非随机调查数据为基础做出推测；再次，包括权力"租金"在内的灰色收入通常既不在官方收入统计范围之内，也不在有关收入的学术调查范围内，因此它们虽然肯定加剧了中国收入不平等问题，但无法成为官方统计或学界调查所发现的收入不平等的解释因素。与权力相关的第二个影响收入不平等的因素是行业垄断。近年来，垄断行业高工资问题不断见诸报端，学术性研究也呈现繁荣景象。一个似乎已成为共识的看法是：劳动报酬的行业差距不断扩大，且与垄断有着密切的关系（金玉国，2001；管晓明、李云娥，2007；崔友平、李凯，2009）。不过，垄断行业与非垄断行业之间的劳动报酬差距对全社会总体收入不平等的影响究竟有多大，还是一个值得研究的问题，因为现阶段中国收入分配体系中不仅有劳动报酬，还有其他分配形式，因而肯定不能单纯用两类行业之间的劳动报酬差距来解释总体收入不平等。与权力相关的第三个得到研究的因素是再分配问题。杨天宇（2009）发现，用转移性收入测量的再分配因素对总体收入不平等产生了相当大的影响，不过总的来说这一因素的贡献是下降的。

在第二种归因模式下受到广泛关注的结构性因素，是众所周知的城乡和区域收入不平等。从已有研究来看，区域不平等的影响相对较小。例如，李实等人的研究显示，1995 年，中国东部、中部和西部三大地区内部收入不平等对全国总体收入不平等的贡献合计达到 90.7%，地区间差距贡献了 9.3%（李实等，2000）。有的研究所发现的这种贡献份额要大一些，例如，万广华（2006）在研究 1987~2002 年中国地区间差距的影响时发现，区域间差距对全国总体收入不平等的贡献可达到 20%~30%。

城乡收入差距吸引了研究者最多的注意力。但客观地说，如果城乡间差距对全国总体不平等的贡献很大，甚至超过了城镇和乡村内部不平等对总体不平等的贡献之和，则无异于给第一种归因模式提供了强有力的支持。不过，这方面的研究结果也不一致。这种不一致表现在两个方面：一方面是城乡间差距对总体不平等的贡献率差异较大，一些研究认为该贡献率超过一半，甚至高达 70%~80%（万广华，2006；王洪亮、徐翔，2006；王红涛，2009；杨天宇，2009）；另一些研究则认为低于 50%（林毅夫等，1998；李实、罗楚亮，2007b）。另一方面是城乡间差距贡献率的变动趋势不同，一些研究发现该贡献率随着时间的推移而上升（李实、罗楚亮，2007b；王红涛，2009；杨天宇，2009），而另一些研究则发现其呈下降趋势（林毅夫等，1998；王洪亮、徐翔，2006）。总的来说，凡是依据官方统计的城镇人均可支配收入和农村人均纯收入五等分（或七等分）数据来研究城乡间差距对总体不平等的影响，都容易得出城乡间差距是中国收入不平等的主要贡献因素的结论；而根据全国住户抽样调查进行的研究则会发现，虽然城乡间差距的贡献份额仍然不小，但城乡内部不平等的贡献还是更大一些。这种差异出现的原因，归根结底还是在于前一种数据在某种程度上掩盖了各地区城乡内部不平等的真实水平。[1]

有的学者还试图用权力差异来解释区域差距。例如，陈志武（2006）认为，大、中、小城镇之间以及地区间的国民收入差距，应当用中国的权力等级差异来解释，换言之，在区域这样的结构性因素背后起作用的实际上还是权力的差异。当然，陈志武的分析矛头所指主要不是掌握权力的个人通过权力寻租获得特殊收入从而导致收入不平等的行为，而是国家权力通过控制和调配资源而造成不平等的问题。陈志武的分析有一定的道理，

---

① 不少经验研究指出，各省（市、区）城镇和农村内部的收入不平等都在显著扩大。例如，李实和罗楚亮发现，农村居民收入基尼系数从 1978 年的 0.21 上升到 2005 年的 0.38，而城镇居民收入基尼系数也相应地从 0.16 上升到 0.34（李实、罗楚亮，2007b）。

但问题也非常突出。一方面，他所使用的收入数据是人均国内生产总值，而不是住户收入；人均国内生产总值与住户人均收入之间实际上存在很大差异，前者一般只能反映一个地区的经济发展水平，而不能反映该地区的住户收入不平等。另一方面，他把地区之间的经济发展水平差异完全归咎于国家权力配置上的差异，而忽视了各地区与经济发展相关的条件差异，以及各地区市场化进程的相对差异。① 因此，虽然陈志武对权力导致不平等的批判慷慨激昂、不遗余力，但其方法和论据却难免牵强。

二 分析框架与研究假设

已有研究一般把注意力集中于对某一种因素进行分析，因而几乎每一种研究都"发现"了一个对中国过大的收入不平等的形成具有决定性影响的"主要原因"。由于未能把相关因素纳入一个统一框架进行系统分析，它们在中国收入不平等形成过程中所起作用的相对重要性显得模糊不清。我们将尝试构建一种统一的分析框架，把代表市场化机制和非市场化机制的诸因素都纳入其中，以便较为完整地分析它们的不平等效应的相对重要性。

我们采用一种三步骤策略来构建这样一个分析框架。第一步，基于已有研究和跨越 20 年的 8 次全国性城乡住户抽样调查数据，运用差距分解分析的方法，分别对受到广泛关注的几个重要的收入不平等影响因素进行分析，由此识别两类形成机制中何种机制更为重要，以便对已有研究提出的观点做一个初步检验。第二步，从理论和经验研究已经获得的某些共识出发，提炼一组变量，包括第一步分析所涉及的变量，也包括简单的分组分解或收入来源分项分解的方法难以分析的变量，运用半对数线性回归方法和最近一次全国住户抽样调查数据进行回归分析，探寻它们与收入获得的关系。第三步，基于半对数线性回归结果，运用夏普里值分解分析方法（万广华，2008），对那些影响收入获得的主要变量进行不平等贡献的综合分析，从而据以判断这些因素影响不平等的相对重要性，得出一种相对统

---

① 根据有关学者的研究，在中国地区市场化相对进程排名中居于前列的，基本上都是东部省份（樊纲等，2006）。

一的分析结果。

最近 20 年来，中国经济的市场化已经达到较高水平。据马广奇（2000）测算，1999 年中国经济的市场化水平达到 60% 左右；据北京师范大学经济与资源管理研究所（2005）测算，2003 年中国市场化水平达到 73.8%。另据国家发展与改革委员会提供的最新数据，目前在社会商品零售总额和生产资料销售总额中，市场调节价所占比重已分别达到 95.6% 和 92.4%（参见江国成，2009）。当然，不同研究者的测算结果往往不同，甚至有很大差距，但认为目前中国经济的市场化程度至少超过了 60%，还是比较稳健的判断。据美国学者对经济合作和发展组织核心国家的研究，20 世纪 60 年代末期以来这些国家强化市场机制的改革确实使它们的收入不平等出现扩大趋势，到 20 世纪末期经历了一个大 U 形转变（Nielsen & Alderson，1997）。有鉴于此，我们关于最近 20 年中国收入不平等形成机制的研究假设，将倾向于遵循上述第一种归因模式，但并不预先强硬主张市场化机制是导致中国目前过大的收入不平等的唯一机制。

基于上述分析，本文提出如下基本研究假设：最近 20 年来，在中国收入不平等的形成机制中，市场化机制所起的作用趋于加强，而且大于非市场化机制所起的作用。然而，无论是市场化机制还是非市场化机制，都包含着许多因素，因此直接对这一基本研究假设进行检验是困难的。为此，我们将提出若干操作性假设，并通过对操作性假设的检验来间接检验这一基本假设。作为贯彻本文分析框架的第一步骤研究策略，我们将提出四个可操作研究假设。

假设 1：20 年中，中国城乡间收入差距对总体收入不平等的贡献将呈下降趋势，而城镇和农村内部的收入不平等对总体不平等的贡献则将呈上升趋势。

假设 2：20 年中，中国的所谓"体制内"与"体制外"之间的收入不平等对总体不平等的贡献趋于下降，而它们各自内部的不平等对总体不平等的贡献将会上升。

假设 3：市场化程度较高的收入来源对总体不平等的贡献将大于非市场化收入来源对总体不平等的贡献；而且随着时间的推移，前者的贡献将会上升，而后者的贡献将会下降。

假设 1 的含义是清楚明白的，无须进一步解释。如果这一假设得到数据的支持，那么上述第二种归因模式就失去了主要或完全以某种非市场化的制度或社会结构因素解释中国收入不平等的依据，从而间接为本文的基本研究假设提供支持。

假设 2 与中国改革进程的特征密切相关。与苏联、东欧地区不同，中国改革所采取的不是"休克式疗法"，而是渐进式方案，这种渐进式改革使中国的社会转型过程没有与传统体制形成断裂关系，一方面，传统体制在转型过程中得到了一定程度的维持（孙立平，2008）；另一方面，在传统体制之外逐步成长起一个影响日益扩大的市场化经济社会活动空间。其结果之一就是形成了所谓的"体制内"与"体制外"两大部门的区隔，对中国不平等产生了重要影响（李春玲，2004）。一般而言，所谓"体制外"因素主要涉及市场化机制起作用的社会经济领域；"体制内"因素的内涵更复杂一些，但可以认为综合反映了与传统体制相关的国家权力、行政垄断和再分配因素对收入分配的影响。不过，随着改革的不断深化，"体制内"与"体制外"区隔的意义是逐步弱化的，因而这种区隔所造成的"体制内"与"体制外"之间的收入不平等对总体收入不平等的贡献会呈现下降趋势；而且，由于"体制外"因素代表着高度市场化，因而"体制外"部门的收入不平等对总体不平等的贡献会超过"体制内"部门收入不平等的贡献。这样，如果假设 2 得到数据的支持，那就削弱了上述第二种归因模式的力量。

假设 3 要求从收入来源角度对总体收入不平等进行分项分解分析。迄今为止已有不少学者研究了这个问题。本研究的不同之处在于，首先，我们要通过对不同收入来源的市场化程度的识别，以及它们对总体收入不平等的不同贡献，来从一个方面检验本文的基本研究假设。其次，我们将对家庭经营性收入做进一步的细分，即分成农业经营收入与非农业经营收入，我们认为，农业经营收入的市场化程度相对较低。至少有两个理由支持这一判断，一是农户的土地未被私有化，不能进入市场，即使租赁经营，一般其规模也相当有限；二是广大农户的农业生产在相当程度上具有自产自销性质，按照农产品市场价格估算自产自销产品所产生的收入，在很大程度上不同于通过真实的市场销售而产生的收入。而农村住户的非农经营收入，则无论在城镇还是在农村，都是高度市场化的。因此，把两者区分开来，有助于我们更加准确地从收入来源角度识别市场化机制对收入不平等的影响。如果假设 3 得到数据的支持，那么也将加强对本文基本研究假设的支持。值得注意的是，我们没有以"一种收入来源的市场化程度越高，其对总体收入不平等的贡献越大"这样的表述来提出这一假设，这是因为，在绝大多数社会成员的收入中，工资性收入占据了最大比重，而不同社会成员的工资性收入会有不同的性质，一些人的工资性收入的市场化程度较低，另一些人的工资性收入则可能是完全市场化的，但在按收入来源进行分解分析时，我们只能把它们作为同一种收入来源纳入分析模型。不过，假设 2 的分析结果应当略可弥补这一不足。

除了上述三个操作性假设所涉及的因素之外，还有许多其他因素也会对收入不平等产生比较重要的影响，如住户的人口学、社会学特征，以及经济资源占有/投入状况等。许多研究表明，住户人口规模和性别结构、劳动力数量和受教育程度、劳动力就业/失业状况、住户收入结构、社会阶层地位、住户生产经营投入、住户金融资产存量，以及户籍和所在地区这样的制度和结构性因素，都可能对中国城乡住户的人均收入不平等产生不可忽视的影响（Zhou，2000；赖德胜，2001；Zhao & Zhou，2002；Li，2003；李实、丁赛，2003；李春玲，2003；白雪梅，2004；岳昌君，2004；刘欣，2005；Millimet & Wang，2006；王姮、汪三贵，2006）。我们把这些因素称为住户的经济社会特征（禀赋），其中一些特征对收入不平等的影响主要体现市场化机制的效应，另一些特征的影响则主要体现非市场化机制的效应，或者与市场化机制没有直接的联系。因此，作为本研究第二步和第三步研究策略的实现途径，当它们被纳入一个统一的分析框架进行分析时，我们期望分析结果能够支持下述混合性操作假设，否则我们的基本研究假设就不能从总体上得到支持。

假设 4：主要体现市场化机制不平等效应的住户经济社会特征对总体收入不平等的综合贡献，将会大于那些主要体现非市场化机制不平等效应的特征的综合贡献。

在理论上，整体收入不平等不仅受收入集中程度影响，也受不同收入人口群体规模的影响（万广华，2008）。因此，不管基于经验数据的分析结果如何，假设 4 的成立还有一个前提条件：在总人口中，在收入获得上受市场化机制影响较大的人口群体应当占据多数。在 1992 年中国正式确立市场化改革方向，以及随后的公有制企业大规模改制以后，这一要求应当

可以得到满足。例如，根据 2009 年《中国统计年鉴》提供的数据，2008
年城镇国有单位和集体单位在岗职工共计 6749 万人，在全社会就业人员总
数中仅占 8.97%。

三 研究数据和方法

本文将以两种数据作为分析依据。第一种数据是中国社会科学院社会
学研究所"中国社会和谐稳定问题研究"课题组 2008 年进行的全国住户
抽样调查（简写为"CGSS·2008"）。第二种数据来自中国居民营养和健
康调查（CHNS），该调查由美国北卡罗来纳大学和中国预防医学科学院联
合执行。[①] 调查始于 1989 年，并于 1991、1993、1997、2000、2004、2006
年分别对住户上一年的人口、就业和收入等状况进行了调查。这样，我们
就有了 1988 年至 2007 年期间 8 个年份的全国住户抽样调查收入数据，时
间跨度为 20 年。已经公开的 CHNS 数据根据被调查住户情况，以及 2006
年的物价指数进行了调整。为了大致与此配合，我们按照 2007 年各省份的
消费物价指数对 CGSS·2008 的样本住户收入进行了消胀处理。关于将这
两种数据结合起来使用的可行性，作者已另文分析说明，兹不赘述（陈光
金，2010）。

本文使用的主要研究方法，一是不平等的分组（分项）分解，二是半
对数线性回归分析，三是基于回归的夏普里值分解分析。对于本文提出的
假设 1 和假设 2 进行贡献分解分析以资检验的方法，就是基于泰尔 T 指数
的分组分解分析，其模型为：

$$T = \sum_{g=1}^{G} p_g \lambda_g T_g + \sum_{g=1}^{G} p_g \lambda_g Log\lambda_g \tag{1}$$

式（1）中，G 表示分组，p_g 为第 g 组人数与总样本人数之比，λ_g 为
第 g 组样本户家庭人均收入的均值与总样本户家庭人均收入的均值之比，
T_g 为第 g 组的泰尔指数；等号右边第一部分为组内差距之和，第二部分为
组间差距。只要观察历年两种差距的贡献率变动趋势，就可以分别对假设

---

① 该项调查由美国国家卫生研究所（R01 - HD30880，DK056350，and R01 - HD38700）、卡
罗来纳人口中心与中国疾病控制预防中心共同资助，调查者向作者慷慨提供了 7 个年度
的调查数据，谨此表示感谢。

1 和假设 2 进行检验。

需要说明的是，对于假设 2，由于数据的限制，本文的分析限于非农从业人员的收入不平等。况且，在学术界关于"体制外"与"体制内"的界定中，一般不考虑农业劳动者。我们尊重这一"传统"。我们将按如下方法对非农从业人员进行分组：将所有具有非农户籍的党政机关和国有事业单位的正式职工、国有企业单位的经营管理人员，以及专业技术人员归类为"体制内"从业人员；其余全部归入"体制外"从业人员。我们假定，体制内工作人员的工资性收入由国家规定或认可，因而具有非市场化性质；其余人员的工作和报酬获得，基本由市场机制决定。按照这种分组进行收入不平等分解，可以看出市场化收入不平等与非市场化收入不平等对非农从业人员收入不平等的贡献及其变化。

对于本文提出的假设 3，考虑到基于泰尔指数的分解分析主要适合分组数据，而不适合收入来源这样的非分组数据，我们将以基尼系数为不平等指标，按收入来源进行不平等的分项分解。运用基尼系数进行分项分解的基本模型是：

$$G = \sum_{k=1}^{K} (\mu_k/\mu_y) \times C_k \tag{2}$$

$$R_k = \text{cov}[(y_{ki}, f(Y)]/\text{cov}[y_{ki}, f(y_k)] = C_k/G_k \tag{3}$$

式（2）中，G 表示总体收入不平等的基尼系数，K 表示第 k 项收入来源，μ_y 为总样本均值，μ_k 为第 k 项收入的均值，C_k 为第 k 项收入的集中系数，G_k 表示第 k 项收入的基尼系数。C_k 可以通过式（3）计算出来。在式（3）中，R_k 表示第 k 项收入与总收入的相对相关系数，y_{ki} 表示第 k 项收入的第 i 个观察值，f 是第 k 项收入的各个观察值的序号，$f(Y)$ 表示在计算 R_k 时按总收入的升序排列第 k 项收入的分布，$f(y_k)$ 表示在计算 R_k 时按第 k 项收入自身的升序排列其分布，因此，中间项的分子表示第 k 项收入与按总收入升序排列时的相应收入观察值序号的协方差，分母意为第 k 项收入与按其自身的升序排列时的相应收入观察值序号的协方差。被调查住户的收入来源包括家庭农业经营收入、非农业经营收入、工资性收入、财产性收入、公共转移性收入，以及其他收入（如私人赠予性收入）。其中，公共转移性收入具有明确的非市场性质；各种非农经营性收入具有较为明确的市场属性；工资性收入则由于人们的就业单位不同而内在地蕴含着市场化与非市场化的两重性，但考虑到就业市场化程度不断提高，它的分布差异的变化应当越来越多地反映市场化的影响；财产性收入主要是指各种有价证券产生的收入、资产出租收入，以及其他金融资产（如存款）的孳息，因而具有市场收入属性，遗憾的是，CHNS 调查把财产性收入与赠予性收入、继承性收入等都归入"其他收入"范畴，难以将其剥离出来。

由于上述分析没有涉及其他家庭禀赋特征对收入分布的影响，因此，需要我们根据家庭各种禀赋特征对家庭人均收入不平等的形成机制进行综合考察，这一分析的核心同样是对各项禀赋特征的不平等贡献进行分解，其目的则是检验假设 4。关于这种分解，有很多方法可供利用，不过，其中不少方法往往都受到这样那样的限制，尤其是难以在同一种分解方式中纳入不同测量尺度的变量，例如，分组分解不能综合考察非分组分布的影响，基于基尼系数的分解不能有效处理分类性质的变量。万广华提出了基于回归的夏普里值分解方法，初步解决了这个问题（Wan，2002，2004）。这一分解方法由两个步骤组成。首先，基于明塞（Mincer）收入决定方程建构回归模型。万广华经过多种尝试后认为，半对数线性模型是比较合适的模型。其次，在通过回归得到回归模型后，根据各项回归因素的回归系数进行夏普里值分解。[①] 半对数线性回归模型的基本数学形式为：

$$Ln(Y) = a + \sum_{i=1}^{n} \beta_i X_i + \varepsilon \tag{4}$$

式（4）中，a 是常数项，X_i 为变量，β_i 为各变量的回归系数，ε 为残差。在一般的 Mincer 收入决定方程中，表示人力资本的教育和经验往往都有一个平方项进入模型，但我们在尝试之后发现，它们的平方项不仅没有统计显著性，反而降低模型解释力，所以在具体确定模型时剔除了这种平方项。得到回归模型后，需要将模型从半对数线性方程转变为自然对数的底 e 的指数方程，其具有如下形式：

$$Y = (e^a) \cdot [e^{(\beta_1 x_1 + \beta_2 x_2 + \cdots + \beta_n x_n)}] \cdot (e^{\varepsilon}) \tag{5}$$

具体运算时，常数项贡献暂可不予考虑，残差项贡献等于总体不平等与式（5）右边中间项各变量对总体不平等的贡献之和的差额。

---

① 此项分解的工作量巨大，非手工所能完成。万广华在联合国大学工作期间开发出了一个 JAVA 程序，他慷慨地将该程序提供给了作者，在此表示诚挚的感谢。

最后还应说明，本文的分析单位是城乡住户，被分析的收入指标是住户人均收入，只有在分析非农就业人员的收入不平等时，才把个人作为分析单位，把他们在调查时的月收入作为被分析的收入指标。

四　数据分析结果

（一）基于城乡分组的收入不平等分解

我们首先把调查得到的家庭人均收入分为城镇与农村两组，划分标准是被调查住户的长期居住地区的类别；然后根据泰尔 T 指数的分解公式，通过计算获得 20 年来中国城乡间收入差距对总体收入不平等的贡献及其变动趋势。需要说明的是，即使数据分析结果显示城乡间差距的贡献缩小了，也不意味着城乡间差距本身缩小了，而是说明城镇和/或农村地区内部的收入不平等加剧了，它们对总体不平等的贡献上升了。计算结果见表 1。

表 1　基于泰尔 T 指数和城乡分组的收入不平等分解

年份	泰尔 T 指数	城乡组内贡献额			城乡间贡献额	城乡组内贡献率			城乡间贡献率
		城镇	农村	合计		城镇	农村	合计	
1988	.1287	.0391	.0791	.1182	.0105	30.4	61.5	91.8	8.2
1990	.1053	.0279	.0694	.0973	.0080	26.5	65.9	92.4	7.6
1992	.2145	.0452	.0889	.1341	.0804	21.1	41.4	62.5	37.5
1996	.1237	.0442	.0715	.1157	.0081	35.7	57.8	93.5	6.5
1999	.1628	.0612	.0865	.1477	.0151	37.6	53.1	90.7	9.3
2003	.1805	.0681	.0930	.1611	.0195	37.7	51.5	89.3	10.8
2005	.2179	.0880	.1123	.2003	.0177	40.4	51.5	91.9	8.1
2007	.2445	.1497	.0652	.2141	.0296	61.2	26.7	87.9	12.1

从表 1 的结果看，20 世纪 90 年代初中期是一个转折点，组间差距的贡献率在 1992 年达到 37.5%，此前和此后，组间差距的贡献率都比较小，组内差距的贡献率则是巨大的，总体不平等的绝大部分由城镇内部差距和农村内部差距构成。另外，城镇内部差距的贡献率，在 1992 年以前是下降的趋势，此后总体上有所上升；相应地，农村内部差距的贡献则在总体上

呈现下降趋势，但到 2005 年为止一直大于城镇内部差距的贡献，2007 年的情况看来有些特殊。CHNS 调查住户的城乡分布特征是城镇住户较少，而 2008 年调查住户中，城乡住户大约各占一半，因而由此计算出的城镇内部差距的贡献率更大一些。从式（1）可以看出，由于城镇居民人均收入远高于农村居民人均收入，因而前者与总体均值之比（λ）也会大大高于后者与总体均值之比，此时，如果城镇人口比例上升，城镇内部差距对总体差距的贡献也会上升，甚至超过农村内部差距的贡献，即使农村内部差距仍然大于城镇内部差距。

无论如何，表 1 的结果表明，目前，中国城镇和农村内部的不平等对总体不平等的贡献，远大于城乡间不平等的贡献。

（二）基于"体制内"与"体制外"分组的非农从业人员收入不平等分解

依据前面论述的方法，笔者把非农从业人员按其就业单位的性质和个人的职业地位分成"体制内"与"体制外"两个组群，分析组内差距和组间差距对其收入不平等的影响，结果如表 2 所示。

表 2 的结果颇为耐人寻味。首先，从非农从业人员收入的总体不平等变化过程看，1996 年是一个转折点（虽然 1990 年的泰尔 T 指数很小，但这是一种与特殊历史时期相关的现象），泰尔 T 指数呈现一种 U 形而非倒 U 形变化的趋势（见图 1），这让我们想起西方发达国家发生的所谓收入不平等大 U 形转变（Nielson & Alderson，1997）。

表 2　非农从业人员收入不平等的泰尔 T 指数分组分解

年份	泰尔 T 指数	组内贡献额			组间 贡献额	组内贡献率			组间 贡献率
		体制内	体制外	合计		体制内	体制外	合计	
1988	.3335	.0764	.1283	.2047	.1288	22.9	38.5	61.4	38.6
1990	.0885	.0180	.0819	.0999	-.0114	20.3	92.6	112.9	-12.9
1992	.1517	.0417	.0775	.1192	.0325	27.5	51.1	78.6	21.4
1996	.1078	.0219	.0847	.1066	.0012	20.3	8.6	98.9	1.1
1999	.1188	.0328	.0852	.1180	.0008	27.6	71.7	99.3	.7
2003	.1309	.0359	.0873	.1232	.0077	27.4	66.7	94.1	5.9

年份	泰尔 T 指数	组内贡献额			组间 贡献额	组内贡献率			组间 贡献率
		体制内	体制外	合计		体制内	体制外	合计	
2005	.1806	.0403	.1328	.1731	.0075	22.3	73.5	95.8	4.2
2008 *	.3014	.0582	.2508	.3090	- .0076	19.3	83.2	102.5	- 2.5

* 这是根据调查前一个月非农从业人员的月收入计算的。

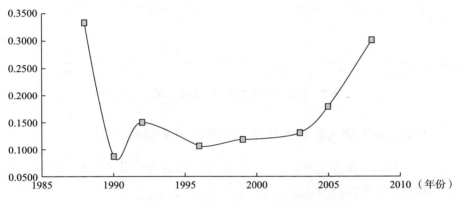

图1 非农从业人员收入泰尔 T 指数的变动趋势

其次，组间差距对总体差距的贡献最初较为可观，但随后迅速下降，个别年份为负值。当然，这并不意味着组间的绝对差距不重要。不过这种差距的变化也很有意思：从图2可以看到，体制内从业人员的收入均值与总体均值之比在多数年份是上升的，并且在1999年变得大于1了；而体制外非农从业人员的收入均值与总体均值之比，则大致经历了一个下降过程，相应地，在1999年变得小于1了。也就是说，在1999年以前，两类从业人员之间的收入差距的特征是，体制外非农从业人员的平均收入水平高于体制内非农从业人员，而此后则颠倒过来了。2005年及以后，两者重新开始靠拢。

最后，组间差距贡献率的下降当然意味着组内差距贡献率的上升，在多数年份，组内差距贡献巨大，是非农从业人员收入不平等的绝对成因。尤其要注意到，体制内非农从业人员收入差距对总体差距的贡献率基本维持在25%上下，而体制外的这种贡献在8个调查年份里有4个年份高于70%，除1996年之外，最低也达到38.5%。由此我们可以有把握地说，在非农从业人员中，体制外从业人员内部的收入差距是总体差距形成的主体因素。由于体制外非农从业人员规模巨大，这种状况必然影响更大范围的收入不平等。

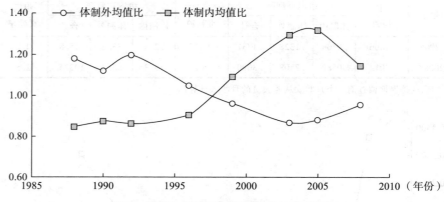

图 2　体制内与体制外的组间收入差距变化

（三）基于收入来源的住户人均收入不平等分解

表 3 是基于收入来源对收入分布的基尼系数进行分解分析的结果，从中不难看出以下几种趋势。

表 3　基于收入来源的住户人均收入分布基尼系数分解结果

年份	农业经营收入	非农经营收入	工资性收入	转移性收入	财产性收入	其他收入	合计	总体基尼系数
1988	9.2	8.1	57.9	20.7	4.2		100.0	.3979
1990	9.0	12.2	57.7	15.3	5.9		100.0	.3787
1992	10.0	14.4	58.3	10.0	7.3		100.0	.425
1996	7.2	16.7	62.2	5.9	8.0		100.0	.4069
1999	2.5	9.9	72.8	8.3	6.5		100.0	.4586
2003	5.2	8.2	65.9	4.4	16.3		100.0	.4941
2005	4.1	9.4	72.0	3.1	11.4		100.0	.5221
2007	1.2	19.6	69.6	0.6	5.7	3.4	100.0	.5401

首先，一个最为清晰的趋势是，来自国家和集体的各种转移性（再分配）收入对不平等的贡献，在 20 年中比较稳定地下降了。对于促成这一趋势的原因，大抵可从三个方面来理解。一是 1992 年以后的乡镇企业改制，导致发达农村地区的社区福利急剧下降，从而缩小了与原先乡镇企业

不发达地区的社区福利差距。二是国家社会保障和其他福利制度在 20 年中无论如何还是有显著发展的，尤其是最低生活保障制度的建立和在城乡地区的逐步推行，以及近年来国家陆续出台的各种惠农政策，都起到了缩小城乡各种福利分配差距的作用。三是城乡居民的劳动收入和经营收入客观上也在增长，转移性收入在居民收入中的相对地位必然会下降。这些解释在多大程度上成立还值得进一步研究，但转移性收入占居民收入的比重下降则是不争的事实：在调查涉及的 8 个年份中，这一比重分别为 19.04%、12.44%、7.91%、4.29%、5.07%、2.95%、2.32% 与 1.46%。另外，这项收入的集中率在 2005 年以前一直大于总体基尼系数（参见图 3），而在 2007 年的调查中，总体基尼系数为 0.54 左右，转移性收入的集中率为 0.2099。这样，转移性收入便有可能不再像以往那样扩大不平等。

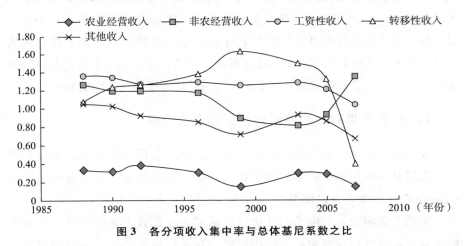

图 3　各分项收入集中率与总体基尼系数之比

其次，农业经营收入不平等的贡献同样明显下降了，虽然在个别年份还有所波动。应当说，20 年来中国农业经营的市场化程度是在不断提高的。不过，至少由于两个方面的原因，住户农业经营收入难以成为收入不平等的拉动力量。一方面，对于绝大多数从事农业经营的住户来说，土地等农业生产资本规模有限，并且其配置总体上比较平均。另一方面，农业的市场化其实更多地与"资本下乡"有关，我们不难看到，各地各种大规模农业企业，其实与个体农户没有多大的直接关系。对于绝大多数农户来讲，在非农收入不断增长的形势下，农业生产越来越成为一种生存保障途径。实际上，在各个调查年份，农业经营收入的集中率始终远低于总体基尼系数。

再次，非农业经营收入对不平等的贡献有较大的起伏波动，潜伏着一种上升的趋势。不过，调查结果可能并未完全反映此项收入的不平等对总体不平等的影响，因为能够进入调查范围的非农业经营者较少，经营规模较大者尤其如此。另外，在多数调查年份里，此项收入的集中率大于总体基尼系数，同时还呈现一种先有所下降然后迅速上升的趋势，表明它将成为未来拉动中国收入不平等的一个重要因素。

最后，工资性收入不平等一直是总体不平等的主要来源，但具有某种阶段性变化特征。在 1999 年以前，其贡献率基本呈稳定上升趋势；2003 年以后，则呈现出某种波动，但总体水平高于 1999 年以前。此外，从图 3 看，工资性收入的集中率与总体基尼系数之比一直大于 1，表明它始终是扩大不平等的主要拉动力量，究竟是什么因素使其产生这样的影响，尚需更深入的分析，初步的判断是，就业市场化程度不断提高的影响不容小觑。不过，我们从图 3 也能看到某种缓慢下行的趋势，到 2007 年，两者之比仅为 1.04，未来降低到 1 以下也未必没有可能，当然，这也取决于其他几种收入来源——尤其是非农经营收入不平等——对总体不平等的影响的变化。

（四）基于半对数线性回归的夏普里值分解

在运用基于半对数线性回归的夏普里值分解分析方法进行综合分析之前，先要具体构建回归模型并界定相关变量，这里遵循学术界普遍采用的扩展的 Mincer 收入决定模型。

宏观上影响收入分配的因素应当包括工业化和城市化的水平、经济发展差异，以及社会制度和社会结构因素。基于以往的研究，我们使用家庭有效获得非农收入者的比重，以及家庭人均非农收入占人均收入的比重作为测量工业化的指标，使用一个住户是否有多数成员（60% 以上）居住在城镇作为反映住户城市化的指标（这样设计这一指标的目的主要是为了反映农民工及其部分家庭人口进城的现实），以户籍（以农业户籍为参照）作为反映社会制度影响的指标，以被调查住户居住区域作为反映地区发展差异的指标（以西部为参照）。

除宏观变量外，家庭的人口结构和资产状况也是影响家庭收入的重要因素。在人口方面，考虑使用家庭人口总数、老少人口比重（意味着扶养负担）和家庭有收入者中的女性比重（间接反映家庭人口的性别结构，直接测量家庭收入获得是否受其性别结构影响）作为主要指标。家庭资产状况包括两个方面，即物质资产和人力资本的占有水平。测量物质资产的指标有两个，即家庭人均生产性资产总额和人均金融资产总额。在人力资本方面，以家庭有效的有收入者数作为表示家庭人力资本的数量指标，同时以家庭有收入者的平均受教育年限和年龄作为测量家庭人力资本的质量指标；工作经验方面缺少较好的测量指标，因为大量农民工的工作年限无法界定。所谓"有效的有收入者"，既包括从业人员中全职工作者（视为 1人）和半职工作者（视为 0.5 人），也包括拥有离退休收入的人员（以各地平均离退休收入与平均工资水平之比作为权数加权）。

家庭劳动力的就业状况和职业地位属于中间层次的变量，它们一方面连接着宏观经济社会发展形势，另一方面又连接着家庭及其成员的个人特征。[1] 就业水平以家庭失业劳动年龄人口比重作为测量指标，职业地位以中国社会科学院社会学研究所"当代中国社会结构变迁研究"课题组提出的"十阶层"分类框架为依据（陆学艺，2001），把家庭主要成员的最高职业阶层地位作为代表家庭职业地位的指标；[2] 同时，为了减少变量，我们做了聚类分析，发现大体可以把十个阶层分成五组：第一组为私营企业主和企业经理人员家庭，第二组为国家与社会管理者、专业技术人员和办事人员家庭，第三组为个体工商户、产业工人和商业服务业员工家庭，第四组为无业失业半失业人员家庭，第五组为农业劳动者家庭（分析时作为参照变量）。但是，我们的数据中缺少可以识别家庭全部劳动力就业单位的体制性质指标，又不能直接以被访者个人就业单位的体制性质来代表，因而无法通过回归分析判断体制内、体制外划分对家庭人均收入的影响。

基于上述指标和 CGSS·2008 的数据，我们以被调查住户 2007 年人均收入的自然对数为因变量，以上述测量指标为自变量，建立简单的半对数线性回归模型，回归结果见表 4。表中的前 4 个模型是这样形成的：首先是全变量模型，然后逐步将 3 个在该模型中没有统计显著性的变量剔除，产生其余三个模型。

---

① 这里存在共线性问题，但半对数线性函数允许共线性和异方差性存在（万广华等，2008）。

② 这样做自然存在一定的风险，不过国外的研究表明，在没有更好的处理办法的情况下，这仍然是一种可行的选择（Crompton，2008）。

在模型 1 到模型 4 中，从业人员平均年龄、家庭成员居住状况以及户籍身份，都没有显著影响。在其余变量中，从回归系数看，影响最大的是家庭人口数，且其符号为负，亦即具有显著减少家庭人均收入的作用，这一点不难理解。其次是地区因素和职业阶层因素。地区因素的影响如此突出，出乎我们最初根据已有研究形成的看法。职业阶层地位的重要影响则在我们的意料之中。属于第三层次的影响因素包括家庭有效的有收入者人数、有效的有收入者平均受教育年数，以及家庭人均物质资产，它们分别反映了家庭的人力资本和物质资产存量对家庭收入获得的影响，它们的符号均为正，表明它们将增加家庭人均收入。第四层次的变量则包括回归系数小于 0.01 但具有统计显著性的几个因素，即家庭人均非农收入比重、家庭有效非农收入获得者占全部有效收入获得者的比重、家庭劳动年龄人口失业比重、家庭老少人口比重，以及有效女性收入获得者比重。其中，前两个变量的作用是增加收入，而后三个因素的作用则是减少收入。不过，有效的女性收入获得者比重的回归系数最小，表明性别歧视问题并不突出。老少人口占家庭总人口的比重的回归系数在各模型中也比较小，但其影响比有效有收入者中女性比重的影响大。

总结上述结果，可以认为，大多数变量的作用都反映出市场化发展对城乡居民家庭收入获得的影响。当然，一些表面看起来的非市场化因素也具有影响，主要表现为住户人口规模、住户居住地区和住户阶层地位的影响。后两个因素具有混合性质。地区发展水平差距的存在，既有市场化水平不同的影响，也有非市场因素（如制度和文化传统差异）起的作用。阶层地位的获得，从现有许多研究成果看，也是市场性因素与非市场性因素共同作用的结果。不过，这里我们还无法把其中两类因素的影响分别识别出来。城乡居住状况没有产生具有统计显著性的影响，与一般的看法似乎冲突，但可能反映了如下的事实。首先，在经济层面，现阶段的中国并不存在典型的二元结构，即现代产业集中于城镇，传统产业分布于农村；相反，在中国，农村同样有大量现代产业在发展。其次，社会层面的二元结构在改革开放以来不断被打破，至少农村劳动力可以进城务工经商。当然，二元社会制度的影响还是存在的，但这种影响也随着农民工进城而被复制到城市社会，城乡间差距由此在城镇内部发展起来，从而冲淡了既有的城乡间差距的影响。

表4 2007年被调查者家庭人均收入的半对数线性回归分析*

	模型1	模型2	模型3	模型4	模型5
Constant	7.455 (90.161) ***	7.484 (141.148) ***	7.482 (141.267) ***	7.481 (141.303) ***	7.435 (152.568) ***
住户人口数	-.168 (-13.240) ***	-.168 (-13.234) ***	-.167 (-13.196) ***	-.169 (-13.603) ***	-.173 (-14.082) ***
有效收入获得者数	.051 (3.257) ***	.051 (3.229) ***	.050 (3.189) ***	.051 (3.308) ***	.055 (3.534) ***
女性有效收入获得者比重（%）	-.001 (-2.126) **	-.001 (-2.195) **	-0.001 (-2.092) **	-.001 (-2.186) **	-
有效非农收入获得者比重（%）	.003 (6.563) ***	.003 (6.772) ***	.003 (6.697) ***	.003 (6.710) ***	.003 (6.495) ***
有效收入获得者平均年龄	.001 (.457)	-	-	-	-
收入获得者平均受教育年数	.067 (16.085) ***	.067 (16.423) ***	.066 (16.394) ***	.067 (17.108) ***	.067 (17.182) ***
失业人口比重（%）	-.006 (-6.107) ***	-.006 (-6.136) ***	-.006 (-6.313) ***	-.006 (-6.285) ***	-.006 (-5.919) ***
老少人口比重（%）	-.002 (-2.516) **	-.002 (-2.614) **	-.002 (-2.627) **	-.002 (-2.599) **	-.002 (-2.484) **
金融资产（万元/人）	.053 (12.346) ***	.053 (12.346) ***	.053 (12.336) ***	.053 (12.350) ***	.053 (12.350) ***
生产投资（万元/人）	.011 (4.519) ***	.011 (4.512) ***	.012 (4.539) ***	.011 (4.513) ***	.011 (4.501) ***
人均非农收入比重（%）	.008 (24.917) ***	.008 (24.950) ***	.008 (24.942) ***	.008 (25.172) ***	.008 (25.380) ***
住户人口主要居住在城镇	-.037 (-1.029)	-.036 (-1.006)	.020 (.679)	-	-
住户人口户籍身份主要为非农户籍	.038 (1.033)	.041 (1.139)	-	-	-
东部	.390 (14.375) ***	.391 (14.466) ***	.391 (14.476) ***	.391 (14.463) ***	.392 (14.484) ***
中部	.099 (3.875) ***	.099 (3.882) ***	.100 (3.899) ***	.100 (3.913) ***	.101 (3.946) ***
阶层类别1	.192 (3.301) ***	.193 (3.322) ***	.191 (3.287) ***	.199 (3.503) ***	.208 (3.671) ***
阶层类别2	.117 (3.679) ***	.118 (3.746) ***	.114 (3.640) ***	.121 (4.128) ***	.128 (4.409) ***
阶层类别3	.295 (7.083) ***	.298 (7.245) ***	.293 (7.177) ***	.302 (7.812) ***	.308 (7.962) ***

续表

	模型 1	模型 2	模型 3	模型 4	模型 5
阶层类别 4	.507（8.260）***	.510（8.358）***	.505（8.303）***	.513（8.628）***	.520（8.745）***
模型总结		R^2 =.506，调整 R^2 =.504，N=5772			R^2 =.505，调整 R^2 =.504，N=5772

** P<0.05，*** P<0.01。

注：各模型的标准化残差平均值为 0，标准差为 0.999，基本满足半对数线性回归模型的相关要求。

回归分析中各个变量的影响，本质上意味着家庭收入获得的差异化或分化。但回归分析并不能具体确定这些变量对收入不平等的影响的大小，这个问题需要通过不平等分解分析来解决。为此我们特别设计了表4中的模型5。设计模型5的出发点是尽可能减少变量，以便进行夏普里值分解分析，因此剔除了有效的女性有收入者比重，分析结果显示，减少这个变量，模型的解释力几乎不受影响。模型5中还有几个虚拟变量，即地区变量和职业阶层变量，根据有关学者的建议[1]，可以基于它们的回归系数，对它们做进一步的归并整理，一是分别以东部和中部的回归系数作为预测值（参照地区即西部的观察值仍为0），建立一个统一的地理变量；二是分别以四个阶层类别的回归系数为预测值（参照群体即农业劳动者的观察值仍为0），建立一个统一的阶层地位变量。这样，我们就可以将进入夏普里值分解程序运行的变量减少到11个。将模型5转换为一个指数方程，对收入不平等的基尼系数进行夏普里值分解，得到表5的结果。

表5　基于半对数线性回归的基尼系数夏普里值分解

因素	贡献额	贡献率（%）
人均非农经营/劳动收入占人均收入的比重	.0999	19.2
住户人均金融资产	.0909	17.5
有收入者的平均受教育年数	.0833	16.0
住户人口数	.0621	11.9
阶层变量	.0548	10.5
地区变量	.0435	8.4
有效的有非农收入者比重	.0267	5.1
住户人均生产投资	.0149	2.9
住户失业人口比重	.0063	1.2
住户老少人口比重	.0053	1.0
有效的有收入者人数	.0016	.3
合计	.4894	94.2
残差	.0303	5.8
总计	.5197	100.0

---

[1]　确切地说，这是复旦大学陆铭教授向作者提出的建议，在此谨致谢忱。

从表 5 看，分解分析结果非常理想，得到解释的不平等占 94.2%，残差部分仅占 5.8%。所有 11 个变量都具有扩大不平等的作用，而从贡献大小来看，大体可以把它们分为 4 组。第 1 组由人均非农经营/劳动收入占人均收入的比重、住户人均金融资产和有收入者的平均受教育年数组成，三者的贡献率合计达到 52.7%。第 2 组包括住户人口数和阶层变量，它们的贡献率都略高于 10%，合计为 22.4%。第 3 组包括地区变量和有效的有非农收入者比重，它们的贡献率合计为 13.5%。其余 4 个变量是第 4 组，它们的贡献率合计为 5.4%。

大致说来，第 1 组变量与市场化关系最为密切，而与非市场化机制的关系较小，当然，即使在这类变量中，也包含着非市场化因素，例如，非农收入既有来自"体制外"的也有来自"体制内"的，但多数人的收入肯定主要来自体制外部门。在第 2 组变量中，住户人口数与市场化机制无关，阶层地位差异对总体收入不平等的影响则混合地体现了两种机制的不平等效应。第 3 组变量也混合地体现着市场化机制与非市场化机制的不平等效应，但以市场化机制的不平等效应为主。在第 4 组变量中，住户人均生产投资是体现市场化机制效应的变量；住户失业人口比重可能体现了两种机制的混合效应，因为至少在城镇户籍人员中，有一部分人属于制度性失业（公有制企业改革的结果），不过，十多年已经过去了，因为公有制企业改制而失业的人很多已经不再继续属于劳动年龄人口范畴，换句话说，2007 年调查时处于失业状态的人员中，多数应当不属于制度性失业者，而是在劳动力市场竞争中暂时失败的人；住户老少人口比重与市场化问题无关，有效的有收入者包括在业人员和有离退休收入的离退休人员，其人数差异对住户收入不平等的影响也是两类机制的混合效应的体现，不过该变量对总体不平等的贡献份额很小，基本可以忽略不计。

进而言之，在表 5 所涉及的诸多变量中，主要体现市场化机制的不平等效应的变量，包括住户人均金融资产、有收入者的平均受教育年数、住户人均生产投资，以及住户失业人口比重这四个变量，它们的差异对总体收入不平等的贡献率合计达到 37.6%。完全或基本与市场化机制无关的变量包括住户人口数、住户老少人口比重，以及有效的有收入者人数，它们的差异对总体收入不平等的贡献率合计为 13.2%。其余的变量则不同程度地混合体现着市场化机制，以及社会结构－制度性机制的不平等效应，它们的贡献率合计为 43.2%。其中，人均非农经营/劳动收入占人均收入的比重的贡献率为 19.2%。根据前述表 2 的分析结果，"体制外"收入不平等的贡献将大大超过体制内不平等的贡献，当然，由于表 2 的分析以个人为单位，并未考虑到家庭其他成员的收入，因此可能低估了"体制内"不平等，以及两种就业体制间的收入不平等的贡献，但考虑到"体制外"就业已经成为中国非农就业的绝对主体部分，我们有理由认为"体制外"非农收入内部不平等的贡献占了主要份额。这里我们不妨做最保守的估计，即将非农收入不平等的贡献平均分配给市场化机制与非市场化的结构－制度机制。有效的有非农收入者比重，也是一个混合着市场化因素与非市场化的制度性因素的变量，非农业户籍住户的劳动力自然是在非农产业就业，而农业户籍住户劳动力则需要通过自身努力获得在非农产业就业的机会，因此，这个变量的贡献也应当在两种不平等机制间分配（姑且也按照平均分配处理）。阶层变量和地区变量从深层次看同样具有混合性质，但从保守的考虑出发，不妨完全把它们视为反映结构－制度影响的非市场化机制的不平等效应。最后，表 5 的分析没有包含行业因素，一般而言，这是残差部分的主要成因，这里姑且把残差部分归属于行业因素的不平等效应，而且视之为结构－制度性质的不平等。如此，则在总体的不平等中，市场化机制的不平等效应所做贡献接近 50%，反映社会结构－制度问题的非市场化机制的贡献份额接近 37%，其余 13% 的份额主要属于住户的自然人口特征的贡献。

五　简要结论和讨论

本文围绕中国现阶段收入不平等的事实，基于对现有相关理论和研究文献的梳理，针对现有收入不平等格局的形成机制，尝试建构一个统一的分析框架，并提出一个基本研究假设和四个操作性假设，利用 CHNS 和 CGSS·2008 的调查数据，运用各种分析工具，对这些假设进行了检验，并得到了一些重要的发现和结果。总的来说，4 个操作性假设都在不同程度上得到了数据的支持，从而对基本研究假设也提供了肯定性的支持。

城乡分组的泰尔 T 指数分解分析结果显示，由于近年来中国城镇和农村内部收入不平等都在上升，城乡间不平等对总体不平等的贡献大致存在下降趋势。相应地，城镇内部和农村内部的不平等对总体不平等的贡献是巨大的、决定性的；尤其是农村内部的不平等，在大多数年份对总体不平等做出了一半以上的贡献，当然，这种贡献总体上也存在一种下降趋势，而城镇内部不平等的贡献则呈现上升趋势。

基于泰尔 T 指数对"体制内"与"体制外"非农从业人员的收入不平等分组分析结果同样表明，"体制外"从业人员的收入不平等对总体不平等的贡献远远大于"体制内"收入不平等的贡献，而"体制内"收入不平等的贡献又远远大于两种体制之间的收入不平等的贡献。我们还注意到，非农从业人员的收入不平等在 20 年间呈现一种比较明显的 U 形变化趋势，这一结果尤其不容小觑，因为随着中国工业化和城市化进程的快速推进，非农从业人员的比重将越来越高。另外，目前中国社会舆论对国有垄断行业职工收入过高、认定其是导致全社会收入不平等过大的主因的批评之声甚巨，然而我们的数据分析结果表明这种说法并不严谨。因为整体收入不平等不仅受收入集中程度影响，也受不同收入水平的人口群体规模的影响。垄断行业职工规模在全部非农就业人员中所占比重，应当不会超过城镇国有和集体单位职工的相应比重，因此以他们的人口规模，他们的收入水平与其他行业就业人员收入水平的差距不可能成为总体收入不平等的主要形成因素，何况在 CGSS·2008 的调查数据中，"体制内"从业人员所占比重为 23.5%，已经大大超过了官方统计的城镇国有单位和集体单位在岗职工占全社会就业人员的比重，也就是说，他们在 CGSS·2008 中的样本已经被过分代表了。当然，这样说并不是为国有垄断行业职工高收入辩护，毕竟在本文所研究的多数年份里，"体制内"与"体制外"的组间收入差距对总体收入不平等做出了正的贡献；但需要警惕的一种倾向是，把这种不平等作为替罪羊，掩盖其他因素造成的不平等。

基于基尼系数对收入来源不平等的分解分析结果显示，工资性收入的贡献始终是最大的，这一点可以理解，因为对于绝大多数城镇住户来说，工资性收入是家庭收入的最主要来源；对于大多数农村住户来说，工资性收入的比重也不断上升，目前也占到了农户人均纯收入的一半左右。更重要的是，除了工资以外的其他收入来源与市场化的关系越是密切，其对收入不平等的影响就越大；而工资性收入本身，也应当在很大程度上具有市场化性质。

半对数线性回归分析和基于半对数线性回归的夏普里值分解分析，综合地反映了影响中国收入分配的一个基本机制，那就是中国现阶段的收入不平等主要来源于市场化机制的不平等效应。夏普里值分解分析测量了各种反映住户禀赋特征的因素对总体收入不平等的贡献大小，根据分析结果，综合地看，市场化机制的不平等效应对总体不平等的贡献率至少可达50%，与社会结构－制度问题相关的非市场化机制的不平等效应所做贡献接近37%。当然，本研究依据的数据并未完全反映中国的实际不平等，因为各种灰色收入信息都无法通过入户调查收集，而灰色收入不管是通过权力寻租的方式产生，还是通过其他方式（如偷逃税等）产生，大抵都与原则上合法的市场化收入无关，因而可以预期，一旦把灰色收入信息收集起来，非市场化机制的不平等效应对总体不平等的贡献份额会有较大幅度的提升，不过其最终可能仍然难以超过市场化机制的不平等效应的贡献，因为这种收入的获得者在总人口中所占比重是比较小的。

应当着重指出的是，本研究对不平等的综合性分析仍然存在若干不足。首先，作为分析基础的调查对住户全体从业人员的信息收集不完备，因此，本研究不能把从业/就业的体制区隔和行业区隔纳入模型，从而未能有效地把它们的不平等效应识别出来。其次，对导致收入不平等的混合效应的分析，仍然缺乏足够的确定性，目前所做的估计只有一些间接的和经验观察性的依据，而没有直接的实证性证据。再次，即使我们努力识别出市场化机制和非市场化机制的不平等效应，但这可能并不意味着这些机制在现实中是单独起作用的，不仅一些因素的混合效应可能包含着两类机制的共同效应，而且它们可能还会相互推动。要解决这些问题，既需要改进调查设计，也需要对数据进行更深入的挖掘，并且需要在方法上进行创新，还需要深入探讨各种机制背后的社会－政治机制。

尽管存在这样那样的问题，但本研究的主要发现仍然具有重要的理论和政策意涵。最重要的是，这些发现与现有的一些关于收入不平等变化的理论学说或假说（如库兹涅茨倒 U 形假说）相背离。库兹涅茨假说是基于对西方发达国家第二次世界大战前 50 年收入不平等变动历程的研究提出来的（Kuznets，1955），而中国也已快速发展 30 多年，按照库兹涅茨理论，中国收入分配的变动趋势应当开始出现倒 U 形拐点，但现实是，目前还没有出现这种拐点的迹象，从某些角度分析，甚至存在 U 形变动趋势，1996

年前后是这种 U 形变动趋势的拐点。这并非偶然。正是在这一时期，迈向市场逻辑的经济体制转轨，以及力度和范围前所未有的公有制企业改制，成为中国自改革开放以来强度最大、影响最深远的剧烈社会变革，经济的市场化程度前所未有地提高，收入不平等问题不可避免地加剧起来。

与此同时，一种新的、与以往迥然相异的机会结构和利益关系结构也在这种变革中形成，并且很快覆盖了整个社会。在这种机会结构和利益关系结构中，各种强势社会群体和阶层占据了有利位置，获得了更多机会，能够更好地利用市场获得更大收益。例如，笔者在一项经验研究中发现，正是从 1996 年前后起，在新兴私营企业主阶层的新增成员中，来自其他优势阶层的人与来自底层社会的人在比例上发生了根本性的倒转，前者从此前不到 1/3 迅速上升到超过 3/4，而后者则从此前的 1/2 强下降为不到 1/4（陈光金，2005）。

在一个相当长的时期里偏好效率和经济增长的制度和公共政策安排，或者与优势阶层的强势利益诉求相配合而不能有效克制这种强势诉求对其他社会阶层利益造成的不利影响，或者支离破碎、软弱无力而不能支撑弱势阶层获得发展机会、分享改革发展成果，以及获得基本社会保障，因此在某种意义上强化了这种机会结构和利益关系结构。一个突出的表现是，迄今为止，相关公共政策在调整收入不平等方面的作用很不理想。换句话说，现阶段中国收入不平等的形成机制中，不仅有着市场化机制和非市场化机制的混合效应，而且市场化机制的不平等效应有其特定的制度－结构基础，而制度－结构性机制的不平等效应中也渗透着市场化机制的影响。结果，一些在类似库兹涅茨假说这样的理论看来理应减少不平等的因素和机制难以发挥作用。

库兹涅茨假说就是这样失效的。不过，库兹涅茨本人对收入不平等的倒 U 形变化趋势的理解与后人的理解是不同的：后人只是看到了市场发展和工业化的"积极"作用，而他本人则还看到了西方发达国家收入不平等出现倒 U 形变化背后指向社会公平的社会哲学，以及相关公共政策的影响（库兹涅茨，1996/1989）；一旦这样的社会哲学和相关公共政策被放弃，收入不平等就必将扩大，这是 20 世纪 60 年代末期以来西方发达国家的收入不平等出现大 U 形转变的关键。因此，最近 20 年来中国收入不平等的变化，验证了卡尔·波兰尼（2007）的论断：当市场过度强势以致对社会产生破坏性影响时，我们就要保卫社会。

参考文献

白雪梅，2004，《教育与收入不平等：中国的经验研究》，《管理世界》第 6 期。

北京师范大学经济与资源管理研究所，2005，《2005 中国市场经济发展报告》，商务印书馆。

波兰尼，卡尔，2007，《大转型：我们时代的政治与经济起源》，冯钢、刘阳译，浙江人民出版社。

陈光金，2005，《从精英循环到精英复制——中国私营企业主阶层形成的主体机制的演变》，《学习与探索》第 1 期。

——，2010，《中国收入不平等的内部结构及其演变》，《江苏社会科学》第 5 期。

陈志武，2006，《国有制和政府管制真的能促进平衡发展吗？——收入机会的政治经济学》，《经济观察报》1 月 2 日。

陈宗胜、周云波，2001，《非法非正常收入对居民收入差别的影响及其经济学解释》，《经济研究》第 4 期。

崔友平、李凯，2009，《行政垄断造成行业收入差距过大的机理分析及治理对策》，《山东经济》第 2 期。

樊纲、王小鲁、朱恒鹏，2006，《中国市场化指数——各地区市场化相对进程 2006 年报告》，经济科学出版社。

傅玲、刘桂斌，2008，《解决收入两极分化的途径探讨》，《统计与决策》第 13 期。

管晓明、李云娥，2007，《行业垄断的收入分配效应——对城镇垄断部门的实证分析》，《中央财经大学学报》第 3 期。

何伟，2006，《资源分配不公决定收入分配不公——再论公平与分配不能联姻》，《中国流通经济》第 7 期。

胡代光，2004，《剖析新自由主义及其实施的后果》，《当代经济研究》第 2 期。

江国成，2009，《国家发改委：我国社会主义市场经济体制初步建立》，新华网，10 月 5 日。

江苏省统计局，2007，《江苏城镇职工劳动报酬分配状况探析》，中国统计信息网，10 月 17 日。

金玉国，2001，《行业工资水平与垄断程度的 Granger 因果关系分析》，《江苏统计》第 8 期。

库兹涅茨，西蒙，1996/1989，《现代经济增长》，戴睿、易诚译，北京经济学院出版社。

赖德胜，2001，《教育与收入分配》，北京师范大学出版社。

李春玲，2003，《文化水平如何影响人们的经济收入——对目前教育的经济收益率的考察》，《社会学研究》第 3 期。

——，2004，《断裂还是碎片——当代中国社会阶层分化趋势的实证分析》，社会科学文献出版社。

李实、丁赛，2003，《中国城镇教育收益率的长期变动趋势》，《中国社会科学》第 6 期。

李实、罗楚亮，2007a，《中国城乡居民收入差距的重新估计》，《北京大学学报》（哲学社会科学版）第 2 期。

——，2007b，《收入差距与社会公平》，载迟福林主编《2007'中国改革评估报告》，中国经济出版社。

李实、张平、魏众、仲济根等，2000，《中国居民收入分配实证分析》，社会科学文献出版社。

李学灵、张尚豪，2006，《安徽省农村居民收入差距的测度与分解》，《农村经济与科技》第 12 期。

林毅夫、蔡昉、李周，1998，《中国经济转型时期的地区差距分析》，《经济研究》第 6 期。

林幼平、张澍，2001，《20 世纪 90 年代以来中国收入分配问题研究综述》，《经济评论》第 4 期。

刘欣，2005，《当前中国社会阶层分化的多元动力基础——一种权力衍生论的解释》，《中国社会科学》第 4 期。

卢嘉瑞，2002，《收入差距与两极分化》，《河北经贸大学学报》第 3 期。

陆学艺主编，2001，《当代中国社会阶层研究报告》，社会科学文献出版社。

吕杰、张广胜，2005，《农村居民收入不均等分解：基于辽宁农户数据的实证分析》，《中国农业大学学报》第 4 期。

马广奇，2000，《中国经济市场化进程的分析与度量》，《求实》第 10 期。

孙立平，2008，《社会转型：发展社会学的新议题》，《开放时代》第 2 期。

谭芝灵，2006，《试论贫富两极分化的本质、特征以及我国的贫富分化问题》，《生产力研究》第 1 期。

田士超、陆铭，2007，《教育对地区内收入差距的贡献：来自上海微观数据的考察》，《南方经济》第 5 期。

万广华，2006，《经济发展与收入不平等：方法和证据》，上海三联书店、上海人民出版社。

——，2008，《不平等的度量与分解》，《经济学（季刊）》第 1 期。

万广华、张藕香、伏润民，2008，《1985－2002 年中国农村地区收入不平等：趋势、起因和政策含义》，《中国农村经济》第 3 期。

王姐、汪三贵，2006，《教育对中国农村地区收入差距的影响分析》，《农业技术经济》第 2 期。

王红涛，2009，《中国城乡收入差距分析——基于泰尔指数的分解》，《经济论坛》第 12 期。

王洪亮、徐翔，2006，《城乡不平等孰甚：地区间抑或城乡间?》，《管理世界》第 11 期。

王小鲁，2007，《中国的灰色收入与居民收入分配差距》，《中国改革》第 7 期。

辛翔飞、秦富、王秀清，2008，《中西部地区农户收入及其差异的影响因素分析》，《中国农村经济》第 2 期。

徐现祥、王海港，2008，《我国初次分配中的两极分化及成因》，《经济研究》第 2 期。

杨圣明，2005，《论收入分配中的两极分化问题》，《消费经济》第 21 卷，第 6 期。

杨天宇，2009，《中国居民收入再分配过程中的"逆向转移"问题研究》，《统计研究》第 26 卷，第 4 期。

岳昌君，2004，《教育对个人收入差异的影响》，《经济学（季刊）》第 3 卷增刊。

张奎、王祖祥，2009，《收入不平等与两极分化的估算与控制——以上海城镇为例》，《统计研究》第 8 期。

周业安，2004，《市场化、经济结构变迁和政府经济结构政策转型——中国经验》，《管理世界》第 5 期。

Chiswick，B. 1971. "Earnings Inequality and Economic Development." *Quarterly Journal of Economics* 85.

Crompton，Rosemary. 2008. *Class and Stratification*. London：Polity Press.

Deng，Quheng & Shi Li. 2009. "What Lies behind Rising Earnings Inequality in Urban China? Regression-based Decompositions." *Global COE Hi-Stat Discussion Paper Series* 021.

Kuznets，Simon. 1955. "Economic Growth and Income Inequality." *American Economic Review* 45 (1).

Li Haizheng. 2003. "Economic Transition and Returns to Education in China." *Economics of Education Review* 22.

Millimet，Daniel L. & Le Wang. 2006. "A Distributional Analysis of the Gender Earnings Gap in Urban China." *Contributions to Economic Analysis and Policy* 5 (1).

Nielsen，François & Arthur S. Alderson. 1997. "The Kuznets Curve and the Great U – Turn： Income Inequality in U. S. Counties，1970 to 1990." *American Sociological Review* 62 (1).

Tinbergen, J. 1972. "The Impact of Education on Distribution." *Review of Income and Wealth* 16 (2).

Wan, Guanghua. 2002. "Regression – based Inequality Decomposition: Pitfalls and a Solution Procedure." Discussion Paper No. 2002/101, *World Institute for Development Economics Research*. United Nations University.

——. 2004. "Accounting for Income Inequality in Rural China: A Regression Based Approach." *Journal of Comparative Economics* 32 (2).

Zhao, Wei & Xueguang Zhou. 2002. "Institutional Transformation and Returns to Education in Urban China: An Empirical Assessment." *Research in Social Stratification and Mobility* 19.

Zhou, Xueguang. 2000. "Economic Transformation and Income Inequality in Urban China." *American Journal of Sociology* 105.

2011 年

中国农村留守儿童研究述评 *

谭 深

近期关于"新生代农民工"（或"80后""90后"农民工）的讨论越来越吸引社会关注的目光，而作为农民工子女的进城流动儿童和在乡留守儿童，正是新生代农民工的巨大后备军。这个庞大群体的生存和成长状况，对于今后几十年中国的社会、政治、经济状况，有着直接和深远的影响。从儿童权利角度看，这个群体无论是进城的还是在乡的，都处于多种不利的结构之中，面临着教育、心理、健康等诸多的问题。与流动儿童相比，在乡的留守儿童由于父母（或其中一方）不在身边，可能遇到的问题更多。

应该说，政府、研究者和媒体给予了农民工子女较多的关注，各种调查逐渐揭示了这个群体各个层面的问题。但现有的研究也存在不少缺陷，特别是早期一些对留守儿童的调查，有某种夸大留守儿童自身问题并且将这些不良问题归咎于父母责任的倾向。由此可能造成对留守儿童在认识上的误导，影响各种干预行动和有关政策的思路。

本研究致力于寻找、辨析留守儿童存在的真实问题。文章分两条线索。

一是对已有研究的再研究，主要是通过中国知网"中国学术期刊网络出版总库"，经过筛选，查阅来自期刊论文中影响较大且方法比较规范的文献，做重点解读，从中提炼出现有研究中能够反映留守儿童真实问题的主要结论。二是在此基础上，通过对其他相关文献的分析，结合笔者的研

---

* 原文发表于《中国社会科学》2011 年第 1 期。

究经历和参与的调查①，对农村留守儿童问题进行延伸的分析。最终勾勒出农民工子女问题被认识、被问题化的背景和脉络，并从结构和资源的角度，提出留守儿童的边缘化是由农民工"拆分式再生产"的模式、农村社会的解体、二元分割的教育体制等诸种不利的制度结构交织而成的，家庭结构的不完整只是其中一个因素，它加剧了其他不利结构造成的问题。

一　问题的提出

常识告诉我们，农村留守儿童应当是与农民工同时出现的群体，比流动儿童出现更早，人数更多。1995 年我们在湖南 5 个县调查了 266 名已婚的外出打工者，带子女外出的仅 12 人（流动儿童），夫妻一方外出一方在家带子女的有 196 人，夫妻双方外出将子女托付给祖辈的有 52 人，后面两类家庭的子女即后来所说的"留守儿童"。当时的调查已经涉及了与后来差不多的留守孩子的学习和心理问题（邓微，2000）。"386199 部队"② 作为每个人耳熟能详的戏称，至少在 20 世纪 90 年代早期即已出现。

但在那个时期，人们的注意力还是放在农民工进城给城市等流入地带来的影响，以及进城农民工和流动子女的权益上。而在流出地，由于外出打工给农村家庭带来了一定收入，给地方带回一些资金，还洋溢着"外出一人，脱贫一户""返乡创业"的乐观气氛，外出的收益在一定程度上遮蔽了农村正在出现的问题。虽然许多的调查已经涉及农村的负面问题，比如城乡收入持续扩大和农村贫困问题、公共服务匮乏问题、"三留守"问

---

① 主要的课题是：中国社会科学院社会学研究所"中国农村贫困定性研究"课题（以下简称"12 村贫困调查"），课题负责人王晓毅，由核心课题组和 7 个地方课题组组成。课题组在 2006 年对 6 个省的 12 个村做了深入调查，其中涉及外出打工和留守问题。成果主要有：《中国 12 村贫困调查》理论卷、江西—云南卷、四川—江苏卷、甘肃—内蒙古卷（共 4 本，社会科学文献出版社，2009）。中国社会科学院妇女/性别研究中心"农民工流动对儿童的影响"课题（以下简称"流动与儿童课题"），课题负责人谭深，主要成员包括：罗琳、吴小英、杨宜音、唐有财、许平、庄明等，课题组 2006～2007 年对四川 T 县外出集中的一个村以及 T 县打工者集中的广东衡镇做了访谈，并在 3 个城市、3 个乡镇分别做了流动父母、流动儿童和在乡儿童的问卷调查。成果见中国社会科学院妇女/性别研究中心《"农民工流动对儿童的影响"课题成果》，2008，未刊稿。

② "38"指留守妇女，"61"指留守儿童，"99"指留守老人。

题、农村儿童辍学和新的"读书无用论"等，但总体来讲，对这些问题的关心还主要局限在"农口"和"教育口"等政府部门和研究者，没有进入高层和全社会的视野。

直到 2000 年，原湖北省监利县棋盘乡党委书记李昌平上书国务院，提出"农民真苦、农村真穷、农业真危险"，引起高层重视，国务院两次批示"要求重视问题的严重性"（黄广明，2000）；同时引爆了社会对"三农"问题的大讨论。这个讨论出现在即将提出"全面建设小康社会"战略目标的党的十六大之前，对于这届党的大会和新一届领导层有着不同寻常的意义。为了达到"小康"的目标，增加农民收入成为重点问题，而外出打工是增加收入的重要途径，由此将农村问题与进城农民工问题联系起来。党的十六大报告则第一次将改变城乡二元经济结构、统筹城乡经济社会发展、解决"三农"问题作为"全面建设小康社会的重大任务"（参见温家宝，2003；江泽民，2002）。

在"三农"问题中，农村义务教育的问题尤为突出。一是农村少年儿童失学现象趋于严重，导致学生辍学的原因主要与经济因素和不断滋长的厌学情绪有关①；二是在当时的财政体制下，教育投入成为乡镇财政和农民的沉重负担②。这两个问题都与教育资源和财政资源在城乡间的分配不合理直接相关。对于在城乡间流动的农民工子女，他们进城难以分享城市的义务教育资源，父母往往只能将其留在农村，他们成了城乡二元结构背景下特定的"留守儿童"群体。在讨论农村儿童教育问题的同时，留守儿童作为一个"新"的群体也浮出水面。

2004 年 5 月底，教育部基础教育司召开了"中国农村留守儿童问题研究"研讨会，这次研讨会标志着留守儿童问题正式进入政府的工作日程，

---

① 上海教育科学院沈百福、王红的计算显示，2000 年，全国 15～17 周岁人口的九年义务教育完成率只有 74.7%；2001、2002 年的完成率也分别只有 75% 和 76.6%。由此可知：近年来每年大约有 500 余万适龄儿童未完成初中教育，其中近 200 万适龄儿童未完成 6 年小学教育。转引自张玉林，2004。

② 国务院发展研究中心"县乡财政与农民负担"课题组对河南、湖北和江西省的三个农业县的调查表明，教育财政支出占到了当地乡镇财政支出的 75% 左右；此外征收农民的"教育附加费"1998 年达到 165 亿元；还有各种名目的"教育集资"，仅在 1993～1999 年的 7 年间，即超过 516 亿元人民币。转引自张玉林，2002。

成为留守儿童问题的报道、研究和干预"升温"的重要推力①。会议指出，流动、留守儿童是"三农"问题的副产品，而长期以来我国的城乡二元结构体制是"三农"问题的最大障碍，农村留守儿童教育问题也受制于此②。此番话点出了对留守儿童关注"升温"的背景。这次会议前后，教育部基础教育司委托了几家研究机构和高校组成课题组，分别在各地调研留守儿童情况，这些调研报告成为最早并被频繁引用的一批留守儿童研究的文献［参见课题组（吴霓），2004；周宗奎等，2005；范先佐，2005］。在此之后，农村留守儿童研究数量迅猛增长，研究的问题范围从在校教育发展到家庭教育和其他社会教育，从学习问题到心理、行为、安全、监护类型，以及留守儿童的群体特征和人口特征等（参见肖正德，2006；叶敬忠等，2005；周福林、段成荣，2006）；媒体的文章更是犹如井喷，其带有悲情色彩的报道特别牵动人心。经过20年的沉默，农村留守儿童成为最受关注的群体之一。

二　2002～2006年：留守儿童的全景描述

（一）"问题"视角下的留守儿童研究

由于对留守儿童群体知之甚少，最初的研究集中在各种调查上。鉴于"三农"背景下留守儿童问题从一开始就是作为"社会问题"提出的，多数的调查倾向于了解留守儿童群体的负面问题。其间媒体报道的极端案例和局部调查揭示的问题令人触目。如新华社一篇报道提到对农村小学调查结果中的一系列数字：有60%以上的"留守孩"成绩较差，相当一部分已对读书失去了兴趣；60%的"留守孩"存在心理问题，还有30%的"留守孩"直言恨自己的父母。此报道还援引心理咨询专家的评价认为，目前农

---

① 当时的教育部副部长陈小娅到会，研讨会还邀请了全国妇联、团中央、公安部、国家统计局和中央教科所、高校和科研机构的专家（参见《切实重视和加强农村留守儿童教育问题研究——"中国农村留守儿童教育问题研究"研讨会综述》，2004年6月10日，http://www.cnier.ac.cn/snxx/juece/snxx_20040610160722_27.html，最后访问日期：2010年10月20日）。

② 《切实重视和加强农村留守儿童教育问题研究——"中国农村留守儿童教育问题研究"研讨会综述》，2004年6月10日，http://www.cnier.ac.cn/snxx/juece/snxx_20040610160722_27.html，最后访问日期：2010年10月20日。

村"留守孩"中已经出现了较严重的心理危机，对农村基础教育工作产生了较大冲击，给农村社会稳定埋下了诸多隐患（周伟，2005）。

留守儿童的庞大数字与不良问题"刺痛了人们的良知"，一时间引发了舆论的同情和忧虑。这些问题是普遍存在的吗？留守儿童究竟状况如何？更重要的是，留守儿童的问题有多大程度是由父母不在家引起的？

与媒体报道不同的是，研究者有可能通过自己的专业知识和技术手段，从表面现象寻找深层原因，从有限的样本推论更加普遍的事实。

前三四年的调查涉及了留守儿童在心理、行为、道德、学习等各方面的状况，提出安全、学校教育、家庭教育以及隔代抚养等诸种问题，应当说在一定程度上提供了留守儿童的全景描述。但是分析这些文章的信度和效度，笔者认为，其中存在两个需要提及的问题。

其一，留守儿童存在的问题有被夸大的趋势。有相当一部分文章从"问题"出发，倾向于认为父母双方或一方外出务工，使他们留守的子女在各方面都出现了问题（参见叶敬忠等，2005）。如有一篇调查的结论为，"调查表明，有55.5%的留守孩表现为任性、冷漠、内向、孤独"，"长期与父母分离使他们在生理上与心理上的需要得不到满足，消极情绪一直困扰着孩子，使他们变得自卑、沉默、悲观、孤僻，或表现出任性、暴躁、极端的性格"（林宏，2003）。这个结论后来被大量征引。但是文章对研究方法的交代很笼统，具体的数据没有论证过程，也不清楚文中"留守孩"指的是父母双方外出还是也包括一方外出的儿童。在其他文章的征引中这个含糊的判断被指向了所有农民工的留守子女。还有一篇来自统计部门的调查，没有交代调查方法，就总结出一系列"留守儿童综合征"，直接认为留守儿童是"问题儿童"（王玉琼等，2005）。

其二，将留守儿童的不良问题简单归咎于父母的外出。事实上我们在农村调查中，也发现表现在留守儿童个体的种种问题，其中一些在父母没有外出的"非留守儿童"① 那里也存在，说明这些问题的原因是非常复杂的，也说明调查留守儿童，一定要以非留守儿童作为参照。但是早期有不少的研究忽略了这一点。比如，被笔者认为是第一篇出现在学术刊物上关

---

① "非留守儿童"这个概念，指的是有较大比例人口外出的农村中非流动家庭的儿童，仅在对应于"留守儿童"时有意义。

于留守儿童心理的论文，由于使用了权威的心理学量表，引用率也很高，但是文章的问题是将"留守孩"直接与"中国同龄人常模"进行对比，得出与前述文章同样的结论，认为"焦虑、抑郁、苦闷、烦恼等消极情绪困扰着"留守孩，使他们"性格日趋变得内向、孤僻、冷淡、不善言谈"（王东宇，2002）。而没有同样环境下的"非留守孩"作为参照群体，又如何能判定那些个性缺陷是"留守"带来的问题？类似的研究引发出对留守儿童父母如潮的批评，比如父母"赚了票子，丢了孩子""亲生后母""鼓了钱袋子，误了孩子一辈子"，等等。有综述批评了这种研究假设的片面性，认为留守儿童问题的出现是多种因素共同作用的结果，应当以留守儿童所处的整个成长环境为背景，分析哪些问题确实是父母外出打工造成的，哪些是其他因素导致的（叶敬忠等，2005）。

这个时期有一些文献也提出了不同判断以及留守儿童问题的复杂性。但是由于"问题"的判断太触目，在一段时间内形成了留守儿童是问题儿童的基调，甚至对后来的研究和社会舆论造成了某种误导。

（二）"比较"视角下的留守儿童研究

引入比较的视角后，留守儿童所处的家庭、社会环境以及留守儿童群体内部的差异逐步凸现出来。

比如从学习来说，一般的印象是：由于父母外出，父母的教育观念、教育方式等都会发生很大的变化，这些变化必然会影响到留守子女的学习动机、学习态度、学习过程、学习信心，并进而影响到学习成绩。北师大教育学院课题组在调查前也是持这样的假设。而2001年对父母外出的留守子女与父母在家的儿童进行了比较调查后，发现父母外出与否和孩子的学习成绩并没有很大的相关性，其原因是农村父母普遍教育观念淡薄，而且事实上农村父母没有也无力对孩子的学习进行辅导（朱科蓉等，2002）。中央教科所的调查也发现，农村留守儿童与非留守儿童在学习兴趣和对自身学习成绩的认识上没有显著差异［课题组（吴霓），2004］。

但是有调查显示，在留守儿童内部——父母都外出与父母仅一方外出——却有着显著的不同。与其他研究的定义不同，该调查从亲子教育角度出发，"留守儿童"组仅限于双亲都外出的孩子，而单亲外出的因为有父母一方抚育，与双亲抚育的儿童一起被视作亲子教育正常组。调查的结论是：父母均不在身边、不能直接的抚育确实导致了不良的家庭环境，引起或诱发了儿童的不良人格因素，不良人格因素表现为或导致了儿童行为问题和学业不良（范方、桑标，2005）。这是一个比较早的对人们常识中"留守儿童"的细分。王东宇的另一篇文章对于双亲外出的留守儿童做了进一步的细分，发现与父母分离时间越长，留守儿童的心理健康水平越低，各种心理问题越突出；与兄弟姐妹生活在一起的留守儿童，其心理健康状况明显好于没有与兄弟姐妹生活在一起的留守儿童（王东宇、王丽芬，2005）。

还有的研究发现不同调查对象的看法相距甚远。如华中师大的课题组发现，教师对留守儿童的认识与留守儿童的自我知觉之间存在着系统性的差异。学校校长和教师一般认为留守儿童有比较多的心理问题，对他们的一般印象、学习、品行、情绪等方面的评价都较差；而从学生自我报告结果来看，留守儿童的心理问题主要是在人际关系和自信心方面不如父母都在家的儿童，而在孤独感、社交焦虑和学习适应方面与其他儿童没有显著的差异。（周宗奎等，2005）

三　留守儿童的基础信息

（一）基本数据

几乎所有有关留守儿童的调查，都建立在留守儿童是一个规模庞大的群体的共识上。但是关于留守儿童的全国性的数量，却有着种种说法。据罗国芬总结，在 2005 年之前，关于留守儿童的数量，从 1000 万到 1.3 亿有 4 个不同的数据（罗国芬，2005）。

2005 年和 2008 年，人口学家段成荣等根据 2000 年第五次全国人口普查资料和 2005 年全国 1% 人口抽样调查的抽样数据，计算出全国流动儿童和留守儿童的规模和结构（参见段成荣、梁宏，2004；段成荣、周福林，2005；段成荣、杨舸，2008a，2008b）。由于依据的是全国性调查资料，所使用的方法具一致性，因此被广泛引用[①]。表 1 为段成荣等计算的有关

[①]　关于全国农村留守儿童有 5800 万的数据，有些引用的出处为全国妇联。见全国妇联课题组，2008。

农村流动儿童和留守儿童的规模。

这个表格的数据仍有一些疑点，常识告诉我们，流动人口子女的数量应当与流动人口的数量相匹配。如果按国家统计局公布的"与第五次全国人口普查相比（2005年1%人口抽样，全部）流动人口增加296万人"（这个数据被广泛使用）（中华人民共和国国家统计局，2006），农民工子女的数量（0~17岁留守儿童 + 0~14岁流动儿童）怎么会增加3800多万人？

但是如果单看2005年数据中留守在家的儿童占农民工0~14岁子女的74%这个比例，还是比较符合各种个案和局部调查的；同样，将两个年度的数据进行比较，也可以大致看出一个趋势，即留守儿童的数量增加远高于流动儿童。在2001年国务院明确提出了"两为主"（以流入地区政府管理为主，以全日制公办中小学为主）的解决流动人口子女义务教育问题的思路，以及出台一系列针对性的文件之后，农民工父母还是主要选择将孩子留在农村的家，这是耐人寻味的。

表1　2000年和2005年农村流动儿童与留守儿童的规模

2000年五普		2005年1%人口抽样	
流动儿童	留守儿童	流动儿童	留守儿童
0~14岁流动儿童约为1000万人	0~14岁留守儿童约为2000万人；0~17岁留守儿童约为2443万人	0~14岁流动儿童约为1403万人	0~14岁留守儿童约为4849万人；0~17岁留守儿童约为5861万人

资料来源：2000年流动儿童数据来源于段成荣、梁宏，2004。该文显示"14周岁及以下流动儿童为14096842人"，并且"在全部流动儿童中，户口类型为农业户口的占70.9%"，根据这个比例，笔者推算出农村流动儿童约为1000万人。同年留守儿童数据来源于段成荣、周福林，2005。该文推算出"全国14岁及以下留守儿童数量在2290.45万人"，笔者根据同文数据"农村留守儿童所占比例86.5%"再推算出14岁及以下农村留守儿童为2000万人。2000年0~17岁留守儿童数据和2005年0~14岁、0~17岁留守儿童数据均源自段成荣、杨舸，2008a。2005年流动儿童数据则源自段成荣、杨舸，2008b。

从留守儿童的性别比来看，根据段成荣等的计算，2005年男孩占53.71%，女孩占46.29%，各个年龄组都是男孩多于女孩。比较现有的数据，发现无论哪一年的调查，无论流动儿童还是留守儿童，趋势都是一样的——性别比偏高。而且2005年的数据还显示，流动儿童和留守儿童的性别比高于全部农村儿童的性别比。这似乎意味着，外出打工提高了儿童的性别比。这一结论还有待于进一步的数据开发和研究。

再看留守儿童的家庭结构。综合 2005 年 1% 人口抽样结果和几项多个地区调查［参见段成荣、杨舸，2008b；殷世东、朱明山，2006；课题组（吴霓），2004；四川省眉山市妇联、四川省眉山市妇儿工委办，2004］，留守儿童中，大约有半数是与父母一方（多为母亲）生活在一起的；半数是父母双双外出的，其中多数由祖辈（爷爷奶奶或外公外婆）照料，少数被托付给亲戚朋友照料，或兄弟姐妹相互照料，个别的自己独立生活。由祖辈照料的所谓"隔代监护"受到了较多的质疑，在留守儿童的诸种"问题"中占据重要部分。

然后是备受关注的留守儿童受教育的一般情况。段成荣等对 2000 年五普资料的分析发现，留守儿童小学教育阶段在校率是很高的（98% 以上），进入初中教育阶段后急剧下降（14 周岁留守儿童在校率仅为 88%）；而对 2005 年 1% 人口抽样数据分析发现情况有些变化，小学的在校率低于 2000 年（6～11 周岁在校比例为 96.17%），而初中在校率有所提高（12～14 周岁在校率 96.18%）。但是不论是哪个调查，都显示农村留守儿童的受教育状况好于农村非留守儿童。每个年龄段中未按规定接受义务教育的比例留守儿童都低于非留守儿童。这个结果与前述对留守儿童教育状况的调查结果是一致的，农村留守儿童受教育上存在的问题在非留守儿童中更为严重，说明问题更多地集中在现存的农村教育上。

（二）留守儿童、流动儿童：一个群体还是两个群体？

很多的研究都提出过如何识别"留守儿童"。多数研究集中于留守模式上，即父母都外出才算"留守儿童"，还是只要有一方外出就算？也有的提出"儿童"的年龄段是划定在 14 岁还是 18 岁？还有的提出父母外出一定的时间孩子才算"留守"。应当说以上标准是需要考虑的，而且从技术上解决也并不困难。但问题在于以上的标准假设流动的只是父母，"留守儿童"是不流动的。罗国芬比较早地注意到了这个问题，在两篇文章中都尖锐地提出，留守儿童是个变动不居的群体，与"独生子女"是某些个体终身的属性不同，"留守"只是儿童阶段性的生存状态而不是其长久属性，当他们回到父母身边，这种"留守"就随之结束。因此，没有一个"留守"儿童，而只有一些有过或正在或将要经历留守状态的儿童。她甚至认为，在这个意义上，也可以说留守儿童的规模问题是个"伪

问题"。(罗国芬，2005；罗国芬、佘凌，2006)

我们"流动与儿童课题"的调查显示，在乡的儿童(包括"留守儿童"和"非留守儿童")中，有25%的儿童曾经随父母外出过一次或多次，就是说他们曾经"流动"过；城市的流动儿童中，除了有少量出生在城市且从来没有在农村较长居住过以外，其余的人中有一半在老家与城市间往返两次以上，其间他们也会有留守的经历；社区个案调查也显示同样的情况①。吕绍清等对270位留守儿童调查时发现，近一半人曾有过跟随父母进城生活和学习的经历。从留守儿童的角度，吕绍清将此称为"动态留守"(吕绍清，2007：103)，在日后的经历中，这些孩子可能还会在流动与留守或非留守之间转换。从这个意义上说，作为农民工子女，"流动儿童"与"留守儿童"是一个群体而不是两个群体，无论"流动"还是"留守"，都只是一种"状态"，而不能作为一种身份或标签。

此外，我们在调查中还发现，除了在老家与父母的务工地往返外，还有两种"流动状态"值得留意：一是儿童监护环境改变带来的"留守"中的流动，比如原来和爷爷奶奶一起生活，后转到外婆家；二是转学(不算升学)带来的"流动"或"留守"中的流动②。可以说，父母的流动，给孩子带来的另一个重大变化是生活环境的不稳定，他们在不同的家庭环境、不同的社区环境、不同的人际环境和不同的制度环境中成长，这种不稳定对他们的心理、价值观和发展造成了什么样的影响，还没有见到相关研究。笔者认为，如果对其进行研究的话，时间长短、频率高低是两个不可或缺的维度。

四　2007~2010年：研究的细化和理论点

有研究者根据文献数量或学科性将2007年作为留守儿童研究的一个分期(参见康辉等，2010；高慧斌，2010)。笔者在阅读有关文献时也发现，

---

① 参见"农民工流动对儿童的影响"课题成果之一：《农民工流动对儿童的影响课题报告》(谭深执笔)，2009年5月31日，http://219.141.235.75/pws/tanshen/default.htm，最后访问日期：2010年10月20日。

② 参见"农民工流动对儿童的影响"课题成果之一：《在乡儿童调查问卷数据报告》(唐有财执笔)、《流动儿童调查问卷数据报告》(唐有财执笔)，载中国社会科学院妇女/性别研究中心《农民工流动对儿童的影响课题成果》，2008，未刊稿。

尽管 2007 年之后的文献，仍然有不少局限于对现状的描述，而且使用的方法不规范，但也出现了对问题、对群体细分的研究，并且出现了一些新的发现和值得进一步深入的理论点，特别是在心理学方面。

关于留守时间对儿童心理的影响。一项测试发现，父母一方外出打工半年是一个关键时期。该项研究将留守儿童划分为留守 3 个月组和留守半年组，发现在农村留守 3 个月的儿童仅仅只在自尊和情绪控制维度上与普通儿童有显著性差异，而留守半年的儿童则在诸多方面与普通儿童存在着显著差异。随着留守时间的增加，留守儿童在各方面的表现有进一步下滑的趋势。（郝振、崔丽娟，2007）另一项测试发现 5 年是一个拐点，留守时间 5 年以上儿童的心理失衡得分显著高于留守时间为 1～2 年、3～4 年的儿童，而后两者之间无显著性差异（胡心怡等，2007）。

按留守儿童年龄组的分析。全国妇联 2008 年的研究报告按年龄分层，将农村留守儿童分为幼儿（0～5 周岁）、义务教育阶段儿童（6～14 周岁）和大龄儿童（15～17 周岁）三个部分，清晰地梳理了这三部分儿童各自生活的境况、面临的问题和需求。如留守幼儿面临的突出问题是得不到足够时间的母乳喂养；缺少父母亲情呵护和亲子交流，对幼儿认知、情感、社会性发展都会有深刻而持久的影响；接受正规学前教育的机会少，在家庭教育上的不足得不到正规学前教育补偿。义务教育阶段农村留守儿童面临的突出问题是安全和青春期教育缺乏；寄宿制教育需加强和规范；进城生活面临困难。大龄留守儿童面临的突出问题是父母流动对学业完成具有一定影响；多数农村大龄留守儿童就业层次较低、缺乏社会保障；大龄留守女童的性侵害问题值得关注，等等。（全国妇联课题组，2010）

赵俊峰等人的实验还发现，4～5 岁留守儿童的错误信念理解能力低于同龄父母在身边的非留守儿童。其中，单亲在身边的留守儿童的情况好于父母均在外打工的留守儿童。（赵俊峰、史冰洁，2009）

对于留守儿童，母亲的角色更重要吗？从对儿童心理的影响来讲，母亲的角色更为重要，这一点无论是在理论上还是在各种调查中都没有疑义。如一项对小学留守儿童和对照组的测试结论认为，父母是否在身边对于儿童的孤独感影响是有差别的，其中母亲的影响最大（刘霞等，2007）。另一项对初中学生依恋感的调查也说明，无论是单亲外出、双亲外出的留守儿童还是非留守儿童，均呈现对母亲的依恋质量最强，对朋友依恋质量次之，对父亲的依恋质量最低的趋势（范丽恒等，2009）。因此，单亲留守的如果是母亲，对于儿童心理没有太大影响。

而一项对儿童健康的调查数据显示，在全部留守儿童样本中，父母均外出的留守儿童健康状况最佳，次为与母亲一起留守的儿童，最差的是仅母亲外出的留守儿童，其患病风险最高、就诊率最低，处于最为不利的境地。对于这样一个复杂的结果，研究者分析认为，这反映了留守儿童在卫生服务利用方面的困境，即只能依靠经济支持来弥补在健康人力支持方面的不足；而劳动力市场和家庭内部传统的性别角色定位，又决定了母亲的角色是提供照料服务，在劳动力市场上是没有优势的。双亲外出打工的家庭，经济条件相对比较好，故而在儿童健康方面可能有更多投入；母亲留守，儿童可能得到更多的健康照料；但是女性外出务工，其经济状况低于夫妇双方外出打工或男性外出打工的家庭，同时也显著降低了儿童日常照料的可得性。因此，与男性相比，女性外出会给留守儿童的健康以及卫生服务利用带来更少的收入效应，以及更大的负面作用。（宋月萍、张耀光，2009）

留守儿童的消极心理还来源于被"污名化"产生的歧视知觉。北师大的一个研究团队指出，一个时期以来，学校的管理者、教师、生活在留守儿童身边的人们以及一些研究者大量的负面描述夸大了留守的消极作用，留守儿童被"污名化"的倾向比较明显，进而使被"污名化"的儿童产生了歧视知觉。以往的研究也表明，歧视知觉能够使个体意识到自身处于弱势群体的地位，从而对个体的心理健康发展产生消极的影响。调查发现，留守儿童的歧视知觉显著高于非留守儿童，并且不存在年级、性别和留守时间上的差异，说明这种歧视知觉在留守儿童中是普遍存在的。而双亲在外打工的儿童更容易被看作"没有父母要"的儿童，因此他们可能对外界的歧视更加敏感。（申继亮等，2009）

关注"曾留守儿童"。留守中出现的种种问题会不会随着留守的结束而消失？留守经历是否给留守儿童带来更深远的影响？一项研究将曾经有过留守经历的儿童作为一个类别，比较与其他群体的社会适应情况。研究发现，五类儿童的社会适应总分存在以下趋势：一般儿童的得分均为最高，流动儿童得分较高，单留守儿童居中，曾留守儿童较低，双留守儿童均为最低。与一般儿童相比，曾留守儿童社会适应的总体水平低，自尊低、孤独感强、抑郁高、社交焦虑高，尤以小学生或女生明显。分析认为可能与以下原因有关：（1）父母中途回家后，家庭经济收入骤减，儿童感受到物质生活水平可能由此下降。这种变化可能对儿童产生负面影响。（2）曾留守生活可能对儿童心理适应造成了不利影响，也可能儿童对留守生活适应不良是绝大多数打工父母中途回家的原因。（范兴华等，2009）

另一项研究关注的是留守儿童成年以后的心理健康。通过对大学生分留守组与非留守组的回溯性访谈，认为留守经历的确对儿童成年以后的心理健康有影响，与负性情绪产生、低自尊等有关。此研究首次发现并报告了农村留守儿童成年以后的情绪、行为、自尊以及人际关系，为下一步的心理干预提供了理论依据。（李晓敏等，2010）

儿童的积极应对。北师大的研究团队在对儿童生活事件与心理健康关系的研究中发现，留守儿童的总体生活压力事件水平显著高于非留守儿童，但是在各项心理健康指标的得分上无显著差异。研究认为，虽然父母外出打工对留守儿童来说是一个不利的事件，但"留守"并未直接作用于留守儿童的心理健康，其间存在着其他的因素起保护作用。这种保护作用可能包括：经济条件，来自父母、学校、同伴和其他方面的社会支持，留守儿童自身的积极应对方式。比如，留守儿童普遍比同龄儿童具有更强的生活自理能力，他们会洗衣做饭、收拾屋子、照顾弟弟妹妹等；此外，一部分留守儿童还表现出一定的亲社会行为，通过这些亲社会行为，他们逐渐赢得了老师和同学的认可，扩展了他们的社会关系网络。留守儿童的这些积极行为实际上是一种保护性因素，这些因素在一定程度上缓解了父母外出这样的生活压力事件对他们心理健康的不利影响。（参见胡心怡等，2007；刘霞等，2007；申继亮、武岳，2008）

家庭的积极应对：社会资本和家庭策略。姜又春对湖南潭村的研究指出，留守导致的家庭成员在"时－空"上的隔离虽然给儿童造成心理上、情感上的一些负面影响，但是并没有影响家庭的完整性和家庭成员（包括儿童）的认同感。其原因就在于农村固有的亲属网络提供了他们可资利用的社会资本。围绕"抚育孩子"这个中心，人们按照"由近及远""由亲及疏"的差序来选择代为养育孩子的亲属。这些血缘性、亲缘性的社会性抚育可以在一定程度上缓解亲子关系因为"时－空"分离而造成的情感缺失。（姜又春，2007）我们的"流动与儿童课题"在社区的调查也发现，一般的外出夫妇都会根据孩子的年龄和家庭资源做调整，形成父母外出和孩子留守的不同周期。如3岁后到小学阶段，家庭的积累还没完成，花费却增多，但孩子逐渐可以离开成人的照顾，而祖辈体力尚可，因此，这是父母外出最集中的两个时期之一；孩子进入初中，刚步入多事的青春期，独立性和反抗心理正在形成，而祖辈的精力和体力都在下降，这个年龄的孩子"不听话""管不了"，这时是家庭转折的关键时期。父母不得不重新做安排，或把孩子接到务工地，或父母中的一方回到家乡。[①] 华中师大和全国妇联的报告也发现，低年级学生家长外出打工比高年级学生家长外出打工的多。更加详细的分类可看出，双亲外出并与祖父母一起留守的儿童中，0～5周岁所占比例最高，达40.19%。随着儿童年龄的增大，"和母亲单独留守""和父亲单独留守"的比例都在增长。（参见范先佐，2005；全国妇联课题组，2008）

五　结构和资源：另一个分析视角

通过以上分析，可以对现有研究中所反映的农村留守儿童问题做个简略归纳。

首先是农民工子女总体结构状况。目前还没有针对农民工子女的全国性调查，根据现有调查，初步描述如下：全国农民工子女中有25%左右随父母在外（流动儿童），75%左右留守在家（参见段成荣、杨舸，2008a，2008b）。但是从儿童的流动和留守经历看：有1%左右出生及主要生活在城市，从未返乡；有一半或更多的从未随父母外出；调查时的流动儿童和留守儿童有相当一部分曾经在城乡间钟摆式地流动过，有流动和留守两种经历[②]。此外，还有一些由于父母返乡被视作"非留守"而过去"曾留守"或"曾流动"的儿童。

在教育方面，农村留守儿童接受义务教育的状况好于非留守儿童；父母外出与否对孩子的学习成绩、学习兴趣并没有显著影响。

---

① 参见"农民工流动对儿童的影响"课题成果之一：《流出地—流入地：流动对儿童影响调查的社区个案》（谭深执笔），载中国社会科学院妇女/性别研究中心《"农民工流动对儿童的影响"课题成果》，2008，未刊稿。

② 源于我们"流动与儿童课题"的调查。

在心理方面，父母的外出虽然可能使儿童出现一些不良情绪，但不一定导致儿童的心理问题。儿童心理问题的出现及程度与以下几个因素相关：其一是留守的模式。关键在于母亲是否在身边，母亲留守的儿童在教育、心理、健康方面与非留守儿童没有太大区别。1/3 以上的留守儿童处于这种模式中。而母亲单独外出，父亲留守对于儿童来说是最不利的模式，甚至比双亲外出更为糟糕。这已经不单纯是"母亲依恋"所致，而是与劳动力市场及家庭的性别分工密切相关。其二是父母离开时儿童的年龄。父母特别是母亲如果在儿童幼儿期就离开，亲子关系的缺失会使儿童产生分离焦虑。其三是与父母分离的时间。与父母分离时间过长，会影响儿童的心理健康水平，如果这种长期分离始于幼儿期，可能进一步影响儿童人格的形成。但是调查也显示影响儿童心理的并不仅仅是这些与父母外出直接相关的因素，家庭的经济状况、对歧视的知觉、是否有兄弟姐妹共同生活、社区的环境、学校的环境等，都可能作用于留守儿童的心理健康。而真正造成儿童心理问题的，往往是几种因素的叠加或相互作用。比如母亲单独外出或者父母长期不能与孩子相聚往往与经济状况不良有关系，而贫穷又与歧视和歧视知觉连在一起。事实上，这样的儿童才是当下农村中真正的弱势。

因此，可以说，根据已有的调查，农村留守儿童的大多数是正常的，与父母没有外出的儿童没有显著的区别，他们不是"问题儿童"。

之所以能够如此，可能出自几种原因：一是如前所述，父母的苦心安排和儿童的积极应对；二是与教育、"三农"、农民工子女相关的法律和国家政策的有效推进；三是来自外部（包括国际组织、国内媒体、研究者、民间组织和志愿者等）支持力量对留守儿童的投入，等等。

然而，留守儿童的正常只是相对于非留守儿童而言的，而且仅指留守儿童的近期情况。这里的"非问题化"的目的，是为了扭转将留守儿童反映的所有不足归咎于父母外出和父母责任这样的简单判断。如果从长远来看，农村家庭的留守现象（包括儿童、妇女、老人"三留守"）已经是一个难以逆转的事实，而且正呈扩展之势，说明中国农村的家庭结构、社会结构正在发生深远的变化。毫无疑问，留守儿童、流动儿童甚或包括农村大部分儿童，是这场变迁的直接参与者和变化结果的直接承受者。那么，"留守儿童"处于何种结构的交织之中？这些结构的变化对他们来说究竟意味着什么？我们更为关心的是，有哪些社会资源可以帮助留守儿童。

（一）拆分型家庭模式和传统支持资源

研究者在分析农民工问题时，提出农民工并非形成于单项的户口制度，而是一整套的制度设计和安排（王春光，2004；陈映芳，2005），这些制度稳定下来，就形成了中国社会的"三元结构"，而农民工的家庭分居模式也是这个第三元结构的组成部分（李强，2004）。从农民工开始流动至今 20 余年，这样的模式一直在延续，成为大多数农民工家庭的存在方式。有研究者将其称为"离散家庭"，并指出这是大规模分散式人口流动持续的结果，这一结果给农村家庭结构功能带来了巨大的冲击（金一虹，2009）。本文则提出"拆分型家庭模式"的概念，意在强调这样的结果与制度和结构的联系。

"拆分型家庭模式"由"拆分型劳动力再生产模式"衍变而来。1985年布洛维（Burawoy）撰文提出，俄国工业化时代在城乡迁徙的移民工人将本应完整的劳动力再生产过程拆解为两部分：一部分在城镇（劳动者个人的再生产），另一部分在乡土村社（抚养子嗣老弱）（转引自金一虹，2010）。而中国当代的农民工，也面临这样的模式。作为低技术的劳动力，他们只能得到低廉的报酬，其收入需精打细算，才能勉强维持自身在城市的基本生活和补贴农村家用，难以积累下整个家庭在城市长期生活的高额费用；作为外来人口，他们也得不到本地市民所拥有的包括住房、教育、医疗等方面的福利。结果只能以分居的形式维持着家庭的生活。[1] 固然，户口制度和城乡二元分割的制度是这一模式形成的关键因素，但是拆分模式能够延续又不能简单说是原有制度的惯性所致。劳动的"低成本优势"一直被一些经济学家认为是经济高速发展，实现工业化和城市化的动力源。而"低成本"依靠的就是低工资、低福利的制度，正是这一有利于资本的制度，制造出农民工的"拆分型家庭模式"。

进入 21 世纪以来，由于农民工问题、流动儿童问题日渐突出，各地均采取了一些针对农民工的有利政策，但是侵害农民工权益的事情还是屡有

---

① 沈原和潘毅等学者以产业工人为主体，研究了"拆分型的劳动力再生产模式"与全球化生产、阶级形成的关系。详见沈原，2006；任焰、潘毅，2008。

发生。比如 2003 年国务院发布的有关农民工问题的文件，特别强调了各流入地政府要解决好农民工子女上学难问题（国务院办公厅，2003），没过多久，某大城市便采取了取缔农民工子弟学校的突击行动，致使在校的流动儿童有的转到其他区县，有的返回了老家（王春光，2004）。近些年来，城市政府在"经营城市"的理念下致力于发展房地产业，吸引高端产业和高端人才，必然导致对农民工及其家庭的排斥。如北京市近期重点整治拆迁 50 个村，其中大部分是流动人口聚集区。面对拆迁者的去向，有人预测可能会引起"返乡潮"，有人认为可能会使他们搬迁到更远的郊区。但无论怎样，这样的发展趋势，只能使进京农民工"越来越边缘化"。① 这使我们能够部分地理解留守儿童的增长速度快于流动儿童的原因。

可以说，拆分型家庭模式是占大多数的中下层农民工在市场资源匮乏、制度资源缺位的不利情况下不得已的选择。为了维持不得不分离的家庭，农民工能够动用的还是家庭和乡土的网络。正是由于这样的传统资源还存在，还可用，才维持了留守儿童基本的正常生活和成长。在早期对留守儿童的研究中，双亲外出由祖辈照料儿童的所谓"祖辈监护"受到不少的批评。但是所有的调查都显示，这种模式所占比例甚高，在双亲外出的情况下占到大多数。对于留守儿童来说，祖辈是除了父母之外，他们最熟悉的亲人。在农民工外出打工不可避免的情况下，他们使儿童得到基本的照护。只是对于部分同时带几个孙子女的老人来说，负担过于沉重。

从农村核心家庭的角度来说，拆分模式分为与孩子分离和夫妻分离两种。而夫妻的长期分离又可能给婚姻关系造成某种危机。有一些调查认为，农村离婚案件大幅上升与外出打工导致的夫妻分居有关系。② 因此，农村双亲打工的一般要比单亲外出打工的多，儿童的父母亲同时"缺席"，加剧了留守儿童的问题。

可见，在外出打工与孩子照料和培养之间，农民工左支右绌，他们服务于现代体制，却从中所得甚少，他们所能依靠的，仍然是传统的资源。然而，这样宝贵的传统资源，正在随着工业化和城市化的迅猛发展和人们价值观念的变化而日渐减少。可以试想一下，当现在的"80后"打工者进

---

① 《京西村庄 6 万打工者面临迁徙》，《新京报》2010 年 7 月 19 日，A12 版。
② 如张桂林、李剑锋，2005；邓承杰，2010。张玉林曾详细分析了外出打工引起的农村家庭解体，见张玉林，2006。

入祖辈的年龄，他们还能够给孙辈提供如同他们的父母和祖辈那样的服务吗？

（二）农村社会的解体

严海蓉在她的一篇文章里，从城乡关系和主体体验的角度论述了年轻人外出打工后农村的衰落过程（严海蓉，2005），此后，她所提出的"农村的虚空化"成为被广泛使用的沉重话语。而 2006 年我们做"12 村贫困调查"时，中国的城乡关系发生了某种变化。如前所述，21 世纪以来，国家对于"三农"问题给予了前所未有的重视，各项政策向农村倾斜，取消农业税、义务教育免费、城乡统筹、新农村建设等，给农村带来了直接的影响。这些变化是否从根本上扭转了"三农"问题？我们的调查显示，情况变得更为复杂了。

从经济层面看，农民的负担减轻了，惠农政策和本地工业发展也吸引了一些外出者返乡创业；新农村建设中政府的投入，使得农村的道路和基础设施得到了不同程度的改善。从社会服务来看，新型农村合作医疗、最低生活保障、特困户救助制度等，使农民家庭提高了抵御风险的能力。而本文更关心的是，农村社会的凋敝状况能否由此得到改善。

"12 村贫困调查"课题组在讨论农村社区层面的贫困时提出，从社区发展来说，最重要的资源是社会资源，因为它决定着其他资源能否得到有效的利用，能否真正用于改善社区成员福祉，促进社区的可持续发展（马春华，2009）。在那些内部关系紧密、村民互助精神完好的村庄，即使父母不在身边，留守儿童也能生活得"健康快乐"[①]。但是在"12 村贫困调查"中我们发现，农村社会资源在各地都遭到不同程度的破坏。主要的人力资源分散外出，彼此间联系松散确实是一个重要原因，但不是唯一的原因。因为即使生活在村里，人们之间的联系也比过去要少。村与村之间、干部与村民之间、村民与村民之间更多地是以利益关系相互联系，成员归属感、共同利益、相互信任以及集体行动能力等社区最重要的社会资源成为稀缺品。外出打工和农村市场化使村里的分层日渐清晰，一些因外出而

---

① 我们"流动与儿童课题"在调查中即遇到这样的案例，见罗琳、吴小英调查记录《琼村留守儿童吉光访谈》，载中国社会科学院妇女/性别研究中心《"农民工流动对儿童的影响"课题成果》，2008，未刊稿。

致富的家庭早已把重心移到村庄之外，留在村里的家庭，其经济收入、生活水平成为分层最重要的标准。一些贫困家庭或打工失败的家庭被边缘化，孩子们也由此受到影响。政府的惠农政策提供了最低安全保障，但并不能增加农村的社会资源。比如新型农村合作医疗在许多地方并没有达到"互助共济"的目标，这种"缴费－受益"的方式没有促进村庄内部的团结（占少华，2009）。再如为了减轻税费减免后行政支出的负担，多数地方实行了乡镇及村组合并。一个意外的结果是，这改变了乡镇政府以及村干部与农民的关系，干部免去了收费的沉重压力，却也少了与农民联系的动力。加上人员精简，工作量增大，给农民提供的公共服务反而减少。有些村民十分敏锐地指出，"现在国家又不收农民的钱，不存在收什么费用，农民要办什么事情，当官的就可以不给你办，对你置之不理"[1]。基层政府与农民的关系由紧张到疏离。

关于"三农"的讨论尚未平息，也许我们应当加上一个问题：农村的价值是什么？仅仅是巨大的消费市场、土地市场还是几亿人的家园？生活于农村之中的，仅仅是数量庞大的劳动力资源还是一个一个独立的权利主体？由于涉及一系列制度安排，这的确是一个难解之题，但又是建设社会主义新农村、建设和谐社会的题中之意。

（三）二元分割下的农村教育

在对留守儿童研究论文的检索中，"教育"一直高居关键词首位[2]，可见人们多认为父母不在身边对儿童的教育有不利影响。但是根据比较规范的调查结果，留守儿童与农村普通儿童在接受义务教育方面没有什么区别。这只能说明，还有比父母的作用更重要的因素在影响着包括留守和非留守在内的所有儿童的教育。

这些因素首先是当下的农村教育问题。张玉林的研究指出，中国教育制度的最大缺陷在于其二元分割性，它是一种双重的二元教育制度。一是

---

[1] 2006年3月12日四川新南村焦点组访谈。参见谭深，2009。

[2] 笔者检索的1994年至2010年5月共1452篇文献题目，涉及6个主要关键词，"教育"居首，出现253频次；第二为"心理"，出现105频次。康辉等检索的2007～2009年的704篇文献中，主要研究内容为"教育"的排在首位，占总数的37.07%；其次是"心理"，占16.76%。见康辉等，2010。

城乡二元分割，形成"农村教育"与"城市教育"的天壤之别；二是重点与非重点的分割，造成各教育阶段"重点"学校与普通学校的两个世界（张玉林，2005）。农民工的子女深陷于这分割的教育制度之中。最明显的当然是进城的流动儿童，他们所受到的社会排斥，最直接的就是义务教育期间的不公平待遇，这也是大量留守儿童不能随父母进城的原因之一。而留在家乡的儿童，与所有农村儿童一样，加入到经费和资源薄弱的边缘化教育体系中。不过在这个体系内部的分割中，农村儿童的教育也呈现分层的态势，而儿童教育的分层与家庭的分层是对应的，即在孩子教育的选择上，父母的收入和社会资源起了重要的作用。前文已述及，留守儿童总体的在校情况好于非留守儿童，是因为父母外出打工的家庭经济状况一般来说要好于单纯务农的家庭。我们在"流动与儿童课题"对外出家庭的调查中，也明显看到了儿童教育的分层。那些积累了足够财力和社会关系的外出者，可以用金钱和关系打通关节，户口对他们来说已经不那么重要。当然这样的情况只是凤毛麟角。数量更大的中下阶层的子女分布于普通学校。一些贫困地区或贫困家庭的儿童，上学还是辍学都是一个问题。

更为令人担忧的是，在教育的核心理念中，面向少数人的精英主义教育观和功利主义的价值观仍然占据重要地位，其现实的表现就是"应试教育"。这种模式赋予了基础教育所不应有的强烈的竞争性，为了将多数人筛选下去，提高了学习的难度，"致使我国中小学课程的难度、深度已成各国之最，普遍高于发达国家一二个年级"。这使大量学生学不下去，产生厌学心理。这种模式的结果是，选拔出了一小批"优胜者"，而绝大多数学生成为教育的失败者，从根本上违背了教育公平的基本原则。（参见杨东平，2003）

21世纪以来，国家在流动儿童教育上"两为主"的政策，将农村义务教育提升到整个国民教育体系中举足轻重的地位，实施九年义务教育免费的法律，给予了农村儿童更多的受教育机会，减轻了农村家庭子女教育的经济负担，对于农村基础教育，是一个里程碑式的时期。

但是从此后的调查可见，农村教育问题的根本扭转并非易事。其中一个重要原因是，农村教育问题绝不仅限于教育本身，而是与农村各方面的问题有着多种关联。"12村贫困调查"和"流动与儿童调查"都显示，"集中办学"是近年来一个反应强烈的新问题。在义务教育投入体制转换（免除教育附加费、教育集资和义务教育学杂费）而财政投入的费用又不足的窘境下，各地纷纷掀起撤并校点、集中办学的热潮。比如笔者参与调查的四川两个镇，2006年时，一个镇11所村小只剩2所，另一个镇14所村小还剩5所。对于儿童和他们的家庭来说，直接的结果就是上学的路途远了。有的要走三四公里，有的要更远。许多必经的公路上车辆飞驰，低年级的儿童来往很不安全①，父母或祖父母只好每天接送，有的老人不会骑自行车，只好推"鸡公车（手推车）"接送，成为村民特别是劳动力缺乏的留守儿童家庭新的负担。与撤并校点对应的另一项措施，也是为了回应留守儿童问题和解决上学不便的问题，教育部门采取了推广寄宿制学校的办法，称之为"农村寄宿制学校建设工程"，于2004~2007年在中西部农村施行。由于有国家的投资②和可以开展的建设工程项目，各地政府对此都比较积极。目前这项工程已经结束，有些质量较好的学校效果确实不错，但是出现的新问题也令人始料未及。北师大的调查（成刚、莫丽娟，2009）发现，由于需要负担住宿、伙食、交通等费用，中西部地区寄宿制学生每学期要支出600~800元，农村家庭的负担反而增加了，完全抵消了"两免一补"政策③减轻农民负担的作用。更大的问题在于，寄宿学校的模式重于封闭管理，基本没有顾及学生的心理需求，再加上生活条件较差，出现了学校"囚笼化"、学生"囚徒化"的不良趋势④，进一步加剧了学生厌学和辍学的问题。反思"集中办学"这一有争议的政策之得失，笔者认为其关键还是一个是否将"以人为本""儿童权利"作为教育体制改革的出发点的问题。目前采取的措施基本还是"治理"的思路，为了方便政府的管理，而很少考虑农村家庭的承受能力，更少尊重儿童的感受。

---

① 我们所见到的农村公路（不论是国道、省道、县道）没有任何针对行人和保护儿童的设施。

② 根据财政部的数字，2004~2007年，中央财政已为此投入100亿元。见中华人民共和国财政部《关于"加大农村寄宿制学校建设投入，解决留守儿童教育问题"提案的答复（摘要）》，中华人民共和国财政部网站"2007年'两会'代表委员建议提案答复摘要专题栏目"，http://www.mof.gov.cn/zhengwuxinxi/tianbanli/2007tabl/zxtadf/200805/t20080519_28831.html，最后访问日期：2010年10月20日。

③ 指2001年开始实施的对农村义务教育阶段贫困家庭学生"免杂费、免书本费、逐步补助寄宿生生活费"的政策。其中中央财政负责提供免费教科书，地方财政负责免杂费和补助寄宿生生活费。

④ 参见21世纪教育研究院和北京市西部阳光农村发展基金举办的"农村寄宿制学校发展研讨会"发言，2008年12月13日，http://edu.qq.com/edunew/zhibo/ncjslr.htm，最后访问日期：2010年10月20日。

（四）留守儿童的支持模式和赋权

从"三农"角度出发的问题意识从一开始就把留守儿童作为需要帮助的弱势群体，各种支持和干预项目在一些地区开展起来。参与的力量主要来自三个方面：以国务院妇女儿童工作委员会和妇联系统、共青团和少先队系统为主的官方和半官方力量，联合国驻华组织和国际组织，还有十几年间成长起来的民间组织。这三支力量之间互有合作，但也体现出各自的特色。

卜卫分析了100多个支持行动后，把它们大致归纳成四种支持模式：关爱模式、社会支持模式、自强模式和赋权模式，并分析了它们的优势和缺陷。第一种是"关爱模式"，有较大影响的如"手拉手""大手拉小手""蓝信封"等活动，主要是提供心理援助和学习帮助；通过捐赠、建立基金，援建各种支持留守儿童的活动中心；提供留守儿童与父母见面、联络的机会等。卜卫分析认为，这种模式的好处是及时地满足了留守儿童的即时需求，但它是一种自上而下的活动，容易忽略留守儿童真正的需求；仅仅将留守儿童看作被动的受惠者和感恩者，有时会增加留守儿童的脆弱性和对他们的歧视；这种模式容易接受现有不平等的体制和政策，将留守儿童的权利议题看作社会道德的议题。第二种为"社会支持模式"，旨在进行政府动员、企业动员、社区动员和媒体动员，以争取政策改善和相对固定的投资。主要行动包括：建立寄宿制学校；与劳动部门合作增加农民工就近务工机会，"挣钱教子"两不误；为农村学校辅导员、留守单亲母亲等进行培训和能力建设等。第三种是"自强模式"，鼓励留守儿童勇敢地面对各种挑战，做一个社会认同的出色的少年儿童。主要的行动是：表彰自强少年；在学校开展向优秀留守儿童的学习活动；组织"留守子女我能行"俱乐部等。第四种为"赋权模式"，所谓"赋权"（empowerment），是国际参与式发展思潮的重要概念，这一思潮认为，发展的核心动力应该来自发展的主体而不是外界的干预，"赋权"就是"使（主体）拥有权利以及拥有使用权利的力量和能力"。具体到留守儿童的项目，就是儿童也是积极的行动者，他们应当有自信、有能力参与有关自己的问题解决的决策。当然，赋权模式不是儿童自己就能完成的模式，它需要广泛的社会认同和有力的支持。卜卫认为，2004年安徽省肥东县留守儿童谭海美在自己小学的班级里成立的帮助那些父母常年在外打工孩子的"留守孩子小队"，就是赋权模式的萌芽。不过，卜卫也认为，在当下的中国，赋权模式面临着特殊的困难：（1）成人社会没有充分尊重儿童青少年的自主性；（2）儿童表达没有正式的渠道，也没有培育起儿童表达的文化；（3）社会对于儿童参与，缺少必要的认识以及促进儿童参与能力的准备等。（卜卫，2008）还有一些被倡导并广泛采用的模式，如"代理家长"、留守儿童托管家庭、留守儿童档案和联系卡制度、社区教育和监护体系等（参见高慧斌，2009），或可称为"替代模式"。

实行这诸种模式的项目有一些是很成功的，如卜卫研究的安徽省肥东县谭海美的"留守孩子小队"，又如受到各方关注的四川省青神县"三位一体"教育保护网络的"青神模式"等。不过每一个成功的项目都有其特定的条件，并非所有的模式都适合于普遍的情况。拿"替代模式"来说，这种模式有一个假设，即"留守儿童最缺的是亲情"，项目希望通过外部的力量——包括教师、干部、大学生志愿者，给留守儿童以家庭的温暖。第一，如果比较父母都在身边的儿童，留守儿童的亲情的确有所缺失。但是按照前面的分析，他们缺失的不仅是亲情，作为农村儿童的一部分，他们与非留守儿童和流动儿童一样，缺乏公平的受教育机会，缺乏良好的社区环境，也缺乏成人、城市人和处于上层人士的尊重，等等。第二，亲子关系是很难替代的。人与人之间的亲密关系要依靠长期的共同生活才能建立，临时的代理如何能还原"原生态家庭"？相比之下，祖辈的悉心照护更能替代父母的亲情，因为儿童毕竟还是生活在亲人的身边。第三，现有的成功经验大多有强大资源的投入，比如专家的技术支持和各方资金的支持，这就不是所有留守儿童所能分享的。比如四川青神县，在留守儿童较多的 2006 年，全县义务教育阶段的农村留守儿童有 6624 人，到 2009 年，下降到 4453 人。这样一个群体规模，几年之间，得到的各种捐赠至少在 1650 万元以上。① 再如有人估算，"留守孩子小队"和"代理家长"的经

---

① 据该县教科局留守儿童工作办公室工作人员介绍，"2006 年市、县电信分公司无偿安装亲情电话 31 部，赠送 15000 元亲情卡；亚洲开发银行捐赠 3 万美元，2008 年再赠 5 万美元；2007 年省市团委为患病急需手术的留守儿童罗婷爱心资助 17000 元；2008 年，上海新丽集团公司董事长陈丽又向我县留守儿童赠送了价值高达 1500 万元的'大学府·一问通'助学卡，美国科教协会资助我县 55 名留守儿童奖学金 3.3 万元，联合利华中国公司为我县南城中学捐赠 150 万元修建留守学生宿舍，香港得理电子有限公司向我县留守儿童寄宿制小学捐赠 100 万元用于修建留守学生宿舍。"见李仕贵，2009。

验如果在全国普遍推开，每年的经费各需约 1 亿元和 3 亿元，"但目前真正能落实经费的地方屈指可数"（黄勇，2007）。各种支持和干预项目属于公益性行动，项目的公平性和可行性也是需要考虑的。事实上，不同年龄、不同境况下的留守儿童会有不同的需求，项目的规模并不重要，重要的是瞄准最需要的人。青神经验中有一个资助亲子团聚的项目值得称道，他们针对的是"非常态"而不是所有的留守儿童，资助了 34 名特困留守儿童的母亲回家团聚。第四，更为重要的是，在提供支持时将项目的受益者——留守儿童和其父母的感受放在何种位置上，他们只是项目的实施对象还是有独立意愿的主体？这里面有两层含义，一是在制度和项目的设计时是否征求了受益者的意见。有调查显示，不是所有留守儿童都希望得到特别的关照[1]，也不是所有的父母都对政府推行的寄宿制感兴趣[2]。二是项目施行过程中，是否注意到对儿童和父母尊严的保护，而不是在"支持"的同时加以二次伤害。

六　结论：缺失的不仅是亲情

总体来讲，农村留守儿童确实处于不利的情势下。这种不利不仅仅是家庭结构不完整所带来的亲情缺失，从而导致一定的心理、教育、健康、安全的问题，更在于各种不利结构的交织和可利用资源的匮乏。本文分析了一些主要的制度和结构，如农民工被动的"拆分型再生产模式"所导致的"拆分型家庭模式"、农村社会在结构层面的解体、二元分割下的农村教育等，每一项制度结构都使留守儿童处于边缘的位置。还有更多本文没有涉及的问题，如功利主义价值观对整个社会包括儿童的侵蚀，又如精神健康恶化、自杀、犯罪等儿童青少年社会问题的加剧，这些不良后果的承

---

[1]　华中师大在受教育部委托的课题报告中写道："值得注意的是：当问及社会、政府、学校等能为他们提供什么帮助时，大都回答不太可能，认为父母是不可替代的。另外，他们也不希望特别的关照使他们更显得与那些父母在家的孩子不同。"见周宗奎等，2005。

[2]　我们在对流动父母的调查中曾询问如何看待寄宿制，有留守子女的父母从孩子的角度认为"好"（包括"好是好，但收费高、名额少"的）和"不好"的差不多各占一半。参见"农民工流动对儿童的影响"课题成果之一：《流动父母问卷调查数据报告》（唐有财执笔），载中国社会科学院妇女/性别研究中心《"农民工流动对儿童的影响"课题成果》，2008，未刊稿。

担者也往往是那些边缘人群。家庭的不完整，只是加剧了留守儿童的不利，而这些不利因素的交织，使得家庭不完整问题更为突出。

20 世纪 90 年代，以加入《儿童权利公约》为标志，中国开始接受了国际社会有关儿童权利的基本原则，并在法律政策、机构设置方面对于保护儿童权利做出了种种有利的制度安排；针对留守儿童问题，2006 年还成立了由国务院农民工工作联席会议办公室、全国妇联等 12 个部门共同组成的农村留守儿童专题工作组等。至于如何实现权利，笔者认为除了以上已确立文本的权利外，还有两个重要的面向，即赋权于儿童和他们的监护人，使其认识并有能力行使自己的权利；在赋权过程中，使居于弱势的那部分儿童尽可能融入主流，不被边缘化。

而当下，对于留守儿童来说，有利的文本和不利的结构同时存在，使得问题分外复杂。留守儿童问题不单纯是"留守"所带来的问题，而是与更广泛、更深层的社会问题关联在一起，不可能通过一揽子行政措施和零散的项目解决。它是一个既紧迫又持久的问题，因此，对于政府、社会组织和每一个关注者来说，都任重而道远。

参考文献

卜卫，2008，《关于农村留守儿童的研究和支持行动模式的分析报告》，《中国青年研究》第 6 期。

陈映芳，2005，《"农民工"：制度安排与身份认同》，《社会学研究》第 3 期。

成刚、莫丽娟，2009，《中国中西部农村寄宿制中小学调查》，载杨东平主编《中国教育发展报告》（2009），社会科学文献出版社。

邓承杰，2010，《从农村离婚案谈留守妇女婚姻状况》，8 月 20 日，http://www. china-court. org/html/article/201008/20/424410. shtml，最后访问日期：2010 年 10 月 20 日。

邓微执笔，2000，《婚姻关系与家庭关系》，载中国社会科学院社会学研究所"农村外出务工女性"课题组《农民流动与性别》，中原农民出版社。

段成荣、梁宏，2004，《我国流动儿童状况》，《人口研究》第 1 期。

段成荣、杨舸，2008a，《我国农村留守儿童状况研究》，《人口研究》第 3 期。

段成荣、杨舸，2008b，《我国流动儿童最新状况——基于 2005 年全国 1% 人口抽样调查数据的分析》，《人口学刊》第 6 期。

段成荣、周福林，2005，《我国留守儿童状况研究》，《人口研究》第 1 期。

范方、桑标，2005，《亲子教育缺失与"留守儿童"人格、学绩及行为问题》，《心理科学》第 4 期。

范丽恒等，2009，《农村留守儿童心理依恋特点》，《河南大学学报》（社会科学版）第 6 期。

范先佐，2005，《农村"留守儿童"教育面临的问题及对策》，《国家教育行政学院学报》第 7 期。

范兴华等，2009，《流动儿童、留守儿童与一般儿童社会适应比较》，《北京师范大学学报》（社会科学版）第 5 期。

高慧斌，2009，《留守儿童教育问题研究综述》，《河北师范大学学报》（教育科学版）第 4 期。

高慧斌，2010，《留守儿童心理发展研究略论》，《河北师范大学学报》（教育科学版）第 4 期。

国务院办公厅，2003，《关于做好农民进城务工就业管理和服务工作的通知》，1 月 15 日。

郝振、崔丽娟，2007，《留守儿童界定标准探讨》，《中国青年研究》第 10 期。

胡心怡等，2007，《生活压力事件、应对方式对留守儿童心理健康的影响》，《中国临床心理学杂志》第 5 期。

黄广明，2000，《乡党委书记含泪上书 国务院领导动情批复》，《南方周末》8 月 24 日，第 1 版。

黄勇，2007，《"留守小队"、寄宿制，还是代理家长制 留守儿童怎样回"家"》，《中国青年报》7 月 11 日，第 2 版。

江泽民，2002，《全面建设小康社会，开创中国特色社会主义事业新局面——在中国共产党第十六次全国代表大会上的报告》，11 月 8 日，http://news. xinhuanet. com/newscenter/2002—11/17/content_632260. htm，最后访问日期：2010 年 10 月 20 日。

姜又春，2007，《家庭社会资本与"留守儿童"养育的亲属网络——对湖南潭村的民族志调查》，《南方人口》第 3 期。

金一虹，2009，《离散中的弥合——农村流动家庭研究》，《江苏社会科学》第 2 期。

金一虹，2010，《流动的父权：流动农民家庭的变迁》，《中国社会科学》第 4 期。

康辉等，2010，《2007—2009 年我国农村留守儿童问题研究文献计量分析》，《现代农业科技》第 3 期。

课题组（吴霓），2004，《农村留守儿童问题调研报告》，《教育研究》第 10 期。

李强，2004，《农民工与中国社会分层》，社会科学文献出版社。

李仕贵，2009，《青神模式：留守儿童教育保护的行动与对策》，9 月 14 日，教育部关心下一代工作委员会社区教育中心网站（http://www.21cec.org/html/guanxinxiayidai/zhongdianguanzhu/2009/0914/350.html），最后访问日期：2010 年 10 月 20 日。

李晓敏等，2010，《留守儿童成年以后情绪、行为、人际关系研究》，《中国健康心理学杂志》第 1 期。

林宏，2003，《福建省"留守孩"教育现状的调查》，《福建师范大学学报》（哲学社会科学版）第 3 期。

刘霞等，2007，《农村留守儿童的情绪与行为适应特点》，《中国教育学刊》第 6 期。

刘霞等，2007，《小学留守儿童社会支持的特点及其与孤独感的关系》，《中国健康心理学杂志》第 4 期。

吕绍清，2007，《留守还是流动？——民工潮中的儿童研究》，中国农业出版社。

罗国芬，2005，《从 1000 万到 1.3 亿：农村留守儿童到底有多少》，《青年探索》第 2 期。

罗国芬、佘凌，2006，《留守儿童调查有关问题的反思》，《青年探索》第 5 期。

马春华执笔，2009，《社区贫困与社会资源》，载王晓毅、马春华主编《中国 12 村贫困调查（理论卷）》第 2 章，社会科学文献出版社。

全国妇联课题组，2008，《全国农村留守儿童状况研究报告》3 月 5 日，http://www.women.org.cn/allnews/02/1985.html，最后访问日期：2010 年 10 月 2 日。

任焰、潘毅，2008，《无法形成的打工阶级：农民工劳动力再生产中的国家缺位》，载方向新主编《和谐社会与社会建设——中国社会学会学术年会获奖论文集》，社会科学文献出版社。

申继亮等，2009，《留守儿童歧视知觉特点及与主观幸福感的关系》，《河南大学学报》（社会科学版）第 6 期。

申继亮、武岳，2008，《留守儿童的心理发展：对环境作用的再思考》，《河南大学学报》（社会科学版）第 1 期。

沈原，2006，《社会转型与工人阶级的再形成》，《社会学研究》第 2 期。

四川省眉山市妇联、四川省眉山市妇儿工委办，2004，《农村留守学生调查与思考》，《中国妇运》第 10 期。

宋月萍、张耀光，2009，《农村留守儿童的健康以及卫生服务利用状况的影响因素分析》，《人口研究》第 6 期。

谭深，2009，《一个高流动社区的个案：四川新南村研究报告》，载谭深主编《中国 12 村贫困调查》（四川—江苏卷），社会科学文献出版社。

王春光，2004，《农民工在流动中面临的社会体制问题》，《中国党政干部论坛》第 4 期。

王东宇，2002，《小学"留守孩"个性特征及教育对策初探》，《健康心理学杂志》第 5 期。

王东宇、王丽芬，2005，《影响中学留守孩心理健康的家庭因素研究》，《心理科学》第

2 期。

王玉琼等，2005，《留守儿童 问题儿童——农村留守儿童抽查》，《中国统计》第 1 期。

温家宝，2003，《为推进农村小康建设而奋斗》，《人民日报》2 月 8 日，第 2 版。

肖正德，2006，《我国农村留守儿童教育问题研究进展》，《社会科学战线》第 1 期。

严海蓉，2005，《虚空的农村和空虚的主体》，《读书》第 7 期。

杨东平主撰，2003，《艰难的日出——中国现代化教育的 20 世纪》第 7 章 "新挑战：90
    年代的教育格局"，文汇出版社。

叶敬忠等，2005，《对留守儿童问题的研究综述》，《农业经济问题》第 10 期。

殷世东、朱明山，2006，《农村留守儿童教育社会支持体系的构建——基于皖北农村留守
    儿童教育问题的调查与思考》，《中国教育学刊》第 2 期。

占少华执笔，2009，《生活风险、社会政策和农村社会发展》，载王晓毅、马春华主编
    《中国 12 村贫困调查（理论卷）》第 8 章，社会科学文献出版社。

张桂林、李剑锋，2005，《进城打工后瞧不起原来的家 农民工离婚率大幅攀升》，11
    月 17 日，http：//www. china. com. cn/chinese/kuaixun/1033206. htm，最后访问日
    期：2010 年 10 月 20 日。

张玉林，2002，《中国城乡教育差距》，《战略与管理》第 2 期。

张玉林，2004，《目前中国农村的教育危机》，《农村教育》第 4 期。

张玉林，2005，《中国教育：不平等的扩张及其动力》，《二十一世纪》（网络版）5 月号，
    http：//www. cuhk. edu. hk/ics/21c/supplem/essay/0501035. htm，最后访问日期：2010
    年 10 月 20 日。

张玉林，2006，《离土时代的农村家庭——民工潮如何解构乡土中国》，《洪范评论》
    第 2 辑。

赵俊峰、史冰洁，2009，《留守儿童和非留守儿童错误信念理解能力的比较》，《河南大
    学学报》（社会科学版）第 6 期。

中华人民共和国国家统计局，2006，《2005 年全国 1% 人口抽样调查主要数据公报》，
    3 月 16 日，http：//www. stats. gov. cn/tjgb/rkpcgb/qgrkpcgb/t20060316_402310923.
    htm，2010 年 10 月 20 日。

周福林、段成荣，2006，《留守儿童研究综述》，《人口学刊》第 5 期。

周伟，2005，《三成 "留守孩" 直言恨自己父母 江西盘古山镇的这项调查揭示了解决
    "留守孩" 问题的紧迫性》，《新华每日电讯》3 月 29 日，第 6 版。

周宗奎等，2005，《农村留守儿童心理发展与教育问题》，《北京师范大学学报》（社会
    科学版）第 1 期。

朱科蓉等，2002，《农村 "留守子女" 学习状况分析与建议》，《教育科学》第 4 期。

中国城市家庭变迁的趋势和最新发现[*]

马春华　石金群　李银河　王震宇　唐　灿[**]

摘　要：本文以中国社会科学院社会学研究所 2008 年在广州、杭州、郑州、兰州和哈尔滨 5 个城市市辖区收集的城市居民的家庭数据为分析基础，以经过修正的发展的家庭现代化理论为理论起点，分析了最近十几年来中国城市家庭变迁的趋势，主要在婚姻成本、婚姻的独立性、妇女就业率与夫妻关系、核心家庭与亲属网络关系以及各个城市家庭变迁的独特性几个方面提出了我们的见解，着重指出在中国城市家庭变迁过程中，传统与现代因素之间不是对立的，而是相互融合甚至相互补充的，在不同的情境下出现不同的组合，因此中国城市家庭的变迁模式和路径是多元的和多因素共同推进的。

关键词：家庭变迁　传统　现代　城市

在漫长的历史中，中国形成了完整而严密的传统家庭/家族制度。这种制度以父权制为基础，对于家庭/家族中的各种关系，包括夫妻关系、亲子关系、亲属关系、小家庭与家族的关系、家族与外部的关系都有着详尽的规定，并且通过社会化内化到社会成员的意识中，在文化上对它也加以支持和维护。虽然从 20 世纪初开始，中国传统家庭/家族制度就受到启蒙运动、资产阶级革命、社会主义革命、社会主义改造的冲击，但还是留下了深厚的传统积淀，比如父系财产继承制、从夫居等，这些传统因素在

---

　* 原文发表于《社会学研究》2011 年第 2 期。

** 本文的五位作者都是"中国城市家庭结构和家庭变迁"［本文简称"中国五城市家庭调查（2008）"］课题组的成员，课题负责人为李银河。本课题为中国社会科学院重大课题，并得到国国情调查项目的资助。5 个城市的入户调查，是在课题组成员的监督下，由央视市场研究公司（CTR）负责实施的。

农村家庭中表现得更为明显。改革开放 30 年来，中国社会处于急速转型之中：逐步从农业社会走向工业化城市化的社会，从相对传统的社会走向现代社会。现代化理论提出的许多现代化因素正在中国城乡社会再现和延续，比如，人口迅速从农村向城市，特别是中心城市集中；技术进步造成家庭人口空间距离拉大的可能性；个人主义价值观得到发展，个人的世俗幸福和享乐受到重视；等等。

在与现代因素的急剧碰撞之中，中国家庭发生了怎样的转型？这种现代转型是如何发生的？是否也像西方那样主要是在工业化、城市化等力量的推动下完成的？在中国家庭转型过程中，传统因素和现代因素各自发挥着什么样的作用？是如何发挥作用的？它们是相互对立的还是经过相互碰撞冲击而相互交融在一起？是趋于西方家庭现代化理论所描述的那样家庭小型化、家庭关系由父子轴转向夫妻轴、家庭内部个人拥有更大的自主性以及核心家庭与亲属网络保持相对的独立，还是异彩纷呈，有着多种家庭结构和家庭关系模式？在不同经济发展水平的城市，家庭是否也呈现不同的变迁模式？"中国五城市家庭调查（2008）"试图通过实证研究来回答这些问题。

一　基本的理论框架

社会变迁是社会学研究的核心主题之一。为此社会学家提出了诸如进化论、冲突论、结构功能主义、现代化理论等，来探讨社会变迁的过程、方向和规律。作为社会变迁的一部分，家庭变迁的研究采用了许多社会变迁的理论，其中最为突出的就是现代化理论。"中国五城市家庭调查（2008）"即以家庭现代化理论为基本的理论框架。

家庭现代化理论，特别是发展的家庭现代化理论，到目前为止仍然是跨文化意义上最有解释力和影响力的关于家庭变迁的社会学理论。在分析世界性的家庭变迁方面，仍具有不可替代的权威性，影响着包括发达和欠发达国家在内的世界多数国家对其家庭现代化道路和范式的评价（参阅唐灿，2010）。

（一）家庭现代化理论

所谓的家庭现代化理论，就是运用现代化理论的基本框架、核心范畴和理论预设来解释家庭变迁。现代化理论普遍被认为是进化论和结构功能主义理论的混合物，理论的核心范畴是"传统"和"现代"，它关注和强调技术对传统社会的影响，注重传统性向现代性的转变及转变过程。带有"现代"比"传统"更进步、更稳定、更具有价值的先验取向。

作为现代化理论在家庭研究中的应用，家庭现代化理论也带着浓重的进化论和结构功能主义色彩，并因此受到广泛的批评和挑战，也一再被重新解释和修正。以20世纪六七十年代为界，家庭现代化理论的发展可以分为两个阶段：一是经典的家庭现代化理论阶段，二是经过一再修正的发展的家庭现代化理论阶段。

1. 经典的家庭现代化理论

与现代化理论一样，"传统"和"现代"也是家庭现代化理论的核心范畴。经典的家庭现代化理论同样包含着"现代"优于"传统"、结构分化之后的"新结构"优于"旧结构"的先验取向。因此，"现代"与"传统"之间是对立的、非此即彼的。该理论认为，带有庞大亲属群体的父系扩大家庭是传统社会的主要特征，是落后的；而与亲属群体切断联系的孤立的核心家庭是现代社会的主要特征，是进步的。家庭变迁的趋势就是从传统落后的扩大家庭转变为现代进步的核心家庭。家庭规模的大小和家庭结构核心化成为确定家庭现代与否的标准（赫特尔，1988：35～42）。

在此基础上，经典的家庭现代化理论提出了几个基本假说。第一，家庭变迁的一元化模式。即只有核心家庭才能最大限度地满足个人主义和平等主义价值观，满足工业化和城市化的要求。传统扩大家庭妨碍了个人的自由，阻碍了工业的发展。因此，现代家庭的表现形式只能是核心家庭，或者说，现代社会中占据主导位置的应该是核心家庭（Goode，1963）。

第二，家庭变迁的单线演进图式。世界各国有着不同的传统和历史，但家庭变迁的路径都将重复西方社会家庭变迁的路径，即从不同类型的扩大家庭趋向于核心（夫妇式）家庭。"在世界各地，所有的社会制度都在或快或慢地走向某种形式的夫妇式家庭制度和工业化，这在人类历史上还是破天荒第一次。"（古德，1986：245）

第三，家庭变迁的单因素动力论。家庭制度和家庭行为被看作因变量，它们都随着工业化和经济的发展而发生变化。这个假说强调家庭变迁是技术变迁的结果，技术进步是所有事物现代化的根本原因。家庭变迁与工业化之间存在着必然的联系。"在社会科学家中，存在着一种共同的观念，即技术或工业上的变革是引起家庭变革的巨大因素。"（古德，1986：239）

第四，现代社会中核心家庭的孤立化。帕森斯提出：家庭从传统向现代化的转变，体现为亲属关系团体的分解和核心家庭体制的普遍化。现代社会的核心家庭在经济上是独立于其他亲属而存在的，它是一个个孤立的家庭生活单位，这个核心家庭对父亲的家庭和母亲的家庭没有任何义务关系（Parsons，1943）。

在此基础上，经典的家庭现代化理论进一步提出了家庭变迁在各个方面的表现：（1）家庭的形成。青年人的婚姻更为自主，嫁妆和聘金的流行程度下降，越来越接近男女双方交换礼物；越来越多的配偶婚龄相当，婚龄差缩小，妇女婚龄提高；父母对子女恋爱择偶的控制权减少，包办婚姻减少。（2）家庭结构。传统的家庭制度正在瓦解，扩大家庭或者联合家庭向夫妇式家庭或核心家庭转变，大家庭向小家庭转变。（3）夫妻关系。妇女独立就业的人数不断增加，妇女的权利增多，赢得了越来越多的平等权利，包括在家庭中的平等权利。（4）亲属关系。共同亲属群体的影响力下降，亲属不再能主宰年轻人的择偶和婚姻，核心家庭独立于亲属网络之外，与亲属集团保持相对的疏远（古德，1986：254~259；Parsons，1943）。

2. 发展的家庭现代化理论

20 世纪 60 年代，后发展国家不断展现家庭变迁多样化的事实；70 年代，研究者不断推出的新发现批评和质疑了帕森斯和古德经典的家庭现代化理论。而经典的家庭现代化理论也开始自身的反省和修改，重新思考传统与现代的关系：在对立之外，它们是否存在着兼容和合作的可能？由此，研究者开始探讨民族、种族、阶级、信仰、文化等因素导致的家庭变迁的不同路径和复杂多样的模式。

"传统"和"现代"是现代化理论的核心范畴，也是批评和质疑经典的家庭现代化理论的焦点所在。1973 年出版的期刊《德狄勒斯》的中心论点指出，在许多社会中，传统与现代性是不可分离的，现代文化与传统文化是一种相互作用的关系，它们渗透于社会和政治结构之中，并在特定的社会中制约着经济的发展（转引自赫特尔，1988：45）。美国社会学家古斯菲尔德认为，传统与现代并不必然相互冲突，传统有可能成为意识形态和行为的准则，并赋予现代社会合理性。现代化对传统观念有一定的依赖作用，并且经常需要传统观念的支持（Gusfield, 1967）。韦纳（M. Weiner）提出，传统是可以重新理解和调整的，传统不同于传统主义，因此本身并不会阻碍社会的进步（转引自赫特尔，1988：47）。经典现代化理论中"传统"与"现代"之间的对立被这些研究所批驳，"传统"与"现代"之间可能还存在兼容和合作的关系。

与此同时，针对家庭变迁的一元化模式假说，古德指出，现代社会存在不同的家庭形态，不能够认为在现代社会只有地地道道的核心家庭才是家庭，其他家庭都是异常形态（古德，1986：再版前言）。家庭史方面的研究对家庭变迁的单线演进模式也提出质疑：人口结构相对简单的核心家庭在工业化之前的几百年里早已存在，在西方发达国家经验基础上提出的家庭单向度进化模式可能并不具有普适性（赫特尔，1988：56～57）。古德自己在《家庭》的修订版中也承认家庭变迁与工业化之间并不存在必然联系，他认为作为一个既模糊又包容一切现代社会特性的词汇，工业化"本身并没有很强的说服力"。实际上，工业化和家庭变迁是两个平行的过程，它们都受到社会和个人观念变化的影响。文化、意识形态和其他多种因素对于家庭变迁都有着特殊的影响作用（古德，1986：3～7）。而欧洲的家庭社会学家，也从强调现代性的个人主义转而重新肯定传统的大家庭亲情和亲属网络在社会转型中的积极作用。许多研究指出工业社会中核心家庭并不是孤立的，家庭纽带和亲属间相互援助的模式和情感上的支持依然存在，"只有否认孤立的核心家庭概念，才有可能把家庭理解为与社会中其他社会体系相联系的功能性社会体系"（Sussman, 1959）。古德也认为，"如果我们说核心家庭是指与亲戚没什么关系的多数家庭，那么，这样的核心家庭制度是根本不存在的"（古德，1986：153）。

在此基础上，研究者提出了发展的家庭现代化理论：（1）在家庭变迁过程中，传统与现代并不是对立的，而可能是兼容的，有着不同的组合方式。因此家庭变迁不是单向度一元的，可能出现不同路径和复杂多样的模式。（2）现代社会中有多种家庭形式，即使核心家庭占据主导位置，家庭的变迁也存在多种路径和模式。（3）家庭变迁的推动力不仅取决于工业化和城市化，文化、观念、意识形态等非经济因素，都可能决定着家庭变迁的方向、路径和模式。（4）在现代社会中，亲属网络依旧发挥着积极作用，承担着诸如相互支持和非物质性的感情交流等重要功能，与核心家庭仍保持着密切的互动，但是失去了对核心家庭的控制和支配权力。（5）虽然工业社会前后，核心家庭都是普遍的家庭形式，但是核心家庭与亲属网络的关系在传统社会与现代社会中明显不同，因此家庭形式不能准确反映家庭的变迁，家庭关系的转变才是判定家庭变迁的主要内容。（6）在现代社会中，两性间平等增强，家庭和亲属关系的双系制度得到发展，并替代单系制度（Goode，1963；古迪，1998；Hareven，1976）。

（二）本研究的理论框架

本研究以发展的家庭现代化理论为起点，将城市家庭置于传统－现代的维度中进行分析，考察在家庭变迁过程中传统与现代因素的关系，探讨在不同情境中它们兼容合作的可能性。一方面将依据家庭现代化理论的预设，对家庭结构和各组家庭关系（夫妻关系、亲子关系和亲属关系）可能的变动进行考察；另一方面对可能有别于经典的家庭现代化理论而支持发展的家庭现代化理论的各种家庭行为和家庭关系样式进行比较，以期对中国城市家庭的变迁过程有较为深入的了解和认识。

二　国内家庭变迁研究综述

（一）家庭社会学理论

家庭变迁是家庭社会学研究的经典主题，而家庭变迁属于社会变迁的一部分。由于现代化概念和理论长期以来主宰了有关社会变迁的分析，国内外学者在分析中国的家庭变迁时也大多采用了经典的家庭现代化理论，假定传统与现代之间存在着对立，中国家庭变迁循着西方家庭发展之路，随着社会变迁的推进，从传统的父权父系制扩大家庭走向平等的核心（夫妇）家庭（罗梅君，2004）。

如最早的"五城市家庭调查（1983）"① 认为，中国家庭变迁与社会变迁的方向是一致的，家庭变迁的最终目标是建立与现代工业社会相适应的制度，并进一步提出了有关乡村家庭变迁的"续谱理论"：以小生产的

---

① 全名为"中国五城市婚姻家庭研究"，由中国社会科学院社会学研究所联合全国 8 家科研机构合作实施。

单一农业经济的地区为一端，以已经实现了工业化的农村地区为另一端，从而形成一个农村社会发展和变迁的续谱。由于方向上的一致，农村家庭婚姻变迁与社会变迁之间可以建立起一种大致对应的关系，即处于农村现代化和工业化进程中的某一位置的某一社区，其家庭和婚姻变迁的程度是基本相应的（雷洁琼，1994：5）。

而后沈崇麟、杨善华等人主持的"七城市家庭调查（1993）"、"现代中国城乡家庭研究（1998）"和"城乡家庭调查（2007）"[①]，其理论框架都是在续谱理论上的进一步拓展。"城乡社会发展梯级模式"和"城乡一体化模式"，把续谱理论中已经实现了工业化的农村地区更换为具有发达的商品经济和工业化的城市，拓展了续谱的范围，强调指出，以传统的农业文明和乡土文化为标志的一端是落后的，而只要具备了条件，落后的地区就因袭先进地区的发展，中国农村社会变迁的最终方向是工业化和社会现代化（杨善华、沈崇麟，2000：21、237）。在他们最新的研究中，续谱理论再一次成为研究的主要框架：城乡婚姻和家庭的变迁与城乡的社会变迁之间可以建立一种大致对应的关系，即处于现代化和工业化进程中的不同位置的城乡社会，其家庭和婚姻的变迁程度与其社会变迁程度是基本相应的（沈崇麟等，2009：123）。

然而正如有些研究者所指出的，根据现代欧美各国的实践所建构出来的家庭模式并不是所有家庭的理想类型，亚洲各国可能会展现不同的现代家庭模式，但又都是同一个现代化过程的多种表现形式（落合惠美子，2010：10～11）。面对经典的家庭现代化理论在解释中国现代社会中出现的多样化的家庭结构和家庭关系的无力感，研究者也开始反思：经典的家庭现代化理论所描述的家庭核心化小型化、家庭功能从经济单位转向情感满足以及亲子轴被夫妻轴所代替，真的在中国城市中发生了吗？如果说中国"家"的独特性使其很难被西方的"家庭"概念所涵盖，那么又如何能遵循西方家庭变迁所走过的道路呢？有的研究者在深描基础上，依据个体化理论的指导，指出中国城市家庭的真正变化是从"家族主义"转向"个体家庭"，而个体家庭的形成是传统与现代博弈的结果（沈奕斐，2010）。

[①] "七城市家庭调查"全名为"中国七城市婚姻家庭研究"，为中国社会科学院重点项目；"现代中国城乡家庭研究"和"城乡家庭调查"均为中国社会科学院中日合作项目。

也有很多研究者采用或提出了一些其他的解释理论和分析方法：如国家政治权力的解释模式（Whyte，1992；怀默霆，2009；阎云翔，2006；王跃生，2006b；左际平，2002）、行动者的主体能动性（罗根、边馥琴，2003；李长莉，2004）、传统延续说（熊跃根，1998；麻国庆，1999；阎云翔，1996）、家庭经济模式（阎云翔，2006；罗梅君，2004；李树茁等，2002）等。也有一些学者对现代化理论的解释框架提出了某些补充，比如很多研究者注意到了非现代化的其他因素对家庭婚姻变迁的影响，如政治因素（郭于华，2001）、特定的历史因素（王树新，2004）、区域亚文化因素（沈崇麟等，1999）、社会转型过程（李银河等，2004；唐灿，2005b）等。

（二） 实证研究的结论

20 世纪 80 年代以来中国大陆家庭社会学有关家庭变迁比较有影响的研究，集中体现在前述"五城市调查（1983）"和"七城市调查（1993）"等大型项目的研究成果中。这里的综述即以这两次调查的基本结论为主，同时辅之以其他研究。这些基本结论的相当部分支持依据经典的家庭现代化理论提出的假设，但是也不断有研究对这些结论从各方面提出了挑战。

1. 家庭的形成。随着结婚年代的推移，婚姻的自主性不断增强，择偶越来越取决于当事人的意愿；通婚的半径不断扩大；妻子和丈夫的初婚年龄呈上升趋势；婚后独立门户的趋势增强（沈崇麟、杨善华，1995：16~47；杨善华、沈崇麟，2000：207~219；费孝通，1983）。

2. 家庭规模和家庭结构。在工业化和城市化的过程中，家庭呈小型化的趋势，家庭人口规模呈现减少趋势（沈崇麟、杨善华，1995：47、89；夏文信，1987a；潘允康，1990；潘允康、林南，1992；张雅芳，1987；王跃生，2006b；徐安琪，2001；曾毅，1987）。核心家庭和主干（直系）家庭是占据主导地位的家庭结构（沈崇麟、杨善华，1995：47；张雅芳，1987；潘允康，1985：144；刘炳福，1987；马有才、沈崇麟，1986；沈崇麟等，2009：22；刘宝驹，2000；王跃生，2006a；徐安琪，1995a；曾毅等，1992）。但是进一步推论，研究者却有不同的看法：有的研究者认为这说明中国城市家庭出现了核心化的趋势（徐安琪，2001；潘允康，1990；潘允康、林南，1987）；有的研究者认为核心家庭的比例较高，并不能说明出现了核心化趋势，因为中国城市中核心家庭的比例一直占据主导位置（马有才、沈崇麟，1986；沈崇麟等，2009），核心家庭比例上升是因为单身家庭比例减少，不是大家庭崩溃的结果（刘炳福，1987）。对于核心家庭与主干家庭的关系，有的研究者认为，主干家庭是核心家庭的辅助形式（潘允康，1990；潘允康、林南，1987；徐安琪，1995a）；有的研究者认为主干家庭是一直保持稳定的（张雅芳，1987），主干家庭才是中国的基本家庭形式（马有才、沈崇麟，1986；曾毅，1987；曾毅等，1992；孙丽燕，2004）。潘允康等人在强调中国城市家庭出现核心化的同时，提出"家庭网"作为核心家庭的补充形式（潘允康，1990；潘允康、林南，1987）；而沈崇麟等研究者则认为中国城市家庭与其说出现核心化趋势，还不如说有空巢化趋势，因为空巢家庭比例大幅上升（沈崇麟等，2009：36～39）。

3. 夫妻关系。夫妻关系从"夫主妻从"到"夫妻平权"（杨善华、沈崇麟，2000：165；沈崇麟等，2009：97～98；夏文信，1987b；王跃生，2006c：463）。从趋势看，主要由妻子承担家务的比例下降，夫妻共同承担家务的比例上升，但是总体上妻子承担家务劳动仍然是一个普遍的分工模式，经济改革带来的收入分化趋势有利于强化这一传统的分工模式；家庭中妻子更有实权的比例下降，夫妻共有实权的比例上升，而谁更有实权更多受到非经济因素的影响，而不是夫妻收入差异的影响（沈崇麟等，2009：97～98）。对于家务劳动分配对夫妻关系的影响，研究者有不同的看法：有的研究者认为妇女从事更多家务劳动并不意味着家庭中男女不平等，这只是角色分工带来的结果（沈崇麟、杨善华，1995：59～82）；有的研究者认为这说明家庭最终的决定权还是掌握在男性手中（夏文信，1987b）。还有研究者认为家庭的内部角色认同并没有走向现代平等，反而更趋向传统定型，并且有强化趋势（徐安琪，2010）。

4. 亲子关系。纵向的亲子轴是中国传统家庭关系的主轴。而随着家庭的小型化和核心化，家庭内部关系更为平等，夫妻轴取代亲子轴成为家庭关系的主轴，这是经典的现代化理论对于家庭变迁内部关系变迁的一个基本判断。这个判断得到了相当多研究的支持（杨善华、沈崇麟，2000；徐安琪，2001；张文宏等，1999）。但是也有研究对此提出质疑：认为亲子关系变得越来越平等，亲密关系越来越重要，并不意味着亲子轴已经被夫妻轴所取代或者超越，亲子轴和夫妻轴在中国城市家庭中依然十分重要，至于谁更重要则不同家庭有不同的现实选择（康岚，2009；沈奕斐，2010）。

有的研究者发现对于年轻人来说，亲子轴重要性超过夫妻轴，而对于老年人来说则相反（康岚，2009）。与其说是夫妻轴取代了亲子轴，不如说亲子轴的重点从上落到下，家庭资源呈现亲代向子代倾斜（沈奕斐，2010）。亲子关系中很重要的一个维度——赡养，也没有按照有些研究者指出的那样随着工业化和城市化的实现，从反馈模式让位给接力模式（李银河、陈俊杰，1993），而是在中国传统价值和现实生活的共同作用下，形成既不同于反馈模式也不同于接力模式的独特代际模式：由于家庭价值稳固，子代个人意识兴起，代际权利义务失衡，子代从代际关系中获得了经济和劳务资源的较大满足，而亲代希望从代际关系中获得的情感满足却存在缺陷（康岚，2009）。

5. 亲属关系。许多研究者都尝试着从家庭网的角度来探讨，指出家庭网是通过亲属关系构成的网络（夏文信，1987c；徐安琪，1995b）；有的研究者更确切地指出，家庭网是由可能组成联合家庭的几个独立核心家庭所组成的网络（潘允康，1988b）。家庭网是现代家庭适应传统的补充形式，家庭核心化与特殊的家庭网是互补的，是现代城市家庭的特征（夏文信，1987c；潘允康、林南，1987；康岚，2009）。核心家庭与家庭网保持密切的关系，在经济上相互帮助，生活上相互支持，感情上相互交流（夏文信，1987c；潘允康，1988b，1990）。有研究者强调指出，家庭网是家庭从传统向现代变迁过程中的一种过渡形式（潘允康，1988b，1990）。还有研究者以网络家庭和亲属圈家庭的概念，来分析现代社会核心家庭与亲属网络的关系（王跃生，2010）。无论具体采用什么概念，这些研究都指出现代社会核心家庭与亲属网络保持着密切互动，同时亲属网络双系并重，在一定程度上还有向妻族倾斜的趋势（徐安琪，2001；王跃生，2010）。

三 中国城市家庭变迁的基本趋势

在以上研究的基础上，本课题组根据城市的人均可支配收入、地理位置及文化等因素，在全国的城市中选择了广州、杭州、郑州、兰州和哈尔滨5个城市作为项目点。按照随机的原则，在每个城市的市辖区抽取40个居委会，每个居委会抽取20户被访者，一个城市共800个样本。整个调查计划获取4000个样本，以满足抽样绝对误差不超过3%，在90%的置信度下对调查总体进行推断。① 然而由于各个城市的应答率都相当低,② 最高的杭州为 39.49%,最低的广州只有 9.53%,实际 5 个城市曾经尝试接触符合条件的样本 22226 户,最后获取的总样本量为 4016 户、4016 人。其中家庭户占 98.4%,集体户占 1.6%。

作为一项对中国城市家庭的大型调查,本项研究可以看作 1983 年"五城市调查"和 1993 年"七城市调查"的后续研究。从这几项调查主要数据的比较中,可以看出中国城市家庭变迁的基本趋势。

表 1 反映了中国城市家庭在家庭形成、家庭结构和家庭关系等方面的变迁趋势,它们验证了经典的家庭现代化理论的一些结论:(1) 婚姻自主性在增强;(2) 初婚年龄有所上升;(3) 婚后独立门户的比例有所增加,这也是婚姻自主性的体现;(4) 核心家庭依然是占据主导地位的家庭结构,夫妻家庭的比例在上升,主干家庭的比例在下降,联合家庭近于消失;(5) 夫妻关系更为平等,虽然家务劳动还是以妻子为主,但是家庭中夫妻共掌实权比例明显上升。

表 1 中国城市家庭变迁趋势

历次家庭调查比较的内容		2008 年	1993 年	1983 年
婚姻自主性（认识途径）	父母包办	3.3%	4.31%	17.65%
	亲友介绍	55.8%	54.74%	58.51%
	通过中介机构认识	.2%	7.78%（包括媒婆）	—
	自己认识	40.6%	31.99%	23.02%
	其他	.1%	1.17%	.82%
	合计	100.0%	100.0%	100.0%

① 抽取项目点依据的原则和方法等更为详细的内容,请参考本课题组的专著《城市家庭与现代化——中国五城市家庭调查》的方法部分(拟由社会科学文献出版社 2011 年出版)。

② 根据美国民意研究协会(The American Association for Public Opinion Research)对于应答率的标准定义,"应答率"(Response Rate)指的是"已完成的报告单位(reporting unit)的访谈数除以样本中符合条件的报告单位数",也就是说已完成的样本占所有曾经尝试接触符合条件样本的比例(参见 http://www. aapor. org/Home. htm)。各个城市应答率的详细计算表格也请参见本次调查专著的方法部分。

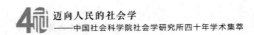
续表

历次家庭调查比较的内容		2008 年	1993 年	1983 年
婚姻自主性 （婚姻决定权）	父母完全包办	2.5%	12.11%	—
	完全自主	18.1%	43.51%	—
	父母和自己共同决定	12.6%	6.77%	—
	自己做主，父母同意	60.0%	28.68%	—
	父母做主，本人同意	6.3%	8.54%	—
	合计	100.0%	100.0%	—
通婚半径	同村/同居委会	4.2%	9.27%	12.27%
	同乡镇/同街道	6.2%	7.24%	
	同县/同区	17.3%	67.80%	29.26%
	同省（直辖市）	63.3%		45.66%
	不同省（直辖市）	8.9%	15.69%	12.81%
	不同国家	0.1%	—	—
	合计	100.0%	100.0%	100%
婚前双方 家庭经济 状况比较	女方家庭比较富裕	12.7%	—	20.17%
	两方家庭相似	69.0%	—	57.02%
	男方家庭比较富裕	18.2%	—	22.81%
	无法比较	0.1%	—	—
	合计	100%	—	100%
初婚婚龄	男性	26.91 岁	26.16 岁	26.40 岁
	女性	24.61 岁	22.91 岁	23.00 岁
婚后居处	独立门户	50.0%	45.93%	48.23%
	住男方家	46.4%	40.76%	40.02%
	住女方家	2.8%	7.03%	9.69%
	两地分居	0.7%	4.83%	—
	其他	—	1.43%	2.06%
	合计	100%	100%	100%
家庭代数		1.74 代	—	2.18 代
家庭夫妻对数		0.88 对	1.15 对	1.06 对
家庭规模	平均数	2.69 人	3.59 人	4.08 人
	1 人	11.5%	1.73%	2.30%
	2 人	29.5%	14.19%	9.74%

历次家庭调查比较的内容		2008 年	1993 年	1983 年
家庭规模	3 人	43.1%	40.24%	26.16%
	4 人	10.7%	20.58%	27.62%
	5 人	4.4%	13.65%	19.11%
	6 人及以上	0.7%	7.0%	14.97%
	合计	100%	100%	100%
孩子的数目	孩子平均数目	1.42 人	2.12 人	2.71 人
	男孩平均数目	0.75 人	–	1.41 人
	女孩平均数目	0.68 人	–	1.29 人
家庭结构	单身家庭	10.4%	1.78%	2.44%
	夫妇家庭	20.0%	12.07%	66.41%
	核心家庭	50.2%	54.34%	24.29%
	主干家庭	13.9%	25.28%	2.30%
	联合家庭	0.2%	2.19%	–
	隔代家庭	2.7%	2.17%	–
	同居家庭	0.8%	–	4.56%
	其他	1.7%	1.73%	100%
	合计	100%	100%	
夫妻关系（家务劳动）	丈夫为主	4.6%	8.16%	–
	丈夫较多些	5.1%		
	夫妻差不多	26.8%	23.60%	–
	妻子较多些	28.5%	68.24%	
	妻子为主	32.1%		–
	其他家庭成员做家务	2.5%	–	–
	保姆/小时工做家务	0.5%	–	–
	合计	100.0%	100.0%	–
夫妻关系（谁掌握实权）	丈夫掌握实权	19.77%	20.43%	–
	妻子掌握实权	18.99%	30.68%	–
	夫妻共同掌握实权	60.57%	44.11%	–
	长辈掌握实权	0.58%	3.47%	–
	子女掌握实权	0.09%	1.30%	–
	合计	100%	100%	–

注：①1993 年"七城市调查"的数据主要来自沈崇麟、杨善华，1995；1983 年"五城市调

查"的数据主要来自五城市家庭研究项目组，1985。

②前两项调查涉及亲属关系和亲子关系部分的内容相对较少，调查的题目与本次调查也相差较多，很难进行比较，本表略去了这方面的内容。

四　本次调查的主要发现

这部分仍将以经过修正的发展的家庭现代化理论为理论起点，从婚姻成本、婚姻的独立性、妇女就业率与夫妻关系、核心家庭与亲属网络关系以及各城市家庭变迁的独特性几个方面，讨论我们在这次调查中的主要发现。

（一）婚姻成本上升，双方父母的经济资助增加，资助差距拉大

如前所述，经典家庭现代化理论认为，婚姻的自主性越来越强，亲属不再能主宰年轻人的择偶和婚姻，因而嫁妆或聘金的流行程度下降（古德，1986）。

但是从这次调查的结果来看（参见表2），5个城市的嫁妆或是聘金仍然普遍流行。对于年轻人来说，婚姻成本不断上升，双方父母给予的经济资助也大幅增加。[①]

如果比较双方父母的资助额度，可以看出，随着结婚年份的推后，女方父母资助比例相对男方来说下降了。这个结果与古德的说法相反。也就是说在中国城市家庭中，男女双方父母的资助（聘礼和嫁妆）更加回归于传统的男娶女嫁，而不是现代西方的双方互相交换礼物。之所以出现这种

---

① 由于价格上涨因素，男女双方父母给予的经济资助并不如数据本身所显示的随年代增长了那么多，比较资助相对于当年平均收入的比例可能更为准确。从有关资料估算：1949～1978年城镇居民人均可支配收入大约为217元（财经网，2009）；2000～2008年城镇居民人均可支配收入为10062元（国家统计局历年统计公报）。对于男性被访者而言，1979年以前结婚的，男方父母给予的资助是当时收入的1.77倍，女方父母则为1.08倍；2000年之后结婚的，男方父母给予的资助是当时收入的3.35倍，女方父母则是1.57倍。对于女性被访者而言，1979年以前结婚的，男方父母给予的资助是当时收入的1.15倍，女方父母则是0.99倍；2000年之后结婚的，男方父母给予的资助是当时收入的2.83倍，女方父母则是1.68倍。可以看出，即使考虑价格上涨因素，无论男方被访者还是女方被访者，2000年之后双方父母的资助相对于1979年之前实际上也增加了。

结果，一方面可能是随着市场机制的引进，中国城市居民的收入出现了明显的分化。结婚前男女双方家庭经济地位类似的比例出现明显下降：从1979年前结婚的76.0%下降到2000年后结婚的60.7%。男方家庭更为富裕的比例明显上升：从1979年结婚的13.6%上升到2000年后结婚的25.0%。男女双方家庭社会地位比较也有类似的结果。男方家庭经济、社会地位高的比例更大，父母的经济资助相对更多。另一方面原因，可能是观念上对于传统男娶女嫁模式的回归。这需要质性研究的进一步验证。

表2　结婚时双方父母给予的经济资助

	男性被访者			女性被访者		
	父母	岳父母	比例	公婆	父母	比例
2000年以后	33724元	15779元	2.14倍	28515元	16871元	1.69倍
1990~1999年	11002元	6632元	1.66倍	10586元	7830元	1.35倍
1980~1989年	2861元	1936元	1.48倍	2508元	1982元	1.26倍
1979年以前	384元	235元	1.63倍	249元	215元	1.16倍

表3　结婚时父母经济资助方差模型分析结果

变异来源	IV型方差SS	自由度	均方MS	F	P值	偏Eta平方	Noncent. Parameter	检验效能[b]
校正的模型	3.201E11[a]	18	1.778E10	27.697	.000	.131	498.547	1.000
	5.575E9	1	5.575E9	8.684	.003	.003	8.684	.838
结婚年份	2.594E11	3	8.645E10	134.651	.000	.109	403.954	1.000
城市	1.451E10	4	3.628E9	5.650	.000	.007	22.600	.981
性别	1.570E10	1	1.570E10	24.461	.000	.007	24.461	.999
户口	1.117E10	1	1.117E10	17.394	.000	.005	17.394	.986
婚前双方经济状况比较	4.509E9	4	1.127E9	1.756	.135	.002	7.024	.541
婚前社会地位比较	6.359E9	4	1.590E9	2.476	.042	.003	9.904	.711
误差	2.119E12	3301	6.420E8					
合计	2.646E12	3320						
校正的合计	2.439E12	3319						

注：a. $R^2 = 0.131$（校正的 $R^2 = .126$）；b. 计算时 $\alpha = 0.05$。

通过方差模型分析可以发现，结婚年份、城市、性别、户口都是在统计上显著影响父母在结婚时资助的因素（P 值均为 0.000），而婚前双方经济状况比较和婚前社会地位比较在统计上对于因变量没有显著影响（前一个变量 P 值超过了 0.05，后一个变量 P 值接近 0.05）。这个方差模型虽然具有统计学意义（P 值为 0.000），但是只能够解释总变异的 12.6%。通过方差模型的分析还发现，从城市来看父母结婚时的资助额度，杭州和哈尔滨是一组，这两个城市的年轻人结婚时父母资助额度均值是前两位的，而广州、郑州、兰州是一组，这两个组间均值的差异在统计上是显著的（$P < 0.05$），但是组内则在统计上不存在显著差异（P 值均大于 0.05）。也就是说，不一定是经济发展水平高的或者人均收入高的地方，父母给予的资助就多。

（二）婚姻自主，但不自立

婚姻自主独立是家庭从传统向现代转型的一个重要特征。历次家庭调查都显示中国城市中年轻人婚姻自主性在不断增强（表1），从表4也可看出：父母包办的情况在 1979 年以前最多，本人决定的比例在 1990~1999 年和 2000 年以后最大。分城市看，父母决定比例最高的是兰州，自己决定比例最高的是广州。也就是说，经济越发达的城市，现代化程度相对越高的城市，父母在子女择偶上权力也越小。

然而真正成家时，年轻人却往往需要父母提供的资源。除了前述结婚时的经济资助，另一项就是住房。表1显示新婚夫妻住在男方家的有 46.4%（其中广州的比例更高达 68.3%，可能与当地的住房情况更为紧张有关系），2.8% 住在女方家中，独立门户的比例为 50.0%。然而这些独立门户的夫妻中，有 12.0% 的住房是父母提供的（哈尔滨的比例更是高达 30.2%），还有 7.74% 的男方父母和 2.79% 的女方父母为他们提供资金。如果没有双方家庭的支持，结婚成家就变得很困难。

婚姻自主却不自立，除了结婚成本不断上涨外，可能还与传统的父系家庭双向反馈的代际模式在城市中的保留有关，即子女结婚的时候，无论是房子还是聘金嫁妆由父母准备被认为是理所当然的，父母年纪大了需要养老的时候，子女反哺赡养老人（费孝通，1983）。这一点从父母在儿女结婚时给予的经济资助对儿女对父母的养老安排有着统计上的显著影响

（卡方检验的 $P = 0.000$）也可以看出来。

表4　不同结婚年份和不同城市配偶决定权分布

单位：人

		选择配偶如何决定					合计
		父母决定，不征求本人意见	父母决定，征求本人意见	本人与父母共同决定	本人决定，征求父母意见	本人决定，不征求父母意见	
结婚年份	1979年以前	62	89	127	468	198	944
		6.6%	9.4%	13.5%	49.6%	21.0%	100.0%
	1980~1989年	9	50	139	616	155	969
		.9%	5.2%	14.3%	63.6%	16.0%	100.0%
	1990~1999年	5	38	92	581	142	858
		.6%	4.4%	10.7%	67.7%	16.6%	100.0%
	2000年以后	7	28	81	466	117	699
		1.0%	4.0%	11.6%	66.7%	16.7%	100.0%
	总体	83	205	439	2131	612	3470
		2.4%	5.9%	12.7%	61.4%	17.6%	100.0%
分地区情况	广州	0	23	88	496	131	738
		.0%	3.1%	11.9%	67.2%	17.8%	100.0%
	杭州	7	43	143	455	108	756
		.9%	5.7%	18.9%	60.2%	14.3%	100.0%
	郑州	23	33	88	500	118	762
		3.0%	4.3%	11.5%	65.6%	15.5%	100.0%
	兰州	43	69	94	385	172	763
		5.6%	9.0%	12.3%	50.5%	22.5%	100.0%
	哈尔滨	22	70	62	429	154	737
		3.0%	9.5%	8.4%	58.2%	20.9%	100.0%
	总体	95	238	475	2265	683	3756
		2.5%	6.3%	12.6%	60.3%	18.2%	100.0%

注：$p = 0.000$。

　　正如有关代际关系的研究所指出的，子代一方面强调个体意识和独立精神，但是在经济上或劳务上缺乏足够的独立性，十分依赖父母。从权利义务不平等的代际关系中，子代获得了经济上和劳务上的满足（康岚，2009）。

（三）女性就业率明显下降，在一定程度上影响着夫妻关系

调查显示，中国城市女性特别是已婚女性就业[①]率呈现下降趋势。全部女性受访者中，20～30岁没有工作的比例为27.2%，31～45岁为25.5%，46～60岁为14.8%。[②]已婚女性中，20～30岁没有工作的比例为36.1%，31～45岁为25.7%，46～60岁为14.8%。这一点从表5、表6所示的4个模型中也可以清楚地看出来。

模型1显示，女性的年龄、受教育程度和婚姻状况对女性是否工作有着显著影响。在控制其他两个自变量的情况下，未婚女性工作几率（odds）是已婚女性工作几率的3.239倍，也就是说女性结婚以后工作的可能性降低了。模型2包含了模型1的所有自变量，增加了是否有孩子这个自变量。在这个模型中，女性婚姻状况的回归系数不再显著，而是否有孩子这个变量的回归系数是显著的。说明已婚女性工作的可能性减小，不是因为结婚本身，而是因为要在家里照顾孩子。在控制其他自变量的情况下，没有孩子的女性工作的几率是有孩子女性的2.357倍，没有孩子的女性工作的可能性更大。

模型3和模型4主要是分析影响已婚女性就业率的因素，因此剔除了婚姻状况这个变量。模型3包括了模型2除婚姻状况外的其他所有变量，增加了丈夫的职业和收入这两个变量。从结果可以看出来，丈夫的收入和职业对于女性是否工作没有显著影响；反而丈夫收入较高或丈夫有工作，妻子工作的可能性更高。而是否有孩子及孩子的数目这个变量的回归系数依然是显著的。说明婚姻对于女性就业的影响，主要是为了照顾孩子。孩子越多，女性工作的可能性越小。

模型4包括了模型3的全部变量，增加了城市这个变量。模型4中回归系数显著性与模型3基本是一致的，即控制了城市这个变量之后，女性

[①] 本次调查对于就业/工作的定义：a. 最近一周内是否从事过1小时以上有收入的工作；b. 是否在自己/自己家庭或家族拥有的企业/机构中工作，虽然没报酬，但每周工作在15小时以上或每天工作3小时以上；c. 从事农业生产。下岗失业人员和离退休人员，包括没有办理正式退休手续内退的人员，如果离退休（下岗失业或内退）后又找到新的工作，而且符合上述3个条件之一，也算有工作。如果离退休人员不符合上述3个条件，则为"已离退休，不再工作"。

[②] 61～80岁年龄组已经在劳动力就业年龄之外，因此不在分析之列。

的年龄、受教育程度和是否有孩子对女性是否就业依然有着显著影响，而丈夫的收入和职业依然没有显著影响。从城市之间的对比来看，相对哈尔滨来说，杭州女性工作的可能性是最大的，兰州女性工作的可能性是最小的，广州虽然在经济发展上远超过哈尔滨，但是从女性就业来说两者却没有明显的差异。

表5 影响女性就业的因素（Logistic 模型）

	模型 1			模型 2		
	B	Exp（B）	S. E.	B	Exp（B）	S. E.
年龄（以 20～30 岁为参照组）						
46～60 岁	1.754***	5.778	.180	1.990***	7.318	.196
31～45 岁	.783***	2.187	.164	1.008***	2.741	.180
受教育程度（以初中及以下为参照组）						
大专及以上	1.821***	6.178	.190	1.763***	5.832	.191
高中中专	.287**	1.332	.124	.282*	1.326	.125
未婚	1.175***	3.239	.332	.562	1.754	.392
没有孩子				.858	2.357	.278
常数	-.221	.802	.162	-.460	.631	.180
-2 log likehood	1874.208			1863.812		
df	5			6		
N	1952			1952		

*$p < 0.05$，**$p < 0.01$，***$p < 0.001$。
注：模型的因变量为女性是否有工作：1 = 是，0 = 否。

表6 影响已婚女性就业的因素（Logistic 模型）

	模型 3			模型 4		
	B	Exp（B）	S. E.	B	Exp（B）	S. E.
年龄（以 20～30 岁为参照组）						
46～60 岁	2.102***	8.185	.211	1.993***	7.334	.215
31～45 岁	1.076***	2.932	.193	1.061***	2.890	.196

续表

	模型 3			模型 4		
	B	Exp（B）	S. E.	B	Exp（B）	S. E.
受教育程度（以初中及以下为参照组）						
大专及以上	1. 953 ***	7. 052	. 232	2. 018 ***	7. 526	. 235
高中中专	. 167	1. 182	. 135	. 226	1. 254	. 137
没有孩子	. 860 **	2. 363	. 303	. 858 **	2. 359	. 306
丈夫有工作	. 294	1. 341	. 253	. 381	1. 464	. 257
丈夫的收入（以低收入为参照组）						
丈夫的收入较高	. 251	1. 286	. 186	− . 240	. 787	. 211
丈夫的收入中等	− . 013	. 987	. 165	− . 173	. 841	. 172
城市（以哈尔滨为参照组）						
广州				. 112	1. 118	. 198
杭州				1. 151 ***	3. 162	. 265
郑州				. 054	1. 056	. 196
兰州				− . 304	. 738	. 195
常数	− . 828 **	. 437	. 291	− . 825 **	. 438	. 314
−2 log likehood	1558. 283			1523. 175		
df	8			12		
N	1838			1838		

$^{*} p < 0.05$，$^{**} p < 0.01$，$^{***} p < 0.001$。

注：模型的因变量为女性是否有工作：1 = 是，0 = 否。

从数据分析结果来看，中国城市家庭在经济高速发展时期，出现了女性就业率下降，即日本研究者称之为"主妇化"的现象（落合惠美子，2010：18~19），其原因并非像日本那样，是产业结构转换导致的，而主要是因为要在家庭中照料孩子。有研究指出，女性在家庭中没有决策权，或者固守传统的性别角色分工，与女性收入较低或没有收入有关（夏文信，1987b），或者与女性就业率下降（徐安琪，2010）有关。那么，女性就业率下降是否会影响夫妻关系呢？

从表 7 的模型 1 中可以看到，在控制其他自变量的情况下，妻子有工作，妻子的受教育程度越高，妻子在家中掌权的可能性更大；而妻子的收入越高，夫妻共同掌权的可能性更大。而模型 2 控制了城市变量之后，妻子工作、收入和受教育程度对于妻子是否在家中掌权的显著作用都消失了。也就是说，家中夫妻的权力关系是共同掌权还是妻子掌权，更多取决于城市，而不是妻子本身的个人特征，如工作、受教育程度和收入等。

表 7　影响夫妻权力主观评价的因素（Multinomial Logistic 模型）
（女性被访者数据）

	家中谁掌握实权	模型 1			模型 2		
		B	Exp（B）	SE	B	Exp（B）	SE
妻子掌权	Intercept	-.804 ***		.255	-.120		.279
	妻子工作（以没有工作为参照群体）	.382 *	1.465	.188	.224	1.251	.190
	丈夫工作（以没有工作为参照群体）	-.428	.652	.252	-.578 *	.561	.260
	妻子收入（以低收入为参照群体）						
	妻子收入较高	-.564 *	.569	.223	-.104	.901	.239
	妻子收入中等	-.595 ***	.551	.170	-.308	.735	.176
	丈夫收入（以低收入为参照群体）						
	丈夫收入较高	-.067	.935	.210	.165	1.179	.186
	丈夫收入中等	-.069	.933	.170	.060	1.062	.144
	妻子的受教育程度						
	大专及以上	.384 *	1.468	.178	.165	1.179	.186
	高中中专	.063	1.065	.141	.060	1.062	.144
	城市（以哈尔滨为参照群体）						
	广州				-1.547 ***	.213	.225
	杭州				-1.117 ***	.327	.218
	郑州				-.725 ***	.484	.179
	兰州				-.704 ***	.495	.186

续表

家中谁掌握实权		模型 1			模型 2		
		B	Exp（B）	SE	B	Exp（B）	SE
丈夫掌权	Intercept	−.688*		.279	−.509		.307
	妻子工作（以没有工作为参照群体）	−.283	.754	.179	−.298	.742	.182
	丈夫工作（以没有工作为参照群体）	−.085	.918	.291	−.164	.849	.293
	妻子收入（以低收入为参照群体）						
	妻子收入较高	−.716**	.489	.234	−.450	.638	.248
	妻子收入中等	−.502**	.605	.178	−.345	.708	.185
	丈夫收入（以低收入为参照群体）						
	丈夫收入较高	.539**	1.715	.205	.801***	2.228	.218
	丈夫收入中等	.076	1.079	.176	.173	1.188	.179
	妻子的受教育程度						
	大专及以上	−.061	.940	.186	−.192	.825	.193
	高中/中专	−.222	.801	.140	−.271	.762	.142
	城市（以哈尔滨为参照群体）						
	广州				−.327	.721	.208
	杭州				−.832**	.435	.240
	郑州				−.386	.680	.202
	兰州				.043	1.044	.193

*p < 0.05，**p < 0.01，***p < 0.001。

注：①模型因变量为："你认为家中谁掌握实权？" 1 = 本人，2 = 配偶，3 = 夫妻共同。

　　②参照类别：夫妻共同掌权。

如表 8 所示，如果把性别作为自变量纳入回归模型，可以发现无论是模型 1 还是模型 2，在控制了其他变量之后，性别的回归系数都是不显著的，也就是说性别对于家庭中夫妻权力主观评价没有显著影响。作为先赋因素的性别（sex）可能不是影响中国城市家庭权力分配的主要因素。而城市的回归系数都是显著的，其他 4 个城市与哈尔滨的夫妻权力主观评价

（本人掌权或者配偶掌权）存在显著差异。这可能是城市变量所包含的因素，比如经济发展水平、地理位置和区域文化等，4个城市与哈尔滨存在显著差异，并导致了它们在夫妻权力主观评价方面存在显著差异。这可能需要进一步的质性研究才能更清楚地厘清其中的关系。

表8　影响家中夫妻权力主观评价的因素（Multinomial Logistic 模型）（全部数据）

	家中谁掌握实权	模型1			模型2		
		B	Exp（B）	SE	B	Exp（B）	SE
本人掌权	Intercept	- .777 ***		.180	- .251		.199
	性别（以女性为参照群体）	.070	1.073	.103	.066	1.068	.103
	本人工作（以没有工作为参照群体）	.173	1.189	.161	.109	1.116	.162
	配偶工作（以没有工作为参照群体）	- .434 **	.648	.158	- .504 **	.604	.160
	本人收入（以低收入为参照群体）		.			.	
	本人收入较高	- .052	.949	.160	.103	1.109	.170
	本人收入中等	- .377 **	.686	.136	- .262	.769	.140
	配偶收入（以低收入为参照群体）		.			.	
	配偶收入较高	- .110	.896	.162	.037	1.037	.172
	配偶收入中等	- .019	.982	.124	.074	1.076	.129
	本人的受教育程度		.			.	
	大专及以上	.265 *	1.304	.128	.221	1.247	.133
	高中中专	- .050	.951	.109	- .035	.965	.111
	城市（以哈尔滨为参照群体）						
	广州				- .838 ***	.433	.153
	杭州				- .682 ***	.506	.156
	郑州				- .723 ***	.485	.142
	兰州				- .638 ***	.528	.144

家中谁掌握实权		模型1			模型2		
		B	Exp（B）	SE	B	Exp（B）	SE
	Intercept	− .832***		.192	− .439		.212
	性别（以女性为参照群体）	.210	1.234	.108	.216*	1.241	.109
	本人工作（以没有工作为参照群体）	− .312*	.732	.150	− .374**	.688	.152
	配偶工作（以没有工作为参照群体）	.132	1.141	.180	.033	1.034	.182
	本人收入（以低收入为参照群体）						
	本人收入较高	− .633***	.531	.174	− .340	.712	.182
	本人收入中等	− .288*	.750	.137	− .119	.887	.140
配偶掌权	配偶收入（以低收入为参照群体）	0[b]					
	配偶收入较高	.297	1.345	.159	.618***	1.854	.170
	配偶收入中等	− .132	.876	.125	.051	1.053	.130
	本人的受教育程度	.	.				
	大专及以上	− .039	.962	.138	− .179	.836	.143
	高中/中专	− .156	.855	.109	− .175	.839	.111
	城市（以哈尔滨为参照群体）						
	广州	− .856***	.425	.161	.000	− .856***	.425
	杭州	− .962***	.382	.173	.000	− .962***	.382
	郑州	− .603***	.547	.146	.000	− .603***	.547
	兰州	− .258***	.773	.141	.067	− .258***	.773

*p < 0.05, **p < 0.01, ***p < 0.001。

注：①模型因变量为："你认为家中谁掌握实权？" 1 = 本人，2 = 配偶，3 = 夫妻共同。

②参照类别：夫妻共同掌权。

（四）中国城市亲属制度的特征：核心家庭网络化

发展的家庭现代化理论肯定亲属网络在现代社会中的作用，认为亲属网络在现代社会并没有解体，而是承担着重要功能，是现代家庭应对风险社会的重要支持体系。国内许多研究证明了这一点（夏文信，1987c；徐安琪，1995b；潘允康、林南，1987；康岚，2009）。我们的研究也支持这一判断，即中国城市的核心家庭（包括夫妻家庭）还与亲属网络保持着密切的联系，形成核心家庭网络化。[①]

表 9 和表 10 显示，无论是从居住还是从互动来看，中国城市的核心家庭都不是一个孤立的结构。5 个城市的核心家庭（包括夫妻家庭）大部分住在双方父母、双方的兄弟姐妹附近或者同一个城市之中，大部分与父母来往的频率都在每周一两次以上。

表 9　核心家庭（包括夫妻家庭）与亲属网络成员居住的距离

单位：%

	父母	配偶父母	兄弟姐妹	配偶兄弟姐妹	祖父母	外祖父母	配偶祖父母	配偶外祖父母	最亲密子女	最不亲密子女
附近	26.4	21.2	15.1	12.6	2.1	5.6	3.8	4.3	24.5	8.4
同城	44.5	48.1	56.2	57.6	36.8	36.9	26.2	31.6	57.4	77.4
同省	19.0	19.6	15.8	17.3	38.5	37.5	49.2	43.6	7.8	7.7
省外	9.9	10.9	12.6	12.0	22.5	19.4	20.8	20.5	9.0	5.7
国外	.2	.2	.4	.4	0	.6	0	0	1.3	.8
合计	100	100	100	100	100	100	100	100	100	100

表 10　核心家庭（包括夫妻家庭）与亲属网络成员互动频率

单位：%

	几乎每天	每周一两次	每月一两次	每年几次	基本不走动	从不走动	合计
父母	17.8	54.1	22.2	5.7	.2	0	100
配偶父母	9.9	45.8	30.0	12.9	1.2	.1	100
兄弟姐妹	5.3	30.6	39.5	22.2	2.3	0	100
配偶兄弟姐妹	3.0	22.6	38.8	30.0	5.1	.6	100

---

① 这里的核心家庭，包括夫妻家庭（一对夫妻无子女）、标准核心家庭（一对夫妇和未婚子女）和单亲家庭（夫妇中一人和未成年子女）。

续表

	几乎 每天	每周 一两次	每月 一两次	每年 几次	基本 不走动	从不 走动	合计
祖父母	2.2	8.8	26.4	57.7	4.9	0	100
外祖父母	1.9	10.6	23.8	56.9	6.9	0	100
配偶祖父母	.8	6.9	18.5	60.8	12.3	.8	100
配偶外祖父母	.9	6.0	15.4	64.1	11.1	2.6	100
最亲密子女	21.5	58.7	16.8	2.9	.1	0	100
最不亲密子女	2.7	34.9	43.3	18.4	.4	.4	100

除了保持密切的互动和情感交流之外，亲属之间还存在着实质性的相互援助，既有经济性的，也有非经济性的。正如前文所讨论的，核心家庭组建的时候，父母就投入了大量的经济资助，有的还为新婚夫妻提供住房。核心家庭建立以后，父母与子女之间也保持双向密切的经济来往和日常生活的照料。从表11可以看出核心家庭给父母提供的帮助，表12可以看出父母给核心家庭提供的帮助。

表11　核心家庭（包括夫妻家庭）给父母提供的帮助

单位：%

	父母日常生活	配偶父母日常生活	父母生病时	配偶父母生病时
资助	15.5	17.1	12.0	13.4
照料	17.3	16.3	23.4	20.8
既资助又照料	23.8	23.4	51.4	51.4
不资助不照料	43.3	43.3	13.3	14.5
合计	100	100	100	100

表12　父母给核心家庭（包括夫妻家庭）提供的经济之外的帮助

单位：%

	父母	配偶父母
伺候月子	45.2	39.4
带孩子	53.1	48.3
料理家务	33.4	30.5
精神安慰	26.0	19.1

	父母	配偶父母
没有提供过帮助	23.2	29.6

核心家庭与成年有独立收入的下一代之间也保持着密切的关系。① 从本次调查来看，5 个城市的核心家庭，差不多有一半（50.5%）不资助也不照料子女的日常生活，但也有 18.7% 是既出钱又出力的；只有 10.6% 的核心家庭从来没有资助过这些子女的重大开支；还有 11.2% 给予子女定期资助。不资助中 72.5% 是因为子女收入更高，不需要父母的资助。反过来，成年有独立收入的子女对于父母的核心家庭也给予了力所能及的帮助。他们之中有 45.2% 资助或者照料父母的日常生活；父母生病时，63.0% 出钱或出力；还有 21.4% 的定期资助父母。没有资助中 76.1% 是因为父母不需要。

核心家庭与亲属网络的关系，也可以从老人的养老方式中看出来。对于城市核心家庭来说，赡养双方的父母是子女认为无法推卸的责任和义务。特别是在经济发展水平相对比较低的几个城市，老年父母对子女的依赖比例更大，而广州和杭州的比例相对比较低。这也说明中国城市核心家庭与亲属之间依然保持密切关系的重要原因，一方面是中国家庭除了亲属关系没有其他的资源可以依赖，另一方面是社会没有能够提供相应的公共服务，或者提供一般家庭能够支付得起的服务。

表13　核心家庭（包括夫妻家庭）对于父母的养老安排

单位：%

	男性		女性	
	父母	岳父母	公婆	父母
子女照料	65.1	41.2	36.9	66.8
子女出钱雇人照料	20.9	14.6	12.1	20.3

---

① 如果这个家庭是多子女的，这里的核心家庭就可能包括标准核心家庭和单亲家庭。如果这个家庭是独生子女的，这里的核心家庭主要指的就是空巢的夫妻家庭。父母与未成年子女的关系，是属于核心家庭内部的关系。父母（包括依然共同生活的未婚子女）与成年有独立收入且另外居住子女之间的关系，是两个家庭之间的关系，这种亲子关系就是亲属关系的一种。

续表

	男性		女性	
	父母	岳父母	公婆	父母
父母自己雇人照料	2.7	1.5	2.1	2.9
送养老院（不征求父母意见）	.7	.6	.5	.7
如果父母愿意，送养老院	9.4	6.3	5.4	8.0
到时候征求父母意见	1.0	.9	.5	1.2
其他	.1	34.9	42.5	.2
合计	100	100	100	100

　　个人和家庭的相对独立性是经典家庭现代化理论的一般性假设，其中一个重要表现是不向亲友借钱，而是求助于城市中各种借贷金融服务。表14却显示，5城市核心家庭向亲属网络借钱比例相当高。同时存在着一种差序格局，即亲疏有别。

表14　核心家庭（包括夫妻家庭）向谁借钱

单位：%

	男性	女性
父母	49.4	49.7
配偶父母	42.9	43.9
最亲密的子女	65.6	73.2
最不亲密的子女	68.6	71.4
最亲密的兄弟姐妹	51.5	58.8
最不亲密的兄弟姐妹	44.6	44.6
最亲密的父辈亲属	10.5	8.0
最亲密的配偶的父辈亲属	6.1	8.8

　　正如发展的现代化理论所论述的那样，在中国各大城市中，亲属网络依然非常活跃，是核心家庭（包括夫妻家庭）应对社会风险时所不可缺少的援助体系和资源传递的渠道。中国城市的核心家庭并没有散落成为一个个独立的原子，而是通过血缘、姻缘、地缘等关系结成了一个个密切的网络。在这个网络中不仅流动着感情，还流动着各种经济的非经济的、物质的非物质的资源。这种亲属网络不再像传统社会那样自上而下地控制着核

心家庭，而是自下而上地承托着核心家庭。核心家庭网络化是中国亲属制度最为明显的特征。

同时要强调的是，并不是经济发展水平越高的城市，核心家庭与亲属网络的关系越疏远，核心家庭孤立化越明显。我们这次调查发现，经济发达的广州和杭州，核心家庭与亲属关系一样非常密切，在某些方面比经济相对不发达的其他 3 个城市更为密切。这里也支持了发展的家庭现代化理论有关家庭变迁过程中现代与传统因素相互融合支持的论断。

（五） 各个城市的家庭变迁和经济发展呈现错位

经济发展水平是本次调查选择城市的主要标准，5 个城市呈现出明显的梯度性：广州和杭州人均可支配收入在全国省会城市中排序前 10 位，郑州居中，而兰州和哈尔滨市是后 10 位的两个城市。但是从这 5 个城市的家庭变迁来看，却呈现出明显的错位。特别是广州，与经济发展水平位于其后的城市相比，保留了更多的传统因素。

在这次调查中，我们请被访者主观认定他/她的家庭是如何构成的。结果发现，不同城市，主观家庭（情感上认同的家庭）的边界存在很大的差异。特别是经济发展水平类似的广州和杭州，被访者认定的主观家庭的边界差异最为明显：广州被访者的主观家庭成员包括许多在家庭研究中被划为亲属范畴的人，只有 70.07% 属于核心家庭成员（被访者、配偶和未婚子女），其余将近 30% 都是核心家庭之外的成员，包括已婚子女——这些人在家庭研究中往往被认定为亲属；而杭州被访者认定的情感家庭成员，86.85% 都是核心家庭成员（被访者、配偶和未婚子女），只有不到 15% 的是核心家庭之外的成员，包括已婚子女。也就是说，杭州的被访者更为接纳现代的核心家庭制度，而广州的被访者更加坚持中国传统的家族主义。

在 5 个城市的夫妻家庭中，也能从夫妻关系看到这种异位。广州的妻子承担家务的比例是所有城市中最低的，只有 54.0%；哈尔滨的妻子承担家务的比例是最高的，达到了 62.3%。可是同时，广州的被访者认为妻子掌权比例是最低的，只有 4.6%；而哈尔滨的被访者是 5 个城市中认为妻子掌权比例最高的，达 31.9%。也就是说，从家务劳动的分配来看，广州的夫妻家庭是包含现代因素最多的，因为这个城市更多的夫妻家庭是夫妻共同分担家务；从家庭实权来看，妻子承担家务少掌握的实权也少，夫妻权力模式以夫妻平权为主。而哈尔滨夫妻家庭的妻子，承担家务更多是遵循传统的家务分工模式，在夫妻权力结构上更多地倾向平权或妻子掌握权力的现代模式。

亲子关系也表现出了这种经济发展与家庭变迁的不一致。在核心家庭（包括夫妻家庭）与父母的经济交往中，资助或者照料父母日常生活比例最高的是广州，高达 69.3%；最低的哈尔滨只有 40.3%。定期资助父母比例最高的也是广州，高达 39.3%；而最低的哈尔滨只有 18.6%。广州的经济发展水平最高，但核心家庭与父母保持着更为密切的经济交往和相互依赖；哈尔滨相对经济发展水平较低，核心家庭与父母之间在经济上彼此更为独立。

从各个城市家庭成员和亲属的流动性中也能够看出这种错位。两个经济发展程度较高的城市广州和杭州，与最亲密兄弟姐妹居住在同一城市的比例显著高于均值 53.5%，都达到 60% 以上；而中西部城市兰州和郑州的数据则显著低于 5 城市平均水平，最低的兰州只有 40.5%。数据同时显示，中西部和东北 3 城市家庭最亲密的兄弟姐妹关系在省外、国外的比例也普遍高于广州和杭州。居住距离的差别所折射的实际为流动率的差别。也就是说，经济最为发达的广州、杭州反倒是亲属关系聚集性最高、流动性最低的城市；而经济相对不发达的中西部和东北 3 个城市的亲属关系的聚集程度远低于发达城市，而流动性则远高于发达城市。

在与亲属集团成员的互动上，也表现出家庭变迁的这种混杂性。在包括夫妻家庭在内的核心家庭与已成年并有独立收入的子女之间的交往中，资助或者照料成年有独立收入子女的比例最高的是兰州，为 57.0%；而最低的广州只有 42.4%。定期资助成年有独立收入子女的比例最高的也是兰州，为 15.6%；而最低的广州为 3.6%。曾给予子女以经济资助比例最高的是兰州，为 92.6%；而最低的广州只有 80.7%。广州的核心家庭在经济上与父母关系更为密切，与成年并有独立收入的子女相对疏远；兰州的核心家庭与父母关系相对疏远，而与成年有独立收入的子女更为密切。

从这些分析可以看出来，各个城市的家庭发展并没有像有些研究者指出的那样，与经济发展处于基本相应的位置，呈现出相应的梯度（沈崇麟等，2009：123），而是出现了一定程度的错位。经济最发达的广州，家庭变迁过程中却相对其他城市保留了更多的传统因素；经济发展位于前列的杭州，家庭变迁过程中现代化的因素相对也最多，但是也保留了传统的因素；经济水平相对落后的其他3个城市，在家庭变迁过程中也包含了相对于其他城市更为现代的因素。这种错位说明家庭变迁与经济发展水平不完全相关，经济因素只是家庭变迁的推动力之一。

五　中国家庭变迁：传统与现代的博弈

传统和现代是现代化理论的核心范畴，包括家庭变迁在内的社会变迁都是在传统与现代的博弈之中，在两者的张力之中不断推进的。在不同的情境下，在不同的城市之中，传统与现代博弈的结果是有赢有输，甚至相互融合相互影响。传统在现代社会中可以重新解释，传统也可以从社会结构变成个体可以自由选择的资源（沈奕斐，2010）。经典的家庭现代化理论所描述的现代家庭是欧美各国实践所构建出来的，实际上是与西方一整套价值体系、生活方式和物质条件等密切相联系的（Macfarlane，1978）。中国有着自己深厚的传统，中国家庭有着自己独特的价值观和生活方式，即使中国整体社会发展循着西方工业化和城市化的发展之路，中国的家庭变迁依然可以展现出自己独特的变迁路径和现代家庭模式。

传统与现代的博弈，带来的并不是从传统转向现代，而是传统与现代的兼容，从而导致中国城市家庭变迁出现多元模式。杭州的现代化因素较多，呈现出更多的现代化模式；广州家庭的传统因素较多，呈现出更多的传统模式；哈尔滨虽然经济发展水平相对较低，但是家庭却表现出更多的现代化模式；郑州的经济发展水平低于广州和杭州，高于兰州和哈尔滨，而家庭却表现出相对较为传统的因素；兰州经济发展水平是5个城市中最低的，家庭也表现出更多的传统因素。经济发展水平和工业化水平类似的广州和杭州，在家庭变迁上却呈现非常明显的差异。杭州可能是最符合经典现代化理论论述的城市：随着经济的发展，家庭不断趋于小型化，核心家庭的比例不断增大，个人主义和小家庭的独立性随之不断增强，即使是被访者认同的主观家庭的成员，也主要集中在核心家庭的成员上，平常与兄弟姐妹来往得比较少，重病和需要借钱的时候很少向他们求助。而广州则是对经典的家庭现代化理论提出最多挑战的城市：随着经济的发展，家庭的人均收入在全国排在前几位，可是家庭规模却是 5 个城市中最大的，核心家庭比例是 5 个城市中最低的，个人主义和小家庭的独立性并没有得到相应的增强，广州被访者认定的主观家庭更加类似于中国传统的家族；虽然与亲属走动的频率并不高，但是重病或者要借钱的时候，亲属却是他们最重要的求助对象。

显然，造成家庭变迁中传统和现代因素在两个城市中截然不同组合的不是经济因素，而是其他非经济因素。中国城市家庭变迁是受到多种因素推进的。古德曾一再强调在家庭变迁过程中价值观念和观念传播发挥着重要的作用（Goode，1963）。杭州地理位置邻近上海，而上海从历史上到现在，一直都是西方经济和文化在中国最为活跃的一个城市。西方的文化中就包含着夫妇式家庭观念、性别平等主义等，这些都是古德认为对非西方社会家庭变迁有着重要作用的观念。随着这些观念的传播和被接纳，杭州呈现更多现代社会和现代家庭的特征。而广东——正如弗里德曼在《中国东南的宗族组织》里所说的——是中国宗族集中发展壮大的地区，宗族在当地一直拥有相当的规模，存续了相当长的时间，拥有相当大的甚至对抗政府的权力。宗族观念根深蒂固，成为人们日常生活的一部分（弗里德曼，2000：1~7）。虽然宗族制度在后来急剧的社会转型中受到强烈的冲击，被国家作为异己力量加以打击，但是宗族制度并没有出现真正的断裂（李建斌、李寒，2008），并且在 20 世纪 80 年代出现了复兴（周大鸣等，2003：20~21）。这种源远流长的宗族文化和观念，可能是广州表现出更多的传统社会和传统家庭特征的一个重要因素。

从前面的分析中还可以看到，虽然无论是从经济发展水平还是从人均可支配收入来说，广州都远远在哈尔滨之上，但是通过家庭中夫妻的主观感受来分析两个城市家庭中的夫妻权力结构，可以发现广州相对来说男性掌握了更大的权力：除了 67.2% 的家庭是夫妻共同掌权外，男性掌权家庭的比例为 22.63%，女性掌权的家庭比例仅有 7.84%。而哈尔滨相对来说女性掌握了更大的权力：除了 46.8% 的家庭是夫妻共同掌权外，男性掌权的家庭比例为 20.90%，女性掌权的家庭比例为 32.02%。这也是用经济发展所无法解释的，甚至可以说是与经典的家庭现代化理论相悖的：根据这个理论，随着经济的发展，家庭的现代化程度越高，家庭内部夫妻之间、两性之间会更为平等。这可能也需要尝试从非经济因素中寻找原因。正如前面论述的那样，广州的宗族（家族）文化根深蒂固，深深地影响着人们的日常生活。而中国的宗族是"典型的父系继嗣群"，是建立在"父系血缘关系"（周大鸣，2003：32~33）和"父权家长制"（瞿同祖，2006：5）之上的，并在此基础上形成了上下尊卑、男尊女卑、长幼有序的等级秩序。在这种文化的影响下，广州家庭中的男性也掌握了相对更大的权力。而哈尔滨家庭中女性掌握更多的权力，可能与哈尔滨是中国传统的重要工业城市，特别是在新中国成立后也是国家大力发展的工业地区，妇女得以与男性一样进入工厂工作，受到男女平等思想的影响有关。因为对于哈尔滨的研究相对较少，所以原因可能还需要进一步探讨。

研究中不同的城市家庭变迁所展现出来的复杂性和多元性，也从相反的角度告诉我们，中国城市家庭变迁必然是与西方不同的，特别是与经典的家庭现代化理论所描述的不同，它既受到了社会整体变迁的影响，也在很大程度上受到传统的影响，是传统与现代博弈的结果。中国的现代化进程还在推进之中，家庭的变迁也远远没有结束。中国家庭文化能够真正实现从家本位转向个人本位吗？中国家庭的真正变化是从家族主义转向个人主义吗？上海出现了"个体家庭"（沈奕斐，2010），其他城市和农村也会遵循这样的路径吗？这些都需要等待时间来展现，也需要研究的进一步推进。

参考文献

边馥琴、约翰·罗根，2001，《中美家庭代际关系比较研究》，《社会学研究》第2期。

财经网，2009，《中国经济60年（图集）》（http://www.caijing.com.cn/2009-09-28/110267087_12.html）。

费孝通，1982，《论中国家庭结构的变动》，《天津社会科学》第3期。

——，1983，《家庭结构变动中的老年赡养问题——再论中国家庭结构的变动》，《北京大学学报》（哲学社会科学版）第3期。

——，1986，《三论中国家庭结构的变动》，《北京大学学报》（哲学社会科学版）第3期。

弗里德曼，莫里斯，2000，《中国东南的宗族组织》，刘晓春译，上海人民出版社。

古德，1986，《家庭》，魏章玲译，社会科学文献出版社。

古迪，杰克，1998，《序言》，载安德烈·比尔基埃、克里斯蒂亚娜·克拉比什-朱伯

尔、马尔蒂娜·雪珈兰、佛朗索瓦茨·佐纳邦德主编《家庭史》（三），袁树仁、
赵克非、邵济源、黄芳滨译，三联书店。

郭于华，2001，《代际关系中的公平逻辑及其变迁——对河北农村养老模式的分析》，
《中国学术》第4期。

国家统计局，2000～2008年统计公报（参见 http://www. stats. gov. cn/tjgb/）。

赫特尔，马克，1988，《变动中的家庭——跨文化的透视》，宋践、李茹译，浙江人民
出版社。

怀默霆，2009，《中国城市家庭生活的变迁与连续性》，载熊景明、关信基编《中外名
学者论21世纪初的中国》，中文大学出版社。

瞿同祖，2006，《中国法律与中国社会》，中华书局。

康岚，2009，《反馈模式的变迁——代差视野下的城市代际关系研究》，上海大学博士
学位论文。

雷洁琼，1994，《改革以来中国农村婚姻家庭的新变化》，北京大学出版社。

李长莉，2004，《从晚清上海看女性家庭角色的近代变迁》，载张国刚主编《家庭史研
究的新视野》，三联书店。

李东山，1989，《婚姻、家庭模式探讨》，《社会学研究》第1期。

——，2000a，《城乡婚姻比较》，《社会科学研究》第3期。

——，2000b，《工业化与中国家庭制度变迁》，《社会学研究》第6期。

李建斌、李寒，2008，《国家与乡村社会糅合下的宗族：一种历史的反思》，《社会主义
研究》第1期。

李树苗、靳小怡、费尔德曼，2002，《中国农村子女的婚姻形式和个人因素对分家的影
响研究》，《社会学研究》第4期。

李银河，2001，《一爷之孙——中国家庭关系的个案研究》，上海文化出版社。

李银河、陈俊杰，1993，《个人本位、家本位和生育观念》，《社会学研究》第2期。

李银河、王震宇、唐灿、马春华，2004，《穷人与富人——中国城市家庭贫富分化调
查》，华东师范大学出版社。

刘宝驹，2000，《现代中国城市家庭结构变化研究》，《社会学研究》第6期。

刘炳福，1987，《我国城市家庭结构的现状与发展趋势》，载刘英、薛素珍主编《中国
婚姻家庭研究》，社会科学文献出版社。

罗根，约翰、边馥琴，2003，《城市老年人口与已婚子女同住的现实与观点》，《中国人
口科学》第2期。

罗梅君，2004，《19世纪末以及今日中国乡村的婚姻与家庭经济》，载张国刚主编《家
庭史研究的新视野》，三联书店。

落合惠美子，2010，《21世纪的日本家庭，何去何从?》，郑杨译，山东人民出版社。

麻国庆，1999，《分家：分中有继也有合——中国分家制度研究》，《中国社会科学》第 1 期。

马有才、沈崇麟，1986，《我国城市家庭结构类型变迁》，《社会学研究》第 2 期。

潘允康，1985，《试论中国核心家庭和西方核心家庭的异同》，《天津社会科学》第 2 期。

——，1988a，《社会现代化中的婚姻家庭问题》，《广州研究》第 7 期。

——，1988b，《家庭网和现代家庭生活方式》，《社会学研究》第 2 期。

——，1990，《中国家庭网的现状和未来》，《社会学研究》第 5 期。

——，1995，《中国城市婚姻家庭》，山东人民出版社。

潘允康、丛梅，1995，《家庭与工业化、现代化》，《天津社会科学》第 4 期。

潘允康、林南，1987，《中国城市现代家庭模式》，《社会学研究》第 3 期。

——，1992，《中国的纵向家庭关系及对社会的影响》，《社会学研究》第 6 期。

沈崇麟、李东山、赵峰，2009，《变迁中的城乡家庭》，重庆大学出版社。

沈崇麟、杨善华，1995，《当代中国城市家庭研究——七城市调查报告和资料汇编》，中国社会科学出版社。

沈崇麟、杨善华、李东山，1999，《世纪之交的城乡家庭》，中国社会科学出版社。

沈奕斐，2010，《个体化与家庭关系的重构——以上海为例》，复旦大学博士学位论文。

孙丽燕，2004，《20 世纪末中国家庭结构及其社会功能的变迁》，《西北人口》第 2 期。

唐灿，2005a，《中国城乡社会家庭结构与功能的变迁》，《浙江学刊》第 2 期。

——，2005b，《中国城市家庭贫富分化的基本特征和原因分析》，《凤凰周刊》第 1 期。

——，2010，《家庭现代化理论及其发展的回顾与评述》，《社会学研究》第 3 期。

王金玲，1996，《非农化与中国农民家庭观念的变迁》，《社会学研究》第 4 期。

王树新，2004，《人口与生育政策变动对代际关系的影响》，《人口与经济》第 4 期。

王跃生，2006a，《当代中国家庭结构变动分析》，《中国社会科学》第 1 期。

——，2006b，《当代中国城乡家庭结构变动比较》，《社会》第 3 期。

——，2006c，《社会变迁与婚姻家庭变动——20 世纪 30 - 90 年代的冀南农村》，三联书店。

——，2008，《家庭结构转化和变动的理论分析——以中国农村的历史和现实经验为基础》，《社会科学》第 7 期。

——，2010，《个体家庭、网络家庭和亲属圈家庭分析——历史与现实相结合的视角》，《开放时代》第 4 期。

五城市家庭研究项目组，1985，《中国城市家庭——五城市家庭调查报告及资料汇编》，山东人民出版社。

夏文信，1987a，《家庭规模》，载潘允康主编《中国城市婚姻与家庭》，山东人民出版社。

——，1987b，《妇女的家庭地位》，载潘允康主编《中国城市婚姻与家庭》，山东人民
出版社。

——，1987c，《家庭网》，载潘允康主编《中国城市婚姻与家庭》，山东人民出版社。

熊跃根，1998，《成年子女对照顾老人的看法》，《社会学研究》第 2 期。

徐安琪，1995a，《对家庭结构的社会学与人口学的考察》，《浙江学刊》第 1 期。

——，1995b，《城市家庭社会网络的现状和变迁》，《上海社会科学院学术季刊》第
2 期。

——，2001，《家庭结构与代际关系研究——以上海为例的实证分析》，《江苏社会科
学》第 2 期。

——，2005，《夫妻权力和妇女地位的评价指标：反思与检讨》，《社会学研究》第
4 期。

——，2010，《家庭性别角色态度：刻板化倾向的经验分析》，《妇女研究论丛》第
2 期。

阎云翔，1996，《家庭政治中的金钱与道义：北方农村分家模式的人类学分析》，《社会
学研究》第 6 期。

——，2006，《私人生活的变革：一个中国村庄里的爱情、家庭与亲密关系（1949 -
1999）》，龚小夏译，上海书店出版社。

杨善华、沈崇麟，2000，《城乡家庭：市场经济与非农化背景下的变迁》，浙江人民出
版社。

姚先国、谭岚，2005 年，《家庭收入与中国城镇已婚妇女劳动参与决策分析》，《经济
研究》第 7 期。

曾毅，1987，《关于生育率下降如何影响我国家庭结构变动的探讨》，《北京大学学报》
（哲学社会科学版）第 4 期。

曾毅、李伟、梁志武，1992，《中国家庭结构的现状、区域差异及变动趋势》，《中国人
口科学》第 2 期。

张文宏、阮丹青、潘允康，1999，《天津农村居民的社会网》，《社会学研究》第 1 期。

张雅芳，1987，《城市家庭结构的变化》，载刘英、薛素珍主编《中国婚姻家庭研究》，
社会科学文献出版社。

张友琴，2002，《城市化与农村老年人的家庭支持——厦门市个案的再研究》，《社会学
研究》第 5 期。

郑真真，2002，《外出经历对农村妇女初婚年龄的影响》，《中国人口科学》第 2 期。

周大鸣等，2003，《当代华南的宗族与社会》，黑龙江人民出版社。

朱艳科、杨耀辉，2002，《中国城市现代化水平的综合评价》，《商业研究》第 23 期。

左际平，2002，《从多元视角分析中国城市的夫妻不平等》，《妇女研究论丛》第 1 期。

Goode, W. J. 1963. *World Revolution and Family Patterns.* Glencoe, IL: The Free Press.

Gusfield, J. R. 1967. "Tradition and Modernity: Misplaced Polarities in the Study of Social Change." *The American Journal of Sociology* 72 (4).

——. 1974. "The Family as Process: The Historical Study of the Family Cycle." *Journal of Social History* 7 (3).

Hareven, T. K. 1976. "Modernization and Family History: Perspectives on Social Change." *Signs* 2 (1).

Macfarlane, A. 1978. *The Origin of English Individualism: The Family, Property and Social Transition.* Cambridge: Cambridge University Press.

Sussman, M. 1959. "The Isolated Nuclear Family: Fact or Fiction." *Social Problems* 6 (4).

Parsons, T. 1943. "The Kinship System of the Contemporary United States." *American Anthropologist*, New Series 45 (1).

Whyte, M. K. 1992. "Introduction: Rural Economic Reforms and Chinese Patterns." *China Quarterly* 130.

寻求变革还是安于现状[*]

——中产阶级社会政治态度测量

李春玲

摘　要：本文试图探讨中产阶级的社会政治态度，并由此判断中产阶级的社会政治功能。基于一项 2006 年的全国调查数据，笔者设计了一套态度测量量表，区分政治保守主义与政治自由主义的态度特征，分析中产阶级的主要态度倾向。研究发现，中国中产阶级内部存在着多种价值取向，既有保守主义的成分也有自由主义的成分，中产阶级在当前肯定是一种社会稳定力量，但其未来走向还存在一些不确定因素。

关键词：中产阶级　社会政治态度　社会稳定

经济改革以来，随着中国经济的稳定发展，一个被称为中产阶级的社会群体规模逐步增长。特别是 21 世纪以来，随着连续多年的高速经济增长、城市化的迅速推进，以及物质生活条件的普遍提高，人们越来越强烈地感受到一个数量不断扩大的中产人群在中国社会出现了。虽然人们对于中产人群的数量和构成，以及是否形成一个阶级或阶层等问题还有争论，但不论是专家学者、政府的政策制定者还是普通的社会公众，都不怀疑这一群体的存在，并且乐观地预期这一群体在未来数年里的增长势头。伴随着这一群体规模的增长，有关中产阶级的话题成为公众舆论的一个热点，同时也是社会学研究领域，特别是社会分层研究领域一个重点关注的问题。社会公众和学者们对于中产阶级的观察讨论涉及诸多问题和视角，最近三四年，社会学家最关注的问题是：中国中产阶级的兴起会产生什么样的社

---

　*　本研究受 2010 年度国家社会科学基金项目"中国社会中间阶层发展状况与趋势研究"（10BSH011）资助。原文发表于《社会》2011 年第 2 期。

会政治影响，他们的出现是有利于维持社会稳定，还是有可能推进社会变革。对这一问题，理论家们给出了两种截然相反的回答，研究者们也提供了不同的研究结论，对立双方的争论还在持续。针对这一问题，本文通过多组社会政治态度测量指标，试图把握中产阶级的社会政治价值取向，以此推测他们可能产生的社会政治影响。

一　有关中产阶级社会政治功能的争论

（一）国外相关研究：自由民主政治的推动者还是国家的依附者

　　一些西方政治理论家（如李普塞特、亨廷顿和格拉斯曼等人）基于西方社会发展经验提出了中产阶级产生与民主政治发展的逻辑联系。李普塞特（Lipset，1959；1963）认为，社会富裕程度和经济发展水平与政治民主之间高度相关，经济发展和社会富裕意味着不断增长的中产阶级和菱形的社会分层结构（a diamond-shape social stratification），因而，产生中产阶级的富裕社会必然伴随着政治民主。李普塞特（Lipset，1963：31）也认为，"一个国家越是富裕，它实施民主的几率就越大"，这一观点被后来的一些理论家称为政治"铁律"（Burkhart & Lewis-Beck，1994）。格拉斯曼（Glassman，1995；1997）从历史比较视角论证了中产阶级与民主政治之间的关联，认为中产阶级为民主政治提供结构和制度的基础。亨廷顿也持类似观点，他在《第三波：20 世纪后期民主化浪潮》中指出，"第三波民主化进程的最积极支持者来自于都市中产阶级"（Huntington，1991：67）。亨廷顿所谓的第三波民主化浪潮指 20 世纪 70 年代至 90 年代发生在南欧、拉美和亚洲一些国家和地区的政治民主运动。上述西方政治理论家在宏观层面对中产阶级与民主政治必然关联性的认定，是基于他们对中产阶级行为方式和价值取向微观层面的观察分析。他们的研究发现，中产阶级的行为方式和态度理念往往表现出明显的政治民主特征（Lipset，1963；Glassman，1995，1997；Eulau，1956；Walsh，Jennings & Stocker，2004）。许多具有西方学术背景的学者（包括一些华人学者）在研究中国中产阶级问题时也遵循上述理论思维（Chen & Lu，2006；Johnston，2004；Goodman，2008）。

上述观点长期以来一直是有关中产阶级政治特性的主流理念。然而，一些东亚社会中产阶级的研究者提出了另一种观点，即东亚中产阶级的独特政治性格。M. 琼斯和 D. 布朗等依据东方主义理论对东亚社会中产阶级政治取向的特殊性进行解释，他们认为，由于传统东方政治文化的影响，东亚中产阶级具有政治保守主义倾向并依附于强势国家（Jones，1998；Jones & Brown，1994）。萧新煌和苏耀昌等的研究也指出，东亚中产阶级在政治方面表现出矛盾性，一方面具有自由主义倾向并追求民主，另一方面企求安全稳定和依附于国家（Hsiao，1999，2001，2006；Hsiao & So，1999）。这些研究发现，东亚中产阶级的兴起往往处于这些社会的高速经济增长时期，国家权力较强并实施经济干预和促进经济增长的政策，中产阶级受益于经济增长和强势国家，因而他们希望维持社会政治稳定，保障自身经济利益。

（二）国内学者的观点：社会稳定力量还是潜在的不安定因素

在国内社会学领域，对于中产阶级的社会政治功能存在两种对立的看法。第一种观点是社会学界的主流观点，即认为中产阶级是社会政治稳定的基础，他们是维持稳定的社会力量，因为他们持有较为保守的政治理念。李强是提倡这种中产阶级理论的典型代表人物。他的观点很有代表性，也很有影响力。"在任何社会中，中间阶层都是维系社会稳定的最重要的力量。第一，中产阶级是介于社会高层与低层之间的缓冲层，当它成为社会主体时，社会高层与低层之间的冲突就会受到阻止，社会矛盾就会大大缓和，这是社会稳定的政治原因。第二，中产阶级在社会上代表温和的、保守的意识形态，当这种意识形态占据主导地位时，极端的思想和冲突观念就很难有市场，这是社会稳定的思想原因。第三，中产阶级也是引导社会消费的最主要群体，当中产阶级占社会的多数时，中产阶级的生活方式就保证了社会庞大稳定的消费市场，这是社会稳定的经济原因。"（李强，2001：19）周晓虹也持类似的看法，他认为，目前中国中产阶级的政治倾向是政治淡漠，即"消费前卫、政治后卫"（周晓虹，2005）。周晓虹（2002）指出，中国中产阶级的几个主要构成部分——私营企业主、企业经理人员和专业技术人员、政府官员和事业单位的专业人员——都与国家保持紧密联系，而且是政府改革开放政策的极大受益者，他们"对现存的政治和社会体制不会有变革的欲望""或者说，在他们和国家之间发生冲突的可能性不大"。此外，周晓虹还认为，不仅中国中产阶级具有政治保守主义特性，而且大多数社会（包括西方和东方国家）的中产阶级都表现出保守主义倾向，他特别引用了米尔斯（2006）对美国中产阶级政治性格的描述。

然而，另一些学者在这一问题上持有相反看法或者对上述观点提出质疑。其中的一些学者认同李普塞特和亨廷顿的理论，认为中产阶级是民主政治的推动力量，中产阶级的兴起必然引发政治民主变革。虽然这些学者一般并不指明中国中产阶级会去追求政治变革，但他们往往通过分析或介绍其他国家中产阶级成长过程和社会政治变迁，来证明这似乎是一条必然规律（李路曲，2000；郭继光，2000；杜伟、唐丽霞，2004）。也有学者基于实证研究的结果声称，中国中产阶级具有社会变革倾向，并指出"我们没有理由认为中产阶级会是社会稳定器""把中产阶级的扩大当作稳定社会的必由之路的思想是不可靠的""中产阶级绝不会静悄悄地走上历史舞台"（张翼，2009：249、232）。不过，反对"中产阶级是社会稳定器"观点的大部分学者并不完全赞同亨廷顿的理论，他们只是对"中产阶级成为社会稳定器"的必然性表示怀疑。李路路（2008）认为，中产阶级的社会政治功能"彰显出多种多样而非单一性的特征"，有可能是"稳定剂"或"缓冲器"，也可能成为自由主义变革的动力，还有可能依附于"威权主义的政体"或特殊利益集团而缺乏相对独立的作用和行为，因而中产阶级既可能持有政治保守主义态度，也可能持有政治激进主义或自由主义态度，中产阶级采取何种政治态度和发挥何种社会作用取决于特定的社会历史条件（如经济发展状况、政体性质和秩序化程度等）。还有一些学者通过比较研究发现，不同国家中产阶级的政治倾向有所不同，即使同一个国家的中产阶级在不同的历史阶段和社会情境中也可能发生政治态度的转变（曹敏，2006；何平立，2006；刘长江，2006）。

二 研究问题、分析框架和测量指标

（一）研究问题

虽然不同派别的理论家对中产阶级社会政治功能的判断有所不同，但他们基本上都是基于这样一种推论逻辑：如果中产阶级成员持有某种程度的政治保守主义态度，这一群体就可能成为维持社会政治稳定的力量；反之，如果中产阶级成员采取某种程度的政治自由主义或政治激进主义立场，这一群体就有可能成为推进政治变革的力量。这一政治变革力量，按照亨廷顿等西方理论家的理解，就是推进"威权政体"向西方式"民主政体"转变的社会势力。遵循这种推论逻辑，判断当前中国中产阶级是否一种社会政治稳定力量，首先要详细考查他们的社会政治态度是保守主义倾向还是自由主义倾向？只有系统考查中产阶级的社会政治态度，我们才能推测其可能发挥的社会政治功能。目前国内社会学者对于中产阶级社会政治功能的论述绝大多数是基于理论分析（李强，2001；周晓虹，2002，2005；李路路，2008），仅有少数的研究提供了社会政治态度的实证分析（李路路、李升，2009；刘欣，2009；张翼，2009），这些实证分析一般是在讨论其他问题时顺带分析社会态度的阶级差异，而非专门分析中产阶级的社会政治态度，仅有张翼的研究对中产阶级的社会政治态度进行了专门探讨，但他也只是把阶级变量作为影响社会政治态度的多种因素（包括性别、年龄、教育水平、收入和党员身份等）之一加以考虑。本文在已有研究基础上深入探讨这一问题。通过调查数据分析，基于政治保守主义和政治自由主义的两分类态度分析框架，系统测量中国中产阶级的社会政治态度，并由此推论中国中产阶级可能发挥的社会政治功能。

（二）分析框架：社会政治价值取向的两分类——保守主义和自由主义

本研究对中产阶级社会政治态度的考查基于政治保守主义和政治自由主义的两分类分析框架，采用这一分析框架意味着本研究追随已有理论观点的基本推论逻辑：如果中产阶级的社会政治态度表现出政治保守主义倾向，那么它就是维持社会稳定的力量；反之，如果中产阶级的社会政治态度呈现政治自由主义倾向，那么它可能会是推进社会政治变革的力量①。

---

① 需要强调的一点是，态度倾向并不意味着必定会采取行动，从态度倾向发展到具体行动还需要特定的条件。所以即使中产阶级持有政治自由主义态度，也只是表明他们有可能支持社会政治变革，是一种推进社会政治变革的潜在势力。

在建构保守主义与自由主义社会政治价值取向的两分类分析框架之前，要弄清楚这两种社会政治价值取向的主要特征和区别①。保守主义和自由主义作为两种主要的政治意识形态已经有长久的历史，在许多国家的政治领域，保守主义和自由主义被认为是两种相互对立的政治理念和政治派别。不过，在不同历史时期和不同社会，政治保守主义和政治自由主义的具体含义有所不同。在本研究中，笔者只选择了被政治学家广泛认同的保守主义和自由主义三个最主要的、相互对立的态度特征（Eccleshall，1994；Leach，2002；Nisbet，1986）。保守主义与自由主义最突出的一个区别就是对待社会变迁的态度差异。保守主义者对变化或改变持有怀疑态度，他们更愿意维持现状，而自由主义者通常对现状不满，他们更希望社会演进或进步。如果某种社会变迁是不可避免的，保守主义者喜欢渐近式变革，而自由主义者则喜欢较激进式的变革。第二个突出差异表现在对国家和权威的态度上。保守主义者通常不信任民主，他们更相信权威式的领袖或强有力的国家，而自由主义者则信奉个人自由和政治民主。第三个突出差异表现在对社会公正和社会公平的态度上。保守主义者认为维护财产权利比维护公正和公平更重要，而自由主义者则认为公平理念应该高于产权。

基于政治保守主义与自由主义的三个差异，本研究建构三个指标来区分保守主义与自由主义态度：满意度、权威意识和社会公正意识。这三个指标都与"中产阶级是社会稳定力量"和"中产阶级是社会变革力量"的假设相关。表1列出三个指标及其具体含义，以及保守主义和自由主义在这三个方面的具体表现和相应的测量指数。每个态度区分指标通过两个测量指数来进行测量②。

满意度指标反映了个人对现实状况的感受。高满意度意味着希望维持现状（保守主义态度倾向），而低满意度意味着希望社会变革（自由主义态度倾向）。满意度由两个指数——个人生活满意度指数和社会生活满意度指数——进行测量。权威意识指标反映了个人对国家和政府的态度。强

---

① 需要说明的一点是，这里所说的政治保守主义和政治自由主义，与经济学所说的保守主义及新保守主义和自由主义及新自由主义是不同的概念。另外，本文所说的政治保守主义和政治自由主义都是中性概念，不存在对错或好坏的区分。

② 由于本研究采用的是二手数据分析，只能基于此数据所能提供的信息测量政治保守主义和政治自由主义，笔者所设计的相应指标和测量指数受到了一定的局限，不是一个对政治保守主义和政治自由主义的全面测量，但它已经包括了这两种社会政治态度倾向的基本元素。强

权威意识表明希望维持现有政治体制（保守主义态度倾向），弱权威意识表明希望政治体制改革（自由主义态度倾向）①。权威意识由两个指数——政府信任指数和权威认同指数——进行测量。社会公正意识反映了个人对社会不平等现象的态度。社会公正意识弱表明对现存的不平等现象有较高的容忍度，意味着愿意接受现存制度安排（保守主义态度倾向），而社会公正意识强则意味着对现存制度安排有较多的批评并希望改变这种状况（自由主义态度倾向）。社会公正意识用两个指数——不平等感受指数和冲突意识指数——进行测量。

表 1　保守主义和自由主义社会政治态度的特征倾向

测量指标	保守主义社会政治态度的表征	自由主义社会政治态度的表征	测量指数
满意度（对社会现状的评价和对社会变革的态度）	安于现状或对现状较满意	希望变革或对现状不满意	①个人生活满意度指数 ②社会生活满意度指数
权威意识（对国家和政府的态度）	对现任政府有较高的信任度，对国家有较强的依附性或认同强国家理念	对现任政府的信任度较低，期望更高的政治民主（民主治理、民主参与和政治透明等）	③政府信任指数 ④权威认同指数
社会公正意识（对社会不平等现象的态度）	对社会公正期望较低，容忍或认可现存的社会不平等现象	追求更高程度的社会公正，对现存不平等现象持批评态度，且同情社会弱势群体	⑤不平等感受指数 ⑥冲突意识指数

① 对社会变革的态度测量最好是直接询问被访者对于一些重要的社会政治改革方案和政策措施的支持或反对态度，但本文所用数据缺乏这些提问。实际上，由于这些提问大多较为敏感，目前的社会调查很难实施相关调查，或无法获得被访者的真实回答。因而本文从个人生活和社会生活满意度来测量人们对社会政治变迁的态度。根据一般性的社会政治态度分析，人们对生活现状越满意，越可能对可能发生的社会政治环境变动采取谨慎和保留态度，这种关联性在有关中产阶级的政治特性分析中尤其突出。米尔斯（2006）对美国白领中产阶级的政治态度的分析就体现出 20 世纪 50 年代和 60 年代的富裕社会与中产阶级的政治保守主义之间的关联。另外，萧新煌、苏耀昌等和一些其他学者（Hsiao, 1999；Liu & Wong, 1994）对于东亚中产阶级政治特性的分析也提到了这种关联性，他们提出的一个重要的理论假设是"富裕命题"（Affluent Proposition），即东亚中产阶级是经济高速增长的主要受益者，而强势国家是经济增长的主要推动者，因此，中产阶级表现出对社会政治现状的较高满意度和政治保守主义倾向。

（三） 测量指数和计分方法

本文的态度测量方法借鉴了政治学家普遍采用的公众态度调查测量方法，即通过问卷调查被访者对一系列态度问题的回答，构建态度测量量表，给每一种答案赋以确定的分值，根据得分的高低判断态度倾向。表 2 列出了测量 6 个指数的具体提问，每一个指数都包含了两个（及以上）提问项目的量表测量，并采用李克特量表的计分方法，每一个指数的得分是相关提问得分的加总。

各项指数的建构（对具体提问项目的选择）主要基于理论考虑，同时也辅以相关的统计手段（Cronbach's Alpha 和因子分析）。首先，根据理论判断来选择适合的提问项目，并通过 Cronbach's Alpha 来检测这一组提问是否可以建构一个测量指数。Cronbach's Alpha 是测量一组提问内在一致性的系数，由此可判断这一组提问是否代表了同一种态度倾向，以及是否可以构成一个态度测量指数。因此，Cronbach's Alpha 体现了指数量表的信度，一般而言，Cronbach's Alpha 高于 0.7 表明这一量表有较好的信度。如果 Cronbach's Alpha 低于 0.7，则说明量表中的各项提问有可能代表不同的态度维度，需要对这些提问进行筛选。对提问项目进行因子分析有助于发现量表是否存在多维度态度，以及是否需要删除某项提问。本研究所构建的 6 个指数中有 4 个指数的 Cronbach's Alpha 高于 0.7：社会生活满意度指数为 0.77，政府信任指数为 0.72，不平等感受指数为 0.84，冲突意识指数为 0.72。因此，这 4 个测量指数的信度较高。但另两个指数的 Cronbach's Alpha 低于 0.7：个人生活满意度指数为 0.61，权威认同指数为 0.66。笔者对这两个指数的提问项目进行了因子分析，以判断是否相关提问代表了不同的态度维度从而导致内部一致性较低。个人生活满意度指数的 Cronbach's Alpha 较低，说明这一指数的两个提问之间的关联度不高，即在过去 5 年里生活水平提高的人未必就预期未来 5 年里生活水平还会提高。虽然单纯从统计指标来看，这两个提问构成的量表信度略低，但是仔细考虑这两个提问的具体含义和这一指数所要测量的态度内容，笔者认为这两个提问应该代表着同一维度的态度倾向。一般而言，对两项提问都给予肯定回答（过去 5 年生活水平提高了并且认为未来 5 年还会继续提高）的人，其个人生活满意度应该会高于仅对一项提问给予肯定回答的人，反之，对

表 2 测量指数及其提问问题和答案分值

测量指数	提问问题	答案与分值
①个人生活满意度指数	A. 与 5 年前相比，您的生活水平是：	上升很多（2 分），略有上升（1 分），没有变化/不好说（0 分），略有下降（−1 分），下降很多（−2 分）
	B. 您感觉在 5 年后，您的生活水平将会：	非常稳定（2 分），比较稳定（1 分），说不清（0 分），不太稳定（−1 分），非常不稳定（−2 分）
②社会生活满意度指数	A. 您认为当前我国社会形势是否稳定？	非常和谐（2 分），比较和谐（1 分），说不清（0 分），不太和谐（−1 分），非常不和谐（−2 分）
	B. 您对当前我国社会状况的总体感受如何？	
③政府信任指数	您对下述政府部门或相关信息是否信任？A. 中央政府，B. 地方政府，C. 政府新闻媒体，D. 政府公布的统计数据，E. 信访组织，F. 法官，警察	很信任（2 分），比较信任（1 分），不大确定（0 分），不太信任（−1 分），很不信任（−2 分）
④权威认同指数	您是否同意下述说法？A. 民主就是政府为人民做主，B. 国家大事由政府来管，老百姓不必过多考虑，C. 老百姓应该听从政府的，下级应该听从上级的，D. 党和政府是有办法管理好我们国家的，E. 政府满意要怎么花就怎么花，老百姓要拆迁居民住房，老百姓就交了税，政府爱怎么花就怎么花	很同意（2 分），比较同意（1 分），不大确定（0 分），不太同意（−1 分），很不同意（−2 分）
⑤不平等感受指数	您觉得在当前社会生活中以下各方面的公平程度如何？A. 财富及收入的分配，B. 财政和税收政策，C. 工作与就业机会，D. 每个人的发展机会，E. 高考机制，F. 提拔干部，G. 公共医疗，H. 义务教育，I. 实际享有的政治权利，J. 司法与执法，K. 不同地区、行业之间的待遇，L. 城乡之间的待遇，M. 养老等社会保障待遇，N. 总体上的社会公平状况	很不公平（2 分），不大公平（1 分），不大确定（0 分），比较公平（−1 分），很公平（−2 分）

续表

测量指数	提问问题	答案与分值
⑥冲突意识指数	A. 您认为我国现在是否存在着社会群体之间的利益冲突？	有严重冲突（5分），有较大冲突（4分），有一点儿冲突（3分），说不太清楚（2分），没有冲突（1分）
	B. 您认为今后我国社会群体之间的利益冲突会激化吗？	绝对会激化（5分），可能会激化（4分），不太可能激化（3分），说不太清楚（2分），绝对不会激化（1分）

两项提问都给予否定回答的人，其个人生活满意度应该低于仅否定一项提问的人。因子分析结果也证实了这一判断，两项提问的因子分析只得出了一个因子，而且两项提问的因子负荷都高达 0.845。因此，个人生活满意度指数应该可以接受。权威认同指数的 Cronbach's Alpha 略低于 0.7，因子分析的结果只得出 1 个因子，所有 6 个提问的因子负荷都高于 0.56。这表明，这 6 项提问代表了同一维度的态度倾向，因此，权威认同指数应该可以接受。

三　中产阶级的概念界定和分类

（一）中产阶级概念界定的多元性

社会学界有一种通常的说法，有多少个阶级理论家就有多少种阶级概念的定义，这句话完全适用于中产阶级的界定。对于中产阶级的确定含义和具体分类标准可谓多种多样，很难说哪一种概念界定最为正确，也没有哪一种分类体系得到公认。人们只是在一般意义上对中产阶级的某些社会特征有一些共识，比如，他们在社会地位等级分层和收入水平等级分层中处于中间位置，他们大多是受薪的白领职业人员，他们有稳定的工作和收入，等等。在不同历史时期和不同社会，人们对中产阶级的一般性理解也会有所不同。在当今欧洲发达社会，所谓的中产阶级是指"一般人"或"普通人"，只要他不是富人也不是穷人，那他就算是中产阶级。在当今的美国社会，有着稳定工作的白领受薪人员——比较典型的是从事白领工作的白种人——就是中产阶级。这种中产阶级的概念与当前中国民众对中产阶级概念的理解有很大的差异（李春玲，2009）。对中产阶级概念的多元理解也许是一种合理现象，因为中产阶级是处于社会中间位置的一群人，其边界常常是模糊不清的。研究人员出于学术研究（特别是数据分析）的需要，必须依据明确的分类标准做出精准的中产阶级划分，分类结果往往在某些方面与人们对中产阶级的一般性理解有所差别。这是因为在具备中产阶级典型特征的人群与完全不属于中产阶级的人群之间存在着大量人员，研究者必然根据分类标准确定他们应归类为中产阶级、下层阶级（工人阶级）或上层阶级（精英阶级）。对于这一难解的问题，研究者采取的策略是根据具体研究需要选择适当的分类指标，而分类指标的不同也导致了对中产阶级概念的不同界定。一般而言，对于具备中产阶级典型特征的人群，不同分类框架的分类结果都是一样的，即被归为中产阶级，但对处于模糊地带的人群，不同分类框架的分类结果则有可能不同，这也导致了不同分类框架对于中产阶级人数规模的估计不同和对于中产阶级概念具体界定不同。我们虽然不能说某种中产阶级概念界定最正确或最不正确，但可以判断某种中产阶级分类框架是否适用于某一问题的研究。

（二）本研究的中产阶级分类

本研究依据调查数据资料对中产阶级态度进行分析，这就需要一种明确的中产阶级概念界定和分类框架。笔者并不打算对中产阶级概念界定和分类标准进行详细的理论分析，仅对本研究采用的中产阶级分类框架进行一些说明。本研究采用的是"东亚中产阶级比较研究项目"（EAMC Project）设计的中产阶级分类框架。EAMC 项目是由多个东亚国家和地区学者参与的中产阶级比较研究项目，研究者在比较了 E. O. 赖特和戈德索普的阶级分类框架（Wright，1979，1985；Goldthorpe，1987；李春玲，2005）之后①，认为戈德索普的阶级分类框架更适用于亚洲社会的中产阶级划分和研究，基于戈德索普的阶级分类框架，他们设计了一个六类阶级的分类框架，并以此为基础展开东亚中产阶级比较研究（Hisao，1999：9）。

表 3　戈德索普的阶级分类与 EAMC 项目阶级分类的对应

戈德索普的阶级分类	EAMC 项目阶级分类
Ⅰ 较高等级专业人员	资产阶级（雇佣 20 人或以上）
Ⅱ 较低等级专业人员	新中产阶级
Ⅳa 雇佣他人的小雇主	老中产阶级
Ⅳb 不雇佣他人的小雇主	
Ⅲa 普通办公人员	边缘中产阶级
Ⅲb 非体力的商服人员	

---

① E. O. 赖特和戈德索普的阶级分类框架是社会学界中两种最为主流的中产阶级分类框架，赖特阶级分类框架代表了新马克思主义阶级理论，而戈德索普的阶级分类框架代表了新韦伯主义阶级理论。

续表

戈德索普的阶级分类	EAMC 项目阶级分类
Ⅴ 技术人员和监管人员	工人阶级
Ⅵa 技术工人	
Ⅶa 半技术或非技术工人	
Ⅳc 农场主	农业劳动者
Ⅶb 农业工人	

EAMC 阶级分类对戈德索普阶级分类框架一个最明显的修正是划分出了一个"资产阶级"（见表 3）。理论界（尤其是新马克思主义阶级理论家）对戈德索普阶级分类框架一个最严厉的批评就是它掩盖了资产阶级的存在，这个阶级虽然在人口中所占比例很小，但绝不是一个可以忽略不计的群体，他们在当代社会的阶级结构和阶级关系中占据了重要位置，EAMC 项目的研究者认为在亚洲社会也是如此。EAMC 项目的六阶级分类中，新中产阶级、老中产阶级和边缘中产阶级被归为中产阶级。新中产阶级主要由专业技术人员、企业经理人员和政府官员组成，这一群体被认为是中产阶级的核心。老中产阶级是由小雇主、小业主和自雇人员（在中国主要是指个体工商户和个体经营者）组成。边缘中产阶级是指较低层次的白领工作人员（如普通办公人员和企业业务人员等）。这种中产阶级界定意味着中产阶级并非一个完全相似的整体，其内部存在着不同的群体，这些群体在社会经济地位和社会政治态度上存在明显差异。EAMC 项目的研究者把资产阶级归为在中产阶级之中的一个上层阶级，而工人阶级则是在中产阶级之下的一个下层阶级。

笔者之所以选择 EAMC 项目的阶级分类作为本研究的中产阶级分类框架，是因为此分类所界定的中产阶级概念较符合中国中产阶级的现状，同时有利于捕捉中国中产阶级的社会政治态度倾向及其复杂性。中国中产阶级像大多数东亚社会的中产阶级一样，正处于成长发展阶段，与西方发达国家较为成熟的中产阶级不同，发展初期的中产阶级内部差异性会表现得更加突出。就目前来看，中国中产阶级内部不同群体之间的差异也许并不比中产阶级与工人阶级之间的差异小。新中产阶级被认为是现代中产阶级的典型代表，在各个方面体现了中产阶级的典型特征。研究中产阶级社会政治态度的学者最关注新中产阶级的社会政治价值取向，因为新中产阶级成员往往主导着公众舆论、大众传媒和社会思想库，他们的价值态度很可能成为社会主流价值。老中产阶级与新中产阶级在社会地位、生存状态和思想观念等方面存在明显差异。在大多数西方发达社会，当新中产阶级兴起之时，老中产阶级往往走向衰亡，人数大量减少，是一个可以被忽略不计的群体。然而，EAMC 项目的研究发现，与西方发达社会不同，在大多数东亚社会，当新中产阶级人数快速增长的时候，老中产阶级人数并未相应减少，而是维持着相当的规模，成为东亚中产阶级的一个重要组成部分。中国的情况则更为特殊，经济改革之前，老中产阶级基本已经消亡，改革开放和经济增长导致了老中产阶级与新中产阶级共同增长（见表 4）。虽然大中型城市里的新中产阶级的数量超过老中产阶级，但在大量的小城市和小城镇中，老中产阶级的数量超过了新中产阶级。因此，老中产阶级是中国中产阶级一个不可忽视的组成部分，他们的社会政治态度必然与新中产阶级有所不同。边缘中产阶级是处于工人阶级与中产阶级之间的一个群体。他们所具有的某些特征与新中产阶级较为类似，比如，他们像新中产阶级一样从事白领职业和非体力劳动，他们中的大部分人也像新中产阶级一样拥有较高的文化水平，但他们的经济生活条件及其就业状态可能与工人阶级较为相似，许多低层白领（包括新进入劳动力市场的大学毕业生）的工资收入并不比一般的蓝领工人高，有些甚至与从事体力工作的农民工相似。中国的边缘中产阶级还有一个突出特征，即大多数边缘中产阶级成员是年轻人，这是由于低层白领职业岗位（如企业业务人员、公司办公人员、服务行业的非体力性的服务人员等）偏好于雇佣有一定文化水平的年轻人。边缘中产阶级的年轻化和高文化水平特征，使这一群体在社会政治态度方面表现出一些特殊性。与其他中产阶级群体相比，边缘中产阶级成员具有更强烈的政治参与愿望和利益表达愿望，他们也更可能对社会现状表示不满。在互联网上发表激烈批评言论的人往往是边缘中产阶级成员。

表 4　1982～2006 年城市中产阶级占 16～60 岁城市人口比例

单位：%

年份	企业主阶级	新中产阶级	老中产阶级	边缘中产阶级	工人阶级
1982	0.0	13.9	0.1	19.7	66.3
1988	0.1	17.2	3.2	23.8	55.7

续表

年份	企业主阶级	新中产阶级	老中产阶级	边缘中产阶级	工人阶级
1990	0.5	19.6	2.2	19.9	57.8
1995	0.6	22.1	5.5	26.6	45.2
2001*	1.5	16.6	10.3	33.2	38.4
2002	1.1	23.6	11.1	29.1	35.1
2005	1.6	21.0	9.7	31.4	36.3
2006*	0.3	19.0	19.8	25.2	35.7

注：①2001年和2006年为城镇数据（新中产阶级比例较低而老中产阶级比例较高），其他数据都是城市数据。②依据EAMC中产阶级分类框架。③1982年和1990年的五个阶级比例分布是根据人口普查数据及相应年份的私营企业主和个体工商户统计数据推算出来的，2005年的阶级分布比例是根据1%人口抽样调查数据（此数据包括了雇佣状态的信息），1988年、1995年和2002年的阶级分布比例来自对中国社会科学院经济研究所收入分配研究项目全国抽样调查数据的计算；2001年和2006年的比例分布来自对中国社会科学院社会学研究所的两次全国抽样调查数据（社会分层研究项目和CGSS调查）的计算。

　　笔者在采用EAMC项目的中产阶级分类分析中国中产阶级问题时，对其中的一个阶级归类做了修正，即企业主阶级（资产阶级）的阶级定位。在EAMC阶级分类中，资产阶级是位于中产阶级之上的上层阶级。依照社会学家对资本主义社会阶级结构的论述，传统的资本主义社会主要由资产阶级和工人阶级构成，当代资本主义社会在原有的两分类结构中间产生了中产阶级，两极阶级结构演变为三分类的阶级结构——资产阶级、中产阶级和工人阶级。然而，在当代中国社会，企业主阶级却被认为是中产阶级的一个重要组成部分。这是因为企业主阶级是一个新产生的阶级，它和老中产阶级（个体工商户）的出现导致了阶级阶层结构的深刻变化，更为重要的是，企业主阶级的出现被认为是中产阶级产生的一个象征。在当今中国社会的制度环境中，企业主阶级并非一个最具有优势地位并掌握最多资源的阶级。与企业主阶级相比，党政高级官员和大型国有企业的高层经理人员具有更优势的地位和掌握更多的资源。从这一角度来说，企业主阶级并非居于中产阶级之上的一个上层阶级，它应该是属于中产阶级的一个部分。基于上述想法，本研究把四个群体——企业主阶级、新中产阶级、老中产阶级和边缘中产阶级——归类为中产阶级这一大范畴。在这四个群体之上存在着一个上层阶级（社会精英群体），它主要由党政高级官员、大型国有企业的高层经理人员、大企业主和具有社会影响力的高级知识分子等组成。由于本研究是基于抽样调查数据所做的分析，而抽样调查抽取到上层阶级成员的概率极小，因此，本研究的态度测量不可能涵盖上层阶级成员，只能比较中产阶级与工人阶级以及中产阶级内部不同群体的态度差异。

（三） 中产阶级规模及年代变化

根据 EAMC 中产阶级分类以及一些修正，本文所界定的中产阶级包括：企业主阶级、新中产阶级、老中产阶级和边缘中产阶级。本文依据历年人口普查数据、1% 人口抽样数据和其他统计数据，以及全国性抽样调查数据，估算了不同年代城市中产阶级规模的增长状况（见表4[①]）。

在表4中，尽管各类数据分类指标不同而导致推算结果并不准确，但比较各年的数据仍能反映城市中产阶级规模增长的趋势。从 1982 年到 2006 年的 24 年间，城市新中产阶级的比例增长了 5.1 个百分点，老中产阶级在这 24 年中几乎是从无到有，比例增长超过 10 个百分点。同时，边缘中产阶级的数量增长也很明显，边缘中产阶级的比例也增长了 5.5 个百分点。边缘中产阶级是新中产阶级和老中产阶级的后备力量，他们的数量增长预示着中产阶级数量还将持续增长。相应的，工人阶级在城市人口中的比例持续下降。

四　数据、变量和方法

（一） 数据

本文所使用的数据来自中国社会科学院社会学研究所 2006 年实施的"中国社会状况调查"。该调查以第五次人口普查所提供的区市县统计资料为基础进行抽样框设计，采用分层多阶段抽样方法，共采集了覆盖全国 28个省（市、区）130 个县（市、区）、260 个乡（镇、街道）、520 个村/居

[①]　由于中国人口中农村人口所占比例很高，如果把农村和城市样本放在一起进行分析，农业劳动者的比例会很高，而新中产阶级比例会比较低，另外也由于中产阶级现象主要存在于城市中，因此本文在采用 EAMC 阶级分类时排除了农村样本（农业劳动者），只比较分析城市中的五类阶级。

委会的 7100 余家庭户。然后通过家庭内抽样的办法得到有效问卷 7063 份。虑及中国中产阶级成员主要集中在城镇地区，本研究只选取此调查数据的城镇样本，共 2894 个。

（二）变量和模型

笔者采用 6 个线性回归模型考查中产阶级的社会政治态度取向，比较中产阶级与工人阶级，以及中产阶级内部不同群体的态度差异。每一个模型针对一个态度测量指数，模型的因变量分别为 6 个态度测量指数。自变量是 5 个阶级分类——企业主阶级、新中产阶级、老中产阶级、边缘中产阶级和工人阶级，其中工人阶级是参照组。模型还包括 3 个控制变量，分别为性别、年龄和受教育年限[①]。表 5 列出了上述变量的描述性统计。

表 5 分析变量的描述性统计 （N = 2894）

变量	最小值	最大值	均值	标准误	变量	比例（%）
年龄	18	69	39.8	13.0	性别（男性）	45.1
受教育年限	0	20	9.7	4.1	企业主阶级	0.3
个人生活满意度指数	-4	4	1.1880	1.6146	新中产阶级	19.0
社会生活满意度指数	-4	4	1.2459	1.6596	老中产阶级	19.8
政府信任指数	-12	12	3.9967	4.0239	边缘中产阶级	25.2
权威认同指数	-12	12	0.2662	4.0923	工人阶级	35.7
不平等感受指数	-28	28	-1.3428	8.8481		
冲突意识指数	2	10	6.1720	1.8043		

五 分析结果

表 6 列出 5 个阶级 6 个态度测量指数的平均得分，可以大致观察到各阶级在个人生活满意度、社会生活满意度、政府信任程度、权威认同意

---

① 张翼（2009）使用与本文相同数据得出的结论是：收入水平对社会政治态度没有明显的影响，本研究的初步数据分析也显示了相同的结果，因此，回归分析模型没有把个人收入变量列为控制变量。

识、不平等感受程度和社会冲突意识等方面的异同。表7列出6个态度测量指数的6组回归模型的回归系数，这些系数显示，在控制性别、年龄和受教育水平的情况下（相同性别、年龄和文化水平），各个阶级的上述态度是否存在差异。

表6 五个阶级的态度测量指数平均得分

阶级分类	个人生活满意度指数	社会生活满意度指数	政府信任指数	权威认同指数	不平等感受指数	冲突意识指数
企业主阶级	1.2708	1.7208	4.4877	0.5825	-6.0967	5.8448
新中产阶级	1.4845	1.2581	3.5607	-1.5608	-0.2890	6.7455
老中产阶级	1.0383	1.2957	3.7236	0.7055	-1.5397	6.0649
边缘中产阶级	1.0218	1.0647	3.6022	-0.8535	-0.0533	6.6232
工人阶级	0.7479	1.0830	3.7317	0.5009	-0.3740	6.2349
总体	1.0160	1.1555	3.6668	0.2662	-0.5225	6.3953

（一）个人生活满意度

个人生活满意度指数的平均得分和回归分析显示出相同的结果，即在个人生活满意度方面存在着明显的阶级差异。表6所列各指数的平均得分表明，一个阶级的社会经济地位越高，其成员的个人生活满意度越高。企业主阶级和新中产阶级的个人生活满意度指数得分最高（1.2708和1.4845），其次是老中产阶级和边缘中产阶级（1.0383和1.0218），工人阶级的个人生活满意度最低（0.7479）。由于企业主阶级的个案数太少，表7中个人生活满意度指数回归模型的企业主阶级回归系数不显著，但其他3个阶级的回归系数均显著，且都为正数，表明在相同性别、年龄和受教育水平的情况下，三个中产阶级群体（新中产阶级、老中产阶级和边缘中产阶级）的个人生活满意度明显高于工人阶级。其中，新中产阶级的回归系数最大，说明新中产阶级的个人生活满意度最高。回归模型中的性别和受教育年限的回归系数都不显著，表明不同性别和不同受教育水平的个人在生活满意度方面不存在差异。年龄回归系数是显著的，且为负数，说明年龄影响了个人生活满意度，年纪越大的人生活满意度越低。

表 7 线性回归模型系数（非标准化回归系数）

自变量	模型 1 个人生活满意度指数	模型 2 社会生活满意度指数	模型 3 政府信任指数	模型 4 权威认同指数	模型 5 不平等感受指数	模型 6 冲突意识指数
企业主阶级	0.542 (0.768)	0.706 (0.812)	1.031 (1.966)	1.543 (1.903)	-6.339 (4.329)	-0.844 (0.857)
新中产阶级	0.787** (0.105)	0.231* (0.111)	0.072 (0.268)	-0.806** (0.260)	-0.415 (0.591)	0.104 (0.117)
老中产阶级	0.424** (0.095)	0.188 (0.100)	-0.020 (0.243)	0.222 (0.235)	-1.378** (0.534)	-0.054 (0.106)
边缘中产阶级	0.326** (0.089)	0.002 (0.094)	0.039 (0.228)	-0.577** (0.221)	-0.033 (0.502)	0.211* (0.099)
性别（男性）	-0.002 (0.059)	0.007 (0.063)	-0.106 (0.152)	0.004 (0.147)	-0.401 (0.335)	0.109 (0.066)
年龄	-0.017** (0.002)	0.000 (0.003)	0.017** (0.006)	0.031** (0.006)	0.006 (0.014)	0.001 (0.003)
受教育年限	0.008 (0.009)	-0.015 (0.009)	-0.039 (0.022)	-0.222** (0.021)	0.062 (0.030)	0.098** (0.010)
常数项	1.179** (0.153)	1.231** (0.161)	3.475** (0.390)	1.226** (0.378)	-0.730 (0.860)	5.170** (0.170)
调整后 R^2	0.056	0.001	0.004	0.098	0.002	0.058

** $p \leqslant 0.01$；* $p \leqslant 0.05$。

注：①表中括号内数字为标准误。
②阶级参照组为工人阶级。
③各模型的样本量均为 2894。

（二）社会生活满意度

社会生活满意度指数得分和回归系数分析同样显示了阶级差异，社会经济地位越高的阶级对社会生活的满意度越高，不过，并不是所有中产阶级群体的社会生活满意度都高于工人阶级。表6所列各阶级的社会生活满意度指数得分中，企业主阶级的得分最高（1.7208），其次是新中产阶级和老中产阶级（1.2581和1.2957），这三个中产阶级群体的得分都高于工人阶级。但边缘中产阶级的得分（1.0647）却略低于工人阶级（1.0830）。

表7中模型2的各阶级回归系数中，仅新中产阶级的回归系数显著，且为正数，说明在相同性别、年龄和受教育水平的情况下，新中产阶级的社会生活满意度明显高于其他阶级。企业主阶级的回归系数由于个案少而不显著，但从表6可以看出，企业主阶级的社会生活满意度应该是高于其他阶级的。总体而言，企业主阶级和新中产阶级的社会生活满意度明显高于边缘中产阶级和工人阶级，而边缘中产阶级与工人阶级的社会生活满意度没有明显差异。老中产阶级的平均得分和回归系数都高于边缘中产阶级和工人阶级，但回归系数不显著。这说明老中产阶级内部对社会生活的评价差异较大，有一部分成员的社会生活满意度高于边缘中产阶级和工人阶级，但另一部分成员的满意度与这两个阶级相似。表7中模型2的性别、年龄和受教育年限3个控制变量都不显著，意味着在社会生活满意度方面三者没有差异。

（三）对政府的信任程度

表6数据显示，除了企业主阶级以外，其他阶级的政府信任指数得分都相当接近。企业主阶级的得分（4.4877）远远高于其他阶级（在3.5607至3.7317之间）。表7中模型3的所有阶级回归系数都不显著，说明各阶级对政府的信任程度基本相似。只有企业主阶级的回归系数明显大于其他阶级，但由于个案少而不显著。这也许表明企业主阶级对政府的信任度高于其他阶级[1]。另外，性别和受教育水平对政府信任度没有影响（其回归系数不显著），但年龄回归系数是显著的，即表明年长的人对政府的信任度高于年轻人。

---

① 由于调查数据中企业主个案数太少，这一结论不太确定。

（四）权威认同程度

权威认同指数的平均得分和回归分析都显示出中产阶级内部不同群体之间存在着极大的差异。表 6 所列出的各阶级权威认同指数得分中，新中产阶级和边缘中产阶级的得分是负数，并且新中产阶级的负数得分明显低于边缘中产阶级（ - 1.5608 和 - 0.8535）。企业主阶级、老中产阶级和工人阶级的得分是正数，并且数值相当接近（0.5825、0.7055 和 0.5009）。表 7 中模型 4 的回归分析显示出相同结果，新中产阶级和边缘中产阶级的回归系数是显著的，且为负数，同时新中产阶级的负数回归系数绝对值大于边缘中产阶级。其他三个阶级——企业主阶级、老中产阶级和工人阶级的回归系数都是正数且不显著，表明新中产阶级和边缘中产阶级的权威认同意识明显低于其他阶级。换句话说，新中产阶级和边缘中产阶级有较多的民主意识，与企业主阶级、老中产阶级和工人阶级相比，他们更不可能支持威权政体国家，其中新中产阶级的民主意识最强。老中产阶级和工人阶级的权威认同意识较为接近。回归模型中的企业主阶级回归系数虽然不显著，但其数值明显大于老中产阶级和工人阶级。这可能意味着企业主阶级的权威认同意识最强，最可能支持威权政体国家。上述数据分析结果显示，在权威意识方面，中产阶级内部似乎割裂为两个部分：一是拥有经济资本的中产阶级群体（企业主阶级和老中产阶级），其成员的权威认同意识较强、更可能支持威权政体；二是拥有较多文化资本的中产阶级群体（新中产阶级和边缘中产阶级），其成员拥有较多民主意识。另外，年龄和受教育年限回归系数是显著的，教育水平越高，权威认同意识越弱，民主意识越强；年纪越大权威认同意识越强，民主意识越弱。性别回归系数不显著。

（五）不平等感受程度

不平等感受指数的平均得分和回归分析也显示中产阶级内部不同群体之间存在着极大的差异。表 6 的平均得分显示，企业主阶级和老中产阶级的平均得分（ - 6.0967 和 - 1.5397）远低于新中产阶级和边缘中产阶级（ - 0.2890 和 - 0.0533），新中产阶级和边缘中产阶级的平均得分与工人阶级（ - 0.3740）相近。表 7 中模型 5 的回归系数也得出相似结果。新中产阶级和边缘中产阶级的不平等感受程度与工人阶级没有明显差异（回归系数不显著），而老中产阶级与工人阶级有显著差异（回归系数显著），企业主阶级回归系数不显著（个案太少），但回归系数很大。综合平均得分和回归系数的结果，企业主阶级的不平等感受最弱、对不平等现象的容忍度最高，老中产阶级的不平等感受也比较弱，而新中产阶级、边缘中产阶级和工人阶级的不平等感受较强，其中边缘中产阶级的不平等感受最强，对不平等现象的容忍度最低。不平等感受指数的数据分析结果也显示了中产阶级内部的割裂现象，在不平等感受方面，拥有经济资本的中产阶级群体（企业主阶级和老中产阶级）对不平等现象的容忍度较高，而拥有文化资本的新中产阶级和边缘中产阶级则对不平等现象的容忍度较低、期望更多的社会公平。表7的回归系数显示，在不平等感受程度方面，不存在性别、年龄和受教育程度的差异。

（六）社会冲突意识

表6的冲突意识指数平均得分同样显示了中产阶级内部的群体差异。新中产阶级和边缘中产阶级的冲突意识指数得分明显高于工人阶级，工人阶级的得分则略高于企业主阶级和老中产阶级。表7中模型6的回归分析结果与平均得分略有不同，仅有边缘中产阶级的回归系数是显著的，其他阶级的回归系数都不显著。这说明在控制了性别、年龄和受教育年限的情况下，只有边缘中产阶级的社会冲突意识与工人阶级有所不同，其他中产阶级群体则与工人阶级无明显差异。新中产阶级的冲突意识指数得分虽然很高，但其回归系数不显著，说明新中产阶级内部差异很大，一部分成员的社会冲突意识很强，但另一部分成员的社会冲突意识较弱。综合指数得分和回归系数来看，边缘中产阶级拥有比其他阶级更强的社会冲突意识，其他阶级的社会冲突意识水平相差不大。另外，教育水平对社会冲突意识的强弱具有明显影响（受教育年限的回归系数显著），文化水平越高的人，社会冲突意识越强。性别和年龄这两个因素对冲突意识强弱没有产生显著性影响。

六 结论和讨论

（一）对待社会政治变迁的态度

通过测量个人生活满意度和社会生活满意度指数可以预测中产阶级对

社会政治变迁的态度。个人生活满意度指数测量结果显示，所有中产阶级群体都表现出较高的个人生活满意度。其中，新中产阶级的满意度最高。同时，所有中产阶级群体的个人生活满意度都高于工人阶级。不仅指数得分和回归分析显示了中产阶级较高的生活满意度，答题选项的百分比也表明了同样的结果①。72%的新中产阶级成员声称最近5年里他们的生活水平得到了明显改善，68.8%的新中产阶级成员预期在未来5年里他们的生活还将进一步提高。企业主阶级、老中产阶级和边缘中产阶级的相应百分比略低于新中产阶级但明显高于工人阶级。大多数中产阶级成员对个人生活满意度较高，这预示着中国中产阶级，尤其是新中产阶级，很可能倾向于维持现状，对于可能发生的社会政治变迁，有可能采取谨慎态度，因为社会动荡将会影响中产阶级的生活状态。中产阶级表现出政治保守主义倾向。

在社会生活满意度方面，指数测量的结果是中产阶级内部各群体之间有所差异。企业主阶级和新中产阶级的满意度最高，而老中产阶级和边缘中产阶级的满意度较低，其满意程度与工人阶级相似。超过90%的企业主阶级和80.1%的新中产阶级成员认为社会稳定或比较稳定，86%的企业主阶级和76.4%的新中产阶级成员认为社会和谐或比较和谐。工人阶级、边缘中产阶级和老中产阶级对社会生活的评价明显低于前两个阶级，但这三个阶级也有大约70%的成员认为"社会是稳定的"和"社会是和谐的"。这表明中产阶级上层——企业主阶级和新中产阶级，更希望维持现有社会秩序，更可能反对社会变动，即具有明显的政治保守主义倾向，而中产阶级下层——老中产阶级和边缘中产阶级的保守主义倾向较弱。

总体而言，由于中产阶级成员对个人生活和社会生活基本满意，他们对社会政治变迁的态度倾向于保守主义而不是自由主义，并且中产阶级上层的保守主义倾向要比中产阶级下层更加强烈。

（二）对待国家和权威的态度

政府信任指数和权威意识指数反映了中产阶级对于当前政府执政的综合评价，以及对现存政体和国家权力的认同程度。政府信任指数的测量显示出，中产阶级各个群体对政府的信任度与工人阶级差异不大，中产阶级

---

① 由于篇幅所限，被调查者回答各项态度问题的百分比例表省略。

内部差异也不明显，只有企业主阶级似乎比其他阶级更信任政府，但由于个案太少而无法确定此结论。答题选项的百分比则显示出，5 个阶级都表现出对政府相当高的信任度，尤其是对中央政府的信任。98.6% 的企业主阶级、94.1% 的新中产阶级、94.8% 的老中产阶级、95.4% 的边缘中产阶级和 94.2% 的工人阶级表示信任中央政府。不过，对地方地府和其他几个政府部门的信任度（在 65% 至 75% 之间）明显低于对中央政府的信任。这表明中产阶级虽然对政府工作的某些方面和某些政府部门有诸多批评指责，但对国家最高权力部门仍保持较高程度的支持，意味着他们认可现存政体的继续维持，这是政治保守主义态度的表现。

在对国家权威的认同上，中产阶级内部凸显出差异性。新中产阶级和边缘中产阶级表现出较多的民主意识和较少的权威认同，倾向于自由主义价值；而企业主阶级和老中产阶级则持有较强的权威意识和较弱的民主意识，倾向于保守主义价值。工人阶级在这方面的态度与企业主阶级和老中产阶级较为接近。

上述结果说明，在对待国家和权威的态度方面，中产阶级内部具有不同倾向，企业主阶级和老中产阶级表现出更强烈的政治保守主义取向，支持现存政府并认可威权政体，新中产阶级和边缘中产阶级的政治保守主义倾向较弱，虽然支持现存政府，但期望更多的民主参与。总体而言，中产阶级在对待国家态度上都表现出明显的政治保守主义倾向，他们（与工人阶级一样）高度信任中央政府。拥有较多民主意识的新中产阶级和边缘中产阶级也同样高度支持中央政府，意味着即使他们持有部分自由主义价值理念，他们所希望的政治体制改革也只是改良性的和渐进式的，而非动摇现存政体。

（三）对社会不平等的态度

在社会公正理念方面，中产阶级内部呈现出割裂现象。企业主阶级和老中产阶级表现出明显的保守主义倾向，他们对社会不平等现象容忍度更高；而新中产阶级和边缘中产阶级则期望更高程度的社会平等，他们的社会不平等感受程度与工人阶级相似，新中产阶级和边缘中产阶级表现出明显的政治自由主义倾向。

另外，边缘中产阶级和新中产阶级部分成员的社会冲突意识十分强烈，36.8%的边缘中产阶级和41.1%的新中产阶级认为社会群体之间存在"较大的"或"严重的"利益冲突，54.2%的边缘中产阶级和58.6%的新中产阶级声称群体利益冲突"可能会激化"或"绝对会激化"，而老中产阶级认可上述两种回答的相应比例分别为31.0%和39.0%，企业主阶级的相应比例则更低。工人阶级的态度介于两者之间，他们的社会冲突意识弱于边缘中产阶级和新中产阶级，但强于老中产阶级和企业主阶级。越强的利益冲突意识，意味着越强烈地感受到上层阶级或垄断集团对下层阶级和弱势群体的利益剥夺，同时也意味着对现存不平等现象越强烈的批评，这是一种明显的政治自由主义取向。

中产阶级内部的不同群体对于社会公平的不同态度显示出中产阶级的内部分化，拥有经济资本的中产阶级（企业主阶级和老中产阶级）表现出政治保守主义倾向，而拥有文化资本的新中产阶级和边缘中产阶级则倾向于政治自由主义。

（四）年龄和受教育水平的影响

年龄和受教育水平对上述三个方面的社会政治态度产生了一定程度的影响。总体而言，年轻人表现出更多的政治自由主义倾向，老年人表现出更多的政治保守主义倾向。年纪越轻的人，民主意识越强，权威意识越弱，对政府的信任度越低。同时，受教育水平较高的人表现出更多的政治自由主义倾向，而受教育水平较低的人表现出较多的政治保守主义倾向。受教育水平越高，民主意识和社会冲突意识越强。

（五）最终结论：社会稳定力量或潜在的不安定因素

张翼（2009：234）在《中产阶级是社会稳定器吗?》中提出如下设定：如果中产阶级在社会政治态度方面比其他阶级更倾向于保守主义，那么它就会成为社会稳定器；如果相反，中产阶级持有比其他阶级更激进的社会政治态度，那么它会成为社会不安定因素的潜在制造者。本文的态度测量结果显示出中产阶级与工人阶级之间的态度差异，但不能确定地说，中产阶级比工人阶级更保守或者比工人阶级更激进。在某些态度上，比如个人生活满意度，中产阶级表现出比工人阶级更加保守的倾向，但在另一些态度上，比如权威意识方面，中产阶级则显示出比工人阶级更强的自由主义倾向。因此，还很难直接判断中产阶级到底是社会稳定器还是潜在的不安定因素。

本文认为，最重要的或者最有意义的差异不是存在于中产阶级与工人阶级之间，而是存在于中产阶级内部的不同群体之间。持有不同态度取向的中产阶级群体发挥着不同社会功能，对于中国社会未来走向产生着不同的影响。新中产阶级——作为拥有最多文化资本和最广泛社会影响力的群体，持有矛盾性的社会政治态度，是政治保守主义和政治自由主义的结合体。一方面，与其他阶级相比，新中产阶级成员有最强的民主意识，说明他们可能会成为民主化的主要推动力量，但另一方面，他们对个人生活现状和社会生活现状表现出极高的满意度，因为他们是改革开放和经济增长的最大受益群体之一。持有如此态度的新中产阶级肯定不希望发生剧烈的社会政治变动，虽然他们有可能期望更多的民主参与机会，但他们更可能倾向于选择渐进式的、不影响社会稳定的民主发展道路。拥有较多经济资本的企业主阶级和老中产阶级所持有的社会政治态度显示了更明显的政治保守主义倾向，他们的民主意识较弱而权威意识较强，更可能支持威权政体，并且社会公正理念较为淡薄。作为中产阶级下层的边缘中产阶级则可能成为最具有自由主义取向的中产阶级群体，他们的社会公正理念最强，对下层民众的疾苦最为同情，民主意识较强。在网络上对政府和社会现实发表最激烈批评意见的人大多数是边缘中产阶级成员。边缘中产阶级的主体部分是"80后"青年，他们文化水平较高，熟练掌握网络交流工具，关心社会问题并热衷于发表意见，积极参与公共事务，但他们也是承受市场竞争压力最大的中产阶级群体，就业压力和房价压力严重阻碍了他们"中产阶级梦想"的实现——上升到新中产阶级队伍并过上真正的中产阶级生活。梦想与现实的差距导致的焦虑心态有可能激发他们对社会的不满情绪，并且也有可能成为激进政治自由主义的温床。如果说中产阶级当中有哪一个群体会成为"社会不安定因素的潜在制造者"，那就是边缘中产阶级。

受教育水平与政治自由主义之间存在着正相关关系，年龄则与之存在负相关关系，年纪轻和文化水平较高的人的社会政治态度具有较明显的自由主义色彩，尤其在民主意识方面。这预示着中产阶级的保守主义倾向有可能会弱化，而自由主义倾向将会增强，因为会有越来越多拥有较高文化水平的年轻人加入中产阶级队伍。

总之，中国中产阶级内部存在着多种价值取向，既有保守主义的成分也有自由主义的成分。作为一个整体，他们对现状较为满意，对政府较为支持，一部分成员期望更多的政治民主和社会公正。这种复杂和矛盾的社会政治态度预示着中国的中产阶级可能会选择第三条道路——渐进式的、稳步的社会政治转型。因此，中产阶级在当前肯定是一种社会稳定力量，但其未来走向还存在一些不确定因素。如果拥有较多激进自由主义思想的年轻人加入中产阶级队伍，或者边缘中产阶级成员的焦虑心态进一步蔓延，又或者中产阶级上层（企业主阶级和新中产阶级）与中产阶级下层（老中产阶级和边缘中产阶级）的社会经济地位差距拉大而导致价值取向的割裂，都有增强中产阶级成为潜在不稳定因素的可能性。反之，如果拥有较多自由主义思想的边缘中产阶级成员随着年龄增长和社会经济地位改善，顺利加入中产阶级上层队伍，他们的保守主义意识就会增强，中产阶级将会继续发挥社会稳定器的功能。

参考文献

C. 莱特·米尔斯，2006，《白领：美国的中产阶级》，周晓虹译，南京大学出版社。

曹敏，2006，《中产阶级的政治文化转型与政治稳定：韩国的视域》，《广州社会主义学院学报》第 3 期。

杜伟、唐丽霞，2004，《析日本新中产阶级的形成与社会影响》，《贵州师范大学学报》（社会科学版）第 3 期。

郭继光，2000，《浅析新加坡中产阶级》，《东南亚研究》第 3 期。

何平立，2006，《现实与神话：东亚中产阶级与政治转型》，《上海大学学报》（社会科学版）第 2 期。

李春玲，2005，《断裂与碎片：当代中国社会阶层分化实证分析》，社会科学文献出版社。

李春玲主编，2009，《比较视野下的中产阶级形成：过程、影响以及社会经济后果》，社会科学文献出版社。

李路路，2008，《中间阶层的社会功能：新的问题取向和多维分析框架》，《中国人民大学学报》第 4 期。

李路路、李升，2009，《殊途异类：当代中国城镇中产阶级的类型化分析》，载李春玲主编《比较视野下的中产阶级形成：过程、影响以及社会经济后果》，社会科学文献出版社，第 195～213 页。

李路曲，2000，《东亚的中产阶级、市民社会与政治转型》，《当代亚太》第 11 期。

李强，2001，《关于中产阶级和中间阶层》，《中国人民大学学报》第 2 期。

刘长江，2006，《国家的现代化路径与中产阶级的类型》，《江苏行政学院学报》第 4 期。

刘欣，2009，《中国城市的阶层结构与中产阶级的定位》，载李春玲主编《比较视野下的中产阶级形成：过程、影响以及社会经济后果》，社会科学文献出版社，第 147～159 页。

张翼，2009，《中产阶级是社会稳定器吗?》，载李春玲主编《比较视野下的中产阶级形成：过程、影响以及社会经济后果》，社会科学文献出版社，第 231～251 页。

周晓虹，2002，《中产阶级：何以可能与何以可为?》，《江苏社会科学》第 6 期。

周晓虹主编，2005，《中国中产阶级调查》，社会科学文献出版社。

Burkhart, Ross E. and Michael S. Lewis-Beck. 1994. "Comparative Democracy: The Economic Development Thesis." *American Political Science Review* (88): 903–910.

Chen, Jie and Chunlong Lu. 2006. "Does China's Middle Class Think and Act Democratically Attitudinal and Behavioral Orientations toward Urban Self-Government." *Journal of Chinese Political Science* (11): 1–20.

Eccleshall, R. 1994. *Political Ideologies: An Introduction.* London: Routledge.

Eulau, Heinz. 1956. "Identification with Class and Political Perspective." *Journal of Politics* (18): 232–253.

Glassman, Ronald M. 1995. *The Middle Class and Democracy in Socio-Historical Perspective.* The Netherlands: E. J. Brill.

Glassman, Ronald M. 1997. *The New Middle Class and Democracy in Global Perspective.* London: Macmillan Press.

Goldthorpe, John H. 1987. *Social Mobility and Class Structure in Modern Britain.* Oxford: Clarendon Press.

Goodman, David S. G. (eds.) 2008. *The New Rich in China. Future rulers, Present Lives.* London: Routledge.

Hsiao, Hsin-Huang and Alvin Y. So. 1999. "The Making of the East Asian Middle Classes." In *East Asian Middle Classes in Comparative Perspective*, edited by Hsin-Huang Michael Hsiao. Taipei: Academia Sinica: 3–49.

Hsiao, Hsin-Huang Michael. 1999. *East Asian Middle Classes in Comparative Perspective.* Taipei: Academia Sinica.

Hsiao, Hsin-Huang Michael. 2001. *Exploration of the Middle Classes in Southeast Asia.* Taipei:

Academia Sinica.

Hsiao, Hsin-Huang Michael. 2006. *The Changing Faces of the Middle Classes in Asia-Pacific*. Taipei: Academia Sinica.

Huntington, Samuel P. 1991. *The Third Wave : Democratization in the Late Twentieth Century*. Norman: University of Oklahoma Press.

Johnston, Alastair Iain. 2004. "Chinese Middle Class Attitudes Towards International Affairs: Nascent Liberalization?" *The China Quarterly* 179: 603 – 628.

Jones, David Martin and David Brown. 1994. "Singapore and the Myth of the Liberalizing Middle Class. " *Pacific Review* 7 (1): 79 – 87.

Jones, David Martin. 1998. "Democratization, Civil Society and Illiberal Middle Class Culture in Pacific Asia. " *Comparative Politics* (2).

Leach, R. 2002. *Political Ideology in Britain*. London: Palgrave.

Lipset, Seymour Martin. 1959. "Some Social Requisites of Democracy: Economic Development and Political Legitimacy. " *American Political Science Review* (53): 69 – 105.

Lipset, Seymour Martin. 1963. *Political Man : The Social Bases of Politics*. New York, Anchor Books.

Nisbet, R. 1986. *Conservatism*. Buckingham: Open University Press.

Walsh, Katherine Cramer, M. Kent Jennings, and Laura Stoker. 2004. "The Effects of Social Class Identification on Participatory Orientations towards Government. " *British Journal of Political Science* (34): 469 – 495.

Wright, Erik Olin. 1979. *Class Structure and Income Determination*. New York: Academic Press.

Wright, Erik Olin. 1985. *Classes*. London: Verso.

数据误差的调整效果的评估[*]

—— 对杨舸和王广州商榷文章的再商榷

李春玲

摘　要：本文是针对杨舸和王广州的《户内人口匹配数据的误用与改进》所提出的商榷意见的回应。基于杨文对人口普查和抽样调查数据匹配所产生的选择性偏差的讨论分析以及数据再检验结果，作者对于调整数据偏差的方法及其效果进行了详细分析和数据论证，其结论是：杨文提出的商榷意见没有得到数据分析的支持，同时，杨文所采用的调整偏差的方法也不能有效地估计和解决作者相关研究的选择性偏差问题。

关键词：人口匹配数据　选择性偏差　偏差调整

笔者在《社会学研究》2010 年第 3 期上发表了《高等教育扩张与教育机会不平等——高校扩招的平等化效应考查》一文（以下简称李文），此项研究采用了国家统计局 2005 年 1% 人口抽样调查的父子匹配数据，对大学扩招前后的高等教育不平等变化趋势做了系统考查。杨舸和王广州撰写了《户内人口匹配数据的误用与改进》一文（以下简称杨文），对于本人所采用的数据的"选择性偏差"及其对分析结论的影响，提出了一些商榷意见，本文在此针对这些商榷意见做出回应。

一　杨文的主要论点及其商榷意见

杨文指出，由人口抽样调查原始数据中产生的户内人口匹配数据存在着选择性偏差，选择性偏差会影响数据分析的结果，因此需要对匹配数据

---

* 原文发表于《社会学研究》2011 年第 3 期。

进行调整处理，以减少选择性偏差，从而使数据分析结论更加可靠。杨文以李文为例，用调整处理后的匹配数据（加权数据和再抽样数据）的分析结果与李文的分析结果进行对比，期望能够发现分析结果的差异，以此证明选择性偏差对李文的研究结果产生了影响（第一个商榷）。不过，最终的数据对比发现，杨文调整后数据的分析结论与李文的结论基本一致，即杨文所提出的选择性偏差并未对李文的主要结论产生多大影响。这也就是说，杨文提出了商榷问题，但未能充分证实这一问题的存在。另外，杨文对李文的匹配数据的质量也提出了商榷（第二个商榷）：匹配程序的不同导致了匹配数据的样本数量的差异，这可能影响数据的可靠性从而也可能影响研究结论。然而，同样地，杨文也只是提出商榷问题，但未能证实这一问题，因为李文的匹配数据的相关变量的比例分布及其分析结果与杨文匹配数据基本一致。第二个商榷不是方法问题，与选择性偏差无关，它只是一个数据处理的技巧问题，因此不是本文回应的重点，而只是顺带加以说明。本文重点回应的是第一个商榷，即选择性偏差是否影响了李文的主要结论。

二 选择性偏差对李文结论的影响有多大

李文采用两组模型来分析高等教育机会的不平等，第一组模型是考查大学扩招前后的高等教育机会的城乡差异、阶级差异、性别差异和民族差异，第二组模型是比较大学本科与大学专科的上述差异。杨文采用了三个数据——重构数据（未调整的匹配数据）、加权数据（调整后匹配数据）和再抽样数据（调整后匹配数据）——对两组模型进行重新检验，以此评估选择性偏差对李文结论有多大影响。

表1列出了李文数据分析结果与杨文三个数据的分析结果的比较。杨文重构数据是未调整的匹配数据，即未考虑选择性偏差的问题。杨文把重构数据与李文数据进行对比，其目的是想证明李文的匹配数据的可靠性较差（第二个商榷），因为两个数据的样本量差距很大。① 然而，表1显示两

① 杨文匹配数据样本数量为95075，李文匹配数据的样本数量仅为19615。其原因是，为了简化匹配程序和减少工作量，李文仅对家庭户中排列前六位的"户主与父亲"和"户主与子女"进行配对，实际配对成功的样本数量远少于杨文；另外，在对成功配对的样本进行数据清理过程中又删除了大约1/3的样本，其中27%的样本是因缺少父（转下页注）

个数据得出的结论可以说相当一致。唯一明显的差异是第二组模型的"父亲月收入"回归系数，李文数据显示"父亲月收入"对大学专科机会的影响大于大学本科，而杨文数据则相反。

表 1　李文结论与杨文数据分析结果的对比 ①

结论	李文数据 （N = 19615）	杨文重构数据 （N = 95075）	杨文再抽样数据 （N = 25376）	杨文加权数据 （N = 95075）
城乡 不平等	（1）城乡之间的高等教育机会存在较大程度的不平等；	支持	支持	支持
	（2）大学扩招后上述城乡不平等进一步扩大；	支持	支持	支持
	（3）大学本科机会的城乡不平等大于大学专科；	支持	支持	支持
	（4）大学扩招后本科和专科的城乡不平等都没有下降	支持	支持	支持
阶级 不平等	（1）存在明显的阶级不平等，即父亲的职业、受教育程度和收入都影响了子女的高等教育机会；	支持	支持	支持
	（2）大学扩招后阶级不平等没有下降，即父亲的职业、受教育程度和收入的影响都没有下降；	基本支持 父亲教育的影响有极微小的下降，其他结果相同	基本支持 父亲教育的影响有极微小的下降，其他结果相同	部分支持 父亲职业的影响明显下降，父亲教育的影响有极微小的下降，其他结果相同
	（3）大学本科与大学专科相比较，父亲职业对大学本科教育机会的影响大于大学专科，父亲受教育程度对两者影响接近，父亲收入对大学专科教育机会的影响大于大学本科；	部分支持 父亲收入对大本的影响大于大专，其他结果相同	部分支持 父亲收入对大本的影响大于大专，其他结果相同	部分支持 父亲收入对大本的影响大于大专，其他结果相同

（接上页注①）亲相关信息（主要是职业和收入）而被删除，另外被删除的样本是因为个人信息相互矛盾，这样做的目的是提高数据信息的准确性和可靠性。由于匹配处理程序的不同，李文最终匹配数据的样本量远远少于杨文数据。根据以往同类研究的经验，样本数在 10000 左右就足以进行此项研究。

① 杨文提交给《社会学研究》编辑部的第一稿列出了重构数据、加权数据和再抽样数据的两组模型的回归系数表，本文表 1 是基于杨文第一稿的回归系数表归纳的数据结论，本期刊发的杨文删减了再抽样数据的回归系数表，只保留了重构数据和加权数据的回归系数表，再抽样数据的分析结果以文字方式表述。

结论	李文数据 （N = 19615）	杨文重构数据 （N = 95075）	杨文再抽样数据 （N = 25376）	杨文加权数据 （N = 95075）
阶级 不平等	（4）大学扩招后，大学本科和专科的阶级不平等没有下降	基本支持 父亲教育的影响有极微小的下降，其他结果相同	支持	基本支持 父亲教育的影响有极微小的下降，其他结果相同
性别 不平等	（1）高等教育机会存在性别差异，在同等条件下（相同家庭背景、户口和民族），女性上大学机会多于男性；	支持	不支持 没有性别差异	不支持 男性机会多于女性
	（2）大学扩招后性别差异没有变化	支持	支持	不支持 性别差异缩小了
民族 不平等	（1）高等教育机会存在民族差异，汉族机会多于少数民族；	支持	支持	支持
	（2）大学扩招后民族差异没有减少	支持	支持	不支持 民族差异缩小了

另一处差异则几乎可以说不算差异，李文数据显示大学扩招后父亲受教育程度的影响没有变化，而杨文数据则显示其影响有所下降，但由于系数的 Exp（B）接近于 1（0.96），表明其下降幅度极小。此外，杨文声称其模型的某些回归系数比李文的相应系数大一些或小一些，这应该属于正常现象。从事数据分析的研究者都知道，即使是从同样的一个总体中抽取出两个代表性相同的数据，其系数也会出现或大或小的波动。

杨文的加权数据和再抽样数据是调整后匹配数据，即对选择性偏差进行了调整处理的数据，杨文列出这两个数据的模型再检验的目的是论证选择性偏差对李文结论产生了影响（第一个商榷）。杨文认为，选择性偏差最可能的影响是夸大城乡之间的高等教育机会不平等，如果这一观点得到证实，的确会对李文的研究结果构成根本性的挑战，因为李文的最主要的结论是：城乡之间存在着较大程度的不平等，而大学扩招后城乡之间的不平等进一步扩大。然而，数据对比结果显示，杨文数据分析结果完全支持李文结论，而且两者对城乡差异的估计及其扩大程度（回归系数）几乎完全一致。李文估计，城市人上大学的机会是农村人的 3.4 倍，而扩招后差距拉大到 5.3 倍；杨文再抽样数据的相应估计是 3.4 倍和 5.2 倍，杨文加权数据的相应估计是 3.9 倍和 5.5 倍。杨文提出的选择性偏差对李文分析结论可能产生的最主要影响没有得到数据证实。

除了城乡差距的估计以外，李文的大部分结论获得了杨文加权数据和再抽样数据的支持，而且大部分的回归系数较为接近。当然，杨文的调整后数据分析结果在个别方面与李文数据有所不同，但是，无法解释的是，杨文所提供的两个调整后数据（加权数据和再抽样数据）的分析结果不一致。虽然这两个数据采用的调整策略不同——一个用加权的方式而另一个用再抽样的方式，但缩减偏差的调整原则是一致的——都是通过调整"子女的性别、户口身份、年龄、受教育程度、是否流动和婚姻"6 个变量的分布比例来达到减少选择性偏差的目的，因为杨文认为匹配数据在上述 6 个方面存在选择性偏差并影响分析结果。从理论上来说——同时也按照杨文的推论逻辑来说——如果未调整数据因上述偏差而得出了错误结论，那么调整后数据（加权数据与再抽样数据）会因上述偏差的调整而纠正错误结论，其结果应该是这两个调整后数据与未调整数据（李文的数据和杨文重构数据）之间的差异是相同的。然而，这两个调整后数据与未调整数据的差异有明显不同。再抽样数据的分析结果与杨文的重构数据（未调整数据）的结果可以说是完全一致（除了"性别"回归系数略有变化），也与李文数据差异极小。这也就是说，单就再抽样数据本身来看，减少选择性偏差的调整基本上未能改变原有结论，或者也可说，杨文所提出的 6 个方面的选择性偏差对李文数据分析结果没有明显影响。

与再抽样数据相比较，加权数据与李文数据和杨文重构数据的差异则要大一些。其主要的差异表现在三个交互项的回归系数——"父亲职业"、"性别"和"民族"与"年龄组"的交互项，杨文的再抽样数据、重构数据和李文数据的这三个交互项的回归系数都是不显著的（扩招后高等教育的性别差异、民族差异以及父亲职业对上大学机会的影响都没有变化），而只有杨文加权数据的这三个回归系数是显著的（扩招后高等教育的性别差异、民族差异以及父亲职业对上大学机会的影响有所下降）。杨文数据的这一结果的确与李文数据（同时也与杨文再抽样数据和重构数据）差异明显，这一差异是由选择性偏差导致的吗？如果是的话，为什么再抽样数据没有得出同样的结果？杨文解释说，这是因为样本规模的原因，再抽样数据样本数量小（25376），而加权数据样本数量大（95075）。笔者完全同意杨文的这个解释，交互项的显著水平容易受到样本数量的影响。然而，顺着这个解释我们得出的结论是，造成杨文加权数据的分析结果与李文数据分析结果的最大差别的原因，是样本规模不同（李文数据的样本规模与杨文再抽样数据接近），而不是杨文所说的选择性偏差。样本规模大是否必然减少选择性偏差？答案是否定的，这两者之间缺乏必然联系。大样本数据的分析结论是否必然比小样本数据的结论更可靠，这也未必。样本规模增大是会减少随机误差，但会增加系统误差，哪个结论更可靠，还需要具体问题具体分析。与有关教育不平等的同类研究（采取类似分析模型的研究）相比较，李文数据和杨文再抽样数据的样本规模应该是比较大的，一般来说，不会因为样本规模而影响结论的稳定性。在实际的数据分析工作中，样本数量非常庞大可能会导致原来不显著的系数变得显著，但由此获得的结论不一定可靠，还需要参考其他数据的分析结果来判断其结论是否与现实相符。在本项研究中，李文数据、杨文重构数据和再抽样数据都显示，大学扩招后高等教育机会的阶级不平等、性别差异和民族差异没有明显减少，而仅有杨文加权数据得出的结论是上述不平等有所下降，在这种情况下，我们不能肯定地说，加权数据的结论比其他三个数据更可靠。

杨文加权数据分析结果与李文数据（以及杨文重构数据和再抽样数据）的另一个明显差异是对高等教育机会的性别差异的估计。李文数据和杨文重构数据的结论是：在同等条件下（相同家庭背景、户口和民族），女性上大学的可能性高于男性。杨文认为这一结论不合常理，是匹配数据的性别偏误导致了这一错误结论，而加权数据纠正了这一错误，其结论是，在相同条件下，男性上大学的可能性高于女性。杨文认为加权数据的结论更符合常理，笔者对此不太认同。如果我们分析的是所有人口的高等教育机会，较为合理的结论应该是男性上大学的可能性高于女性。但是，在青年人口（本研究的分析对象）当中，男女上大学的概率较为接近，而家庭背景对女性上大学机会的影响大于男性，在控制了家庭背景及相关变量的情况下，男性上大学的可能性高于女性或低于女性并无定论，模型加入不同的控制变量会产生不同的结论。因此，并不能根据所谓的常理确定加权数据的结果更为正确。另外，李文已经指出，2005年1%人口抽样调查数据本身存在明显的性别误差（女性比例偏高），而匹配数据又存在反方向的性别偏差（男性比例偏高），性别偏误又与年龄和受教育水平存在交叉偏误，如此复杂的与性别相关的误差，使这一数据不太适用于准确估计高等教育机会的性别差异。表1也显示出四个数据对性别差异的估计最为不稳定，结论各不相同，加权数据结论不仅与李文数据和杨文重构数据不同，而且也与再抽样数据不同。因此，笔者认为，杨文依此论证选择性偏差的影响不太合适。

基于上述四种数据分析结论的对比，笔者对杨文提出的选择性偏差问题的商榷（第一个商榷）做下述几点总结性回应：第一，杨文数据支持李文数据的主要结论和大部分的结论，这说明杨文所提出的选择性偏差并未对李文结论产生明显影响；第二，杨文数据与李文数据分析结果存在的差异并非选择性偏差导致的，而是其他因素导致的；第三，对于杨文数据与李文数据的结论差异，没有充分证据说明杨文的结论比李文更可靠；第四，因加权数据与李文数据分析结果差异更大而认为加权数据更可靠，杨文的这一做法不够科学严谨。另外，李文数据与杨文重构数据和再抽样数据的大部分结论相同并且回归系数相似，说明杨文提出的第二个商榷（李文数据匹配程序有误可能导致结论错误）不成立。

三　为什么杨文不能证实选择性偏差的影响

杨文指出各类户内匹配数据存在选择性偏差，这些偏差可能会对数据分析结果产生影响，对此笔者十分赞同。杨文进一步提出需要对匹配数据进行调整处理以减少选择性偏差，从而纠正匹配数据的选择性偏差所导致的错误结论，对此笔者也十分认同。但是，为什么杨文的数据再检验未能证明选择性偏差对分析结论的影响，调整后数据也未能有效地改进原来数据的结论？本文认为，这可能因为杨文过于简单地理解选择性偏差的影响，其处理方式未能准确估计选择性偏差及其影响。标准的统计方法教科书对于数据偏误通常区分为两类：随机误差和系统误差。但在误差数据的调整处理的实际过程中，我们应该考虑的是另外两种误差分类。一种区分是可观测的偏差与无法观测的偏差。可观测的偏差是我们可以准确估计并能够进行纠正处理的偏差，比如，我们所收集的抽样调查数据通常存在年龄和性别偏差（年龄大的人和女性比例过高），而其他信息（人口统计资料）提供了人口的实际性别比例和年龄分布，在这种情况下，我们可以准确估计偏差的程度并用已获知的性别比例和年龄分布对数据进行调整处理，从而消除偏差。无法观测的偏差是我们无法准确估计并纠正处理的偏差，比如，我们猜测调查数据中企业主、领导干部或流动人口的比例过低，但是我们又无法获知这些人在总人口中的实际比例，也就无法去纠正偏误。另一种误差区分是有关联的偏差与无关联的偏差。有关联的偏差是会对研究结论产生影响的偏差，无关联的偏差是对研究结论不会产生影响的偏差。在实际的研究工作中，我们需要考查并加以纠正的是有关联的偏差，而无关联的偏差则可以忽略。标准的定量研究的文章都会提供相关变量的描述性统计表，它提供了相关变量的比例分布或均值及标准差。研究人员通过这个统计表，对是否存在关联性偏差以及有多大程度的偏差做出基本判断，并估计这些偏差是否可能对研究结论产生影响，或者这一数据是否适用于做此类研究。

杨文未能认真考虑上述偏差的性质区分，它只是通过匹配样本与未匹配样本的初步对比分析来估计偏差，并根据原数据（2005 年 1% 抽样调查数据）所能提供的信息，选择"子女的性别、户口身份、年龄、受教育程度、是否流动和婚姻"这 6 个变量的比例调整来解决偏差问题。这 6 个方面的偏差是可观测的偏差，但未必都是有关联的偏差，而某些有关联的偏差可能未能包括在内。简单地对可观测误差进行调整，其效果只是改进了数据在某些方面的代表性，而未必能减少关联性偏差对研究结果的影响。同时，杨文在上述 6 个变量上对匹配数据进行调整还有可能产生新的关联性偏差。

笔者在开始此项研究时，也关注了匹配数据的选择性偏差问题，而且也曾经考虑过采用与杨文类似的方式解决偏差——完全基于原始数据（2005 年 1% 人口抽样数据）信息调整偏差，但发现这种方式在解决此项研究的偏差上有很大的局限性，可能达不到预期效果。第一个局限性是，原始数据无法提供某些重要变量的比例分布信息，从而无法估计关联性偏差的程度，比如家庭背景变量（父亲的职业、户口、受教育程度和收入等），家庭背景的样本分布会对研究结果产生极大影响，而杨文采用的方式无法解决这个问题。第二个局限性是，原始数据（2005 年 1% 人口抽样数据）本身存在某些样本偏误（如性别、年龄和受教育程度），如果我们仅根据原始数据相关信息去做调整处理，那么调整后的数据还是存在偏误的数据。杨文把原始数据作为总体的完美代表，完全基于原始数据信息进行偏差校正，这种方式不能有效地估计和校正关联性偏差。出于上述考虑，笔者采用另一种策略考查匹配数据的样本代表性和偏差程度。一是把考查的重点放在关联性偏差的评估上，即对相关变量比例分布进行细致分析，二是参考其他数据信息，以弥补原始数据缺失信息和样本偏误，从而更全面地估计关联性偏差。

李文把匹配数据相关变量的比例分布与原始数据、中国人民大学的 CGSS 全国抽样调查数据、中国社会科学院社会学研究所的 CGSS 全国抽样调查数据进行对比，[①] 初步判断李文数据是否存在明显的关联性偏差，是否需要对偏差进行调整，以及这个数据是否适用于这项研究。对比的结果（详细内容参见李文）显示，李文数据在相关变量的分布上较为合理，仅发现性别偏差明显，需要进行加权调整处理，因原始数据的性别比例也有偏差，李文数据是根据 2000 年人口普查数据的相同出生年代的人的性别比例进行加权。四种数据比较虽然不能完全否定李文数据存在关联性偏差，但可以确定的是，李文数据没有显示明显的关联性偏差，此数据可用于这项研究。

杨文未提供其调整后数据（加权数据和再抽样数据）的相关变量的比例分布，我们无从估计杨文的数据调整（对可观测变量的调整）是否有效地减少了关联性偏差，即是否有效地减少了对研究结果可能产生影响的偏差。我们也无从判断，可观测变量的调整是否影响了相关变量的原有比例分布，而导致关联性偏差加大或产生了新的关联性偏差。杨文仅提供了重构数据（未调整的匹配数据）的相关变量比例分布，其目的是想证明杨文的匹配数据比李文的匹配数据的质量更高，因为杨文的样本数据更大和匹配程序更严谨。杨文提出两个数据的分布比例有下述几个差异。一是性别比例，这一差异应该不明显，杨文数据是 65%，李文数据是 63%，只不过相关变量的描述性统计表中所列的是加权后性别比例 51.5%（李文对此有专门说明）。二是少数民族比例，李文数据的比例为 10.1%，杨文数据为 12.6%，原始数据的比例为 10.4%，李文数据更具有代表性。三是接受高

---

① 人大和社科院 CGSS 数据提供了家庭背景（父亲职业、受教育程度、户口等）相关变量的比例分布。四种数据相关变量分布的数据表原来包括在李文的原稿中，后因《社会学研究》的版面问题把此表省略，其内容以文字方式表述。

等教育的比例，李文数据是 19%，杨文为 12.1%，原始数据的比例为 13.1%，社科院 CGSS 数据是 17.8%，人大 CGSS 数据是 27.5%（此数据的比例明显过高），各数据比例差异较大，很难直接判断哪一个更具有代表性。不过，统计数据显示，2005 年我国的大学毛入学率为 21%，因此很可能李文数据比例比杨文数据更接近实际比例。另外几个差异涉及父亲职业和户口等相关比例，参考两个 CGSS 数据的分布情况，李文数据似乎更接近于实际分布。相关比例分布的对比，未显示出杨文数据比李文数据更具有代表性或更加可靠。

上述分析说明，杨文仅根据原始数据信息所做的可观测偏差的调整，未能有效地解决李文的选择性偏差问题，从而不能证实李文数据是否存在关联性的选择性偏差以及这些偏差对研究结论的影响。

四　回应总结

杨文针对李文提出的两个商榷意见都没有得到数据分析的支持，相反，杨文的数据更有力地支持了李文的主要结论，说明杨文所提及的选择性偏差并未对李文的结论产生明显影响。同时，杨文数据与李文数据的样本分布和分析结果的对比表明，匹配程序不同而导致的样本数量差异并未影响李文数据的代表性和可靠性。尽管杨文针对李文提出的商榷不能得到证实，但是，杨文提出的问题还是有意义的。选择性偏差不仅存在于匹配数据中而且也存在于其他类型的数据中，数据分析的研究人员需要对这一问题加以关注。杨文提出了解决选择性偏差的一种思路，这一思路的大方向是对的，虽然采用的具体方法未能对李文可能存在的选择性偏差进行有效评估，但杨文对这一问题的深入探讨是极有价值的。感谢杨文的两位作者对笔者的研究进行再检验，通过他们的再检验分析，笔者对这一问题的认识得以提高，在与他们的分析讨论中也有极大获益；笔者虚心接受两位作者对于数据匹配的技术问题的批评，在以后的研究中将以更严谨的态度来改进匹配程序。两位作者对于学术研究的精益求精的态度令人钦佩。最后，笔者也欢迎学术同仁继续批评和讨论。

中国新生代农民工：社会态度和行为选择[*]

李培林　田　丰

摘　要：20 世纪 80 年代以后出生的"新生代农民工"现已达到约 1 亿人，成为中国社会转型过程中破除城乡二元结构、加快推动城镇化进程的关键人群。与"老一代农民工"相比，新生代农民工的价值取向和行为规则等已发生很大变化。本文基于中国社会科学院社会学研究所 2008 年"全国社会状况综合调查"数据，比较分析了新生代农民工的收入状况、受教育水平、工作技能、消费特征和地位认同，并重点分析了"代际"（新生代）和"阶层"（农民工）两个因素对新生代农民工的处境、行为取向和社会态度的影响，以及收入、生活压力和社会态度三者之间的关系。研究发现，生活压力的变化和个人权利意识的增强，对新生代农民工的社会态度和行为取向具有非常重要的影响。

关键词：新生代农民工　社会态度　行为选择　生活压力

"新生代农民工"目前已受到中国政府的高度关注。2010 年中央一号文件《中共中央　国务院关于加大统筹城乡发展力度　进一步夯实农业农村发展基础的若干意见》，第一次在中央正式文件中使用了"新生代农民工"的概念。2010 年 2 月 1 日，国务院新闻办公室举行新闻发布会，中央财经领导小组办公室副主任唐仁健在会上表示，"'新生代农民工'主要指的是'80 后'、'90 后'，这批人目前在农民工外出打工的 1.5 亿人里面占到 60%，大约 1 个亿。一方面，他们出生以后就上学，上完学以后就进城打工，相对来讲，对农业、农村、土地、农民等不是那么熟悉。另一方面，

---

* 原文发表于《社会》2011 年第 3 期。

他们又渴望进入、融入城市社会，享受现代城市的文明，而我们又总体上或者在很多方面也还没有完全做好接纳他们的准备"（唐仁健，2010）。

2010 年 1 月 23 日至 5 月 26 日，在短短四个多月的时间里，广东省深圳市台资企业富士康①厂区内接连发生 12 起令人震惊的新生代农民工跳楼自杀事件，造成 10 死 2 重伤的悲惨结局。全国哗然，举世震惊。面对这一事件，民众、政府、学界、媒体和企业界都在询问：到底发生了什么？究竟是什么原因使得他们对生活彻底失去信心，对现实感到绝望？如此密集的连续跳楼自杀事件，究竟是孤立的个案，还是具有内在联系的集体行为？

学界和媒体对此事件的解释和看法并不一致。一些心理学家认为，新生代农民工远离家庭和社区，相比历经艰苦生活磨炼的老一代农民工，心理更加脆弱，因而将此看作一个群体心理问题；一些管理学家认为，富士康对新生代农民工采取军事化管理方式，试图把生产者变成纪律严明的劳动大军，但无视人的精神生活，缺乏人性化管理；一些媒体甚至在反思，是不是媒体起到了行为模仿的诱导作用，因为媒体从富士康员工发生第 7 起自杀事件后就密集报道，在不断报道中相同的自杀事件却连续发生；民众则大多认为，这是被政府忽视、被社会排斥、被企业压迫的新生代农民工为一味追求经济发展和利润所付出的生命代价，企业、社会和政府都难辞其咎。

一些社会学家发出愤怒的呐喊，呼吁全社会从经济社会的深层原因去反思我们的发展模式。2010 年 5 月 19 日，在富士康连续出现 9 起新生代农民工自杀事件之后，北京大学、清华大学和中国社会科学院等著名高校及研究机构的 9 名社会学家通过媒体向社会发表了《杜绝富士康事件》的公开信（参见沈原等，2010）。信中指出，"我们从富士康发生的悲剧，听到了新生代农民工以生命发出的呐喊，警示全社会共同反思这种以牺牲人的基本尊严为代价的发展模式"。不幸的是，在公开信发表之后，富士康又连续发生员工自杀事件。

---

① 富士康集团是著名的台资企业，主要从事电脑、通信、电子产品的制造，1974 年在中国台湾创立。自 1988 年在深圳建厂以来，规模迅速扩大，共拥有 60 余万员工，是全球最大的电子产业专业制造商。2008 年，富士康出口总额达 556 亿美元，占中国大陆出口总额的 3.9%，连续 7 年居大陆出口 200 强榜首。在《财富》2009 年全球企业 500 强排位中，富士康居第 109 位。

这封公开信所提出的问题，也恰恰是本文要回答的问题和要证明的假设，即新生代农民工的连续自杀事件，所反映的并不是一个个体心理问题或行为模仿问题，也不仅仅是一个管理方式问题，而是有其深层的经济、社会原因。

一 "新生代农民工"的概念解析和文献回顾

"新生代农民工"所蕴含的第一个概念是"代"的概念。"代"在社会学中与阶层、职业、种族、性别一样，也是一个重要的社会人群划分方法和社会分析概念（米德，1988；周怡，1994；武俊平，1998）。"代"一般有三种不同的含义：一是年龄差别产生的代际关系，如青年和老年；二是血缘关系产生的代际关系，如父辈和子辈；三是以共同的观念和行为特征产生的"代"，如"第五代导演""80后"等。研究社会重大事件对一代人的生活历程、行为方式、价值观念等的影响，是社会学的一个重要议题。美国社会学家埃尔德（G. H. Elder）曾出版《大萧条的孩子们》一书，他利用经验调查资料，力图解释 1929 年至 1933 年全球性的经济大萧条对儿童成长的影响。他的研究表明，萧条、战争和极端的社会骚乱这类重大社会事件和危机时期，会重新建构个人的生命历程（埃尔德，2002）。周雪光和侯立仁把这个议题引入对当代中国的研究，他们在《文革的孩子们——当代中国的国家与生命历程》一文中，研究了"文革"中的"上山下乡"运动对一代人的影响，发现这种改变生活命运的影响是持续的，而且对不同社会阶层的孩子产生了不同的影响（周雪光、侯立仁，2003）。田丰则在《改革开放的孩子们》一文中，分析了改革开放后出生的"80后"新一代青年，发现他们的工作特征、生活方式、公平感和民主意识都与老一代有显著的差异（田丰，2009）。

以往对新生代农民工的研究多从新生代与老一代农民工之间的差异出发。王春光（2006）立足于新生代农民工在身份认同和社会融入方面与老一代农民工的差异，从社会心理、日常生活行为和制度等三个层面，将新生代农民工的城市融合状况概括为"半城市化"状态，认为中外城市化过程中都要经历一代人左右的"半城市化"，一旦化解不好，可能出现另一个结构性问题——"城市贫民窟"。王正中（2006）从职业发展角度分析认为，正是新生代农民工改变了老一代农民工"有工就打"的择业路径，他们对职业发展和就业岗位的"理性"选择，改变了中国劳动力"无限供给"的状况，也成为东南沿海地区出现"民工荒"的重要原因。也就是说，新生代农民工从单一关注工资待遇，转向更多地关注自身职业前途和发展潜力，不再一味追求赚钱多的苦、脏、累、危、重的工作，而是更希望获得"体面工作"的机会。蔡禾和王进（2007）将理性选择和迁移理论结合起来，分析农民工永久居留在城市的意愿，发现年龄小、学历较高的农民工更倾向于永久居留在城市。丁志宏（2009）的研究表明，与老一代农民工相比，新生代农民工在外出动机、身份认同和职业发展等方面都发生了根本性变化。

事实上，"新生代农民工"除了蕴含着代际概念之外，还包含"农民工"这一社会阶层概念的限定性，是"阶层群体＋年龄群体"的概念。所以，将新生代农民工作为研究对象时，不仅要遵从历史逻辑来关注代际差异，而且要注重结构逻辑，重新审视他们在社会结构中所处的位置。本文将"新生代农民工"视作依照社会身份、职业和年龄这三个标准划分出的一个新社会阶层，所使用的"新生代农民工"的概念包括了以下规定性：其一，这是一个职业群体，他们从事工、商等非农产业工作，但主要是工业工作；其二，这是一个社会身份群体，他们的户籍是农民，一般来说他们的父辈身份也是农民或农民工；其三，这是一个年龄群体，属于1980年以后出生的"80后"一代。之所以选择1980年作为时间界点，是因为这大致也是我国改革开放的时间点，"80后"一代生活经历与父辈完全不同（经济快速发展、对外开放、城市出现独生子女一代、互联网和全球化背景），而"新生代农民工"更是"80后"一代中具有特殊生活经历的年龄群体（几乎没有农耕经验、不再愿意在农村生活一辈子，但难以改变农民身份、难以融入城市社会、难以忍受没有尊严的生活）。

当从历史逻辑和结构逻辑的双重视角重新审视"新生代农民工"时，很容易让人想到一个问题，那就是"新生代农民工"所具有的特点究竟是由历史逻辑所决定，即主要是受到新时期经济快速发展、社会剧烈变革过程的影响，还是由结构逻辑所决定，即主要由他们在社会结构中所处的位置所决定？抑或是两者交融产生特殊的影响？要想解答上面的问题，需要将"新生代农民工"与"老一代农民工"进行比较，同时也需要把"新生代农民工"与"新生代"的其他社会阶层进行比较。

本文与以往研究的不同之处，在于验证历史逻辑和结构逻辑对新生代农民工的不同影响，将新生代农民工的经济收入、生活压力和社会态度作为一组变量，全面分析审视历史逻辑和结构逻辑对新生代农民工经济收入、生活压力和社会态度三个方面的影响，并试图分析这三个方面的联系。据此，本文提出以下假设（参见图1）。

假设1：代际和阶层对新生代农民工经济收入、生活压力和社会态度的影响和作用是不同的，即代际和阶层各有其独立作用。

假设2：代际和阶层对新生代农民工经济收入、生活压力和社会态度也可能产生混合影响，即代际和阶层的交互项也会发生作用。

假设3：经济收入对社会态度和行为取向的影响，要通过某种中介变量来实现。

假设4：生活压力既受经济收入的影响，又会影响到社会态度，是一个可能的中介变量。

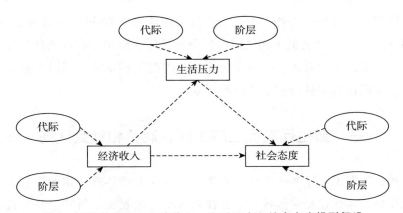

图1　新生代农民工经济收入、生活压力和社会态度模型假设

二　数据来源与分析方法

本文使用的数据来自中国社会科学院社会学研究所2008年5~9月进行的"全国社会状况综合调查"，此次调查覆盖全国28个省（直辖市/自治区）130个县（市、区），260个乡（镇、街道），520个村/居委会，访问住户7100余户，获得有效问卷7139份，调查误差小于2%，符合统计推断的科学要求。调查问卷内容既包括年龄、性别、收入、职业等基本信息，也包括生活方式和社会态度等相关附加信息。

本文的一个基本分析策略是把"新生代农民工"、"新生代城市工人"、"新生代白领"和"老一代农民工"这四个群体放在一起进行比较分析。在概念的具体界定上，"新生代农民工"是指在 2008 年调查时，在 1980 年及以后出生的，具有农业户籍，流动到城镇地区，从事非农职业，在基层和生产第一线工作的人群；"新生代城市工人"是指在 2008 年调查时，在 1980 年及以后出生的，具有非农户籍，在城镇地区从事非农职业，在基层和生产第一线工作的人群；"新生代白领"是指 1980 年及以后出生的，具有非农户籍，在城镇地区从事非农和非体力劳动工作的人群；"老一代农民工"是指 1980 年以前出生的，具有农业户籍，流动到城镇地区，从事非农职业，在基层和生产第一线工作的人群。通过数据筛选，本文共获得 310 个新生代农民工样本，还使用了 88 个新生代城市工人样本、88 个新生代白领样本和 882 个老一代农民工样本做参照。

除描述性分析方法外，本文主要使用相依回归方法[①]（seemingly unrelated regression，又名似不相关回归）分析代际、阶层、代际与阶层交互项对新生代农民工在收入、生活压力和社会态度上的影响，同时还注意观察收入、生活压力和社会态度之间的关系。

三　新生代农民工的工作、消费和社会认同

新生代农民工作为一个社会群体，在群体内部具有一定的共性，并与其他社会群体存在相对差异。本文首先将新生代农民工与其他几个社会群体进行比较，从中分析新生代农民工的基本特征。

1. 新生代农民工的收入、受教育水平、工作技能

新生代农民工与新生代城市工人和新生代白领相比，平均年龄更年

[①] 相依回归与一般回归方程的区别在于，一般回归方程假设各个方程的误差项或者扰动项是观测不到的，并假设这些误差项或者扰动项是相互独立的，但事实上，这些误差项或者扰动项是相互影响的。因此，相依回归分析方法允许误差项或者扰动项相关，通过处理多个回归方程的误差项或者扰动项来控制自变量相关性的问题，并以此提高回归模型的估计效率。

轻、平均受教育年限更短、平均工作年限更长、平均收入水平更低、平均
变换工作次数更频繁。新生代农民工与老一代农民工相比，其平均受教育
年限更长、平均收入水平更高、从事技术劳动和半技术半体力劳动的人数
比例更大、在非公有制单位工作的人数比例也更高（参见表1）。总体而
言，新生代农民工与新生代城市工人的职业生涯更为接近，但受到户籍制
度的限制，在就业岗位、就业单位上差异还是存在的；新生代农民工劳动
合同签订率低，从事体力劳动的比例高，在公有制单位就业比例低。

2. 新生代农民工的消费特征

从消费方式来看，新生代农民工明显不同于老一代农民工。他们购买
衣物所去的场所层次更高，有17.3%和23.4%的新生代农民工去"品牌服
装专卖店"和"大商场"，而老一代农民工的这两项比例是3.1%和
10.2%，甚至有部分新生代农民工使用网上购物的方式。新生代农民工外
出吃饭比老一代农民工更为频繁，虽然没有像城市工人一样进入中高档饭
店，但是在小吃店、小饭店和快餐店吃饭的比例与城市工人不相上下。不
同档次饭店选择的差异在一定程度上也折射出新生代农民工与新生代城市
工人在消费阶层上还不能划分为同一等级，但较老一代农民工更为接近和
习惯城市生活方式。

表1　新生代农民工的基本特征及比较

	新生代农民工	新生代城市工人	新生代白领	老一代农民工
平均年龄（岁）	22.9	24.7	25.2	
平均受教育年限（年）	9.9	12.4	14.9	7.8
平均工作年限（年）	7.0	6.3	4.2	
平均年收入（元）	13067.5	17077.3	25816.1	11486.6
平均换工作次数（次）	2.2	1.7	1.5	2.2
换工作频率（年/次）	3.2	3.7	2.7	
劳动技能（%）				
技术劳动	42.45	60.92	86.36	22.01
半技术半体力劳动	33.09	32.18	12.5	31.82
体力劳动	24.46	6.9	1.14	46.17
企业内部职位（%）				

续表

	新生代农民工	新生代城市工人	新生代白领	老一代农民工
高层管理者	0	0	1.18	0.96
中层管理者	0	2.3	10.59	0.64
低层管理者	6.15	5.75	22.35	1.29
普通职工	93.85	91.95	65.88	97.11
单位类型（%）				
公有制单位	8.22	40.91	39.77	13.82
非公有制单位	91.78	59.09	60.23	86.18
劳动合同签订率（%）	53.85	63.22	80.95	30.19
平均每周工作时间（小时）	57.3	49.0	44.9	54.5

新生代农民工在接触和使用普及型媒体上与老一代农民工并没有特别大的差异，但是在使用新型媒体方面与老一代农民工存在较大差异："几乎每天"用手机发短信的新生代农民工占 43.9%，而老一代农民工只有10.9%；"几乎每天"上网的新生代农民工高达 10.8%，老一代农民工是2.9%；"从不"上网的农民工，新生代是 43.9%，而老一代占 90.1%。在接受新型生活方式上，新生代农民工与老一代农民工的差异远大于与新生代城市工人的差异。这说明，新生代农民工拥有比老一代农民工更高的文化程度和技能水平，他们进城务工早，受农村生活文化的影响较小，更容易告别传统的农村生活方式，转而接受城市文化和城市生活方式。但是，受到自身收入水平的限制，他们难以达到与城市人口同等的生活水平和同样的生活方式。

3. 新生代农民工的社会经济地位认同

通过对基本信息、工作状况和生活方式的比较分析，不难看出，新生代农民工虽然受制于户籍、文化程度等不利因素，但能够参与到城市生活中，并且能够在一些方面享受到与新生代城市工人相似的生活方式，这无疑大大增强了新生代农民工对自己的评价。新生代农民工对自身社会经济地位的认同甚至高于新生代城市工人，原因可能是新生代农民工参照群体为其身边的农民、农民工，而城市工人的参照群体则更可能是其周边的城市白领、中产阶级，所以更容易得出自己社会经济地位相对较低的评价

（参见表2）。

表2　新生代农民工社会经济地位自评及比较

单位：%

社会经济地位自评	新生代农民工	新生代城市工人	新生代白领	老一代农民工
上	0.97	1.14	1.14	0.57
中上	5.48	6.82	18.18	5.22
中	44.84	29.55	40.91	36.85
中下	28.06	38.64	30.68	29.93
下	15.16	23.86	6.82	25.62
不好说	5.48	0.00	2.27	1.81

四　新生代农民工的生活压力和社会态度

有学者称城市农民工为"双重边缘人"，即除了城市"边缘人"之外，新生代城市农民工对农村和农业的依恋在减退，不愿或无法回归农村社会，只能在农村和城市之间做"候鸟型"的循环流动，呈现一种"钟摆"状态（唐斌，2002）。新生代农民工"半市民化"和"双重边缘化"（城/乡和工/农）的处境，以及他们在城市和农村夹缝之间生存的状况，使得新生代农民工可能遇到更多的社会问题，从而导致他们经历更多的社会冲突和矛盾，这是研究新生代农民工难以回避的话题。

1. 新生代农民工的生活压力

令人感到意外的是，调查数据表明，与前面假设截然相反的是，新生代农民工所遇到的生活压力是最小的（参见表3）。原因可能主要有两个方面：一是他们年富力强，还较少考虑老一代农民工面临的子女教育、养老、医疗等问题；二是他们还没有融入城市生活，对待生活压力问题的态度与城里人完全不同，比如住房、稳定就业等问题。但是，农民工不稳定的家庭生活，使新生代农民工在一些家庭问题上压力明显大于新生代城市工人和新生代白领，如"家庭收入低，日常生活困难""子女管教困难，十分累心""家庭成员有矛盾，烦心得很"。

表 3　新生代农民工所遇到的生活压力及其比较

单位：%

所遇到的社会问题	新生代农民工	新生代城市工人	新生代白领	老一代农民工
住房条件差，建/买不起房	37.88	55.81	45.35	50.84
子女教育费用高，难以承受	8.33	9.30	4.65	36.75
子女管教困难，十分累心	7.58	5.81	3.49	23.39
医疗支出大，难以承受	20.45	29.07	26.74	36.75
物价上涨，影响生活水平	75.00	89.53	77.91	84.25
家庭收入低，日常生活困难	39.39	34.88	20.93	58.47
家人无业、失业或工作不稳定	38.64	40.70	23.53	46.78
赡养老人负担过重	15.15	13.95	12.79	22.43
工作负担过重，吃不消	25.76	30.23	37.21	31.50
人情支出大，难以承受	19.70	23.26	18.60	28.64
家庭成员有矛盾，烦心得很	10.61	4.65	4.65	12.89
社会风气不好，担心被欺骗和家人学坏	21.97	32.56	27.91	30.31
社会治安不好，常常担惊受怕	28.03	40.70	31.40	26.01

2. 新生代农民工的社会冲突感知

关于我国当前最容易产生的矛盾和冲突，新生代农民工认为是在管理者和被管理者之间，新生代城市工人认为是在雇主和雇员之间，新生代白领认为是在穷人和富人之间，而老一代农民工认为是在干部和群众之间。四个社会群体给出的选择完全不一样，也折射出他们看待社会矛盾和冲突的角度不同。新生代农民工和新生代城市工人的关注点集中在企业内部组织结构中，因为他们处于企业的最底层；新生代白领的关注点集中在社会财富的分配，因为他们必须通过积累财富来稳定其现有的社会地位；老一代农民工从计划经济体制下一路走来，他们把干群关系视为最基本的社会关系，也把各种期望更多地寄托在政府身上。

前文已有分析发现，新生代农民工比老一代农民工更倾向于认为自己属于社会的中层，其社会经济地位自我评价甚至高于新生代城市工人（参见表2）。李培林等人（2005）的研究结果表明，越是将自己认同为上层阶层的人，就越认为现在和将来阶级阶层之间的冲突较小，反之则认为冲突会严重。这一点，在下面的分析中也有体现。虽然新生代农民工认为现阶段社会存在严重冲突的比例最高，为 5.76%，但是他们认为有较大冲突的比例是最低的，为 12.95%。新生代城市工人认为现阶段社会存在严重冲突的为 4.60%，认为有较大冲突的为 47.13%，非常显著地高于其他三个社会群体。结合前文分析结果，城市工人是对自己社会经济地位评价最低的社会群体，就不难理解为什么他们认为社会有较大冲突的比例最高。

对冲突激化可能性判断的分析发现，新生代白领认为"绝对会激化"的比例是最高的，达到 7.95%；新生代农民工认为"绝对会激化"的比例略低，为 5.76%；新生代城市工人认为"绝对会激化"的比例不高，但认为"可能会激化"的比例最高，为 54.02%。这一结果与其对现阶段冲突严重程度的判断一致，反映出市场经济体制下，城市工人社会经济地位下降使得他们对社会冲突的感知更为强烈。

3. 新生代农民工的生活变化和预期

笔者在过去的研究中发现，对未来的生活预期对农民工的社会态度有很大影响（李培林，1996，2003；李培林、李炜，2007，2010）。本文发现，新生代农民工认为自己在过去 5 年中，生活水平"上升很多"的比例要高于其他三个人群，达到 15.11%。这说明新生代农民工的生活水平确实得到了较大改善。生活水平的提高给新生代农民工带来更好的生活预期，在被问及未来 5 年生活水平预期变化时，有 25.9% 的新生代农民工表示会"上升很多"，这一比例远远高于新生代城市工人、新生代白领和老一代农民工。可以看到，新生代农民工与老一代农民工关于未来生活的预期差距是非常大的，这可能是因为：第一，新生代农民工并没有遭遇过太多社会问题，他们对自己的生活处境充满信心；第二，新生代农民工对自己的生活有更高的预期，他们更加渴望通过自身的努力来实现生活的梦想。

4. 新生代农民工的安全感

一个人能否产生安全感有多方面、多层次的因素。新生代农民工对劳动安全最为忧虑（参见表 4），选择"很不安全"和"不大安全"的比例是四个人群中最高的。总体而言，新生代城市工人的安全感是最差的，他们在个人和家庭财产安全、人身安全、交通安全、医疗安全四个方面带有担忧的比例都是最高的。新生代白领最为担忧的是食品安全和个人信息、隐私安全。令人惊讶的是，老一代农民工是安全感最高的人群，这可能与他们对安全的要求较低和对危害的认识较少有关。

表 4　新生代农民工的安全感及其比较

单位：%

	新生代农民工	新生代城市工人	新生代白领	老一代农民工
个人和家庭财产安全	22.3	32.18	19.32	15.37
人身安全	19.43	24.14	20.45	14.66
交通安全	38.85	48.27	37.5	35.46
医疗安全	26.62	28.74	26.13	25.29
食品安全	37.41	29.89	39.77	34.75
劳动安全	32.38	27.59	19.32	21.28
个人信息、隐私安全	17.27	33.34	43.18	10.64

五　新生代农民工的经济收入、生活压力和社会态度之间的关系

　　新生代农民工作为一个规模快速增长的社会群体，他们"半城市化"的生存状态决定了其工作收入、生活方式和社会态度等方面既与老一代农民工有不同之处，也与新生代城市工人和新生代白领不太一样。他们的收入已经超过了老一代农民工，工作状况也有所改变，更加贴近城市生活方式，其生活和职业的"双重边缘化"处境反而使得他们感受到的生活压力较少。他们在社会态度上兼具城乡两种特点，与新生代城市工人和新生代白领既有共同之处，也有一定差别。这些都说明，新生代农民工兼有新生代人群和农民工阶层两种特质。

　　新生代农民工的经济收入、生活压力和社会态度之间存在什么样的关系？新生代人群和农民工阶层两个特质中的哪一个方面更能够对新生代农民工的社会态度起到决定性作用？

　　为了解决上面提出的问题，本文将个人收入对数①作为经济收入的指

---

　　①　这里指个人全年总收入的对数。

标，将社会问题带来的压力程度作为生活压力指数①，将公平感指数②、冲突感指数③和安全感指数④作为社会态度的指标。将收入对数、生活压力和社会态度作为因变量带入模型，模型分析人群界定为有收入的，18 岁以上、60 岁及以下被调查对象。另外，参照甘满堂（2001）的观点，将社会阶层笼统地划分为城里人、农民工和农民三个大的阶层。表 5 是因变量的描述性分析。

表5　不同人群主要自变量得分情况

	新生代农民工	新生代城市工人	新生代白领	老一代农民工
收入对数	9.2	9.5	10.0	9.1
生活压力指数	5.3	6.4	5.6	7.6
公平感指数	30.5	31.6	32.7	30.3
冲突感指数	5.1	4.1	4.7	5.6
安全感指数	19.4	19.2	19.6	19.8

由于需要观察代表历史逻辑的"代际"，代表结构逻辑的"阶层"，以及是否存在两者共同作用的特殊影响，所以，将"代际"、"阶层"和"代际与阶层"交互项三个变量作为自变量纳入。考虑到经济收入、生活压力和社会态度之间的关系，因而收入对数和生活压力指数既是方程的因变量，也是方程的自变量。

分析发现，在模型一中只纳入代际、阶层和代际与阶层交互项三类自变量的情况下，个人收入回归分析中，代际影响不显著，说明在控制阶层的独立作用后，新生代和老一代之间收入差异不显著；而阶层影响是显著的，与城市人口相比，农民工和农民的收入更低。但两者交互项影响不显著（参见表6）。

在生活压力指数回归模型中，代际影响是不显著的，阶层存在一定的

---

① 社会问题带来的压力指数 = ∑（社会问题 i × 压力大小 i）。数值越低，压力越小；数值越高，压力越大。

② 公平感指数 = ∑公平感程度 i。数值越低，倾向越公平；数值越高，倾向越不公平。

③ 冲突感指数是将因子分析值转化为 0 ~ 10 的标准化值，数值越低，越倾向于可能发生冲突。

④ 安全感指数 = ∑安全感程度 i。数值越低，倾向越不安全；数值越高，倾向越安全。

影响，农民工比其他阶层所遇到社会问题带来的压力更大。代际与阶层的两个交互都是显著的，新生代与农民工的交互项是负值，说明新生代农民工比其他人群遇到社会问题所带来的压力更小；与新生代农民工相反，新生代农民比其他人群遇到社会问题所带来的压力更大。代际与阶层交互项影响显著，说明在剔除了代际和阶层的独立影响之后，代际和阶层还能产生合力作用。

对公平感的感知在新生代和老一代之间差异不显著，这说明代际因素对公平感的影响并不明显；城市人、农民工和农民阶层之间存在一定差异，但差异并不显著。代际与阶层交互项影响不显著，说明在剔除了代际和阶层的独立影响之后，代际和阶层并没有产生合力作用。

表 6　新生代农民工经济收入、生活压力和社会态度影响因素的
相依回归（SUR）（模型一）

	收入对数	生活压力	公平感
常数项	9.400 ***	6.928 ***	30.909 ***
	(0.025)	(0.102)	(0.166)
代际（以老一代为参照）			
新生代	− 0.112	− 0.311	0.651
	(0.071)	(0.291)	(0.474)
阶层（以城市人口为参数）			
农民工	− 0.521 ***	0.514 *	− 0.514
	(0.055)	(0.226)	(0.368)
农民	− 1.329 ***	0.087	0.202
	(0.036)	(0.149)	(0.244)
交互项（以新生代×城市人口为参照）			
新生代×农民工	− 0.082	− 1.579 ***	− .0.568
	(0.120)	(0.495)	(0.807)
新生代×农民	− 0.064	1.483 **	− 0.753
	(0.136)	(0.557)	(0.909)
R^2	0.2155	0.0060	0.0012

注：*** 表示 $P < 0.001$，** 表示 $P < 0.01$，* 表示 $P < 0.05$。括号内为标准误。

综合三个回归方程结果，阶层对收入的影响更为有效，阶层对社会问

题带来的压力有一定影响，但代际和阶层两者共同作用的影响更大。而对于公平感，无论是阶层、代际，还是两者的交互项都没有显著影响。因此，本文部分验证了假设 1 和假设 2，即代际和阶层的独立作用和交互作用的影响对部分对象是显著存在的。

模型二在模型一的基础上加入性别、受教育年限、社会经济地位自评、劳动技能和地区等作为控制变量，其中社会经济地位自评和收入对数之间存在较强的相关性，所以，将两者的交互项也带入方程。此外，在加入生活压力变量后，收入对社会态度的影响程度和显著性都会发生一定变化，因此，分别建立两个方程，以公平感、冲突感和安全感三个社会态度为因变量，用以观察在控制生活压力后，收入对社会态度的影响变化。最终，模型中包含八个方程，为了方便起见，本文只列出模型的最终结果，并予以解释（参见表 7）。

在收入决定方程中，性别、受教育年限、社会经济地位自评、劳动技能、地区、代际和阶层对收入对数均有显著影响。性别、受教育年限和劳动技能，主要代表的是人力资本对收入的影响。从分析结果来看，男性比女性收入更高；受教育年限、劳动技能和收入之间呈正相关关系，即受教育年限越多、劳动技能水平越高的人，收入水平越高。

代际、阶层、代际与阶层的交互项是重点考察的内容。分析发现，代际、阶层对收入有独立的影响，新生代收入水平要低于老一代，其中应当包含工作经验对收入的影响；城市人口收入最高，农民工收入水平居中，农民收入水平最低。代际与阶层的交互项影响并不显著，这说明在控制代际、阶层的独立影响后，两者的共同作用没有形成新生代城市人口、新生代农民工和新生代农民之间的显著差异。

第二个方程的因变量是生活压力指数。在生活压力的影响因素中，性别、受教育年限两个因素对生活压力的影响均不显著，半技术半体力劳动者遇到的生活压力要大于技术劳动者。收入与生活压力呈负相关关系，收入水平越高的人，生活压力越小；社会经济地位自评对生活压力的影响不显著，而两者的交互项有显著影响，这说明生活压力来自客观的收入状况，而非主观的经济状况判断。

代际的独立影响在 0.05 水平上仍然是显著的，说明新生代人口的生活压力要低于老一代。阶层的影响并不显著，但代际和阶层的交互项存在显

表 7　新生代农民工经济收入、生活压力和社会态度影响因素的相依回归（SUR）（模型二）

	收入对数	生活压力	公平感1	公平感2	冲突感1	冲突感2	安全感1	安全感2
常数项	10.627***	9.633***	30.575***	33.067***	5.493***	6.208***	17.593***	18.846***
	(0.084)	(2.132)	(3.459)	(3.423)	(1.099)	(1.090)	(1.621)	(1.601)
性别（以男性为参照）								
女性	-0.376***	0.159	-0.992***	-0.951***	0.117	0.129	-0.304**	-0.283*
	(0.027)	(0.149)	(0.242)	(0.239)	(0.077)	(0.076)	(0.113)	(0.112)
受教育年限	0.037***	0.039	0.054	0.064	-0.100***	-0.097***	-0.044*	-0.039*
	(0.004)	(0.023)	(0.038)	(0.037)	(0.012)	(0.012)	(0.018)	(0.017)
社会经济地位自评	-0.238***	-0.208	-0.404	-0.458	0.193	0.177	0.426	0.399
	(0.015)	(0.542)	(0.880)	(0.868)	(0.279)	(0.276)	(0.412)	(0.406)
劳动技能（以技术劳动为参照）								
半技术半体力劳动	-0.261***	0.650**	-0.266	-0.098	-0.014	0.034	0.094	0.179
	(0.042)	(0.225)	(0.366)	(0.361)	(0.116)	(0.115)	(0.171)	(0.169)
体力劳动	-0.535***	-0.042	-0.402	-0.413	0.175	0.172	0.064	0.059
	(0.043)	(0.234)	(0.379)	(0.374)	(0.120)	(0.119)	(0.178)	(0.175)
地区（以东部为参照）								
中部地区	-0.315***	-0.233	-0.319	-0.380	0.664***	0.647***	0.499***	0.469***
	(0.032)	(0.175)	(0.284)	(0.281)	(0.090)	(0.089)	(0.133)	(0.131)
西部地区	-0.492***	0.773***	-1.100***	-0.900***	0.427***	0.485***	-0.104	-0.003
	(0.036)	(0.200)	(0.324)	(0.320)	(0.103)	(0.102)	(0.152)	(0.150)

续表

	收入对数	生活压力	公平感 1	公平感 2	冲突感 1	冲突感 2	安全感 1	安全感 2
代际（以老一代为参照）								
新生代	-0.141* (0.060)	-0.066* (0.324)	0.081 (0.525)	-0.090 (0.518)	-0.241 (0.167)	-0.290 (0.165)	-0.136 (0.246)	-0.222 (0.243)
阶层（以城市人口为参照）								
农民工	-0.173*** (0.052)	0.429 (0.278)	-0.350 (0.451)	-0.239 (0.445)	0.152 (0.143)	0.183 (0.142)	0.323 (0.211)	0.379 (0.208)
农民	-0.912** (0.041)	-0.299 (0.229)	1.065** (0.372)	0.988** (0.367)	0.268* (0.118)	0.246 (0.117)	0.919*** (0.174)	0.880*** (0.172)
交互项（以新生代×城市人口为参照）								
新生代×农民工	-0.069 (0.107)	-1.640** (0.571)	-0.543 (0.926)	-0.967 (0.915)	0.014 (0.294)	-0.107 (0.291)	-0.112 (0.434)	-0.325 (0.428)
新生代×农民	-0.127 (0.108)	1.731** (0.578)	-0.345 (0.938)	0.103 (0.926)	-0.110 (0.298)	0.018 (0.295)	-0.695 (0.439)	-0.470 (0.433)
收入对数		-0.717** (0.228)	0.656* (0.370)	0.470 (0.366)	0.039 (0.118)	-0.014 (0.117)	0.396* (0.174)	0.303 (0.171)
收入对数与社会经济地位自评交互项		0.127* (0.061)	-0.110 (0.099)	-0.077 (0.097)	-0.024 (0.031)	-0.015 (0.031)	-0.089 (0.046)	-0.073 (0.046)
生活压力指数				-0.259*** (0.024)		-0.074*** (0.008)		-0.130*** (0.011)
R^2	0.4939	0.0553	0.0436	0.0680	0.0813	0.1003	0.0351	0.0633

注：*** 表示 $P<0.001$，** 表示 $P<0.01$，* 表示 $P<0.05$。括号内为标准误。

著影响，新生代农民工生活压力低于城市人口，新生代农民的生活压力要高于城市人口。在社会问题所带来的生活压力上，代际和阶层产生"化学反应"，形成共同作用的影响，甚至阶层变量的独立影响消失。

每一个社会态度指数都有两个方程，区别在于后一个方程中增加了生活压力作为自变量，来观察控制生活压力后收入对社会态度影响的变化。分析发现，在公平感和安全感作为因变量的方程中，没有加入生活压力的情况下，收入在 0.05 水平下影响是显著的；在加入生活压力变量后，收入影响不再显著，而方程的解释力增强。在冲突感方程中，生活压力的影响是显著的，而收入的影响始终不显著，这说明生活压力是真正影响社会态度的因素。

代际、阶层和两者交互项对社会态度三个方面的影响都不显著，只有新生代农民在公平感和安全感方程中显著高于城市人口，不存在代际和阶层显著的共同作用。其他变量对社会态度三个方面的影响没有呈现一致的规律性。

综合模型分析结果，有两个主要发现。第一，在控制其他变量的情况下，新生代农民工的收入分别受"代际"和"阶层"两个因素的独立影响，两者交互变量的影响不显著。但就新生代农民工所遇到社会问题带来的生活压力而言，"代际"和"阶层"的独立影响均不显著，两者交互变量的影响却是显著的，这说明"新生代"和"农民工"两种特质在新生代农民工身上混合在一起，产生了显著区别于原有"代际"和"阶层"独立影响的特殊作用。换句话说，在新生代农民工的收入决定上，结构逻辑（阶层位置）和历史逻辑（年龄段）都发挥着独立的显著作用；在生活压力上，历史逻辑和结构逻辑产生交融，新生代农民工由于其年富力强，在现实中生活压力相对较小。第二，新生代农民工的社会态度会受到各方面因素的影响，而这些影响因素所能够发挥的作用带有不确定性，比如，性别对安全感影响显著，受教育程度能够改变人们对冲突的感知。但不确定性的背后，也能发现一些带有共性的特点，即生活压力指数是经济收入和社会态度的中介变量，即经济收入能够间接影响到人们的社会态度，但这种影响是通过改变人们遇到社会问题所带来的生活压力的大小而实现的。所以，假设 3 和假设 4 均被证明（参见图 2）。

新生代农民工由于年富力强，较之老一代农民工生活压力相对较少，

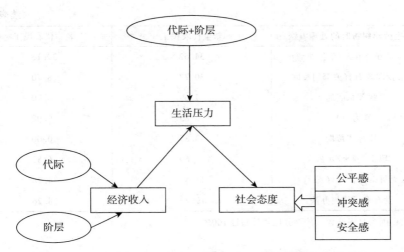

图 2　新生代农民工经济收入、生活压力和社会态度模型验证结果

但他们却具有比父辈更强的民主意识，更强调个人权利。同时，新生代农民工在发生劳动纠纷时，在处理方法的选择上比老一代农民工更为激进，手段也更加多元化。首先，新生代农民工面对劳动纠纷时，选择"无可奈何，只好忍了"和"没有采用任何办法"的比例为 11.54% 和 19.23%，明显低于老一代农民工的 34.78% 和 28.26%，这说明新生代农民工没有像老一代农民工那样消极应对劳动纠纷。其次，新生代农民工采用了老一代农民工没有使用的处理劳动纠纷的方法，比如暴力反抗和找媒体帮助，虽然比例很低，却明确反映出新生代农民工处理劳动纠纷的方法更加多样化。最后，新生代农民工更善于借用政府的力量来捍卫自己的权利。在发生劳动纠纷时，选择上访或者向政府有关部门反映的比例为 30.77%，远远高于老一代农民工的 8.70%。问卷调查更没有想到新生代农民工竟然会以终结生命的激烈方式与企业抗争。从富士康的连续自杀事件和 2010 年接连发生的罢工事件来看，新生代农民工对劳动关系纠纷已经不再像老一代农民工那样选择忍耐和无奈，其对抗方法更加多样、更加激进。

表 8　新生代农民工和老一代农民工在发生劳动纠纷时的处理方法比较

单位：%

发生劳动纠纷时的处理方法	新生代农民工	老一代农民工
打官司	7.69	10.87

续表

发生劳动纠纷时的处理方法	新生代农民工	老一代农民工
与对方当事人/单位协商	34.62	39.13
上访/向政府有关部门反映	30.77	8.70
找关系疏通	7.69	8.70
暴力反抗	3.85	0.00
找媒体帮助	3.85	0.00
罢工/静坐/示威	7.69	6.52
无可奈何，只好忍了	11.54	34.78
没有采用任何办法	19.23	28.26

注：因为是多选题，故百分比累计超过100%。

六　主要结论和政策建议

新生代农民工作为当前中国社会变迁中快速形成的一个庞大社会群体，是中国社会转型过程中破除城乡二元结构、加快推动城镇化和工业化进程的关键人群。通过本文的分析可以看到，新生代农民工虽然在文化程度、工作技能等方面比老一代农民工有较大提高，却仍然处于整个社会结构的底层，游离于城市制度之外。

本文从新生代农民工在工作收入、消费方式、生活压力、社会态度等方面的特征入手，分析新生代农民工与新生代城市工人、新生代白领和老一代农民工之间的共性与差异，发现新生代农民工在工作收入、生活方式、社会态度等特征上兼具新生代城市工人和老一代农民工的特点；在工作技能和收入水平上接近于新生代城市工人，在消费方式上与老一代农民工存在较大差异。在社会态度的冲突感方面，新生代农民工表现出对管理者和被管理者之间冲突的强烈感知，这与其他社会阶层存在明显差异；在对生活水平变化的判断上，新生代农民工选择生活水平在过去5年和未来5年"上升很多"的比例都是最高的，说明他们有着美好的生活预期；在公平感方面，虽然新生代农民工总体上并没有表现出比其他社会阶层更高的不公平感，但在工作和就业机会以及城乡居民之间享有的权利和待遇两个方面，明显表现出比老一代农民工更高的不公平感；在安全感方面，新生代农民工最突出的特点就是比其他社会阶层表现出更多的对劳动安全的忧虑。

除了像城市人一样对房价、就业等问题高度关注外，新生代农民工也表现出与老一代农民工一致的对城乡差距和农民工待遇的不满。新生代农民工在工作收入、生活方式和社会态度方面的"半城市化"状态只是表征，其深层次原因还是来自历史逻辑的代际和结构逻辑的阶层两个方面的影响。当然，还可能存在新生代农民工所特有的来自历史逻辑和结构逻辑交互作用的影响，这也是本文分析的重点所在。

本文在两个方面有新的发现。

第一，以往的研究主要关注结构逻辑（结构位置、阶层归属）对农民工行为取向和社会态度的影响（国务院课题组，2006；刘成斌，2008；外来农民工课题组，1995），本文加入了对历史逻辑（地位变化、代际归属）的考察，发现新生代农民工在社会问题所带来的生活压力中，存在着代际与阶层交互变量的显著影响，这意味着"代际"与"阶层"在新生代农民工身上的作用并不仅仅是两个变量的独立影响，而是存在区别于代际和阶层的合力影响。代际与阶层交互变量影响的存在，说明历史逻辑（代际）和结构逻辑（阶层）在新生代农民工身上产生了一种特殊效应，这种特殊效应在未来会随着新生代农民工年龄的变化和社会处境的变化而变化，在很大程度上决定着新生代农民工的生活压力变化，并进而对其社会态度和行为取向产生重要影响。这给予我们重要的警示：新生代农民工与其他人群相比，一方面他们有着美好的生活预期，另一方面他们暂时没有遇到更为显著的生活压力，这使得新生代农民工实际上处于一种乐观的"青春期"状态。但是，随着年龄和阶层地位的变化，如果生活压力不断增大，美好的生活预期被打破，那么新生代农民工社会态度变化的激烈和显著程度将比其他社会阶层更大。分析还发现，新生代农民工比老一代农民工的民主意识和个人权益意识更强，因此，他们在遇到劳动纠纷等事件时，采取的应对方式会更加多样，也更加激烈。

第二，在以往的研究中，人们一般假定，收入地位会直接影响人们的社会态度，但本文的研究表明，收入地位必须经过某种中介变量才能对人们的社会态度和行为取向产生影响，这个中介变量在本文的分析中是"生活压力"，但在其他情境下也许是其他因素。本文发现，在没有控制生活压力指数变量的情况下，收入对社会态度的影响可能是显著的，而控制生活压力指数变量后，收入影响的显著性消失，这说明生活压力指数是收入水平和社会态度的中介变量，收入水平高低对社会态度的影响是通过改变人们遇到社会问题所带来生活压力的大小而实现的。进一步的分析还发现，在控制收入变量后，新生代农民工的生活压力指数与公平感指数的偏相关系数明显高于其他人群，这意味着，一旦遭遇到社会问题带来的生活压力，他们对社会不公平感知的强烈程度要远远高于其他人群。生活压力指数可作为收入影响社会态度的中介变量，但并不意味着收入是决定生活压力指数的唯一变量。

从以上的研究发现中，本文可以引申出以下三个政策建议。

第一，加强对新生代农民工的权益保护。新生代农民工较之老一代农民工具有更高的受教育水平，他们的消费方式与老一代农民工有了很大差别，更多地使用手机和互联网等现代媒体获得信息，也具有更高的维权意识。要依法保护他们的合法权益，使他们具有合法维权的制度化渠道。新生代农民工的生活压力有可能并不直接来自物质生活本身，而是来自合法权益的相对剥夺、实现生活预期的焦虑等。

第二，加快消除新生代农民工转变成市民的制度化障碍。通过分析可以看到，生活压力是影响新生代农民工社会态度的关键中介变量。新生代农民工对未来发展前景的预期与他们对生活压力的感知密切相关，而这种对生活压力的强烈感知，又可能造成他们的社会公平感低、安全感差、冲突预期强烈。他们几乎没有农耕经验，也不可能像老一代农民工那样在打工之后回家务农，但留在城市，面对种种制度化障碍和生活压力，他们似乎看不到生活的出路。各级政府应把新生代农民工转变成市民作为城市化战略的重要选择，加快制定各种相应政策。

第三，改进农民工的劳动关系。富士康事件之后，富士康公司的主要应对措施就是宣布较大幅度提高工资水平。但从本文的分析结果来看，新生代农民工与老一代农民工以及其他社会阶层的一个显著差异，就是他们对管理者和被管理者的冲突具有非常强烈的感知。加薪只能看作缓解问题的辅助手段，更为重要的是改善劳动关系，包括加强劳动保障、完善沟通机制、控制加班时间、健全工会组织、丰富业余生活、关心精神需求、关切他们的未来发展，等等。

参考文献

埃尔德，2002，《大萧条的孩子们》，田禾、马春华译，译林出版社。

蔡禾、王进，2007，《"农民工"永久迁移意愿研究》，《社会学研究》第 6 期。

丁志宏，2009，《我国新生代农民工的特征分析》，《兰州学刊》第 7 期。

甘满堂，2001，《城市农民工与转型期中国社会的三元结构》，《福州大学学报》（哲学
　　社会科学版）第 4 期。

国务院课题组，2006，《中国农民工调研报告》，中国言实出版社。

李培林，1996，《流动民工的社会网络和社会地位》，《社会学研究》第 4 期。

李培林、李炜，2007，《农民工在中国转型中的经济地位与社会态度》，《社会学研究》
　　第 3 期。

李培林、李炜，2010，《近年来农民工的经济状况和社会态度》，《中国社会科学》第 1 期。

李培林等，2005，《社会冲突与阶级意识：当代中国社会矛盾问题研究》，社会科学文
　　献出版社。

李培林主编，2003，《农民工：中国进城农民工的经济社会分析》，社会科学文献出版社。

刘成斌，2008，《生存理性及其更替——两代农民工进城心态的转变》，《福建论坛》
　　第 7 期。

米德，1988，《代沟》，曾胡译，光明日报出版社。

沈原等，2010，《杜绝富士康悲剧》，http://tech. sina. com. cn/it/2010 – 05 – 19/132142
　　06671. shtml。

唐斌，2002，《"双重边缘人"：城市农民工自我认同的形成及社会影响》，《中南民族
　　大学学报》（人文社会科学版）第 S1 期。

唐仁健，2010，《新生代农民工数量约一个亿》，http://www. dzwww. com/rollnews/fi-
　　nance/201002/t20100201_5569823. htm。

田丰，2009，《改革开放的孩子们——中国"70 后"和"80 后"青年的公平感和民主
　　意识研究》，《青年研究》第 6 期。

外来农民工课题组，1995，《珠江三角洲外来农民工状况》，《中国社会科学》第 4 期。

王春光，2006，《农村流动人口的"半城市化"问题研究》，《社会学研究》第 5 期。

王正中，2006，《"民工荒"现象与新生代农民工的理性选择》，《理论学刊》第 9 期。

武俊平，1998，《第五代人》，天津教育出版社。

周雪光、侯立仁，2003，《文革的孩子们——当代中国的国家与生命历程》，载中国社
　　会科学院社会学研究所编《中国社会学》（第 2 卷），上海人民出版社。

周怡，1994，《代沟现象的社会学研究》，《社会学研究》第 4 期。

我国发展新阶段的社会建设
和社会管理[*]

李培林

国际金融危机之后，国际经济社会格局发生深刻变化，一些新兴经济体率先走出危机，拉动国际经济开始复苏，而西亚、北非众多国家如推倒的多米诺骨牌，发生持续政治动荡，甚至导致国家权力易位。改革开放30多年的中国，在成功地抵御和渡过国际金融危机之后，进入一个发展的新阶段。这个新阶段的总体特征表现为经济持续快速增长、政治格局总体稳定、社会问题多发凸显。这种新的阶段性特征有巨大社会变迁的深刻社会背景，也促使社会建设和社会管理成为我国发展的新的核心议题。

改革开放以来，中国发生巨大社会变化，其涉及的人口规模之大、地域范围之广、变迁速度之快，以及对世界经济政治格局和文明兴衰的影响之深远，都是世界现代化历史上罕见的。从社会结构的深刻变化看，我国现有的社会管理体制面临着一些重大变化的挑战。一是阶级阶层结构变化的挑战。原有的工人阶级、农民阶级、干部和知识分子的简单阶级阶层结构，已经转化成由许多不同利益诉求群体组成的复杂多样的阶级阶层结构；干群关系、劳动关系、贫富关系成为新形势下要解决好的基本利益关系。二是城乡结构变化的挑战。继工业化之后，城市化目前成为中国发展的新动力，两亿多世世代代的农民离开土地和村庄，形成世界上最庞大的流动人口；如何使转变了职业的农民能够在社会体制上融入新的城市生活，成为处理好城乡关系和城乡统筹发展的关键问题。三是收入分配结构变化的挑战。改革开放30多年，我国从一个收入分配均等化程度很高的国家转

---

　　*　原文发表于《社会学研究》2011 年第 4 期。

变成一个在国际比较中收入差距很大的国家。收入差距的扩大、一些分配不公，以及与此相联系的腐败问题，成为引发很多社会问题的深层原因；如何调整收入分配结构、建立公平合理的收入分配秩序，成为维护社会和谐稳定需要解决的深层问题。四是人口结构和家庭结构变化的挑战。我国人口结构的深刻变化，加速了家庭小型化和老龄化过程，很多过去由家庭和代际帮助可以解决的问题，如养老、单亲抚养、心理障碍、残疾、代际冲突等，都逐步成为新的社会问题。五是社会组织方式深刻变化的挑战。在政府和分散的"社会人"之间，原有的"单位"管理网络在弱化，而新的"社区"管理网络还没有完全建立，自上而下社会事务的任务落实和自下而上社会问题的解决都受到阻碍，一些社会问题的积累和长期得不到解决，导致上访和群体性事件增多。六是社会规范和价值理念变化的挑战。市场转型促进了经济的发展，显著地改善了民生，对个人利益的追求也获得了正当性和合理性，但约束、监督追求个人利益的行为规范却没有建立完善，价值理念、职业道德和诚信体系建设远远滞后于社会健康发展的需要。

面对这些挑战，社会建设和社会管理成为我国发展新阶段的一个核心议题和突出任务。这个核心议题至少可以从三个方面理解其深刻含义：一是从发展的中心任务上去理解。发展的竞争，说到底是生活水平的竞争。实现全面小康和现代化，就是要在解决温饱问题之后，进一步解决好就业、收入分配、社会保障、教育、医疗、住房、公共交通等民生问题，而这些问题多数属于不同于一般商品供给的公共产品和公共服务问题，这是更高层次的发展问题，从这个意义上说，发展依然是硬道理。二是从体制、机制上去理解。除了政府的调控机制和市场的竞争机制，实际上还存在社会的治理机制，从这个意义上说，加强社会建设、创新社会管理，也是一场社会改革，要通过一系列的社会体制改革，建立与社会主义民主政治和市场经济相适应的社会体制、机制，形成政府有效调控、市场合理竞争、社会有序治理的局面。三是从利益格局上来理解。构建和谐社会也好，实现包容性增长也好，关键是要创造一个既充满活力又和谐有序的社会，这个社会要靠民主法制、公平正义、诚信互助、共同富裕等一些基本价值和制度来维系，涉及一整套的顶层制度设计和利益大格局调整，从这个意义上讲，加强社会建设、创新社会管理这个核心议题，远远超出社会安全综合治理的内容。

本刊此期设立"社会建设和社会管理"专栏，发表三篇在社会学界其观点有代表性的文章，这些文章从不同的角度解读对社会建设和社会管理这个核心议题的认识，希望有助于在理论和实践上深化这一核心议题的讨论和探索。

"'社区'研究"与"社区研究"[*]

——近年来我国城市社区研究述评

肖　林

摘　要：本文区分了本体论意义上的"'社区'研究"和方法论意义上的"社区研究"。前者将"社区"本身视为一个以社会团结为特征的、具体的客观对象来研究，后者则将"社区"看作一个多元主体互动博弈的特殊社会场域和理解其他理论问题的"透镜"。在此基础上，本文围绕国家－社会与行动者、社区参与、社会资本与社会网络、日常生活与阶层、社区的分化与分化的社区五个主题梳理了国内社区研究的新进展。最后，笔者提出了一个理解中国城市社区和社区研究的基本框架，并针对现有研究的不足提出了建议。

关键词："社区"研究　社区研究　共同体　社会

近 10 年来，国内对城市社区的学术研究取得了一批有价值的成果（参见张志敏，2004；肖瑛，2008）。从学科上看，以社会学研究为主要阵地，兼有人类学、政治学、公共管理学等学科的积极参与。从总体上看，研究主题丰富多样，理论脉络各有传承，研究方法长短互补且更重实证，在某些具体问题上的理论对话更为有效，对理论范式的反思自觉有加，学科之间的借鉴和融合也渐成趋势。

一　社区研究的本体论与方法论

笔者以为，在既有研究中存在着从本体论和方法论两个不同层面来理

---

　*　原文发表于《社会学研究》2011 年第 4 期。

解"社区"的取向。前者可称为"'社区'研究",后者可称为"社区研究"①。两者有内在联系,有些研究同时具有这两个层面的意义。

本体论意义上的社区研究是把"社区"作为一个客观实在和相对独立的研究主体和研究对象来对待,这在很大程度上源于滕尼斯(1999)对人类结合形式做出的"共同体"(Gemeinschaft)与"社会"(Gesellschaft)②的抽象二元化分法。在滕尼斯那里,前者是指由"本质(自然)意志"(表现为本能、习惯和记忆)推动的,以统一和团结为特征的社会联系和组织方式,它以血缘(家庭)、地缘(村庄)和精神共同体(友谊或信仰团体)为基本形式。后者则是由"选择(理性)意志"(表现为深思熟虑、决定和概念)所推动的,有明确目的并以利益和契约为基础的社会联系和组织方式,如现代政府、政党、军队和企业等。在他看来,随着社会的城市化和现代化,自然形成的"Gemeinschaft"不可避免会被人为设计的"Gesellschaft"所取代。从德语的"Gemeinschaft"经由英语的"community"③ 再到中文的"社区",受到芝加哥城市社会学派和英国社会人类学派的影响,滕尼斯原先在社会整体关联方式意义上的概念所指逐渐演化成具体的地域性生活共同体(王铭铭,1997a;王小章,2002;陈美萍,2009),同时也是一个带有正面评价甚至浓厚道德色彩的概念。正如鲍曼(2003:2~3)所说:"'有一个共同体'、'置身于共同体中',这总是好事……我们认为,共同体总是好东西……首先,共同体是一个'温馨'的地方,一个温暖而又舒适的场所……其次,在共同体中,我们能够互相依靠对方。"

正是在本体论上讨论"社区",才会有西方学术界围绕着传统社区在现代城市中的命运究竟是"社区失落"(community lost)、"社区存续"(community saved)还是"社区解放"(community liberated)的争论④,并延续到国内学界。一些学者从居民共同利益和社区归属感的关系这一角度

---

① 这一划分借鉴了陈文德(2002)的提法。他认为,"'社群'(community)研究"凸显"社群"本身就是一个重要课题,包括对其观念的讨论;而"社群研究"则是一般性用词,着重"社群"作为研究单位。在下文中,当同时涉及两个层面的研究时就不再做区分,而统称"社区研究"。

② 或译为"礼俗社会"、"法理社会"。

③ "community"在不同的学科背景和具体场合下被分别译为"社区"、"社群"、"社团"或"共同体"。

④ 由于篇幅所限,对国外学术界的相关研究不再赘述,可参见夏建中(2000,2009)、单菁菁(2005)等。

探讨了现代社会中地域性生活共同体的"可能性",但对形成共同利益的基础认识有所不同。例如,有的强调由于住房私有化和住房市场的社会选择机制所增强的居民一致性和利益关联性(王小章,2002);有的则认为共同利益不是来自直接交换关系中的"理性"算计,而是产生于在与他人普遍的"互惠"关系中正确理解个人利益,因而离不开道德教育(冯钢,2002)。相反,另一些学者则从理论和经验上质疑这种"可能性"(王小章、王志强,2003;桂勇,2005;桂勇、黄贵荣,2006)。

因此,在中国当下的语境中,"'社区'研究"其实是试图回答诸如"是否存在一个"'共同体'意义上的'社区'""它的理论及现实意义何在""社区如何从'自在'走向'自为'①,进而走向公民社会""什么样的社区治理结构才是合理的"等关键问题。这类研究的问题意识在学理上受到西方"国家 – 社会关系"、"公(市)民社会"等理论的影响,在实践上受到在"单位制"衰落和城市化加速背景下国家主导的"社区建设"运动的刺激。其实,在学者们对"社区"的论证、寻找和倡导等努力的背后,都是把它当作有着积极意义、客观存在的实体(至少在一定条件下和在一定程度上)或实体性概念。正如鲍曼(2003:5)所言,"它(共同体)总是过去的事情……或者它总是将来的事情"。因为其已成为"过去",因而有人怀念之并试图重新发现或把它从地域中"解放"出来;也因为其或存在于"将来",所以有人期待之并大力提倡培育和建设,努力"在一个不确定的世界中寻找安全"。

方法论意义上的社区研究则更多的是把"社区"当作一种研究社会的特殊方法、研究范式和切入点,或者说把它作为研究其他主题的一个具体而独特的"场域",从而更好地理解该问题。此时的"社区研究"既在社区之内又在社区之外,因为研究者可能是在社区里研究,但在本质上却并不是在研究社区。

作为一种研究方法和研究范式,"社区研究"最突出的特点是其"见微知著"的"透视"功能——以"社区"来透视"社会",这在中国早期本土社会学家的农村社区研究中体现得最为明显。受到马林诺夫斯基

---

① "自在的社区"(community in itself)和"自为的社区"(community for itself)的说法是借用了马克思"自在阶级"与"自为阶级"的划分。在中文文献中,我国台湾学者较早地使用了这一对概念(参见夏铸九,1999)。

（Bronislaw Malinowski）和帕克（Robert Park）的共同影响，吴文藻先生结合英国功能主义人类学和美国芝加哥学派的社会学理论，主张"社区"是了解社会的方法论和认识论单位，试图创立以"社区方法论"为主体的"中国社会学派"（王铭铭，1997b：30～31）。他与费孝通先生都将"社区"视为整体的抽象"社会"的具体而微，前者是"有物质的基础"和"可以观察到的"（吴文藻，1935），或者是"人民的生活有时空的坐落"（费孝通，1998：92）。这种作为"微型社会学"或"微型社会人类学"的社区分析的目的在于"从社区着眼，来观察社会、了解社会"（吴文藻，1935）和"有志于了解更广阔更复杂的'中国社会'"（费孝通，1999）。由于方法上受到是否具有"代表性"的质疑（小社区能否被视为大社会的"缩影"），费孝通先生又进一步采取了对不同社区进行分类比较的研究策略，来达到逐渐接近认识整体社会的目的，"云南三村"的研究就是其代表。

两个层面的社区研究之间既有区别也存在着密切联系。中国早期的社会学家是把本体论和方法论两个层面合二为一了。正如项飚（1998）所指出的，费孝通首先是把"社区"看作实体。正是实体才有可能"代表"社会，也才有社区的"分类比较"之说，并且"从一个理论研究的方法论单位"转换到"应用性研究的实体单位"。王铭铭（1997a）总结了20世纪国内外汉学人类学对中国农村社区的研究后指出，"几十年来社区研究的发展所表现出来的演进线路，是'社区'作为方法论单位，向'社区'作为社会现象和社会透视单位的结合体转变的过程"。

这种转变包括了从功能主义的共时性分析向注重传统和历史分析的转变、从"无国家的社会论"向注重国家与社会关系及其区域变异的转变等。

另外，一些城市社区研究也可视为方法论意义上的"社区研究"。这类研究通过对社区生活的考察来"透视"其所关注的其他重要理论问题（如国家－社会关系、社会运动、阶级形成、民主化进程等）。这是因为发生在现代城市社区中的事情显然与超出社区尺度的权力如民族国家或全球化等有着密切的联系。同时，社区生活的日常性、草根性和多样性，社区成员间的平等性和社区组织的非正式性①也使得它成为一个观察社会生活

---

① 例如，社区居委会的"官方"和"民间"的双重性质，业主委员会成员的兼职性或志愿性都使得它们区别于政府或企业等正式的科层制组织。

的独特"窗口"。这类研究的共同点在于并不将"社区"视为实在体,而是其他社会力量发生互动博弈的"载体"和"容器",是一种"宏观问题的微观视角"(何艳玲,2007)。正是对在现代社会条件下作为"共同体"意义上的城市社区是否存在持质疑态度,才导致一些研究者将社区视为研究对象存在的一种"场域",甚至避免使用"社区"的概念而用"邻里"①(朱健刚,2010a)、"邻里空间"②(桂勇,2005,2007,2008)或"街区"等来代替。在他们看来,社区更像是一个"人们在'大社会'的背景下进行实践的舞台","人在台上演,所见所想却往往是远在舞台之外的事"(项飚,1998),或者将社区视为"是一个不同行动者进行角力的场所"(何海兵,2006)。这类研究从本体论上部分地"撤退",转而在方法论意义上进行"社区研究",有时还将"社区"还原为对多元行动者的分析,将它"去实体化"了。

二 社区场域中的国家、社会与行动者

国家与社会的关系始终是中国社会学关注的核心问题,同时也是社区研究中最具影响力的研究范式。③ 正是在社区这一微观层面,国家与社会彼此相遇、交织渗透而又微妙互动。更何况,社区建设和社区研究从一开始在实践上就存在着是培育民主自治还是加强行政管理的张力;在理论上存在着究竟是公民社会崭露头角还是国家威权得以维续再造的争议。④ 在"国家-社会关系"视角下的社区研究,比较类似于王铭铭(1997a)所说

---

① 朱健刚(2010a:15~16)认为,"上海的里弄邻里不是一个代表'传统'的实体,也不单单是一个行政实体,里弄邻里事实上是一系列以共同居住为特征的人际关系的组合……是一个国与家之间的公共空间"。

② 桂勇(2008:19)将"(邻里)空间"定义为"一个行动外部条件的集合体,由社会结构、制度安排、运作机制等混合而成",它"不再是一个纯粹的物理空间,而是一个具有政治-社会性质的复合体"。

③ 虽然这种范式也受到越来越多的检讨和反思(如提出"社会中的国家"、"国家与社会的互动理论"),有些研究者试图对之修正或取代(如何艳玲,2004;何海兵,2006;马卫红等,2008;李姿姿,2008),但作为一种基本分类却依然是学者们必须借助也难以摆脱的分析框架。

④ 例如,李友梅(2007)就将城市社区研究分为"基层政权建设"和"基层社会发育"两种理论取向,两种取向所关注的社区建设过程在时空上并非分离,而是密切关联的。

的"'范式'的社区验证"。此类研究从社区生活特别是社区政治着手，将社区视为社会的代表或者国家与社会的中介，其关注点往往并不在于社区本身，而是通过社区去验证关于国家与社会关系的某些重要论点。

与前一阶段不少研究者的观点类似（参见肖瑛，2008），王颖（2008）认为，社区是中国公民社会崛起的重要组织方式。上下结合的两种力量推动了社区自治和城市共同治理：一方面，集权力、信息和资源于一身的政府向社区让权、还权、授权，成为社区自治的"第一推动力"；另一方面，草根社区涌现追求自治的公民行动和政治参与，并对现有政治和管理体制形成强有力的冲击。

耿曙、陈奕伶（2007）则认为，中国城市基层治理存在着高度的国家主导与控制，主要的制度创新均"发动或承认于国家部门"，基于"国家利益"的种种考量，自然将制约基层自治的推进，到头来不免强化现有的威权体制并抑制民主转型的可能。杨敏（2007）也认为，社会转型和社区建设运动背景下的中国城市社区，"是为了解决单位制解体后城市社会整合与社会控制问题的、自上而下建构起来的国家治理单元，而不是一个可以促进市民社会发育的地域社会生活共同体"。

近年来，"社区自治、议行分设"的制度设计受到高度重视和普遍推行，这属于朱健刚（2010b）所说的"基层社会中政社分离的趋势"。它旨在将行政职能从社区居委会剥离出去，从而恢复其基层群众性自治组织的社会属性，发挥社区自治主体的作用。然而，姚华（2010）在分析了上海市某居委会"议行分设"实践过程后发现，"执行层"（社区工作站）事实上是被街道雇用和领导，这反映出行政权力向社区的强力延伸。因此，被强化的"执行层"与被弱化和边缘化的"议事层"（民选社区居委会）的关系"在实质上是国家与社会的关系"。该机制并没有为社区自治提供自主性空间，反而抑制了其积极性。社区工作站的设立以及对工作人员素质的高要求，在耿曙等人（2007）看来则是属于国家"能力建设"过程，它与"精英吸纳"的做法一起构成了金耀基（1997）所说的"行政吸纳政治"。李骏（2006）也指出，社区工作站工作人员已经成为"准公务员"，行政体系有意无意地在基层社区名正言顺地站稳了脚跟，这是国家行政力量向社会深入渗透的表现。王颖（2008）将居委会改革的走向分为"强政府型"和"强社区型"。她强调，只有在强社区型导向下的议行分设改革，着力点在于政府放权、授权，配合以居委会对工作站的直接领导、社区代表大会和社区议事会等制度保障，才能使居委会真正地由"政府的腿"转变为"居民的头"。上述研究基本上还是在"国家-社会"框架下讨论两者谁进谁退、力量消长等问题。另外一些研究则试图借助于新的概念来帮助理解国家与基层社会互动关系的新动向（相互合作而非对立，相互交织而非分离，相互形塑而非独立），从而对该范式进行局部改造。

郭伟和（2010a）对某大型社区（街道层面）体制改革的个案研究指出，中国城市社区建设虽然有民主化的进程和多方协商色彩，但民主形式的背后仍然是中国特色的国家意志对社区公共事务的"柔性控制"，而不是所谓的市民社会的分殊与发展。只不过，在当前社区公共治理中，国家意志的展现更加隐蔽、柔性。在原来的街道层面上出现了"一种既不是原来的行政架构，也不是完全的地方自治社会的混合属性的公共领域"，这比较符合黄宗智（2003）提出的"国家与社会间第三领域"的本土化概念。类似地，赵秀梅（2008）对一个流动人口聚居社区中官方和民间共同提供公共服务的案例研究发现：基层国家（街道和居委会）和社会自治力量（NGO）之间形成了一种基于资源交换的互惠关系。通过结合，国家的基层治理能力得到了提升，与此同时，NGO得到授权进入国家控制的领域，进而实现自己的组织目标。她也将这种结合视为国家和社会共同参与的"第三领域"，从而模糊了国家与社会间的界限，而不是促进两者的分离。何艳玲（2007）也用"柔性运作"来形容国家权力在基层的具体运作，并将后单位时期街区中的国家与社会关系概括为"权变的合作主义"，意指基层政权、社区自治组织、市民团体、市民个人之间所形成的"根据具体情境的不同而缔结的不同程度的非制度化的合作关系"。

桂勇（2007，2008）认为，在社会转型期的城市基层中，国家与社会的关系既非国家丧失控制力的"断裂"，也非国家向邻里强力渗透的"嵌入"，而是一种介于两者之间的"粘连"状态：国家对城市邻里仍然拥有一定的动员控制能力，但它受到各种社会政治因素相当大的限制。这种粘连状态是由邻里中具有非制度化特征的权力操作模式及其背后的社会结构、动力机制等因素决定的。朱健刚（2010a）将"邻里"视为"国与家之间的流动的公共空间"，它是现代社会中国家、家庭主义和市场主义等各种力量共同作用的产物，构成了一个并不独立但相对自治的空间。其研究发现，在邻里中，尽管有国家权力的影响，但市民仍然能够有丰富的非正式或正式的组织生活。地方性的团体虽然受到国家的控制，且局限在邻里之中，但国家并不能把它们消灭，反而在地方权力的控制中不得不依赖它们，这种相互依赖使得市民团体和社区运动在邻里中拥有自己生长的空间。

王汉生、吴莹（2011）认为，中国的市民社会发育并不是一个可以独立于国家力量之外的"自然而然"的过程，商品房小区自治也绝不是"一个闭门造车就可能成功的乌托邦"。他们沿着"国家与社会的互动实践"视角，聚焦于国家如何形塑社会，又如何改变了干预方式。该研究发现，业委会换届、社区日常集体活动、反污染维权等活动虽然展现了民主自治的发育，但此过程一直是在政府的"参与"和"在场"下实现的。这种参与或直接或间接，或文字或话语和象征形式，既有制度的刚性规定，也有主体间的直接博弈以及利用私人关系的柔性沟通。因此，基层社会自治的发育也是国家干预和制度安排的产物，"'社会'并非'国家'的对立物，而是浸透着国家的身影和力量"。

"国家-社会"范式还受到了进一步的质疑和解构。一些学者（马卫红等，2008；桂勇，2007，2008；刘威，2010b）认为，国家和社会都不是整体化而是碎片化的，两者相互重叠和渗透。随着改革深化和利益多元化，"国家"被多元行动者逐渐解构；同样，"社会"也不是一个明确的实体，相反它是通过具体事件中不同社会行动者反映出来的。在邻里层面，清晰可见的是有着不同利益与目标的行动者，不能将它们简单地视为"国家"或"社会"的当然"代表"。因此在邻里研究中应更多地强调行动者分析。有着独立利益和目标的多元行动者之间形成了对立与冲突、合作与妥协的复杂关系，对它们的分析也就需要更多地考虑理性计算、策略选择、文化情感、社会网络等因素。社区也因此成为各种行动者相互博弈的"角力场"。

三　社区参与的复杂逻辑和多重面向

社区居民对公共事务的参与构成了社区治理的重要方面，社区参与是"共同体"意识的表现，也是推动社区自治的关键所在。对此，研究者主要关注的是社区参与的主体、类型和形式、程度及其影响因素等问题，即谁在参与、为何参与、如何参与、效果如何。

杨敏（2007）认为，参与是现代社区形成的机制，不同的参与实践建构出来的是不同的社区。不同居民群体出于各自需求而选择参与不同的社区事务，她划分了强制性（福利性）、引导性（志愿性）、自发性（娱乐性）和计划性（权益性）四种参与类型。它们的自主性依次升高，对社区共同体形成的影响也由弱到强。她强调，各参与类型的性质和具体参与过程不仅取决于居民自身的社会资源和行动能力，还受到国家权力和社区建设导向的决定性影响。

在社区参与中，与冷漠的大多数并存的是少数积极分子。很多研究者（杨敏，2007；熊易寒，2008；海贝勒、舒耕德，2009；郭圣莉，2010）都发现，这些积极分子往往具有党员、党小组长／楼组长、女性、退休人员等特征，具体参与的原因既包括有充足时间和多种心理需求、受到长期的单位组织文化熏陶，有时也有象征性物质回报的作用。有研究者将荣誉、政治关心、社会交往和小群体活动、重要性和个人价值体现、轻微的权威感以及社会互助感统称为对参与的"社会报酬"（李辉，2008），有学者将这些与政治建制有着特殊关系的积极分子称为"关键群众"（刘春荣，2007b），或者是在居委会组织和认可的各类社区兴趣团队活动中产生的"核心团队"（郭圣莉，2010）。

不少研究（桂勇，2007；杨敏，2007；刘岩、刘威，2008；刘威，2010a；金桥，2010；朱健刚，2010a）还达成这样一个共识：在社区动员和社区参与中，中国本土性文化资源（人情、面子）以及私人（或小团体）之间的信任和互惠机制发挥了重要作用，形成了"社区居委会—积极分子—普通居民"的动员路径，动员之下的社区参与也带有很大的表演性和仪式性。参与的积极性既非受到上级行政约束，也不完全等同于西方意义上的"志愿主义"。

在各类社区参与中，正式的政治参与是一个不可忽略的重要方面。普遍的看法认为，居委会选举通常对居民来说没有太大的实际意义，因此也缺乏积极性，即便投票率很高也不能代表社区参与程度就高。熊易寒（2008）发现了普遍的政治冷漠与非常高的投票率之间的悖论。他对上海社区居委会"海选"的参与式观察发现，高投票率与一人多票是分不开的，特别是无限制的委托投票赋予了社区积极分子事实上的"复票权"。高投票率蒙蔽了相当一部分居民不投票的事实，这种局面实际上是政府、党总支／居委会、积极分子和选民共谋的结果。社区选举之所以缺乏活力，关键在于它是以"维持性利益"而不是"分配性利益"为基础的。与基于公民权利和义务的"公民参与"相比，这种参与更接近于一种基于私人利益和情面的"私人"参与。

不过，李骏（2009）指出，不应该忽视居民通过既有体制平台（而非外生于既有体制的对抗性方式）来逐步实现民主诉求，并用参加居委会选举投票、对居委会的关注程度等指标来反映这种社区政治参与。他对全国抽样数据的统计分析发现，住房产权的确对居民的社区政治参与产生了影响，而且新型"封闭式"商品房小区业主比旧式社区业主的社区政治积极性和参与程度更高；同时，社区政治参与的积极性还影响到地方层次上的政治积极性。因此，住房私有化在中国基层社会造就了一股新的政治参与力量。部分业主从维权运动转向参与体制内选举的变化也在个案研究中得到了证实。管兵（2010）发现，商品房业主群体在权益遭受侵犯时会想尽一切办法来保护自己的权益，参选居委会也成为选项之一。尤其是基层政府和居委会对业主维权进行干涉，激发了他们通过制度性的渠道去行使法律所赋予权利的愿望。这种制度性参与一方面有利于业主维权，另一方面也使居委会选举变得更具实际意义，有可能促进基层政府依法办事。类似地，刘子曦（2010）指出，不少业主希望参选居委会选举是不满于其成员往往由街道指派而且非本小区业主，不能很好地维护他们的权益。此外，业主不仅关心自身财产保护，也开始关注更大范围内的社区建设和社区生活。因此，从维权走向参选反映的是从维护财产权和民事权的"业主"向切实行使政治权的"居民"身份的转变和扩展。业主维权运动是走向公民权和公民社会宏观过程的一部分。当业主们从空间性（领地化）和社会性（组织化）上界定自己的产权时，也就从民事权和政治权这两个层面上开始建构马歇尔意义上的"公民权"（沈原，2007）。就商品房小区而言，有研究者断言"公民的形成"和"中产阶级的形成"最终将培育出一个"中产阶级的公民社会"（陈鹏，2009）。

具有实质性意义的社区参与新空间也在出现。石发勇（2010）的研究表明，业主委员会的崛起为业主提供了正式参与渠道和社区合作平台，促使街区权力结构从国家行政机构单方面操控的集权型转向多元分散型，从而有效地促进了基层治理。阿兰纳·伯兰德和朱健刚（2007）指出，"绿色社区建设"的创建过程帮助重组了社区的公共空间，但它并非西方意义上的市民空间，其建设仍然依赖于社会主义时期的群众动员技术，此动员逻辑依然在影响着政府、物业管理公司以及社区居民的行为方式，但是其对社区参与的鼓励也为社区自我组织以及 NGO 进入社区公共空间提供了机会。

四　社区中的社会资本与社会网络

社会资本研究成为近年来国内社会学界的一个热门领域并取得了丰硕的成果（张文宏，2007），这种趋势也影响到了社区研究。一般认为，社会资本具有互惠、信任和网络等特点因而能够促进社会合作和改善地方治理。因此，社会资本的基本内涵与"共同体"意义上的社区非常接近，对社区社会资本的研究可视为本体论层面研究的一个组成部分。另一方面，"社区解放论"的基本观点就是将社区从地域局限中"解放"出来，成为"脱域的共同体"（disembedded community），或曰"个体社区"（personal community）和"网络社区"（network community）。这在一定程度上促使社区研究转向对社会网络的研究，或者试图在地域性社区和网络性社区之间寻找一种妥协。此外，社会资本和社会网络研究在测量方法上比较成熟，这也为社区研究注入了新的活力。

不少学者都强调社会资本对社区建设的重要意义。潘泽泉（2008）认为，社区建设的真正内涵是社会资本的培育和创造，同时社区也是孕育社会资本的"子宫"，两者密切关联。社会结构变迁和社会空间极化带来社会网络的封闭性和同质性，社区社会资本出现不断弱化的趋势。罗力群（2007）介绍了美欧学者对"邻里效应"的研究，其核心是指出邻里社会资本有助于社会融合，并建议将混合居住政策作为降低当前社会不平等程度的一种社会干预手段。燕继荣（2010）认为，致力于"社会资本投资"是政府主导的社区治理创新维系下去并形成"路径依赖"的有效途径。

另一些学者侧重于对社区社会资本的实证测量。桂勇、黄荣贵（2008）发展出一套具有 7 个维度（地方性社会网络、社区归属感、社区凝聚力、非地方性社交、志愿主义、互惠一般性信任、社区信任）的社区社会资本测量指标，比较好地弥补了现有社会资本测量过多地集中于微观个体层面而忽视中观社区层面的不足。通过对该套指标效度的检验，也证明了社区社会资本的存量越高，社区居民越有可能参与解决社区公共问题。项军（2011）认为，社区问题的关键不在于"共同体社区在当代城市是否存在"，而在于"存在什么样的共同体社区"。在他看来，只要一个群体在一定地区共同生活一段时间，总会形成一定的"共同体"性质，即"社区性"。他设计了一个与测量社区社会资本相似的"社区性"量表，也包括7 个维度（社区认同感与归属感、人际交往频度、社区利益共同感、邻里互助、社区凝聚力、社区参与、社区信任）。

问题在于，我们不能停留于抽象地指出社会资本对社区发展和治理的作用，还要考察社会资本有哪些不同的具体形态、分别发挥了怎样不同的作用。

陈捷、卢春龙（2009）区分了"共通性社会资本"和"特定性社会资本"，并从主客观两个维度进行了测量。其研究发现：共通性社会资本的两个维度——包容性的社会信任与开放型的社会网络——对社区居委会的治理产生了显著的积极作用；而特定性社会资本的两个维度——局限性的人际信任与封闭性的社会网络——则产生了显著的负面作用。在个案研究中，也有学者发现非正式社会网络的利用对于业委会的发展来说是把"双刃剑"，建立在"小范围信任"和互惠基础之上具有排他性的关系网络同样产生了明显的负面作用（石发勇，2010）。曾鹏（2008）比较了两个商品房小区（中低收入老市民和中产白领新移民）的业主维权行动，探讨"融合性社区网络"和"离散性社区网络"对集体行动的影响，并认为社区网络越趋于融合（数量较多、密度较高、关系较强），则集体行动发生的可能性和组织化程度越高，其暴力程度和社会负面效果越低。不难发现，这两种社区网络形态的形成是与居民的社会属性、是否使用互联网、小区空间形态甚至地理区位等因素密切相关的。上述发现都再次提醒人们区别社会资本不同类型对于研究社区治理的重要意义。

多数研究都将社会资本视为自变量来测量和分析。而在急剧的社会变迁和城市化过程中，原有的社会资本遭到破坏，新的社会资本又在不断生成。需要追问的是：符合人们期待的社区社会资本是怎样产生的？不同性质的社会资本之间在何种条件下会发生转换？

有学者认为，社区人口异质性的增加对不同的邻里社会资本的影响不同：社区内部异质性的增大会抑制"整合性"（bonding）社会资本，但有可能促进"链合性"（bridging）社会资本（李洁瑾等，2007）。在特定情况下（如基于社区认同的社会运动），非亲密性社区社会网络可能转换为亲密性／支持性的社区社会网络，即"弱网变强网"（陈福平、黎熙元，2008）。进而可以认为，社区运动才是"社区意识"形成的关键，才是社区"由自在到自为的过程"（夏铸九，2007）。而互联网作为业主维权的新动员手段，其"一对多"、"多对多"的互动模式，可能在动员过程中形成新的社会资本（黄荣贵、桂勇，2009）。石发勇（2008）探讨了社会资本与业主维权的关系。他认为，社会资本可能起源于社区成员面临共同压力所产生的集体合作需求、市民组织、正义感，以及人力资本等；其"存量"变化与集体行动的成败形势有关，国家不同部分对于社会资本生产也具有消极或积极的不同影响。

如果说上述研究大致是从社区内部交往和社区维权运动中探讨社会资本的产生，因而可算作一种"内部"视角，那么还存在一种"自上而下的社会资本视角"，即西方一些学者指出的"政治机构对于一个地域的社会资本的产生、公民社会的成长，是一个具有重要意义的角色，它至少有助于支持公民的活跃，甚或激发它的成长"（陶传进，2007）。刘春荣（2007a）正是在这种视角下关注了社会资本的生成和演进问题。他强调，特定形式的国家介入乃是社会资本得以发展的必要动力，社区社会资本存量的差异必须与国家介入的类型进一步联系起来分析。在纵向行政动员的组织策略中，居民间的交往关系往往被吸纳（单向向上归拢）或建制化；而国家基层组织的网络化（组织资源分散，特别是"社区自治、议行分离"的制度框架）则提供了社会资本增生的空间和激励。尽管社区选举是国家介入的产物，但它提供了一个契机，让素不相识的人借开会和投票的机会开始交往，从而提升了居民的社会资本。类似地，陶传进（2007）对某社区内微型草根组织（尚未登记或仅仅在社区居委会或民政部门备案，活动涉及娱乐健身、文化活动、志愿行为等小团体）的研究指出，这类社区草根组织的产生对社会资本的要求比较低，而且在人们交往沟通过程中，还伴随着社会资本储量的增长。此外，政府（或居委会）对这些组织的直接支持

（如建立社区备案制度、资金与场地的支持等）或积极的关注都增加了其参与积极性并提升了社区认同感。

五　社区空间①中的日常生活与阶层

除了对居民参与社区公共事务的关注之外，还有一些研究侧重于对社区日常生活和交往的分析。有的是通过社区日常生活／生计来"透视"其背后更为宏观的理论问题（如阶级形成、身份建构）；有的则是考察基于空间因素的社区日常生活与社区运动的关系；还有的是将网络空间纳入社会运动或社区形成中来研究。在这些研究中，"阶层"有时是一个显性要素，有时则或明或暗地体现在研究对象之中。

吕大乐和刘硕（2010）从一个中产住宅小区（带私家花园的连排叠拼别墅）日常生活的微观层面着手，来关注中产阶级是怎样形成的这一宏观问题，从如何恰当饲养宠物到居民的着装、举止等业主讨论的话题，分析小区内道德秩序的构建和中产阶级生活方式的打造，这些问题往往都与私人空间与公共空间的划分有关。② 他们指出，中产阶级所关心的"政治"议题不一定是"大政治"（如民主、自由），而是关乎生活中如何体现个人选择的自由、需要做出的妥协、私人空间与公共利益的平衡等"小政治"。这些社区琐事反映出中产阶级的集体性格和生活方式，反过来会强化其阶层认同。由于这种日常讨论大多是在小区业主网络论坛上，因此他们借助业主论坛进行局内观察和收集资料。

郭伟和（2008；2010b）从社区生计入手研究特定群体（北京国有企业和集体企业下岗职工）在市场转型时期的身份构建问题。虽然其研究对象属于工人阶级，但作者采取了文化身份意义的视角而非阶级分析的思路。他指出，伴随着国有企业改革，北京国有企业和集体企业职工的生计模式逐步失去了社会保护，成为一种勉强维持的半商品化的生计模式。他

---

① 此处"空间"的含义是多重的，既指社区里的物理空间，也指由此而形成的社会空间，还包括互联网上的网络空间及其与现实空间的交叉重叠。

② 比如，私人院子究竟是"纯粹"的私人空间还是社区环境的一部分或"半公共空间"，其中的行为举止是否要受公共舆论和道德规范的约束，这种约束是不是对私人生活和自由的干涉？业主之间有分歧是自然的，关键是能否形成共识和形成什么样的共识。

们退守到社区里，依靠国家的特殊身份优待政策和社区延续的家族互助传统，继续抵抗劳动力商品化（市场化就业）的趋势；同时，通过身份区分的策略去应对外来民工和商贩的强大冲击，从而维持一种北京地方的生活传统。

黄晓星（2011）认为，现有业主维权研究忽略了其本质因素——"社区性"——的重要作用，这是影响社区运动产生与维系的核心变量，由空间、人口、组织三大要素组成，而邻里和社区是"社区性"三个要素互动的结果。通过对某个底层市民解困房小区的考察，作者发现，密集的空间（共享的公共空间）、特定的人口特征（共同的市民文化习性、"穷人"身份的认同、闲暇时间多）及反动员组织结构的空隙是该社区的重要特征。三个要素紧密相连，不断互动循环，将原本的物理空间（聚居场所）转换成充满意义的公共空间（公共领域），在社区运动中促使"自在"的邻里走向"自为"的社区共同体，社区运动反过来又强化了社区共同体的存在。

除了在物理空间中传统的面对面互动之外，迅猛发展的互联网也成为崭新的社区日常交往空间和独具优势的社会动员手段，对于新型商品房小区而言更是如此，[①] 这也引起了部分年轻学者的注意。黄荣贵与桂勇（2009）通过定性比较分析方法（QCA），较为系统地分析了15个业主集体抗争案例，结果发现，在集体利益受损时，业主能利用互联网作为动员手段发起集体抗争行为，特别是在那些业主论坛比较活跃的小区。业主论坛具有高互动性、虚拟社区与现实社区高度重合、组织成本低、沟通更直接、过程更透明等特点，有助于培养集体认同，进而将之转化为集体行动。

还有研究者探讨了社区网站在新建居住区日常生活中的独特作用。郑中玉（2008）认为，目前对虚拟社区的研究大多强调其如何能够跨越地域，甚至在全球范围内实现社会关系的建构，而忽略了互联网重组地方社会的能力。他对北京某大型经济适用房居住区（以年轻白领阶层为主）的社区网研究后发现，社区网作为一种非层级制的网络化组织，它的自组织

---

① 是否使用互联网作为日常交往和集体行动的手段本身就在一定程度上反映了阶层之间的"数字鸿沟"，当然这也与地区差异和代际因素等有关。

过程发展了社区的传统（如社区网周年庆典、社区趣味运动会、足球联赛、公益慈善活动等），促进了社会交往、社区认同的产生和社区的"想象"；虚拟社区和本地物理社区逐渐融合，最终促进了"社区的生产"。

笔者在许多业主论坛上也观察到网络作为特殊空间和载体对社区社会资本（特别是作为城市新移民的年轻中产阶层）的形成产生了重要的作用，甚至在某些大城市的流动人口聚居地（城中村），由房客自发建立的论坛也帮助漂泊在外的打工者建立起社区归属感。需要指出的是，这种地方性的网络空间既在建构着社区，同时它本身也是社区建构的产物。

六　转型期分化的社区与社区的分化

随着市场转型的不断深入，社会分化趋势也日益明显。就社区而言，笔者概括为"分化的社区"和"社区的分化"两个方面。前者主要指复杂多样的社区类型、不同社会阶层在城市居住空间上的分化及相应的生活方式和阶层内部认同的形成；后者则表现为同一（行政）社区内部不同社会群体的分化甚至同一小区群体内部的分化。

"分化的社区"主要表现在社区类型的多样化上。对此，西方学者的已有研究能给我们带来一些启迪（程玉申、周敏，1998），我们至少可以概括出影响城市社区类型的几个主要因素：空间位置（内城或郊区）、居民的社会经济特征（如阶级／阶层、族群、移民）、居民所处生命历程的不同阶段、国家干预程度（福利制度、公共住房建设、城市规划）和市场力量（如城市更新中的"士绅化"现象）等。在国内研究中，一些文献主要围绕着"社区阶层化""阶层化社区""社会空间分异／极化""居住隔离"等相关概念着重探讨了社会分层与社区之间的关系（徐晓军，2000a，2000b；李志刚等，2004；刘精明、李路路，2005；黄怡，2006；徐晓军、沈新坤，2008）。在现实中，城市社区的类型复杂多样：农转居社区、城中村／城市边缘本地－外来人口混合社区、老城传统社区、单位售后公房社区、纯商品房社区、商品房－回迁房混合社区等。这与阶层分化有关但又不局限于此，而是与单位制、户籍制度、人口流动、城市改造与扩张等因素错综复杂地交织在一起。社区类型的分化直接影响到相关社区研究的结论差异。

就"社区的分化"而言，闵学勤（2009a）的研究发现：城市社区自治主体呈现"以居委会为中心"和"以自我为中心"的内外两大群体，两群体在社区生活、自治理念及未来行动方案上均表现出二元区隔的状态；双方的异质身份、文化目标、利益取向等多方位的差异导致了区隔的形成。闵学勤（2009b）还指出，这种群体的分化也反映在社区居委会在不同成员中的声望呈现出的差异化格局之上：在老弱病残、下岗失业等弱势群体中居委会的声望仍居高不下，但在其他普通居民，特别是在一些中产阶层群体中的声望有下降趋势。

即便是在同一小区的业主内部也会发生分化。石发勇（2010）对某个售后公房小区业主委员会的研究发现，领导精英和普通业主在智识、利益、权力、社会网络等方面出现了明显分化并成为必然趋势。尤其是相关各方对非正式社会关系网络的过度利用可能导致和加剧少数既得利益业主精英排斥大众参与的寡头统治和"准派系政治"，进而有损于基层治理和社区民主。笔者也发现，目前不少商品房小区内部的业主之间在维权和小区治理过程出现了较为严重的对立和分化，① 这一现象在现有的业主维权研究中还没有得到足够的重视。它不仅提醒我们对那种认为业主维权运动代表了公民社会崛起的看法应该持有更为谨慎的态度，而且这些内部的分化和冲突还为三方博弈中的国家和市场力量实现自身意图提供了可乘之机，使得国家、市场与社会三者之间的关系变得更为复杂和不确定。

空间既是社会分化的表现和结果，也影响或加强了分化。王美琴（2010）的研究发现，在城市空间重构过程中，许多原来功能强大的传统单位制社区已逐渐演变为城市居住空间阶层化分异格局中的底层聚集区。李强与李洋（2010）对旧城改造后的一个新建社区的考察发现，商品房业主和回迁户在空间上被有意分隔，这使两个群体之间的社会距离扩大、疏离感增强。李远行与陈俊峰（2007）研究了新区开发中市场机制导致商品房和农民复建房之间的空间区隔。他们认为，不同阶层都倾向于内部交

---

① 在媒体对业主维权的报道中我们可以看到很多业主内部冲突的案例，往往表现为业主分化为对立的两派，严重时会导致小区管理的僵局和瘫痪。他们不仅在维权策略（如何处理与开发商／物业和地方政府的关系）上意见不一，而且在小区治理方式上也存在分歧（是否需要对业委会设立严格的监督机制），是否能在业主内部进行理性沟通和协商成为当前新型小区面临的一个基本挑战。

往，而中低档及低档社区中人们的交往关系具有明显的"自我隔离"倾向。不利的空间因素可能阻碍了社会交往，封闭和排他的"门禁社区"无疑会对社区内部整合构成新的挑战。

七 结语

（一）理解城市社区和社区研究的基本框架

如前所述，在本体论意义上的"'社区'研究"中，最为核心的问题是"共同体"意义上的社区在现代城市社会是否可能；而在方法论意义上的"社区研究"中，最受关注的一个主题则是通过社区去"透视"国家与社会之间复杂的互动关系。因此，在归纳社区研究的基础上，笔者尝试着从这两个基本维度建构起一个有助于更好地理解当代中国城市社区变迁和社区研究的基本框架①（如图1）。

这一框架既对现实社区的复杂性和社区研究的多样化做了简化处理，又不至于因损失其主要内容和线索而缺乏分析的有效性。横坐标表示城市社区自身存在着从"共同体"到"社会"（或韦伯所说的"结合体"，下文将阐述）的连续谱，纵坐标表示影响着现实社区和社区研究的国家干预（中性意义）与社会自组织的作用，同时这两个维度也隐含着空间与时间因素。由此划分出的四个象限分别归纳了受到相互交叉影响的社区现象/社区变迁和社区研究主题。

（二）城市社区中"共同体"与"社会"因素的并存和互动

韦伯（2005：54～58）根据社会行动的指向是建立在参与者主观感受到的互相隶属性还是基于理性利益的动机的不同而划分出"共同体"关系和"结合体"关系。这种社会关系性质的划分类似于滕尼斯"共同体"和"社会"的划分，但韦伯认为，在家庭这样典型的"共同体"中也同时会带有"结合体"的因素；同样，在军队、企业等"结合体"中多少也会发

---

① 笔者的这一理解框架在形式上借鉴了郑广怀（2010）提出的"理解员工精神健康的社会学框架"，不过笔者的框架并不是用于理解某一明确和特定的现实问题或研究主题，而是为了帮助理解社区生活的丰富性和社区研究主题的多样性。

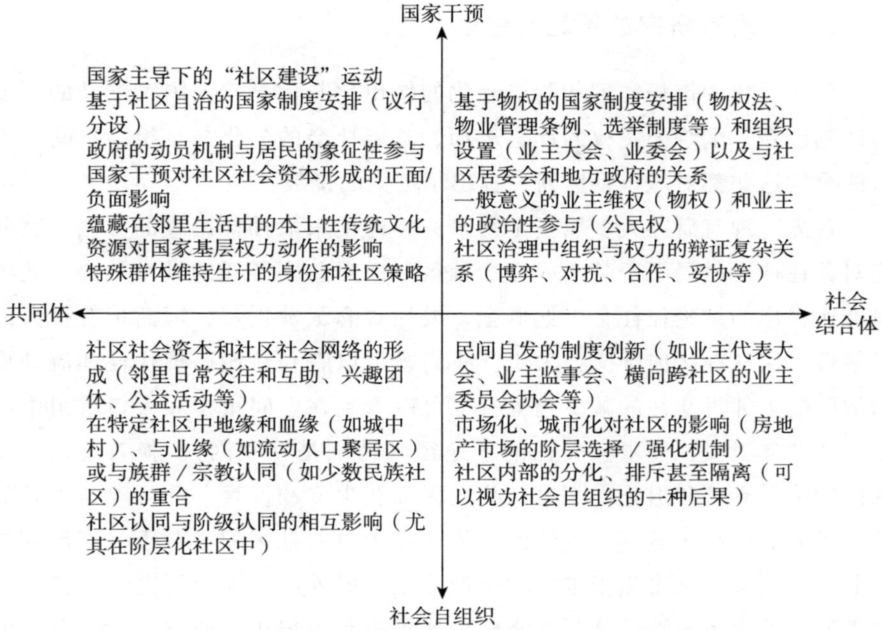

国家干预

国家主导下的"社区建设"运动
基于社区自治的国家制度安排（议行分设）
政府的动员机制与居民的象征性参与
国家干预对社区社会资本形成的正面/负面影响
蕴藏在邻里生活中的本土性传统文化资源对国家基层权力动作的影响
特殊群体维持生计的身份和社区策略

基于物权的国家制度安排（物权法、物业管理条例、选举制度等）和组织设置（业主大会、业委会）以及与社区居委会和地方政府的关系
一般意义的业主维权（物权）和业主的政治性参与（公民权）
社区治理中组织与权力的辩证复杂关系（博弈、对抗、合作、妥协等）

共同体 —————————————————————— 社会结合体

社区社会资本和社区社会网络的形成（邻里日常交往和互助、兴趣团体、公益活动等）
在特定社区中地缘和血缘（如城中村）、与业缘（如流动人口聚居区）或与族群/宗教认同（如少数民族社区）的重合
社区认同与阶级认同的相互影响（尤其在阶层化社区中）

民间自发的制度创新（如业主代表大会、业主监事会、横向跨社区的业主委员会协会等）
市场化、城市化对社区的影响（房地产市场的阶层选择/强化机制）
社区内部的分化、排斥甚至隔离（可以视为社会自组织的一种后果）

社会自组织

图1　理解中国城市社区和社区研究的基本框架

展出"共同体"的连带关系。因此"共同体"和"结合体"是连续性而非二分的，这构成了他与滕尼斯之间的决定性差异。

笔者认为，在中国城市社区中，韦伯的"共同体"关系与"结合体"关系、滕尼斯的"共同体"和"社会"的层面同时存在。前者表现为地域内的兴趣团体和非正式组织、邻里的日常交往等，后者表现为正式组织（特别是业主组织、物业公司）与基于产权的各项制度安排（物权法和物业管理条例）。如果将这两个方面简单概括描述为社区生活建设和社区制度建设，我们会发现它们之间存在着互相影响甚至互为因果的关系。比如，社区社会资本的培育和丰富有助于社区成员对正式组织和制度的参与，反过来合理的社区制度安排又有助于社区成员之间的信任和团结。

国家政权建设、市场化、城市化、全球化和信息化，这些宏观力量并没有消灭地域社区，而只是重新塑造了小地方与大社会的关系。无论是国家力量还是市场力量都可能同时具有消解和建构社区的"共同体"与"社会"这两方面因素。

（三） 现有研究的不足与建议

不断深化的市场转型和阶层分化的城市化与信息化、国家推动的制度与体制创新、围绕公民权的社会运动、基层社会的分化与重组、空间－人口的重构这些都对城市社区研究提出了更大的挑战。

首先，现有研究大多属于个案研究，即使采取抽样调查的方法，其研究对象往往还是局限于某个或几个社区。面对急剧变迁的城市社会，此类研究所得出的结论往往会以偏概全，或用观念裁剪现实，因而带有很大的局限性。仅从社区内部交往来说，我们既可以看到在城市现代性和流动性增加影响下邻里交往的减少趋势，也可以看到在空间重构和人口重组中产生出新的邻里交往需求和交往的新途径（特别是互联网）。换言之，一些社区的确在衰落和退化，而另一些社区却在生成和发育。社区参与也是如此，研究老旧小区就不免关注以退休人员为主的社区积极分子，而研究新物业小区则又自然聚焦于维权的中产业主。此外，目前的研究对于其他社区类型的关注还不够。这要求我们更加重视和提倡比较研究，不仅是比较不同类型和处于不同发展阶段的社区（或者以长时段跟踪的纵向比较来分析变迁），而且要比较不同地区/城市以及不同的治理模式。

其次，绝大多数社区研究背后的关怀都是如何提高社区的自组织和自治程度，以及如何才能形成与国家和市场之间的良性互动关系。现有研究表明，国家既存在通过社区建设强化基层社会管理的控制意图，从而会抑制社区的自主性空间和可能出现的公民社会；也可能通过合作、放权和赋权或妥协而为社区自治提供新的机会。反过来，基层社会中也是既存在着体制外的对抗冲突，也有试图通过合作和渗透进而影响现有体制的迹象。这在很大程度上是由于国家和社会两者内部的确都存在着分化和间隙，从而为彼此都提供了新的机会。这也提醒我们需要更为仔细地去审视国家、基层社会、社区中各种组织和行动者之间的复杂辩证关系，特别是具体分析国家中的哪一部分和社会中的哪一部分在怎样的条件下形成了何种关系。例如，有学者认为法团主义视角有助于克服多元主义视角下国家与社会二分对立和制约抗衡的分析局限，因而与当代中国社会（包括城市社区）更为契合而具有很大的理论潜力（陈家建，2010）。同时，还需要注意从"国家法团主义"向"社会法团主义"的过渡和发展趋势（刘鹏，

2009）。对社区治理的分析就需要更为强调街道、社区居委会、物业公司、业主委员会等多个组织间的相互关系及互动，而不是仅以某一个组织为中心。

最后，从理论范式上看，新近的范式反思和建构尝试明显受到了"过程－事件分析"和"实践社会学"（孙立平，2000，2002）的影响，并在此基础上有了一定发展。这种分析视角具有明显的优势，有助于揭示不同利益主体之间在实践中的动态关系，但不可因此而轻视具有同样价值的"结构－制度分析"的研究策略（谢立中，2007），或许我们可以在两者之间寻找某种平衡。具体来说，国家的一些法律制度和政策创新、城市权力结构和管理体制的调整、阶级的形成及阶级间的关系等会对社区和社区治理产生怎样的影响，这在现有研究中还未得到足够重视。我们不能因为社区生活的具体而微和将社区作为一个微观分析单元而忽视了它与宏观结构、制度及其变迁的内在联系。

参考文献

鲍曼，2003，《共同体》，欧阳景根译，江苏人民出版社。

伯兰德，阿兰纳、朱健刚，2007，《公众参与与社区公共空间的生产——对绿色社区建设的个案研究》，《社会学研究》第 4 期。

陈福平、黎熙元，2008，《当代社区的两种空间：地域与社会网络》，《社会》第 5 期。

陈家建，2010，《法团主义与当代中国社会》，《社会学研究》第 2 期。

陈捷、卢春龙，2009，《共通性社会资本与特定性社会资本——社会资本与中国的城市基层治理》，《社会学研究》第 6 期。

陈美萍，2009，《共同体（Community）：一个社会学话语的演变》，《南通大学学报》（社会科学版）第 1 期。

陈鹏，2009，《从"产权"走向"公民权"——当前中国城市业主维权研究》，《开放时代》第 4 期。

陈文德，2002，《导论——"社群"研究的回顾：理论与实践》，陈文德、黄应贵主编《"社群"研究的省思》，中研院民族研究所。

陈幽泓主编，2009，《社区治理的多元视角：理论与实践》，北京大学出版社。

程玉申、周敏，1998，《国外有关城市社区的研究述评》，《社会学研究》第 4 期。

单菁菁，2005，《社区情感与社区建设》，社会科学文献出版社。

费孝通，1998，《乡土中国生育制度》，北京大学出版社。

——，1999，《社会调查自白》，《费孝通全集》第十卷，群言出版社。

冯钢，2002，《现代社区何以可能》，《浙江学刊》第 2 期。

耿曙、陈奕伶，2007，《中国大陆的社区治理与政治转型：发展促变或政权维稳?》，《远景基金会季刊》第 1 期。

管兵，2010，《维权行动和基层民主参与：以 B 市商品房业主为例》，《社会》第 5 期。

桂勇，2005，《城市"社区"是否可能——关于农村邻里空间与城市邻里空间的比较分析》，《贵州师范大学学报》第 6 期。

——，2007，《邻里政治：城市基层的权力操作策略与国家—社会的粘连模式》，《社会》第 7 期。

——，2008，《邻里空间：城市基层的行动、组织与互动》，上海世纪出版社。

桂勇、黄荣贵，2006，《城市社区：共同体还是"互不相关的邻里"》，《华中师范大学学报》（人文社会科学版）第 6 期。

——，2008，《社区社会资本测量：一项基于经验数据的研究》，《社会学研究》第 3 期。

郭圣莉，2010，《加入核心团队：社区选举的合意机制及其运作基础分析》，《公共行政评论》第 1 期。

郭伟和，2008，《身份政治：回归社区后的北京市下岗失业职工的生计策略》，《开放时代》第 5 期。

——，2010a，《街道公共体制改革和国家意志的柔性控制——对黄宗智"国家和社会的第三领域"理论的扩展》，《开放时代》第 2 期。

——，2010b，《"身份之争"：转型中的北京社区生活模式和生计策略研究》，北京大学出版社。

海贝勒，托马斯、君特·舒耕德，2009，《从群众到公民：中国的政治参与》（城市卷），张文红译，中央编译出版社。

何海兵，2006，《"国家—社会"范式框架下的中国城市社区研究》，《上海行政学院学报》第 4 期。

何艳玲，2004，《西方话语与本土关怀——基层社会变迁中"国家与社会"研究综述》，《江西行政学院学报》第 1 期。

——，2007，《都市街区中的国家与社会：乐街调查》，社会科学文献出版社。

黄荣贵、桂勇，2009，《互联网与业主集体抗争：一项基于定性比较分析方法的研究》，《社会学研究》第 5 期。

黄晓星，2011，《社区运动的"社区性"——对现行社区运动理论的回应与补充》，《社会学研究》第 1 期。

黄怡，2006，《城市社会分层与居住隔离》，同济大学出版社。

黄宗智，2003，《中国的"公共领域"与"市民社会"？——国家与社会间的第三领域》，载黄宗智主编《中国研究的范式问题讨论》，社会科学文献出版社。

金桥，2010，《基层权力运作的逻辑：上海社区实地研究》，《社会》第3期。

金耀基，1997，《行政吸纳政治：香港的政治模式》，载金耀基主编《中国政治与文化》，牛津大学出版社。

李辉，2008，《社会报酬与社区积极分子：上海S新村楼组长群体研究》，《社会》第1期。

李洁瑾、黄荣贵、冯艾，2007，《城市社区异质性与邻里社会资本研究》，《复旦学报》（社会科学版）第5期。

李骏，2006，《真实社区生活中的国家社会关系特征——实践社会学的一项个案考察》，《上海行政学院学报》第5期。

——，2009，《住房产权与政治参与：中国城市的基层社区民主》，《社会学研究》第5期。

李强、李洋，2010，《居住分异与社会距离》，《北京社会科学》第1期。

李友梅，2007，《社区治理：公民社会的微观基础》，《社会》第2期。

李远行、陈俊峰，2007，《城市居住空间分化与社区交往——基于南京市东山新区个案的实证研究》，《开放时代》第4期。

李志刚、吴缚龙、卢汉龙，2004，《当代我国大都市的社会空间分异——对上海三个社区的实证研究》，《城市规划》第6期。

李姿姿，2008，《国家与社会互动理论研究述评》，《学术界》第1期。

刘春荣，2007a，《国家介入与邻里社会资本的生成》，《社会学研究》第2期。

——，2007b，《另类的邻里动员：关键群众和社区选举的实践》，载赵汀阳主编《年度学术2007》，中国人民大学出版社。

刘精明、李路路，2005，《阶层化：居住空间、生活方式、社会交往与阶层认同——我国城镇社会阶层化问题的实证研究》，《社会学研究》第3期。

刘鹏，2009，《三十年来海外学者视野下的当代中国国家性及其争论述评》，《社会学研究》第5期。

刘威，2010a，《街区邻里政治的动员路径与二重维度——以社区居委会为中心的分析》，《浙江社会科学》第4期。

刘威，2010b，《"行动者"的缺席抑或复归——街区邻里政治研究的日常生活转向与方法论自觉》，《南京社会科学》第7期。

刘岩、刘威，2008，《从"公民参与"到"群众参与"——转型期城市社区参与的范式转换与实践逻辑》，《浙江社会科学》第1期。

刘子曦，2010，《激励与扩展：B 市业主维权运动中的法律与社会关系》，《社会学研究》第 5 期。

吕大乐、刘硕，2010，《中产小区：阶级构成与道德秩序的建立》，《社会学研究》第 6 期。

罗力群，2007，《对美欧学者关于邻里效应研究的述评》，《社会》第 4 期。

马卫红、桂勇，2007，《社区建设中的城市邻里：复兴抑或重构》，《中共福建省委党校学报》第 6 期。

马卫红、桂勇、骆天珧，2008，《城市社区研究中的国家社会视角：局限、经验与发展可能》，《学术研究》第 11 期。

闵学勤，2009a，《社区自治主体的二元区隔及其演化》，《社会学研究》第 1 期。

——，2009b，《转型时期居委会的社区权力及声望研究》，《社会》第 6 期。

潘泽泉，2008，《社会资本与社区建设》，《社会科学》第 7 期。

沈原，2007，《走向公民权：业主维权作为一种公民运动》，载《市场、阶级与社会——转型社会学的关键议题》，社会科学文献出版社。

石发勇，2008，《社会资本的属性及其在集体行动中的运作逻辑——以一个维权运动个案为例》，《学海》第 3 期。

——，2010，《业主委员会、准派系政治和基层治理——以一个上海街区为例》，《社会学研究》第 3 期。

孙立平，2000，《"过程—事件分析"与当代中国国家—农民关系的实践形态》，《清华社会学评论（特辑）》，鹭江出版社。

——，2002，《实践社会学与市场转型过程分析》，《中国社会科学》第 5 期。

陶传进，2007，《培育社区草根组织：公民社会发育的新路径考察》，《中国非营利评论》（第 1 卷），社会科学文献出版社。

滕尼斯，1999，《共同体与社会》，林荣远译，商务印书馆。

王汉生、吴莹，2011，《基层社会中"看得见"与"看不见"的国家——发生在一个商品房小区中的几个"故事"》，《社会学研究》第 1 期。

王美琴，2010，《城市居住空间分异格局下单位制社区的走向》，《苏州大学学报》（哲学社会科学版）第 6 期。

王铭铭，1997a，《小地方与大社会——中国社会的社区观察》，《社会学研究》第 1 期。
——，1997b，《社会人类学与中国研究》，生活·读书·新知三联书店。

王小章，2002，《何谓社区与社区何为》，《浙江学刊》第 2 期。

王小章、王志强，2003，《从"社区"到"脱域的共同体"》，《学术论坛》第 6 期。

王颖，2008，《社区与公民社会》，载李培林主编《社会学与中国社会》，社会科学文献出版社。

韦伯，2005，《韦伯作品集 7：社会学的基本概念》，顾忠华译，广西师范大学出版社。

吴文藻，1935，《现代社区实地研究的意义和功能》，《社会研究》66。

夏建中，2000，《现代西方城市社区研究的主要理论与方法》，《燕山大学学报》第 2 期。

——，2009，《美国社区的理论与实践研究》，中国社会出版社。

夏铸九，1999，《市民参与和地方自主性：台湾的社区营造》，《城市与设计学报》第 9、10 期。

——，2007，《做为社会动力的社区与城市：全球化下对社区营造的一点理论上的思考》，《台湾社会研究季刊》65。

项飙，1998，《社区何为——对北京流动人口聚居区的研究》，《社会学研究》第 6 期。

项军，2011，《"社区性"：对城市社区"共同体"性量表的构建——一项基于上海实证数据的类型学研究》，《社会》第 1 期。

肖瑛，2008，《社区建设研究综述》，载中国社会科学院社会学研究所编《中国社会学年鉴（2003—2006）》，社会科学文献出版社。

谢立中，2007，《结构—制度分析，还是过程—事件分析？——从多元话语分析的视角看》，《中国农业大学学报》（社科版）第 4 期。

熊易寒，2008，《社区选举：在政治冷漠与高投票率之间》，《社会》第 3 期。

徐晓军，2000a，《论我国社区的阶层化趋势》，《社会科学》第 2 期。

——，2000b，《我国城市社区走向阶层化的实证分析——以武汉市两典型住宅区为例》，《城市发展研究》第 4 期。

徐晓军、沈新坤，2008，《城市贫富分区与社区的阶层化》，《华中师范大学学报》（人文社会科学版）第 1 期。

燕继荣，2010，《社区治理与社会资本投资——中国社区治理创新的理论解释》，《天津社会科学》第 3 期。

杨敏，2007，《作为国家治理单元的社区——对城市社区建设运动过程中居民社区参与和社区认知的个案研究》，《社会学研究》第 4 期。

姚华，2010，《社区自治：自主性空间的缺失与居民参与的困境——以上海市 J 居委会"议行分设"的实践过程为个案》，《社会科学战线》第 8 期。

曾鹏，2008，《社区网络与集体行动》，社会科学文献出版社。

张文宏，2007，《中国的社会资本研究：概念、操作化测量和经验研究》，《江苏社会科学》第 3 期。

张志敏，2004，《社区研究的进展》，载中国社会科学院社会学研究所编《中国社会学年鉴（1999—2002）》，社会科学文献出版社。

赵秀梅，2008，《基层治理中的国家—社会关系——对一个参与社区公共服务的 NGO

的考察》,《开放时代》第 4 期。

郑广怀,2010,《迈向对员工精神健康的社会学理解》,《社会学研究》第 6 期。

郑中玉,2008,《基于互联网的社区自组织——以北京 H 虚拟社区再地方化过程为例》,中国人民大学社会学系博士学位论文。

朱健刚,2010a,《国与家之间:上海邻里的市民团体与社区运动的民族志》,社会科学文献出版社。

——,2010b,《论基层治理中政社分离的趋势、挑战与方向》,《中国行政管理》第 4 期。

韦伯关于中国文化论述的再思考[*]

苏国勋

摘　要： 本文针对韦伯的《中国的宗教：儒教和道教》一书中西文化比较研究中的得失提出了个人的一些管见，指出由于时代的局限，韦伯像他那个时代的大多数欧洲思想家一样具有"欧洲中心论"的思想倾向，这导致他在论述包括中国宗教在内的东方宗教时显露出极高的睿智和洞见，同时也含有许多曲解和误读。譬如，他判定道教是"纯粹的非理性"，进而把包括儒释道三家学说在内的东方宗教界定为"神秘主义"类型，并与西方的"禁欲主义"宗教—文化类型对列成掎角之势，构成了韦伯视野中的东西方文化—历史比较研究的基本格局。文章认为韦伯对中国文化的这些见解既和他的比较研究的理想类型有关，也与他思想深处源于古希腊的理性哲学和中古希伯来的信仰意识所奠定的欧洲文化统一性具有深刻的联系。

关键词： 天人合一　三教合流　神秘主义　道教再认识　欧洲中心论

一　巫术、神秘主义是所有宗教的构成要素

韦伯对中国文化—历史的理解可谓瑕瑜互见，既有许多真知灼见和发人深省之处，同时也存在着许多曲解和误读。譬如他将中国文化的总体性质判断为"理性地适应世界"，而把西方文化的性质界定为"理性地支配

---

* 本文是笔者《马克思·韦伯：基于中国语境的再研究》一文（参见苏国勋，2007）的续篇。前文涉及新儒学与韦伯的对话，本次发表的后续部分是对韦伯有关道教的论述以及由此涉及的他的中国观的质疑。本文的写作受到哈尔滨工程大学人文社会科学学院的资助，特此致谢。原文发表于《社会学研究》2011年第4期。

世界"（韦伯，2004b：332），就是在长时段中对中西文化的整体特征做画龙点睛式的概括，表现出极高的睿智和深刻的洞见。但毋庸讳言，他对中国文化某些细节的认识也存在许多重大缺失，这里摘引几条："一般而言，在中国，古来的种种经验知识与技术的理性化，都朝向一个巫术的世界图像发展……的确是有一种巫术性的'理性'科学的上层结构，涵盖了早期简单的经验知识（其踪迹到处可见），并且在技术上有着不小的才华，正如各种'发明'所可证实的。这个上层结构是由时测法、时占术、堪舆术、占候术、史书编年、伦理学、医药学，以及在占卜术制约下的古典治国术所共同构成。"（韦伯，2004b：273、276）"中国这种'天人合一的'哲学和宇宙创成说，将世界转变成一个巫术的乐园。每一个中国的神话故事都透露出非理性的巫术是多么的受欢迎。粗野而不谈动机的神祇从天而降、穿梭于世界而无所不能；只有对路的咒术才奈何得了它们。准此，解答奇迹的伦理理性是绝对没有的。"（韦伯，2004b：277）"在异端教说（道教）的巫术乐园里，具有近代西方特色的那种理性经济与工技，根本是不可能的。因为一切自然科学知识的付之阙如，是由于以下这些根本的力量（部分是因，部分是果）所造成的：占日师、地理师、水占师与占候师的势力，以及对于世界的一种粗略的、深奥的天人合一观。此外，道教所关心的是（官职制的）俸禄化——巫术传统的支柱——下的所得机会。不过，这个巫术的乐园之得以维持住，是因为儒教伦理本就有与其亲和的倾向。"（韦伯，2004b：310）"就其作用而言，道教在本质上甚至比正统的儒教更加传统主义。观其倾向巫术的救赎技巧或其巫师，即可知别无其他可以期望的。为了整个经济上的打算，使得这些巫师将关注点放在维持传统，尤其是传布鬼神论的思想上。因此，'切莫有所变革'这个明白且原则性的公式，归于道教所有，是一点也不令人惊讶的。无论如何，道教与理性（不论入世的还是出世的）生活方法论之间，不仅无路可通，而且道教的巫术还必然成为此种发展趋向的最严重障碍。"（韦伯，2004b：283）"道教已然是绝对非理性的，坦白地说，已变成低下的巫术长生法、治疗术和解厄术。道教应允可以为人祈免夭折——被认为是罪恶的惩罚……任何与'市民的伦理'相近的特征，几乎不可能在道教里寻获。"（韦伯，2004b：272~273）

在韦伯看来，无论是正统的儒教抑或是异端的道教，都体现出中国文化的突出弊端：其一是传统主义，其二是迷信巫术或带有巫术的性质，这两个特征恰好与他界定的宗教理性化的两个标准相悖逆。① 由此可见，中国文化在韦伯的心目中理性化程度甚低。但问题是他所列举的与古代天文、历法、地理、医药、编年史、堪舆、占卜等有关的知识或技术是否都属于巫术或者如他一言以蔽之的"绝对非理性"？他的这些见解只是一家之言，无论在当时或现在的学术界都存在很大争议，需要做具体分析。我们在100年后的今天重看这些论述，大可不必为前人讳言。韦伯指摘中国传统文化笼统、含混、驳杂、包罗万象、菁芜混杂、尚处在前现代的未分化阶段，这或许是事实，但能否据此就断言中国文化是"绝对非理性"，恐怕没有那么简单。他所说的非理性主要指巫术和神秘主义，但他在论述宗教的起源时也认为，"忘我的社会形态——狂迷（Orgie）——乃宗教共同体关系原初的素朴形态"，而巫术和神秘主义则是导致一切宗教狂迷、忘我之类状态的不可或缺的要素（韦伯，2005a：4~5）。由此观之，巫术和神秘主义并非中国宗教所专有。按照韦伯的解释，巫术的功用是在日常生活里起到"从一种直接操作的（自然）力量转化为一种象征的行为"的中介（韦伯，2005a：7）。他举例说明在人类早期，由于对死后尸体的直接畏惧，多采取屈肢葬、火葬等处理方式。及至灵魂观念出现以后，取而代之的观念是勿使亡灵有害于生人，为此尸体必须封藏于墓穴之中，以免死者妒忌生者享有他生前的所有物。此后这一观念逐渐淡化为要求死者之物至少在一定期限内生者不可动用，以免引起死者的妒忌。"中国人的服丧规定仍充分保留了此一观念，结果是不论经济上或政治上皆带来不合理的现象。例如规定官员在服丧期间不得执行其职务，因为其官职、职禄也是一项财产，因此必须回避。"（韦伯，2005a：7~8）按照韦伯的解释，人们只能透过"丧葬"和"服丧"这种"巫术"的象征和意义的媒介才能接近"灵魂、鬼怪及神祇这些背后世界之存在的性质"。"丧葬"和"服丧"之所以属于"巫术"，是从西方一神论救赎宗教的反"偶像崇拜"和反"祖先崇拜"视角来解释的。但中国人更多的是从文化人类学家格尔茨

---

① 韦伯曾在《中国的宗教》中写道："要判断一个宗教的理性化水平，我们可以运用两个在很多方面都相关的主要判准。其一是这个宗教对巫术之斥逐的程度；其二则是它将上帝与世界之间的关系、及以此它本身对应世界的伦理关系，有系统地统一起来的程度"（韦伯，2004b：309）。

（C. Geertz）所说的"在地性知识"（local knowledge），包含以民间谚语、行为准则、风俗习惯为载体的认知性常识所崇尚的"孝道"来看待丧葬和服丧的，即把丧葬纯粹视为一种仪式行为，从昭示今人"慎终追远"并垂范后人以使"民德归厚"的"象征"意义上加以认知，可见同一种行为在不同文化脉络和背景中也会得出完全不同的解释。譬如韦伯从西方宗教观念出发，认为"纯粹的仪式行为，与其对生活态度的影响这点上，与巫术并无不同，并且有时甚至落于巫术之后。因为，当巫术宗教在某些情况下发展出关于再生（regeneration）的一种明确而有效的方法论时，仪式主义（虽然经常但）并非总是能做到。救赎宗教（指西方基督宗教——引者注）则能将一个个纯粹形式的仪式行为体系化到一种所谓'皈依'的特殊心态里去；在这种皈依下，仪式被当作象征神圣的事来执行。如此一来，此种心态便正是活生生的救赎拥有"（韦伯，2005a：191）。这种对一个人信仰了某种宗教对其生命来说不啻"新生"（Vita Nova/new birth）或"再生"的说法，从中国人的思想方式上看完全是一种譬喻、象征和神话，或者是西方基督教神学对人的信仰与其生命关系的一种建构，在其他宗教里并非都是如此。譬如中国传统文化主张不依赖灵魂不朽而积极肯定现世人生，儒家提倡的立功、立德、立言的"三不朽"思想遂成为中国人世代传承的"永生"信仰，但并不把这种不朽、永生观念作为判准强加于人。韦伯事事处处将西方基督教判准视为普遍标准，忽视了在跨文化比较研究中每一种文明都有其行动主体的资格和论辩权利的宣称，亦即忽略了"主体间性"（inter-subjectivity）问题。再者，韦伯本人也承认，真正称得上是根本的、严格的"一神教"的，只有犹太教和伊斯兰教，基督教只是"准一神教"（韦伯，2005a：24、29），"对'超自然'力量的概念演进到具体化为神祇，即使是单独一个超越性的神，也决不会就自然而然地铲除掉古老的巫术概念，即使在基督教也一样"（韦伯，2005a：30）。按照他的这一说法，基督教也并非没有多神论的影子即非理性的成分，因此，他的"神秘主义""禁欲主义""信念伦理""责任伦理"等理想类型之界定和理解似应有更中立和更宽泛的余地。同样，按照基督教史学家 E. 特洛尔奇的研究，"（基督教）神学究其本质看，始终还是科学与神话的结合"；"既然神学无法再以古老的方式使'超自然的'启示认知与'自然的'认知并行不悖，它便必须采取新的方式，即除了承认精密科学的经验认识方式之外，神学还必须确认那种导向终极宗教真理的实践—象征的认识方式"（特洛尔奇，1998：233）。

这另外一种认识方式，便是信仰的方式。"这种认识只能以神话、诗化、象征的形式表达出来，尽管这种形式在极大程度上经受了科学的洗礼，达到了高度的升华，（但）依旧是神话，决不会成为从一般概念得出的认识。"（特洛尔奇，1998：236）它是"通过心理学和认识论实现的，而后者始终包含着形而上学因素"（特洛尔奇，1998：233）。总之，在特洛尔奇看来，现代基督教神学的信仰，就其观念成分而言，终归是一种艺术性和象征性的认识；就其内核而言，仍旧是信仰和神话，亦即"理性主义的形而上学"或"理性主义的神学"（特洛尔奇，1998：213、231）。而韦伯所描述的道教的巫术乐园里无处不在发挥作用的各种根本性力量，如用"在地性知识"概念来检视，可分为"认知性常识"（时测法、时占术等）和"身体性技术"（长生术、符咒如叫魂术等）两项内容。其实，中国的谶纬之学也把巫术分为"降神仪式"和"咒语"，并认为巫术是指试图借助超自然的神秘力量对人或事施加影响或施行控制的方术。这些巫术、方术性的"神话"所包含的杂芜内容在中国文化中散乱地被记载于称为"纬书"的典籍中，与儒学经典"经书"相对应，成为儒学正统的"配经"，在中国传统学术史上统称为"谶纬之学"。这部分由于属于"子不语怪力乱神"范畴，故为历代正统儒家所排斥，有时竟被贬称为"淫祠"。韦伯追随正统儒学的门户之见，无视道教学说和实践中的科学因素，专拿这些巫术、方术来说事，表明他对儒道两家的认识还处在欧洲学界在启蒙运动早期评价的影响之下，稍后将会看到，这一评价是落后于19、20世纪之交欧洲学术界的认识发展水平的。

二 终极价值的抵牾："天人合一" vs. "位格形而上学"

能说明这一点的，是韦伯着力指摘中国文化的巫术和神秘的"天人合一"（unio mystica）思想，认为它为儒道两教所共同具有，并构成中国文化的核心，凝聚着中国哲学和宇宙创成论的要义，成为高踞各门"理性"科学或经验知识之上并造成在中国一切自然科学知识付诸阙如的"上层建筑"（意识形态）。韦伯认为，亚洲宗教这种追求"神秘的合一"的"得道"或"至善"的最高救赎状态，是道教神秘主义追求的一种受心理、生理制约的神宠状态的方式。它与西方禁欲主义宗教须从积极的行动中来证成恩宠状态全然不同。就道教的创始者老子而言，"道"指的是宇宙秩序和万事万物的内在根源，是一切存在的永恒原型总体的理念，是些不可变更的要素，也就是绝对的价值。简言之，道就是神圣的总体和唯一。一个人只有通过神秘的冥思，完全摆脱世俗关系的羁绊以及一切欲望，直至脱离一切行动（无为）时才能及于道。"道"就是中国文化中的"形而上学"，犹如希腊哲学中的"逻各斯"（logos）。在韦伯看来，中国文化的"巫术"之主要目标在于达到一种与道"神秘合一"的恩宠状态，它表现出几个与西方禁欲主义宗教相对立的特征：第一，"冥思性的逃离现世"，至少把一切理性的目的性行动作为危险的世俗化形式采取消极的回避、否定态度，这与西方宗教的"禁欲的拒斥现世"对世界保持一种积极的战斗（否定）关系正相反对；第二，冥思是对任何"现世"念头的绝对空无化，不思想、不行动（无、不思、无为），它是达到拥有神并享有与神神秘合一内在状态的方式，而禁欲主义者肯定自己在现世秩序内的理性行动是救赎确证的手段，他以现世内的职业理性行动来执行神的意志，世界的意义是被造物的人难以理解的，只能交付神来处理；第三，禁欲者是神的工具，神秘主义者是神的容器，换言之，人是神附体的承载物（载体）（参见韦伯，2004b：245~270）。

在韦伯的类型学里，包括儒释道在内的中国宗教由于都有"神秘的合一"的倾向而被归入"神秘主义"类型，它与属于"禁欲主义"类型的西方宗教正相对立。注意这里是把东方宗教的"附体"状态与西方宗教的能确证"神宠"的行动后果加以比较，是把现在进行时的行动的当下（心理、生理、精神）状态与另一个属于过去完成时的行动后果的影响做比较，前者的狂迷状态的非理性与后者的事后清醒的理性形成强烈对比，往往掩盖了对两者可比性及其结果的质疑。正如韦伯本人所说，希腊文的"忘我"（Ekstasis）译成拉丁文就是"迷信"（superstitio），亦即"精神错乱"（abalienatio mentis）（韦伯，2004a：14），离开了情感心理方面的专注、服膺、恍惚、狂迷这些非理性的精神状态，何来宗教"信仰""皈依"一说？韦伯在对神秘主义的解释中则强调它的巫术、冥思、致力于神秘的人神合一、倾向于逃避世界的特征，这些特征显然都是针对或对应"禁欲主义"特征而设定的，虽然满足了类型分类上的需要，却与现实情况相冲突。

首先，来看看禁欲主义的西方宗教与神秘主义是否也有关联。特洛尔奇的《基督教会的社会思想史》（*The Social Teaching of the Christian Churches*，Troeltsch，1960/1911）一书被学术界视为基督教历史研究的名著，也曾受到韦伯的首肯并被多次提及和引用。书中把基督教思想的发展分为大教会（the Church）、小教派（the sect）和神秘主义（mysticism）三种形态，可见神秘主义作为基督信仰中的构成要素其来有自，并非"他者"所强加。这里，我们不关心所谓大教会信仰重圣礼和救恩、小教派重权威和律法，以及神秘主义强调信仰是一种内在体验因而重属灵和虔敬等这样一些纯属教义和教理方面的问题，我们感兴趣的是基督教所具有的这样几个神秘主义的特征："神秘主义与科学的自主性具有亲和性，因而成为有文化阶级的宗教生活的避难所"；"神秘主义意味着把已固定在形式的崇拜和教义中的观念，改变成纯粹个人的和内在的经验"（Troeltsch，1960/1911：993~995）。可见，在基督教内也有一股神秘主义的潜流，它与东方的"天人合一"具有相近之处，即作为一种知识阶层的宗教信仰方式，它把信仰视为个人的纯粹内心体验，以及强调信仰的最终目标是为了达成"人与神的结合"（the union of the soul with God），亦即"人神合一"。要说两者的区别，中国文化的"天人合一"（the unity of Heaven and man）所凸现的是"天地与我同根，万物与我一体"（庄子）式的"人中心论"（anthropocentrism），人神在本体上是合一的；而基督教神秘主义的"人与神合一"中的人是神的工具，故而属于"神中心论"（theocentrism），神在另外一个世界，可望而不可即，其实质是主客分离的。

其次，韦伯所指摘的儒道两教都倾心于面壁冥思，这一笼统的说法无法区别儒教的达人（精英）宗教性格与道教的大众（草根）宗教性格之间的分别。儒生确有重视思考如"三思而后行"、"行成于思毁于随"、"学而不思则罔，思而不学则殆"等说法，道家也有漠视世俗、提倡冥思、回避行动的倾向，但儒道两家关于知行关系的论述并非如韦伯所说仅是提倡冥思而否定行动那样简单。例如，老子有言"为"（行动），如说"圣人之道，为而不争"；或单言"无为"，如说"圣人无为，故无败"；或兼言

"为无为"，如 "为无为则无不治"，可见道教的 "无为" 也并非简单、笼统地取消一切行动。儒家确有为了行动而提倡思考的一面，但儒家主张的 "格物、致知" 的思考必须纳入诚心、正义和修身、齐家、治国、平天下的行动脉络里才能得出正确理解的儒家知行观。总之，韦伯无视儒家追求人格圆满（内圣外王）的入世性格与释道的（成佛成仙）出世倾向的根本差别，将儒道统统纳入 "神秘主义" 而相提并论，使人殊难理解。如果说佛教还有 "跳出三界外，不在五行中" 的出家愿望，道家也有 "羽化成仙" 的出世追求，而儒家的立功、立德、立言完全是主张入世追求的 "三不朽" 信仰，使人得到 "永生" 的保证，何来逃避世界一说？韦伯本人在单独论述儒教时也判定儒教有 "入世理性主义" 性格，但在与西方宗教做比较时出于类型学的需要又把它归入 "神秘主义" 类型，于是就出现了名实不符的现象。

与 "天人合一" 思想直接相关的儒释道 "三教合流" 是中国思想史上一桩重要的文化事件，是凸显中国文化合取进路本质特征的一个在世界文化史上也极为罕见的现象，从比较文化研究上更具典型意义，按照通常想法，值得大书特书，认真分析。令人不解的是，韦伯对此却表现出极端的冷漠，匪夷所思的熟视无睹，甚至不屑一顾的鄙夷轻蔑态度。揆诸韦伯的全部宗教社会学论述，仅在《印度的宗教：印度教和佛教》谈及佛教传播时用一句话轻描淡写地一带而过："部分而言，中国的佛教试图以接纳其他两个学派之伟大圣者的方式来创造一个统一的宗教（三教一体）。16 世纪的碑铭当中已可看到佛陀、孔子和老子并肩而立的图像，类似的情形应该可以确定是早几个世纪以前就有的。"（韦伯，2005b：376）

这里，韦伯完全像 "古罗马的官僚贵族看待东方'迷信'一样" 来看待这个中国宗教—文化史上具有重要意义的事件。[①] 他的《印度的宗教》

---

① 拙著《理性化及其限制》曾在 "发生学因果分析" 一章将韦伯对佛教的论述放在印度宗教研究一节中处理，主要是基于发生学考量：佛教发源于印度，其性质属于印度文明。虽然佛教传入中国以后，中土大乘佛教与在印度流传的原始佛教有质的不同并对中国文化和社会起到了诸多影响，但韦伯还是将佛教纳入印度宗教（从佛教的传播）来考察，这是与韦伯论述东方（中国和印度）宗教的构思和脉络相吻合的。但同时笔者也指出南北朝以降，儒、释、道三家并立为 "三教"，开始出现合流趋势，并对韦伯 "在论述宗教对中国知识分子性格和文官阶层心态的影响时，却不提佛教禅宗与中国文人的思想关系"（苏国勋，1988：71）表达了批评性的见解。这也是今天笔者批评他对 "三教合流" 这一充分表达中国文化内在特质的重大文化事件抱鄙视心态的诱因。

一书论述"亚洲宗教的一般特征"的最后一章，表现出他用一神论救赎宗教的神学理念来看待世界其他地域的宗教，认为亚洲宗教仅凭其浓厚的泛神性质就可证明是巫术，凸显了他那个时代西方学者视欧洲的地方性为普世性的立场。"在这个咒术遍在的、极端反理性的世界（指亚洲——引者注）里，经济的日常生活亦是其中的一环，因而由此世界中不可能开展出一条道路通往现世内的、理性的生活态度……在这样一个将世界之内所有的生活都笼罩在里头的咒术花园里，不会产生出一种理性的实践伦理和生活方法论来。当然，此中仍有神圣与'俗世'的对立，而此种对立，在西方，决定了生活态度之统一的体系化之建构，并且在历史上通常是以伦理的'位格'（ethische Personlichkeit/ethical personality）表现出来。只是，在亚洲此种对立从来就不是西方的这种情况，换言之，在西方的情况是，伦理性的神对立于一种'原罪'的力量、一种根本的恶的势力——可以通过生活上的积极行动来加以克服。而亚洲的情形毋宁是：1）以狂迷的手段获得恍惚的附神状态而对立于日常生活，同时，在日常生活里，神性却又并不被感受为活生生的力量。换言之，非理性的力量昂扬高涨，正好阻碍了现世生活态度的理性化。或者，2）灵知的不动心—忘我的入神状态对立于日常生活，在此，日常生活被视为无常且无意义的活动场所。换言之，同样是一种非日常性的、特别是消极状态——若从现世内的伦理的立场看，由于其为神秘的，所以是非理性状态——舍弃俗世里的理性行动。"（韦伯，2005b：469～470）"道教的无为，印度教的解脱，以及儒教的'不逾矩'（远离鬼神和对不实在问题执着地保持距离），所有这些就内容而言都是在同一线上的。西方那种积极行动的理想，因此，也就是根植于某种中心的'位格性'（不管是放眼彼岸的宗教的中心，还是现世内取向的中心），在所有亚洲最高度发展的知识人的救世论看来，而遭到拒斥。在亚洲，要不是见诸儒教那种传统的文雅举止，就是隐于俗世背后的、从无常里获得解脱的国度。"（韦伯，2005b：472）"通过应付'日常要求'的朴素行为，以赢得与真实世界的那种关系——此乃西方特有的'位格'（Personlichkeit）意义之基础，这样的思想对于亚洲知识人文化而言，和以下这种想法一样遥远：凭借发现世界固有的、非个人性的法则而实际地支配世界的那种西方的、纯粹切事的理性主义。"（韦伯，2005b：476）

在上述引文中，笔者把原来译文中的"伦理的人格"（ethische Personlichkeit/ethical personality）改用汉语神学界通常使用的"伦理的位格"译法，以凸显韦伯立意从基督教神学的立场论证亚洲宗教的非理性和巫术性特征。所谓"位格"，按照特洛尔奇的说法，是新教将基督教所独有的、以基于再生（regeneration）经验的认识方式为手段，它弘扬《圣经》的基本启示，用以对抗启蒙运动以降现代科学的发展，并将其限制在科学自身范围以内，以阻挡其进入宗教信仰领域的一种推断。"它把'原罪'和'救赎'这些古老的基督教的基本理念，变成靠上帝赢得更高的个体生命（Personenleben），由此解救和解放个体人格（Personlichkeit）。"在基督教神学里，把耶稣视为上帝和绝对理念的化身即"道成肉身"其实质是把"对体现在基督身上的上帝的信仰与体现在世界上的逻各斯的信仰互相融为一体"（特洛尔奇，1998：345）。简言之，把表征绝对理念的逻各斯（道）、圣言（the Word）与神（上帝）、救世主（基督）视为一体，把神话与理性视为一致。在这个意义上，汉语（基督教）神学界有时把这一脉络里的人格（Personlichkeit/personality）译作"位格"，表达所信仰中的三种神圣"身位"（圣父、圣子、圣灵）原本是一体之义。按照特洛尔奇的说法，位格形而上学反对两种倾向：其一是纯心理学的意识分析所代表的绝对主义，它使一切绝对的、具有永恒价值的事物成为变动不居要素组合的相对持久的产物；其二是与此相对应的泛神论的相对主义，它认为一切事物，只要不放弃世界统一的观念，就都只是唯一变化着的实体的变化状态（特洛尔奇，1998：344）。换言之，基督教以其"三位一体"的位格观念既与犹太教、伊斯兰教的一神论绝对主义迥然有别，也与一切形式的多神信仰、泛神论的相对主义划清界限。韦伯正是以欧洲文化的这种统一性的理念来看待中国文化中的"天人合一"、"三教合流"的，换言之，他把西方宗教中本来属于部族的、地方性的神话（犹太教的一神观）演绎升华为"位格形而上学"，进而作为普世的理性（逻各斯）向世界推广开来，因为"在位格形而上学看来，对于逻辑上必然的（Lojisch-Notwendiges）和价值上应然的（Werthaft-seinsollendes）意识构成了事物的终极理由"（特洛尔奇，1998：344）。这种以"位格"为关键特征的"伦理预言宗教"，"由崇拜基督而产生的特殊形而上学与紧张"，亦即关于被造世界的罪性与造物主拯救世界之爱、个人存在于此世与超越此世的命定的悲观论神话及其张力，"发展出一个范围广泛、具约束性、体系合理化的理论性教义，涉及了宇宙论的事项，救赎神话（基督神学）以及祭祀的全能（秘迹）"，表现出了"对纯粹知识主义的敌视（这点与亚洲宗教的立场对立）"即反智主义的立场（韦伯，2005a：94～95）。这些内容构成了特洛尔奇"位格形而上学"概念的内涵和外延，也是韦伯从文化论视角分析中西社会不同发展路向，却三缄其口不谈"三教合流"的一个重要理据。因为在他眼里，"天人合一"以及"三教合流"之类的东方理念，缺乏理论的统一性和首尾一贯的系统性，只是使人保持灵魂多元论信仰的泛灵论观念，使人不去企及超越现世的一切，必然丧失抗衡俗世罪恶的反制力从而保持着一种消极的特质，从西方一神论信仰来看这是极其浅显而明白的事，因此毋庸多费笔墨。

在韦伯看来，位格形而上学从神学上折射出西方文化的理性主义凸显一种凭借发现世界固有的、非个人性的法则而实际地支配世界的那种纯粹的切事性。所谓"切事的/切事性"（sachlich/sachlichkeit）指就事论事的、以事物为中心的客观性、因果性，与之对立的则是中国文化把对事物的关系变成以个人的血缘关系而分别亲疏对待的差序性，其典型就是儒家的"亲亲"原则。在人与世界的关系上，儒家重视纯粹的个人关系的生物性，尊重社会性尊卑关系并将其神圣化为一种恭顺义务，表现为对世界的无条件肯定和适应的伦理，从基督教立场上看是对被造物的崇拜。新教中的清教则认为必须对这种自然的生物性关系在伦理上加以控制，务使其不致背离与上帝关系的第一要务。由此，导致了儒教和清教基于上述伦理观念而分别持适应现世与支配现世的心态，亦即韦伯所说的，"同时也折射出两者在转折形态上的理性主义和后果上的'功利主义'"（韦伯，2004b：325），两种宗教同属理性主义而且后果上同属功利主义，区别仅在于儒教的社会行动是基于生物自然性的"个人性的"关系，而清教徒是基于"非个人性的"事物客观法则的切事性关系，亦即事物的因果性（causality）来追求利益的。他以中国古代许多发明专注艺术之用而不做经济考量为例论述道："实验，在西方是从艺术里生发出来的，许多'发明'，也包括在亚洲很重要的战争技术和神疗术目的的发明，原先都属于艺术。然而，艺术被'理性化'，并且实验在此基础上走向科学，这些对西方而言都是关键性的。在东方，我们所谓的朝向专业合理性的'进步'之所以受阻，并不是由于'非个人性'（Unpersonlichkeit/impersonality），而是由于'非切事性'（Unsachlichkeit/lack of causality）。"（韦伯，2005b：476；Weber，

1958：388）

中国传统的儒道和其他民俗信仰，是借助前人传承下来的习俗、认知、文化而流传的本土宗教，它们大多有祖先崇拜亦即强调生命绵延、族群接续的特点。祭祀先人作为一种礼仪，希冀将生者与逝者联结起来，目的并非在于个人得到拯救，也非寻求个人的灵魂不死，而是将个人生命同祖先以及同后人联系起来，寻求的是维系族群绵延不绝的血缘纽带，亦即儒家所强调的"慎终追远"。尽管祖先不是神，但他凝聚着我们与家族、与这世界联系的与生俱来的血缘情感，这种天然的情感先于我们与神的情感，因而具有本体论的在先性，故是第一位的。从这个意义上说，习俗宗教是家庭的、氏族的或者民族的、本土的；从认同人类这一基点出发，它是联结生者与死者、入世与出世、此岸世界与彼岸世界的纽带，是一切人都生存于群体之中的普遍共同体观念（communitarianism）的体现，故它是普遍的。反观西方的一神论，它是威权宗教，一切权威来自经书上载明的神的启示，每种宗教都自诩是与神盟约的信众所信仰的宗教，诸如"被（拣）选者""受洗者""信徒"等称谓目的在于与非信徒、异教徒、无神论者做一泾渭分明的切割，并从中引申出某种以邻为壑的"思想边界"或排他性的"领属权""类的优越感"的意涵。此外，一神论都有一种把本属单一民族的部族神传播到世界各地成为普世神的僭望，通过布道务使"外邦人"改变信仰获得"重生"，"皈依"一神教，其中就蕴含着偏执、不平等、不宽容的诱因。

过去，笔者很长时间以来对韦伯回避不谈"三教合流"问题百思不得其解，作为比较中西文化—历史或跨宗教研究的大家，韦伯面对中国文化史上的这一独特现象总是环顾左右而言他，几乎未置一词，这是颇耐人寻味的。经过反复研读他行文中的"人格"与"位格"的不同脉络含义的差异，似可从中悟出他的一些内在理路。从中人们可以看出，以"天人合一"为表征的中国文化看待世界的观点与西方基督教的主客二元对立有差别："天人合一"是一种存在论的"自然谐一"关系，人与环境是浑然天成的、无分主客的一体或者互为主体（inter-subjective）关系，它既不是人类中心也不是自然中心，而是人类—自然互为中心，或者如马丁·布伯（Martin Buber）所说，是一种超越了"我–它"的"我–你"相互性关系，即"我"与宇宙中其他在者的关系。这种关系涵括了精神性、自然性和人格性关系的各个层面（参见布伯，1986）。倘加以解释，中国文化主张的"天人合一"是"和而不同"与"理一分殊"的对立统一，前者的逻辑重心在"不同"、差别，后者的重心则在"理一"、同一、一致方面，正所谓"一之理，施于四海"而皆准，故近于"道"；"理"极为简单所以是"一"，"理"是根据，是逻辑，所以要"一以贯之"。"不同"与"理一"二者统一的基础是变易。这就是中国传统文化的一元论的认识论根基。它与西方犹太—基督教文化的二元论之间的差别确实泾渭分明但又互为补充。韦伯一方面说价值观上的终极冲突无法最终消解，另一方面给己方所认同的价值上的主观性披上逻辑上合理性和必然性的外衣，并进而由此生吞活剥地演绎中国事物。按照他的说法，他与中学之间的任何论辩就只能是"我族中心"式的（ethnocentric）各执一词、自说自话。但人们生活在同一个世界上总得要交往，就需要哈贝马斯所说的"沟通理性"以解决主体之间的关系问题。"天人合一"就是中国传统文化所主张的理路，这一路向在社会政治上的表达，就是中国文化所主张的"四海之内皆兄弟"式的和平主义、非攻的思想。韦伯在这方面的论证是难以令人信服的，他首先应该解决一神论信仰所宣称的启示的普世性与接受信仰的多元性之间存在的矛盾，然后才能有效地进行不同文化—宗教间的对话。不带偏见地看待西方宗教，无论犹太教的哈西德神秘团体①还是基督教的埃克哈特等人的神秘主义②，在理论上、实践上其神秘主义色彩都远比中国宗教更为系统和深刻。韦伯却用"神秘主义"来刻画中国宗教的本质，表明他对中国文化的意义或意涵缺乏他所主张的具体脉络中的"同情的理解"。韦伯研究中国宗教的著述距今已近百年，对于国人来说，其时正是西方列强支配世界历史、"风雨如磐黯故园"的年代，特殊的历史背景和条件使得中国学界当时对此无力也无能做出适时的反应，但这并不意味着默认了他论证的某些结论中的不实之词，其中的有些不当由于时代的限制在当时是难以避免的（韦伯本人也谈到并承认他的缺失），有些是与其思想倾向有关。

---

① 哈西德团体是 18 世纪在波兰南部和乌克兰的犹太人中广泛流传的神秘主义宗教运动，主张朴素的虔敬心情比对犹太法典的认识更重要，并且在一切事物中都可发现一种泛神论的思想。若是点燃被赋予人身上的"神的火花"，那么即可在日常生活中实现与神的合一（参见韦伯，2004a：158、303）。

② 埃克哈特是 14 世纪日耳曼神秘主义思想家，曾在科隆大学教授神学，主张神秘主义的内心虔敬，并把实践生活引入绝对的逃离世界（参见韦伯，2004a：209）。

实事求是地指出其中的问题，也是为了更好地吸收其他文明的先进成果。韦伯的许多著作，包括《新教伦理与资本主义精神》在内受到西方学界的质疑并非始自今日，相信随着中外学术交流的进一步发展，对韦伯关于中国的论述中许多细节，包括正面或负面的判断和史实，中国学术界可能会提出更多的讨论或质疑，这绝不是什么"匪夷所思"之事，反倒是中国学术界对世界文明成果的吸收深入发展的正常之举。质疑韦伯有关中国文化的论述带有"欧洲中心论"倾向并不是对这位世界文化名人的大不敬，后人完全无必要讳言前人的某些失误。

三 "三教合流"凸显中国文化有容乃大的包容心态

在笔者看来，中国文化的"三教合流"和西方宗教的一神信仰，表明了在中西社会结构之间以及宗教与政治的关系之间存在着巨大差别，导致两种社会"同归而殊途，一致而百虑"。过去，人们看待西方社会中宗教与政治之间关系，似乎如西谚"上帝的归上帝，恺撒的归恺撒"所说，是一种互不隶属、平行并列的"政教分离"关系，其实这只是一种理想，甚或是一种善意的误读。欧洲在宗教改革前很长时间是政教合一的神权政体，按照韦伯的说法，这句谚语的真正含义，"毋宁是表明一种（宗教）对所有世俗事物绝对的疏离的态度"（韦伯，2005a：275）。韦伯认为，"西方宗教一直对世俗抱着憎恨的态度，只是到了中世纪以后二者才出现了弥合的可能"。神权势力大于王权，这是中世纪前在欧洲频繁爆发宗教战争的原因。反观中国，自秦始皇建立起中央集权的统一大帝国后，历代王朝都把神权牢固地置于王权的掌控之下，使之为论证君权神授的思想、世俗政权的合法性服务，从而使中国与孔德所说的人类理智发展"三阶段论"中的神学知识相匹配的神权政体形式迄今尚付阙如，尽管也有不同宗教势力之间的争斗，但由于王权的掌控不使任何一教势力坐大，也就使得大规模的宗教战争无由在中国发生。然而，韦伯对此却持另外一番解读："原则上，亚洲过去是、现在仍是各种宗教自由竞争之地，类似西方古代晚期那种宗教的'宽容'。换言之，是在国家理由限制下的宽容——可别忘了，这同样也是我们现今一切宗教宽容的界限，只不过作用方向有所不同。一旦此种政治利害（按：国家理由）出了不管怎样的问题，即使在亚洲，最大规模的宗教迫害也是少不了的。最激烈的是在中国，日本和印度部分也有。和苏格拉底的雅典一样，亚洲也一直有基于迷信而被强迫牺牲的情形，结果，宗教间和武装僧团间的宗教战争，直到 19 世纪都还不断上演着。"（韦伯，2005b：461）

韦伯的这一观点在学术界可说是力排众议、振聋发聩。既然在他笔下中国也如中世纪欧洲一样，宗教战争和宗教迫害古已有之，于今为烈，那么就来检视一下他所引证的史实吧。在《中国的宗教》第七章第 12 节"中国的教派和异端迫害"中，韦伯承认重视祖先崇拜和入世孝道的儒教国家对宗教向来采取宽容政策，因纯粹的宗教原因而遭受迫害的情形极为鲜见，除非是基于巫术理由或者政治的原因，全面的异端迫害只发生在借助异端邪教（Haresie）的名义秘密结社组织叛乱动摇世俗政权时，如明末迄清以来的弥勒教、白莲教、上帝教以及太平天国等"邪教"组织的叛乱。真正属于因宗教见解而遭迫害的，他只提到了唐武宗会昌五年（公元845 年）的"灭佛"事件："到了九世纪，佛教教会遭遇到再也无法复原的打击。部分的佛教和道教寺院被保留下来，其经费甚至可列为国家预算中……据推测，风水是其中的一个关键因素，因为一旦迁动以前被准许礼拜的地方，就必然会有招致鬼神惊动的危险。本质上，这是正统的祭典站在国家理由的立场上，大致还宽容异端的原因。此种宽容决不是正面的宽容而是瞧不起的'容忍'，这是任何一个世俗的官僚体系通常对宗教所采取的态度。"（韦伯，2004b：297）

如果这就是韦伯所谓的"不断激烈上演的宗教战争"、"异端迫害"，那么，相比欧洲中世纪的宗教裁判所的酷刑（如对布鲁诺）、十字军东征屠戮异教徒而言，中国的情形真可谓"小巫见大巫"了。譬如，他对中国教派的描述中也谈到了宗教迫害，除了"不具历史的重要性"而被"略去不谈"的喇嘛教和伊斯兰教之外，他专门谈到了与欧洲信仰有关的宗教："犹太教在中国也呈现一种奇特的萎缩状态，不像在世界其他地方那样具有强烈的特征……基督教在中国官方的称呼是'泰西的天主崇拜'，它之遭受迫害我们无需多加解释，此处也略去不谈。**尽管传教士再有技巧，这种迫害也会发生。只有在军事武力所导致的条约上的宽容下，基督教的传道精神才被承认**。"（韦伯，2004b：299，黑体为引者所加）这里不仅有事实的认定问题，还有如何评价的问题。欧洲诸国历史上长期以来排犹主义盛行已为世界所公认，犹太教在欧洲的发展包括由此所受到的宗教迫害确实远比在中国的"萎缩状态"为甚，并且也没有在欧洲譬如在德国"那样具有强烈特征"，但这究竟能说明什么呢？是否就可以一笔勾销两千年来欧洲不光彩的排犹历史？就基督教传教而言，韦伯首先认定传教士在华"遭受迫害"的性质，然后却对具体史实"略去不谈"，并且对事情的原委"无需多加解释"。因为在他心目中，传教士（像明末的徐光启一样，当时多被当作天文学者）的科技水准再高明、知识再渊博，"迫害也会发生"，因为排斥文明的使者是远东野蛮人愚昧落后的表现。但人们只要对明清历史上几个著名"教案"稍做了解，就不难透过这些"宗教迫害"的史实理解背后所蕴含的政治、文化和历史的原因。究竟站在何种立场上评价这些事件，委实与研究者的价值立场脱不了干系。譬如，上面引文中的最后一句话，在中国读者看来已经不像是出自文明国度的学者的学术语言，更像是比韦伯写作《中国的宗教》稍早几年发生的八国联军攻占北京后德军统帅瓦德西或者德皇威廉二世为讨伐远东异端而发表"黄祸论"所表露的心迹，当年西方列强的黩武、强权的思维心态跃然纸上，却也道出了那时的西方传教是以"坚船利炮"为后盾的实情。看到这些表述，难怪西方有人评价韦伯的学术思想带有"帝国主义者"的色彩，他把德意志民族国家的权力利害当作终极价值，使用的是社会达尔文主义的语汇（韦伯，2004a：51）。联想到他的社会科学方法论对"价值中立性"原则的论述，不禁使人感到这一概念在遭遇"生物自然性"因素作用时显得多么的苍白无力和尴尬。如果像有人所说的，这就是西方文化的自我否定、自我反思、自我超越精神，那么笔者更多想到的是一种霸权设计的反讽。

从文化传播角度看，"三教合流"有力地诠释了中国文化历来的"和而不同"与"理一分殊"并行不悖的主张，对外来文化的吸纳和改造成为本土文化的构成要素的开放包容心态，譬如印度佛教的传入就是一例。站在纯然的西方宗教立场，显然不可能理解中国文化内核中某些神秘的关节点，譬如道家所主张的不贪欲（"无欲"）、不妄为（"无为"）的思想，与崇尚工具理性以征服外在世界为标的的西方文化完全南辕北辙，构成了韦伯一类理性主义者的认识盲区或称意识阈限，因此从中国文化角度来看，他的某些中国见解总有不到位或隔靴搔痒之感。譬如，他看到中国文化有重视传统的一面，就认为必定会窒息创新，说明他不懂《周易》的变通与守成之间的深奥关系。在笔者看来，中和—权宜—变通，这三者首尾贯通的循环进路与西方的线性进步史观是两种迥然有别的变迁路向，与西方模式的简单刻板、图解历史相比，中国进路呈现出"云行雨施，品物流形"，可谓千变万化、错综复杂，乃至眼花缭乱的历史表象。所以，儒家经典《大学》中说："《诗》曰：'周虽旧邦，其命惟新'。是故君子无所不用其极。"所谓"君子无所不用其极"，亦即中国文化的实践中怎样将这种新与旧的转换和衔接的辩证关系发挥到淋漓尽致的程度。从这里也可看到中西文化之间的不同特征：西方思想传统侧重在哲学，中国思想传统倾心于智慧；哲学的统一性在于系统化，智慧的统一性在于变易；哲学的逻辑倾向于俯览全貌，智慧的逻辑在于巡游四方掌控变化（参见于连，2004），两者之间是一种各以对方为己方存在前提的、"自然谐一"的互补关系。韦伯对世界主要文明的走向上过度褒奖西方"分取进路"的合理性，而竭力贬抑东方"合取进路"的非理性，这既是西方话语霸权的一种成见，而且也违背了他一向对合理性与非理性认识的辩证的、相对主义的视角，无疑会极大地破坏其比较文化—历史研究的可信度。人类学的跨文化研究表明，有效的比较文化研究就须承认人类经验的无限多样性，这样就会自然地出现一种全然个体性新形态的观念。这种多样性、比较和联系的习惯，以及这种精致的个体性观念，就会与一种无限的相对的概念联系在一起。这种相对主义把历史经验的每种形态都视为受具体环境制约的人性的特殊个体形式，而不是超时空的、普适的、绝对的理念或真理（参见格尔茨，1999；埃文思–普里查德，2006）。这种多元性—个人主义—相对主义观念的成长，在欧洲宗教改革时期表现为超自然启示的绝对性和教会权威性的式微，启蒙理性的勃兴，亦即理性化和世俗化过程，必然会对中世纪以来的欧洲文化的统一性和优越性的话语霸权设计构成严重的威胁（参见特洛尔奇，1998：22）。韦伯本人同意并且也曾表达过同样的思想。这种从分化看文化和宗教的发展和多样性的思想为什么只能用于西方，而不能以同样的眼光看待东方文化？或者说，"神人相分"与"天人合一"都是看待客观世界的不同的多样性视角，"分"而"二"的二元论分取进路与"合"而"一"的一元论合取进路各有其不同的合理性，不能以西方文化的成见来解释中国文化的问题，以自己的判准划线强加于人。中国文化历来既讲"和而不同"也讲"理一分殊"，既讲相对性、特殊理性也讲绝对性、普遍理性，从不把两者视为非此即彼、零和博弈、不共戴天的排中关系，任何单义地解释这种分与合的关系，都会导致对中国文化的曲解和误读。

四　道家思想在欧洲被认受：韦伯中国观质疑

韦伯对中国文化的偏见突出表现在对道教的认识中。笔者这里无意引用类似今人李约瑟所著的《中国科技史》这类著作对中国古代特别是道教中的科学思想和技术实践的论述，对韦伯认为道教只是巫术，没有科学思想，故而是"纯粹非理性"的结论做逐条辩驳，只想借助西方学者的某些论述来检视一下欧洲学界对道教的认识和接受的历史和过程，从总体上看看事情的另外一面。

据现任德国特利尔大学汉学系卜松山教授介绍，在韦伯写作《中国的宗教》的年代（1915 年出版，1920 年修订再版），欧洲在认受中国思想方面出现了与启蒙运动时代第一个认受时期相类似的局面："那时，西方思想在经受了 30 年战争的创伤后认为，有道德秩序并崇尚和平的中国比西方的野蛮制度更为优秀。于是，第一次世界大战后又再一次萌现出了对'东方光明'的向往。特别是那些有和平主义倾向的思想家将追求平衡、宣扬'无为'的道家真谛奉为典范。"（卜松山，2007：256）欧洲学术界的汉学研究首推法兰西学院，早在 1814 年就荣登该学院欧洲第一位汉学教授席位的阿贝尔－雷慕沙（J. P. Abel-Remusat）节译《道德经》后才引起对"道"的关注。阿贝尔－雷慕沙称"道"的概念最为难译，它包含三层意思——绝对存在、理念、言词，他建议最多只能用"逻各斯"（logos）作为替代。欧洲学界移译道家经典的先河由此开启。道家吸引欧洲关注的第一个特点是其文化和文明批判的指向。第一次世界大战期间，西方世界自我毁灭的疯狂致使当时的知识分子对帝国主义时代视为当然的欧洲文明的优越性产生了疑问，这种质疑进而导致了现代西方世界最大的精神危机，也成为道家认受史上一个新的转捩点。19 世纪末，由尼采代表的文化悲观主义发展势头与日俱增，其巅峰便是预感到哲学家施本格勒所说的"西方的没落"。告别太平盛世是那个时代精神的伤感特征，欧洲人追溯卢梭"回归自然"的口号，道家的"天地一体"、"道法自然"观念的外表深邃莫测与内里纯朴自然之间的吊诡，生活智慧与简单真理的奇妙结合，开始被人认识和欣赏。在此之前，作曲家古斯塔夫·马勒 1908 年所作的《大地之歌》可谓其在艺术上登峰造极之表现，其歌词便是以深受道家和禅宗影响的中国诗人李白、王维、孟浩然等人的诗作为蓝本。当时的荣格、维特根斯坦，以及后来的海德格尔、德里达、查尔斯·泰勒等人分别从心理学、哲学和自然科学论及道家思想（参见夏瑞春，1989）。卜松山还特别提到赫尔曼·凯泽林伯爵这位当时在德国享有盛名的学者，他于 1911 ~ 1912 年周游世界后撰写的《哲学家旅行日记》用"通往自我的捷径"作为该书题记，以纵览各国文化的视野高度赞美儒家伦理并高度评价道家思想："无法否认的是，道家经典中蕴含着也许是人类所拥有的最为深刻的人生智慧。而这正是着眼于我们的理想（创造性的精神自足的理想）而得出的结论"（卜松山，2007：258）。文章还提到韦伯的以"世界诸宗教的经济伦理"为题的系统研究，指出他的"世界除魅"和"目的—手段合理性"概念已成为主宰我们时代的特征："西方脉承之宗教与传统结构的维系太紧，它的象征，它的人格化的神以及对信仰的强调，在教育开化并崇尚实际的世界里似乎难以推广。于是，为生活意义的疑问寻找宗教答案的努力便很快转向世界上其他地区和其他宗教。哈维·科克斯（Harey Cox）对此做了精辟的论断：如果这里上帝死了，也许东方将开始对西方精神产生魅力"（卜松山，2007：264）。据统计，老子的《道德经》不仅是被翻译得最多的中国作品，而且也是除了《圣经》以外用不同语言传播得最为广泛的典籍。曾追随韦伯多年并是其圈子重要成员的雅思贝尔斯，也在其论述老子的著作中把道家视为中国文化的精髓："从世界历史看，老子之重要意义与中国精神相关……中国精神视世界为自然的现象，生动的循环，悄然运动的宇宙。对整体之道的任何偏离仅是次要的，暂时的，并一定会回归纯真之道本身……老子那里没有一位严于律人、暴躁而好斗的神的暗示。"（转引自卜松山，2007：259）

　　上述例证表明，韦伯在撰写《中国的宗教》时，儒道经典已经译介到了德国及欧洲其他地区并且已有了许多相关论述，他对中国文化的认识带有强烈的主观色彩，并没有认真借鉴和参考其他同行的见解，或者说，韦伯对道家经典的解读与当时欧洲主流学界对道家思想的认受存在着相当大的落差，无论从当时欧洲主流学界的评价抑或从当代科学的实践检验都可表明，他的认识明显未达到当时欧洲学术界的水准。尽管韦伯在他的"宗教社会学论文集绪论"的末尾坦承他的亚洲宗教研究"对民族志的利用并没有接近它在当今的发展所达到的程度"（韦伯，2010：14），因而具有暂时的性质，将来会被"超越"，但其对包括道教在内的中国文化的刻板印象和负面评价，影响还是相当深远的。

五　韦伯的内在张力：价值中立 vs. 价值关联

笔者认为，造成上述情况的原因，既与韦伯本人所秉持的学术理念直接相关，也与他内心深处的宗教信仰、价值观念不无联系。说到底，以古希腊哲学中的理性精神和中古希伯来宗教中的信仰意识为根基的欧洲文化的统一性，形塑了韦伯内心世界观中神话和理性二元对立统一的架构。他的学术思想突出了理性这一维度，可以"价值中立"概念为表征，集中表达在 1919 年他对"自由德意志青年"团体的那篇《以学术为业》的脍炙人口的演讲词中。韦伯所说的学术是既包括自然科学又包括社会科学和人文学科的统一范畴，是使信仰的虔诚、艺术的感染、生活的情趣完全从中消退的"专业化的学科"；既剔除了形而上学的预设，也祛除了神话的巫魅；它只与专门领域的具体事实（is）打交道，而不是"当为"（ought）的价值判断。在他心目中的学术进步过程即自然科学精密化所沿循的方向：从古希腊哲学关于洞穴的譬喻中所发现的概念，到文艺复兴时期基于经验观察而产生的理性的实验，再经过经验主义的传播推广并吸取欧陆各种精密科学的方法论所经历的理性化过程，在表现了肇源于欧洲学术的认识路向具有普遍适用的意义。在这个领域内，技术的进步不断朝着预测的客观可能性趋近。至于欧洲之外的其他未开化或已僵化停滞了的民族以各不相同的巫术、神秘的认识世界的方式，只能作为人类理智发展过程中前科学的残存遗迹而保留下来。这种把理性化视为精密科学单义线性发展的进步观，已把理性和科学神圣化、绝对化，隔绝于人间烟火，即使从知识社会学角度上看也有许多不能自圆其说之处，譬如他批评由追求真正的艺术而导致文艺复兴时期的理性实验科学的发展（参见韦伯［2005b：476］对洛威尔［Percival Lowell］的评论）以及由神学所导致的物理学探讨而促使精密科学产生的说法，虽然都为后来的科学社会学所确认，但过于纯粹的科学、理性见解无法说明科学史上的许多现象，例如，哥白尼的日心说在其孕育过程中充满了各种神秘和非理性的因素，牛顿沉湎于神学和炼金术的神秘主义和非理性因素如何成为其科学发现的媒介（参见默顿，2003；上山安敏，1992：14）。雅思贝尔斯也把韦伯这种对待科学和理性的立场视为他的一大局限："韦伯对于精神科学中的实证主义认识不够透彻，虽然他想由认知'什么是事实'的正确意向引出'其意义为何'的结果，但是实证主义对历史与人文学科中的'事实'仍缺乏逻辑的穿透的能力。"（雅思贝尔斯，1992：112）韦伯的思想中刻意追求精确性的首尾一贯性、"因果性"以及神往"预测"的"客观可能性"和"非个人性的法则性"，使他的思想有与孔德的实证主义相通的一面。

这里还涉及韦伯的类型学的比较研究方法论，他的理性类型有把社会变迁视为某种理性化过程的宿命倾向，有时为了满足其类型学的要求，他不得不扭曲事实以便削足适履。譬如，为了说明儒家伦理所强调的"亲亲"原则，韦伯写道："一直到今天，在中国还没有对'切事的'共同体负有义务的想法，不管这共同体是政治性的、或者其他任何性质的。"（韦伯，2004b：287~288）再譬如，他说中国的社会和经济组织"全部缺乏理性的实事求是、缺乏抽象的、超越个人的、目的团体的性格：从缺乏真正的'共同体'，尤其在城市里，一直到缺乏全然客观地以目的为取向的、那种经济结合关系与经营等种种类型"（韦伯，2004b：326）。这话明显地讲过了头，充满绝对的意味。同样为了说明中国社会关系重"身份"性质而非重"功能"的性质，它远没有费孝通先生所说的"差序格局"来得中肯和贴切。近年来关于儒学文明圈内家族企业的许多争论盖源于此。韦伯类型学的僵硬边界难于准确刻画中国社会以人际互动的身段为表征的柔软"关系"性质，所以在下了这个断言之后，他旋即花费了近一页半的冗长篇幅对一个叫 Wu Chang 的人所写的关于"中国民间社团"的博士学位论文发表见解，意在修补自己类型学的不严密。这里说的是一个以经济上相互帮助为主的民间互助会性质的社团，在历数其组织功能、结构、人际关系之后，韦伯定位这一中国民间社团"就其功能而言，显然类似德国……的信用贷款制"。这一定位已背离了稍前所说中国民间组织的"非切事性"、"缺乏目的取向的经济结合关系和经营"的断言，于是他不得不回到1920 年出版的多卷本的《宗教社会学论文集》的长篇序言"新教教派与资本主义精神"中对"教派"（sects）的界定，试图对中国的民间组织即信用社团与其类型学的不一致有所弥补："相对于前此所描述过的教派情况，除了形式以外，中国的信用社团还有下列特点：1. 具体的经济目标是主要的，甚或是惟一的；2. 由于缺乏教派的资格测试，个人是否够资格成为一个可能的信用承受者，纯粹取决于个人关系的基础。"（韦伯，2004b：288）这样就完全推翻了之前对中国缺乏切事性共同体、非目的取向、非经济性结合的论断。即使像韦伯那样是比照宗教或教派角度来讲组合（社团），那也要针对中国宗教的教派情况来论说中国社团的性质，而不能如他那样，用美国的教派即清教与美国的社团、俱乐部的关系（两者都属于"志愿群体"）来比附中国社团的性质。因为同是教派，其地位和处境在中美有天壤之别：美国的教派是社团、俱乐部的原型，后者"已成为通向贵族式身份群体的载体"，具有极其严格的排外性的资格审核，并"决定着人们是否能够获得政治公民权地位"（韦伯，2010：128、130）。而在中国以教派指社团，稍微熟悉一点中国近代史的人都会立即联想到清末以教派为名义的秘密结社，譬如白莲教、太平天国、义和团等地下政治、宗教社团，为了生存安全计它们在起事初期通常是以个人关系为线索"扎根串连"地组织起来。在这种条件下，以清教徒讲诚信反衬中国社团基于纯粹个人性关系、非切事性，有什么可比性？

在笔者看来，韦伯对道教的理解比对儒教的认识存有更多的偏见和认识盲区，这既和儒家学说在中国文化中长期居于统治地位、道家长期在野有关，也和他本人掌握资料不全以及认识落后于欧洲汉学界对道教的研究成果有关。看不到道教"万物负阴而抱阳，冲气以为和"的主张是把阴阳相互依存、对偶互动达致整体平衡当作认识自然和社会的出发点，这种"合取进路"为中国文化总体发展奠定了认识论基础，并被历代思想家、政治家奉为圭臬。随着近年来绿色环保主义和环境风险研究的兴起，更多人开始关注中国传统文化中的道家学说，发现其中有许多宝贵资源值得借鉴和挖掘。道教重生、戒杀、贵德，主张清净无为、简约朴素，崇尚自然，慈俭不争，利命保生，要人按照"道"的性质对待自然、社会、人生：任万物自然生长，完全按照事物本性去成就它——"泛爱万物，天地一体"。循着老子"道法自然"的思路，还可以在道教中找到许多有关以保全生物物种多寡为标志的富足观念和自我约束的主张，说明道教历来主张人类要自我节制，反对贪得无厌、竭泽而渔式地对待自然环境和资源。

这些都表明道家文化主张自然、社会与人三者之间和谐共生的理念对于现代生命伦理贡献良多，它超越了今日西方环保主义者或风险社会理论所主张的自然主义中心说（譬如有人主张保留艾滋病毒，这近乎一种生态法西斯主义）与人类中心说（人之尺度是世界的目的）的对立和两难抉择，更像是对韦伯所津津乐道的西方文化的本质在于"理性地征服世界"特质的有力批判。

六　韦伯的宗教观：德国知识分子精神世界之一瞥

行文至此，一个一直萦绕脑际难以释怀的问题不禁显露出来：宗教到底在韦伯这位社会科学大家的心目中居何地位？他本人曾说自己是个"宗教上的不合拍者"或者"缺乏宗教共鸣的人"（religiously unmusical/unmusikalischen），又说现代性已造成宗教式微，现代社会"已没有任何先知立足的余地"。这些显然是把宗教当作信仰对象而言的；但他对东西方社会的比较研究又都是从宗教切入的，尤其涉及文化各个领域时几乎言必称宗教，这里的宗教是作为理解社会的媒介或表征，亦即从宗教的社会功能而言的。其间的差别又能说明什么呢？笔者认为，对韦伯来说，宗教作为理解社会的媒介和表征之社会功能是毋庸置疑的；宗教作为信仰对象则是堪疑的。因为现代性带来了一场严重的宗教危机，这在现实生活中和在韦伯的论述中都是个不争的事实。继中世纪这个主要受神权主义宗教观念主宰的时代之后，接续的是一个主要受世俗观念主宰、宗教观念薄弱的时代。旧的教会权威的废弃是导致各种各样质疑和批判的动因，并在现存宗教生活中引起了包括韦伯在内的德国知识界各式各样的困惑。新时代在对旧时代的批判中使个性从宗教禁锢中获得解放，并在个人主义逐步强大的氛围中借以逐步壮大、丰富自己，这一事实本身就是某种世俗性的产生和世俗化的展现。韦伯虽身受现代文明的洗礼，但母亲虔信的家庭熏陶和精英学校的教育，特别是他所置身的德国上层知识界的精神氛围，使韦伯不会像尼采那样发出"上帝死了"式的亵渎。从19世纪90年代起，韦伯就一直与德国基督新教中的一翼——福音社会大会的领导成员保持密切的联系，其中他与鲍姆加藤（Otto Baumgarten）、高尔（Paul Gohre）、索姆（Rudolf Sohm）、瑙曼（Fridrich Naumann）以及一些历史学家的交往，对他看待德国新教（路德派）尤其是他那时代的新教神学观点产生了重要影响。他深信路德派应对德国中产阶级将世俗政权与教会权威一起加以崇拜负有不可推卸的责任，对此他持反对态度并主张用清教的宗教性模式来取代路德派的国家观念。韦伯与德国新教路德派特别是与新教神学的关系深受他的好友、宗教史学家和哲学家特洛尔奇的影响。特洛尔奇（1865～1923）曾任波恩大学、海德堡大学神学教授和柏林大学的哲学教授，他的《基督教社会思想史》一书于1911年出版，略晚于韦伯的《新教伦理与资本主义精神》（1904～1905），两书可说是研究西方宗教的社会学开山之作，至今在学术界还有重要影响。《基督教社会思想史》分三个部分，以原始教会、中世纪教会和现代新教在社会学上所引起的问题为中心，重点论述新教路德派和加尔文派的神学思想及其与政治、社会、经济的关系。在某种意义上，韦伯把特洛尔奇的这本书看作对他的《新教伦理与资本主义精神》思路的延伸或补遗，不过就深度和广度而言，该书对基督教不同维度的入世活动的社会方面所做的深入而专业的分析，在赢得韦伯尊重的同时也使他内心产生了某种竞争感。韦伯年长特洛尔奇一岁，二人同住海德堡一幢房子里比邻而居有几年之久，两人经常就一些学术和现实问题交流思想，虽然偶尔也有某些张力，但总体上彼此心仪、惺惺相惜。历史学家 W. 蒙森甚至评论说，如果没有与特洛尔奇的经常切磋交谈，韦伯很可能写不出关于新教"教派"或现代资本主义"精神"的著述（Mommsen & Osterhammel，1987：9）。韦伯从1915年转入对中国和印度宗教的研究，希望能在与西方发展的比较中对亚洲宗教的经济伦理做出进一步分析。在写完《古犹太教》之后，他本想继续对基督教进行研究，阐明它对创造今天西方现代的、"脱魅"了的理性文化所起到的作用，而这一切还未及腾出时间着手去做，韦伯就于1920年初夏突患肺炎溘然辞世了。在弥留之际，他未像常人那样做临终忏悔，而是喃喃地说出"真实即真理"（The true is the truth/Das Wahre ist die Wahreit）这句临终之言，然后就闭上了双眼（Weber，1975：698）。

本文前面曾论及韦伯性格中理性的一面，并用"价值中立性"概念作为表征。这里再就他思想中信仰的一面做些交代，以便更深入地认知他的中国宗教研究的理智背景，他思想的这一维度可用"价值相关性"概念来刻画。能表现这一面向的有许多事实，笔者这里只想选取韦伯与象征派诗人斯特凡·格奥尔格（Stefan George，1868－1933）的关系作为切入点。韦伯生活的海德堡在19、20世纪之交有许多知识界的文化圈子，每个圈子由一位才能出众的、具有人格魅力的"卡里斯马式领袖"和拥戴他的追随者们组成。格奥尔格是个唯美主义的著名诗人，也是个预言家，以他为中心形成了一个排他性的格奥尔格圈子或门徒们的圈子，他们一起致力于一种"诗意的世界再生"，宣称要在诗和艺术中寻求知识的滥觞。格奥尔格与马拉美等法国象征派诗人交往密切，自己也创作了许多象征主义的诗歌，再加上新浪漫主义出版家迪德里赫斯（Diederichs Eugen）大力倡导法国生命哲学家柏格森的作品，于是那时的德国文坛出现了一种主张通过"体验""直观"克服认知领域的专业化、分化的相对主义倾向，力主把知识从基于要素论的实证主义的因果关系的决定论中解放出来，并要求转向民族主义的思想倾向。他们渴望出现一种能表达德意志精神风貌的新的神话，这种神话是人类思想、想象力、艺术创造力的产物，这种神话的确立就足以证明，时代向往兼具预言家、领袖、诗人气质的卡里斯马人物，以满足处于失望状态的德国知识界渴望救赎的心理需要。格奥尔格自诩并被他的圈子拥戴为这样一个先知式人物，这是一个弥漫着与韦伯思想中的科学之维大相径庭的神秘氛围的国度。在韦伯看来，格奥尔格的新式宣言在许多方面都回到了尼采的观念范畴，也是对工业社会机器时代一切支配力量的反动，这种非理性思潮在当时的青年学生中有巨大的思想影响，它呼唤着少数精神贵族，旨在寻求生存方式和普遍的贵族式生活态度。19世纪末，欧洲理性遭遇了严重的危机，这个被称为世纪末（fin de siecle）的时期一直延续到20世纪，形形色色的新兴时髦思想和非理性主义倾向如雨后春笋般地在社会中风行开来。这就是韦伯于1919年对大学生们发表《以学术为业》和《以政治为业》两次演讲的社会精神氛围。玛丽安妮·韦伯在《韦伯传》中曾这样评价格奥尔格的圈子和受其影响的青年："那些抛弃了旧式神祇的艺术家贵族主义的人们，则感到了一种'自由的空虚'。支配了个人生活长达若干世纪的所有集体观念——基督宗教、产生于这一宗教的资产阶级伦理、观念论哲学、承担道义责任的职业观、科学、国家、民族、家庭等等，直到世纪之交还在约束和支撑着个人的一切力量现在统统受到了质疑。这是一个让许多处于成长过程中的年轻人无力应付的局面。他们感到被上帝抛弃了，找不到他们希望去遵守的规则。传统的智慧与直觉让他们失望，所有指导行动的标准都处在极大的不确定性之中，使这些年轻人深感震惊。"（韦伯，2002：320、366）对此韦伯本人这样评论道："归根到底，斯特凡·格奥尔格以及他的学生侍奉的是'另外的神'，不管我对他们的艺术意图是多么尊重。"（韦伯，2002：522）

韦伯话中涉及两个问题，其一是他如何评价格奥尔格及其圈子的作为；其二是他怎样看待科学（知识）与宗教的关系。韦伯对这两个问题的态度和观点折射出他人格的一些特征。先看第一个问题。1910 年夏，两位宗师由于人格上的相互吸引在贡多尔夫（格奥尔格的追随者，也是韦伯在海德堡大学的同事和好友）的引荐下在韦伯家中会面了，这种多少有些拘谨而客气的"友谊"关系，终因"道不同不相为谋"在随后的两年里终止。据韦伯妻子玛丽安妮的记载，韦伯欣赏对方对世界诗意体验的成果，并以此作为他心灵的滋补；格奥尔格则反对韦伯对世界的学术认知，认为这会阻止他本人创造的想象力发挥和精神体验的塑造。两人都对他们的时代和民族抱有深刻的责任心，但韦伯是按照现实的本来面目来承认它的力量，把现实当作加工的素材并以此作为一种使命；而格奥尔格则只看到其中邪恶的方面，试图以否定来战胜它们，否定即积极的战斗实践，行动赋予自己以领袖的职责，进而去改变和扭转这一堕落的颓势。而这是与韦伯从小受到的宗教教育所培植的信仰直接相抵触的，因而是他所明确反对的，因为"这种教义的基础就在于对尘世人物的神化和创立某种以格奥尔格为中心的宗教"（韦伯，2002：525）。据此，玛丽安妮对韦伯的宗教观念做了这样的概括："他从母亲那里继承了一种对于福音书的深切尊崇，并且拒绝那种非基督教的'宗教虔诚'，因为它们把在尘世体现神性奉为存在的最高意义，把有形的美，也就是古希腊人的 kalokagathia（善与美的结合）视为人类发展的最高规范。由于他相信精神与道德自主的绝对价值，因而否认个人支配与个人崇拜的新形式对他和他这一类人来说是必要的。他承认对于一项事业、一种理想的崇拜和绝对的献身，但却不承认对于一个生也有涯的尘世的个人极其有限的目的这么做，不管这个人可能会多么出色和值得崇敬。"（韦伯，2002：519）这里说的"非基督教的宗教虔诚"，是与格奥尔格圈子发起的对美少男马克辛（马克辛米力安·科龙贝格尔）的唯美崇拜甚至神化信仰的事件有关。按照格奥尔格的神秘主义"性爱"理论，作为男性身体之美的一种功能，性爱是认识人类文化现象所不可或缺的一部分，这种在当时德国知识精英中滋生的文化"再生"观念，是由显示灵和肉两者之美构成的。据此在他的圈子里，"马克辛体验"竟被说成是"格奥尔格崇拜的核心"。两年之后，因患脑膜炎而死亡的年仅 16 岁的少年，竟被格奥尔格宣布是一位神。我们这里在谈及韦伯的宗教情感问题时，作为一段插曲无意中触及了这个问题，需要指出的是，格奥尔格包括他的性爱观点在内的许多唯美的表现主义论点确实与（19）"世纪末"的非理性主义思潮有关，卢卡奇的《理性的毁灭》一书就是从这种宏观叙事视角上做出论述的。但笔者认为，这种宏观历史的叙述倘与细节的具体分析结合起来，似能更好地揭示格奥尔格圈子的权威主义关系与韦伯对"教派"的论述的关联，因为韦伯笔下的"教派"是由具有信仰上特定资格的人组成、建立在自愿基础上的"志愿团体"（voluntary groups）；"领袖"的天纵英明的资质以及巫术般的预言和能力，能把"门徒"吸引在其周围成为追随者，成就了先知启示的性格。这种关系对几年后（1918年）韦伯在写作《经济与社会》的合法支配类型中的"卡里斯马支配"具有何种影响？因为在论述卡里斯马支配鄙视理性的日常经济活动以及通过持续的经济活动获得常规收益时，韦伯甚至直接举出格奥尔格的例子："那种主要是追求艺术类型的卡里斯马信仰的情形，其信众远离经济斗争仅仅意味着他们有能力保持'经济独立'，这是可以想象的，那是一些靠财产权收入为生的人。斯特凡·格奥尔格的圈子就是如此。"（韦伯，2010：356）此外，性爱作为人类群体的一种纽带在历史中的作用，以及受托尔斯泰、陀思妥耶夫斯基的东方斯拉夫神秘主义影响在韦伯的"宗教社会学"里不时出现的"爱的共产主义""'无差别'爱的群体"提法，以及后期不断出现的"体验""直觉"等字眼，这一切应该是两个世纪之交德国狂飙运动的余音在韦伯这位理性主义者身上的回旋，表明韦伯思想中与当时德国学术界的非理性主义思潮具有合拍的一面。譬如，他在"以学术为业"的演讲中曾这样说道："自然科学是非宗教的，现在谁也不会从内心深处对此表示怀疑，无论他是否乐意承认这一点。从科学的理性主义和理智化中解脱出来，是与神同在的生命之基本前提。在有着宗教倾向，或竭力寻求宗教体验的青年人中间，这样的愿望或其他意义相类似的愿望，已成为时常可闻的基本暗语之一……这种从理智化中自我解放的方式所导致的结果，与那些以此作为追求目标的人所希望的正好相反。在尼采对那些'发现了幸福'的'末人'做出致命性的批判之后，对于天真的乐观主义将科学——即在科学的基础上支配生活的技术——欢呼为通向幸福之路这种事情，我已完全无需再费口舌了。除了在教书匠和编辑部里的一些老儿童之外，谁还会相信这样的事情？"（韦伯，1998：33）1919 年 2 月也就是他逝世前一年，韦伯在一封信中这样写道："诚然，我绝对是个宗教上的不合拍者，无必要也无能力为自己建立任何宗教性的精神大厦。但是一种彻底的自省告诉我，我既不是反宗教也不是非宗教的人。"（Weber, 1975：324）

韦伯像他那时代的大多数德国知识分子一样，具备一种由于双重的宗教观念引起的深深矛盾并身在其中苦苦挣扎。20 世纪德国自由神学的代表和领军人物特洛尔奇曾这样刻画那一时代德国知识分子的心态："对我们（德国知识分子）而言，这便是具有双重形态的基督教，即教会形态的基督教以及德国伟大的唯心主义思想家和诗人塑造的、与现代生活成分自由结合的基督教形态。这两者的基本区别仅仅在于：在前者，起主导作用的是，表现旧的人类中心论世界观的二元超验论，以及对教会权威和教会共性的考虑；而在后者，则是无限的世界生活在进化论意义上的内在性和个人主义的自律性构成其世界观。在前者，理想的生活价值只存在于宗教意识本身之中；而在后者，宗教价值与一切真、美、善汇合，成为最高精神价值的统一体。但是，就主体而言，两者是一致的：即将一切个人生活价值牢牢系于上帝身上的位格主义形而上学，使个人从一切单纯的自然束缚中解脱出来，使之得到升华，与上帝成为一体。"（特洛尔奇，1998：33）

对韦伯一类德国知识分子来说，这是一种现在与过去、理想宗教与现实宗教的交织和矛盾：宗教事务在欧洲大陆所造成的"教同伐异"的战争和政治暴力，成为韦伯与超验的启示和教会权威文化决裂的良知和人道主义理由。而现代性的巨大功绩在于它通过解放个体而使本身成为自律性的创造力量：它使个体具有最大可能分享最高生活价值而融入共同体，并将这一从单纯的个人主义变为自由的共同体（社会）—个人主义的意识上升为一种伦理的义务—责任感。而经历了近两千年之久的基督教"位格形而上学"（Metaphysik der Personlichkeit），亦即它的"教义"（Dogma）的内在性及其给欧洲文化带来的统一性，能为失去依靠的个人主义的这种内心升华提供伦理上的约束和依据。经过这样一种三段论之后，经历了"否定之否定"的"扬弃"，宗教才能为"个人主义"这个本质上属于"解体"

性质的批判性反思提供新的力量。据此，韦伯写出了这段脍炙人口的名言："我们的时代是一个理性化、理智化，尤其是将世界之谜魅加以祛除的时代；我们这个时代的命运，便是一切终极而最崇高的价值，已自社会生活中隐没，或者遁入神秘生活的一个超验世界，或者流于个人之间直接关系上的一种博爱。"（韦伯，2004a：190）这样一来，韦伯就把宗教视为过去时代的遗风或者一种习俗，一种纯粹的外在形式，而他本人更重视把信仰转变为个人内在要求的道德责任问题。他的"责任伦理"概念要求在面对现代性多元价值的冲突和争斗中，一个现代人要在心怀道德和追求效率之间寻求葆有张力的平衡，去果敢地应对新时代的挑战。这样他就把康德的道德形而上学及其对实践伦理的批判，转到了社会学的经验层面，把研究道德形式的无矛盾性转变为研究道德内容的首尾一贯性。换言之，"责任伦理"强调在行动中事实认识描述与价值判断之间恪守其内在一贯性：一方面，实践主体基于"自由的人格"能够贯彻其意志之选择；但另一方面则必须基于"存在是什么"（What is?）的事实认识审慎地谋划实现目的的手段以及面对可能的后果；职是之故，责任感愈重，对目的—手段合理性关系的认识就愈充分、愈彻底，就愈益要求在伦理信念与社会行动中表现出严格的首尾一贯性。这就是说，"责任伦理"与"信念伦理"或者"价值合理性"与"目的—手段合理性"之间并非绝对互相排斥，反而在特别组合下适足以成就韦伯心目中的"具有真正自由人格的人"（参见施路赫特，2004）。于是，对于韦伯来说，宗教就完全成为个人的内心情感，纯属个人隐私，信仰就作为人格的一个重要组成部分，成为道德的基石。

参考文献

埃文思－普里查德，E.E.，2006，《阿赞德人的巫术、神谕和魔法》，覃俐俐译，三联书店。

卜松山，2007，《时代精神的玩偶》，陈鼓应主编《道家文化研究》第 22 辑，三联书店。

布伯，马丁，1986，《我与你》，陈维纲译，三联书店。

格尔茨，1999，《文化的解释》，纳日碧力戈等译，上海人民出版社。

默顿，2003，《科学社会学》，鲁旭东、林聚任译，商务印书馆。

上山安敏，1992，《神话与理性》，孙传钊译，上海人民出版社。

施路赫特，2004，《理性化与官僚化》，顾忠华译，广西师范大学出版社。

苏国勋，1988，《理性化及其限制 韦伯思想引论》，上海人民出版社。

——，2007，《马克斯·韦伯：基于中国语境的再研究》，《社会》第5期。

特尔慈，1988，《基督教社会思想史》，戴盛虞、赵振嵩编译，基督教文艺出版社。

特洛尔奇，1998，《现代精神的本质》，刘小枫编《基督教理论与现代》，朱雁冰等译，
汉语基督教文化研究所。

韦伯，1998，《学术与政治》，冯克利译，三联书店。

——，2004a，《韦伯作品集（Ⅰ）学术与政治》，钱永祥等译，广西师范大学出版社。

——，2004b，《韦伯作品集（Ⅴ）中国的宗教》，康乐、简惠美译，广西师范大学出
版社。

——，2005a，《韦伯作品集（Ⅷ）宗教社会学》，康乐、简惠美译，广西师范大学出
版社。

——，2005b，《韦伯作品集（Ⅹ）印度的宗教》，康乐、简惠美译，广西师范大学出
版社。

——，2010，《新教伦理与资本主义精神》（罗克斯伯里第三版），苏国勋、覃方明、赵
立玮、秦明瑞译，社会科学文献出版社。

韦伯，玛丽安妮，2002，《马克斯·韦伯传》，阎克文、王利平、姚中秋译，江苏人民
出版社。

夏瑞春编，1989，《德国思想家论中国》，陈爱政等译，江苏人民出版社。

雅思贝尔斯，1992，《论韦伯》，卢燕萍译，桂冠图书公司。

于连，弗朗索瓦，1998，《迂回与进入·前言》，杜小真译，三联书店。

——，2004，《圣人无意》，阎素伟译，商务印书馆。

Mommsen, Wolfgang J. & Jurgen Osterhammel (eds.) 1987. *Max Weber and His Contemporaries*. London: Unwin Hyman.

Weber, Max. 1951. *The Religion of China: Confucianism and Taoism*. Glencoe: The Free Press.

——. 1958. *The Religion of India: The Sociology of Hinduism and Buddhism*. Glencoe: The Free Press.

Weber, Marianne. 1975. *Max Weber: A Biography*. New York: Wiley.

Troeltsch, Ernst. 1960/1911. *The Social Teaching of the Christian Churches*. Chicago: The University of Chicago Press.

社会建设就是建设社会现代化[*]

陆学艺

摘　要：当前，中国特色社会主义建设事业从原来的经济、政治、文化建设三位一体扩展为包括社会建设的四位一体的总体布局，标志着我国社会发展进入以社会建设为重点的新阶段。社会建设就是建设社会现代化。建设社会现代化是一个宏大复杂的系统工程，其发展将经历三个阶段：从改善民生事业、社会事业，加强创新社会管理做起为第一个阶段；着力推进社会体制改革，实现城乡一体化，理顺社会关系，形成一个与社会主义市场经济体制及现代经济结构相协调的合理、开放、包容的现代社会结构为第二个阶段；实现"民主法治、公平正义、诚信友爱、充满活力、安定有序，人与人和谐相处的社会主义和谐社会"的社会现代化为第三个阶段。

关键词：社会建设　社会管理　历史阶段　社会现代化

党的十六届四中全会有两个理论贡献：一是提出了构建社会主义和谐社会，二是提出了社会建设。前者提出了适合中国国情民意的战略奋斗目标，像当年提出"小康社会"一样，一经提出，就受到全国群众的普遍欢迎，反映了群众对和谐社会的渴求。后者则是为实现社会主义和谐社会服务的，和谐社会要通过社会建设等一系列建设才能实现。

在党中央领导下，全国开展了关于构建社会主义和谐社会与社会建设的实践探索和理论研讨。2007 年，党的十七大通过的党章（修正案）中，把社会建设列入中国特色社会主义建设事业总体布局，从原来的三位一体

---

　　*　原文发表于《社会学研究》2011 年第 4 期。

扩展为经济建设、政治建设、文化建设、社会建设四位一体的总体布局，体现了我们党对社会发展规律、社会主义现代化事业建设规律认识的深化，标志着我国进入了以社会建设为重点的新阶段。

党的十七届五中全会通过的"十二五"规划建议中，特别强调把"加强社会建设"作为加快实现经济发展方式转变的根本出发点和落脚点。今年初，党中央举办的省部级主要领导干部关于创新社会管理的专题研讨班，再次重申了加强社会建设和创新社会管理的重要性和紧迫性。目前，加强社会建设、创新社会管理正在全国蓬勃展开。在这样一个新阶段开局的时候，对于什么是社会建设，社会建设的主要内涵和主要任务是什么，怎样进行社会建设等问题，很有厘清的必要。

一　社会建设就是建设社会现代化

新中国成立以来，尤其是改革开放以来，我们坚持以经济建设为中心奋斗了 30 年，干成了一件大事，即基本实现了经济现代化。2010 年我国的 GDP 达到了 39.8 万亿元，总量排位世界第二，制造业总量已经位列世界第一，外贸进出口总量、国家外汇储备均居世界第一。2010 年的经济结构中，第一产业占 10.2%，第二产业占 46.8%，第三产业占 43%（参见国家统计局，2010）。我们国家的发展已处于工业社会中期阶段，北京、上海等地已经进入工业社会的后期阶段。

与此同时，我国的社会建设也取得了很大的成就，社会结构发生了深刻变化。相比较而言，由于多方面的原因，我们的社会建设还相对滞后，社会结构还相对落后。例如，社会结构中的就业结构，1978 年的总就业人口中，一产占 70.5%，二产占 17.3%，三产占 12.2%；2009 年变化为一产占 38.1%，二产占 27.8%，三产占 34.1%。1978 年我国二、三产业职工人数只有 11835 万人，2009 年发展为 48287 万人，31 年增加了 36452 万人，平均每年增加 1176 万人。二、三产业职工占总就业人口的 61.9%，已经是工业社会的就业结构，但农业劳动力仍占 38.1%。[①]

从社会结构中的城乡结构看，1978 年我国的城镇人口只有 17245 万人，

---

① 据历年中国统计年鉴的数据整理（参见国家统计局，2010）。

城市化率为 17. 9%。2009 年，城镇人口达到 62186 万人，31 年共增加 44941 万人，平均每年增加 1450 万人，城市化率达到 46. 6%（参见国家统计局，2010）；其中有很多是在城镇居住半年以上的农业人口，如按 2000 年前的统计标准，城市化率只有 34% 左右。

社会结构的核心结构是社会阶层结构。1978 年时"两个阶级一个阶层"（工人阶级、农民阶级和知识分子阶层）的结构，现在已转变为国家与社会管理者、经理人员、私营企业主、科技专业人员、办事人员、个体工商户、商业服务人员、产业工人、农业劳动者和失业半失业人员等十个社会阶层（参见陆学艺，2001），其中中产阶层占 25% 左右（参见陆学艺，2010），离工业化中期阶段应有的水平还比较远。

随着我国经济的高速发展，在经济结构变化的推动下，我国的社会结构也发生了深刻的变动，已经是一个工业社会的社会结构。但是，如果按照国际学术界关于工业社会中期阶段的指标衡量，我国现在的就业结构、城乡结构和社会阶层结构还只是工业社会初期阶段的社会结构。与前述我国已经是工业社会的中期阶段的经济结构很不平衡、很不协调。

经济结构和社会结构是一个国家（或地区）最基本、最重要的结构，两者互为基础、相互支撑。一般说来，经济结构变动在先，带动影响社会结构的变化；而社会结构调整了，也会促进经济结构的完善和持续变化，所以社会结构与经济结构必须协调，相辅相成。经济结构不能孤军独进，社会结构可以稍后于经济结构，但这种滞后有一个合理的限度，超过了这个限度就会阻碍经济结构的持续有序的变化，阻碍经济社会的协调发展。

现阶段的经济结构已经是工业社会的中期阶段水平，但社会结构还是工业社会的初期阶段水平，两者存在严重的结构性矛盾。从理论上分析，社会结构严重滞后于经济结构，这两个结构不平衡、不协调、不整合，是中国目前很多经济社会矛盾的主要根源。好比一幢大楼，地基很好，已经是钢筋水泥的，四梁八柱也是钢筋水泥的，但房顶和上层建筑还是木板和塑料的，一有刮风下雨，就会进风漏雨，如遇狂风暴雨就不可设想了。

很多现代化国家的实践表明，现代化社会是一个完整的系统，不仅要实现经济现代化，而且还必须实现社会现代化、政治现代化和文化现代化（参见钱乘旦，2010）。在这四大建设中，经济建设是最重要的，是基础性的，是决定性的，是第一位的。新中国成立 62 年来，特别是改革开放 30

多年来，在共产党的领导下，全国各族人民团结奋斗，几经曲折，千辛万苦，终于基本实现了经济现代化、经济结构的现代化，才有了今天的繁荣昌盛，欣欣向荣，这是前所未有的伟大成就，是实现中华民族复兴的希望所在，是建设富强、民主、文明、和谐社会主义现代化国家的基础，这个成就怎么估计都不过分。但是要实现四位一体的社会主义现代化事业，仅建设经济现代化还远远不够。

经济建设取得一定成绩之后，就应该适时地重点加强社会建设，使经济社会协调发展。因为各种原因，我们在进行社会建设方面晚了一些，形成了经济这条腿长、社会这条腿短的尴尬局面，引发了诸多社会矛盾和社会问题。在当前，我们应该抓紧补课，加快社会建设的步伐，推进经济社会协调发展。

重点加强社会建设，既是"适应国内外形势新变化，顺应各族人民过上更好生活新期待"的需要，也是加快转变经济发展方式，促进经济长期平稳较快发展的需要，是一举托两头的大事。

从长远发展和国际国内的实践观察，社会建设就是要建设社会现代化。社会建设同建设经济现代化一样，将是一个复杂、艰难的长期历史任务，显然不是 5 年、10 年能够完成的。建设社会现代化，就必须实现民生事业现代化、社会事业现代化（如教育现代化、科技现代化、医疗卫生现代化等）、社会体制现代化、社会管理现代化、社会组织现代化、社会生活现代化、社会结构现代化等。可见，建设社会现代化，是一个宏大复杂的系统工程。在我们这样一个自然条件、社会历史条件都很不平衡的国家，要建设社会现代化，既要统筹协调好同经济建设、政治建设、文化建设等系统外的各种关系，也要统筹协调好系统内各子系统的关系，使之能够全面、平衡、协调、可持续地发展。这是一项非常复杂、艰巨的任务，对此，我们要有足够的认识。

二 社会建设的主要内涵和主要任务

2004 年，党中央提出构建社会主义和谐社会与社会建设这两个新概念、新思想以后，特别是党的十七大把社会建设列入四位一体的社会主义事业总体布局之后，全国各地开展了社会建设、社会管理的实践和探索，各种新的做法、新的试点、新的经验大量涌现。学术、理论界也深入实际，调查研究，总结新经验，发现新问题，展开了各种研讨，报刊、媒体也发表了各种文章和信息，议论很多。怎样在现阶段中国国情条件下进行社会建设，创新社会管理，自 2010 年春节以后，成为大家关心的热点、重点问题。各地社会学者，以座谈会、论坛等①形式，就现阶段中国的社会建设的内涵和主要任务等问题进行了多次研讨。汇集会上各方面的意见，关于社会建设的内涵和主要任务归纳起来，有以下四种主张和观点（陆学艺，2010）。

第一种观点，认为社会建设应以保障改善民生为重点。大力推进就业、住房、保障和科技、教育、文化、卫生等各项民生事业和社会事业。建立健全公共服务体系，推进基本公共服务均等化。加快收入分配制度的改革，增加城乡居民收入，调整收入分配关系，完善再分配调节机制，加快扭转城乡、区域、行业和社会成员之间收入差距扩大的趋势并逐步缩小到合理的水平。统筹、兼顾、协调城乡各社会阶层的利益关系，使改革和发展惠及全体人民，走共同富裕的道路。

第二种观点，认为社会建设当前要加强和创新社会管理。应以解决影响社会和谐稳定的突出问题为突破口，提高社会管理科学水平。完善党委领导、政府负责、社会协同、公众参与的社会管理格局，逐步建立健全中国特色社会主义管理体系。通过政府主导、多方参与，规范社会行为，协调社会关系，促进社会认同，秉持社会公正，解决社会问题，化解社会矛盾，维护社会治安，应对社会风险，为经济社会发展创造既有活力又有秩序的基础条件和社会环境，促进社会和谐。

第三种观点，认为之所以要进行社会建设，是因为随着改革开放和经济的发展，我国已经实现了由农业社会向工业社会转型，由计划经济体制向社会主义市场经济体制转轨，人们的生产方式、生活方式、人际关系发生了很大的变化，人们的思想意识、道德观念、价值取向也发生了很大的变化，并由此产生了许多社会矛盾和社会问题，需要加快社会建设，建立新的社会秩序，促进社会进步。同时要进行社会体制改革，创新社会政

---

① 如 2010 年 11 月 14 日，清华大学与北京市社会科学界联合会在清华大学联合召开了"2010 北京社会建设论坛"。2010 年 12 月 24~26 日，北京工业大学人文社会科学学院在北京工业大学主办了"社会建设与社会管理高层论坛"。

策，调整和优化社会结构，建立与社会主义市场经济相适应、与经济结构相协调的社会结构。认为社会建设的核心任务就是要构建一个合理的社会结构。

第四种观点，认为社会建设的根本目标是要建立一个能够驾驭市场、制约权力、遏制社会失序的社会主体。在工业社会条件下，不仅要有市场、有政府，还要有发育良好的社会（社会组织）。健全的社会是市场经济的基础。从工业化社会几百年的历史看（参见贝尔，1984/1973），市场经济并不是万能的，市场本身有失灵的时候，如周期性地爆发经济危机。所以，必须有政府适时地加以调控。工业化社会的历史也表明，政府并不是万能的，也有失误的时候，所以要有发育良好的、多种形式的、健全的社会组织，也就是要有组织起来的社会，形成市场、政府、社会三足鼎立的格局。在工业化、信息化、社会化大生产的条件下，必须要有发育良好的社会环境，整个经济社会才能健康有序地可持续发展。

上述四种主要观点，代表了现阶段实际工作部门和学术界的主要看法，当然，还有很多不同的主张和看法。例如，有人认为社会建设当前应该重视发育社会组织，调动广大群众的积极性，协助政府做好公共服务和社会服务，等等。随着社会建设、社会管理在全国各地蓬勃开展，一定会创造出许多适合国情、各地地情的社会建设、社会管理的经验和模式来，走出一条中国特色社会建设之路。实践出真知，关于社会建设的主要内涵和主要任务的认识，随着实践的深入，也一定会更加具体、更加丰富，创造出中国特色社会主义社会建设的理论篇章。

三 社会建设的三个阶段

从社会发展规律的视角看，社会建设作为社会主义事业四位一体总体布局中的一大建设，要实现的历史任务，宏大而艰巨，既要进行保障改善民生的各项社会事业建设，又要进行包括社会事业体制在内的社会体制改革的创新；既要加强社会管理、社会安全体制的建设，又要进行社会理念、社会规范的建设；既要加快收入分配关系的调整，有效调节过高收入，扭转四种差距扩大的趋势，促进社会公平正义，又要积极培育中产阶层发展壮大，加快优化社会结构的步伐，形成与经济结构相平衡、协调的社会结构。所以，社会建设将是一个长期的历史过程。

在党中央的领导下，现在全国各地的社会建设、社会管理正在蓬勃展开，未来的发展将会是怎样的状况？前面讲到的四种关于社会建设主要内涵和主要任务的不同观点：有主张搞社会事业建设的，有主张抓社会管理的，有主张搞社会结构的，有主张抓建设社会主体的，虽然各自意见不同，但都是为了搞好社会建设，都讲到了要实现社会建设的某一个方面，都有可取之处。静态地看，这些意见是四种不同的主张；如果动态地看，分析这四种意见所反映的实质内涵，却可以从现代社会发展脉络及其社会结构的视角，看到今后中国社会建设可能经历的三个历史阶段，其主张分别是这三个阶段要实现的不同的重点任务。

鉴于此，我认为，从国内外进行现代化建设的经验和教训看，结合中国目前的基本国情，中国的社会建设未来的发展将经历以下三个阶段。

第一阶段，也就是我们目前正在做的，即先从人民群众最关心、最现实、最紧迫要求解决的保障和改善民生事业、社会事业建设做起，着力解决好就业难、上学难、看病难、社保难、住房难、养老难等基本民生问题；从加强和创新社会管理入手，解决影响社会和谐稳定的突出问题，化解社会矛盾，解决社会问题，加强源头治理，标本兼治，最大限度地防止和减少社会矛盾的产生，最大限度地增加社会和谐因素，促进社会公平正义。这两个方面的工作，党的十六届四中全会以来，特别是党的十七大以来，正在大力推进，如教育和卫生、社会保障等民生、社会事业，都受到高度重视，加大了人力、物力、财力的投入，情况正在好转。政法系统开展了化解社会矛盾、创新社会管理、公正廉洁执法三项重点工作，做出了很大的成绩。近几年，这些工作有序推进，很有成效，是顺民意、得民心的。这两方面的工作，实际也就是上述第一种、第二种主张要解决的问题。"十二五"期间，我们能把保障改善民生事业、社会事业和创新社会管理这两件大事做好了，我们的社会建设就奠定了一个良好基础，就上了一个台阶，经济社会协调发展就前进了一大步，就可以顺势转到社会建设的第二阶段。

第二阶段，要着力推进社会体制改革，创新社会政策，完善社会管理。推进新型的城镇化，破解城乡二元结构，逐步实现城乡一体化（陆学艺，2009）。拓宽社会流动渠道，培育和壮大中产阶层（陆学艺，2004），构建一个合理、开放、包容的社会结构，使之与经济结构相协调。

构建一个合理开放的工业社会中期阶段的社会结构，这是社会建设最重要、最核心的任务。我们常说现在处于改革发展的关键时期。关键时期要做好的关键工作就是要通过社会建设，特别是社会体制改革构建好一个合理的社会结构。要过好社会建设这一关，也可以说是要迈过这样一个大坎。一些发展中国家过不了这个坎，就危机四起，进入不了现代化国家的行列。

中国现行的包括社会事业在内的社会体制，还是在计划经济体制时期形成的。要推进社会建设，就要像20世纪80年代以来抓经济建设先进行经济体制改革一样，一定要进行社会体制改革，户籍体制、城乡体制、就业体制、社会保障体制和各项社会事业体制都要逐步进行改革，形成一个与社会主义市场经济体制相适应、相配套的社会体制。如果不进行或延缓社会体制改革，目前诸多的社会矛盾、社会问题就解决不好，也解决不了；社会结构也调整不了，更优化不了。例如，户籍体制再不改革，城乡二元结构就破解不了，"三农"问题、农民工问题就解决不了，城市中的二元结构问题就会越来越严重，也就谈不上城乡一体化。社会主义市场经济能长久建立在城乡二元结构的基础上吗？这种在计划经济时期形成的、为计划经济体制服务的户籍体制，如果不改革，不仅社会结构调整优化不了，社会主义市场经济体制也完善不好。

从改革发展的历史过程来观察，中国社会建设的第二阶段也可以看作社会体制改革的攻坚阶段、决定性的阶段，时间约在"十三五"前后。从现在起，"十二五"期间所进行的社会建设的第一阶段，就要为这个第二改革阶段的成功做好准备。

第三阶段，社会建设的目标就是实现社会现代化，实现"民主法治、公平正义、诚信友爱、充满活力、安定有序，人与人和谐相处的社会主义和谐社会"。随着社会主义市场经济体制不断完善，经济建设持续健康较快发展，到21世纪中叶，经济达到中等发达国家水平，形成现代型的经济结构。社会建设经过社会体制改革，将加速发展，使社会体制逐步完善，社会管理体系更加健全，社会流动渠道更加畅通，中产阶层更加壮大，社会组织广为发展，社会结构更为优化，形成一个与社会主义市场经济体制相适应、与现代经济结构相协调的现代社会结构，形成一个橄榄型的社会结构，为全面、协调、可持续科学发展提供一个良好的社会环境。

当然，这三个阶段并没有一个截然分开的界限，将会是互有交叉地进行，只是某一阶段凸显某一方面工作的重点。在不同的阶段，不同的地区，针对实际状况将有不同的做法。2010 年党的十七届五中全会以后，各地都在积极推进社会建设和社会管理的工作，创造了很多新的做法、新的经验和新的实践模式。经过一段实践之后，经过各种经验、多种模式的比较和交流，一定会涌现出一批适合中国国情、有中国特色的社会建设的实践模式和相应的中国社会建设的理论体系来。

可以预见，通过这三个阶段，到 2040 年前后，我国将会达到中等发达国家水平，进入现代化国家行列。现在看来，经济建设方面的趋势很好，国内国外的预测都比较乐观，虽然还有一些难题，但我们已经走上了社会主义市场经济这条道路，具有了解决这些难题的基础。关键是能不能搞好社会建设，能不能过好社会建设这一关，这是我们今后 5 年、10 年、20 年工作的重中之重。搞好社会建设，建设社会现代化，是一个新领域，也是一项新任务，我们还不熟悉，还没有经验，还需要"摸着石头过河"，需要我们一边学习一边做，一边做一边总结。社会建设这项历史任务一定会在我们民族的勤奋实践中，成为中国特色社会主义现代化的一个重要组成部分。

参考文献

贝尔，丹尼尔，1984 /1973，《后工业社会的来临》，高铦、王宏周、魏章玲译，商务印书馆。

布劳，彼得，1991/1977，《不平等和异质性》，王春光、谢圣赞译，中国社会科学出版社。

福山，弗朗西斯，2007，《国家构建：21 世纪的国家治理与世界秩序》，黄胜强、许铭译，中国社会科学出版社。

国家统计局，2010，《中国统计年鉴》，中国统计出版社。

陆学艺，2008，《关于社会建设的理论和实践》，《理论前沿》第 11 期。

——，2009，《破解城乡二元结构实现城乡经济社会一体化》，《社会科学研究》第 4 期。

——，2010，《当代中国社会结构与社会建设》，《北京工业大学学报》（社会科学版）

第 6 期。

陆学艺主编，2001，《当代中国社会分层研究报告》，社会科学文献出版社。

——，2004，《当代中国社会流动》，社会科学文献出版社。

——，2010，《当代中国社会结构》，社会科学文献出版社。

钱乘旦主编，2010，《世界现代化历程·总论卷》，凤凰出版传媒集团、江苏人民出版社。

项目制的分级运作机制和治理逻辑[*]

——对"项目进村"案例的社会学分析

折晓叶　陈婴婴

摘　要：本文以"自上而下"和"自下而上"这两种既对立又互补的视角，对当下财政转移支付项目进入村庄的社会过程进行观察和分析；特别关注项目过程中的分级"制度机制"运作模式，包括国家部门的"发包"机制、地方政府的"打包"机制和村庄的"抓包"机制等，分析它们所形成的不同制度逻辑和行动策略及其相互作用的复杂过程和结果。"项目制"作为新旧体制衔接过程中对既得利益补偿的一个重要机制，为分级治理逻辑的汇合搭建了一个制度平台；只有通过公共品的供给，增加村民参与的公共空间，实现村庄公共治理，项目制才能真正增进公益进而达成整合的目标。

关键词：项目制　分级治理　制度机制　项目输入　村庄回应

引言

20 世纪 90 年代中期以来，伴随着国家财政制度由包干制改为分税制，财政收入和分配领域中发生了一系列重大变化。最为引人关注的是，在财政收入越加集权的体制下，资金的分配却出现了依靠"条线"体制另行运

---

*　本文是中国社会科学院重大课题"社区转型的制度建构过程"的阶段性成果。感谢周雪光教授和刘世定教授，作者在与他们的多次讨论中受益良多。感谢渠敬东、沈红、冯世平、姜阿平等在写作过程中所给予的批评和诸多建设性意见。该文初稿曾在 2011 年 3 月 19 日组织社会学工作坊的"国家建设与政府行为"小组研讨会上讨论，周黎安、周雪光、刘世定、周飞舟、曹正汉、冯世政、张静等教授给予了许多建设性意见，特致谢意。原文发表于《中国社会科学》2011 年第 4 期。

作的情形，即财政转移支付采用项目制的方式在行政层级体制之外灵活处理。这些支付大多由"条线"部门采用专项支付或者项目资金的形式自上而下地转移和流动，而地方政府或基层则需要通过申请项目的方式来获得转移支付。也就是说，在集权的收入体制之外，存在着寻找和开辟另外一种可以直接支配和控制新财源的可能性，只不过仍须遵循和维持集权控制的逻辑。不同于一般性行政拨款的是，开辟这种财源存在着极大的不确定性和偶然性，却极富竞争和诱惑。据统计，自 1994 年到 2004 年，专项转移支付总量一直远高于财力性转移支付，到 2005 年后者总量才第一次超过前者。① 项目制不仅在数量上而且在各个领域中，都已经成为最主要的财政支付手段。

这些项目，大多数不但没有强制性，而且还需要经过自上而下的招标和自下而上的竞争才能够获得，这已经涉及宏观社会结构的变化，反映出政府职能和治理方式的演变，触及国家、地方和基层单位（企业和村庄等）相互之间的关系及其建构模式，还涉及国家视角和意图与基层视角和意图的配合，特别涉及国家、地方和基层的多重运作机制和行动逻辑如何进行博弈等关键性的议题。因此，本文的问题，与主要检讨国家视角的发问（斯科特，2004：导言）略有不同，我们强调社会工程的承受者——基层的或村庄的视角，但也注意到，在发展和福利主题下，在基本建设和公共服务需求下，如果没有国家和地方政府的财政支持，村庄的大规模改造是难以持续和完成的。

然而，问题在于，如果上级政府的财政支付，即便采用带有市场竞争特点的项目制，也还要延续集权的"条条"体制自上而下的控制逻辑，那么，下级政府或基层单位又将采用怎样的策略、设计出怎样的制度机制来加以应对呢？现实中出现的自下而上的地方行为，又反映出怎样的反控制逻辑呢？实践层面的问题还有，作为公共品的载体，项目如何产生、如何供给，又如何管理，才能体现其公益性？作为技术性的管理手段，项目又将为国家和基层建立新的治理方式提供哪些新的可能，抑或带来怎样实质性的影响？这是本文试图回答的一组相互关联的理论和实践问题。

本文仅从项目进村这一侧面来讨论上述问题，所提供的个案来自笔者

---

① 2004 年专项转移支付与财力性转移支付的比是 1.3:1，2005 年是 0.9:1。见李萍，2006。

对东部和中部较发达地区几个县市的数个村庄进行的长时段追踪调查。[①]
一般认为，欠发达地区由于面临资金短缺问题，对于自上而下的转移支付
项目具有更高的依赖性，项目运作在那里才成为问题。但本文资料表明，
项目运作在较发达地区也是一个普遍现象，甚至是更加具有能动性的制度
建构问题。虽然地区差异、发展模式差异和个案的局限性等复杂状况，决
定着本文的个案不能作为推论总体的依据，但是个案所提出的问题和它们
背后所隐含的逻辑，具有一定的普遍性，它们并不只发生在某一类地区，也
不只反映在"项目进村"这一个事项上。因此，本文的结论不但可以启发
对问题更为深入的思考，而且可以作为更广泛的大规模调查建立预设的
依据。

一 制度机制运作的分级逻辑：项目制的分析框架

这里所谓的"项目"，既不同于宏大的社会建设和发展规划项目，也不
同于专业领域的技术和建设项目，而是特指中央对地方或地方对基层的财
政转移支付的一种运作和管理方式。项目逐渐成为转移支付的主要方式，
这与财政转移支付的"专项化"演进以及国家部门管理和治理目标的"项
目化"过程密切相关——随着项目资金的规模日益增大，除了工资和日常
性支出之外，几乎所有的建设和公共服务资金都"专项化"和"项目化"
了，同时这还与中央对地方关系向"多予、少取、放活"改变，政府治理
方式向评、考、控转变，以及建设"运动"的推助有关。这种项目化所产
生的影响以及带来的问题，已经受到学界和政界的关注。（渠敬东、周飞
舟、应星，2009；张晓山，2005；郭莹，2008）

项目之所以被广泛关注，是因为它特殊的部门运作方式。那些形成项
目的专项转移支付的支配权掌握在中央各部门手中，一些部、委、办掌握
着大量的专项资金，拥有资源的配置权，而且支配资源的权力越来越大。
地方和基层若想获得项目，不能不"跑部钱进"。有官员指出，现在到底有
多少专项转移支付、有多少项目，在中国没有一个人搞得清楚。（张晓山，
2005）也有学者通过调研得知，与"社会主义新农村建设"有关的项目就

---

① 按照学术惯例，本文对地名、村名和人名都做了匿名处理。

多达 94 项，涉及农村经济、社会和文化等方面，关系到中央部一级工作部门共 28 个单位。（王晶，2006）实际数量伴随重大事项的不断推出，逐年还会有增无减。当然，问题的关键不在于这些数字，而在于其背后所隐含的制度逻辑和行动策略。

在项目制度框架内，要进入分析的不只是国家和农民两个行动主体，而是中央政府、地方政府和村庄三个行动主体。（周飞舟，2006）由于项目承载着政策意向，从这个角度看去，项目勾连着中央、地方和基层单位之间的权力、利益和创新关系，而各个行动主体有着各自不同的利益，它们的行动逻辑反映出这些利益差别。不过，在中央集权的总体模式下，即便存在利益差别，又有扩权的必要，也不足以形成真正意义上的分权，于是形成了分级治理的制度安排。

分级治理，是在中央与地方政府分权的行政改革与市场化改革并存下的一种制度安排。在推行国家目标和调动地方资源的双重目标下，中央政府（或上级政府）对地方政府（或基层政权）在某些特定领域和某些公共事项上，进行非科层的竞争性授权，而不是行政指令性授权（祝灵君，2008：46~50），如采用项目制等一系列超越行政科层制的方式，以便在集权模式下让"自下而上"的市场化竞争机制配合"自上而下"的分权原则，形成一种新的国家治理结构。从体制上说，分级治理不可能突破中央集权的总体模式，但在"条线"直接控制能力有限时，却有可能形成另外一种不同于"条线"运作的分级运作体系。

分级运作，既不同于行政科层制下纯粹的纵向权力运作——其中的向上负责制和激励机制使得基层官员对于来自上级的指令十分敏感（周黎安，2007a；周雪光，2005），也不同于"多中心制度安排"下的权力运作：其中每一个治理当局既是公共品的提供单位，又可以在特定地域的权限范围内行使重要的独立权力去制定和实施规则（奥斯特罗姆等，2000：203~223）。分级运作意味着，在纵向关系方面下级政府并没有从上级获得资源分配的权力及自主权，在横向上民众也不可能获得自主参与的权力，无法有效评估政府绩效，更不可能监督政府行为，防止滥用权力。但是，由于项目制等一系列超越行政科层制的方式为权力的运作附加了竞争性的市场机制，下级政权便有可能对既定的集权框架和科层制逻辑有所修正，从中加入更多各自的意图和利益，获得更多的自主权力。本研究关注到项目过程分级制度的运作机制，比如国家部门的"发包"机制、地方政府的"打包"机制和村庄的"抓包"机制等，分析它们所形成的不同制度逻辑和行动策略以及它们之间相互作用的复杂过程和结果。

依据这条线索，"项目"从操作上看似乎是一个"自上而下"正式给予的转移之物，但是"跑项目"或"躲项目"却使得竞争性的争取过程具有了"自下而上"非正式运作的特质，因此，我们的研究视角并不仅仅是强调这两种力量中的哪一种，而是通过将"项目"看作"上""下"两种力量互动和博弈的平台，来综合"自上而下"和"自下而上"两种互相对立且又互补的视角。（参见郭于华，2006）

首先就国家部委的"发包"而言，本文所涉及的项目，目前采用两种方式运作，一种是国家部、委、办掌握的财政资金需要以项目的方式支付，但项目的具体意图并不清晰，需要与下面互动，通过互相摸索来形成某个项目意向，即下面提出适宜的项目议题，部、委、办加以确认才可以形成项目，得到资金支付，带有双方"共谋"的性质。① 这一类项目的形成过程及其运作，是观察国家、地方及基层关系变化的一个极好窗口，但这样运作出的项目到达基层村庄的可能性极小，尚不在本文讨论的范围内。从村庄可能获得的支农转移支付项目来说，近年来项目的设立主要采用另一种方式，即依据国家有关"三农"的大政方针，由部委设计出项目意向而向下"发包"。（全国工商联农业产业商会，2006）这是本文主要涉及的项目运作方式。

这里所谓的"发包"，不完全等同于"行政发包制"下的那种"政府间层层发包的关系"（周黎安，2007b），而是上级部委以招标的方式发布项目指南书，下级政府代表地方或基层最终投标方的意向，向上申请项目。申请过程具有行政配置和自由竞争双重性，而后上级部委作为发包方，将项目管理的一揽子权力发包到获得项目的地方政府，地方政府则有权确定行政配置哪一部分的最终承包方，并且对各类项目的各项事务实施条线管理。

这种"发包"，显然与财政支付"专项化"和"项目化"有着必然的联系。国家经济的高速增长，使得日益增长的总体财政的"大盘子"如何分

---

① 感谢刘世定教授和周雪光教授在讨论这一议题时给予笔者的启发。

配得既能保证国家部委"条条"的权力和利益，以便实现"自上而下"的集权控制，又能给地方以自主裁量的余地，以便使地方"块块"利益的增长既不受到严格限制又不至于突破集权体制，这就成为国家治理的重要环节。项目化可以说是这种权衡下采取的一种制度安排，项目发包则是为实现这种安排而尝试的具体机制，它所遵循的无疑主要是"自上而下"的控制逻辑。当然，这一逻辑在项目制条件下经过地方的反控制行为，是否还能成立，将是后文分析的重点。

在这种机制作用下，项目作为上级竞争性的"发包"行为和方式，调动了地方各基层单位"跑部"争取的行动，县乡政府和村庄都可能是积极或消极的行动主体，只不过各自担当着不同的权力、目标、责任和利益。其中最为突出的是地方政府的"打包"行为和方式。

由于分级体制和竞争机制并存，三个不同层级的行动主体面对着不同的结构性机会。在上述制度化的秩序中，国家是项目最重要的主导者，项目发布权决定了国家的指导作用。作为项目过程的"推手"，国家为各个行动主体提供一个参与和博弈的平台，这个平台向各个利益集团提供不同的制度性或结构性机会。在整个流程中，资金跟着项目走，项目则主要分为两类：一类带有额度，由发包部委分配给各省，再由各省组织申报等事宜，项目权力集中在国家部委，这类项目在省市以下发生竞争；另一类则为开放式的竞争项目，由申请方（企业和适宜单位），经当地政府部门帮助编写项目书，并经部门审批后上报国家部委。虽然申请仍需走"自下而上"的行政过程，但能否参加申报以及能否获批，则需在基层和部委层面展开激烈的竞争。获准后的项目，原则上要求专款专用并直接落实到申报方。项目还可分为国家部委设立、省市自立和县（市）自立三个层级。有所不同的是，获准的国家项目在省市只需"过手"，经由组织评审、上报、管理的行政过程之后，便落至县（市）域，组织和运作申报事宜的重头戏，包括对省市项目的争取工作，主要在县（市）。

县（市）在项目运作中处于非常关键的位置，可以说其不仅仅是项目承上启下的中转站，更为重要的是，县域可以为项目的"再组织"搭建制度空间和社会场域，这个过程可以帮助地方实现利益最大化。这个再组织的机制，即"打包"。

"打包"，是指按照某种发展规划和意图，把各种项目（可主要分为两类：财政项目和资本项目）融合或捆绑成一种综合工程，使之不仅可以利用财政项目政策来动员使用方的资源，而且可以加入地方意图，借项目之势，实现目标更加宏大的地方发展战略和规划。

从案例县的资料来看，"打包"是在国家部门对承包项目的地方政府设立"配套"条款和要求地方主管部门对项目完成负"连带责任"的条件下，地方为实现其综合性的整体发展目标，针对项目实行条线控制的一种对应策略。如果说，"发包"反映的是部门"条条"自上而下的控制逻辑，那么，"打包"反映的就是地方"块块"自下而上的反控制逻辑。

如果从因地制宜和"集中力量办大事"的角度来看，可以将地方打包条线项目，看作处理"条条"与"块块"关系的一种制度创新，但是由于打包后的项目大多只能落入"政绩亮点"，它所造成的负面效果，也是不可忽视的。

无论项目在上层如何运作，村庄、企业连带项目户最终承担着项目，他们的真实意图和实践能力，最终决定着项目的成败以及项目意图落实的效果。本研究特别强调了村庄的视角和行动逻辑，提供的是更为基层的观察和分析视角。

现实观察中存在的一个悖论现象，值得研究者和政策设计者深思。在地方的项目实践中可以发现，如果村庄没有财力预先投入建设（项目政策要求以自投入能力为申报前提），财政转移支付这只项目资金的靴子就难以落下，而这只靴子一旦落下，又会抑制和削弱村庄的自主性，甚至出现集体"高额"负债搞建设①的状况，以至于项目的导入与村庄真实的公共服务需求发生错位。从这个角度来说，项目如果采用设计成型的、看起来易于自上而下管理的方式输入，即便进入村庄，也有可能由于忽视村庄的自主性和实际需求而对村庄造成损害，甚至有可能导致村集体破产和村社会解体。

这个悖论现象发生在项目运作的过程之中。国家和地方政府在担当"发展服务"提供者的角色时，常常难以避免出现发展项目吞噬基层自主性的尴尬。村庄改造工程的"示范"作用，不仅使村庄为争取项目资金而盲目地依据"专项"要求不断翻新，而且大多数项目只能进入那些有相当财力、建设基础好、有资源动员能力的村庄，从而进一步加大了项目示范村

---

① 周雪光：《通向集体负债之路》，未刊稿。

与其他普通村庄的差别,出现"能者恒能""强马多吃草"的局面,而绝大多数村庄并不可能引项目入村,也就难以成规模地改变村貌。值得深思的是,上述悖论现象引发出两种完全相反的村庄行动:一方面有条件的村庄积极"跑项目",村际竞争加剧;另一方面没条件的村庄消极"躲项目",从竞争中退出,抵制那些既需要村庄"贴钱"又易于引发村庄深层矛盾和冲突的公益项目。这些现象不但出现在增长程度较低的地区,在发达地区内部也不断出现。

那么,为什么那些以发展和福利为主题的提供公共产品的项目和工程,有些却让基层难以承受,往往先受热捧后遭冷遇,有的被躲避,有的被"走样",有的甚至失败,最终导致公益项目的"善意"遭到质疑?而那些能够承接和完成项目的村庄,又采用了怎样的应对性策略,输入型项目经历了怎样的反控制过程呢?

项目从国家部门经由地方政府,最后进入城乡结构的末梢——村庄,其间需要经过多重的运作机制。上级的"发包"和"打包"运作,最终必然导致村庄的"抓包"行为。"抓包"既是地方政府"打包"过程的延续,又是村庄主动争取项目的过程。地方往往会将"新农村建设"等一类建设工程或"打包向上争取"资金,或将分属于条线部门的项目"打包",捆绑成诸如开发、扶贫、农林、水利、交通、能源等专项资金,集中投向创建村。村庄只有挤进创建村,抓到打包好的项目,才有可能大规模地改变村貌。从案例中的项目进村过程来看,经过"发包"和"打包"之后的项目,对于村庄来说,是输入性的,但"抓包"却是村庄加入了主观能动性的应对策略。

目前项目进村主要有两种方式,一种是在一些地区开始尝试的内需外援方式,[①] 另一种即如案例村所经历的项目制背景下的外来输入方式,带有竞争和半竞争性。项目由发包方统一设计、运作和管理,资金随项目走。落实到村庄的项目,或者已经由主管部门统一招标,由施工单位统一施工,

---

① 这种方式带有普惠性质,与前述自上而下输入的"项目制"最为不同的特点,一是从实际需求出发,主张"钱要用于集中办大家都受益的事情",二是从项目的产生到运作和完成,全部都由村民自己通过参与式民主方式决定。对于这种方式是否存在"形式民主"的嫌疑,已经有研究提出质疑(郭占锋,2010),但仅就将项目设计和资金使用的决策权交由村庄和村民,注重他们的内需来说,这种方式较之"输入型"已经有了根本上的不同。

或者从材料、机械到施工均由政府或招标单位提供，村庄除去要补足资金缺口外，对于项目的内容和执行并没有决定的权力。项目进村需要经过外力输入和村庄拉动的双向运作，而入村项目虽为公益性的，但未必是村庄最需要花钱的公益事项。村庄——如案例村一样具有较高组织和运作能力的村庄，所能做出的回应，首先是动员村庄的内部资源和资金支撑项目的完成，其次是规避项目所能带来的系统性的风险，不但要避免其对集体经济和个人财产可能造成的侵蚀，而且要抵挡其对村社区整合和团结秩序可能产生的冲击和破坏。否则，对于没有上述能力的村庄，输入型的项目则有可能被"躲避"或失败。

综上所述，我们可以简略地将本文的分析框架表述为：项目部门化及其"发包"，是将国家"大盘子"进行"条条"分割的过程，它所遵循的是自上而下的控制逻辑。"打包"反映的是地方的应对策略，是将"条条"重新又做成"块块""小盘子"的过程，它所遵循的有可能（不排除其他可能）是自下而上的反控制逻辑，而村庄"抓包"虽是打包过程的延续，但也有可能（不排除其他可能）是村庄加入自己发展意图，借用外力组织自己公共事务，提高村庄治理能力的过程，它所遵循的也是自下而上的反控制逻辑。只不过，在分级治理框架内，控制与反控制更多表现为对立又互补、竞争又合作的关系而不是冲突的关系。本文所要研究的正是这种自上而下的控制逻辑与自下而上的反控制逻辑之间的互动关系。①

还要提到的是，对项目制度进行机制分析，或曰透过机制而发现"执行的制度"，是本文"制度机制"分析框架最为关键的环节。项目，作为一种制度安排，从其目标假定到目标实现，其间的运作过程和中间变项，在静态的制度分析中是"黑箱"，而箱内收藏着的，诸如制度系统的结构和关系模式及其内部工作方式和激励规则等，正是我们所谓的机制。对社会制度做机制分析，就是对社会制度的运作过程进行具体分析，看看它究竟通过一种什么样的逻辑转化到另一种逻辑，或从哪个点出发逐步过渡到其他的方向上去（应星，2008；渠敬东，2007），其分析框架中包含有过程、机制、技术和逻辑分析的有机统一（孙立平，2002a，2002b）。在项目过程中，由于参与者众多，从国家部门到地方政府再到村庄和村民，这样多个主

---

① 这一视角得益于"国家建设与政府行为"小组研讨会上诸教授的评论和建议，文责自负。

体之间的互动，使得这个过程表现得极为丰富。

二 "发包"和"打包"：国家部门和 地方政府的项目机制

我们要展开描述和分析的是，国家财政的"大盘子"被分割成部门 "条条"的项目资金后，又怎样被重新整合为地方"块块"的"小盘子" 的社会过程。

（一） 国家部门的视角和逻辑

在国家和地方政府功能向"服务型"转化时，国家政府既作为财力动 员者和财力集中者，又承担着财力转移和返还者的双重责任，这些都被最 大限度地发掘出来。新农村建设作为一个宏大社会工程，试图集中体现这 种责任和意图（吴晓华，2006：335）。

项目作为向下转移支付的手段，证明国家是其中最具有自主性的行动 者。但是，国家将财力转移支付给地方时，以何种方式才能最大限度地调 动地方财力呢？分税制以后，国家不可能再直接调动地方财力，而项目运作 却具有某种特殊的调动功能。比如，国家项目都明确要求地方政府给予 "配套资金"，申报项目时，地方政府的财政或计划部门要出具配套资金承 诺证明，同时还要求地方主管部门积极进行指导，并对申报内容的真实性 和准确性负连带责任。① 于是，是否具有配套财力和管理能力，至少是一个 评审条件，而且许多项目要求有前期投入，这也对地方资金投入形成硬约 束。对于地方来说，无论财力是否充足，项目都具有支持、调动和整合地 方自有财力的作用，地方都可以借项目之势重新组织和使用财力，只不过 有程度上的差别而已。因此，从国家的视角看，项目并不是一个消极的转 移补贴，而是一个积极的调动诱因。逻辑在于，发出的项目越多，可能动员 的地方财力就越充分。当然，这也不排除实际过程中有利用项目向下"寻 租"，或者自下而上"套钱"而不作为的行为。

---

① 比如一个100万元的国家项目，要求地方给予的配套资金比例，东部地区是1:0.5，中部地 区是1:0.2，西部地区是1:0.2。有的项目明确规定，自筹资金不低于中央财政资金的 50%（全国工商联农业产业商会，2006：21、30、34）。

地方政府在项目的明确意图下，不但能从中体察到中央与地方财权和事权的关系变化脉搏，而且还可琢磨出形势和政策变化的动向，申报单位甚至还体会出"把握国家政策大势，顺势而为"（全国工商联农业产业商会，2006：391）的要害，从而在既有利于自身利益又充分利用国家政策的背景下，开始一场场追求收益最大化的竞争行动。地方行动的动力和冲动，就这样通过项目一步步被国家培育和调动起来。

那么，国家部门怎样利用"发包"机制来运作项目呢？

项目发包中，虽然具有一些行政配置的意图，比如偏向于某些地区、分配有额度、注明特殊条件等，但总体上是带有不完全市场竞争性质的，并且还给企业和村社提供申请项目的竞争机会。于是，竞争必然成为另一个普遍调动地方积极性的手段，省际、县际乃至镇际和村际的竞争造就了地方各个层级以项目为核心的建设高潮和经济增长。

权力（发包）与市场（竞争）结合的运作方式，使项目"发包"成为国家部门最基本的运作机制。项目发包一般具有如下几个过程。

首先，国家部委分割资金，决定各领域的转移支付重点；以国家项目形式承载和分配资金，通过项目表达政策意向和支付目标。

其次，设立项目的部委发布项目指南，提出项目意图、建设内容、支持对象、立项条件、申报和下达程序、资金规模、额度分配、分级责任、组织实施办法等。

再次，建立分级承包责任制，明确要求省及以下行政单位分级承担项目管理责任，这一点在国家项目申报及管理程序中反映得十分明确。

又次，授予地方配套权，明确要求承担项目的地方政府以资金配套的方式给予支持。那些缺乏资金能力地区的资金配套可能是虚数，而发达地区的配套则有着资金以外的实质性参与的意义。

最后，动员基层力量。对此，国家部门的意图十分明确：国家的支持要达到"四两拨千斤"的效果，是一种杠杆作用。农民自身的力量永远是一种最基础的力量。（吴晓华，2006：335）动员地方财力，是国家项目更加明确的另一意图。有学者用"自上而下的钓鱼工程"来描述这种情形（周雪光，2005），这样的"钓鱼工程"与项目化过程有着密切的关联，并且跟随着项目自上而下地落实，一直延续到基层。

发包的项目并不存在普惠的特征，必须以竞争的方式获得。竞争发生在省际以及省以下的市际、县际乃至镇际和村际，虽然，竞争在理论上是平等和自由的，但是由于发包方存有特权，竞争方可用关系来运作权力。虽然对于已经获得的项目的管理，可以是分级的科层体制，但是如何拿到项目，实际上是可以越级运作的。于是，可以看到，这里所涉及的项目，既需要经过自上而下地招标发包，又需要通过自下而上地竞争获取，以致出现分级的科层体制与竞争性的越级运作并存的局面。

那么，国家部门的"发包"机制又遵循着怎样的治理逻辑呢？

从国家部门的视角看，条线分级发包和管理项目，有利于一个个地专项落实转移支付资金，增强财政管理的有效性。按照"发包"运作的逻辑，自上而下以专项转移支付方式投入项目，可以有效地指导、动员和控制地方财政投入；项目越是专门化、详细化和具体化，越能够实现"条线"控制的目标（这种逻辑与那些约束性的只提供总体框架的制度逻辑不同）。

但是，这一视角忽视了地方以"块块"的利益综合运作项目的特点。部门以专项资金单一地解决某个特定领域事项的意图，常常不为地方所青睐。在部门自上而下的控制逻辑下，虽然保证了资金可以落实在具体的"摸得着"的事项上，却不能保证落实在合适的地方；单一项目有可能帮助基层在某一领域有所建树，却不能满足"以项目拉动地方经济发展"的战略性目标，而国家要求地方"配套"资金的条款，不但排除了那些经济条件最差的地区，反而使经济较发达的地区获得了更多的专项转移支付，违背了项目设立的初衷（范子英，2011），给有条件获得项目的地方综合性地"打包"提供了合法性。

按照国家部门专项专控的逻辑推断，只要有分级科层管理项目的支撑，部门对项目的"条线"控制就是有效的。并且，通过项目，国家权力经由"条线"自上而下地流动和延伸，可以被再生产出来。项目制下，虽然项目的申报和管理依然要通过科层体制来运作，但项目的单项支付、专款专项专用，使国家有可能直面承接项目的基层单位。其意图在于，在层级管理和控制之外，试图找到另外一条由国家直接控制地方运作的途径。但是，这个逻辑在地方有条件"打包"运作的情况下，却有可能遭遇解构。

首先，按照国家项目的"发包"设计，要求实行分级化的科层管理和"一项目一政策"，这一方面强化了国家政府部门对地方的权力，因为从项目承接者的角度来看，这种发包政策更像是一种"特权"，因而具有更大的政策效应；另一方面发包项目又要求地方给予配套措施，则又给予地方一种利用项目政策弹性扩展投入的权力，使地方具有很大的"借壳建设"的投资冲动。于是，这样设计的政策恰恰形成了一个"结构漏洞"，为地方用"打包"消解国家"条线"控制提供了可能性。国家的作用，因地方实质性的参与而变得有限。同时，国家项目经由地方运作，最后落入最基层的村庄，也会因村庄是否具有运作能力（因村庄财力和社会资源调动程度不同而变得情况复杂），实际效果难以预料。

其次，为了控制非科层制的发包可能带来的失控，项目制要求以科层的方式对项目加以管理，于是，分级的科层体制与竞争性的越级运作并存，"条线"的控制与"块块"的自主同时增强。一方面，国家部门发包的项目，具有专项性特点，为管理上的便利，部门项目一般都顺"条线"的层级最后归口到县级相关部门，然后再由部门分头落实到项目承接者。项目虽然具有竞争性，带有某些市场运作的成分，但分权分级制度仍为项目治理的核心。另一方面，当地方的利益和自主性进一步加大，其兴趣不在单个项目，而在于将地方的规划和战略捆绑在项目之上，将国家项目一个个地与地方工程"打包"运作，从而削弱国家对地方的可能控制。

特别是，项目制下公共品的提供由政府部门设计，具有很强的同质性和标准化色彩，往往无法做到有针对性的供给，并且借助于分级科层体制的管理方式，不但难以避免层次繁多的政府机构因为自身的利益而违背公共利益，也很难针对地方的实际需求来运作资金，更不能满足村庄社区和村民多样性、多层次的需求。因此，项目制存在着演变的可能。[①]

（二）地方政府的视角和项目运作

国家虽然是发包者，但是真正的项目主角是地方政府。就项目运作而言，其中县（市）级政府的作用最为重要。根据中国政府的分级体制和行政过程，省的行政目标主要是战略性管理，责任大但宏观性强，而且"市政"和"县政"从省政分家，县（含县级市）政主要是"农政"。县政的综

---

① 已有官员表示，现在核心问题是要减少专项资金转移支付，加大一般性转移支付（郭莹，2008）。依照这种思路，一些地方在提高村级公共服务和社会管理水平时，已经加大了一般性转移支付的比例，以便使转移支付资金更加普遍、更加直接惠及"三农"。

合性强，独立性突出，工作中发挥创造性的余地比较大。（朱光磊，2002）

首先看县（市）级政府对于运作项目有着怎样的冲动。改革以来，不仅政府分权的临界点和分水岭仍然设定在县（市），而且社会转型的基本问题也集中交汇在县（市）。（折晓叶、陈婴婴，2009）这一局面恰恰与国家启动项目的大势和意图相吻合，从项目所呈现的上述关系来看，都越来越集中反映在县这个层面上。以2006年后启动的支农项目为例[①]，它们几乎全都与整体性地解决"三农"问题相关，在国家项目的明确意图下，县（市）级政府可以通过综合行政的、经济的、法律的和社会的手段来解决上述问题。

当然，这还是对县域经济增长之后政府职能向服务型转型的理论预期，现实中特别是欠发达地区的县域，还处于财力困难而政府难于实现转型的阶段。于是，学会运作项目，成为地方政府尤其是中西部地区地方政府的主要工作机制之一。不仅欠发达地区对项目有很强的依赖症，即便是发达地区，"争取上级、统筹本级、追加本级"也是地方财政的明确目标，"狠抓项目立项，坚持项目引路"成为地方发展战略的"有力抓手"。调查中，一些地方为鼓励"抓项目"而加大奖励"力度"，奖励数额按照项目所属的行政级别分出高低。这种"以项目拉动地方经济发展"的期许一旦成为运动，就必然导致"地方驻京办跑项目"成为体制上难以避免的时弊。

一般来说，项目是自上而下地由上级发包，下级竞争。但是，由于项目运作过程存在很大的不确定性，决定权主要掌握在部门甚至个别主管手中，要靠人去跑，靠人际关系去疏通，因此，下级甚至更基层的村政权就有条件在"跑项目"的过程中去运作上级，形成自下而上地"抓项目"的反向运动。这种双向互动所可能产生的"寻租"和腐败行为，已广受关注，但是反向运动所产生的反控制策略和行为，还没有得到应有的关注和研究。

我们观察到，地方政府向上"跑项目"的意图，并不完全在于项目所能带来的资金数量，他们更为关注的是，项目所能给予的带动地方发展的政策合法性和"拉动"经济的力度。虽然，出现了西部县对项目的依赖症，在现行的支农资金的管理体制下，只能"大跑大项目大发展、小跑小项目小发展、不跑没项目没发展"。不过，许多有经济实力的县级政府向上跑项

---

① 根据《新农村建设支农项目资金申报指南》所列出的50项涉农项目。

目，目标却在于利用项目所提供的政策，动员和整合县域资源，根据县域发展的规划，运作出一整套的项目"打包"工程，从而使"项目成为拉动经济发展的活力细胞"。当然，对于财力匮乏的相对贫困县或者更基层的乡镇政府来说，项目也还有着别样的意义。它们虽然没有"打包"运作的可能，但是通过帮助村庄争取项目，则有可能使其成为补充财源的一种途径。

那么，地方政府将怎样通过"打包"机制而实现上述目标呢？

观察可知，专项的单一性虽然可以使某个领域的建设目标具体而细致，易于落实和控制，却难以支持地方综合性的整体发展目标。而且，中央或上级部委将项目"发包"给地方后，并不能控制到底，地方只要能够向上交代清楚"专款专用"，至于钱用到哪里，怎样使用，往往依据地方发展战略而定。于是，"打包"运作便成为地方政府运作项目的一种有效机制。

以"新农村建设"为例。地方政府将新农村建设看作一项"重大的系统工程"，将工作目标和责任分解为名目不同的多个"行动工程"。根据案例县的实施意见，这项工作有的被具体化为"八大工程"，有的则为"十大工程"，每个工程都打包有多个项目，综合了国家、省及县市级的各种项目意图。以其中两个工程为例。

现代农业建设工程，内含与地方农业发展战略相关的多个国家部委项目和省市重大项目，如农业综合开发产业化经营项目、特色产业发展项目、农业标准化实施示范项目、现代农业示范基地、省级农业龙头企业发展专项、土地复耕项目、无公害基地建设项目、低产田改造项目、良种补贴项目、农民专业合作组织示范项目，等等。

村庄示范整治工程，内含省、市、县级项目，如中心村建设规划项目、大型基础设施建设项目、旅游开发项目、农村宅基地复垦项目、低丘陵坡开发项目、示范村和整治村建设项目、引水供水"村村通"项目、河道疏浚整治项目、垃圾集中收集项目、生活污水处理项目等。

各县市依据各自的发展战略确定工程的数量和名目，使项目"打包"更具有地方色彩。案例星村的新村建设模式正是来源于此。唯有这样，才有可能"抓到抓紧抓好"经过"打包"的多个项目资金。

那么，自上而下的项目，在什么样的条件下才可以打包成某种综合性工程来运作呢？从地方的视角看去，配套政策实际上给予了地方参与甚至干预项目的合法权力，如果配套比例超过三分之一甚至达到一半以上，地方无疑就获得了参与项目资源和财力配置的决策权，地方即可以配套的方式向项目指引的专项建设任务投入资金，通过"配套"来重新组织项目。于是，"打包"就成为地方运作条线项目，处理"条条"与"块块"关系的一种制度创新。除此之外，地方差异的存在，还为有条件的地方提供了借势投入和扩张建设性投入的合法性，而将多个项目融合和捆绑起来，则可以实现集中投入和快速建设的示范性目标。

项目打包后，还需要利用组织机制加以落实。通过现场会获取部门援建就是其中一例。现场会是地方政府以行政手段高效率解决特定问题的有效办法，它的特殊作用在于：其一可以出台临时性或一次性解决问题的政策，大多属于"打擦边球"的只可言传而不便成文的政策；其二可以组成临时性的、跨条线部门的、起到横向联席作用的快速决策机制。这套工作机制特别有利于"打包"运作项目，目的是要在现场立下军令状，敦促多个部门兑现对项目单位的支持。部门的资金支持，最后大多落实在各种"条条"项目中了。

通过"结对子"获得"条线"部门支持是另外一例。项目分散在条线部门手中，要拿到竞争性的项目，需部门的支持。在布局新农村建设时，县域政府充分利用了条线部门的项目资源，以便集中促成"块块"范围内示范村的建设。"部门挂村"，即成为项目进村的首选机制之一。示范村首先通过挂钩部门争取该部门项目，然后发展与其他部门的关系而优先获得其他项目支持。部门挂钩，不但使得"条线"项目得以进入示范村，扩展了村庄向上关联的可能性，而且培育和激励了那些有条件的村庄跨越行政层级获取资金和资源的愿望。虽然，项目落到村庄需要竞争，但也给予了某些村庄前所未有的机遇：可以直接面对县市乃至省市及中央部委争取项目。

项目资金的支持切实动员了村财的投入，甚至让村庄敢于"借力"而实现以往不敢想象的"负债搞建设"。"钓鱼工程"，如果从村庄一方来说是"借力"，那么从地方政府一方来说就是"发力和诱力"，而且后者的动员能力更为强大。中央提出新农村建设的战略任务之后，地方往往将涉农方面的财政支出集中在这一建设任务上，项目"打包"运作不仅成为最主要的财政转移支付方式，也成为典型的"钓鱼工程"。

虽然地方在根据形势发展确定新的目标模式时，也会调整打包的内容，依据新的议题重新组合工程项目，但项目经由"打包"之后，可以直接进入普通村庄或项目户的可能性十分有限，只有可能进入那些地方发展战略中给予惠顾的"示范村"或"整治村"。于是，"挤进两头"成为村庄的急切意愿和冲动。

当我们将"打包"看作地方因地制宜、自下而上地反控制的制度创新时，也注意到，这种创新带来了数个"意外之后果"。其中之一，即"条条"集权的弱化。

工程将项目"打包"之后，可能正如地方政府所述，直接的好处是为确保将有限的财政资金集中到能够直接拉动农业增效、农民增收和重点改善农村生产和生活条件的项目上来，但是，在实际运作中，集中投入的意向，往往被转化成为另外的意图。其中之一，即弱化自上而下、经由部门条线集权控制的财政投入意向。我们观察到，打包运作并没有破坏条线"发包权"以及财政转移支付经由部门分割的专款专用原则，专项仍由部门发包和管理，也经得起专款专项使用的严格检查，却使国家部门项目的"条线"秩序模糊化。

地方对项目打包，首先是出于对项目条线发包治理模式的纠正。项目治理模式，是将转移支付财力分割到部门，利用中央集权的条条分级治理方式，但专款专用过于按照提供公共品的公益理性来设计，容易忽视地方的实际需求，在地方极易遭到阻力甚至酿成"挪用"之溃。地方在打包运作中，明显加入了地方的发展战略意图，一揽子资金的使用，既可以让财力得以集中投放于地方所需，又便于避免"挪用"之嫌。这对于实现地方发展目标的作用是显而易见的。

但是，地方"打包"在模糊条线秩序的同时，一旦自主权力过大，甚至会从根本上消解公益项目设计的初衷。深入观察后可以发现，地方将财政项目打包，最有利于将政府财力集中投向地方规划中的园区基础建设，目的在于吸引资本化的大型项目投入。在这个意义上，财政转移支付项目被用来作为"招商引资"的资本项目的通道和平台，而资本项目的引入才是拉动地方经济的关键，地方政府正是抓住"打包项目"和"招商引资"这两条主线，在财政推动和市场诱导两方面进行制度设计。这种综合的或混合的项目打包模式，与近年来地方建设中盛行的资本的"多项目捆绑投资模式"有异曲同工之处，即为争取一项关键投资而将其他多个投资领域的优惠政策捆绑其上，一揽子招商引资。在这样的政企博弈过程中，县政府得到了预期需要的专项资源，企业集团则赢得了今后投资的良好布局，唯有项目对象没有得到多少实惠。

另一个连带后果，是地方融资扩大化的倾向。从地方政府的视角看，这种多个项目打包运作模式的逻辑，依然可以归为"政府搭台、市场唱戏"的实用主义，只有经过地方政府的"块块"之手将"条线"的单个项目加以综合利用，才能打造出"招商引资"的基础平台，而后者才是地方发展的动力所在。从实际运作过程来看，项目往往被作为工程的龙头和引导，通过组合同类项目，使得工程成为融资和建设的平台，成为"招商引资"的招牌。可见，从地方政府的视角看，"打包"与"块块"的发展和建设具有极其密切的关联。对于项目"打包"的意图，地方人士的表述十分清楚，其目的就是：把各个（条线）部门的财力吸引到这个地方来，以项目拉动地方经济发展，为地方"块块"的发展谋取更大的可能性。

还有一个后果，即贫富差别的拉大。"打包"项目对于地方特别是村庄可能产生的负面效果是显而易见的。从政策设计上来说，村庄应是支农项目的最终受益者，但是在项目竞争性"发包"的制度逻辑下，并不是谁最需要项目资源就能够得到项目，而是谁最可能完成任务并达到项目要求才能得到项目。项目调动的只能是那些最有行动能力的村庄。行动能力对于村庄来说，意味着：第一，要具有获得政府信息、行政人脉和运作关系的能力；第二，要具有前期投入的经济实力；第三，要具有进入"两头"即"示范村"或"整治村"的可能。于是，打包运作产生了另外一个"意外之后果"，即对"示范"点的集中投入，造就出一些"政绩亮点"，甚至使得示范点的公共品过度建设，而那些特别需要项目支持的弱势社区却得不到项目的惠顾。（赵晓峰，2008）从这个角度也可以说，只有拉大贫富差距才能保证项目切实完成。

这不能不引发笔者对项目"打包"中由于缺乏基层视角而带来的问题的关注，毕竟国家财政转移支付应是一项普惠"三农"的政策。对于基层社会来说，如果人们既要享受财政转移支付制度的好处，又要避免它所可能产生的负面效果，就需要大量的制度创新。问题在于不是要取消以财政转移支付为目标的项目制度，而是要改善和改革项目制度。

为此，需要对地方"打包"背后所遵循的逻辑进行一番梳理，以便清醒地认识目前地方实践中的项目制度，为其改革提供可依据的线索。在可观察的地方实践中，地方政府的"打包"行为建立在如下一些逻辑之上。

第一，"反条条控制"逻辑。国家财政专项转移支付的信念主要建立在这样的逻辑之上：这种制度安排能够最好地调动和指引地方财力投入，专项专用可使资金有效地落实到符合宏观设计的建设方面，而且通过专业部门可以有效地使用技术专家并统一标准，从而有利于监管。但是从地方政府的视角看，多样性和综合性所体现的才是地方意图和利益，而条线分级发包和管理项目，虽然有利于专项落实转移支付资金，但那只是纯粹的"条线"部门利益，并不适合地方发展战略的需求。此外，从部委的角度考虑，他们可能对总体设计强和技术水平高的大规模公共品项目更加重视也更有经验，而对于地方的项目布局和效用却难得重视也难以有所作为。而"块块"优先，是县域治理中融合多种行政任务和管理头绪于地方战略的一个法宝。项目制虽然诱发了地方政府相应的"配套"行为，通过"配套"来重新组织项目过程，但是只有通过"打包"，才能加进地方意图，使得国家项目的"条线"秩序模糊化，从而达到项目制在不同地区、多个主体互动中，表现不同特点，发挥不同作用的目的。

第二，"项目－发展"逻辑。"以项目拉动地方经济发展"，已成为许多地方促进发展的不二选择。专项的设计虽然有可能不符合地方意愿，却是地方财力向项目指引的专项建设任务大举投入的合法性来源，借助项目指导的建设方向和配套要求，可以实现地方融资扩大的目标。而将项目"打包"运作，就更有利于地方发展战略的实现，将多个项目融合和捆绑起来，才可以实现集中投入和快速建设的战略性目标。

第三，"运动式"动员逻辑。在地方政府"做大做强"的建设冲动中，只有将多个公共品项目捆绑"打包"，才具有广泛动员、集中建设的号召力。对于全国性推动的新农村建设，案例县制定的具体保障措施就包括"加强组织领导、强化示范带动、加大投入力度、深化配套措施、营造浓厚氛围"，其中的关键术语表明，地方建设工程具有动员"全县人民共同行动"的"运动"特征，借以形成地方特点的"社会公共服务体系"。

那么，在国家部门"发包"、地方政府"打包"的宏观制度背景下，村庄又将如何回应，又将形成怎样的项目治理机制呢？

三 "抓包"：村庄的视角和项目过程

村庄在引进项目的过程中，常常顺藤摸瓜向地方部门索要"国家和上级下来的"项目。从这个角度看，数量众多的"条线"涉农项目，无疑强化了村庄与国家的关联，而国家的视角和项目逻辑，在宏观上实际也影响着地方对项目的运作，影响着项目进村的过程。从这个角度，国家财政转移支付项目进村，或许可以看作国家权力回归、自上而下直至最基层社区的一个标志性事项。

那么，项目怎样才能进村，对于村庄究竟意味着什么，村庄将采用何种策略加以应对呢？

（一）"抓两头"："示范村"和"薄弱村"的项目政策

"示范村"和"薄弱村"（或"整治村"）代表了处于富裕和贫困两种状态的村庄，值得注意的是，这两类村庄多少都存在着对项目的依赖症，只不过各自的诉求有所不同。贫困村依赖某些项目资金"找活路""添设施""治脏乱"，富裕村则借助项目锦上添花，"办大事""搞创新""争标杆"。要想取得项目的支持，就必须成为机构策划中的两类扶持对象村，因为地方往往会将"新农村建设"等一类建设工程"打包"运作，捆绑成诸如开发、扶贫、农林、水利、交通、能源等专项资金，集中投向创建村。案例县的示范村在创建过程中，一般年度内都可拿到 5~6 个项目。

富裕村之所以成为"示范村"，是因为基础较好、有能力进行项目的前期投入，可以快速、较好地完成项目任务。这种"示范村"的运作方式，一方面来自惯常采用的"先进带动落后"的行政动员思维；另一方面也出于在地方财力有限的情况下，分批集中建设更易于出榜样出政绩的考虑。星村所在县级市的新村建设就是以逐年推进"试点村"的方式进行的。试点村项目主要来自所属地级市，县财政则给予配套资金，其中打包有五大类项目，包括道路、绿化、河道、物业、社区建设等。

案例之一的星村，原来是当地一个地理位置较为偏僻、中等富裕的工业化村庄，在新村建设中，它独树一帜，成为当地具有"新村"类型学意义的一个标志性村庄。①已往的经济增长和社区发展业绩，使得它没有争议地获得了作为首批示范村的资格；新村建设中通过"抓项目"，它获得了较之其他示范村更多的转移支付项目资金，在村际竞争中获得优势。优惠政策包括政府部门支持、财政以奖代补、争取土地指标等。这些优惠政策虽然难以惠顾所有示范村，但是仅以落实到一般"示范村"的普惠政策的内容，就已经很可观了。

实际上，可能进入村庄的项目主要有两种：一种是半竞争性的，如农村危桥改造的小项目，虽由农口部门逐年分配，但谁先谁后却是有竞争的；另一类是完全竞争性的，这类项目是改善型的公益项目，规模较大、资金较多、数量却较少。那么，这些项目中有哪些可能进入"示范村"之外的村庄，特别是那些"薄弱村"呢？

相对落后的村庄，在当地被称为"薄弱村"，项目也有机会惠顾到它们，不过主要采取半竞争性的财政补贴方式，在资金和资产上"加以扶持"。这类项目资金量不大，主要起到产业启动作用，核定工作由政府部门完成。

竞争性和以奖代补的项目，多为需要各级配套资金的服务型基础设施建设，资金量比较大，落入"薄弱村"的可能性比较小。与星村邻近、被列入"薄弱村"的桥村，几年来一共只拿到过两个不需要特别竞争也不需要"贴钱"的"彩虹（危桥改造）项目"。该村的带头人一方面对于星村人的能耐佩服不已，另一方面又认为星村过度使用了项目资金，其他村却分不到什么项目，于是感叹："如果有上千万的项目支持，谁也一样能把一个村子搞好。"不过，当我们开始沿袭"项目利好"的思路，追问他为什么不去积极"跑项目"时，他却给出了另一种出人意料的解释："项目玩不起""村里贴不起钱"，如果不是"好事体掉在头上"，他们村绝对没有兴趣做项目。由此可以看到，桥村以两种态度应对不同性质的项目，一方面希望争取到带有普惠性质的"不倒贴钱"的半竞争性项目，至于"先做还是晚做"没有太大关系；另一方面躲避那些相对资金量大但要求配套和预先投入的竞争性项目，不愿意为此冒负债的风险。

如果将桥村与星村2007年的状况做比较，就可以知道，桥村的确没有

---

① 当地将新居建设分为现代社区型、集中居住型、整治改造型、生态环保型、古村保护型等五种类型，星村属于第一种类型，新居以独栋小别墅为主。

能力和条件做这样的竞争性项目。

从星村"跑项目"和"做项目"的经历可知，上述条件都发挥着重要作用，它们从经济资本、政治资本和社会资本诸方面支持了"项目进村"，而桥村在这些方面都处于弱势。按照当地政府的新村建设规划，3~5年后达到示范村项目扶植力度的村庄将超过45%，这样算来仍有一半以上处于中间状态的村庄并不在项目规划之中。问题在于，处于弱势的村庄正是最需要项目支持的地方，项目进村有如此之高的门槛，不能不说这种状况违背了公共品项目原初的"善意"。不仅如此，如果项目最终只能进入那些将"大事"（公共设施和服务）已经基本办好的村庄，那么对优势方过度投入而使劣势方极度匮乏，也会使得国家通过转移支付投入公共品和公共服务的初衷大打折扣。关键在于，如何"让好的村更好，差的村慢慢跟上来"，案例县已经在逐步解决这个问题。

表1 "示范村"与"薄弱村"项目条件比较

做项目条件	星村（"示范村"）	桥村（"薄弱村"）
村财收入（万/年）	250	>30
村内企业数量（个）	18	2
宅基地复耕面积（亩）	140	尚无
新增建设用地面积（亩）	28	尚无
土地股份合作面积（亩）	1600	尚无
村荣誉头衔（个）	多个"先进村"称号	无
村支书任职年限（年）	25	3
村支书政治待遇	地、县（市）人大代表	无
村内党员积极分子（人）	76	并村后不详

（二）资金和"抓包"项目

按照规划，新村集中建设模式之一是在原宅基地收回、旧房拆除的基础上重新规划建设别墅式小区。实现新村集中建设的大目标，关键之一是获得资金支持。借助于地方政府的支持，星村获得了当地"新农村建设工程"的"一揽子"财政资金的支持，其中基础设施建设部分主要由项目支持。

"示范村"建设不同于当地因市政征地拆迁而建设的集中居住区，后者可以享受住房面积"拆还"的特殊政策，而前者则需要自筹资金拆房建房。那么，资金从哪里来？村干部列出了四个筹措资金的渠道：老百姓负担一点，村里以前积累一点，市委、市政府扶持一点，村里负一点债（以举债的方式将今后 3~5 年的村财收入借出来使用）。

那么，需要村组织自行筹措的数千万元的资金缺口，又如何解决呢？这是让人颇为担心的问题。村支书为我们算出这样一笔细账（项目"一笔账"）。

启动资金：600 万元（市政分 3 年支付）

新村试点：200 万元（县市财政新农村建设资金，分 3 年支付）

村财预收入：1250 万元（预负债，以年收入 250 万元，分 5 年还清）

村财积累：800 万元（村企业上缴积累）

项目资金：500 万元（地县市交通系统道路项目）

50 万元（环保局生活污水处理项目）

50 万元（城建局绿化项目）

100 万元（农林局绿化项目）

250 万元（水利局水利项目）

570 万元（地县市电力系统项目 400 万元，自付 170 万元）

200 万元（发改委调节）

共计：4570 万元

可以看到，其中村庄"抓包"到的各类捆绑项目，涉及多个"条线"部门的项目，资金多达 1150 万元，超过新村建设特殊拨款（800 万元）350万元之多，如果将"新村建设工程"也视作特殊项目，项目总资金接近2000 万元，与村财自行投入基本持平。可见，如果没有多项捆绑项目的支持，就不可能动员村财投入，不可能让村支书有胆量动员村民启动这样的新村建设。这种项目"抓包"情况不仅发生在东部发达地区的村庄中，在其他地区的新村建设中也同样如此，[①] 只不过项目支持的力度有所不同

---

① 据报道，地处华北平原的某村，在新村建设中积极争取省市县新民居建设奖补资金，"打捆"使用沼气、饮水安全、乡村道路、村级组织活动场所、卫生室、有线电视、电网改造等各类农村专项资金，解决村庄产业发展、基础设施和公共事业配套资金不足的问题，目前已集中使用农村专项资金 88 万多元（雷汉发等，2010）。

而已。

通过项目动员地方财力资源的作用是显而易见的，不过项目资金中最让人敏感的，是村集体将为此负债 1250 万元。如此巨大的债务，即便是当地富裕的村庄也不敢贸然承受，星村将如何承担这样的债务？追问之下得知，原来星村用他们比较稳定的五年内的村财即"可支配收入"做了"抵押"，以年收入 250 万元，分 5 年还清债务。星村由于村财稳定且富有，尚有条件"负债搞建设"，但是众多的村庄特别是"薄弱村"，不敢也不可能有这样的作为。集体债务将怎样解决，公共产品项目的成本将由谁承担，这些都是与星村邻近的桥村这类"薄弱村"对项目敬而远之、继而躲避的主要原因。

（三）"给项目"和"跑项目"

政府意图与村庄需求对接，在星村表现为"示范村"政策意图的上下配合、项目资金与自筹资金的搭配、"给项目"和"跑项目"的迎合，每一个都是上下互动互补的结果。

星村之所以可以拿到如此之多的项目，确如星村支书所说，是政府和村庄"两面（上下）接起来"，即"政府给"，特别是"村庄跑"的结果，缺少了上下哪一方面的努力，都是难以成功的。地方政府将多个项目与"新农村建设"捆绑打包，使得村庄"抓包"进而整体规划建设具有了可能性，特别是将某个村庄作为新村"样板"打造，更提供了这种可能性。

那么，村组织和村民跑项目的动力来自哪里呢？村里人摆出了几个实际理由：首先是对于建设用地的需求。星村经历十余年工业化过程，村内可用的建设用地早已用尽，除去 1600 余亩耕地采用土地股份合作的方式被加以保护和集中使用外，可打主意的仅剩宅基地一项。新村建设中的宅基地复耕和建设用地政策给予了村组织争取用地指标、打造新工业园区的期待。其次是当地接轨大上海经济圈的规划，激励了村组织更新村内公共设施的热情。最后是村民家庭砖木结构住房也到了该翻新的年头，多数家庭希望借项目之势完成改造。这些实际需求，在项目吸引下逐一被激活。尽管如此，村里仍然有部分家庭拒绝新居计划和宅基地复耕优惠政策，保留旧居和原有的生活场景。对此，村组织尚给予认可，并不强迫。

项目多头绪全方位的争取过程，让星村的带头人对"跑项目"的经历喜忧参半。从项目过程的机构互动流程中可以看到，如果不是有一般性即普惠性和非竞争性转移支付项目，一个村庄若想通过竞争而将诸多专项资金项目引进，大概需要分别与7~8个政府部门打交道。一方面自上而下的"条线"项目掌握在这些部门手中，需要向它们要项目，另一方面拿到手的项目也需要完成"部门过手"审批的各个环节。对于他们来说，"跑部钱进"的难度虽然比不得进京"跑部"，但对于一个村庄来说也不亚于"通天"之难。因此，只有那些拥有政府信息资源、人脉资源、政治资源的村庄才能真正拿到竞争性项目。

即便当地政府动用"现场会""部门挂钩""结对子"等组织机制为示范村落实项目，但要让项目资金真正兑现，还要靠村里"跑"的功夫。村支书坦言，"我向各部门争取，是（靠）我的关系和我在外边的威望""跑出来"的。村支书作为地县（市）两级人大代表的身份和人脉、村干部和村里人与政府部门可以搭上的各种关系、村集体以往为解基层部门燃眉之急所付出过的努力等，都被用来作为争取项目的渠道和筹码。有些项目名目虽然落实了，资金到位却还需要无数次"死磨滥缠"，甚至需要跨级获取上一级部门的支持。星村的供电、道路、水利等项目资金，都有过艰难的争取和落实过程。

星村人的"跑项目"，的确是一个十分"费人费力费财"的过程，村里人对此颇有争议，只不过最后收益大于付出，村里人得到了实惠，因此才不加以过多评说。当地政府仍然在逐年分批推进"示范村"建设，"示范村"争取项目的过程大致与星村相仿，只不过拿到项目的数量不等，村庄的财力投入和负债程度不同而已。

星村如此巨大的建设投入，让我们不免对于打造"示范村"是否存在公共产品过度投入产生了怀疑。星村人对此却另有意图，他们意在言外的打算，是将项目建设作为将来"招商引资"的准备条件（这也是地方政府运作项目的实际目的），这正是村干部说服村民接受新村建设的一个重要理由，也是村庄"反控制"策略的一个重要组成部分。于是，新村建设变成了一个"拆房建房"与"打造招商引资基地"相互配合的系统工程。他们正是借项目之势，来平衡村庄的"投入与回报""农用和工用""公域和私域""建设与发展"等关系。

（四）项目输入与村庄回应

即便作为公共产品的载体，项目也并不必然给村社区和农民群体带来利益，国家意图和地方运作都可能给村庄既创造机遇又带来风险。需要注意的是，要实现政府项目的公益目标，只改变资金的流动和管理方式，是远远不够的。一些地方实践表明，一般性转移支付要想达到普惠和有效的目的，还需要加入另外一种积极的制度安排，即村民对于转移支付资金或支农资金使用的自主和民主决策制度，让村民及其代表机构通过民主的方式决定他们应该办理什么公共事项、资金使用在哪里最合适合算。这也可以看作村庄"反控制"策略的另一个重要组成部分。

项目进村，是一个村庄内外或曰上下双向动员的过程，如果把"跑项目"看作外部动员的过程，那么说服村民接受和参与项目，则是一个内部动员过程，而且是决定项目能否进入、进入后又能否成功的关键环节。由于项目是"外生"的，从村庄回应的角度看，村内动员的意图和机制，恰恰意在调动村庄既有的社会资源，增强村庄的内聚力，维护村庄内部的整合和团结，以规避项目可能带来的风险。

从星村的实践中可以看到，他们采用了反向运作或曰"反控制"的策略，以规避输入型项目可能给村庄带来的风险。虽然他们在总体上不能决定项目建设的名目，但是地方"打包"和村庄"抓包"的机制，却给予他们整体设计的机会。特别重要的是，在项目过程的主要环节中，他们都加入了学习新经验和民主决策过程，让每个村民特别是村民代表积极参与关系切身利益的公共事项的讨论和决策，这样才得以通过"借力"，在新村建设中维护甚至增强了村庄的整合性，形成了面对新村建设以及接踵而来的城乡一体化新局面时村庄新的治理能力。

值得关注的是，在这个动员和重组过程中，项目本身已经不重要了，重要的是由项目所引发的诸如村庄的土地产权如何确定、集体的和村民的资产如何守护、村社会的团结如何维护，以及安全风险如何规避、公共性如何增进等问题。以矛盾最为尖锐的土地资产和产权的守护为例。虽然新村建设将一大批属于公益名目的项目带进了村庄，但是"引项目进村"在村内引起的震动仍然"像地震一样"，一点儿也不亚于以往责任田再次集中和合作时的情形。有所不同的是，这一次村内的争议和讨论，集中在"宅基地是归农户所有还是归集体所有""宅基地腾退出的土地指标能留多少给村里支配，政府能不能都收走"，有多少可以作为建设用地进入商业用地拍卖市场等。只有当这些问题在争议和讨论中逐一有了初步答案和解决方案之后，项目引进和新村建设才能顺利展开。

在这个过程中，村支书很快便将"跑项目"转变成了"跑指标"，向地方政府索要"用地新政"，将宅基地复耕节余出的土地转换成为"建设用地"。经过数个月类似于跑项目的运作过程，星村终于获得了当时极为特殊而后确立为正式政策的地方政府支持：宅基地腾退节约出来的土地，20%可以作为建设用地进入市场。

宅基地置换出的其他百余亩土地如何处置，是村里人目前最为关心的大事。长久以来，乡间就一直有宅基地继承的传统。那些原本具有"准私权"的宅基地，经集中和转化后产权更加模糊，权力关系更加复杂，村民难免对宅基地重又集中存有意见，对于能否保留农户对它的支配权也心存疑虑。"农民上楼""宅基地换楼房"等集中居住的做法，让村干部最不放心的是，原本已经分割到农户的土地资产，是否能够将其产权及其收益归农户至少归村集体支配和享有。原来有形的土地资产转换为一个用地"指标"，变成不可控制的虚拟资产，村民将如何对之控制和监督？对此担忧，并非空穴来风，村干部就曾发现自己村名下的建设用地指标早已被挪用并且成为难以兑现的空头指标的情况。让村民家庭担忧的则是，原有的住房资产是宅基地上附着的房屋，一旦政策支持就有可能变成资产抵押物，用来贷款置业，但是换成公共小区新房后，房屋彻底失去了资产抵押的可能，这种损失如何补偿？村组织曾动用"跑项目"一样的渠道为村民"跑房产证"，争取与城市人一样可将其作为资产抵押品，因为没有"大政策"的支持，最终归于失败。还让一些村民忧虑的是，村民家庭在工业化过程中的积蓄因"上楼"而全部投入，不少家庭只能住在无钱装修的漂亮楼房的空壳里。因"上楼"而失去宅基地，无法种植自留地，不能养殖家禽等，也都增加了村民的生活成本，"上楼致贫"即便在那些富裕村，也已经成为一般农户之累，更别说因失去土地而亟待解决的农民下一代的就业出路等棘手问题了。

笔者调研期间，地方并无明确相关政策出台，但是星村人要把宅基地紧紧抓在手里，要让它变成最大的财富，这已然成为决心和行动。星村已经提出了更为大胆的土地设想——宅基地上市，笔者观察和记录了以此为主题的村民代表大会，经过村支书的动员、村主任对设想的详细解说、代表们的讨论，最后以村民代表大会决议的形式，由近 50 名代表签字，争取宅基地上市作为下一个行动目标。[①]

对于星村人这样具有能动性的行动者来说，虽然所遭遇的是一种自上而下的输入型项目，项目内容如何决定，他们并没有自主权，但是他们在引进和运作项目时，却赋予了项目治理自主性，即通过引进项目增进了治理能力，在"怎样做"的过程中适时地运用了已经惯常使用的"草根民主"机制，这是他们过去与政府和开发商协商土地流转时所使用过的"反控制"武器之一。（折晓叶，2008）比如，将项目引入这一事项成功地转变成为一个公共事项，从中激活村民的参与热情，让他们在可能自主的环节上通过民主参与进行选择和决策，通过协商消除分歧和冲突，通过合作抵御项目输入可能带来的风险，从而将一个短期的引进项目的冲动转变成为对社区长久生存的考虑。这些都是项目进村过程中至关重要的问题，只有将这些问题处理好了，才有可能在面对"输入型"项目干预时，不仅动员起村民的财力和社会性资源，而且重组社区，不仅办"大事"（公共事业），增加公共品投入，而且保持住村庄社会的稳定性。

草根民主形式之所以有助于村庄处理项目引进中的一些难题，是因为它建立在动员本土社会性资源的基础之上，而如何激活和创新"村办公益"的传统规则，就是其中的关键所在。在新村建设之前，星村就一直是有财力自办公益事业的村庄之一，每年都有"办大事"的计划实施，形成了一整套"办公益"的内部规则，依靠它们维持村内的公益秩序。由于后来的项目是"外生"输入的，从村庄回应的角度看，村内"办公益"规则的激活、确立和创新，同样意在调动村庄既有的社会性资源，规范内部的行为，增强村庄的"集体力"，维护村庄内部的整合和团结，稳定基本的社会关系和结构以及社会秩序，以规避项目可能带来的风险。星村正是重视了村社会的重组、内聚、整合和发展问题，充分利用了内外部这样一些社会关系、信任结构、代表机制、集体行动能力等，减少了项目进村的社会

---

① 鉴于农地和宅基地整治所产生的土地升值收益在许多地区大部分都归政府掌控，农民从土地增值收益中获益很少。2011 年 1 月初，《国务院关于严格规范城乡建设用地增减挂钩试点　切实做好农村土地整治工作的通知》（国发〔2010〕47 号）已下达至全国各省、自治区、直辖市。

成本，缓解了不同利益群体之间的矛盾，才得以合法合理地动员起如此巨大的建设资金和建设热情。而作为"薄弱村"案例的村庄，恰恰既缺少村内资金也缺少这样一些社会性资本，因此更加难以动员起社会的和村民的资金投入。

但是，村组织和村民所动用的草根民主，所做出的集体努力，所动员的本土制度和规则资源，能否抵抗项目制对乡村带来的新风险，能否切实保障村民家庭真正从中获益，仍然是值得讨论的问题。输入型项目，由于行政的助推，其目标几乎是不可选择的，尽管村庄以"草根民主"加以应对，其目标在更多的时候也只能转换为"治内乱""统一思想""守护资产"等说服村民接受的手段。在实践中它的功能和力量是有限的，并不能够帮助农民彻底规避制度和政策以及变迁带来的"系统性风险"，比如政府征地、城市化规划、强势力量的挤压等。虽然这些"草根民主"制度有可能帮助农民实现"有组织的互惠"，不至于在变迁中输得一塌糊涂（折晓叶，2008），但是，农民家庭和村民集体仍然面临许多明显的和潜在的风险。从案例村的实际情形来看，在输入型项目的急剧冲击下，最容易受到忽视的就是被"崭新面貌"所遮蔽的上述潜在危机。这些都在不断引发我们对"项目的公益目的如何达成"进行思考。

（五）村庄的视角和逻辑

对于项目进村，村庄的视角和行动逻辑虽然带有国家和地方政策的印记，两者有互补的关系，但本质上源自村庄传统在工业化和城市化过程中被加以改造的行为规则，在项目进村过程中起到了重要的作用。从星村实践中可以归纳出几种。

首先，内外"对接"和"反控制"逻辑。星村引项目进村的过程表明，"两面（上下）接起来"在新村建设中起到了主要的作用。如果只沿袭政府自上而下的行政动员和控制逻辑，认为"予以"和"输入"可以直接解决新村建设问题，而不注重动员本土资源特别是社会性资源的乡村逻辑，或者相反，都可能导致项目受阻或失败。即便实现了项目的目标，项目之后的遭遇，也需要以乡村社会的动员和反控制逻辑加以处理。比如，项目制关心的是项目建设本身，关心提供新的公共物品，建设新的工程系统，而不会更感兴趣于项目之后的实际效果；项目制目标即便考核其社会性效益，也只注重其收益面或总体收益率等问题，难以关心对受益者的实际效用。这些问题都需要以村庄的自下而上的视角和逻辑去反向思维，去与国家和地方政府的视角对视，对其运作逻辑加以修正和补充，以便挣脱其自上而下的控制。这正是村庄"抓包"行为遵循的首要逻辑，也是如下一些行为逻辑产生的根源所在。

其次，村庄的自身发展逻辑。村干部和村民从村庄公共品提供的历史轨迹中早已看到，外部干预的力量一旦撤离，项目一旦完成，输入型的改造和建设便会逐渐失去其活力，借力而为的合法性也会动摇，村民依然要实实在在地维持生计，仍然要回到他们自己的日常生活，村庄也仍然要恢复到其自身的发展轨道上去。这种历史的经验，村民们并不会因外力的干预而轻易忘记和放弃。因此，村庄借助项目进村，设计和实现了村庄多年规划的一揽子"系统工程"。这一系列工程背后隐含着精明的算计——"不吃亏"或"以一物降一物"。虽然，从景观和公共设施种类上看，项目"打包"进村，确有公共品向"示范村"过度投入的问题，但是从村庄的视角看，这却为村里人设定的"项目奠基，招商引资"的发展目标，留下了巨大的运作空间。

最后，村庄的"安全"逻辑。村庄权衡利弊的首要逻辑是安全逻辑。任何一项涉及村庄资源的事项，在星村这样具有"草根议事"和"代表决策"传统的村里，都会惊动全村上下，并争论不休。争议的重心是安全问题，即在外力注入下如何规避风险。安全问题主要涉及两个原则。

一是资源和资产安全第一的原则。村里人只有在集体可控的范围内，才能紧紧抓住土地不放。地方推动新村建设，其中隐含着"土地－发展"逻辑，即摄取和开发最后一块土地资源——宅基地，而只有集中居住，才能节余出宅基地；节余出宅基地，才有可能转换成"建设用地"。对于新的社会工程，村里人并没有对抗，但是，建设指标的空置和挪用，被村里人看作对资源安全的最大威胁，因而星村人紧盯着宅基地及其暗含的建设用地指标，在获得留用指标政策后，村里人才认可项目进村。

二是社区稳定的原则。外力输入包括公共产品进村，特别是重建新村这样的巨大社会工程，无疑都会引发村社会的重组。村庄并不是一个自然的共同体社会，即便是星村这样集体制传统较为深厚的村庄，也不是一个利益统一的共同体。如何保证项目和资金进村中干部不发生腐败、村社会在重组中不被解体、村集体经济不受重创，就成为星村人格外关心的安全问题。星村干部和村民代表为项目进村，设定了一整套的社会规则和动员技术，才使得项目建设与社区稳定没有发生大的冲突。

这些正是村庄"抓包"政府项目并且建立应对和反控制策略的合法性依据。

在全国性和地方性的建设运动大局中，村庄独善其身的可能性已经十分微弱，村庄行动的上述视角和逻辑，是在与地方乃至国家视角和逻辑的对视、博弈与融合中建立的。因而，国家的、地方政府的逻辑在村庄层面如何被修正、被应对，是不可忽略的重要问题。

四　结论和讨论

我们从"项目进村"这个微观事例入手，讨论了项目制在宏观制度背景下的种种运作机制。可以看到，项目制正是在村庄、地方政府和国家这三个行动主体共同参与下发展和演变的。

本文首先涉及多层级主体之间在视角和行动逻辑上相互对立又互补的过程。项目运作中的多重视角和逻辑，来源于行动主体多重利益的分化。行动主体的不同利益和行动策略，相互博弈，相互融合，使得项目制度在执行中不断发生演变和再造，最终演变成分级的制度机制和治理模式，其中"自上而下的控制逻辑与自下而上的反控制逻辑"之间的互动关系，是其最基本的内涵。

分级治理，建立在中央与地方政府的分级分权原则与市场化竞争途径并存并行的基础之上。从理论上说，中央部门虽因市场化改革弱化了对地方的控制能力，但拥有对宏观调控持续不断的运作能力，特别是拥有对经济资源的掌控和分配权力，仍能强化对地方的控制；同时，中央对地方的治理虽强调间接调控，强调经济杠杆的作用，但只要人事直接调配和组织调整权力（也有学者称之为"治官权"）（曹正汉，2011）牢牢掌握在中央手中，则表明中央仍握有控制地方的实权。但是，从项目制搭建的分级治理平台来看，县级政府甚至村级政权都有运作上级制度的机制，如"打包"和"抓包"。这种利用制度机制来弱化自上而下的"条线"控制方式，只要从形式上不破坏项目制度的目标，完成监管专项专用的任务，就可以任意加入地方意图，从而削弱上级乃至中央部门的控制。这正是项目制既为地方政府和基层社区带来机遇又造成诸多问题的原因所在。

"项目制"作为改革中对新旧体制衔接过程中既得利益补偿的一个重要机制，之所以可以成为分级的多重逻辑融合的基础平台，其原因来自几个方面。其一，中央和地方的权力关系发生了重要的变化，自上而下的控制与自下而上的反控制，可能共同构成了"集权－分权"治理模式的基本问题。① 其二，项目制度留有让各层面利益主体运作的弹性，引发地方意图和利益之间的竞争，也有可能成为增进中央集权的辅助力量。其三，村庄的乡土规则留有对社会宏观体制和制度以及意识形态适应和磨合的余地。在这样几个基础之上，多重治理逻辑才有可能在项目这个具体的制度平台上，既发生博弈又发生融合。

就项目治理体制而言，无疑存在着两条并行运作的主线，一条是自上而下的科层"发包"的控制逻辑，另一条是自下而上的"打包"和"抓包"的反控制逻辑；一条是专业技术化的项目竞标制度，另一条是关系主导下的竞争机制；一条是市场化的竞标竞争制度，另一条是权力运作下的"打包"和"抓包"操作。这两条主线同时运作，但是哪一条可以起到决定性的作用，则视权力运作者的意图是否可以达成而定。所以，在项目制度平台上，市场是有权力的市场，科层制是有关系的科层制，标准化专业化的技术过程是有非正式运作的社会过程。而两条主线同时存在，二者之间的弹性如何保持，如何转换又如何融合，勾连二者的中间机制是什么，正是当前中国社会治理需要深入探讨的问题。

其次，有关"项目制"的制度特征及其与社会宏观结构变迁之间的关系。

分级治理下的项目，作为一种制度化的财政转移支付手段，第一，表达着新旧体制衔接过程中政府间既得利益的补偿关系，从财权的角度重新建立了中央与地方、地方与基层之间相互依存和制约的关系；第二，引导和控制着国家和地方财力的投入方向，它不仅承载着资金，而且承载着一整套经济的、政治的和社会的意图和责任。

---

① 关于该领域的研究，参见周黎安，2007c。

由此生成的"项目制",既是上述体制变化的反映,又对宏观社会结构的变迁产生着重要的影响,使得国家与地方、地方与村庄之间的关系发生了一些微妙的变化,使它们之间的行动规则也相应地发生了如下变化。

资源的非科层制配置方式。项目制使国家或地方得以通过非科层层级的转移支付方式配置资源,虽然申报和管理依然要通过科层体制来运作,但项目的单项支付、专款专项专用性质,使得国家或地方有可能直接面对项目承接的基层单位。其意图在于,在层级管理和控制之外,找到另外一条由国家(或地方)直接控制地方(或基层)财政运作的途径。这条途径虽然依托于政府分级的科层制,实则相对独立于科层结构,带有某些市场运作的成分。比如,在中央集权、财力扩大之后,利用"条线"将资金以项目形式投放基层,而条线直接控制项目资金的能力有限,于是采用招标方式运作项目资金,形成另外一种不同于行政运作的体系。这个体系以项目而非任务和分配的方式,建立起了条块之间在专项事务之间的连接。其中方式明确但程序并不如行政方式严格,资金庞大且来源稳定但用途和去向不甚确定,项目内容和其承接者也在不断变动。这种非科层制的连接方式体现出新的授权意图,国家权力的下伸和地方及基层权力的扩展,通过项目机制的连接,产生了新的融合方式:自上而下的分级分权原则与自下而上的市场化竞争途径并存并行。不过,这种尝试在地方运作下会产生怎样的结果尚不确定。

动员型财政和社会工程。依靠项目制运作的转移支付,重新建立了一整套自上而下的动员型财政体系。国家部门通过"发包"项目,自上而下地发布重大问题的焦点事项,向地方传达国家经济、政治和社会的意图和责任,动员地方财政以配套的方式向项目指引的专项建设任务投入。在这种项目体制下,上级以项目"钓鱼",动员下级财力,并为下级运作项目工程提供合法性和回旋余地。地方可以借助国家项目给予的合法性扩展投资,以"打包"的方式,将多个项目捆绑在综合性的"发展工程""行动纲领"等具有地方发展战略意图的宏大社会工程之上,这样不但易于集中投向地方所需,形成新的建设运动,而且可以带动地方资本扩张。值得注意的是,项目的初衷有可能在这样的动员过程中被加以改变,最终成为资本运作的平台,最大的受益者可能不是项目对象而是商业资本。

标准化、技术化和统一化。项目制为项目申报和管理提供了一整套的标准化和技术化的操作程序，便于实现垂直的专业化管理和控制。（渠敬东、周飞舟、应星，2009）其中，标准化达成的统一原则，有利于自上而下的统计和监管，意在控制专项资金的使用和落实，技术化则被用来解决监管过程中的专业化难题，这些努力虽然有助于自上而下地解决监管中的问题，但易于形成操作上技术复杂而处理上却简单化的倾向，从而忽略甚至无视地方和基层的特殊条件和实践能力。特别是统一化了的设计成型的项目方案，不但要求统一的质量标准，有些还要求统一提供材料和统一施工，这样虽然易于管理，却忽视了承受者的实际需求和条件差异以及项目的真实效用，特别是不能给理论上的受益者留有自主性和参与的空间。被动受益，使项目有可能成为一种"霸权"，以致引发尴尬的局面：一方面项目标的物完成了，但是留下的诸如如何使用和维护等实用细节却成为问题，另一方面村庄的资源被动员了，但是社会机体却被损害了，社区秩序遭到破坏。

竞争性"发展和福利"机制。项目制提供的发展和福利机制是竞争性的。基层通过"抓包"争取项目资源的过程，激发了县际、镇际乃至村际的竞争，这种竞争在激励增长和奇迹的同时，也造成发展和福利的不平衡。地方各种际别的差异，反过来又给"抓包"造成高门槛，使项目更加倾斜到发展和福利程度较高的地方。竞争中"抓两头"的操作方式，更容易忽略处于中间状态的大多数村庄的需求，使其公共服务和基础建设长期被搁置。

项目制的上述特质及其运作中反映出的种种问题，对于中国社会结构正在产生一些实质性的影响，中央与地方、城市与乡村、富裕与贫困、强者与弱者之间的关系，都会在项目制下发生新的变化。仅就中央与地方的关系而言，中央对地方、上级对下级的控制不仅仅表现在人事体制和干部考核方面，更表现在财政的实际运作方式方面，项目化和专项化正在成为上级部门权力膨胀的主要手段。"跑部钱进"成为地方政府尤其是中西部地区地方政府的主要工作目标之一。"项目发包"正在演变成"设租寻租"（渠敬东、周飞舟、应星，2009），这已成为当下质疑项目运作弊端的主要问题。

最后，有关乡村公益品和公共品如何提供又如何治理等问题。

分级治理，彰显出多个行动主体的利益关系，也使得项目作为公共品的公益性质变得不确定起来。从项目进村的过程来看，以为公共品本身就代表着公益的想法，显然过于形式主义。（肖林，2010；奥斯特罗姆，2000）乡村公益，首先应出自村民对公共品的实际需求，解决他们最急需解决的问题，并且有可能惠及社区全体村民。因而它不应被做成面子工程，好看而不中用。形式化的公共品项目，从名称上看，无疑可以归为公益，但是，如果不能解决村民的农事和生活中的实际需求，并且不是他们最为急迫的或首要的需求，就可能达不成公益的目的。

更加应该引起注意的是，如果因为项目的输入，破坏了村庄的整合和自主的发展意愿及途径，如果村民因住上了新房而失去了生计，因"上楼而致贫"，因利用了资源、增值了资产、升级了产业而失去了产权，因公共品增加和福利增长而失去了团结和谐，那么，对于村庄和村民，都将是最大的失败。总之，如果公共品项目只顾及当事者眼前的蝇头小利而牺牲了长久生计，同样是对公益和道德的践踏。遗憾的是，这些情形并不是假想，对于中国乡村来说，这些都不陌生，是经常可以听到和看到的。甚至，因为公共品只按照设计者的理念形成，自上而下地由外力输入，也有可能引发负面的效果，丧失公共品的一般公益作用。

因此，村庄能否在公益事业增加的过程中，将其适时地转化为引人关注的公共事务，动员和激活村民参与公共事务的热情，训练其公共治理的能力，对于村庄的整合，就显得更为重要。只有经过上述过程，才能够通过公共品的供给，扩大村民参与的公共空间，实现村庄治理的公共性，才能增进公益，达成整合的目标。

在这里，可以将社区成员能够平等参与地方（不仅包括村社区内部）"公共"领域的治理甚至拥有最后否决权（党国英，2011），作为理解公益性的标准，作为检讨项目制的一个维度，以及整体观察乡村公共服务和建设的一个社会视角。只有将其植入项目制的治理框架，乡村建设和社区治理才能真正惠及"三农"。这一视角，不仅适于本文所涉及的财政转移支付项目制度，也适于其他公共服务和建设项目制度，特别是在当下的乡村建设中"三农"问题将面对的一系列"输入型"项目和工程，如城市化过程中的"撤村改居"，城乡一体化过程中的"宅基地复耕""农民上楼""集中居住"等，都需要用新的视角来观察和解读。

参考文献

埃莉诺·奥斯特罗姆，2000，《公共事物的治理之道》，余逊达等译，上海三联书店。

埃莉诺·奥斯特罗姆等，2000，《制度激励与可持续发展》，陈幽泓等译，上海三联书店。

曹正汉，2011，《中国上下分治的治理体制及其稳定机制》，《社会学研究》第 1 期。

党国英，2011，《有最后否决权，农民才会被尊重》，《南方周末》4 月 7 日，第 F29 版。

范子英，2011，《降低转移支付对地方政府和地方经济的负面影响》，《中国社会科学报》2 月 22 日，第 8 版。

郭莹，2008，《李金华指出驻京办问题症结》，《京华时报》3 月 11 日，第 008 版。

郭于华，2006，《转型社会学的新议程》，《社会学研究》第 6 期。

郭占锋，2010，《走出参与式发展的"表象"——发展人类学视角下的国际发展项目》，《开放时代》第 1 期。

J. C. 斯科特，2004，《国家的视角——那些试图改善人类状况的项目是如何失败的》，王晓毅译，社会科学文献出版社。

雷汉发等，2010，《新民居省地又漂亮 农民生活大变样》，《经济日报》6 月 3 日，第 10 版。

李萍主编，2006，《中国政府间财政关系图解》，中国财政经济出版社。

渠敬东，2007，《坚持结构分析和机制分析相结合的学科视角，处理现代中国社会转型中的大问题》，《社会学研究》第 2 期。

渠敬东、周飞舟、应星，2009，《从总体支配到技术治理——基于中国 30 年改革经验的社会学分析》，《中国社会科学》第 6 期。

全国工商联农业产业商会编，2006，《新农村建设支农项目资金申报指南》，内部资料。

孙立平，2002a，《迈向实践社会学》，《学海》第 3 期。

孙立平，2002b，《实践社会学与市场转型过程分析》，《中国社会科学》第 5 期。

王晶，2006，《县镇干部跑"部"要钱 支农资金亟须监管》，《中国经营报》11 月 27 日，第 A06 版。

吴晓华，2006，《当前宏观经济形势及其对新农村建设的影响》，载全国工商联农业产业商会编《新农村建设支农项目资金申报指南》。

肖林，2010，《让公众参与破解公共利益界定难题》，《中国社会科学报》8 月 17 日，第 12 版。

应星，2008，《中国社会的转型与中国社会学的复兴》，《光明日报》10 月 21 日，第 011 版。

张晓山，2005，《后农业税时代　回归物质与权利命题》，《21世纪经济报道》10月10日，第010版。

赵晓峰，2008，《税费改革后农村基层组织的生存逻辑与运作逻辑》，《调研世界》第3期。

折晓叶，2008，《合作与非对抗性抵制——弱者的"韧武器"》，《社会学研究》第3期。

折晓叶、陈婴婴，2009，《县（市）域发展与社会性基础设施建设——对太仓新实践的几点思考》，载陆学艺、浦英皋主编《苏南模式与太仓实践》，社会科学文献出版社。

周飞舟，2006，《从汲取型政权到"悬浮型"政权——税费改革对国家与农民关系之影响》，《社会学研究》第3期。

周黎安，2007a，《中国地方官员的晋升锦标赛模式研究》，《经济研究》第7期。

周黎安，2007b，《行政逐级发包制：关于政府间关系的经济学分析》，10月14日，http://www.crpe.cn/06crpe/index/clinic/lunw en/20071123b.pdf，最后访问日期：2011年3月11日。

周黎安，2007c，《中央和地方关系的"集权—分权"悖论》，《天则双周》第343期。

周雪光，2005，《"逆向软预算约束"：一个政府行为的组织分析》，《中国社会科学》第2期。

朱光磊，2002，《当代中国政府过程》，天津人民出版社。

祝灵君，2008，《授权与治理：乡（镇）政治过程与政治秩序》，中国社会科学出版社。

牧民应对气候变化的社会脆弱性[*]

——以内蒙古荒漠草原的一个嘎查为例

张 倩

摘 要：在全球变暖的影响下，干旱区本身易变的气候条件呈现暖干趋势和更高的不可预测性。面对变化的自然条件，牧民适应能力的强弱取决于当地的社会经济制度是否有利于牧民采取有效的应对和适应策略。本文选择内蒙古锡林郭勒盟荒漠草原的一个嘎查为例，基于近40年的气象数据以及两次田野调查数据，从社会脆弱性的两个过程——风险暴露和应对能力——出发，分析案例地牧民应对自然灾害能力的脆弱性。研究表明，在全球气候变暖的影响下，案例地近40年有暖干趋势，协同灾害增多；而草场划分到户和市场机制的引入不仅增加了牧民的风险暴露程度，而且使牧民原有低成本的灾害应对策略失效，牧民不得不依赖高成本的贮备和移动策略。此外，中央和地方政府实施的一系列草场保护项目又给牧民的灾害应对施加了诸多限制，由此导致牧民应对气候变化的能力减弱，脆弱性增加。

关键词：脆弱性 风险 移动 草场划分到户 干旱区

---

[*] 本文是中国社会科学院重大项目"气候变化下中国北方草原牧区的环境保护与社会经济发展"（YZDA2010 – 19）的阶段性成果，本研究同时受到福特基金项目"Case-based Research on Climate Disaster and Disaster Management under Climate Change and Adaptation Strategies in Inner Mongolia"的联合资助。感谢瑞典斯德哥尔摩大学博士研究生张倩在田野调查和论文写作中提供帮助和建议，感谢中国社会科学院社会学研究所王晓毅、北京大学李艳波的评议和修改建议。本文曾在2011年中国社会学年会"环境风险与社会转型"论坛上宣读，感谢与会学者对本文提出宝贵意见。感谢匿名评审专家的修改意见。原文发表于《社会学研究》2011年第6期。

一　背景

21 世纪以来，内蒙古草原经历了灾害多发的 10 年，连续多年的干旱、沙尘暴、雪灾和冻灾等都普遍发生在草原牧区。虽然干旱区[①]草原本就是自然灾害频发的地区，如"十年九旱"本身就是内蒙古地区的主要气候特点（宫德吉、汪厚基，1994；内蒙古气象学会，1987：37），但这些自然灾害的严重程度却是近几十年来少见的，尤其是不同灾害都集中在几年内发生，给牧民的生产生活带来严重打击。以锡林郭勒盟为例，从 1999 年开始，锡林郭勒盟阿巴嘎旗连续 8 年遭受不同程度的旱灾，其中 6 年属于严重旱灾（李晓林，2006）。锡林郭勒盟西部 1999～2002 年经历了连续 4 年严重干旱后，又出现了 2001～2002 年连续两年的沙尘暴高发期（廉丽萍，2007），2000 年发生沙尘暴 13 次，2001 年持续近 1 个月连续发生扬沙天气（修长柏，2002）。2000 年 12 月 31 日至 2001 年 1 月 1 日在内蒙古锡林郭勒盟全盟范围内出现的雪暴和沙尘天气，是内蒙古地区近 40 年来的第一次，全盟约 10 万头（匹）牛马走失，死亡牲畜 1566 万头（只）（李彰俊等，2005）。2010 年 1 月内蒙古锡林郭勒盟等地遭受大雪寒潮灾害，受灾人数达 35.2 万人，冻死小畜 3 万余只（新华网，2010）。

这些灾害发生的一个不可忽视的背景就是气候变化给全球带来的降水和温度的重要变化，其中受到最大影响的莫过于干旱区（Anderson et al.，2010）。正如政府间气候变化专门委员会（IPCC）第四次评估报告中所述：就全球而言，20 世纪 70 年代以来，受干旱影响的面积可能已经扩大，中纬度一些干旱地区的水资源尤其受到气候变化的影响（IPCC，2007）。干旱区居民经常反映近年来降水模式变得更加不可预测（Mearns & Norton，2010）。内蒙古地区近 50 年来气温呈现明显上升趋势（宫德吉，1995；尤莉等，2002；路云阁等，2004；裴浩等，2009），尤其是近 47 年来内蒙古荒漠草原年平均气温呈极显著的上升趋势（韩芳等，2010）；与此同时，大部分地区的降水却在减少（宫德吉，1995；高涛等，2009），呈现较强的变干

[①]　年平均降水量在 200mm 以下的地区称为干旱区，在 200～500mm 的地区称为半干旱区，研究者一般将这两类地区统称为干旱区（dryland）。干旱区水资源的稀缺和不可靠性导致人畜用水和植物生产用水都具有极高的变化性（Anderson et al.，2010）。

趋势（赵媛媛等，2009）。

长期以来，畜牧业如何应对自然灾害都是当地关注的重要问题。从 20 世纪 60 年代开始，锡林郭勒盟气象台结合当地牧民的看天经验建立了冬季雪情预报方法（内蒙古锡林郭勒盟气象台，1976）。"文革"以后，尤其在 1977 年雪灾之后，灾害预报、预防和救助成为当地畜牧业建设的主要内容。乌审召通过围封天然草场建立草库伦并逐步发展草水林料综合建设，成为内蒙古自治区加强冬春抗灾保畜工作的典范（内蒙古伊克昭盟乌审召公社中间试验办公室规划组等，1977）。从那时起，国内的灾害研究将灾害损失的主要原因归结为粗放式畜牧业和建设落后（李彰俊等，2005），因此加大资金投放发展集约化畜牧业，发展放牧人工草地、牲畜暖棚、打草设施和定居点建设在 20 世纪 70 年代末以后逐步成为增强牧区抗击雪灾能力的主要措施（韩俊丽，1995；王军，1995）。这些措施在一定时期内发挥了良好的作用，但这种自然灾害应对体系存在三个方面的弊端。首先，在气候变化的影响下，当暖干趋势将旱灾变为主要灾害时，以打草和棚圈建设为主的抗灾措施不足以应对旱灾。其次，这些措施只强调了建设和贮备，忽视了牧民传统应对灾害策略的多样性。事实上当时国内已经有很多研究关注到牧民策略的多样性，包括牧民对冬营地的选择和安排、牧民应对饥荒的办法等（梁景之，1994，1996；王建革，2003）；国外也有学者总结了牧民应对灾害和不确定性的风险管理策略（Agrawal，2010），但都没有得到采用。最后，也是最重要的，就是这些措施缺乏对社会经济制度的关注，而后者正是成功应对自然灾害必不可少的支撑，对适应与应对策略发挥着决定作用（Anderson et al.，2010）。

20 世纪 80 年代以来，内蒙古牧区开始实施畜草双承包责任制，意在推动草场保护和建设养畜。通过"承包"这一产权制度调整，最终促成了移动放牧向定居定牧的转变，生产设施建设、饲草料基地种植逐渐成为草原畜牧业发展的主题（李文军、张倩，2009：63）。同时，原来统购统销的计划经济被市场经济代替，牧民的生产和消费被快速市场化了，一方面"小牧经济"逐渐形成，牧区畜产品经纪人成为牧民出售畜产品的主要渠道，饲草料投入越来越高，草场经营权的流转市场开始出现并有所发展；另一方面过去由集体提供的医疗、教育和兽医等社会化服务不断减少，牧民需要自己承担这些成本（达林太、郑易生，2010：97、236）。在经济市场化进程的影响下，内蒙古牧区社会结构和社会组织也发生了很大变化，贫富分化日益严重（Humphrey & Sneath，1999），而苏木（乡）镇等行政组织机构在合并和减少，以牧业专业合作社为代表的多样化的牧民社会组织兴起（达林太、郑易生，2010：237）。

通过以上分析可见，内蒙古草原牧民生计不仅受到气候变化的影响，而且也受到重大社会经济变革的影响。要理清两方面影响的叠加结果，脆弱性是一个重要的分析视角。脆弱性分析是用来确定最脆弱人群和决定适应行动，从而减少其脆弱性和提高可持续性的重要工具（Nelson et al.，2007）。脆弱性是指一个系统易受气候变化或难以应付气候变化（包括气候变异和极端事件）负面影响的程度。它是系统所面临的气候变异的特征、数量和变率，以及系统自身敏感性和适应能力的函数（IPCC，2001：165）。社会脆弱性是指生计受到灾害和环境风险冲击和压力时，受害者应对能力的大小，它是由个人和集体脆弱性以及公共政策决定的（Adger，2000；Cutter，1996）。社会脆弱性可以被分解为两个方面：一是带有损害力的事件对于个人或群体生计的干扰后果，即风险暴露程度；二是个人或群体适应和应对这些变化的效果，即应对能力（Adger，1999）。社会脆弱性研究不仅关注灾害本身的特点，而且强调社会经济制度在灾害应对中的重要作用，这正是国内灾害研究急需补充的维度。

针对气候变化下的脆弱性，目前主要有两种分析框架：风险－灾害模型（Füssel & Klein，2006）和禀赋－生计方法（Adger，2006）。前者也称为影响分析（impact analysis），即一种气候灾害如何导致多种结果的发生，这一框架在内蒙古农牧交错带的干旱影响案例分析中得到了应用（Wang & Zhang，2010）；后者则更多体现了脆弱性分析（vulnerability analysis）的综合性特点，它从单一结果来寻找多种原因，而气候变化仅仅是原因之一（Ribot，2010）。本文选取内蒙古干旱区荒漠草原的一个嘎查为例，从社会脆弱性的两个维度——风险暴露和应对能力——分析牧民应对灾害过程中脆弱性增加的原因，分析框架如图1所示。首先，利用当地近40年来的气象数据分析气候变化特征和牧民风险暴露程度。其次，回顾近40年里草原产权制度的变化，尤其是20世纪80年代初畜草双承包责任制开始实施后，草场划分和市场化过程如何影响了牧民应对灾害的能力。再次，草原保护项目的实施对牧民的应对灾害能力也产生了影响。气候变化、草场承包和草原保护项目三方面的作用最终导致牧民在灾害影响增大的危机下抗灾能力反而减弱，社会脆弱性由此增加。

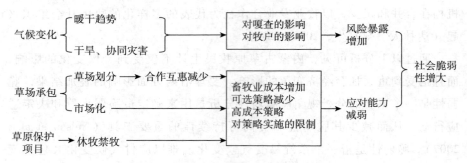

图 1　牧民应对自然灾害的社会脆弱性分析框架

二　案例研究地和研究方法

　　本文的案例研究地是内蒙古锡林郭勒盟苏尼特左旗的白音嘎查。选择这个嘎查作为案例研究地有三个原因。一是苏尼特左旗全旗达 80% 保证率的年降水量为 142mm，年蒸发量 2458mm，属于典型的干旱区。与其他嘎查相比，白音嘎查距苏尼特左旗气象站较近（30 公里），因此气象数据能较准确地反映白音嘎查近 40 年来的气候变化情况。二是白音嘎查实施畜草双承包责任制很彻底，全嘎查 105 万亩草场除去 10 万亩外（其中 4 万多亩用作集体抗灾基地），全部划分到户使用。三是白音嘎查拥有很好的畜牧业发展和抗灾保畜经验，体现了牧民应对灾害策略的多样性，分析目前自然灾害的应对能力离不开这些宝贵的经验。

　　白音嘎查位于苏尼特左旗东北部，面积约 670 平方公里，2001 年有 89 户牧民，共 372 人。草原类型属于荒漠草原，土壤为砾质沙化土，自然条件适宜一般的旱生植物生长。这里的草场生产力很低，多数地区干草产量小于 20 公斤/亩（内蒙古自治区草原勘测设计院，1986）。

　　本文所用数据包括两组，一组是苏尼特左旗近 40 年（1970～2009）的气象数据，另一组来自笔者 2007 年和 2010 年在白音嘎查的两次实地调查。两次调查共访谈 37 户牧民，约占嘎查总户数的 42%。第一次调查 28 户牧民，抽样时采取分层抽样方法，考虑到草场资源的空间异质性，抽样时尽量使抽样牧户的地理位置均衡分布于嘎查的各个方向。同时，牧户的贫富状况（主要以牲畜数量衡量）也是分层时的考虑因素。第二次调查原本计划重访第一次调查的牧户，但由于疾病和外出打工等原因，只有 21 户牧民接受了再次访谈，之后又补充调查了 9 户牧民。两次访谈都采用半结构式问卷调查，除了上一年度畜牧业生产的各项成本收益，开放式问题包括牧民对气候变化的感知、灾害损失、对抗灾害的策略、草场利用方式、水资源利用情况、承载力管理和禁牧政策效果等。此外，第二次实地调查还邀请了嘎查的 10 位 60 岁以上老人进行开放式的小组访谈，获取有关嘎查草场管理政策和利用方式、水资源开发、畜牧业生产的社会组织以及灾害应对的历史数据。

三 苏尼特左旗近 40 年气候变化特征：暖干趋势和协同灾害

（一）暖干趋势和气温波动幅度增加

正如上文所提到的，内蒙古的气候近几十年来呈现明显的暖干趋势，苏尼特左旗近 40 年的气象数据也印证了这一点。由于内蒙古草原气候具有雨热同期的特点，畜牧业生产具有明显的季节性，因此本文分季节探讨气温和降水的变化特征。图 2 中的上图是苏尼特左旗分季节气温距平的变化情况，可以看到春、夏、秋气温有明显的上升趋势，而冬季上升幅度较小。2000 年左右和 2006 年左右夏季和秋季出现连续高温，而冬季的气温在 2000 年以后波动幅度加剧。下图显示了苏尼特左旗分季节降水距平的变化情况，其中秋季和冬季的降水有明显减少，夏季降水只有微弱的减少趋势，但降水波动幅度增大，春季降水的微增趋势是由于 2009 年春季降水的特殊贡献。可见，气候暖干化以及波幅增加导致不可预测性增加，是苏尼特左旗近 40 年气候变化的主要特征。

气温不仅在年际间呈现波动幅度增加的趋势，而且在年内的变化范围也在增大。从旬平均最高气温和最低气温来看，苏尼特左旗呈现冬季越来越冷和夏季越来越热的趋势。由于数据所限，我们从 1977 年 1 月到 2009 年 12 月的旬平均最高气温和平均最低气温数据中分别选取最高的前 20 名和最低的前 20 名，表 1 显示了所选数据在不同年代的分布。从表中可以看

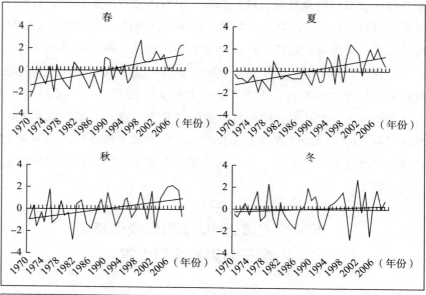

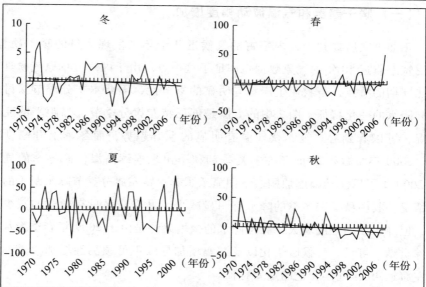

图 2　苏尼特左旗分季节气温和降水距平图（1970～2009 年）

注：上图为气温，下图为降水。春季是 3～5 月，夏季 6～8 月，秋季 9～11 月，冬季
12～2 月。

数据来源：苏尼特左旗气象局。

到，2000 年以后，最高气温出现 10 次，而最低气温出现 8 次，均比前两个 10 年有明显提高。这一变化无疑使当地气候更加恶劣，给当地畜牧业生产带来更大的灾害风险。

表 1　苏尼特左旗极端气温变化趋势（1977～2009 年）

年份	夏季旬平均最高气温前 20 名出现次数	冬季旬平均最低气温前 20 名出现次数
1980 年前	0	3
1980～1989	6	3
1990～1999	4	6
2000～2009	10	8

数据来源：苏尼特左旗气象局。

（二）协同灾害的增加

与暖干趋势潜移默化的影响相比，自然灾害对牧民生计的影响是突然和明显的，近些年来，协同灾害的频繁发生给畜牧业经营带来更大的冲击。本文所讲的协同灾害主要是指旱灾与高温、雪灾与低温同时发生的灾害，协同灾害是苏尼特左旗牧民在 2000 年以后畜牧业生产难以维持的主要原因。表 2 是苏尼特左旗 1977～2009 年春夏连旱的发生情况，虽然 20 世纪 80 年代春夏连旱的次数为 7 次，比 2000 年以后旱灾的次数还多 3 次，但是从春夏平均气温和旬平均最高气温来看，2000 年以后旱灾发生时的气温都比 20 世纪 80 年代有较明显的升高。高温导致更多的蒸散，进一步减少了植物对于降水的有效利用，从而使得旱灾程度加重。

表 2　苏尼特左旗春夏连旱发生情况及相应的降水量与气温（1977～2009 年）

年份	春降水量（mm）	夏降水量（mm）	总降水量（mm）	春夏平均气温（℃）	旬平均最高气温（℃）
1980	16.0	25.3	41.3	16.8	31.6，31.7
1982	7.5	69.9	77.4	16.1	
1983	14.5	61.1	75.6	16.7	31.7
1984	11.8	64.0	75.8	17.2	

续表

年份	春降水量（mm）	夏降水量（mm）	总降水量（mm）	春夏平均气温（℃）	旬平均最高气温（℃）
1987	15.2	59.2	74.4	16.6	
1988	21.2	65.6	86.8	16.6	31.7
1989	19.5	53.1	72.6	16.9	
1993	18.2	84.4	102.6	16.6	
1994	8.0	58.2	66.2	18.3	31.6
1999	13.7	71.8	85.5	18.7	35.0
2000	23.1	72.5	95.6	19.2	37.1
2001	12.9	70.4	83.3	18.6	31.6
2005	23.1	35.4	58.5	17.9	33.9
2006	16.3	61.2	77.5	17.0	31.7

注：春降水量是从 4 月中旬到 6 月中旬，夏降水量是从 6 月下旬到 8 月上旬。春旱标准是 4 月中旬到 6 月中旬的降水量低于 1977~2009 年该时期的平均值，夏旱标准类似。春夏平均气温是各旬平均气温的平均值。旬平均最高气温是表 1 中的前 20 名旬平均最高气温在这些旱灾年份的数值。

数据来源：苏尼特左旗气象局。

2000 年以后的雪灾也给当地牧民造成重重困难，表 3 是苏尼特左旗 1977 年以来遭受的雪灾和同时期旬平均最低气温。从表 3 可以看到，虽然 20 世纪 80 年代比 2000 年以后的雪灾次数多两次，11 月到次年 2 月的平均气温也没有明显区别，但旬平均最低气温却在 2000 年以后明显降低，出现了两次 -30℃ 以下的极低值，分别在 2000 年 1 月下旬和 2010 年 1 月上旬。20 世纪 90 年代只有 1993 年 1 月中旬出现了 -32℃ 的极值，其他年份的雪灾中均没有越过 -28℃。

表 3 苏尼特左旗雪灾和旬平均最低气温 （1977~2009 年）

年份	11~2 月降雪量	11~2 月平均气温	旬平均最低气温
1977~1978	8.8	-15.3	
1980~1981	14.7	-15.4	-28.2
1982~1983	14.8	-15.1	
1985~1986	14.5	-17.7	-28.5
1986~1987	16.6	-15.1	

年份	11~2月降雪量	11~2月平均气温	旬平均最低气温
1989~1990	9.9	-13.2	-27.9
1992~1993	12.1	-15.9	-32.1，-27.3
1993~1994	14.9	-15.7	
1996~1997	10.3	-13	-27.8
1999~2000	17.8	-16.7	-31.1，-29.7，-28.8
2000~2001	10.3	-15.1	-27.5
2004~2005	9.5	-14.4	
2009~2010	10.1	-15.8	-30.3

注：为了与畜牧业经营周期相对应，本文将降雪量进行跨年度的统计，即将本年度11、12月的降雪量与下一年度1、2月的降雪量进行连续统计。雪灾的标准为当年降雪量高于1977~2009年的平均降雪量。旬平均最低气温是表1中的前20名旬平均最低气温在这些雪灾年份的数值。

数据来源：苏尼特左旗气象局。

牧民的谈话也印证了上述基于气象数据得出的气候暖干趋势和气温变化幅度加大以及协同灾害频发的结论："现在不像前几年，该冷就冷，该热就热"；"气温升高，忽冷忽热，现在春天应该热，却很冷"；"冬天越来越冷，夏天越来越热"；"雪灾没了，旱灾厉害"；"60年代和70年代是偶然旱一下，80年代还可以，90年代以后一年比一年旱，2006年以后稍缓一些"；"2000年以后（刮）沙子就重了，旱得厉害"。有些牧民还提到旱灾与雪灾的伴生关系，即旱灾很容易导致雪灾发生，因为即使是较少的降雪也很容易覆盖由于旱灾而生长矮小的植被，使得牲畜无法啃食到植被，产生雪灾的后果。体质虚弱的牲畜遇到气温很低的冬季，再加上较大的降雪量，必定难以存活。

四 应对气候变化的产权制度基础：畜草双承包责任制

本文关注草原产权制度，不仅因为它是畜牧业经济的基础，更重要的是，它决定了牧民日常畜牧业经营的草场利用方式和应对灾害策略的选择空间。20世纪80年代初，在农区推行家庭联产承包责任制的背景下，内蒙古牧区也开始推行畜草双承包责任制，从而消除"牲畜吃草场的大锅饭"，改变所谓的"靠天养牧"的落后方式（周惠，1984；布赫，1987/

1984）。1983 年推行"牲畜作价，户有户养"，与此同时，又推行了"草场公有，承包经营"的办法，统称"畜草双承包"责任制（内蒙古畜牧业厅，2000）。草场所有权仍归国家或集体，草场使用权分配给牧民，使用期限为 30 年。

（一）畜草双承包责任制在白音嘎查的实施

在白音嘎查，"牲畜作价归户"于 1984 年开始，1985 年完成，而草场划分到户经过 10 多年才得以完成，其过程可以大致分为两个阶段：承包初期浩特（牧户小组）使用（1984～1995 年）和第二次承包分户使用（1996 年以后）。图 3 是白音嘎查草场资源使用方式的对比图，图 3 左为承包初期的草场利用图。当时嘎查分为五个大组，每大组分为 3～5 个浩特，每个浩特由 4～5 户牧民组成。每个浩特的草场面积约 5 万亩，浩特可以自己规划这 5 万亩草场的季节性移动使用。从图 3 左可以看到，几乎每个浩特都至少拥有一个冬营盘，冬营盘都选在背风向阳的地方。在每个浩特的草场内都拥有集体时期建成的质量较好的基础设施，包括棚圈、井等：20 世纪 60 年代到 80 年代，嘎查利用集体经济收入打了 26 眼机井，16 眼投

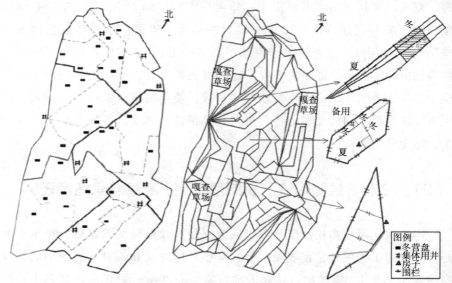

图 3　白音嘎查草场承包给草场利用带来的变化

注：左图为承包初期（1984～1995 年）的草场利用图；右图为 1996 年再次落实草场承包后的草场利用图。

入使用，解决了嘎查90%以上牧户的人畜饮水问题（诺日布，2007）。

图3右显示了1996年第二次承包后草场分户使用的情况，草场严格按户使用，牧户逐渐用铁丝围栏将自己的草场围封，形成较为严格的边界，牧户只能在自己1万多亩的草场上放牧，畜群的季节性移动停止了。有些牧户甚至将草场进一步细分，试图保持季节性的轮牧（右侧三个小图）。从收集到的30户牧民的围栏修建时间数据来看，27户牧民是在1997年以后开始修围栏的，其中9户是2000年以后才开始修围栏的。围栏的成本对于牧户来说是很高的，由于白音嘎查人均草场面积为3000亩，一般家庭的草场都有上万亩，甚至2万多亩。要想把家庭所承包的草场全部围封，至少得花费3万~4万元，按照2006年牲畜价格没有大幅上涨前的标准折算，相当于200只绵羊羔出栏的总收入，因此很多牧户是分多年才将围栏全部修好的。

（二）畜草双承包责任制的实施对牧民社会关系的影响

畜草双承包责任制在白音嘎查实施后，草场和水资源的利用方式随之改变，这也对牧民的社会关系产生了很大影响，从而改变了牧民灾害应对策略的基础。牧民的社会关系变化主要表现在两个方面：牧户间纠纷增加、合作消失和嘎查领导的功能缺失。牧民间传统的互惠关系普遍瓦解，每个牧户不得不孤立地面对灾害风险。

首先，草场划分到户引发了很多草场纠纷，破坏了牧民合作放牧的基础。草场划分到户的目标是建立清晰的界限，但这种清晰的界限在实践中更多是由围栏修建位置决定的，而不是依据准确的测量结果①决定的。在访谈中，有10多户牧民都提到他们怀疑自己草场的实际面积与承包面积不符，要求重新测量，但大队领导不批准盖章，草原部门就不给重新测量。事实上，大队领导也处于非常尴尬的境地，因为如果一家的草场边界修改，整个嘎查的草场划分都要调整，已有的草场围栏都要跟着移动，这必定会出现非常混乱的局面。总之，草场边界划分现在已经变成了谁也说不清的事，"现在牧民大致知道界限，但真正量时，却不知从哪拉网"；"多了几亩，少了几亩，分不清"（2010年访谈）。草场划分及其引起的纠纷

---

① 准确的测量根本就无法实现，即使用最先进的 GPS 定位仪测量也可能存在误差，手持 GPS 在地面测量的距离误差可能有几米，对于白音嘎查平均每户上万亩的草场，就会产生几十亩的误差。

也破坏了牧民合作放牧的基础。畜牧业季节性强，牧民间的合作不仅是必要的，而且还能大大节省劳动力和资金投入。如前所述，在1996年第二次草场承包之前，白音嘎查畜牧业经营以牧户小组为单位进行，每个小组共同规划利用草场，尤其是冬营盘的保护和利用，虽然有些牧户单独放牧，但遇到季节性搬迁、接羔、抓羊绒等工作时都相互帮助，共同完成。然而，在两次访谈的39户牧民里，只有2户牧民在第二期承包后有简单的合作，主要是在对方有事时帮忙看羊；还有2组牧民没有分家，将畜群放在一起轮流放牧。

其次，草场划分到户后，嘎查领导在草场管理、畜牧业管理和组织抗灾中的作用也逐渐弱化。在控制外来户进入的草场管理事务中，白音嘎查的领导没有发挥应有的作用，虽然草场租赁合同要经过嘎查领导确认盖章，但更重要的监督管理职能却是空缺的。外来的羊大大超出了草场的承载力，但嘎查领导甚至不知道有多少外来的羊只。牧民抱怨说，"外来的羊多了，4000多最低，5000~6000只也有了，他们（嘎查领导）就说4000多"（2010年访谈）。集体草场的管理是牧民对领导意见最大的焦点。一方面是集体草场的占用问题，白音嘎查104万亩草场分给牧民94万亩，10万亩还是集体草场，嘎查领导将这些草场自己占用或转租给亲戚朋友，引起牧民的不满："大队不利用，分给牧民也行；还是领导，只考虑自己利益。"（2010年访谈）另一方面是国家项目补贴的问题，自2002年起白音嘎查实施了5年的春季禁牧，"这些集体草场的补贴：10万亩×0.61元/亩×5年，大概30万元，哪去了？有意见的人很多，但不说"（2007年访谈）。"现在嘎查会议内容都是从上面来的任务布置，不让牧民说话。"（2010年访谈）在2006年最严重的旱灾中，28户访谈牧民都是依靠亲戚朋友寻找运输工具和可用草场，嘎查的组织和支持只是集体时期的记忆了。嘎查领导也表达了组织抗灾的困难，一是由于牧户组织起来牲畜太多，找不到可去的地方；二是由于嘎查没有集体收入，想帮助也无能为力。

五　气候变化带来的影响：风险暴露加剧

气候变化通过缓慢的暖干趋势和越来越多的协同灾害作用于草原生态和畜牧业生产，从而给牧民生计带来很大影响。本部分从嘎查与牧户两个层面来分析这些影响。从嘎查来看，牲畜数量受到灾害影响而呈现很大波动。从牧户来看，气候变化给牧户的生产生活带来了诸多方面的影响，包括牲畜损失和畜牧业成本增加等。

（一）气候变化对嘎查整体的影响

图 4 显示了白音嘎查 46 年（1961～2006 年）的牲畜数量变化，从图中可以看到，每次大的自然灾害都会引发牲畜数量的锐减。

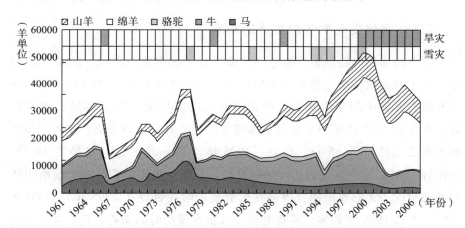

图 4　白音嘎查自然灾害与牲畜数量及其组成的变化（1961～2006 年）

注：牲畜数量是以羊单位①来计算的。图中的灾害是实地调查中牧民列出的灾害。②

1966 年旱灾和 1977 年雪灾是全旗历史上的重大灾害，牲畜损失都占当年牲畜总量的 50% 以上。从 1999 年开始连续多年的旱灾，牲畜数量连年下降，2000 年损失 2667 头/只，2001 年高达 5368 头/只，分别占当年牲畜总量的 7% 和 35%，③ 2002 年、2005 年和 2006 年都分别损失 2000～3000

---

① 本文所用的羊单位是指绵羊单位，一头大畜（牛、马和骆驼）折合为 5 只绵羊，绵羊和山羊则每只相当于一个羊单位。由于图 4 旨在说明白音嘎查牲畜数量和比例的变化，而不是计算各种牲畜的精确采食量，因此本文忽略了马、骆驼与牛在折算中的差别，统一按 5 个羊单位来折算。

② 由于苏尼特左旗面积广阔，气象数据仅仅能代表气象站周边地区的天气，而白音嘎查最南部距旗所在地 30 多公里，因此会产生与上一部分气象数据分析不太一致的结果。此外，牧民当时所具备的抗灾条件也会影响到灾害的实际后果和牧民对于灾害的记忆。

③ 这一比例明显大于图 4 中显示的 2001 年减少量，这是因为图 4 是按照羊单位计算的，即一头大畜（牛、马和骆驼）折合为 5 只绵羊单位计算，2001 年损失的 5386 头/只牲畜中，绵羊损失就近 4000 只，导致实际头/只数的损失比例要高于羊单位的损失比例。

头/只，占当年牲畜总量的 10% 左右。只有 2003 和 2004 年稍有缓和。根据牧民回忆，与 1966 年全旗旱灾相比，2006 年的旱灾更严重，持续时间更长。虽然 1999 年以后的连续旱灾导致每年牲畜数量的损失不论是从绝对数量和相对比例上都低于 1977 年的损失，但还是给牧民带来沉重打击，一方面这些损失是连续发生的，另一方面，牧民从 2000 年开始从外界购买大量草料，因此，这些"低"损失是以巨大的草料成本换来的，这在下文还会详细讨论。

（二）气候变化对牧户生计的影响

灾害的增加导致牲畜数量急剧下降，对于很多牧户来说，2000 年以后都出现了其家庭历史上牲畜最少的时期。图 5 收集了 38 户访谈牧户的牲畜最多和牲畜最少的年份分布。考虑到牧民结婚成家对牲畜数量的重要影响，本文将 38 户按照与承包制实施相关的三个时段进行分组：1984 年承包制实施之前结婚的 15 户，1985 ~ 1995 年（第一轮承包）结婚的 14 户，1996 年（第二轮承包）以后结婚的 9 户。从图中可以看到，对于前两组牧户来说，近 2/3 的牧户拥有最多牲畜数量的时间都处于 1995 年至 2000 年之间，尤以 1998 年最多。从拥有最少牲畜数量的时间来看，只有 4 户出现在 1995 年之前，那是他们刚结婚时从父母处分得的牲畜数量，大多数牧户的最少牲畜数量都出现在 2000 年以后，这在很大程度上是 2000 年以后自然灾害的发生所导致的。虽然这些牧户尤其是第一组牧户的牲畜减少与孩子结婚分畜有关，但两方面原因造成分畜影响小于自然灾害影响。一是从平均数来看，第一组牧户 2000 年以后的最少牲畜数量（239 头/只）不到最多牲畜数量（1016 头/只）的 1/4，而孩子结婚分得的牲畜数量一般都不会超过九九（81 只）（《黑龙江日报》，2006），因此牲畜数量大幅下降主要是由灾害造成的。二是分畜后，如果气候条件正常，在两三年内，原来大家庭的牲畜数量也基本能恢复到以前水平，但实际情况是并没有恢复，因此自然灾害的影响相对更大。

表 4 是访谈中每户牧民在自然灾害中的牲畜损失量，大量的损失都发生在 2000 年以后的灾害中，虽然这与牧民对近些年发生的事情记忆更加深刻有关，但总的趋势正如图 5 所示，多数牧户在 1998 ~ 1999 年牲畜达到最高峰，之后开始下降。从表 4 中可以看到，有些灾害对于个别牧户的打击

是巨大的，大畜（牛、马、骆驼）全死甚至全部牲畜损失。同时，灾害中接羔率普遍下降，只有正常年份的 1/3，而羊羔全部损失的情况也多有发生。如上文所述，2000 年以后协同灾害的增加正是导致牲畜损失的重要原因。高温对于牲畜的身体状况有很大影响，绵羊对高温比较敏感，当风在 3 级以下，气温在 22 度以上时就不爱吃草，气温达 25 度以上时，精神萎靡，呼吸急促，往往呆立着，发生"扎窝子"现象（孙金铸，1988）。这虽然不会导致牲畜的直接损失，但会影响牲畜的膘情，使其难以承受旱灾和冬季的雪灾。最低气温对于冬季畜牧业管理来说是至关重要的指标，因为当气温降至零下 30 摄氏度时，牲畜会皮肤贫血、血压上升、肺出血，患冻伤和关节炎等，24 小时内降温 6 度以上，对牲畜即有较大影响（孙金铸，1988）。在访谈中，个别牧户强调虽然灾害中牲畜损失不多，但这也是通过大量投入草料实现的，"买草料多，跟牲畜损失差不多"（2010 年访谈）。

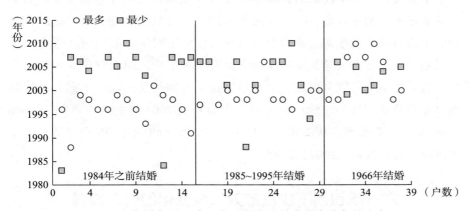

图 5　访谈牧户（38 户）牲畜最多和牲畜最少的年份分布

数据来源：2007 年和 2010 年访谈。

表 4　访谈牧户在灾害中的牲畜损失情况

年份	灾害	损失户数	每户的牲畜损失量（以分号隔开）
1985	雪灾	1	10 牛
1993	雪灾	2	牛全死，羊死得多；牛死得多
1994	病	1	40 牛
1999	雪灾、旱灾	3	200 羊；400 羊；6 牛
2000	雪灾、旱灾、沙尘暴	6	315 羊；400 羊；200 羊，走前卖了 200 对，260 元/对；牛全死，50 羊；100 多羊；卖加损失共 200 羊

年份	灾害	损失户数	每户的牲畜损失量（以分号隔开）
2001	旱	4	200 羊，羔全死；200 羔；300 羊；400 羔
2006	旱、病	11	60 羊；全死；4 羊；100 羊；130 羊；走前 30 对卖 3000 元；160 羔；8 羊；300 羊；70 羊 6 牛 1 马；30 羔
2007	沙尘暴	1	10 羊
2009	冻灾	3	5 大牛；羔损失近一半；4 牛犊

注：39 户牧户中只有 30 户给出了具体的灾害损失情况，总户数超过 30 户是由于有些牧户经受了多次灾害损失。

数据来源：2007 年和 2010 年访谈。

从以上分析可以看到，气候变化带来的暖干趋势和频发的灾害给白音嘎查的牧民带来了很大影响，灾害中的牲畜损失是最直观的。多数牧民都经历了 20 世纪 90 年代末的繁荣期，那时天气条件有利于牲畜发展，而第二轮草场承包刚刚开始，户与户之间的围栏大多没有修建；之后进入灾害影响下的畜牧业衰落期，草场划分到户给牧民应对策略的实施又带来了很大限制。牧民花费大量的草料成本维持畜牧业生产，但面对连续不断的灾害，也不得不承受牲畜损失。由此导致牧民贫困程度加深，根据苏尼特左旗草原经营管理站的统计，白音嘎查无畜户从 2001 年的 4 户增加到 2006 年的 11 户，而贫困户从 2001 年的 16 户激增到 2006 年的 38 户（苏尼特左旗草原经营管理站，2002，2007）。

六 承包制下牧民应对气候变化的能力减弱

多年来干旱区的牧民已经发展了诸多策略来应对变化不定、干旱频发的天气条件。可以将其归纳为五种风险管理机制：（1）移动——在空间上分摊风险；（2）贮藏——在时间上分摊风险；（3）多样化——在不同资产类型上分摊风险；（4）社区共同分担——在不同家户间分摊风险；（5）市场交换——通过合同买卖风险（Agrawal，2010）。这些策略在白音嘎查都使用过，但是，随着畜草双承包责任制在白音嘎查的实施，牧民对这些策略的选择空间越来越小。同时，受到草场承包和政府草原保护政策的诸多限制，同样的策略难以再发挥预期效果，其实施成本也让牧民难以承受。

（一） 缩小的策略选择空间

贮备是白音嘎查牧民常用的抗灾策略之一，尤其是应对雪灾。贮备包括三种：安排放牧保留地、打草和购买草料。如图3的左图所示，承包初期，由于白音嘎查的草场使用主要以浩特为单位，当时的主要贮备方式就是冬季放牧保留地即冬营盘的保护。每个浩特根据当年的天气和牲畜情况，选择一到两个冬营盘，冬营盘夏秋禁牧，冬季才能使用。打草的贮备方式是在1977年雪灾之后出现的，但白音嘎查主要是针茅草原，没有很好的打草场，因此这种贮备方式只用了一年。从承包制实施初期到2000年，白音嘎查留出了三块集体抗灾基地（图3右图草场划分图中的三块标有"嘎查草场"的区域），在雪灾中保护嘎查的大畜，这种贮备和社区共同分担的抗灾策略发挥了较好的作用。几乎所有的访谈牧户在1984~1998年的几次雪灾中都将牛放进去避灾。以1994年雪灾为例，全嘎查700多牛只损失了3头。白音嘎查被评为"抗灾保畜先进集体"（诺日布，2007）。但从2000年连续旱灾以后，抗灾基地植被生长矮小，无法帮助牧民应对雪灾，逐渐失去了抗灾作用。牧民开始大量购买草料以备冬用，这些草料几乎都是从外地（东乌旗、阿巴嘎旗等地）运来的，草、料和青贮构成了访谈牧户生产成本的重要组成部分，2006年28户访谈牧户购买草料成本占其总成本的36%；2009年30户访谈牧户购买草料成本占其总成本的19%。

多样化策略也曾是牧民普遍采用的重要抗灾策略，五畜并举是牧民长期积累的宝贵经验。在灾害中，不同牲畜有不同的承受能力，例如，骆驼耐旱，山羊灾后恢复快，绵羊比山羊对高温更敏感。不同牲畜也有相互依赖的关系。例如，马吃草原上最好的草，而且不反刍，因此马粪最有营养，小畜可以吃；在雪灾中，只要让马蹄踏破上面的冰层，小畜和牛在后面就能吃到埋在雪下面的草（2007年访谈）。而从1997年草场划分到户后，马和骆驼这样需要大的放牧空间的牲畜不能适应，因此数量越来越少。从图4可以看到，在1994年之前，大畜（骆驼、牛和马）的折算数量一直都占羊单位总数的近一半，尤其是马的数量直到20世纪70年代末都占有较大的比例，但1977年以后持续下降。2000年旱灾过后，整个白音嘎查的大畜比例显著下降。牲畜多样化的策略越来越难以为继。

由此可见，在气候变化和承包制的双重制约下，社区共担策略随着草场划分到户变得不可能，贮备策略和多样化策略的选择空间也越来越小，放牧保留地和打草在白音嘎查已经不可能实施，牧民只能选择购买草料这种贮备方式，而这种方式却大大增加了养畜成本。多年连续灾害消耗了牧民原有的积蓄，多数牧民不得不依靠贷款买草，待秋天出售牲畜后再偿还贷款，扣除利息后，收入所剩无几。在市场经济不断发展的条件下，一些牧民也采用市场策略应对灾害，但都只限于灾前以极低价格出售些牲畜，以避免牲畜大量死亡。

（二）高成本的移动策略

在草场承包之前的集体经济时期，牧民应对自然灾害尤其是旱灾的主要方式就是走敖特尔（走场），即移动策略。在草场共有的产权制度支持下，牧民对于走敖特尔目的地的选择具有较大的弹性，确定可避灾的地区后，嘎查通过领导的个人关系或上级协调就可以及时地移动牲畜，因此发生的费用很少。1996 年开始推行草场彻底划分到户以后，贮备草料和井、棚圈等基础设施建设成为牧民的主要抗灾方式，但是，面对越来越严重的旱灾，牧民还是不得不选择走敖特尔的策略。虽然成本极高、困难很多，但这是唯一能维持畜牧业和避免牲畜全部损失的办法。

从 1984 年开始草场承包一直到 1995 年第二轮草场承包之前，由于自然灾害尤其是旱灾较少，因此白音嘎查走敖特尔的次数很少，只是 1989 年有一家和 1990 年有六个浩特一起走过敖特尔。牧民回忆自从 1994 年以后，就再也没有集体走敖特尔了。但 2000 年以后的连续旱灾，尤其是 2006 年，迫使牧民又开始寻找草场走敖特尔。"回忆以前走敖特尔，有意思，现在走敖特尔都是困难，那时生态比现在好，选更好的地方去，管理上那时很好，比现在及时多了，自己走遇到的困难很多。"（2010 年访谈）在 37 户访谈牧户中，34 户有过走敖特尔的经历，主要集中在 2000 年以后。

本文以 2000 年后连续旱灾的最后一年 2006 年为例，说明移动策略在执行过程中的困难及其效果。2006 年，白音嘎查在连续 6 年（2000～2005年）干旱之后，仍然面临一个极度干旱的年份，直到 6 月底才有第一次降雨，根据牧民塔林胡的记忆，由于连续干旱，2006 年春共发生了 73 次较大的沙尘暴。为了保住牲畜，多数牧民不得不开始走场。在 2007 年采访的28 户牧民中，只有 3 户没有走场，其中一户是因为没有牲畜；第二户只有

70 只羊，他将羊包给别人管理；而第三户则是由于没有找到可去的草场，不得不大量出售牲畜（卖出 500 只羊，仅保留 200 只）以渡过灾害。

由于 2006 年围封转移措施中的春季休牧（后文详述）是在 5 月 15 日结束的，再加上牧民等待雨水和联系草场的时间，大多数牧民需等到 6 月上旬才开始走场。25 户走场的牧民中有 15 户牧民走场时间是一个月到 40 天，其余牧户多是 2 个月，最长的一户走了一年。从走场地点来看，25 户中有 19 户是在本旗范围，主要集中在南部，这些地方距白音嘎查 50～100 公里。虽然多数牧户都通过走场保住了自己的畜群，但这一过程充满了各种困难，牧民也为此付出了高额成本。2006 年 25 户走场牧民普遍的租草场价格是 8 元/（羊·月）、80 元/（牛·月）、80 元/（马·月）和 100 元/（骆驼·月）。有的牧户自己没有羊，完全靠接敖特尔赚钱，还有的牧户收过路费。28 户牧民的走场总成本占其当年畜牧业生产总成本的 20%，有一半的牧户 2006 年畜牧业生产入不敷出。图 6 是 25 户牧民 2006 年的走场成本结构图，从图中可以看到，租草场费是最大的一部分，占总成本的 41%；第二是运输费，占 31%；第三是牲畜损失，占总成本的 22%。

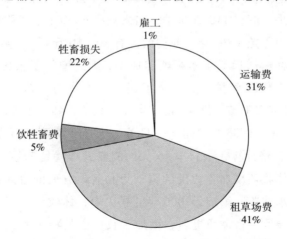

图 6　2006 年白音嘎查 25 户牧民走场成本结构

数据来源：2007 年 7 月访谈。

（三）草场保护政策对于牧民抗灾策略的限制

气候变化给畜牧业经营带来了很大的灾害风险，同时牧民积累的多种抗灾策略又难以继续发挥有效的作用。此时，牧民特别需要外界尤其是政府的支持。然而，2000 年后政府实施的草原保护项目不但没有帮助牧民减缓灾害影响，反而进一步阻碍了牧民应对策略的实施。

为了恢复退化草场，国家投入大量资金启动一系列草原保护政策和项目，从 2000 年到 2009 年，国家对内蒙古草原已经累计投入 65.2 亿元，其中京津风沙源治理工程累计投入 17.6 亿元，退牧还草工程累计投入 47.6 亿元（新华网，2009）。2001 年，锡林郭勒盟开始实施"围封转移"战略，主要内容就是根据草场退化程度分别进行季节性休牧或全年禁牧（中共锡盟委，2001）。

白音嘎查实施了 5 年春季休牧项目，2002 年到 2004 年春季休牧 60 天，2005 年到 2006 年休牧 45 天。休牧期间牲畜实行圈养。虽然牧民可以得到饲料补偿，但休牧给畜牧业经营和灾害应对都带来了很大影响，具体可以归纳为以下三个方面。第一，春季休牧违反了牲畜的食性和生长规律，导致牲畜体质下降。休牧期间牲畜圈养，但羊厌食干草，春天青草长起时，春风将草的气味吹入羊圈，它们便吃不下干草了（王建革，2006）。"牲畜也有长膘规律，4～6 月长水膘，7～10 月长油膘，如果不长水膘，油膘也长不上来。圈养 110 斤母羊，出来只剩 60 斤；羔子跟母羊，羔子也吃不饱，别的地方羔子 70 斤，我们的只有 40～50 斤。"（2007 年访谈）第二，春季休牧补贴远远低于实际喂养成本，因此增加了牧民的经济负担，许多牧民开始贷款买草料，陷入贷了还、还了贷的经营困境。休牧补贴0.61 元/亩，按草畜平衡标准 40 亩草场养一只羊，45 天的休牧给一只羊的补贴就是 24.4 元。而圈养期间，一只羊一天至少需要 3 斤草 7 两料，按2006 年的草料价格计算，一只羊 45 天的圈养成本就是 72 元，几乎是补贴的三倍。而且休牧还增加了牧民的劳动力和其他方面的投入：除了一天喂三次，还得拉水饮羊。第三，2006 年的旱灾中，休牧延误了牧民采取移动策略的时间，导致牲畜体质更弱，增加了牧民走敖特尔的成本。上文也提到，由于春季休牧是在 5 月 15 日结束，一些牧民即使找到了走敖特尔的草场，也不得不等到休牧结束后再走。"如果不禁牧会早走一些，而且体质也较好，可能慢慢赶过去，就用不着花钱雇车运了。"（2007 年访谈）

近两年锡林郭勒盟开始实施禁养山羊的政策，具体分为两步，首先在草畜平衡核定中将山羊折为 2 个羊单位（苏尼特左旗草原监理，2010）；其次在 2010 年开始要求牧民处理全部山羊，几乎所有访谈牧户都已经开始处理山羊。牧民对这项措施有很多不满，但迫于罚款的压力不得不执行。"山羊夏天耐热，冬天喂料恢复快；山羊效益高，春绒下来是牧民的第一笔收入，能解决困难，一夏天的生活费就够了，没山羊就得借钱。"（2010 年访谈）

总之，在过牧导致退化的主流治理思想下，5 年的禁牧休牧政策大大增加了牧民的养畜成本，也给牧民实施移动策略应对旱灾增加了更多的困难。但是这些问题并没有得到相关部门的重视，相反，正在实施的禁养山羊政策进一步减少了牧民实施多样化策略抗灾的可能性，也切断了牧民的重要收入来源之一。面对日益增大的灾害风险，牧民越来越需要外界的支持。在政府帮助牧民减少灾害损失、加强灾害应对能力的办法中，"疏"的办法可能比"堵"的办法更加有效。

七　结论与讨论

基于对苏尼特左旗近 40 年来的气象数据和白音嘎查的访谈数据分析，可以看到内蒙古荒漠草原区的气候呈现明显的变化特征：暖干趋势和气温变化幅度加大，协同灾害频频发生。我们关心的问题是，面对变化的自然条件，牧民的适应能力是提高了还是减弱了？现在的应对措施对牧民生计的影响如何，为什么急需对现有应对措施进行调整？

首先看气候变化给牧民畜牧业生产带来的重要影响，一方面渐变的暖干趋势使植被生长面临越来越严酷的条件，草场退化，气温、降水的变化幅度加大使得灾害预测更加困难；另一方面旱灾加高温、雪灾加低温的协同灾害使畜牧业经历着更严重的损失。牧民采取了以购买牧草和远距离租用牧场的方式应对干旱，原来低成本的走敖特尔变得需要很多资金才能完成，这是以一种高成本的抗灾方式替代了原有低成本的抗灾方式，其结果是牧民的生计难以持续，从长期看，牧民适应能力降低。

这种结果的出现与一系列社会制度变迁有关。事实上草原牧区正经历着个体化的过程，尽管这个过程在整个中国的农村地区都普遍存在，并且在促进经济增长中发挥了作用，但是由于草原牧区资源禀赋的限制，由草场划分到户和市场化所带来的个体化和互助关系的瓦解，削弱了牧民抵御灾害的能力。1996 年以后草场划分到户，不仅改变了合作与季节性移动的草场利用方式，而且给牧区的社会关系带来了很大影响，牧民间的草场纠纷增多、嘎查领导占用未分的集体草场和草原管理上的不作为以及市场化的渗透，都使得牧民抗灾策略的选择空间缩小，其实施成本剧增。一切以价格为基础的交易关系代替了浩特内外的合作与互惠机制。此外，政府实施的一系列草场保护项目将畜与草对立起来，试图通过减少牲畜数量和放牧来保护草场，这种简单化的方法不仅难以实现草场恢复的目标，而且给牧民的灾害应对策略施加了更多的阻力，造成草场保护和牧民生计"双输"的结果。

即使没有气候变化的影响，内蒙古干旱半干旱草原降水量少、年际变化大且不可预测，这种非生物因素造成的不确定性也是千百年来牧民畜牧业经营的重要考虑因素。"逐水草而居"的移动放牧，恰恰是与这种不确定性共存的结果（Scoones，1994：9；Humphrey & Sneath，1999）。与此相应，牧民一方面需要对关键资源有稳定的权利，没有这些资源，他们的牲畜就无法生存；另一方面，他们需要有灵活的资源使用模式和社会关系以适应生态、气候、政治和经济中的不确定性（Fernández-Giménez，2002）。然而，不论是非洲的热带稀树草原还是内亚（Inner Asia）[①] 大陆的温带草原，在西方产权理论的影响下，其产权制度都发生了大致相同的变化趋势：草原作为多种生物的栖息地、当地居民社会关系和信仰的载体，以及生计维持的主要来源，功能越来越被简化，价值也越来越被商品化。市场的作用被不断地夸大：只要土地市场发展起来，人们获得土地权利，利用土地生产产品并能进入市场进行交易，贫困问题就会解决（李文军、张倩，2009：64）。

在本文的案例里，我们看到，赋予牧民长期"明晰"的土地使用权的承包制在实施近 30 年来不仅没有解决贫困问题，而且还进一步弱化了牧民应对气候变化的能力。由国家发起的照搬农区的草场承包到户，辅之以草畜平衡即承载力管理的草场保护手段，让我们想到斯科特所定义的自然和

---

① 内亚是一个文化－经济区（cultural-economic zone）概念。从生态学上讲，基本都是草原地区，在南部，沙漠和干旱的山脉将其与青藏高原隔开。从文化上讲，从 13 世纪这个地区就由蒙古族统治，他们与北部和南部的主要邻居即俄罗斯人和汉族人不同，宗教上信奉佛教－萨满教，与信奉伊斯兰教的中亚及西亚地区也有很大不同（Humphrey & Sneath，1999）。

社会的管理制度的国家简单化（斯科特，2004：4）。这种简单化的结果不仅会因为违背草原的生态环境特点而导致草原的退化，而且也会增加社区内矛盾（王晓毅，2010：143）。矛盾增多和失去合作的牧民社区，越来越缺乏抵制这种简单化政策的能力。2000年以后沙尘暴肆虐京津及整个北方地区，特别是北京申办2008年奥运会以后，生态与国家利益紧密地联系在一起（荀丽丽，2007），这进一步推动了国家自上而下的生态治理方案的实施，如本文案例地连续5年的春季休牧。简单化政策、对西方草原管理理论和集约化畜牧业的盲目追崇、保护生态的紧迫感以及破碎化的牧民社区，这四方面要素正是斯科特所定义的由国家发起的社会工程导致灾难的根本原因（斯科特，2004：4~6）。这就促使我们思考这样的问题，为什么国家发起的旨在削除贫困、抵抗自然灾害、保护草原生态环境的社会工程反而会促成草原的退化，使牧民应对气候变化的脆弱性大大增加？如果从积极的角度来看待气候变化的影响，它也提供了一个机会，一个重新思考国家的社会工程与地方自主性关系的机会。在应对气候变化影响的过程中，国家应如何尊重和利用无限多样的地方性知识，允许地方社会——牧民有自己的选择。国家与社会的良性互动也许才是保护草原和畜牧业发展，以及降低应对灾害的社会脆弱性的办法。

参考文献

布赫，1987/1984，《布赫同志在全区牧区工作会议上的讲话》（7月4日），载内蒙古党委政策研究室、内蒙古自治区农业委员会编印《内蒙古畜牧业文献资料选编　第二卷（下）》，内部资料。

达林太、郑易生，2010，《牧区与市场：牧民经济学》，社会科学文献出版社。

高涛、肖苏君、乌兰，2009，《近47年（1961-2007年）内蒙古地区降水和气温的时空变化特征》，《内蒙古气象》第1期。

宫德吉，1995，《近40年来气温增暖与内蒙古干旱》，《内蒙古气象》第1期。

宫德吉、汪厚基，1994，《内蒙古干旱现状分析》，《内蒙古气象》第1期。

韩芳、牛建明、刘朋涛、那日苏、张艳楠、王海，2010，《气候变化对内蒙古荒漠草原牧草气候生产力的影响》，《中国草地学报》第5期。

韩俊丽，1995，《向集约化草原畜牧业迈进——从三次重白灾看锡盟草原畜牧业的发展趋势》，《阴山学刊》第2期。

《黑龙江日报》，2006，《蒙古族的传统婚姻和生育习俗》，3 月 14 日。

李文军、张倩，2009，《解读草原困境：对于干旱半干旱草原利用和管理若干问题的认识》，经济科学出版社。

李晓林，2006，《阿巴嘎的牧民为何要"走场"——内蒙古边境纪事之三》，《中国民族》第 9 期。

李彰俊、郭瑞清、吴学宏，2005，《"雪尘暴"灾情形成的多因素灰色关联分析——以 2001 年初锡林郭勒草原牧区特大"雪尘暴"为例》，《自然灾害学报》第 5 期。

IPCC，2007，《气候变化 2007：综合报告——政府间气候变化专门委员会第四次评估报告第一、第二和第三工作组的报告》，核心撰写组、R. K Pachauri 和 A. Reisinger（编辑），日内瓦。

廉丽萍，2007，《锡林郭勒盟西部地区沙尘暴天气气候分析及对生态环境的影响》，《内蒙古科技与经济》第 21 期。

梁景之，1994，《自然灾害与古代北方草原游牧民族》，《民族研究》第 3 期。

——，1996，《古代北方草原自然灾害与减灾》，《内蒙古社会科学》（文史哲版）第 1 期。

路云阁、李双成、蔡运龙，2004，《近 40 年气候变化及其空间分异的多尺度研究——以内蒙古自治区为例》，《地理科学》第 4 期。

内蒙古气象学会，1987，《内蒙古气象漫谈》，气象出版社。

内蒙古锡林郭勒盟气象台，1976，《冬季牧场的雪情预报》，《气象》第 Z1 期。

内蒙古畜牧业厅，2000，《内蒙古畜牧业发展史》，内蒙古人民出版社。

内蒙古伊克昭盟乌审召公社中间试验办公室规划组等，1977，《坚持牧业学大寨 征服沙漠建草原》，《新疆林业》第 5 期。

内蒙古自治区草原勘测设计院，1986，《内蒙古自治区锡林郭勒盟苏尼特左旗天然草场资源资料》，内部资料。

诺日布，2007，《巴彦嘎查四十五年历史回顾》，内部资料。

裴浩、A. Cannon、P. Whitfield、郝璐，2009，《近 40 年内蒙古候平均气温变化趋势》，《应用气象学报》第 4 期。

斯科特，詹姆斯，2004，《国家的视角：那些试图改善人类状况的项目是如何失败的》，王晓毅译，社会科学文献出版社。

苏尼特左旗草原监理，2010，《苏尼特左旗落实草畜平衡责任制和非牧户清理工作指导意见》，内部资料。

苏尼特左旗草原经营管理站，2002，2007，《苏尼特左旗牧户档案》，内部资料。

孙金铸，1988，《内蒙古草原的畜牧业气候》，《地理研究》第 1 期。

王建革，2003，《游牧方式与草原生态——传统时代呼盟草原的冬营地》，《中国历史地理论丛》第 2 期。

王建革，2006，《农牧生态与传统蒙古社会》，山东人民出版社。

王军，1995，《牧业防灾基地建设成效显著》，《新疆畜牧业》第 6 期。

王晓毅，2010，《作为共有和共管的草地》，王晓毅、张倩、荀丽丽编著《非平衡、共有和地方性》，中国社会科学出版社。

新华网，2009，《中国累计投入 65.2 亿元保护内蒙古草原》，12 月 6 日。

——，2010，《内蒙古大雪寒潮导致 35 万余人受灾　各地启动应急预案》，1 月 8 日。

修长柏，2002，《试论牧区草原畜牧业可持续发展——以内蒙古自治区为例》，《农业经济问题》第 7 期。

荀丽丽，2007，《政府动员型环境政策及其地方实践——关于内蒙古 S 旗生态移民的社会学分析》，《中国社会科学》第 5 期。

尤莉、沈建国、裴浩，2002，《内蒙古近 50 年气候变化及未来 10 – 20 年趋势展望》，《内蒙古气象》第 4 期。

赵媛媛、何春阳、李晓兵、黄庆旭、杨洋，2009，《干旱化与土地利用变化对中国北方草地与农牧交错带耕地自然生产潜力的综合影响评价》，《自然资源学报》第 1 期。

中共锡盟委，2001，《锡盟行署关于实施围封转移战略的决定》，锡党发〔2001〕21 号。

周惠，1984，《谈谈固定草原使用权的意义》，载内蒙古党委政策研究室、内蒙古自治区农业委员会编印《内蒙古畜牧业文献资料选编》第十卷（1987），内部资料。

Adger，W. N. 2006. "Vulnerability." *Global Environmental Change* 16 （3）.

——. 1999. "Social Vulnerability to Climate Change and Extremes in Coastal Vietnam." *World Development* 27 （2）.

——. 2000. "Social and Ecological Resilience：Are They Related?" *Progress in Human Geography* 24 （3）.

Agrawal，A. 2010. "Local Institutions and Adaptation to Climate Change." In R. Mearns & A. Norton （eds.），*Social Dimensions of Climate Change：Equity and Vulnerability in a Warming World.* Washington D. C.：The World Bank.

Anderson，S.，J. Morton & C. Toulmin. 2010. "Climate Change for Agrarian Societies in Drylands：Implications and Future Pathways." In R. Mearns & A. Norton （eds.），*Social Dimensions of Climate Change：Equity and Vulnerability in a Warming World.* Washington D. C.：The World Bank.

Cutter，S. L. 1996. "Vulnerability to Environmental Hazards." *Progress in Human Geography* 20 （4）.

Fernández-Giménez，M. E. 2002. "Spatial and Social Boundaries and the Paradox of Pastoral Land Tenure：A Case Study from Postsocialist Mongolia." *Human Ecology* 30 （1）.

Füssel, Hans-Martin & Richard J. T. Klein. 2006. "Climate Change Vulnerability Assessments: An Evolution of Conceptual Thinking." *Climatic Change* 75 (3).

Humphrey, C. & D. Sneath. 1999. *The End of Nomadism? Society, State and the Environment in Inner Asia*. Durham: Duke University Press.

IPCC. 2001. *Climate Change 2001: The Scientific Basis. Contribution of Working Group I to the Third Assessment Report of the Intergovernmental Panel on Climate Change*. Cambridge and New York: Cambridge University Press.

Mearns, R. & A. Norton. 2010. "Equity and Vulnerability in a Warming World: Introduction and Overview." In R. Mearns & A. Norton (eds.), *Social Dimensions of Climate Change: Equity and Vulnerability in a Warming World*. Washington D. C. : The World Bank.

Nelson, D. R. , W. N. Adger & K. Brown. 2007. "Adaptation to Environmental Change: Contributions of a Resilience Framework." *Annual Review of Environment and Resources* 32.

Ribot, Jesse. 2010. "Vulnerability Does Not Fall from the Sky: Toward Multiscale, Pro-Poor Climate Policy." In Robin Mearns & Andrew Norton (eds.), *Social Dimensions of Climate Change: Equity and Vulnerability in a Warming World*. Washington D. C. : The World Bank.

Scoones, I. 1994. *Living with Uncertainty: New Directions in Pastoral Development in Africa*. London: Intermediate Technology Publications Ltd.

Wang, Xiaoyi & Qian Zhang. 2010. "Poverty under Drought: An Agro-Pastoral Village in North China." *Journal of Asian Public Policy* 3 (3).

国家、资本市场与多元化战略在中国的兴衰[*]

——一个新制度主义的公司战略解释框架

杨　典

摘　要： 本文采用社会学新制度主义组织分析的理论框架，强调外部制度环境（国家和资本市场）在塑造大公司内部结构和战略中的作用，尤其是权力和合法性在组织变革中的关键角色。基于 676 家中国上市公司2000～2007 年的财务和公司治理数据以及相关深度访谈资料，本研究发现，国家政策和资本市场强有力地形塑了上市公司的多元化或专业化战略。尽管多元化对业绩不利，但我国公司仍热衷于多元化并由此使我国成为世界上公司多元化程度最高的国家之一。国家和资本市场利用其政治和市场权力推行的"最佳"公司战略和组织形式，经由三种"制度同构"机制被企业采纳。本文主要考察了强制性制度同构机制在多元化和回归专业化过程中的作用，并以此揭示了我国公司进行战略抉择时的制度和社会原因。

关键词： 新制度主义　公司战略　多元化　去多元化　专业化

20 世纪 60 年代到 70 年代，尽管美国大公司广泛采用了集团公司模式

---

* 本文在笔者博士学位论文第 4 章的基础上修改而成。在实地调研、数据收集及论文写作过程中受到哈佛大学费正清中国研究中心 Shum 奖学金及哈佛博士论文写作奖学金的资助。中国证监会蔡建春、深圳证券交易所金立扬、国务院发展研究中心刘云中等先生为论文实地调研和资料收集提供了建议和帮助。道宾（Frank Dobbin）、怀默霆（Martin Whyte）及弗雷格斯坦（Neil Fligstein）等教授对论文的写作提供了重要指导建议。本文初稿曾在"中国社会学会 2011 年学术年会（南昌）"上宣读，沈原、刘世定、刘少杰、甄志宏、桂勇、王水雄、吕鹏、符平等师友给予了富有帮助的点评和建议。《社会学研究》编辑部提供了中肯的修改意见。在此一并表示衷心感谢。原文发表于《社会学研究》2011 年第 6 期。

（the conglomerate model）和多元化战略（diversification strategy），但并没有足够的证据表明这些战略发挥了其应有的作用，相反，越来越多的事实证明多元化战略在提高公司业绩、增强公司竞争力方面是无效的。因此，20世纪 80 年代，多元化集团公司模式开始失宠，提升专业化成了美国大公司在过去 30 年间的战略趋势。比如，1980 年，只有 25% 的美国大公司集中于单一行业（a single 2-digit industry）运营，而到 1990 年这一比例达到了 42%（Fligstein，1991；Davis et al.，1994；Zuckerman，1999，2000）。在其他发达国家或新兴经济体，也有不少因素在推动公司模仿、采纳美国盛行的专业化战略（Ramaswamy & Li，2001）。美国大公司的专业化趋势通过制度同构（institutional isomorphism）机制在全球各地得以广泛扩散。然而，多元化战略却仍是中国企业的主导战略。如图 1 所示，在世界主要经济体公司多元化程度的比较中，中国企业的多元化程度明显比其他所有国家都高。

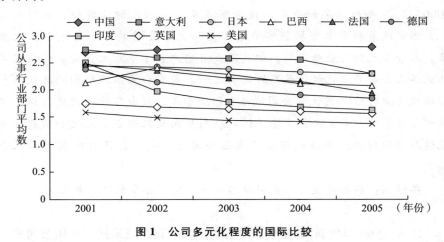

图 1　公司多元化程度的国际比较

资料来源：Fam et al.，2007。

尽管有大量证据表明，多元化并不能显著提高公司业绩，有时甚至是成功企业走向崩溃的主要原因，但不少中国企业还是争先恐后地实施多元化并以此为荣。这些事实提醒我们，中国企业多元化的原因可能与其制度环境密切相关，而不单单是市场机制的自然结果。也就是说，在中国，塑造公司战略的因素除了经济学家和管理学家声称的效率和利润之外，可能还有特殊的社会和制度因素。作为一项尝试，本文试图采用社会学新制度主义组织分析的理论框架去厘清、分析影响中国企业多元化战略的制度因素及其作用机制，为我们更好地理解多元化提供不同于经济学和管理学的第三种视角。具体来说，本文旨在研究国家和资本市场等外在制度因素对中国上市公司多元化战略的影响。

与多元化原因密切相关的一个问题是多元化如何影响公司绩效。虽然多元化在发达国家被认为不是一种好战略，但也有学者认为其在发展中国家可能是一种比专业化更优的战略，会显著提高公司业绩（Khanna & Palepu，1997），因为在发展中国家，产品市场、资本市场和劳动力市场很不完善，政府法规和合同的执行力度也不够，而多元化企业集团有自己的劳动力市场和资本市场，在遵守政府法规和履行合同方面比个体企业更有效率和效果，因此，多元化企业的绩效会更好一些。中国多元化企业是否在业绩方面表现得比专业化企业更好？或者说，高绩效是中国企业采取多元化战略的原因吗？为更好地理解中国企业多元化的原因及其后果，首先我们简单回顾一下中国企业多元化发展的历程，并对中国企业的政治社会环境做一简要剖析。

一　多元化战略在中国的兴起和衰落：1978～2008 年

（一）多元化公司模式在中国的兴起：1978～1997 年

改革开放以来，中国企业呈现从单一企业向多元化企业集团转变的趋势，而且多元化企业的多元化程度也在显著加深。在 20 世纪 90 年代后期，即多元化战略的鼎盛时期，90% 以上的中国上市公司实施了多元化战略，平均业务部门数量超过 3 个，有些企业甚至涉足 12 个行业之多。毋庸置疑，中国企业多元化有诸多经济驱动因素，如快速变化和高度不确定的市场环境（因此企业采取多元化战略以分散风险），从短缺计划经济向市场经济转型而产生的各个行业的巨大市场机会（因此企业涉足尽可能多的行业以期获取最大化的机会和利益）。但是，多元化公司模式在中国的广泛盛行也有不少制度因素的推动，特别是国家在塑造公司战略方面起了重大作用。

中国政府在 20 世纪 90 年代推行多元化企业集团政策有几个动因。其一，政府认为中国企业应该模仿日本和韩国的多元化集团公司模式，以提高企业竞争力，促进经济发展。其二，中国本土企业与在华运作的大型跨国公司日益激烈的竞争也迫使中国企业快速整合起来，打造多元化"企业航母"以有力应对外资竞争。此外，中国政府也把多元化企业集团当作吸纳日益增多的亏损企业和下岗职工的一个有效途径。与破产相比，多个企业兼并、重组为一个更大的多元化企业遂成为更优选择。当时有大量案例显示，各级政府曾主导一些大型国企吸收、合并亏损的中小国企，形成大的多元化集团，这说明 20 世纪 90 年代中国很多多元化企业集团的建立，更多的是基于政治考虑而不仅仅是经济方面的考量（樊纲，1996；Keister，1998）。

在改革初期，一些学者和官员就提出建立企业集团有助于整合国家经济的想法，但由于缺少相关产业政策支持，加之地方官僚势力的反对，大型企业集团的打造难产。到 20 世纪 90 年代初，情况才有了根本好转。1993 年两个法律政策的颁布成为中国企业集团命运的转折点。第一个是《中共中央关于建立社会主义市场经济体制若干问题的决定》（以下简称《决定》），将"现代企业制度"作为我国企业改革的关键，呼吁建立跨地区、跨行业的大型企业集团。第二个是 1993 年通过并于 1994 年 7 月正式实施的《公司法》。《公司法》连同其他相关法律法规，成为我国现代企业制度的法律基础和影响我国企业集团战略的重要制度因素。在《决定》和《公司法》颁布不久，国务院在 1994 年就选择了 100 家企业和 56 家企业集团作为建立现代企业制度的试点。这些企业在制定经济计划、融资运营和对外贸易中拥有更大的自主权。1997 年春，国务院把试点企业集团的数量从 56 家扩大到了 120 家。中央对企业集团发展的高度重视，在各个部委、省市等层面引起了极大反响，后者纷纷采取各种措施支持中央计划。如 1995 年 4 月，原化学工业部宣布，将大力支持其属下的 5 个大型企业集团，力争在"九五"期间达到超过 100 亿元的年销售目标。国务院也于 1995 年宣布投入 1000 亿元支持 8 家重点汽车企业集团的发展。又如，1995 年春，上海市政府率先采取措施鼓励企业集团的发展。农业部和地方政府甚至支持在乡镇层面打造乡镇企业集团（Shieh，1999；陈清泰等，1999）。各种企业集团随后在部、省、市、县等各层面蓬勃发展。

20 世纪 90 年代中后期国有企业的普遍亏损和经营困难，使得我国政府认识到国企改革必须"有所为、有所不为"，[①] 于是国企改革的战略及核

---

① 参见 1997 年党的十五大通过的《中共中央关于国有企业改革和发展若干重大问题的决定》。

心原则转向"抓大放小",即集中政府的有限精力和资源扶持大型成功的国企,同时放开搞活国有中小企业。具体来说,就是将大中型国企转变为独立法人实体,并支持其兼并、重组、联合,形成大型多元化企业集团。而小型国企,尤其是那些亏损企业,或被出租,或被并购、出售,甚至被勒令破产(吴敬琏等,1998;张维迎,1999)。"抓大放小"战略的实施对我国企业 20 世纪 90 年代中后期的多元化浪潮起到了推波助澜的作用。

此后,我国掀起了一波又一波的企业集团化改制浪潮。在某些情况下,企业兼并、重组、集团化改制都是在相关政府主管部门的一手操控下完成的,而这些监管、操控改制过程的政府机构在集团化改制完成后便成为新企业集团的总部,这些机构的政府官员则成了改制后企业集团的董事长或总经理。有些企业则通过非相关多元化(unrelated diversification)——从事与企业核心业务很不相关的商业活动——来履行社会责任。如在 20 世纪 90 年代,我国还缺乏完善的社会保障体制和劳动力市场,就业对政府和社会稳定尤其重要,政府不允许企业随意解雇员工加重本已十分严重的就业形势,因此企业随便裁员是行不通的(李培林、张翼,2007),但根据相关政策,企业可以把车间及其他服务设施转化为"附属三产公司",从事母公司核心业务以外的商业活动,如房地产管理、酒店及维修服务等(Guthrie,1997)。面对计划和市场的双重压力,非相关多元化为那些继承了沉重历史包袱的大型国企提供了既能提高核心竞争力,又能转移过剩人力资源的有效方法。总之,对于我国企业的多元化,政府起着关键作用,即在很大程度上是由政府的多元化集团改制政策推动的。

(二) 多元化战略的衰落:后 1997 年时期

1997 年是中国企业多元化进程的一个分水岭,"多元化热"自此逐渐冷却下来。这一年,亚洲金融危机及几个著名多元化集团的突然倒闭(如巨人、三株和太阳神集团),引发了商界和学术界关于中国企业究竟应该采取多元化还是专业化战略的大讨论。尤其重要的是,多元化集团公司模式被认为是韩国经济危机产生的重要原因,不少人开始担心中国效仿韩国大力推动多元化企业集团的政策也许是不明智的。而中国政府和企业集团之间的密切关系也让人更加担忧,危机一旦发生,其后果可能更加严重。反思日、韩多元化集团模式的负面效应,加上观察到美国专业化公司模式在全世界的风行，中国高层领导人和决策者开始将目光转向看似更优的美国模式。相应地，很多中国企业开始实施去多元化以提高核心竞争力（core competency）。例如，1997 年实施兼并重组的 95 家上市公司中，有 14 家剥离了非核心资产；在 200 家进行重组的企业中，有 50 家出售了非核心业务。

自 1997 年亚洲金融危机以来，在新的国家政策和美国专业化公司模式的强大影响下，中国企业出现了去多元化的新趋势。如图 2 所示，尽管中国企业的多元化程度在总体上仍然很高，但从 2001 年到 2007 年出现了明显下降 ①：2001 年 85% 以上的企业从事多个行业，而这一比例在 2007 年下降到 70%；衡量企业多元化程度的指标熵指数（the entropy index）也从高峰年 2001 年的 0.56，大大降低到 2007 年的 0.42。此外，数据显示，2001 年中国上市公司从事的平均行业个数超过 3 个，而到 2007 年下降到 2.6 个。

从图 2 可以清楚地看到，2001 年到 2007 年企业多元化的两个重要指标都整体呈下降趋势。此外，人们谈论企业战略的话语和论调也发生了显著变化。在实地调研期间，笔者强烈感受到专业化这一中国商界的新时尚和大家对此的谈论热情。公司高管、学者和商业媒体经常讨论中国企业为什么要专业化而不是多元化，还常常举例说因为全球财富 500 强几乎都是专业化企业，所以中国企业若想进入 500 强就应该采取专业化战略。专业化论调如此强大，以至于有的连锁酒店出售了其餐厅业务，只因为商业顾

---

① 相反，图 1 显示中国企业多元化在 2001 年到 2005 年呈微幅增长趋势。图 1 和图 2 的差异主要是取样方法和样本企业的不同引起的。图 1 引自范博宏等学者（Fan et al.，2007）的研究，他们把 2001 年到 2005 年中国所有上市公司作为样本，这意味着他们的样本数量是逐年变化的，每年都有新公司加入。图 1 的数据能够很好地展现中国上市公司的整体多元化程度，但由于每年公司样本不同，无法获得同一批公司多元化程度的变化情况。更重要的是，本研究的数据与采用的理论框架更相关，因为本文的核心论点是国家和资本市场在塑造公司战略（如去多元化战略）方面起到了很大作用。非上市公司和刚上市公司在去多元化中并没有受到太多来自国家政策和资本市场的压力，所以如果我们想确切知道国家政策和资本市场对中国企业去多元化的影响，就应该排除这些公司。而图 2 正是在此基础上，以笔者自己的样本（1997 年到 2007 年 676 家上市公司）反映出所跟踪的同一批公司过去 10 年来多元化情况的变化，所以本研究的数据在衡量中国企业多元化的趋势上应该更准确。整体上来看，尽管中国企业多元化程度仍然很高，但 1997 年后有显著的去多元化趋势。另需说明的是，图 2 中 2006 年多元化程度的突然加深是由股票市场的繁荣引起的：我国股票市场在 2006 年成倍增长，很多上市公司都开始从事投资业务（在上市公司年报中会被当作一个新的业务部门），这是 2006 年上市公司业务部门平均数激增及多元化程度暂时飙升的主要原因。

问和媒体认为，酒店管理而非餐厅运营才是其核心业务。中国农业和食品工业最大的一家公司总经理 N 先生就抱怨说："专业化战略在中国已经走得太过了…… 我也曾被 M 咨询公司所误导，去多元化得非常厉害，以至于把几乎所有有利可图的资产和业务（如房地产）都出售了，只留下了 M 咨询公司所认定的核心业务（但都是一些非盈利的业务），如农产品业务，这最终导致我们的业绩变得很差……后来我们为了恢复到之前的盈利水平，只好又买回一些赚钱的业务。"（公司高管面访 E01）

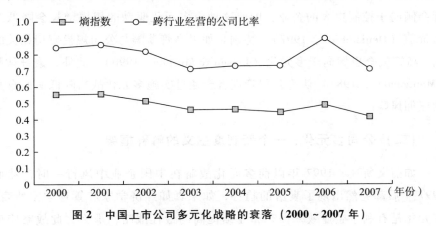

图 2　中国上市公司多元化战略的衰落（2000 ~ 2007 年）

二　理论综述与理论框架

（一）效率、理性与多元化战略

企业为什么要进行多元化的问题受到经济学家和管理学家的广泛关注和研究，由此产生了几种理论解释框架。首先，有学者用规模经济效应（economies of scale and scope）来解释多元化战略的动因，并由此认为多元化对企业绩效有积极作用（Chandler，1962；Rumult，1974）。企业通过在更大规模上运用其固定资产投资（如市场营销和研发）能够获得更大收益，也能够通过把一些商业活动中的战略资源和独特能力运用到其他商业活动中来提高盈利。企业资源基础观（Barney，1991）和动态能力论（Teece et al.，1997）为该理论提供了进一步的支持。其次，是组织学习理论和企业经营范围再定义理论。明茨伯格（Mintzberg，1988）把公司战略重新定义为几类"一般战略"。根据这种分类，多元化战略属于"扩展核心业务"类别的一部分。企业通过扩展核心业务加深对市场的理解，并有可能重新定义核心业务或产品市场领域。而多元化战略会影响企业未来的战略变化和长远公司绩效。多元化尤其是非相关多元化还有一个重要作用就是能降低风险（Chandler，1962）。公司高管可以通过非相关多元化提高公司绩效，尤其是当企业处于不确定或恶劣环境中的时候。最后，多元化战略的一个负面作用可以用代理理论（agency theory）来解释。公司高管会倾向于控制更大的企业，即使这种由多元化驱动的规模增长会降低股东价值（Denis et al.，1997）。特别是如果高管薪酬与公司规模密切相关的话，高管就会更倾向于多元化（Jensen & Murphy，1990）。此外，蒙哥马利（Montgomery，1982）认为公司管理者会通过实施多元化战略降低他们自身的雇佣风险。

（二）公司多元化：一个新制度主义的解释框架

如前文所述，1997年以前多元化战略在中国企业中风行一时，然而1997年后却突然出现了衰落的趋势，如果真如经济学家和管理学家所言，多元化是有利于企业效率提升和业绩提高的最佳战略，那么，此战略应该长期为企业所用并更普遍地扩散开来，而不是短短几年间就突然转向衰落。在很多经济学家和管理学家眼里，"理性"和"效率"是客观的，存在于社会和制度真空中，并不随外在制度、文化和社会环境的改变而改变。因此，如果多元化是最理性、最利于效率最大化的战略，为什么企业会放弃该战略而进行去多元化、回归专业化呢？难道企业作为理性行动者，突然变得不理性了吗？

显然，上述种种基于"效率"和"理性"的理论并不能为我们提供一个关于中国企业多元化战略的合理、满意解释。而社会学家对美国等西方企业多元化和去多元化历程的研究为我们理解中国企业的多元化和去多元化问题提供了颇为有用的经验参照和理论启示。与基于效率的视角不同，社会学家着重从制度、社会和政治视角解释多元化战略的兴起和衰落。他们认为多元化集团模式在长达30年的时间内通过一系列制度过程建构并扩散开来，这些制度过程包括国家行为、组织模仿、商业咨询顾问们的建议，以及组织理论家的效率逻辑论的支持等（Fligstein，1991；Davis et al.，

1994）。弗雷格斯坦（Fligstein, 1985, 1987, 1991）认为，公司在某段时期的经营决策和商业实践反映了该时期的宏观制度和结构状况。通过将组织战略与其制度环境联系起来，他发现，企业内部的个体行动者、企业的经济和结构状况，以及企业所处的制度环境对企业决策和实践都很重要，那些处于快速社会转型和大变革时期的企业尤其如此。根据弗氏的分析，在美国，多元化战略的产生主要受两个制度因素的强烈影响：其一，被政治定义的制度环境通过反垄断法和相关政策塑造了企业的多元化实践；其二，随着一些企业率先实施多元化战略，这一组织实践通过迪马吉奥和鲍威尔（DiMaggio & Powell, 1983）所提出的"制度同构"机制在组织场域内进行快速传播，尤其是通过强制和模仿机制。此外，弗氏还强调了组织内部政治因素在多元化中的重要作用。他认为有销售、市场营销和财务运营背景的首席执行官（CEO）会更偏爱多元化战略。总体来看，弗雷格斯坦等社会学家关于多元化战略的社会学解释比那些以效率为基础的多元化理论要更为深入、细致，视野也更为宏大（比如 Coase, 1937; Chandler, 1962; Williamson, 1975）。

需要指出的是，由于民族国家（nation-states）在现代世界中日益占据主导地位，迫使企业遵从国家相关制度和法规的压力也与日俱增（Meyer & Rowan, 1977）。迪马吉奥和鲍威尔（Dimaggio & Powell, 1983）着重强调了国家和专业人士在一项组织实践产生及扩散中的重要作用，认为在现代世界，理性化和科层化的动力已由竞争性市场转向国家和专业人士。即使在美国这样的自由资本主义社会，国家在推动一些组织实践的产生和扩散中也发挥了重要作用，比如美国大公司中一些劳动和人力资源管理创新均与国家相关法规政策的影响有关（Baron et al., 1986）。另外，国家在一些组织实践的跨国扩散中也发挥了关键作用（Guillen, 1994），如科尔（Cole, 1989）就描述了日本政府如何在日本企业的质量管理运动中发挥了突出作用。国家一般通过提供激励（或实施惩罚）来推动组织的转型和变革。专业人士也在新型组织实践的产生和扩散中发挥了很大作用，比如，基金经理和证券分析师等专业人士在推动美国公司实施专业化战略方面发挥了关键作用（Zuckerman, 1999, 2000）。

在我国，由于国家在全社会中的主导作用，特别是由于计划经济传统，企业并非完全独立于政府的自主市场行动主体，企业的很多决策，特别是像多元化这样的重大决策，往往受国家政策和相关政府主管部门的强烈影响，因此，国家的强制（coercion）在塑造我国企业行为方面尤为重要。另外，在我国上市公司中，由于机构投资者和证券分析师等对公司市值及声誉的影响力，资本市场在形塑公司战略方面正在发挥越来越重要的作用。

基于中国现实和上述新制度主义组织分析的有关理论，本文试图提出一种不同于传统经济学和管理学解释的新制度主义公司战略分析框架来理解多元化战略在中国的兴起和衰落。这种新制度主义公司战略观强调权力及合法性（legitimacy）在形塑公司战略方面的重要作用（Fligstein，1991；Roy，1997；Perrow，2002），同时着重外部制度因素——特别是国家和资本市场作为两个强大外在制度力量——在形塑公司内部发展战略中的作用。凭借这种新制度主义公司战略观，我们可以从一个既包括经济因素又包括制度因素的更全面而周密的理论视角来审视中国公司的多元化，加深我们对中国公司战略的理解。

三 理解中国企业的多元化：几项假设

"国家"无论对理解宏观中国经济还是微观中国企业行为都是必不可少的关键因素。在公司战略方面，如前所述，无论是多元化还是之后的去多元化，中国政府都起了重要作用。本部分涉及国家作用的假设主要是国有股权和公司行政级别，这两个变量都与公司受国家力量影响的强弱有关：国有股比例较高及行政级别较高的公司与国家联系更紧密，受国家的影响也更大。另外，尽管我国资本市场还处于初级发展阶段，但已显示出在塑造上市公司发展战略方面不可小觑的力量。本部分用机构投资者持股比例来测量资本市场对上市公司的影响力。

（一）国有股权与公司多元化

要想了解中国企业为什么偏爱多元化战略，就必须考虑中国企业的所有制结构。基于美国经验的研究显示，所有权与很多战略密切相关，其中就包括多元化战略（Hoskisson & Turk，1990）。作为一个涉及企业经营领域的战略变量，产权类型往往与整个公司层面的重大决策有关（Gedajlovic，1993）。这从产权与交易成本理论的联系中可以清楚看出（Williamson，1985）。但是，产权类型对于转型期中国企业的多元化战略来说，具有超越降低交易成本的更关键意义。

一般说来，国有制使企业更倾向于多元化。尤其在中国，政府推动和国企高管偏好同时起作用，从而使国企更偏爱多元化。前文也提到，政府会推动其属下的企业多元化，建立大型企业集团，以期提高企业竞争力，推动经济发展。政府还会为了维持社会稳定和增加就业而推进多元化（Li et al.，1998）。因此，在中国，多元化不仅是企业自主的战略选择，而且更是国家权力和行政强力干预的产物。此外，国企领导人面临的"制度激励"及"利益刺激"也是推动国企多元化的重要原因。由于国企经理面对的是软预算约束，因此他们往往很随意地实施多元化。国企经理们也很乐意用多元化这种更易于为外界观察（特别是其上级主管部门）的战略来作为企业的战略发展方向。因为规模扩张是企业增长的一个非常明显的表现，也是政府官员和职工都希望看到的，所以国企经理往往通过多元化来扩大公司规模、提高自身的职位和权力。此外，寻租行为也是多元化的推动因素之一。国企老总可以方便地从多元化投资中获得不少收益（如直接贪污投资资金，或从承包商处获取回扣和贿赂）。

基于以上理论和事实，我们不难预测国有企业会比非国有企业更可能实施多元化战略。1997年以前这也许是正确的。但是，1997年后我国的企业多元化政策发生了急剧转变。上文曾提及，1997年亚洲金融危机后，中国政府放弃了日、韩的多元化企业集团模式，转而推动中国公司实施美式专业化战略。因此，中国政府近些年来在企业的去多元化过程中也起到了重要作用。总的来说，中国政府的角色正逐渐从国有企业的微观管理者向大型企业或金融机构的战略投资者转变。特别是2003年成立国资委和2007年成立中国投资公司（以下简称中投）后，中国政府越来越像投资者和掌管投资组合的超级基金经理，而不是具体负责公司运营的管理者。目前，国资委是中国最大工业企业的控股股东：截至2010年7月，它控制了125家大型工业企业，包括中石油、国家电网、中国电信等，这些都是名列财富全球500强的企业。中投公司则是中国最大几家金融机构的控股股东（通过中央汇金公司）：它控制了4大商业银行——工商银行、中国银行、中国农业银行和中国建设银行。此外，中投公司还拥有一个类似私募股权投资的部门（所谓的主权财富基金），对世界范围内尤其是美国的工业企业和金融机构进行投资，它拥有美国一些最知名公司的股权，包括摩根士丹利、花旗、苹果、可口可乐、强生、摩托罗拉和维萨等公司。

国资委自成立以来，出台了关于国有企业去多元化（或至少要限制其过度扩张）的一系列规定。2002 年原国家经贸委等八部委联合下发了《关于印发〈国有大中型企业主辅分离辅业改制分流安置富余人员的实施办法〉的通知》，对主辅分离、辅业改制提出具体操作办法。该文件的下发，改变了国企计划经济时代形成的"大而全，小而全"的主导模式，开始引导央企向"主业为王"的道路上发展。2003 年 7 月，在国资委成立后的第一次央企负责人会议上，国资委主任李荣融定下了央企整合、突出央企主业的调子。其思路是，央企"先做强，再做大"。做"强"就是把主业做上去，主业不要超过 3 个，不要把摊子铺得过大，过大的要逐步收缩。他着重指出，央企主业不突出、核心竞争力不强的问题比较突出。一是相当一批企业主业过多。据统计，央企存在 4 个及以上主业的有 53 家，占央企的 28%，最多的达 8 个。二是部分企业尚未明确主业方向，仅有约 50 家企业主业比较明确。三是央企之间存在结构趋同、相互竞争现象（朱江雄，2005）。李荣融为央企投资划定"三条红线"，其中一条即"不符合主业投资方向的坚决不准搞"。2004 年，国资委下发了一系列通知，包括《关于加强中央企业重大投资项目管理有关问题的通知》、《关于加强中央企业收购活动监管有关事项的通知》、《中央企业发展战略和规划管理办法（试行）》等，要求各央企做好主业，剥离非主业业务。2005 年又下发了《关于推进国有资本调整和国有企业重组的指导意见》。2006 年 7 月，《中央企业投资监督管理暂行办法》正式实施，其中一项重要原则是"突出主业，有利于提高企业核心竞争能力"。国资委该办法出台的背景是"少部分企业非主业投资比重偏大，存在盲目多元化投资问题，投资管理上漏洞和隐患较多，亟待加强监管"。自 2004 年国资委开始对央企的主业一步步明确以来，先后 8 次公布央企主业名单（武孝武，2007）。

而中投公司的投资风格与美国典型的机构投资者相比并没有什么不同（中投公司的不少高管都是之前在华尔街投行或律所工作的专业人士）。来宝集团董事长埃尔曼（R. S. Elman）就认为，中投公司高管的投资方式很有效率，"他们非常商业化，只注重结果，并不干预所投公司的日常运营"

（Barboza & Bradsher，2010）。除了国资委和中投公司，中国证监会在推动上市公司专业化战略上也起了很大作用。例如，它明确规定通过股市筹集到的资金只能用于发展核心业务，否则筹资申请将被驳回。

中国政府官员从"经理人思维"（managerial mentality）到"投资者思维"（investor mentality）的转变有诸多因素。很多政府官员都是学经济和法律出身的，有些在商业和金融领域还有丰富的实践经验。这种教育背景和专业经验极大影响了他们对公司战略的理解，使其理所当然地认为专业化要优于多元化（比如经济学理论和商学院教科书就明确声称专业化要优于多元化）。美国公司重回专业化的风潮也影响了他们的想法。总体来说，中国政府官员从"经理人思维"到"投资者思维"的转变，深刻影响了中国政府对公司战略的认识。与华尔街的机构投资者一样，如今中国政府也更倾向于专业化公司，并要求国有控股企业逐步去多元化。与此同时，中国很多私营企业却由于没有政府约束和行政指导，仍在非常积极地向多元化发展。初步数据分析显示，在 2000 年到 2007 年期间，非国有控股上市公司的多元化程度明显高于国有控股上市公司。由于我国公司的去多元化和重归专业化主要是由国家驱动和引导的，而较少由企业自身自觉、自愿达成，因此，那些国有股比例更高的上市公司由于与国家的联系更紧密、受国家政策的影响更大而更有可能实施去多元化战略，其多元化程度由此可能更低。所以，我们提出第一个假设。

假设 1：在 2000 年到 2007 年，我国上市公司中国有股的比例越高，其公司的多元化程度越低。

（二）企业行政级别和多元化

在我国计划经济时期，企业围绕着"层层嵌套"的庞大政府机构而组织起来，每一级政府都有一些自己控制的企业。相应地，这些企业也有不同的行政级别，比如由省级政府管理的就是省属企业，由市级政府管理的就是市属企业。倪志伟（Nee，1989）认为当市场机制作用加强时，这种计划经济的等级制就会消失，但其他学者（比如 Guthrie，1997）断定这种范式转移在短期内不大可能实现。尽管经济责任和行政责任已经下放，但这一官僚等级制本身并不会消失。魏昂德（Walder，1995）的研究显示，不同行政级别的政府治理环境对公司实践有显著影响。行政级别越高的公司，其市场或政治权力也越大，越容易获得政府提供的资金和各种资源，因此也就比行政级别低的公司更有能力也更有可能实施多元化。但顾道格（Guthrie，1997）发现行政级别较高的企业更可能实施多元化，不是因为它们拥有更多的资源及更大的市场和政治权力，而是因为它们在经济改革中面临的不确定性更大，为了分散风险并在市场中生存下来，它们更可能实施多元化。总之，无论是基于何种原因和机制，已有不少证据表明行政级别越高的企业在 20 世纪 90 年代越有可能实施多元化。

然而，20 世纪 90 年代后期以来，中央关于公司战略的新政策重塑了那些行政级别较高的大公司的发展战略。比如，随着国资委上述一系列"突出主业，提高企业核心竞争力"政策的出台，各个央企纷纷有所行动：2007 年 12 月，中石化集团向外界传递出拟转让旗下金融资产的信息；2008 年 6 月，中石油对外宣布，本着突出发展主营业务、核心业务的原则，清理现有投资项目和规划中的项目，将对 49 个项目做停缓建或调减投资处理（家路美，2008）。

尽管中央正力推企业专业化，但范博宏等人（Fan et al.，2007）发现不少省市等地方政府仍在强力推动其所属企业朝特定行业进行多元化扩张，尤其是向那些所谓的"支柱产业"。例如，我国除两个省外都进入了汽车装配行业，结果是大多数企业规模都很小且很难盈利。显然，有很多经济因素（如不同的利益激励机制）造成中央和地方政府对多元化持不同观点，而其间政府官员对公司战略的不同理解也起了重要作用。中央政府官员和省市县等地方官员相比，受过更好的教育和专业训练，并更多地受到国外专业化公司模式的影响。因此，中央政府官员会认为专业化是当今企业的标准规范和值得中国企业学习的全球最佳实践样板，而地方政府官员可能会真的认为多元化才是更好的战略（比如他们会觉得企业越大越好，从事的行业越多越有实力）。此外，由于行政级别高的企业在其所在行业更大、更强，它们更可能有自己的核心竞争力（如品牌和专利技术），从而更有能力实施专业化。核心竞争力事实上是个奢侈品——并不是每个企业都拥有能够支撑其实施专业化的核心竞争力。很多企业由于没有核心竞争力，为了生存只能多元化发展，尤其是私营企业和行政级别较低的国有企业。总之，行政级别更高的企业更可能实施去多元化战略，不仅因为它们受中央政府专业化政策的影响更大，也因为它们更具有实施专业化战略的能力。由此，我们提出第二个假设。

假设 2：2000~2007 年，企业的行政级别越高其多元化程度越低。

（三）资本市场与公司多元化

研究表明，证券分析师和机构投资者在美国大公司的去多元化过程中发挥了重要作用（Zuckerman，1999，2000）。据朱克曼（Zuckerman，1999，2000）分析，一个公司的股票在"报道错位"（coverage mismatch）的情况下会出现折价贬值交易。"报道错位"是指该公司的股票没有被其所在行业的分析师所关注、分析和报道。这种"报道错位"对多元化公司来说问题尤为严重，在很大程度上导致了多元化公司的股票在 20 世纪 80 年代到 90 年代一直处于折价交易的状态。因此，多元化公司的高管们迫于压力而实施"去多元化"，以使其股票更易于被分析师理解，从而提高公司价值。关于机构投资者在多元化中的作用，研究发现所有权的集中度与多元化程度有负向关系（Hoskisson & Turk，1990），这意味着所有权集中于机构投资者（如共同基金、养老基金等）手中能有效抑制公司管理层的过度多元化冲动。博伊德等人（Boyd et al.，2005）也证实机构投资者在限制公司管理层出于自身利益而追求非相关多元化方面能够发挥很重要的监督制衡作用。

经过 20 多年的发展，我国资本市场取得了很大进步。尽管还存在种种不足，但资本市场在改善公司治理、形塑公司战略方面已发挥了积极作用，特别是自 2005 年股权分置改革以来，资本市场中机构投资者的角色越来越重要。我国的机构投资者和证券分析师们与其全球同行一样，都希望公司有明确的主营业务及核心竞争力，对那些主营业务不清、过分多元化的公司要么调低其估值，要么"用脚投票"，敬而远之。许多证券分析师在为公司股票评级时，往往将主业是否突出当作其未来盈利能力的一个标志，如三九药业在剥离了非主业资产后，证券分析师提高了其评级。在实地调研中，当笔者问一些证券分析师是否喜欢多元化公司以及如何评估这些公司的价值时，一位分析师回答说："我们在制定投资组合时几乎不考虑多元化公司，无论它们的业绩有多好。"（分析师访谈 S01）因此，面对资本市场的压力，上市公司不能过分多元化，而要将主要精力集中于一个或若干个核心业务上。然而，尽管所有上市公司都会受到资本市场的影响，但由于各个公司的机构投资者持股比例非常不同（多的可能占到公司总股份的 50% 以上，少的可能连 1% 都不到），因此各个上市公司所受的资本市场压力是不一样的，那些机构投资者持股比例越高的公司，所受到的专业化压力也就越大。因此，我们的第三个假设如下。

假设 3：机构投资者持股比例越高的公司，其多元化程度越低。

（四）多元化和公司绩效

多元化如何影响公司绩效一直是战略管理和产业组织的研究重点（Chandler, 1962; Rumult, 1974）。产业组织经济学家首先考虑多元化和非多元化企业的相对绩效；接着，战略管理和金融领域的学者提出了更明确具体的研究范式，重点研究相关多元化和非相关多元化的绩效差异（Rumult, 1982; Galai & Masulis, 1976）。对此，虽然有很多实证研究，但并没有得出统一的结论。既有研究发现多元化和公司绩效有显著的正向关系（Campa & Kedia, 2002），也有研究发现两者没有显著关系（Villalonga, 2004），还有研究发现两者存在负向关系（Lang & Stulz, 1994），甚至一些学者发现多元化水平和公司绩效之间存在倒 U 形关系（Palich et al., 2000）。

关于多元化和公司绩效的研究大多基于发达国家的经验，这些国家的各种市场制度相对完善，企业能够对市场状况做出有效反应。基于新兴经济体的战略研究，却发现了多元化和公司绩效之间的新关系（Chang & Hong, 2002; Khanna & Palepu, 1997）。肯纳和派勒普（Khanna & Palepu, 1997）指出新兴经济制度环境的五个关键特征作为研究多元化和公司绩效关系的重要影响因素。具体说来，新兴经济体缺乏完善的产品市场、资本市场、劳动力市场，还缺乏必要的法律法规和强有力的合同约束，因而其中的企业很难积累资源、实施专业化。在这种不完善的制度环境中，企业应该实施非相关多元化，作为一种获取自发（self-generated）制度支持的有效手段（Khanna & Rivkin, 2001）。因此，在新兴经济体中，多元化集团

比单个公司在这五个方面都更有优势，因而更能提升企业价值（Lins &
Servaes，2002）。

作为计划经济转型和新兴市场的混合体，中国具有新兴经济体的大部
分制度特点。如在中国很难建立和维护品牌，费力创建的品牌和形象可以
被仿冒品牌很轻易地毁坏。消费者没有可靠的信息来源来判断产品质量。
资本市场还处于发展的初期阶段。市场纪律尚未完全建立和执行。劳动力
市场仍然分散且不透明。尽管商业教育取得了很大进步，但优秀管理人才
的数量还远远不够。法律法规还在发展完善中，合同执行力也不容乐观。
这样一个典型的新兴市场制度特征使我国成为验证多元化对企业绩效影响
的理想环境，因此笔者提出以下假设。

假设 4：在中国，多元化程度和企业利润率成正向关系。
假设 5：在中国，多元化程度和股票回报率成正向关系。
假设 6：在中国，多元化程度越高的企业增长越快。

四 数据和研究方法

（一）样本

上市公司多元化数据以及会计和财务数据主要从上市公司年报、中国
股票市场和会计研究数据库（CSMAR）及万德（Wind）数据库中搜集整
理而来。所有制结构和公司治理数据主要来自色诺芬（Sinofin）信息服务
数据库。中国证监会要求上市公司披露其所从事的所有主要行业部门的详
细信息，只要这些行业部门超过该企业总体销售额、资产或利润的一定比
例。披露信息包括行业名称、产品和服务描述，以及行业部门的销售、成
本和利润情况。笔者从上市公司年报和 Wind 数据库中收集 2000 年[①]以来
的数据，并进行编码，最终得到 2000 ~ 2007 年 676 家上市公司的多元化数
据。此外，还对基金经理、证券分析师、上市公司高管等进行了深入访

---

① 有 2000 年之前的一些零散数据，但数据质量很差。

谈，并对《财经》《中国企业家》等商业杂志进行了文献综述分析，作为对定量数据的补充。

（二）测量指标

1. 因变量

多元化程度：本研究用基于销售的熵指数来衡量多元化程度。[①] 熵指数既是自变量又是因变量。作为因变量，用来验证假设 1、2 和 3；作为自变量，验证假设 4、5 和 6。本研究选择了 3 项绩效指标：用利润率（profit margin）来衡量盈利能力；用年股票回报率（stock return）来衡量股市表现；用年销售额增长率来衡量企业增长。

2. 自变量

国有股比例：国有股占总股份的比例。公司行政级别：虚拟变量，1 = 非国有控股企业，2 = 县及乡镇政府控股，3 = 市政府控股，4 = 省政府控股，5 = 中央政府控股。机构投资者[②]持股比例：所有机构投资者持股量占总股本的比例，用来衡量资本市场对上市公司的影响程度。

3. 控制变量

基于相关文献和中国企业的特点，本研究选择以下变量作为控制变量：外资股比例（外资股占公司总股本的比例）、大股东控股比例（控股大股东所持股份占总股本的比例）、沿海地区[③]（虚拟变量，公司注册所在地属于：1 = 沿海地区，0 = 非沿海地区）、总资产收益率（净利润/总资产）、公司规模（公司总资产取对数）、资产负债率（负债总额/资产总额）、行业和年度（虚拟）变量。具体来说，绩效越好的公司越可能多元化，因为它们多元化的能力更强，也有充足的资本和管理经验成功实施多元化（Lang & Stulz，1994）。但顾道格（Guthrie，1997）发现，在中国财务绩效越差的公司越可能进行多元化，因为这些公司在快速经济转型中为生存而努力挣扎，而在低风险、快回报的服务业进行多元化发展是获得稳

---

① 熵指数是将每个业务部门的销售额占公司总体销售额的比率（Pi）乘以 1/Pi 的对数，然后加求和，即 $E = \Sigma i\ Pi \times \ln\ (1/Pi)$。当企业完全专业化时 E 取最小值 0，但是 E 没有上限。E 值越大说明多元化程度越高。

② 主要指证券公司、保险公司、养老基金及共同基金等专门进行有价证券投资活动的法人机构。

③ 包括以下东南沿海省份：上海、江苏、浙江、福建、广东、海南。

定和生存的理想途径。另外，规模越大的企业产生的利润也越多，从而更有能力应对风险，所以大企业更倾向于多元化（Denis et al.，1997）。另一个重要的控制变量是资本结构，多元化需要大量资金投入，因此资产负债率较高的企业是不太可能采取多元化战略的，因为它们既不能从资本市场融资又缺乏自有资金来实施这项战略（Stearns & Mizruchi，1993）。此外，行业结构特征可能也会促使企业实施多元化。最后，本研究把年份也作为一个控制变量，以验证中国企业多元化程度是否随时间推移而递减。

表1列出了回归分析中主要变量的均值、标准差和相关系数。我们可以看到变量之间所有显著的相关系数都低于0.5，说明自变量之间不存在多重共线性。

（三）模型

控制变量会出现在所有模型中，因为它们既影响多元化程度又影响企业绩效。所有自变量和控制变量都是因变量前一年的数据（滞后型数据，lagged data），以更好地厘清自变量和因变量两者的因果关系。因为是纵贯面板数据（panel data），违反了非关联误差的假设，本研究采用随机效应模型，以应对面板数据中常见的误差项的未被观测到的异质性（unobserved heterogeneity）。

表1　主要变量的描述性统计和相关系数矩阵

	变量	1	2	3	4	5	6
	观察值	3816	6198	2379	6138	6132	6120
	均值	.479	.407	.038	.149	.0127	.516
	标准差	.435	.257	.067	.217	.193	.981
1	熵指数	1					
2	国有股比例	−.12 ***	1				
3	机构投资者持股比例	−.11 ***	−.034 *	1			
4	外资股比例	.053 ***	−.59 ***	−.017	1		
5	总资产收益率	.018	.099 ***	.146 ***	−.03 **	1	
6	资产负债率	−.05 ***	−.031 **	−.033	.015	−.3 ***	1

* $p < 0.1$, ** $p < 0.05$, *** $p < 0.01$。

五 模型分析结果

（一）多元化程度

表 2 显示了验证假设 1、2 和 3 的结果。国有股比例的回归系数为负值且显著，意味着国有股比例越高，多元化程度越低。因此，假设 1 得到验证。所有行政级别变量的回归系数都是负值，但只有县乡镇和中央政府控股企业的回归系数是显著的，这说明两点：第一，总体上来说各个级别的国有控股公司多元化程度低于非国有控股公司；第二，行政级别和多元化程度的关系并不是简单的线性关系，而是一种倒 U 形曲线关系，即级别最低的（县乡镇控股企业）和最高的（中央控股企业）多元化程度均较低，而中间的省企和市企多元化程度较高。但县乡镇企业和央企多元化程度较低的成因可能有所不同，县乡镇企业是由于能力和资源有限而无法提高多元化程度，而央企是因为国家政策限制和专业化意识较强而不能或不愿去提升多元化水平。总之，假设 2 只部分得到了验证。假设 3 认为机构投资者会迫使企业去多元化，而统计结果显示机构投资者持股比例的回归系数为负值且显著，这验证了假设 3 是正确的。至于各个控制变量，外资比例的回归系数为负值且显著，说明外资持股比例越高，多元化程度越低。结果还显示，沿海企业比内陆企业多元化程度更高。总资产收益率和多元化程度没有显著关系，意味着在中国环境下，绩效好和绩效差的企业实施多元化的可能性是基本相同的。公司规模与多元化程度也没有显著关系，说明无论大型还是小型企业都很可能实施多元化。2002 年到 2006 年的年度变量回归系数大多呈显著的负值，意味着在过去几年中，随着时间的推移，中国上市公司有去多元化的趋势。

表 2　中国上市公司多元化程度的随机效应估计模型（2000～2007 年）

	多元化程度（熵指数）		
	模型 1	模型 2	模型 3
国有股比例	-.1774 *** (.04)		-.196 *** (.05)

	多元化程度（熵指数）		
	模型 1	模型 2	模型 3
上市公司行政级别（非国有控股企业为参照）			
县乡镇控股企业	−.1038 **		
	（.04）		
市政府控股企业	−.0213		
	（.02）		
省政府控股企业	−.0227		
	（.02）		
中央政府控股企业	−.0549 *		
	（.03）		
机构投资者持股比例			−.7304 ***
			（.15）
外资股比例	−.0657 *	.0322	−.1188 **
	（.04）	（.03）	（.05）
沿海地区（沿海 = 1）	.0538 ***	.0608 ***	.07 ***
	（.02）	（.02）	（.02）
总资产收益率	−.0296	−.0282	−.0014
	（.04）	（.04）	（.07）
公司规模	.0037	−4.60E−04	.0054
	（.01）	（.01）	（.01）
资产负债率	−.0559 ***	−.0551 ***	−.0501 *
	（.02）	（.02）	（.03）
行业（制造业为参照组）			
商业	.0547 **	.0626 **	.1069 ***
	（.03）	（.03）	（.04）
综合	.3269 ***	.3373 ***	.262 ***
	（.02）	（.02）	（.03）
公用事业	.1283 ***	.1154 ***	.1355 ***
	（.02）	（.02）	（.03）
地产业	.1967 ***	.2 ***	.1656 ***
	（.03）	（.03）	（.04）
金融业	−.1699 *	−.1439	−.2065 *
	（.09）	（.09）	（.12）
年份（1999 年为参照组）			

续表

	多元化程度（熵指数）		
	模型 1	模型 2	模型 3
2000	.0016 （.04）	.0047 （.04）	
2001	−.0299 （.03）	−.0271 （.03）	
2002	−.0674 ** （.03）	−.066 ** （.03）	
2003	−.0662 ** （.03）	−.0635 ** （.03）	
2004	−.0798 ** （.03）	−.0766 ** （.03）	−.0049 （.03）
2005	−.0395 （.03）	−.034 （.03）	.05 * （.03）
2006	−.1131 *** （.03）	−.1013 *** （.03）	−.0137 （.03）
常数项	.4766 *** （.15）	.4997 *** （.15）	.462 ** （.21）
N	3759	3759	2039
R^2	.0976	.0927	.0856

$^*p < 0.1$, $^{**}p < 0.05$, $^{***}p < 0.01$。

注：括号内是标准误差。在模型 3 中，机构投资者持股比例只有 2003 年以后的数据。

（二）公司绩效

验证多元化对公司绩效的作用时往往存在一个相互依赖性（simultaneity）问题（Martin & Sayrak，2003）。多元化能影响公司绩效，而公司绩效也能影响多元化。本研究运用滞后的熵指数的方法来纠正这种相互依赖性。表3呈现了3个绩效指标的回归结果。结果显示多元化程度和利润率没有显著关系，说明即使在中国这样的新兴经济体中，多元化对公司绩效也没有积极影响。但是，与代理理论的预测相反，多元化也没有降低企业的利润率。关于多元化程度对股票回报率的影响，熵指数的回归系数在显著性为1%的水平上为负值且显著，意味着提高多元化程度会损害公司绩效、降低股东价值。也就是说，即使在中国这样的新兴经济体中，多元化的收益也不足以弥补资本分配不合理和代理问题所导致的多元化的高昂成本。与假设 6 的预测相反，回归结果显示多元化会减缓企业成长。这一结果颇为令人吃惊，因为它和所有传统理论预测都不一致（无论是代理理论还是其他战略管理理论）。但我们可以从新制度主义的角度提供一种解释：多元化能否促进企业成长取决于企业的制度环境。在统一、大规模的全国性市场（如美国），销售经理能够把本行业的销售和市场经验很便利地运用到其他行业，即他们的销售经验不是行业专有的（industry-specific），而能在不同行业间进行移植。但我国的市场是一个地区和行业分割非常严重的市场（很大程度上是地方保护主义和行业进入壁垒造成的），再加上中国社会重视关系，销售往往也是关系型和长期导向的，因此企业的销售经验很大程度上往往局限于某些行业和地区，而不具有全国性及跨地区、跨行业的通用性。我国市场的这些特点使得企业在进入新的行业和地区时，需要花费很多时间、精力和资源与新客户从头建立值得信任的长期关系。这种特殊的市场结构和制度环境也许能够解释为什么在中国多元化反而会抑制企业成长。

表 3　多元化和中国上市公司绩效（2000 ~ 2007 年，随机效应多元回归模型）

	绩效指标		
	模型 1 （利润率）	模型 2 （股票回报率）	模型 3 （销售增长率）
熵指数	.1033 （.11）	- .0799 *** （.02）	- .5195 *** （.13）
控股股东控股比例	.2056 （.29）	.0165 （.05）	- .1501 （.34）
外资股比例	.2316 （.22）	.0257 （.04）	.778 *** （.26）
沿海地区（沿海 = 1）	- .1677 * （.10）	- .045 ** （.02）	- .0846 （.12）
公司规模	.1841 *** （.05）	.0633 *** （.01）	- .1408 *** （.05）
资产负债率	- .5986 *** （.05）	- 5.40E - 03 （.01）	.0035 （.03）
行业（制造业为参照）			

续表

	绩效指标		
	模型 1 （利润率）	模型 2 （股票回报率）	模型 3 （销售增长率）
商业	.1301 （.16）	−4.00E−04 （.03）	.0806 （.19）
综合	−.1101 （.15）	3.15E−02 （.03）	.2001 （.18）
公用事业	−.0264 （.15）	8.30E−05 （.03）	−.0196 （.18）
地产业	−.0627 （.19）	.0293 （.04）	1.379 *** （.22）
金融业	−.1889 （.70）	−.1012 （.10）	.276 （1.00）
年份（2000 年为参照）			
2001		−.8983 *** （.04）	
2002	−.2216 （.21）	−.8719 *** （.03）	.3448 （.25）
2003	.0252 （.20）	−.7976 *** （.03）	.2371 （.23）
2004	−.1187 （.19）	−.8637 *** （.03）	.0755 （.23）
2005	−.0012 （.19）	−.8527 *** （.03）	−.0337 （.23）
2006	.0075 （.20）	.2455 *** （.03）	.1346 （.23）
2007	.2727 （.20）		.3708 （.24）
常数项	−3.795 *** （.94）	−.6119 *** （.18）	3.334 *** （1.11）
N	3775	2904	3741
R^2	.0473	.5445	.0205

* $p < 0.1$，** $p < 0.05$，*** $p < 0.01$。

注：括号内为标准误差。在模型 1 和模型 3 中，2001 年数据由于数据多重共线性而删除。

六 结论和讨论

在传统的多元化研究中，公司战略几乎完全是以企业为中心的，而很少考虑外部制度因素的影响。本文从社会学新制度主义组织分析视角出发，探索制度环境如何影响多元化战略，特别是国家和资本市场在形塑公司战略中发挥的作用。研究发现，无论是中国公司的多元化还是之后的去多元化，很大程度上都是由国家政策驱动的；中国新生的资本市场对公司战略也起到了很大的影响作用。此外，本研究发现在中国多元化和绩效之间的关系远比既有理论预测的要复杂。中国公司多元化对股票回报率的显著负向作用，反驳了肯纳和派勒普（Khanna & Palepu，2000）关于多元化创造股东价值的理论，表明即使在新兴经济体中多元化的收益也不足以抵消其巨大成本和负面效应。与代理理论和各种管理理论的预测相反，本文发现多元化在中国环境下对企业成长具有明显的抑制作用。这一独特现象用既有理论很难做出解释，但如果我们采用社会学制度视角来做分析，考虑中国高度分割的市场结构、地方保护、行业壁垒、基于关系的销售模式等因素便可能做出合理解释。在这种独特的制度环境中，企业如果要进入新的行业，就必须投入大量的人力、财力和时间成本，在新行业中从头艰难建立客户关系，这必然导致销售效率大大下降。因此，中国独特的制度环境可能是解释为什么多元化会延缓企业成长速度的关键因素。总之，中国案例打破了"多元化总是企业规模扩张的一项有效战略"的神话。

尽管事实证明多元化并不利于公司绩效，我国企业还是争先恐后地实施多元化战略，并使我国成为世界主要经济体中企业多元化程度最高的国家，这意味着中国企业的多元化发展更多的是取决于制度过程，而非经济过程。本文以新制度主义公司战略理论来阐明这种制度过程，并试图展示这种新制度主义视角为我们理解中国公司的多元化和去多元化提供了一种更丰厚的理论解释。

本文的核心论点是国家和资本市场这两大外部制度力量利用其政治和市场权力推行一种"最佳"（the best）或"理想"（ideal）公司战略，迫使企业去采纳新的组织形式以符合"最佳"公司战略的特征。"最佳"公司战略是由国家、资本市场、大公司、财经学术界和商业媒体等重要行动者共同建构的结果，在不同时期，其表现形式不一样。比如在 20 世纪 60 ～70 年代，多元化是"最佳"公司战略并被制度化，而到了 80 ～90 年代，专业化成为主导战略，于是专业化成为"最佳"公司战略并被广为效仿。①这些"最佳"公司战略首先在美国等西方发达国家产生，随后通过全球化及三种"制度同构"机制——强制性同构（coercive isomorphism）、模仿性同构（mimetic isomorphism）和规范性同构（normative isomorphism）——在世界各国广为扩散并被制度化。以我国为例，我国政府官员、学者、企业领导人、财经记者等先后受当时世界上盛行的多元化和专业化战略的影响（组织实践的跨国传播阶段，主要通过模仿性和规范性同构机制），然后利用其政治、经济及话语权力，通过政策制定、学术论证和媒体宣传等

---

① 这种"最佳"公司模式的社会建构性在公司治理领域也体现得很明显。世界主要公司治理模式大致可以分为以英美为代表的"英美模式"（the Anglo-American Model）和以德国、日本为代表的"德日模式"（the German-Japanese Model）。早期公司治理学者认为美式公司的分散所有制结构（dispersed ownership）及所有权和管理权的分离使其比那些家族公司、国有公司、银行主导的企业集团及工人合作社都更有"效率"、更为"现代"，因此美式公司治理模式将不可避免地在世界上广为扩散（Berle & Means，1932）。由于美国经济在二战后至 20 世纪 70 年代一直在世界上占主导地位，因此美式公司治理模式确实在这段时期被誉为国际最佳惯例（the international best practice）并被其他国家大力仿效。然而，从 20 世纪 60 年代起到 80 年代，德国和日本经济崛起，对美国经济造成了极大挑战，特别是在制造业领域，很多德国和日本公司的管理模式和组织实践被认为是优于美国公司的（比如著名的"丰田模式"），德日公司模式因而被世界很多国家所效仿，甚至很多美国公司也纷纷引进德日"先进"管理和组织模式（Kester，1996）。20 世纪 80 ～90 年代美国经济的强劲复苏及金融市场全球化和资产管理行业的兴起，特别是日本经济在 90 年代的衰落，引发了另一轮对美式公司治理模式的推崇，商界和学术界再次预测其他国家将效仿美国，因为他们认为美式公司治理是优于其他公司治理模式的全球最佳模式（Shleifer & Vishny，1997）。但好景不长，2008 年发端于美国的国际金融危机再次引起世人对美式公司治理模式的深深怀疑和不信任，美式公司治理模式又一次深陷危机，并有可能引发"去美国化"的风潮。由此可见，某种公司模式被其他公司、其他国家广为效仿，更多的并非因为其超越时空和制度环境的"绝对效率"，而是基于其在某段特定时空范围的"相对表现"。因此，即使在"最理性"的公司行为领域，也并不存在一个经济学家和管理学家所声称的"客观"的"最佳模式"，如果有的话，这种"最佳"或"理想"模式也更多的是一种"事后解释"，是一种社会建构的结果：某种模式在某段时期表现最优，人们便对其进行理论化和事后解释，声称该模式之所以表现最好是因为它是理论上的"最佳模式"或"理想模式"（实际上是一种循环论证）；而当该模式表现不佳时，人们便对其进行"负向论证"，用各种理论和事实论证其为什么不是最佳模式而应该被抛弃，同时又对新出现的"最佳模式"进行理论论证，以赋予其正当性和科学性。总之，组织理性的这种社会建构性和事后解释性决定了某种组织模式被广为效仿和扩散更多的是因为其被社会和制度环境定义为"正当的"、"高效的"和"先进的"，而并非因为其具有超越时空的恒久"先进性"和"高效性"。

促成企业战略行为的改变（组织实践的国内扩散阶段，强制性、规范性和模仿性同构同时发挥作用，但由于政府在我国的主导作用，强制性同构在促成我国企业战略改变方面发挥了更大、更有力的作用）。总的来讲，新型国际管理和组织实践在我国的传播一般要经过两个阶段，通过三种制度机制完成。本文主要揭示了由国家和资本市场推动的强制性制度同构机制在我国企业多元化和去多元化过程中的作用。

由于我们把企业外部制度压力看作推动中国企业战略变化的主要力量，我们期望看到那些受国家和资本市场影响更大的企业更可能实施多元化或去多元化战略。本文的定量及定性数据都证明了这种新制度主义公司战略观的正确性和解释力：作为对国家和资本市场所推崇的专业化"最佳"公司模式的回应，中国上市公司近年来普遍出现了去多元化、回归专业化的趋势，但那些受国家和资本市场影响更大的公司——比如国有股比例更高、行政级别更高以及机构投资者持股比例更高的公司——去多元化的程度更深、回归专业化的步伐更快。

在更高的理论层面上，本文试图以社会学视角与经济学、管理学等学科在组织研究领域进行对话。对比经济学理性主义视角和社会学新制度主义解释，不难看出，这两种多元化理论观在以下四个方面均存在显著差异：（1）多元化的原因：前者强调效率和理性，而后者着重权力和合法性的作用。（2）多元化的扩散主体（diffusion agents）：前者认为是公司自身理性决策的结果，而后者认为国家和专业人士在形塑公司战略方面发挥了重大作用。（3）扩散机制（diffusion mechanisms）：前者认为是市场竞争机制迫使公司采用多元化这种最利于效率最大化的战略以求在激烈的市场竞争中生存并获胜，而后者认为多元化的盛行主要是通过迪马吉奥和鲍威尔（Dimaggio & Powell，1983）提出的三种"制度同构"机制进行大规模扩散，即强制性同构、模仿性同构和规范性同构。（4）多元化的后果：前者认为多元化将导致公司效率的提升，而后者认为多元化并不一定会提高公司绩效，在某些情况下甚至会损害公司价值，但由于多元化战略的广泛实施及由此带来的合法性和理所当然性（taken-for-grantedness），奉行该战略会使公司获得合法性收益，满足国家、资本市场等重要外部利益相关者的期望和要求，推行该战略的公司管理层等掌权者也会获取权力、经济利益等多项收益。本文经验分析证明了在上述四个方面，中国企业的多元化和去多元化历程都更契合新制度主义的解释框架，而那些效率导向的经济学和管理学理论的解释力则略逊一筹。

需要特别指出的是，这种新制度主义公司战略观并非完全否定"理性"和"效率"在企业多元化决策中的作用，而只是试图修正、拓展经济学家所假设的"绝对"理性观和效率观。经济学所定义的理性和效率是一种内生的"绝对"理性和效率，不随外在时空、制度条件的变化而变化；与此相反，社会学认为理性和效率也是一种社会建构（socially constructed rationality and efficiency），会随不同时空、外在制度条件的变化而被重新定义（redefinition of rationality and efficiency）。因此，看似最客观的"理性"和"效率"也是一种社会过程的产物，是一种在复杂制度互动过程中形成的社会建构。比如，关于多元化和公司业绩的关系，虽然有很多实证研究但并没有得出统一的结论。基于西方国家的研究显示有四种可能：多元化和企业绩效有显著的正向关系、没有显著关系、负向关系、倒 U 形关系（参见前文的"多元化和公司绩效"部分）。也就是说，至少从纯粹"理性"上来看，多元化与公司绩效的关系并不明确，并没有一致的研究结论表明多元化一定不利于公司业绩，但多元化战略自 20 世纪 80 年代以来在美国等西方国家还是被污名化和去制度化了（deinstitutionalization），失去了合法性和正当性，导致各大公司纷纷去多元化，而不管到底去多元化和回归专业化是否真的对公司业绩有利（从组织决策上来说，在实际结果出来之前，无法提前知道业绩结果）。因此，企业进行去多元化更多的是由于外在制度压力（比如国家和资本市场）以及对行业领导者或公司同伴的模仿，尤其是在不确定性比较大和快速变化的社会环境下。在多元化失去正当性，而专业化日益盛行并被众多公司采用后，那些多元化公司实施去多元化就成为一种"理性"的选择，因为就算这些多元化公司业绩很好，但迫于资本市场、国家等强大的外部制度压力（比如证券分析师会调低其估值，即使其财务指标很好），如果继续坚持多元化反而显得"不理性"。显然，在这一过程中，公司理性被外部制度环境重新定义，公司行为也随之改变，一切都显得很"理性"，但这是一种被社会建构了的"建构理性"。

此外，"效率"也是一种社会建构。譬如，本研究发现，多元化并没有显著降低企业利润率，却对股票回报率造成了显著负面影响（参见表

3）。虽然一般而言，企业利润率越高，其股市表现越好，但这两种"效率"指标的生成机制有所不同。利润率更多地体现出一种"客观性"，而股票回报率却具有相当程度上的"主体间性"（inter-subjective）或社会建构性：股票价格受投资者和证券分析师等影响较大，当某只股票受部分投资者追捧时，会刺激更多投资者跟进，从而推动价格进一步上涨；反之，当该股票受部分投资者抛售时，会刺激更多投资者恐慌性抛售，从而加剧价格下跌。此外，证券分析师们的看法对股票价格影响很大，由于多元化在资本市场失去正当性，证券分析师会调低多元化公司的估值，从而导致多元化公司的股市表现远远不如专业化公司，即使其利润率与专业化公司相比并无显著差异（Zuckerman，1999）。需要指出的是，尽管很多组织行为实质上是"建构理性"，甚至是"非理性"的产物，但企业界、经济学和管理学界往往会对其进行"绝对"理性化包装，使这些"建构理性""非理性"的组织行为披上一层"绝对理性"的外衣以求得正当性和"科学性"。而在社会学家看来，有太多的组织行为是以"科学"、"理性"或"效率最大化"为名，实际上却被用来增强组织的稳定性、合法性及巩固相关行动者的权力（Fligstein，1991；Roy，1997；Perrow，2002）。

　　总的来看，中国案例证明公司战略与公司制度环境密切相关，并主要通过诸如强制和模仿这样的制度机制扩散和传播。本研究深化了我们对外部制度环境如何塑造公司内部结构的理解，特别是阐明了国家和资本市场作为现代世界最重要的两个外部制度压力来源在组织趋同和变革中的关键角色。从更高的理论层面来讲，本文试图与经济学、管理学等以"理性""效率"为导向的组织研究范式进行对话，揭示"权力"及"合法性"在组织变迁中的重要作用。公司战略看似是最理性的市场行为，实则是社会建构的产物，受外在制度环境的强烈影响。因此，公司战略的社会学分析对理解公司行为和现代市场经济非常必要，也是值得社会学家探索的一个新的重要领域。

参考文献

陈清泰、吴敬琏、谢伏瞻主编，1999，《国企改革攻坚15题》，中国经济出版社。

樊纲，1996，《渐进改革的政治经济学分析》，上海远东出版社。

家路美，2008，《央企整合剥离金融地产接盘者"想吃又怕烫"》，《证券日报》8 月
　　28 日。

李培林、张翼，2007，《国有企业社会成本分析》，社会科学文献出版社。

吴敬琏、张军扩、刘世锦、陈小洪，1998，《国有经济的战略性改组》，中国发展出
　　版社。

武孝武，2007，《主业为王》，《上海国资》12 月 22 日。

张维迎，1999，《企业理论与中国企业改革》，北京大学出版社。

朱江雄，2005，《央企定身》，《中国投资》1 月 5 日。

Barboza, David & Keith Bradsher. 2010. "In Disclosure to S. E. C. , China Lists ￥9. 6 Bil-
　　lion in Shares of U. S. Companies. " *The New York Times* (February 9).

Barney, J. 1991. "Firm Resources and Sustained Competitive Advantage. " *Journal of Mana-
　　gement* 7.

Baron, J. N. , F. Dobbin & P. D. Jennings. 1986. "War and Peace: The Evolution of Modern
　　Personnel Administration in U. S. Industry. " *American Journal of Sociology* 92.

Berle, A. & G. C. Means. 1932. *The Modern Corporation and Private Property*. New York: Mac-
　　Millan.

Boyd, B. K. , S. Gove & M. A. Hitt. 2005. "Consequences of Measurement Problems in Stra-
　　tegic Management Research. " *Strategic Management Journal* 26 (4).

Campa, J. M. & S. Kedia. 2002. "Explaining the Diversification Discount. " *Journal of Fi-
　　nance* 57.

Chandler, Alfred D. 1962. *Strategy and Structure*. Cambridge, MA: MIT Press.

Chang, S. J. & J. Hong. 2002. "How Much Does the Business Group Matter in Korea?" *Stra-
　　tegic Management Journal* 23 (3).

Coase, Ronald. 1937. "The Nature of the Firm. " *Economica* 16.

Cole, R. 1989. *Strategies for Learning: Small Group Activities in American, Japanese, and
　　Swedish Industry*. Berkeley, CA: University of California Press.

Davis, G. , K. A. Diekmann & C. Tinsley. 1994. "The Decline and Fall of the Conglomerate
　　Firm in the 1980s: The Deinstitutionalization of an Organizational Form. " *American Soci-
　　ological Review* 59.

Denis, D. J. , D. K. Denis & A. Sarin. 1997. "Agency Problems, Equity Ownership, and
　　Corporate Diversification. " *Journal of Finance* 52.

DiMaggio, P. & W. Powell. 1983. "The Iron Cage Revisited: Institutional Isomorphism and
　　Collective Rationality in Organizational Fields. " *American Sociological Review* 48.

Fan, Joseph P. H. , J. Huang, F. Oberholzer-Gee, Troy D. Smith & Mengxin Zhao. 2007.

"Diversification of Chinese Companies-An International Comparison. " Harvard Business School Strategy Unit Working Paper No. 08 – 007.

Fligstein, Neil. 1985. "The Spread of the Multidivisional Form among Large Firms, 1919 – 1979. " *American Sociological Review* 50.

——. 1987. "The Intraorganizational Power Struggle: Rise of Finance Personnel to Top Leadership in Large Corporations, 1919 – 1979. " *American Sociological Review* 52.

——. 1991. "The Structural Transformation of American Industry: An Institutional Account of the Causes of Diversification in the Largest Firms, 1919 – 1979. " In W. Powell & P. DiMaggio (eds.), *The New Institutionalism in Organizational Analysis*. Chicago: University of Chicago Press.

Galai, D. & R. Masulis. 1976. "The Option Pricing Model and the Risk Factor of Stock. " *Journal of Financial Economics* 3.

Gedajlovic, E. 1993. "Ownership, Strategy and Performance: Is the Dichotomy Sufficient?" *Organization Studies* 14 (5).

Guillen, Mauro. 1994. *Models of Management: Work, Authority and Organization in a Comparative Perspective*. Chicago: The University of Chicago Press.

Guthrie, Douglas. 1997. "Between Markets and Politics: Organizational Responses to Reform in China. " *American Journal of Sociology* 102.

Hoskisson, R. E. & T. Turk. 1990. "Corporate Restructuring: Governance and Control Limits of the Internal Market. " *Academy of Management Review* 15 (3).

Jensen, Michael C. & Kevin Murphy. 1990. "Performance Pay and Top-Management Incentives. " *Journal of Political Economy* 98.

Keister, L. 1998. "Engineering Growth: Business Group Structure and Firm Performance in China's Transition Economy. " *American Journal of Sociology* 104.

Kester, W. C. 1996. "American and Japanese Corporate Governance: Converging to Best Practice?" In S. Berger & R. Dore (eds.), *National Diversity and Global Capitalism*. Ithaca, N. Y. : Cornell University Press.

Khanna, T. & K. Palepu. 1997. "Why Focused Strategies May be Wrong for Emerging Markets. " *Harvard Business Review* 75. .

——. 2000. "Is Group Affiliation Profitable in Emerging Markets? An Analysis of Diversified Indian Business Groups. " *Journal of Finance* 55 (2).

Khanna, T. & J. Rivkin. 2001. "Estimating the Performance Effects of Business Groups in E-merging Markets. " *Strategic Management Journal* 22.

Lang, L. H. P. & R. M. Stulz. 1994. "Tobin's Q, Corporate Diversification, and Firm Performance. " *Journal of Political Economy* 102.

Li, Shaomin, Mingfang Li & Justin Tan. 1998. "Understanding Diversification in a Transition Economy: A Theoretical Exploration. " *Journal of Applied Management Studies* 7.

Lins, Karl V. & Henri Servaes. 2002. "Is Corporate Diversification Beneficial in Emerging Markets?" *Financial Management* 31.

Martin, J. D. & A. Sayrak. 2003. "Corporate Diversification and Shareholder Value: A Survey of Recent Literature. " *Journal of Corporate Finance* 9 (1).

Meyer, John W. & Brian Rowan. 1977. "Institutionalized Organizations: Formal Structure as Myth and Ceremony. " *American Journal of Sociology* 83 (2).

Mintzberg, H. 1988. "Generic Strategies: Toward a Comprehensive Framework. " *Advances in Strategic Management* 5.

Montgomery, Cynthia A. 1982. "The Measurement of Firm Diversification: Some New Empirical Evidence. " *Academy of Management Journal* 25.

Nee, Victor. 1989. "A Theory of Market Transition: From Redistribution to Markets in State Socialism. " *American Sociological Review* 56.

Palich, L. , L. Cardinal & C. Miller. 2000. "Curvilinearity in the Diversification Performance Linkage: An Examination of over Three Decades of Research. " *Strategic Management Journal* 21 (2).

Perrow, Charles. 2002. *Organizing America: Wealth, Power, and the Origins of Corporate Capitalism.* Princeton, NJ: Princeton University Press.

Ramaswamy, Kannan & Mingfang Li. 2001. "Foreign Investors, Foreign Directors and Corporate Diversification: An Empirical Examination of Large Manufacturing Companies in India. " *Asia Pacific Journal of Management* 18.

Roy, William. 1997. *Socializing Capital: The Rise of the Large Industrial Corporation In America.* Princeton, NJ: Princeton University Press.

Rumult, R. P. 1974. *Strategy, Structure, and Economic Performance.* Boston: Harvard Business School Press.

——. 1982. "Diversification Strategy and Profitability. " *Strategic Management Journal* 3 (4).

Shieh, S. 1999. "Is Bigger Better?" *China Business Review* 26.

Shleifer, A. & R. Vishny. 1997. "A Survey of Corporate Governance. " *Journal of Finance* 52.

Stearns, L. B. & M. S. Mizruchi. 1993. "Board Composition and Corporate Financing: The Impact of Financial Institution Representation on Borrowing. " *Academy of Management Journal* 36 (3).

Teece, David J. , Gary Pisano & Amy Shuen. 1997. "Dynamic Capabilities and Strategic

Management. " *Strategic Management Journal* 18.

Villalonga, B. 2004. "Diversification Discount or Premium? New Evidence from the Business Information Tracking Series. " *Journal of Finance* 59.

Walder, Andrew. 1995. "Local Governments as Industrial Firms: An Organizational Analysis of China's Transitional Economy. " *American Journal of Sociology* 100.

Williamson, Oliver. 1975. *Markets and Hierarchies.* New York: Free Press.

——. 1985. *The Economic Institutions of Capitalism: Firms, Markets, Relational Contracting.* New York: Free Press.

Zuckerman, Ezra. 1999. "The Categorical Imperative: Securities Analysts and the Illegitimacy Discount. " *American Journal of Sociology* 104.

——. 2000. "Focusing the Corporate Product: Securities Analysts and De-Diversification. " *Administrative Science Quarterly* 45.

2012 年

"新古典社会学"的宏图与迷思[*]

——以多元转型绩效比较为切口的批判性综述

吕 鹏

摘 要：本文在对伊万·塞勒尼等人提出的"新古典社会学"的理论脉络及其在过去 15 年里的进展进行全面综述的基础上，提出了一个对所谓"后共产主义世界"的市场转型的不同绩效进行比较的分析路径。面对市场转型呈现的"趋同"与"分化"并存的复杂局面，笔者提倡一种以宏观逻辑与微观机制为基础的解释框架。在宏观上，需要厘清工业化、全球化和转型这三种相互独立而又相互作用的"宏观逻辑"在经济现象上的不同解释力，在微观上则通过分析行动者的策略，揭示这些宏观逻辑得以运作的机制。

关键词：新古典社会学 比较分析 机制解释 多元转型绩效

1991 年 12 月，苏联解体。这一事件意味着两年之前开始的"后共产主义时代"席卷了整个东欧。整整 20 年后，那些曾经同属于"社会主义阵营"的国家呈现了完全不同的面貌。有的声称自己完成了"转型"，成为所谓的"正常国家"；有的则继续坚持走社会主义道路，取得了举世瞩目的建设成就；还有的则处在历史的十字关口。对"转型研究"来说，一项必须面对的议题是，如何对过去 20 年来所呈现的多元的"转型绩效"进行解释？

---

[*] 本文是本人承担的国家社科基金青年项目"要素市场的政商关系研究"（编号：11CSⅡ038）的阶段性成果之一。在此感谢 Iván Szelényi、孙立平、Andrew Walder、Michael Kennedy、William Outhwaite、Larry Ray、Lawrence P. King、沈原、郭于华等师长，他们在本文写作的不同阶段提出了许多富有建设性的批评和宝贵的意见。来自清华大学社会学系"转型研究读书小组"成员的许多想法也在多个层面上启发了我，在此一并致谢。原文发表于《社会学研究》2012 年第 2 期。

　　跨国比较研究在解释国别差异上取得了不俗的成就，但基于机制层面的解释依然凤毛麟角。本文的目的即在于提出一个基于机制层面的跨国比较研究的分析框架，用以分析"转型国家"所取得的多元化的政治、经济和社会绩效。从理论脉络上来说，这个分析框架直接受到伊万·塞勒尼（Iván Szelényi）等人提出的"新古典社会学"的启发，并试图对其做出改进。

　　本文的第一部分将对"新古典社会学"的主要内容做一番评述。第二部分将对这一理念提出后近 15 年来所谓"后共产主义世界"的多元面貌做出描述。其中既包括了塞勒尼本人的观察，也包括了笔者对其观察的经验性的补充。第三部分笔者将从"宏观逻辑"和"微观机制"两个层面，结合在第二部分提出的经验素材，展示对"转型绩效"进行比较研究的框架。本文的最后部分致力论述"后共产主义比较研究"的理论和现实意义，并对未来可能兴起的经验项目进行了展望。

一　"比较资本主义"的两个层次

　　在社会转型研究领域，吉尔·伊亚儿、伊万·塞勒尼、艾莉诺·汤斯利三人合著的《无须资本家打造资本主义》一书（Eyal et al.，1998）获得了广泛的影响。在这本著作中，他们提出了一项雄心勃勃的研究规划，并将其冠名为"新古典社会学"。① 这个"新古典社会学"的核心研究规划是"比较资本主义"。它建立在这样一种假设的基础上：资本主义并非"趋同全球化命题"所预设的那样，只有一种单一的、同质性的模式，也并非"古典社会学"所描绘的那样，只有一种发展轨迹；相反，"实际存在的资本主义"② 不仅目标不同、形式各异，而且形成的轨迹和动力也不

---

① 虽然《无须资本家打造资本主义》是三人合著，但毫无疑问，塞勒尼是他们中的"灵魂人物"。塞勒尼是公认的社会主义国家转型问题研究的领军人物之一。他和他的研究团队完成了大量的研究，但我着重引证有他本人署名的著述，并将其视为探究其思想演变的依据。对其他合作者做出的贡献本文一般不做细究，更多是出于行文的考虑。

② 本文所涉及的是"实际存在的资本主义"和"实际存在的社会主义"之间的比较。"实际存在的社会主义"（actually existing socialism）本是苏联官方宣传的口号，但已经渐渐在学术界演变成一个术语，用来表示社会主义实际形态，从而区别于社会主义理论家发展出来的关于社会主义经济的理想类型。与此相似，我们对资本主义的讨论针对的也是一系列在现实中可以观察到的社会经济秩序，而不是关于资本主义的各种想象。

尽相同。这就需要对复数形式的资本主义进行比较研究，也就是开展"比较资本主义"的研究。进一步来说，"比较资本主义"至少有两个既相互关联又有所不同的层次。

在对这两个层次做进一步阐述之前，笔者需要对一些术语做出澄清。"后共产主义资本主义"实际上就是"共产主义体制衰落之后的资本主义"的意思。需要说明的是，"共产主义"和"资本主义"这两个词都沿用了塞勒尼的说法，而在塞勒尼那里，它们都并不带有任何意识形态上的判断，而更多地是为了便于与西方学术界衔接而给两种经济体制贴上的标签。受到波兰尼关于三种经济整合模式的启发（Polanyi，1944；吕鹏，2005），在塞勒尼看来，只要一种经济体制的主导性协调机制是按照"形式理性"来算计成本和收益的，它就是"资本主义的"；若经济体系的支配性逻辑受"实质理性"形塑，经济再生产从属于"政治考虑"，则就是"共产主义"（Eyal et al.，2003）。也正是因为塞勒尼更看重的是经济体制，因此他多倾向于使用自己所创造的"国家社会主义再分配经济"和"市场导向的经济"来指代"共产主义"和"资本主义"（Szelényi et al.，1994）。这两个概念也非常接近于科尔奈提出的"官僚协调的经济"和"市场协调的经济"（Kornai，1992）。此外，在塞勒尼的术语体系中，凡是经济体中占据支配地位的资本形式或运作逻辑发生了改变，就可以称为"转型"。在《无须资本家打造资本主义》一书中，作者分析了在中欧历史上发生过的三种转型：从封建主义到资本主义的转型、从资本主义到国家社会主义的转型，从国家社会主义到资本主义的转型。也就是说，"转型"一词在本文中不带有任何"目的论"的暗示，也绝无"转型"就是要转向"资本主义"的含义。

（一）后共产主义资本主义与经典资本主义的比较

"比较资本主义"的第一个层次，是所谓"经典资本主义"（classical capitalism）与"后共产主义资本主义"（post-communism capitalism）的比较。"经典资本主义"实际上是一种"资本主义的理想型"，它本身当然可以继续去做更具体的细分和内部比较。事实上，"资本主义的多样性"（varieties of capitalism）的研究是社会科学中的一项强劲的传统（Esping-Andersen，2007/1990；Hart，1992；Albert，1993；Coates，2000；Hall & Soskice，2001），尤其是对西方发达国家的制度基础和经济社会绩效进行深度比较剖析，并形成了相当系统的研究成果。但是，在塞勒尼等人看来，与"经典资本主义"及其各种变体①相比，"后共产主义资本主义"构成了一种与它们都不相同的独特类型：国家社会主义再分配经济向市场整合体系的转型，是历史上第一次在一个既没有私有产权制度，也没有私人所有者阶层的体制中发展出了资本主义。

"后共产主义"经济体中的市场机制，是在几乎为零的历史遗产中重新诞生的，而这正是它不同于所有其他市场经济体的独特特征。这也是"国家社会主义再分配经济向市场整合体系的转型"与"威权国家的转型"的重要区别之一。许多学者将拉美、"东亚四小龙"甚至南欧国家的转型与苏东中越的转型放到一个比较框架内来讨论（冯绍雷，2004；普沃斯基，2005；诺格德，2007），它们有助于我们从不同的侧面，尤其是市场与民主、经济转型与政治改革之间关系的角度来理解东欧剧变和中越改革的多重面孔。

《无须资本家打造资本主义》一书的理论框架和灵感很大程度上正是建立在这一维度比较的基础之上。之前关于资本主义转型的各种理论已经将资本主义体制建立之前就已经存在有产阶级当作理所当然的假定，因此对于这一史无前例的市场兴起方式，现有的主流社会学理论几乎都没有提供现成的有力解释。由马克思、涂尔干、韦伯等人所奠定的"古典社会学"的理论预设甚至整个社会学的经典传统——尽管这些传统各有侧重——都将现代性，尤其是资本主义的起源，作为其最为核心的研究意识；而"新古典社会学"的抱负，就是通过对"后共产主义资本主义"这一资本主义家族新成员的研究来探讨"资本主义或现代性的起源"。从这个意义上来说，塞勒尼认为其所提出的"比较资本主义"的研究规划正是对"古典社会学"的重访，因而可以称为一种"新古典社会学"（Eyal et al.，1998，2003）。

---

① 最常见的变体包括盎格鲁－撒克逊式的"市场导向的资本主义"、东亚的"国家导向的资本主义"、莱茵河式的"公道的资本主义"等。正如塞勒尼自己指出的那样，就"比较资本主义"而言，他的贡献是在"资本主义多样性的文献"中增加了"后共产主义资本主义"这种类型（Szelényi，2008）。

（二）后共产主义资本主义内部的比较

"比较资本主义"的第二个层次是所谓"后共产主义资本主义"内部的比较。"新古典社会学"在这一层次提出的"比较研究"的核心主张是：同样是从共产主义转向资本主义，亦即从国家社会主义的再分配体系向市场整合体系转型，东欧、中欧和东亚[①]却遵循着三种不同的轨迹（trajectory）。这三种轨迹分别为"自上而下地建设资本主义"、"由外而内地建设资本主义"、"自下而上地建设资本主义"。不同的转型轨迹在这些国家造成了不同的后果，比如不同的财产关系、市场制度、政治权威类型、社会福利制度，以及在经济增长速度、转型危机程度和进入世界体系的趋势上的分化。

塞勒尼以这些不断分化的政经制度和表现为主要指标，明确区分和正式命名了由三大历史区域构成的"后共产主义的三个世界"：以匈牙利、波兰、捷克等"中欧"国家为代表的"新自由主义体制"（neo-liberal regime），以俄罗斯、白俄罗斯、乌克兰、保加利亚、罗马尼亚等"东欧"国家为代表的"新承袭主义体制"（neo-patrimonial regime），以及以"东亚"的中国、越南为代表的"混血资本主义"（hybrid capitalism）或"国家资本主义"（state capitalism）（King & Szelényi, 2005, 2006）。[②]

需要指出的是，这组"标签"最终被采用经历了一个比较和淘汰的过程。在《无须资本家打造资本主义》一书以及稍后完成的《论反讽》一文

[①] 东欧、中欧、东亚在塞勒尼那里并不完全是一个地理范畴，而是一个以历史地理区域为基础、由市场制度的发育程度和民主化程度来决定的"政治经济范畴"。正是在这个意义上我们才能理解，为什么当波罗的海三国、罗马尼亚、保加利亚以及某些南欧国家加入欧盟并按照欧盟的要求实施改革时，塞勒尼会说它们正在从东欧转向成中欧（塞勒尼，2008）。

[②] 在塞勒尼那里，"新自由主义体制"和"新承袭主义体制"也分别等同于"新自由主义资本主义"和"新承袭主义资本主义"，但对中国，塞勒尼仍未确定将其命名为何种体制。如果将向资本主义的转型界定为一种向以"算计"和"图利"为支配逻辑的经济制度转型的话，"混血资本主义"还是一个可以勉强接受的工作概念，"至少它不像'权贵资本主义'那样预设了一种贬损的含义……评价哪种体制'更坏或更好'不符合我一贯的立场"。事实上，塞勒尼很早就对中国和越南是否可以被称作"资本主义"产生过动摇（Szelényi, 2002：56），这样的念头近年则愈发强烈，"如何创造性地提出一个概念来界定今天的中国，是我至今仍在努力思索的问题"，在与笔者的面谈中，塞勒尼做出了这样的回应。

中（Eyal et al., 2003）①，作者都还在使用"没有资本家的资本主义"和
"没有资本主义的资本家社会"来分别描述中欧和东欧。但在 2000 年之
后，塞勒尼以研究社会不平等现象为平台，越来越偏重"后共产主义资本
主义"内部，尤其是"中欧"和"东欧"之间的比较，对《无须资本家
打造资本主义》一书中简单论述的命题进行了进一步的实证、梳理、完善
甚至修正。到 2002 年《转型社会中的贫困与社会结构》这一长篇报告出
炉时，他已开始使用"新自由主义体制"和"新承袭主义体制"来界定当
时的中欧和东欧（Kligman & Szelényi, 2002）。

这其中的原委，盖因为随着转型的不断推进，中东欧的阶级结构和市
场制度已经发生了微妙变化：一方面，随着一些前国企的经理人成为私营
企业主，以及原有的私营企业家在市场中获利，匈牙利、波兰等国的本土
大资产阶级开始壮大，"中欧"已不能再像 20 世纪 90 年代中期那样被描
绘成"没有资本家的资本主义"，考虑到作为官方引导性的意识形态的新
自由主义依旧强大，将它们称为"新自由主义体制"更为合适；另一方
面，随着市场制度的建立变得更加清晰，东欧"有资本家却没有资本主
义"的特征也在削弱，但"新承袭主义体制"的特征却日益明显，在这样
的体制中，本土的新精英（主要是前党政官员及其子女）将公共财产转变
成私人财富，庇护关系仍然盛行。②

二　转型的多元绩效：趋同与分化

正如塞勒尼自己总结的那样，《无须资本家打造资本主义》与其早先

①　该文发于 2003 年，但实际完成于 2000 年。
②　在我看来，从早年的"轨迹"以及"资本主义和资本家的关系"，到现在的"体制"（re-
gime），这种转变至少带来了两个好处：一是将苏联的中亚加盟国纳入了"新承袭制体制"
的范畴中（Kligman & Szelényi, 2002），从而使得"后共产主义资本主义"类型学的完备
性得到加强；二是将研究基点由"市场生产轨迹的比较"拓展到"转型政体的比较研
究"。虽然在塞勒尼那里"体制"本身尚未得到清晰界定，但我相信他不会拒斥如下的工
作定义：体制由市场、社会、国家、全球嵌入物（global insertion）四个领域所构成（Jud-
son, 2002）。事实上，塞勒尼本人曾向笔者解释说，使用"体制"这个概念的最大动因
在于，"后共产主义资本主义三个世界"如今在几乎每个领域都呈现出同异交错的复杂图
景，而"体制"这样的概念既可以用一个范畴来概括全貌，也可以分别展现和比较各个
侧面之间的特定格局。

的《通往权力道路的知识分子》《社会主义企业家》一起，构成了他关于社会主义和后共产主义时期社会结构和社会变迁"宏大叙事"的三部曲，而其他著述都只是这些宏大叙事的"侧面故事"（side-stories）（Szelényi，2002：42）。"新古典社会学"正是这种"宏大叙事"的总结。从1997年该想法提出算起，现在正好间隔了将近15年的时间。重访其主要假设，探索哪些假设依然有效，哪些需要重新思考，正当其时。

（一）2006年以来的"新挑战"

在2006年前发表的公开著作中，塞勒尼认为，在可预见的一段时间里，"后共产主义资本主义三个世界"之间的差距还将继续扩大。然而，2006年发生的两件事情给塞勒尼带来了不小的思想冲击。一是3月上旬在莫斯科参观期间，他目睹了最近几年俄罗斯经济复苏所带来的"繁荣景象"；二是匈牙利在当年9月中旬发生了大规模的反政府示威，后来演变成骚乱。加上之前几年陆续读到的其他文献以及友人的提醒，塞勒尼开始正视和反思之前某些观点的不足之处。

在2007年写就的两篇文章中，塞勒尼提出："在后共产主义的世界中，自1995年，尤其是自2000年以来，一些实质性的趋同发生了。"（Szelényi，2008）他得出这一判断的经验基础主要是如下三个维度的现象：第一，在经济发展水平上，自2000年以来，"后共产主义资本主义"三种类型国家的经济增长速度都较快，尤其是俄罗斯的经济起飞更是给塞勒尼留下了深刻的印象，因为仅仅在不久之前，他和他的学生还认为，"新承袭主义体制"的经济活力不如"新自由主义体制"，贫困率和社会不平等程度也比后者高（King，2001；Kligman & Szelényi，2002；Szelényi & Ladányi，2005）。[①]第二，在经济制度上，中国国有企业的产权改革启动，[②] 俄罗斯的市场制

---

① 当然，这并不意味着塞勒尼他们认为市场自由主义完美无缺，事实上，"它只是一种比家长式资本主义稍好一点的道路"，"完全没有理由欢呼什么'市场的凯旋论'（market triumphalism）"（Kligman & Szelényi，2002）。对新自由主义的"内在批判"以及对资本主义的反讽态度也是塞勒尼与倪志伟和科尔奈的重要区别之一（Szelényi，2002：45、65）。

② 在2007年之前，塞勒尼一直将中国和越南的转型轨迹视为"自下而上的资本主义"，从而与东欧"自上而下的资本主义"和中欧"来自外部的资本主义"区别开来。现在他修正了这一观点，承认中国转型的轨迹是"自下而上"与国家领导型发展的混合，以至于在所有转型社会中，转型的推动者似乎都来自社会等级制的顶端。

度逐渐明晰。第三，由于本土的大资产阶级开始崛起，中欧不再是"没有资本家的资本主义"，而俄罗斯的中产阶级也发展迅速，两者在社会结构上呈现趋同的趋势。

塞勒尼后来当面向笔者解释，"趋同"实际上指的是"差距"的缩小，相关各方在这个过程中的变化强度并不一定一致。比方说，在转型的头10年，匈牙利的经济表现要远好于"休克疗法"下的俄罗斯，两国差距扩大，但现在俄罗斯迎头赶上，匈牙利的经济虽也保持增长，但速度放缓，而且要低于俄罗斯的经济增长率，但这并不妨碍说两国在经济上的表现是趋同的。

然而，如果我们继续只是纠缠于这些"趋同"现象，就很有可能误入歧途。事实上，虽然塞勒尼提到了"趋同"，但是他并未放弃整个"比较资本主义规划"的基本立足点。[1] 在他看来，新的趋同有其限度，实质性区别（尤其是制度上的区别）依旧明显，"后共产主义资本主义的三个世界"仍然存在。也就是说，提及这些"趋同"现象并不意味着塞勒尼转而向"趋同全球化命题"靠拢，也不能证明"后共产主义资本主义的三个世界"正在被同化为其中的某一种模式。毋宁说，作者对"趋同"现象的描述，是给自己创立的"新古典社会学"，也给读者提出了一个问题："鉴于过去10年里所发生的进展，关于多重轨迹的理论如何得以继续支撑下去？"（Szelényi，2008）

匈牙利2007年的骚乱则带来了另外一层的新挑战。在塞勒尼看来，那场骚乱可能预示着"第二次转型危机"的到来。在1995年左右，由于产权和经济体制转变过快，匈牙利出现了"第一次转型危机"，经济增长率下降、失业骤增，但即使形势陡转直下，社会仍然保持了沉默。后来，通过推行新自由主义的经济政策和引入外资，以及维持社会主义时期的社会福利制度（塞勒尼称为"单向改革"），第一次转型危机得以化解。但在2000年后，为了达到加入欧盟的"经济指标"，政府开始缩小财政赤字，改革包括教育、医疗、住房在内的社会制度，使它们事实上朝"英美模式"靠拢。民众对社会福利的削减、社会不平等的扩大、贫苦的增加感到不满，

---

① 在塞勒尼看来，匈牙利等中欧国家融入趋同的可能性要比俄罗斯和中国大。当然，从"长时段"的历史视野来看，对中欧、东欧和东亚三区域的现实发展模式进行经验判断也许还为时尚早。但对过去20年里三个区域所呈现的发展绩效上的差异进行比较，也仍然具有重要的意义。

匈牙利出现了"第二次转型危机"。塞勒尼的一个困惑是，为什么在 21 世纪第一个 10 年的中期，新自由主义体制中会突然爆发社会运动，而在处境更加困难的第一次转型危机期间，以及环境更恶劣的新承袭制体制中，大众却没有在政治上动员起来？（Szelényi & Wilk，2010）

塞勒尼对这个问题有一个试探性的解释：第一次转型危机期间，知识分子和职业阶层仍努力从新的经济和政治机会中获利，他们不仅对新自由主义经济政策导致的危机保持沉默，也没有去动员大众；而第二次危机到来时，社会上大多数人的利益都受损，由形形色色的社会力量组成的"彩虹联盟"成为新改革的主要阻力（塞勒尼，2008）。但是这样的回答并没有揭示机制层面的因素，因而仍然有改进的空间。在下面的部分，笔者将首先给塞勒尼所描述的"趋同和分化"的图景添加一些新的经验性事实，从而为在此基础上提出新的比较框架做好准备。

（二）经验补遗后的新发现

作为一项必要的"前期工作"，我首先给塞勒尼描绘的"趋同"和"分化"趋势的大判断打点"补丁"，从而提出一种补充性而非全面替代的"升级版本"。这项工作有助于我们厘清转型 10 年后我们所面临的"新挑战"，哪些是由于新近出现的动向而引发的，哪些则根源于"新古典社会学"潜在的理论不足，只不过由于塞勒尼过去掌握的经验素材不够，或者事态的发展还不明显，这些理论不足在他的脑海中尚没有成为"问题意识"而已。

20 世纪 80 年代，中国、匈牙利和苏联的执政党都曾试图在保持计划经济体制的同时，通过引入市场机制走出一条既不同于西方发达资本主义，也不同于现有的国家社会主义的"第三种道路"。在中国，这表现为"有计划的商品经济"和"万元户"的出现；在匈牙利，是"第二经济"和"社会主义企业家"的壮大（Szelényi，1988）；苏联也开始允许私营业主进入制造业、服务业与外贸部门。但突如其来的政治剧变打断了中东欧国家"自下而上"的自发私有化进程，而早先不被看好的中国反而经受住了政治风波的冲击。

接下来的 10 年里，一方面，中东欧执行了一条"加速私有化"的战略来推动市场转型（Kornai，2000）；另一方面，仅仅在短暂徘徊之后，中国也于苏联解体三个月之后的 1992 年春天，开始了"小爆炸"式的"反休克疗法的激进改革"（Lin，1995；宋承先，1995）。① 如果将社会供给体系（social provisioning system）的变迁也纳入我们的视野，中国的改革甚至最为激进：将城镇居民的各种福利"市场化"和"社会化"始终贯穿于中国的改革进程之中，并在 20 世纪 90 年代中后期因国企工人大规模下岗达到高潮，而农村居民的社会保障甚至早在 20 世纪 80 年代就已随着人民公社的解体消失殆尽。相反，在几乎把所有国有企业都卖给了外资的匈牙利，则仅仅进行了经济制度的"单向改革"（Szelényi & Wilk，2010）；即使在"休克疗法"下的俄罗斯，虽然贫困激增，但苏联时代的很多福利政策也作为"遗产"几乎完全得以继承下来（Manning et al.，2000）。值得注意的是，"后共产主义三个世界"在这一阶段的市场和社会转型，无一例外都是"自上而下"地进行的，也就是说，精英及其联盟发挥了主导性的作用。

这些补充性的经验描述，并不是要否定塞勒尼关于国家社会主义这两阶段的转变在结果上呈现出多元趋势的判断。毋宁说，笔者是想提醒读者注意这样一个有趣的事实：在这两段历史时期的起始点，大多数国家设立了基本相似的经济改革目标（20 世纪 80 年代的"社会主义混合经济"，90 年代的"让市场经济占主导地位"），甚至事实上至少在经济领域拥抱了相同的意识形态（80 年代的市场社会主义和 90 年代的新自由主义），但 10 年之后的结果，两次却都是分道扬镳。

因此，当 21 世纪到来的时候，这些国家站在了一个更加分化的起点上。更重要的是，不仅仅是起点，在"国家向何处去"这样的战略问题上，"后共产主义三个世界"的代表性国家都明确设定了不同的终点。匈牙利、波兰、捷克乃至罗马尼亚、保加利亚、波罗的海等国义无反顾地走上了加入欧盟"成为自由民主的正常国家"的道路，为了达到欧盟的经济指标，匈牙利政府甚至开始减少教育、医疗、住房等社会领域的福利，使它们事实上朝"英美模式"靠拢；"颜色革命"在乌克兰、高加索和中亚地区的影响有限，俄罗斯则放弃了"融入西方"的目标转而寻求重振大国雄风，2005 年启动的"社会福利货币化"改革虽然引发了群众不满，但普

---

① 转轨经济学界早期最主要的一个争论便是比较以中国、越南改革为代表的"渐进模式"与中东欧国家的"激进模式"孰优孰劣（Sachs et al.，1994；Stiglitz，1999；Kornai，2000）。尽管存在截然相反的观点，但这种"两分法"本身影响甚巨。不过，随着越来越多的学者对这种"两分法"提出有力的质疑，这种简化的划分已经开始失去市场。

京政府很快宣布了一系列新的社会福利工程进行补救，其资金的主要来源，则是重新"国有化"的能源企业；中国开始强调"建构社会主义和谐社会"，希望化解前些年因"国家的撤出"而激化的社会冲突，大型国有企业的管理层收购在各方压力下也被明确叫停。[①] 然而，历史的吊诡之处正在于，当以匈牙利、俄罗斯、中国为代表的三种体制类型的分化开始越来越清晰的时候，它们之间在经济增长速度、市场制度的完善程度、本土大资产阶级和中间阶级的发育程度，乃至社会福利制度和转型危机程度上的差距，看上去却在开始缩小。

总之，尽管在"完备性"上仍有缺憾，但无论从早期转型"轨迹"的分化还是当下"体制类型"多样化的角度来看，塞勒尼所概括的三种理想类型都确实存在。而且，21世纪之后，这三大历史区域中代表性国家的市场和社会转型陆续开始进入第三阶段，三种"体制"在国家、市场、社会、全球性嵌入因素这四个领域呈现"趋同"与"分化"交织的复杂图景。笔者将这种图景称为"转型的多元绩效"。

然而，需要指出的是，那些制度和结构层面的"趋同"更多的是"片断性的"，而有些"趋同"只是统计学上或量表上的"差距缩小"，它们遵循着相反的轨迹（比如社会福利制度和转型危机程度上的差距）。要想对上述同异交织的图景做出解释预测而不是仅仅在宏观上进行描述，就有必要对"新古典社会学"的比较研究框架做出改良。

三　比较研究的宏观逻辑与微观机制

笔者提出的对"转型多元绩效"的比较分析框架主要来自两个方面：第一，我们需要区分出上述现象背后三种不同的宏观逻辑（工业化、市场转型、全球化），从而针对具体问题采取多重的比较策略；第二，厘清并比较宏观逻辑运行的微观机制并赋予其更多的动态，从而捕捉这场大转变过程中各个事件的实践状态。

---

① 国务院国资委与财政部2005年联合下发的《企业国有产权向管理层转让暂行规定》中规定，国有资产监督管理机构已经建立或政府已经明确国有资产保值增值的行为主体和责任主体的地区，可以探索中小型国有及国有控股企业的国有产权向管理层转让，大型国有及国有控股企业的国有产权禁止向管理层转让。

（一）工业化、市场转型和全球化作为相对独立的三重宏观逻辑

我们需要区分出至少三种既相互影响又各自具有较强相对自主性的宏观逻辑：工业化的逻辑、全球化的逻辑和转型的逻辑。每一种逻辑背后事实上都对应了一种具有因果解释力的元理论（macrocausal metatheories），亦即现代化理论、全球化理论和转型理论。①

这么做的经验基础在于，中越与苏东在"工业化和资本积累完成程度和时点"上存在差异：苏联在 20 世纪 30 年代，大多数中东欧国家至迟到 60 年代都完成了工业化和资本积累，而且这项工作主要靠的是"自我投资"或者"经互会"内部的相互援助。由于"文革"和战争，中国和越南在向市场经济转型之前未能完成这项"历史任务"，当它们于 70 年代末和 80 年代中期先后重新启动"改革开放"和"革新"进程时，全球资本得以有机会担当它在苏东国家现代化过程中不曾扮演过的重要角色。事实上，塞勒尼在他和劳伦斯·金合著的文章中已经注意到这一点，他们指出，这种差异既是大部分中东欧前社会主义国家在建设资本主义时与"经典资本主义"的不同，也是它们与中越两国——让我补充一点，还包括蒙古和中亚五国——的不同。他们进而认为，历史和文化遗产（比如行动者的惯习、宗教传统、集体记忆等）、与资本主义核心经济体的地缘邻近程度，以及尤其重要的，工业化和资本积累完成的时点及其与民族特性发育的关联——所有这些因素的不同组合，为形构阶级、建立联盟以及阶级内外的冲突创造了不同的机会结构，而正是本土各阶级之间和内部的力量格局，对特定国家沿着哪条轨迹建设市场经济产生了决定性的影响（King & Szelényi，2005）。

笔者同意他们关于"工业化和资本积累的程度和时点"和"融入全球市场的模式"会通过影响阶级结构对转型轨迹间接产生作用的观点，但笔者愿意进一步指出的是，在解释具体国家尤其是"后发展国家"的经济和社会现象时，很有必要将"工业化和资本积累"、"全球化"和"市场转型"看作三种既相互影响又各自具有较强相对自主性的并行的宏观逻辑，而不仅仅是解释转型轨迹的变量。

---

① 对这三种宏观逻辑进行区分的想法是由笔者的导师孙立平在一次内部讨论中首先提出的，我在本文中对此做了进一步的改造和阐发。

　　让笔者依旧举"转型多元绩效"中经济发展的例子来说明这一主张。后共产主义世界在进入 21 世纪之后普遍的经济增长，仅仅通过转型轨迹以及由此形成的体制类型是无法解释的。进入 21 世纪后俄罗斯的 GDP 增长很大一部分要归功于全球石油价格的飞涨，以及对前几年"去工业化"的恢复性增长，与它的新承袭主义体制类型关系不大。中国的经济增长至少在早期有一部分要归结于"迟发展效应"，其内在的逻辑与"东亚四小龙"的经济腾飞，甚至英美、德日、苏联在工业化和资本积累时期的经济奇迹没太大差别。举一个最极端的假设，朝鲜现在要是有沙特那么多的石油出口，然后再实施工业化，就算继续维系家长统治，取得的经济奇迹也说不定比任何一个国家都要突出。[①]

　　在比较研究，尤其是涉及"后共产主义世界"的比较研究中，区分上述不同的宏观逻辑十分重要，因为它决定了研究者从一个受多重逻辑影响的社会现实中抽取出哪些"较低层次的实体"进行比较，以及采取什么样的比较策略是有意义的。当然，虽然出于分析的目的可以将同一个现象中并存的多重逻辑一一罗列，但它们在实践中却不是彼此排斥的，我们在经验上观察到的特定的经济和社会现象，都是这些逻辑之间复杂的互动形式的结果。兼顾宏观逻辑的相对自主性和相互作用的途径之一，就是在比较研究的不同阶段结合使用不同的比较策略（Dogan，2002）。例如，在解释中国自 20 世纪 80 年代以来事实上一直不曾间断的经济增长时，我们可以通过二元比较的方法检验另一个个案研究中被验证过的假设，比方说，有学者通过定量分析提出，波兰经济转型成功有一个重要机制，即在将国有企业私有化之前由国家进行战略性地重组（King & Sznajder，2006）。我们采用类似的方法，可以将这一假设应用到与中国的比较中。之后，分析可

---

① 这并不意味着我支持萨克斯等人的观点，他们认为中国良好的经济绩效与转型模式并无联系，而主要取决于中国改革前落后的经济结构与发展阶段（Sachs et al.，1994）。我的要点在于，转型轨迹并非独立地决定某一特定的经济社会现象，全球化和工业化是与转型并行的因果机制。事实上，我们并非唯一注意到这一点的人。梁玉成（2007）就犀利地指出，市场转型讨论中往往将 1979 年至今的中国社会转型仅当作市场化转型，却忽视了同时存在的现代化，尤其是工业化转型。他试图提出一个能够将工业化转型的效应剥离出来的市场转型模型，以探讨劳动力市场结构分布的"净市场转型效应"。另外需要注意的是，工业化、全球化和转型这三重逻辑在某一特定现象上产生的效应可能是同向的，但也可能截然相反，比如工业化会增加女性在劳动力市场中的经济机会从而有助于女性经济地位的提高，但转型也会抵消国家两性平等政策在一些女性那里的效力。

以被扩展到对多组具有相对情境相似性的国家的比较之中（如东欧、中欧与东亚"后共产主义三种体制"之间的同时性比较、中越与东亚其他后发展国家的纵时性比较，以及中越与拉美的历时性比较，它们分别在前述的三种宏观逻辑上具有相对相似性）。最后，将各组相似国家的比较中得出的假设，拿到异质性范畴中的概念同质性比较（conceptual homogenization of a heterogeneous domain），亦即后共产主义资本主义、经典资本主义、后发展国家、边缘国家的比较中进行检验。如此，这样一种多重的比较体系，才能更为全面可信地解释多重宏观逻辑影响下的总体层面的社会事实之间呈现的差异和相同。①

（二）迈向关注微观机制实践状态的比较分析

要想了解在一个具体的现象中宏观逻辑是如何运作的，我们就需要使用更小的分析单位，亦即机制来解释。很显然，同一种宏观趋势（比如，20世纪90年代由国家主导对国有企业的产权进行变更，在宏观层面完全可以被视为"市场制度趋同"的表现）最终却在后果上出现分化，可能正是因为执行者的策略以及策略发挥作用的机制有所不同：俄罗斯式"证券私有化"的后果是"看守人变成偷猎者"；波兰采取了国家干涉下的"受控制的自由主义"，先是由工业和贸易部对国企进行重组，然后再将优质的国企私有化给本土私企或外资，所以私有化后的国企绩效普遍不错，而且培育了一个经理人阶层（King & Sznajder, 2006）；中国制定了和波兰思路基本相似的改制和重组政策，但实施的经济和社会后果却是俄罗斯式的，政策上可供使用的机制明明很多，但最普遍的产权变更模式却是管理层收购这种"最次选择"，它占到了所有非国有改制模式的60%~70%，其中将近90%的企业采取了协议转让的方式，在很大程度上往往是内部操作，不仅因公开性和透明度差而被指责为"侵吞国有资产"，而且改制后的总体经济绩效也不理想（国务院发展研究中心，2005）。

---

① 我当然知道，没有一个比较体系能够完全把握各类个体性研究的具体而丰富的各个层面，我也不是在主张每一项比较议程中都需要这种多重的框架。至少在下面两种情况下，单一逻辑的比较是可以接受的：第一，如果研究者的目的只是检验某种宏观逻辑下的某些机制，而不是试图对多重逻辑现象做出全面解释，但即使这样，也应该像梁玉成那样，将其他有重要意义的宏观逻辑的效应剥离出来；第二，某项社会事实虽然都受多重逻辑的影响，但在比较对象之间，只有一重逻辑存在差别，比如匈牙利和波兰的比较。

塞勒尼和他的同事完全知道"机制"在解释宏观现象上的重要性。事实上，他们在这方面已经做了许多出色的研究，例如，通过市场和再分配机制的消长来解释国家社会主义转型前后的社会不平等现象（Szelényi，1978；Kligman & Szelényi，2002）、从社会排斥的机制来解释底层阶级的形成（Szelényi & Ladányi，2005）、用公司在市场中生存策略的不同来解释国有企业重建绩效上的差别（King，2001）、用国家经济运行机制和公司策略的集合来解释两种后共产主义体制在经济增长上的差别（King & Sznajder，2006）。正如金和桑吉德引证的那样，收集机制层面的数据"可以产生更加深刻的、更加直接和更加细密的解释，超越相关性解释的'黑箱'"，去捕捉"使宏观因果分析元理论运转起来的'齿轮'"（King & Sznajder，2006：761 - 762）。

问题的关键在于如何去做机制分析。我们以市场转型前后不平等的产生机制为例，塞勒尼的实证研究告诉我们，在国家社会主义体制中，不平等主要是由再分配机制造成的，而仅仅扮演补充性角色的市场则在一定程度上起到了弥补作用；但当市场成为"支配性机制"之后，沦为第二位的再分配机制反而开始抵消市场产生的各种新的不平等效应（Szelényi，1978；Szelényi & Manchin，1987）。然而，对 20 世纪 90 年代的中国来说，除了和中东欧相似的市场主导的"新不平等"之外，普通百姓的社会福利也被市场化的改革削弱，更糟糕的是，一些群体原本通过再分配机制获得的特权却未受撼动，结果是，市场和再分配两种机制不是在相互平衡而是在共同造就和推动不平等（孙立平，2004）。这一主张也得到了数据的支持（刘玉照，2008；陈光金，2010）。

这样的机制分析已经十分出色，因为它解释了某种宏观现象（从再分配体系向市场整合体系的转型）与另一种宏观效应（不平等的增加）之间的直接因果机制是什么，而不像"因果模型路径"那样仅仅算出各种变量之间的回归系数（Hedström & Swedberg，1996）。[1] 但我们还可以再往前推

---

[1]　当然，我并不否认这种"以变量为中心的理论解释"（variable-centered type of theorizing）的意义，事实上，塞勒尼和拉丹尼所做的关于后共产主义新贫困现象的出色研究（Szelényi & Ladányi，2005）就属于这一范畴。研究方法的选择通常取决于研究的问题，同时我们对于一种或另一种方法的喜好，也会生产和支持我们选择去调查什么样的问题。正像塞勒尼教导我的那样，在这方面，做一个"模糊的社会学家"也许是最好的哲学。

进一步。如果我们去追问"再分配机制又是如何制造不平等的",我们就会发现,在国家社会主义时期和市场兴起之后,再分配机制制造不平等的过程和逻辑并非完全相同。对前者来说,再分配机制通过"对稀缺资源的行政划拨"来制造不平等(Szelényi,1978);而对后者而言,这种方式虽然对特权阶层依旧适用,但更重要的一种方式是,一些新的再分配举措可能制造的平等效应,被"改革的扭曲机制"转化成了"不落空阶层"的福利从而加剧了不平等,而扭曲机制的形成,则反映了社会结构中的某些集体行动者已经具备了将自身利益凌驾于制度本身逻辑之上的能力。所以,化解社会不平等,不仅仅是推进制度建设(如社会福利制度和收入分配体制改革)的问题,更要对整个社会结构进行调整(孙立平,2003,2004)。在这里,问题的关键并不仅仅在于追问"使得机制运转的机制是什么",因为正如萨皮斯所言,这一代人所发现的"机制"常会成为下一代人试图去解释和理解的"黑箱"(Suppes,1970:91)。要点在于,通过展现和分析机制运作的整个过程,尤其是这个过程中的各种行动者所采取的策略,我们有可能发现理论逻辑之外的"实践的增量"(孙立平,2002)。

在我看来,塞勒尼等人在《无须资本家打造资本主义》和《论反讽》一文中发展出的阶级分析的方法,具有实践社会学的潜能。他们在对只关注制度性因素的"新制度主义"和"网络分析"进行批判后①指出,"与这两种视角不同,我们对资本主义进行比较分析的进路,将能动者作为焦点",强调"能动者和结构之间的互动"(Eyal et al.,1998:40)。他们还引入了布迪厄的"惯习"的概念,试图借此分析能动者的性情倾向和变化着的社会结构之间的互动如何造就了行动者的生活策略和选择,从而促进或延缓社会变迁,而社会变迁又反过来改变惯习。遗憾的是,和布迪厄一样,塞勒尼等人也没有很好地在经验性研究中彻底贯彻自己的方法论主张。比如,在《无须资本家打造资本主义》中,技术官僚和异议知识分子

---

① 塞勒尼本人曾是"新制度主义"在"转型研究"中的主要拥趸,但后来对这一范式越发不满。在他看来,新制度主义社会学和网络分析对中东欧转型的回应是社会学实证主义在当代的"逃跑路线",解释力有限,因为不管是有关"网络"和"嵌入"的社会学理论,还是理性选择的经济模型,都没有充分地理解资本主义的这种多样性,而只是把自己的任务限定在对某些无时间性的社会机制(如网络和互动)的探讨上,无法对历史特殊性做出回应。然而,这并不是要否定"新制度主义"的贡献。鉴于本文并非要讨论"新制度主义"在转型研究中的成就和不足,这里不再对此做更多的阐述。

的同盟如何决定经济政策没有得到充分地展示，"惯习"和"策略"都被化约成了一种"机制"，而这种机制发挥作用的过程仍然是一个黑箱。如何打开这个黑箱，仍然是一个需要我们不懈努力的议题。

四 结语与展望

如果我们将 19 世纪自由市场在西方的兴起看作人类社会的第一次"大转变"的话，那么，苏东各国和中国、越南在 20 世纪 80 年代陆续启动的由再分配经济向市场经济的转型则可以被看作第二次的"大转变"（Burawoy，2000）。弹指之间，这场转变已经进行了 20 余年。原先那块覆盖了世界将近一半人口的区域也已沧海化桑田。仅仅 10 年前"华盛顿共识"还风头正劲时，各种各样的"趋同论"成为"转型学"中的主流论调；然而，随着戏剧般的形势发展，在今天，越来越多的学者开始津津乐道由所谓"后华盛顿共识"和"北京共识"所代表的"后共产主义世界"的多样性和其他可能（吕鹏，2011）。

作为"我们这个时代最有原创性的社会学家之一"（布洛维语），伊万·塞勒尼却在此时跳出他一直所主张的"后共产主义资本主义多样性"的框架，开始提醒我们注意"趋同"。这不是一次刻意而为的"反主流"，或是退回到 20 世纪 80 年代盛极一时的关于资本主义和社会主义走向趋同的各种理论，更不是迎合所谓"漫长的后共产主义时期之终结"的论调（Holmes，2001），因为他清楚地知道残存的再分配机制的影响，以及"后共产主义三种体制"之间仍然存在的实质性区别。毋宁说，将"趋同"现象摆上前台，是塞勒尼向我们发出的一张请柬，他邀请我们一起来回顾过去的 10 年，并展望未来不确定的走向。这个姿态符合他一贯秉持的"反讽"精神：虽然旧的"全球趋同命题"已被实践证伪，但"多重轨迹命题"也并非必然长盛不衰，社会学家卑微的任务，就是作为见证人和阐释者，记录下这一历史性大转变过程中的各种事件，哪怕它们充满了暂时性和不确定性。

在我看来，塞勒尼和他的同事所发展出的"社会结构的解释进路"比很多同样关注"后共产主义多样性"的研究框架（Blokker，2005；Havrylyshyn，2006）具有更加符合社会学传统的强大解释力。按照这个进路,如果我们要解释不同类型的转型体制中"分化"与"趋同"现象的并存,就必须首先关注,在过去的 10 年里,具体国家在内部阶级形构(class formation),尤其是精英格局上所发生的变化,以及这种变化如何与同样变化了的外部因素相互作用,去影响国家政策的制定和实施,从而在经济、社会和政治各领域导致了相似或不同的后果。借此分析能动者的性情倾向和变化着的社会结构之间的互动如何造就了行动者的生活策略和选择,从而促进或延缓社会变迁,而社会变迁又反过来改变惯习。正是这一点,将它与关于后共产主义转型的新制度主义范式、网络分析区别开来。

但是,正如前文所述,这样的一个进路仍然有进一步完善的必要。这要求我们重新回到"新古典社会学"得以诞生的那个研究基点,将"后共产主义资本主义"与"经典资本主义"及其变种放到一个共时性的比较平台上。历史让我们成为千年未有的幸运儿,得以第一次目睹至少三种不同的资本主义兴起方式——发达资本主义国家的现代化道路、全球权力体系支配下的拉美道路、国家社会主义再分配经济的转型道路——在同一个民族国家内同时上演的历史大戏。

如果将目光聚焦于原国家社会主义阵营内部,我们就会发现,面对 21 世纪陆续发生的普京执政、欧盟东扩以及中国将"建构和谐社会"提上日程等"重要拐点",后共产主义世界的市场和社会转型事实上已经悄然无声地进入了"第三阶段"。面对日益复杂的局面,如果研究者仅仅着迷于宏观的数字,可能就会被一些关于"趋同"或"分化"的表面观察所迷惑。数字差距的扩大或缩小,仅仅是现象的表面。更重要的是在比较分析的过程中,厘清这些数字或现象背后不同层次的宏观逻辑,以及这些逻辑发挥作用的微观机制。也就是说,比较研究者需要从宏观层面的结构分析转向微观的机制和策略分析。这其实本来就是塞勒尼所赞同的强调能动者与结构互动的社会结构分析的内在要求,正是在这个意义上,我将自己在本文中提出的不同观点看作一种补充性的,而不是批判性的评述。

在与我的一次长谈中,塞勒尼告诉我,他非常希望在他生命中剩下的时间里拿出一本著作,专门探讨中国这个神奇的国度中正在发生的令人困惑和着迷的大转型,尤其是社会供给制度转型给"新古典社会学"带来的挑战和机遇。可惜由于已经不再亲身组织大型的课题,这个愿望也许变得无法实现。在我看来,负有责任和使命的中国社会学家们应从塞勒尼的开创性工作中寻找灵感。正如熊彼特在评价马克思时指出的那样，一个伟大的理论的魅力从来就不在于它"必然是光明的来源，或者在根本主旨或细节上必然毫无缺陷"，而在于"反面评价甚至正确的驳斥不但不会给予它们致命的伤害，只会有助于显示这个理论结构的力量"（熊彼特，1999：43）。事实上，就在我写完这句话的时候，我们的探索仍然在继续，而我们正在研究的这个伟大的历史转变，也仍然在继续进行。

参考文献

陈光金，2010，《市场抑或非市场：中国收入不平等成因实证分析》，《社会学研究》第6期。

冯绍雷，2004，《原苏东、南欧、拉美与东亚国家转型的比较研究》，《世界经济与政治》第8期。

国务院发展研究中心，2005，《国有企业改制调查报告》，《改革内参》第17～18期。

梁玉成，2007，《现代化转型与市场转型混合效应的分解》，《社会学研究》第3期。

刘玉照，2008，《市场转型理论的再思考》，载孙立平、李友梅、沈原编《转型社会的研究立场与方法》，社会科学文献出版社。

吕鹏，2005，《社会大于市场的政治经济学——重访卡尔·博兰尼的〈巨变：当代政治、经济的起源〉》，《社会学研究》第4期。

——，2011，《从东亚样本看"后共产主义"研究的多元路径》，《俄罗斯研究》第6期。

诺格德，2007，《经济制度与民主改革：原苏东国家的转型比较分析》，孙友晋等译，上海人民出版社。

普沃斯基，2005，《民主与市场：东欧与拉丁美洲的政治经济改革》，包雅钧等译，北京大学出版社。

塞勒尼，2008，《中文版序言》，载《无须资本家打造资本主义：后共产主义中欧的阶级型构和精英斗争》，吕鹏、吕佳龄译，社会科学文献出版社。

沈原，2007，《市场、阶级与社会：转型社会学的关键议题》，社会科学文献出版社。

宋承先，1995，《中国经验：反"休克疗法"的激进改革》，《上海经济研究》第3期。

孙立平，2002，《实践社会学与市场转型过程分析》，《中国社会科学》第5期。

——，2003，《结构先于制度定型与改革逻辑的变化》，载《断裂：20世纪90年代以来的中国社会》，社会科学文献出版社。

——，2004，《不平等来自哪里：市场还是再分配?》，载《失衡：断裂社会的运作逻辑》，社会科学文献出版社。

熊彼特，1999，《资本主义、社会主义和民主》，吴良健译，商务印书馆。

Albert, M. 1993. *Capitalism against Capitalism*. London: Whurr Books.

Blokker, P. 2005. "Post-communist Modernization, Transition Studies, and Diversity in Europe." *European Journal of Social Theory* 8 (4).

Burawoy, M. 2000. "A Sociology for the Second Great Transformation?" *Annual Review of Sociology* 26.

Coates, D. 2000. *Models of Capitalism: Growth and Stagnation in the Modern Era*. London: Polity.

Dogan, M. 2002. "Strategies in Comparative Sociology." *International Studies in Sociology and Social Anthropology* 13.

Esping-Andersen, G. 2007 /1990. "The Three Worlds of Welfare Capitalism." In C. Pierson & F. G. Castles (eds.), *The Welfare State Reader*. London: Polity.

Eyal, G., I. Szelényi & E. Townsley. 1998. *Making Capitalism without Capitalists: Class Formation and Elite Struggles in Post-communist Central Europe*. London: Verso Books.

——. 2003. "On Irony: An Invitation to Neoclassical Sociology." *Thesis Eleven* 73 (1).

Hall, Peter A. & David Soskice (eds.) 2001. *Varieties of Capitalism: The Institutional Foundations of Comparative Advantage*. New York: Oxford University Press.

Hart, J. A. 1992. *Rival Capitalists: International Competitiveness in the United States, Japan, and Western Europe*. Ithaca: Cornell University Press.

Havrylyshyn, O. 2006. *Divergent Paths in Post-communist Transformation: Capitalism for All or Capitalism for the Few?* New York: Palgrave Macmillan Basingstoke.

Hedström, P. & R. Swedberg. 1996. "Social Mechanisms." *Acta Sociologica* 39 (3).

Holmes, S. 2001. "Introduction to From Post-communism to Post-September 11." *East European Constitutional Review* (Winter).

Judson, F. 2002. "Political Regimes." In J. Brodic (ed.), *Critical Concepts: An Introduction to Politics*. Scarhorough: Prentice-Hall.

King, L. P. 2001. "Making Markets: A Comparative Study of Postcommunist Managerial Strategies in Central Europe." *Theory and Society* 30 (4).

King, L. P. & A. Sznajder. 2006. "The State-led Transition to Liberal Capitalism: Neoliberal, Organizational, World-Systems, and Social Structural Explanations of Poland's Economic Success1." *American Journal of Sociology* 112 (3).

King, L. & I. Szelényi. 2005. "The New Capitalism of Eastern Europe." In N. Smelser & R. Swedberg (eds.), *Handbook of Economic Sociology*. Princeton, NJ: Princeton University Press.

——. 2006. "Max Weber's Theory of Capitalism and Varieties of Post-communist Capital-isms." *Angewandte Sozialforschung* 24 (3 – 4).

Kligman, G. & I. Szelényi. 2002. *Poverty and Social Structure in Transitional Societies.* Un-published report.

Kornai, J. 1992. *The Socialist System: The Political Economy of Communism.* Oxford: Oxford University Press.

——. 2000. "What the Change of System from Socialism to Capitalism Does and Does Not Mean." *The Journal of Economic Perspectives* 14 (1).

Lin, J. Y. 1995. "Can China's 'Mini-Bang' Succeed?" *Contemporary Economic Policy* 13 (1).

Manning, N. , O. Shkaratan & N. Tikhonova. 2000. *Work and Welfare in the New Russia.* Farnham: Ashgate Publishing.

Polanyi, K. 1944. *The Great Transformation: The Political and Economic Origins of Our Time.* Boston: Beacon Press.

Sachs, J. , W. T. Woo & S. Fischer. 1994. "Structural Factors in the Economic Reforms of China, Eastern Europe, and the Former Soviet Union." *Economic Policy* 9 (18).

Stiglitz, J. E. 1999. "Whither Reform? Ten Years of the Transition." Keynote Address, World Bank Annual Conference on Development Economics, Washington, D. C. , 28 – 30 April.

Suppes, P. 1970. *A Probabilistic Theory of Causality.* Amsterdam: North-Holland Publishing Company.

Szelényi, I. 1978. "Social Inequalities in State Socialist Redistributive Economies." *International Journal of Comparative Sociology* 19 (1 – 2).

——. 1988. *Socialist Entrepreneurs: Embourgeoisement in Rural Hungary.* Madison: University of Wisconsin Press.

——. 2002. "An Outline of the Social History of Socialism or an Auto-critique of an Auto-cri-tique." *Research in Social Stratification and Mobility* 19.

——. 2008. "A Theory of Transitions." *Modern China* 34 (1).

Szelényi, I. & J. Ladányi. 2005. "Poverty after the Fall of State Socialism." *The Analyst-Central and Eastern European Review-English Edition* 02.

Szelényi, I. , K. Beckett & L. King. 1994. "The Socialist Economic System." In N. Smelser & R. Swedberg (eds.), *Handbook of Economic Sociology.* Princeton: Princeton Universi-ty Press.

Szelényi, I. & K. Wilk. 2010. "Poverty and Popular Mobilization in Post-communist Socie-
    ties." In I. Kubik (ed.), *Justice, Hegemony and Social Movements.* New York: SSRC.
Szelényi, I. & R. Manchin. 1987. "Social Policy under State Socialism: Market, Redistribu-
    tion, and Social Inequalities in East European Socialist Societies." In G. Esping-Ander-
    son, L. Rainwater & M. Rein (eds.), *Stagnation and Renewal in Social Policy: The Rise
    and Fall of Policy Regimes.* New York: Sharpe.

自由与秩序：西方社会管理思想的演进[*]

张旅平　赵立玮

摘　　要：本文从史论结合的角度阐述西方社会管理思想发展的基本脉络。在现代西方社会，社会管理经历了一个从自发到自觉的过程。它主要涉及社会控制、文化价值的内化，以及国家、市场和社会的互动。其宗旨是在推动国家理性和向善的同时，也促进社会成员向现代文明人和现代公民转变。因此，在某种意义上讲，社会管理被认为是一种按现代性标准对人进行"规训"的过程和"文明进程"。而自由与秩序的适当平衡则是西方社会管理所追求的最高境界。

关键词：秩序　规训　社会管理

社会管理是人类走向文明的体现。从古至今，人类社会形成了各种各样的社会管理实践、思想和模式。就西方而言，其主要源于希腊－罗马文化和犹太－基督教文化，并经过复杂漫长的融合、创新和演变之后，于近现代逐渐成熟起来。总体来讲，现代西方社会是一个法治下的民主社会，它的管理自然也是围绕这一核心展开的。其特点是把人权或公民权利的发展放在突出的位置，强调自由与秩序的适当平衡。社会管理被认为是一种把传统的人转变为现代人的"规训"过程和"文明进程"。

由于当代西方社会是一个非总体性的分化和分工相当精细的社会，因此，严格地讲，它们并没有我们今天所使用的综合性的"社会管理"一词，而只有 administration（侧重于行政管理、公共管理）、management（经济管理、工商管理或企业管理）、governance（政治学意义上的治理），以及与此相关的 social control（社会控制）和 regulation（调控、监管）这样一

---

　　* 原文发表于《社会学研究》2012 年第 3 期。

些概念。当然，尽管如此，如果我们认真考察的话，也能够在西方社会丰富的管理实践和理论中挖掘出"社会管理"的某些制度和思想。只不过由于文化价值取向的差异，其理念、方法和实践与我们往往大不相同。

一　西方社会管理的基本取向：自由与秩序的平衡

自由是西方的"最高政治目的"（赫尔德，2004：327）。作为"一种文明的造物"，它把人从具有反复无常要求的小群体的羁绊中"解放出来"。然而，如哈耶克所言，自由之所以成为可能，"是经由那种同时也是自由之规训（the discipline of freedom）的文明之规训（the discipline of civilization）的进化"造就的。也就是说，"我们之所以享有自由，实是因我们对自由的约束所致"（哈耶克，2000：512）。因此，社会秩序，"作为为其他一切权利提供了基础的一项神圣权利"（卢梭，1982：8），与自由同样具有最高的价值。两者既有张力，又相辅相成，并在法治下"开放且抽象的社会"趋于适当平衡。这既是现代西方社会本身持续稳定的内在原因，也是其社会管理所追求的最高境界。

在西方，自由与秩序的关系问题由来已久。远在古希腊时期，通过修昔底德（Thucydides，1972：145～149）、柏拉图（2002：第八卷）、亚里士多德（1981：卷六）等人的著作，我们知道，"古典时期"的雅典人（公民）曾经享有较高的"自由"。[①] 他们可以直接选举城邦的领导和"法官"，民主制定法律，共同参与城邦管理。类似地，共和时期的古罗马人（公民）通过"宪政"（西塞罗，2002）也反映出他们具有一定程度的自由（尽管罗马人在公法上的法治建设远非私法那么出色）。因此，"自由"早在古典世界就已成为重要的社会政治文化取向。这是一种虽不安定却充满活力的因素，对后世西方社会管理产生了深远影响。不过，按照贡斯当（2003：45～68）的说法，希腊－罗马的这种自由只是"古代人的自由"，而不同于"现代人的自由"，因为这种自由主要表现为公民"以集体的方

---

① 亚里士多德说：希腊"平民主义政体的精神为'自由'。通常说每一平民政体莫不以自由为其宗旨"（1981：卷六 1317a40～1318a10）。需要指出的是，这种"自由"（公民权利）只限于有雅典城邦公民身份的成年男子，而妇女和儿童、外来没有雅典身份的自由民、被视为"会说话的工具"的奴隶是没有这种自由权利的。

式直接行使完整主权"。因此，这种自由本质上是一种"集体性自由"，其类似于后来托克维尔（1992）、韦伯（2005a）等人所说的共同体式的"自由"，或斯金纳（2003）所言的"自由主义之前的自由"。换言之，它只是政治自由，不是"个人自由"。古代人不仅没有现代西方人所享有的那种自由人权或个人独立性，而且所有私人行动和领域"都受到严格的监视"，甚至干预。在这种情况下，"个人以某种方式被国家所吞没，公民被城邦所吞没"（贡斯当，2003：48）。

由此，我们看到，在古典世界，一方面是"集体性自由"，另一方面是个人为共同体所吞没。不过，如贡斯当所言，当时人们觉得承认个体对共同体权威的完全服从与这种自由之间没有什么不容之处。大概除了柏拉图等极少数人外，雅典人并不认为苏格拉底之死是现存管理范式和秩序本身出现了问题。这表明，即使在开明的城邦，自由也不能超越"集体性自由"的范围，它必然受到特定的宗教秩序以及受此影响的熟人社会习俗的约束（如苏格拉底反荷马向度的文化必受惩罚）。尽管在希腊古典时期"以哲学发展为秩序的符号"开始兴起（Voegelin，2000），但传统宗教秩序仍在发挥强大作用。这种秩序作用就在于它们给现世或人们带来确定性和意义，也就是持续的普遍安全感以及内心和社会的有序性。涂尔干（1999：550）说："宗教的功能就是帮助我们生活下去。"弗洛伊德认为，若没有宗教信仰和种种禁忌，人类可能早就灭绝了。因为这种与人类社会结成一体的宗教秩序给人以统一的价值观和人生观，驯制人的炽情，把非理性力量引入对共同体或社会有益的渠道，最终使世界成为人可以在其中生活的差强人意的世界（Freud，1957：54）。在这个意义上讲，柏拉图认为（2002：562~564）过分自由和极端民主会把人类引向崩溃，"极端的自由……只能变成极端的奴役"，是十分有道理的。

因此，自由自产生之日起就受到与之相应的秩序的"规训"。与自由一样，秩序也是古典世界的最重要的文化取向。两者在古典世界构成彼此相关，但又相互矛盾并形成张力的向度。对于雅典城邦或共和时期的罗马而言，这两者都是弥足珍贵的价值。管理艺术的最高境界就是取得这两者的基本均衡或和谐。而"和谐"按赫拉克利特的解释则"是对立物间张力的结果"（伊利亚德，2004：233）。实际上，古典世界一些著名思想家，如柏拉图、亚里士多德或西塞罗，都对雅典伯利克里时代平民大众的民主自由评价不高，因为他们依据经验和理论懂得在缺少理性法治的情况下这种平民自由往往演变为"集体君主"专制（亚里士多德，1981：卷三、卷四），即多数人的暴政。因此，在管理上寻求均衡与和谐便成为他们的主要思想。

对于西方而言，没有自由的秩序是可怕的，但无序的自由同样是不能令人接受的。有时，这成为困境，因为真正的和谐或均衡毕竟难求。希腊古典时期末期，随着"人是万物的尺度"（普罗泰戈拉语）观念的兴起和荷马向度的传统宗教文化的逐渐式微，滥觞于苏格拉底的人文哲学符号秩序出现了。不过，这种秩序似乎既不能满足当时人们的需要，也无法拯救失序的心灵。在这种情况下，外来宗教四起，最终犹太－基督教脱颖而出，并在此后更加动乱的年代登上历史舞台。这表明：一方面，古典世界后期社会自由度在增加；另一方面，希腊罗马社会－文化向度（不论神话宗教向度抑或人文哲学向度）的秩序无法解决这种自由带来的问题。换言之，这种秩序本身无法解决希腊－罗马文明崩溃的问题。因为受种种条件限制，人尚未进化到大致知晓如何较好规训自由的地步。于是，物极必反，秩序的建构便走向另一个方面，即救赎或启示宗教共同体方面。基督教起初作为一场微不足道的自发性弥赛亚运动，之所以能够最终占领西方舞台，除了韦伯所分析的"超越性"、"救赎与再生"（"福音"）等因素外（韦伯，2005b），更重要的是，通过一种"价值重估"，它给人们带来了新的社会关系和规范，使本就是社会动物的人在内心和世道都已混乱的情况下重新回归安定和有序。

因此，基督教给失序的古典世界带来了新的向往和秩序。它虽然没能最终保住"世俗之城"的罗马，但却通过"天城"使人们在精神上重新变得文明有序，并对未来充满希望（奥古斯丁，2006：下卷）。"天城"的延续和兴盛为西方中世纪社会秩序的形成奠定了坚实基础。当（西）罗马帝国灭亡后，以基督教为核心重建西方的秩序便不可避免。从社会管理上看，这也符合西方历史发展的要求，因为当时西方世界面临的主要任务就是使桀骜不驯的"蛮族"实现教化或文明化。而基督教化在当时则是这种教化或文明化的无二选择。它成为抵制野蛮和倒退的主要堡垒（曼海姆，2002），有助于人们向善和规训"封建自由"（拉吉罗，2011），推动教育、学术研究、医疗、赈灾、慈善等事业发展，为西方近代法律体系和国家的建构，提供了最早的样板（伯尔曼，1993：246、139）。当然，所有这一切都是通过复杂艰苦的斗争实现的。公元 1075 年教皇格里高利七世（Gregory Ⅶ）发动争取"教会自由"的改革（"教皇革命"）（伯尔曼，1993：111），随着"两剑论"① 付诸实行，西方在一种矛盾着的状态下，基本上被统一在一个"基督教母体"内来管理。基督教成为凝聚西方社会的黏合剂，并为人们提供了基本秩序和意义。由此，我们看到，在中世纪盛期，教会在获得某种"自由"之后逐渐演化为一种精神和权力秩序。

不过，随着教会享有权力和利益的增多，这种秩序也越发固化和僵化，于是，悄然兴起的世俗自由因素不断与之发生冲突。它们先是表现为所谓的"封建自由"，以后作为"特（许）权"（liberties）更多地体现在自由市、行会、乡村公社的相对自治之中。法国作家兼评论家斯塔尔夫人（Madame de Stael）说"在法国，自由是古典的，专制才是现代的"（参见拉吉罗，2011：1），指的就是这些方面。在某种意义上讲，"自由"在中世纪比在后来的绝对主义时代似乎更多一些。当然，直到宗教改革以前，这种自由大体是在一只无形的手，即"耶稣基督之手"（迈克尔·曼语）的"规范调节"下开展的，并与基督教社会秩序趋于某种平衡状态（阿奎那的主要著作反映了这一特点）。

西方近现代对自由与秩序问题的明显关注导源于中世纪盛期教廷（教会）与世俗权力之争。这种在社会管理上的二元结构不仅导致"文化领导与政治权力之间的相互独立性"，而且给社会带来新的活力，并最终成为近现代西方产生文化、经济、政治和社会自由的"主要因素之一"（Dawson，1991）。它把西方社会从自由因素的成长逐渐引向法治下保护和规训自由的现代性秩序建构。西方学者经常把西方的这段历史进程与穆斯林社会的情况进行比较。他们认为，当时，西方与穆斯林世界的突出区别在于，西方的二元管理模式能够给予世俗管理以更大的相对独立性。在政教合一的伊斯兰世界，由于以神启戒律或无所不包的社会命令严格规定人们所有的公私生活，并且一开始便排除了理性可以从中独立发挥作用的活动余地，因此本来已有所发展的哲学、科学和民间自主性最终被窒息在摇篮

---

① "两剑"指"精神之剑"（spiritual sword）与"世俗之剑"（secular sword）。"两剑论"意指在保证教廷至高无上地位的条件下，精神世界由教会管理，世俗社会归皇（王）权统治（参见 Tierney，1964）。

里。而基督教社会由于通过两种不同的权力和两种不同的法律体系来管理，广大信徒才有可能在许多方面按照并非基督教特有的原则或标准来相对自由地组织他们的社会和政治生活（施特劳斯、克罗波西，2009：235）。正是在这种条件下，再加上其他因素，西方文化和社会中的自由因素才获得不断增长。这种自由经过了一个曲折复杂的过程：从路德所说的"基督徒的自由"（路德，2004）转变为世俗公民自由，从中世纪的特许权逐渐发展成为普遍权利，从共同体的自由延伸到个人自由，从上层阶级的人权逐渐向中下阶级扩展，基督教母体的秩序和封建秩序终于遭到分解。尽管人们对自由存在不同理解，但"现代人的自由"毕竟产生了。用康德的话说（Beck，1959：85），人终于长大成熟，从"自己加给自己的监护状态下解放出来"，从此自主行事而不再需要教会或国家告诉他们做什么以及如何去做了。

随着自由思想的深入人心和社会自由度的急剧增加，以及民族国家意识的上升和工业化的迅猛发展，"共同体"也日益向滕尼斯所说的个人主义的"社会"转变（滕尼斯，2006：39）。与此同时，人也由共同体的人转变为"原子化"的"社会人"。这是一个人与社会剧变的时代。然而，如同其始祖亚当、夏娃偷吃禁果而遭到惩罚一样，现代人的自由和解放也是要付出沉重代价的。这个代价突出表现为涂尔干所说的社会"失范"和失序。这是西方形而上学、上帝和乌托邦先后遭到解构的结果，也是"神是万物的尺度"（柏拉图，2001：124）又一次转向"人是万物的尺度"的必然结果。由于古典世界晚期曾存在类似现象，因此索罗金认为这是西方的一种轮回（Sorokin，1937）。当然，人类发展的法则总是具有两面性：一面是解放，另一面是强制。在现代西方，自由与秩序总是通过复杂的互动相伴相随，也就是说，自由只有经由"自由之规训"才有可能。因此，正如鲍曼（2007：29）所言，19世纪不仅是"伟大的错位、解脱、脱域（disembeddedness）和根除（uprooting）的世纪，同时也是一个不顾一切地试图重新承负、重新嵌入、重新植根的伟大世纪"。西方在英国和法国革命后，随着自由的成长，建构相应的新秩序便成为不能不完成的主题。与以往相比，这个主题的实现是一种"自觉的"行动，也就是如后来社会学家所说的，它是一个"现代性工程"（Giddens，1994）或"社会工程"（Bauman，1991）。

　　不过，治理失范和失序，建构维续社会稳定与和谐的秩序，主要采取何种方法，亦即主要靠法治，靠国家、市场和公民社会的协调互动，还是主要依赖强权的严厉行政手段，当时人们并无定论。作为现代西方主流文化的自由主义，尽管推崇"现代人的自由"，但也对"自由放任"存有必要的戒心。作为早期自由主义者，亚当·斯密（2008）就指出注重道义和遵从社会准则的必要性。他主张要合乎道义地"利己"（在利他中利己），强调个人自由与国家权力和社会秩序的和谐（Morrow，1963）。同样属于自由主义阵营的功利主义创始人边沁（1995、2000），更是与众不同地要求政府通过严厉监管来建构和维护现代社会的秩序（尽管他是从功利主义观点出发的）。边沁提出"最大多数人的最大幸福"（the greatest happiness of the greatest number）的功利主义原则。这意味着总会有某些人的幸福不会而且实际上也不应当得到满足。因此，对于那些威胁公共福祉的不服从者（不论个人、集团还是阶级）必须实行严厉管制。只有这样，才能确保上述原则的实现。边沁以大多数人福祉的名义提倡建构一种新型权力系统，对社会中的人们进行管束、调教和形塑，也就是后来福柯（1999a；1999b）所指称的"规训"。这种"规训"，按福柯的解释，以分布在整个社会结构并浸透在日常生活中的权力为核心，通过公共秩序、监狱、规范、法律、教会、诊所、学校教育、宗教忏悔、文化知识等，塑造特定的符合近现代性要求的个体、制度和文化安排。也就是说，近现代历史被视为一种通过或明或暗的约束和规范技术而产生现代自我与社会的过程。这也是政府控制与"自我的技术"的巧妙结合（福柯，1998；Foucault，1984）。由此，社会管理被隐喻为边沁发明的一种"全景监狱"（Panopticon，环形监狱）系统的延伸。从这一点出发，为了形塑现代人与社会，每当"自由放任"或市民社会不足以确保他们所说的最佳可能的结果的时候，国家就有理由进行干预和规范，以此来重建社会关系、秩序和个体。其实，自由主义在重视个人主权的时候并不意味着不要社会监管。相反，如约翰·密尔所言，生活在社会中的每一个人，在涉及他人的行动上都"必须遵守某种行为准则"，人们不仅不应当彼此损害利益，而且有责任和义务为保卫社会或其成员免遭损害而付出自己的一份劳动和牺牲。"若有人力图规避不肯做到，社会是有理由以一切代价去实行强制的。"（密尔，1982：81）因此，自由主义是主张监管的，只不过强调这种监管要恰到好处（搞清楚需要监管多少），反映公益，不可"独断专行"（洛克，1981）。

一般而言，直到 20 世纪初期，西方现代性秩序的建构主要表现为强制权力的监管——鲍曼（2007）称为"全景监狱式"监管。不过，此后随着社会学的发展，对人的研究逐渐由"经济人时代"过渡到"社会人时代"，以及梅奥主义的出现对西方社会管理产生重要影响，西方在社会管理上越发向着更人性化的方向转变。这种"全景监狱式"监管在社会秩序的建构和维续上越来越不适宜了。

那么，在现代西方，社会管理究竟如何进行？西方的社会管理自然离不开其一贯强调的平衡原则。围绕这一点，其主要涉及这样一些基本问题：一是如何解决和制衡多元社会中的利益冲突；二是如何对待法治与行政干预以及怎样保护合理的自发性和自组织活动；三是如何建构一种把管理者与被管理者最终从双方都不自由的奴隶状态下解放出来的社会秩序。

关于第一个问题，早在 20 世纪 60 年代初，利普塞特（1993）就指出，现代社会和政治系统如果要获得稳定有序运行的话，不仅需要外部经济发展，而且更需要在国家与社会之间取得"冲突与一致的适当平衡"。因为只有在这种平衡中才真正有助于解决和制衡多元社会中的利益冲突问题。那么在两者之间如何建立平衡呢？这就是法治下"社会意义上的民主"（托克维尔，2004；阿隆，2009：12）。在此，关键之处是国家能否成为不再专受某一阶级及其意识形态控制的"仲裁者"。它在社会管理上以法治和国家理性为基础真正做到公正合理、不偏不倚，能够合理平衡现代社会各个阶层的利益。如果说以往，比如二战以前，这一点难以实现，那么在战后便有了现实可行性。战后随着中产阶层的崛起和在社会中占据多数，以及"意识形态的终结"（贝尔，2001；Bell，1988）（确切地讲，应当是解构而非"终结"），某种意义上国家不再像以往那样只是某些特殊人群的代言者，而是在不断的治理中越发接近成为"仲裁者"。因此，以往那种主要依靠权力所获得的一致性日趋降低，而协商、合作和服务机制则越来越发挥重要作用。当然，包括"阶级斗争"在内的各种冲突仍然存在，但大多被纳入法治的轨道和得到有效的"规训"：冲突受到各种社会组织、机构和机制的抑制，并通过它们在宪法制度之内得到表现。也就是说，如雷蒙·阿隆所言，法治下的民主意味着"接受冲突，并非是为了平息冲突，而是为了避免让它们以暴力的形式来表现"（达仁道夫，2000：

141）。这也就是管理冲突并使之法治化、理性化和非暴力化。因此，在自由民主社会，冲突不仅不对社会稳定和社会秩序构成威胁，反而有利于社会的改良。正如阿隆在阐述托克维尔观点时所说的那样，一个中产阶级占优势的社会"因不断的要求和利益冲突产生动荡，但不太可能发生革命"。

关于第二个问题，较早时候，李普曼曾经说过："在一个自由的社会，国家并不通过行政的手段管理人们的事务，而只是通过法律调整人们的私性活动。"（Lippmann，1937：267）李普曼这一正统自由主义的说法，尽管有些理想化（因为即使在现代西方也不可能完全没有行政干预），却反映了现代西方在社会管理上的一贯思想和向往的境界。多少年来，西方社会管理也是朝着这一方向努力的。它们的主要做法一是坚持实行法治（而不是法制），不管政府还是社会的活动都必须纳入法治的范围（而法治是相对独立的）。其实质是究竟想要自由民主的制度，还是想要普罗米修斯式的控制自然和社会本身的做法。二是国家立法保护合理的自发性和自组织活动，因为它们是社会富有活力和创造性的源泉。一般而言，大凡缺乏自发性和自组织性合理存在和成长的社会，其社会活力和创造性也较低。因为发明创造不是权力机构人为设计和安排的结果，而首先是一种自发和自组织的过程，然后才是自觉选择和有系统有理论的提升过程。三是强调国家干预的扩大不等于行政干预的扩大，两者在某种程度上是有区别的。所有这些导致当代西方在社会管理上尽可能地减少以行政权力为基础的高压强制，更多地采取一种国家、市场、公民社会在法治范围内有序互动、协调和合作的模式。在这种模式中，如鲍曼所言（2006：13），管理更多地体现为服务（国家活动的扩大主要体现在这方面而不是传统权力支配方面），权力关系在很大程度上遵循法治的市场模式，公共关系取代了"命令"，吸引和诱惑更多地被放在过去严厉刚性制度占据的位置上。简言之，传统的权力整合技术总体上不再作为对待社会主流（占据人口绝大多数的中、上等阶层）的控制手段，而主要用于对少数"下等阶层"的"失范者"和失序者（懒惰、吸毒、流浪或无家可归者等）的管理。当然，整体上国家仍保持很大的强制力，但它必须受到法治和公民社会的制约。显然，这是哈耶克所言的那种现代西方"大社会"的管理模式。这种管理模式是以自由与抽象规则和秩序的平衡为基础的，因而是一种法治下开放且自由的"抽象社会"的管理模式。在现代西方，这种"开放且抽象的社会已不再是经由追求共同且具体的目的而只是通过服从同样的抽象的规则而凝聚在一起的"。在这种情况下，不仅抽象社会的社会秩序越来越难以理解，而且人们为了维续此种秩序而不得不服从的那些规则"也往往是与人的先天性本能相反对的"（哈耶克，2000：513），因为西方法治下抽象社会的运行所基于的更多是情感中立、自我取向（利益优先）、普遍主义和自致性，而较少是情感、集体取向、特殊主义（我群主义）和先赋性（Parsons & Shils，1951：77）。社会稳定和社会秩序主要基于法治条件下的抽象或一般性社会关系、观念，依赖于有很高可信度和确定性的一般规则和程序，即主要依赖于理性化的公民责任、公民义务，而不是不稳定的行政干预和往往与此相关的在背后起作用的个人纽带、个人忠诚、个人情感，以及乡党、朋友和伙伴小群体关系。现代西方社会运行何以较为稳定，其内在秘密就在于此。

第三个问题涉及自由文化本质问题。现代西方抽象社会自产生之日起，便不断遭到保守主义、浪漫主义和激进主义的攻击，对其的主要指责是这种社会无视人们的民族和文化特色，脱离与各种价值观、信仰和传统的联系，压抑直觉和灵性的东西（不懂得非理性还有正面积极意义）。然而，鱼与熊掌不可兼得。要生活在熟人社会（传统共同体），就可得到传统的那一套东西；而要生活在现代性陌生人社会，就只能靠抽象的规则形成秩序。这或许是西方自由文化演化的宿命。因为最终只有在抽象的社会（在抽象的秩序中），个人自由才能真正生存和伸展开来，人才能摆脱"臣民"状态而获得一般意义的现代公民权利和"尊严"。因此，希望平等享受现代自由和获得尊严的人们别无选择。此外，从另一方面讲，"这种社会或许不怎么喜欢传统的约束，不反对把它们废除掉，但它却致力于提出新的自身'新改进的'约束，一点也不容忍个体亵渎这些规范"（鲍曼，2006：5）。这就是说，在开放且自由的社会，自由是要受到规训的，但由于人们所享有的唯一共同的价值不再是某种有待实现的具体目的，如某种保守或激进的设想、乌托邦计划，而只是那些能够确使一个抽象秩序得以持久维续的共同抽象行为规则，因此，这种作为规训的规则和秩序只保证向个人提供他得以实现其个人目的的较好条件、较好环境和前景，而"不赋予个人以要求特定东西的权利"（哈耶克，2000：513）。在此，我们看到，只有在这样一种开放而抽象的社会中自由与秩序才可趋于一种差强人意的新的平衡。进一步讲，只有抽象的规则才能避免强制推行某种具体共同目标而导致的冲突，才能满足各种多元的、追求不同目的的自由人们的需要，从而把他们整合在一个和平的秩序之中。总之，只有在这种开放且自由的"大社会"，才有可能把卢梭所说的那种管理者与被管理者从双方所处的不断相互猜疑、彼此防范，以及双方都不自由的奴隶状态下解放出来。① 这是当代西方社会本身内在稳定之所在，也是社会管理的基本取向和向往的境界。②

二 社会控制理论

美国早期社会学家提出了一种典型的社会学观念："社会控制"（social control）。这种观念的提出有其深刻的社会历史背景和智识脉络，并在其百余年的发展历程中形成了社会学的一个极具理论和现实意义的研究传统，构成了社会学思想传统的一个重要组成部分。这种观念虽然首先在美国早期社会学中予以阐发，但鉴于它与社会学的一些核心论题——尤其是社会秩序问题、失范与越轨问题——的密切关联，因此在某种意义上可以作为勾连社会学诸研究领域的一个"关键概念"。

"社会控制"这个术语最初"作为社会学考察社会秩序问题的一个综合性的基础…… 在最根本的意义上，它指的是一个社会依据所期望的原则和价值来调节自身的能力"（Janowitz，1975：82）。从社会组织的角度看，它强调的是一个社会组织管理自身的能力。早期社会学中的社会控制强调对价值承诺的依赖，因此与"强制性控制"（coercive control）有截然区分，某种意义上可以将后者视为它的对立面。社会控制意在减少强制和消除人类苦难，强调用理性与科学的手段及程序实现社会的目标或理想——在这个意义上，它也具有美国早期社会学鲜明的"社会神义论"（sociodicy）色彩（Vidich & Lyman，1985）。另外，从"社会控制"的早期应用

---

① 卢梭言道（1982：8）："自以为是其他一切的主人的人，反而比其他一切更是奴隶。"从某种意义上讲，近代以来西方社会就是在解决这一问题中演进的。

② 当代社会理论和经验证明，在真正法治下的民主社会，由于其具有公开性、透明性和确定性，暴力革命的可能性被降到最低点。因为作为规则，这是目前人类所能想到的具有可操作性的最佳选择。

来看，它也不能等同于稳定、遵从（conformity）及压制，相反，它要"将分裂、张力和紧张组织起来"。问题在于："社会控制过程是否能够在保持社会秩序的同时依然能够进行转变和社会变迁"（Janowitz，1975：85）。社会控制在心理和人格层次上的对应物是"个人控制"（personal control），后者的关注点是"一个人在把对其本人和其他人的扰乱与伤害降低到最低程度的同时引导其能量和满足其需要的能力"（Janowitz，1975：84）。美国早期社会学对于教育、社会化及自我等问题的探讨，某种意义上针对的就是社会控制与个人控制的关系问题。

"社会控制"观念的提出与美国社会学产生的一些重要的历史、社会及智识背景密切相关。在美国"内战"之后出现的"镀金时代"，快速的工业化、城市化、移民潮等导致了急剧的社会变迁，整个社会虽充满活力但也动荡不安，新旧交替使得社会秩序的重建成为最为紧迫的问题；各种社会运动风起云涌，实际上是对其时代问题的或被动或主动的回应。作为所谓的"第一个新国家"（Lipset，1979）的美国，自殖民地时代起即深受新教的影响，19世纪七八十年代兴起的"社会福音运动"（social gospel movement）即体现了新教对其时代问题的回应。美国早期社会学也深深打上了"社会福音"的烙印，许多社会（科）学家试图借用美国自身深厚的宗教资源重建社会的道德秩序，"社会控制"观念最初的提出实质上即为社会重建的一种对策，并藉此引领美国社会实现其世俗道德理想（譬如建立"上帝在尘世的王国"）。而19世纪末20世纪初席卷美国的"进步主义运动"（progressive movement）则在更为现实的社会、政治及智识的层面上对社会控制观念的提出和扩散起到了重要的推动作用。当然，最具美国思想特色的"实用主义"因为强调行动主义、教育与控制以及道德理想，从而为社会控制观念的提出奠定了重要的智识基础。这些具有内在关联的因素（当然不止于此）实际上体现了美国式的现代性，而社会控制的观念即为其表达形式之一。正如芝加哥大学社会学系早期成员文森特所言："社会控制是将各种社会力（social forces）结合起来的艺术，以便为社会提供一种迈向理想的趋势。"（Vincent，1896：490）

分别深受斯宾塞和孔德影响的美国早期社会学的两位代表性人物萨姆纳（W. G. Sumner）和沃德（L. F. Ward）之间的分歧与争论，实际上体现了自由放任与社会干预（控制）之间的对立。"社会控制"主要承续的是后一种进路。而美国 20 世纪 30 年代的"新政"进一步彰显了美国社会思想的这种主流趋势。所以我们在帕森斯 1937 年出版的《社会行动的结构》的开篇看到的是一个颇具深意的宣告："斯宾塞（式理论）已经死亡。"或者更准确地说，斯宾塞所代表的那种"曾在英语民族的思想史上产生过巨大影响的实证主义 - 功利主义的理论传统"（Parsons，1968：3）已经式微。帕森斯的这种宣告基于他的这样一种智识发现：19 世纪晚期到 20 世纪初，西方社会思想传统内部发生了一场堪与 17 世纪的思想革命相媲美的思想运动（Parsons，1968：5），涂尔干、韦伯和帕累托等古典社会理论家即为这场思想革命的代表性人物。帕森斯在《社会行动的结构》中接续涂尔干、韦伯等前辈对曾经主导西方社会思想发展的实证主义、功利主义等思潮展开系统的批判，这尤其体现在他对"功利主义的社会理论体系"的批判中（Parsons，1968：51～60），其中的关键点在于：不论是霍布斯还是洛克，他们开辟的功利主义理论体系都不能有效地解决"秩序问题"，换言之，功利主义的"理性的经济人"假设和自发调节机制或"自生自发秩序"（"看不见的手"）是很不充分的，在自由与决定论这一核心问题上最终会陷入"功利主义困境"（utilitarian dilemma）。而涂尔干、韦伯等人的理论则趋向于他所谓的"意志论的行动理论"（voluntaristic theory of action），这种理论取向既强调行动的"规范性取向"，也重视行动者面对各种客观的"情境因素"，同时强调"努力"实现目的或理想的"意志论"取向，因此能够更有效和充分地处理"行动和秩序"问题。帕森斯早期虽然有意无意地"忽略"了美国早期社会学传统，但在"集体无意识"的意义上接续了整个传统。从某种意义上讲，"社会控制"的观念针对的正是功利主义的个人主义理论。

虽然斯宾塞在其《社会学原理》（1892）中使用了"控制"（control）这个词，但它在斯宾塞的理论取向中显然不可能具有重要意义。美国早期社会学家罗斯 1901 年出版的《社会控制：探查秩序的基础》，是社会学史上第一部系统论述"社会控制"问题的论著。从该书的副标题即可看出，其探讨的主题显然是社会控制与社会秩序的关系。罗斯认为，基于同情、友善和正义感的"自然秩序"是"粗糙和不完善"的，尤其是对现代社会秩序而言，社会控制是必要的："如果不打算让我们的社会秩序像纸牌搭成的房屋一样倒塌，社会就必须控制它们。自由放任的政策——不仅仅是法律方面的，同时也是教育、公共舆论、宗教和暗示方面的——无疑会有助于十七世纪北欧流行的那种混乱在我们中间复活。"（罗斯，1989：43）基于此，罗斯对"社会控制的手段"进行了详细考察，其中既包括"舆论、暗示、个人理想、社会宗教、艺术和社会评价"之类"从原始的道德情感中吸取大部分力量"的控制工具（他称为"伦理的"），也包括"法律、信仰、礼仪、教育和幻想"等"全然不需来自道德情感"的控制手段（他称为"政治的"）（罗斯，1989：313）。罗斯虽然承认法律等制度性控制的重要性，但基于其基本的价值取向，他认为更为根本也更加有效的社会控制手段必定是富有情感的并能触及人们的内在精神领域，这尤其体现在他对"社会宗教"（social religion）的论述中。罗斯认为，从人类古老的家庭单位中产生了两种情感：（对家长的）"孝敬"和（对其他家庭成员的）"同情"，前者是"服从和义务的根源"，后者是"伙伴关系和手足之情的根源"。这两种情感渐渐地发展出两种宗教类型："法定或律法宗教"（legalistic religion）和"社会宗教"（罗斯，1989：154）。"社会宗教"所强调的博爱或兄弟情谊（fraternity，brotherhood）虽然具有浓厚的基督教色彩，但罗斯更多强调的是其在现代社会中的精神性的情感纽带作用："一种彼此接近的纯洁的宗教感的互通或一种高度自觉的共同，能产生自我与他人的无形制约……毋容置疑，在精神上联系起来的人们的信念，在修正人们的行为中是最有效验的。"（罗斯，1989：160）作为社会学家，罗斯"在根本上所关注的是那些能够创造出（现代社会中的）和谐关系的社会条件"（Janowitz，1975：89）。

罗斯同时代或稍后的一些社会学家进一步拓展和强化了对"社会控制"的研究。例如，托马斯（W. I. Thomas）、库利（C. H. Cooley）和米德（G. H. Mead）等人开辟的美国早期社会学中的"社会心理学"研究传统，从"社会化"的角度深化了对社会控制的研究。在他们的研究中，个人的"自我"形成过程本质上是一种社会过程，"社会"（以各种形式和方式）参与到个体的成长过程之中；社会化过程不仅是个体"内化"社会价值观和规范的过程，同时也是个体自主性（自我、人格）的形成过程。这种研究传统虽然侧重个体互动的所谓"微观社会过程"的研究，但其主要代表人物的理论框架基本上都在微观－宏观层次之间建立起某种关联，如托马斯关于（个体）"态度"与（社会）"价值观"的研究，库利关于"镜中我"（looking-glass self）、"初级群体"以及社会制度的分析，米德关于"主我"（I）－"宾我"（me）以及"一般化他人"（generalized other）的分析。因此，自我、人格的形成过程不仅是一种"自我控制"（self-control）过程，同时也是一种"社会控制"过程，或者说，这两者实际上是同一过程的不同维度。

"社会控制"的观念在美国早期社会学的经验研究中得到了进一步的展开和深化，这尤其体现在"芝加哥社会学学派"的相关研究中。帕克（Robert E. Park）和伯吉斯（Ernest W. Burgess）领导和指导了该学派在20世纪二三十年代的经验研究，他们在其具有广泛影响的教科书《社会学导论》中明确指出："一切社会问题最终都是社会控制问题。"（Park，1967：209）帕克将社会学界定为研究"集体行为（collective behavior）的科学"，社会不止是一群志趣相投的个体，"因为存在着（1）某种社会过程和（2）这种过程所产生的一些传统与舆论——它们具有某种相对客观的特性并作为一种控制的形式，即社会控制而施加于个体身上"，因此，社会控制成为"社会的核心事实和中心问题"（Turner，1967：x－xi）。帕克认为："社会无处不是一个控制组织。它的功能就是组织、整合以及指导作为社会的构成成分的个体身上所蕴含的能量。也许可以这样说，社会的功能无处不是限制竞争，并通过这种限制而实现构成社会的诸有机单位间的某种更为有效的合作。"（Turner，1967：83）因此，社会控制与集体行为适用于相同的对象，所不同的是，社会控制指涉的是"机制"，而集体行为指涉的是"过程"（Turner，1967：xii）。帕克对社会控制的"基本形式"，尤其是舆论和制度等控制机制进行了详细的探讨。另外，帕克基于他对美国种族关系的"自然史"研究而对社会过程做出了明确的阶段划分：由竞争、冲突到调适（accommodation）、同化（assimilation）。再加上他对"生态秩序"（ecological order）和"社会秩序"的生态学研究，拓展和深化了美国早期社会学中的"社会控制与社会秩序"这一核心论题。

芝加哥社会学学派的经验研究主要集中在与现代城市（尤其是芝加哥这个"巨大的天然实验室"）相关的各种社会问题领域，诸如"游民"（hobo）、"黑帮"（bang）、"聚居区"（ghetto）、"贫民窟"（slum）、"自杀"、"家庭解体"、"旅馆生活"、"职业舞女伴舞舞厅"（taxi-dance hall）、"青少年犯罪"、"有组织犯罪"、"白领犯罪"，以及移民、种族关系这些美国社会中最为重要的社会问题（参见 Bulmer，1984；Faris，1970）。在某种意义上，这些研究大多可以视为在托马斯、帕克等人的相关理论框架的影响和指导下的对于"社会控制"观念的经验研究。这些研究不仅使社会控制观念具体化和深化，而且，其中大量关于越轨与犯罪的研究也使得早期"社会控制"观念那较为宽泛的意涵出现"狭义化"的倾向。除社会学的相关研究外，19 世纪晚期到 20 世纪上半叶的美国社会科学中的其他研究领域，如制度经济学、法律社会学、心理学、人类学以及政治学也都借鉴了"社会控制"的观念，涌现出大量的相关研究。

帕森斯在其"第一次主要综合"（Parsons，1968）的基础上逐步构建出一个宏大的"帕森斯式"（Parsonsian）理论，这种理论具有鲜明的"美国特色"。在某种意义上，我们可以将帕森斯的社会理论解读为一种社会控制论。从帕森斯早期对"霍布斯秩序问题"的独特论述，以及对功利主义的批判和对涂尔干、韦伯等欧洲社会理论家的解读，我们都可以从中看出他深刻意识到"社会控制"观念对社会学研究的重要性，虽然他在这一时期并没有明确使用这个术语。在《社会行动的结构》与《社会系统》之间的"过渡期"，帕森斯撰写了大量"经验论文"，其中有些明确论及"社会控制"问题，如1942 年发表的长文《宣传与社会控制》（Parsons，1954/1942）和讨论战后德国问题的《控制性制度变迁问题》（Parsons，1954/1945），不过，在这里，他是在狭义上来使用"社会控制"概念的。在《社会系统》中，帕森斯辟专章讨论"越轨行为与社会控制机制"（Parsons，1951：VII），并独创性地提出了"社会控制"的四种"机制"（Parsons，1951：298）。① 而帕森斯在《社会系统》中同时表达了广义和狭义上的"社会控制"观念：他论及的"社会控制机制"基本上是就其狭义而言的（这也是"二战"后对"社会控制"的通常用法，以至于几乎所有社会学教科书都会专辟"越轨与社会控制"章节），但他这个时期重点阐述的"模式变项"（pattern variables）图式，以及他用"内化"（internalization）和"制度化"（institutionalization）的概念来联结人格、社会与文化之间的关系，实质上是以明确的分析概念表达了广义的"社会控制"观念，或者准确地说，是将"社会控

---

① 即"支持"（support）、"许可"（permissiveness）、"对互惠的否拒"（denial of reciprocity）和"对报偿的操控"（manipulation of rewards）。

制"的广义和狭义两种意涵联结起来了。① 随着帕森斯社会理论的进一步拓展和复杂化，尤其是"控制论意义上的等级"（cybernetic hierarchy）和"一般化的符号交换媒介"（generalized symbolic media of interchange）的引入，其系统理论也日益表现为一种"系统控制论"。不过，透过这种形式化的理论外壳，我们依然能够看出帕森斯在形式和实质两个方面都对社会控制理论做出了巨大的推进。

从现代社会学对"社会控制"概念的使用来看，基本上是就其狭义而言的。换言之，随着社会学研究的"去道德化"和专业化的发展，"社会控制"观念也越来越收缩为一个理论和经验研究中的分析性概念。这尤其体现在越轨、犯罪等研究领域里关于"社会控制"的大量"中程"（默顿意义上的）研究中。此外，在关于"社会控制"的社会系统论的研究进路中，卢曼（N. Luhmann）无疑是帕森斯理论的最重要的推进者，当然，其研究的抽象性、程序性和技术性的色彩也更加浓厚。帕森斯之后对社会控制理论之发展影响最大者莫过于福柯，不论他对于"权力"的突破性分析，还是他晚期更加注重的对于"主体"问题的研究，都极大地推进和拓展了"社会控制"理论，使其进入了一个新的发展阶段。限于篇幅，不再就此展开。

三　国家与社会互动中的社会管理

"宪法国家（民主政治）、市场经济和公民社会"是西方的自由（人权或公民权利）得以实现的"三大支柱"（达仁道夫，2000：36）。这三者的存在状态和互动情形如何，直接关乎西方自由民主社会和秩序的维续问题。进一步说，在当代西方，随着制衡机制的发展，社会管理愈来愈不再是国家（居高临下地）在"形塑"意义上管理社会的问题，而是以上三者，尤其是国家与社会，通过法治进行有序互动的问题。其中，公民社会和市场经济是基础，而法治国家则变成其"保护神"。因此，广义的社会管理不仅涉及前两个方面，而且还包括国家（政府）的治理。如何使国家

---

① 帕森斯的这种研究进路与社会学中的"社会整合"（social integration）与"系统整合"（system integration）的区分（洛克伍德，1997）密切相关。实际上，洛克伍德正是在对帕森斯的批评基础上提出这对概念的。

向善和保持正义及理性，始终是社会关注的焦点。它牵扯到社会管理的神经。

远在古代希腊，亚里士多德（1981：卷一）就说过人在本性上是"政治动物"（或"趋于城邦生活的动物"），作为最高政治共同体的"城邦以正义为原则"，而"正义恰正是树立社会秩序的基础"。亚里士多德的这番话，是想告诉人们人类与其他群居性动物不同之处就在于其在行动中寻求"正义"。然而，正义问题不是个人本身能够解决的，它与城邦相关。也就是说，只有通过这样一种社会政治组织，正义问题才能获得解决。因此，正是对正义的寻求（"求取善果"），人们才在政治上组合成共同体（Politike Koinonia）。这一思想后来成为西方社会 – 政治理论的基本范式，对包括霍布斯、洛克和卢梭等人在内的近代社会理论家产生了深远影响。不过，从实然的角度讲，作为国家的城邦并非天然正义和向善，因为它是"建构的"（made）（哈耶克，2000：475）。人造的国家是否维续正义和善治，其本身不能确定，而取决于管理的形式。因此，早在古希腊就有雅典与斯巴达两种模式之争。前者突出自由民主主义，后者则主张总体性的国家主义或"斯巴达式共产主义"（恩格斯语）。柏拉图欣赏斯巴达模式并将之升华和理想化——其"理想国"就出自"斯巴达幻象"（the Sparta mirage），而亚里士多德则看重"混合政体"（他是这一概念的创始人）（施特劳斯、克罗波西，2009：132），意指"一种改进的贵族制"（贵族共和制）或"改进的民主制"（梭伦式有限民主，区别于伯利克里式大众民主）（莫斯卡，2002：505）。亚里士多德比其老师看问题要现实得多。他没有从应然出发迷恋于无法达到的"绝对至善"的管理模式（理想国或乌托邦），而是从实然出发研究尽管不怎么完善但却现实可行的较好管理模式。通过广泛比较，他认为最好的现实可行的管理模式就是混合体制，因为它兼顾了不同体制的优点。此后，波利比阿（Polybius，2007）、西塞罗（2002）、阿奎那（Aquinas，1964）都对混合体制抱有好感。对亚里士多德来说，良好的管理不仅要体现正义，而且还要有理性。而保持国家理性的最好办法，就是由中产阶级执掌国家权力进行管理。因为在他看来，中产阶级的"中庸"地位决定了他们比富豪与穷人都更加趋于理性，能够克服社会政治和意识形态方面的偏见，把派别冲突降低到最低程度，因而能够维续国家理性，使政体乃至社会更加趋于稳定和持久（亚里士多德，

1981：卷四）。当然，由于中等阶层在古代社会人口中只占少数，因此亚里士多德的思想在当时难以引人关注。古希腊这两种管理模式和不同思想家的理论反映了不同的社会－政治取向，它们彼此之间存在很大张力，多少年来成为西方社会管理的两种不同传统和不尽文化源泉。只不过，在西方，自中世纪末期以来，前者成为显性的主流，而后者只是时隐时现的支流。

近代以来，在西方，社会的混乱往往与国家治理的好坏相关，因此社会管理首先被认为是一种如何维续国家善治和正义的问题。以往苏格拉底、柏拉图或基督教把这一问题的解决更多地置于"美德"或信仰之上，因而寄托于某种理想或乌托邦世界。与此不同，从"现代政治哲学奠基者"（列奥·施特劳斯语）马基雅维利（2005）开始，思想家们便把这一问题的解决转向现实主义和理性主义，即认为良好的社会管理与国家向善相关，而国家向善又与国家理性和对权力的制约分不开。不论启蒙抑或后启蒙思想家都是如此。这是近现代意义上国家治理和社会管理思想诞生的标志。尽管思想家们大多同意德行和信仰仍然具有重要作用，但他们更愿意相信，人性的弱点决定了没有国家理性和对权力的有效限制，国家向善和良好秩序的建立只能是一种愿望（洛克，1981；孟德斯鸠，1982）。因此，一方面，国家（政府）在保护所有人并使他们免受其他人（或法人团体）的强暴方面实乃不可或缺；另一方面，一旦政府为达到此目的而成功垄断了实施强制和暴力的权力，那么它就有了威胁个人自由和滥用权力的可能（不论什么国家，近现代这方面的事例实在是很多），因此要维续国家善治首先需要对权力加以限制。这也是近代启蒙思想家们的伟大目标。那么如何做到这一点呢？首先，可以肯定的是，行政强力机构（官僚机构）自身难以很好地自我约束，因为不管这一机构由谁组成（哪怕是由"圣贤"组成）都会因自身的弱点（圣贤毕竟是人因而也有弱点）而存在自身利益或易受利益集团影响。其次，主权的划分和代议制尽管能够起到相当的制约作用，但是单凭民主代议机构来保证善治仍缺乏坚实的可靠性。亚里士多德（1981）很早就说过，在平民民主制中，城邦公民大会常以依公众决议所宣布的"命令"代替法律，在此，"民众成为一位集体君主"而趋于专制。在历史上，西方国家代议机构一旦被赋予无限权力的确也出现过这样的情况："制定与正义背道而驰的法规"（Schweitzer，1929：

1）成为某种暴政的工具。因此，正如波普尔（1999）所言，以为只要采用民主方式对权力进行控制就能防止政府权力的过分膨胀，是一种错误的想法。

既然权力制衡权力的做法并非完满和十分可靠的，那么就必须在国家以外找寻有效的制约力量。这个力量便是与国家既相对立又密切相关的公民社会。现代西方公民社会起源于中世纪盛期的城市公社或市镇自治体（commune）。公民社会（civil society）这一概念表明它们是城市"文明的结果"，而"非自然产物"（达仁道夫，2000：36）。韦伯（2005a）指出，它们一开始就是在同王权和贵族封建权力的抗争中崛起的。因此，自由对公民社会成员来说弥足珍贵。"不自由，毋宁死！"或费里斯兰（Frisian）民谚"宁死不当奴隶"，是他们（同时也是现代西方人）心灵建构的特性和真实写照。按照洛克等人的自由主义观点，社会与国家分属不同的领域，社会由于是"形成的"，因而是丰富多彩和充满生机的，而国家因为是建构的，所以死气沉沉、单调乏味。也就是说，社会是自由和创造之所在，而国家是限制和卫护之所在。国家与社会分离是人们自由和保持创造力的基本保证。一方面，公民社会需要国家的保护、提供秩序和服务，没有国家，人们就会回到失序的"自然状态"；另一方面，公民社会的有限私性主权（相对自治）和自主活动领域必须得到充分尊重，因为"没有公民社会，民主和法治国家将顶不上多少作用"，"自由依旧是一根摇晃不定的风中芦苇"（达仁道夫，2000：36）。公民社会是法与自由的媒介物。因此，在西方人看来，重要的是在整个国家范围内允许很多不受政府干预、合法的（自生自灭的）社团的存在（它们也许看上去杂乱无章，但富有创造性）。只要是法律没有禁止而其行为又没有对他者构成妨碍的，国家权力机构就不能任意干预。也就是说，公民社会有合法的自治性、独立性和自主性。一旦权力机构违法并侵害社会的利益，公民社会有权抗拒，并通过强大的社会力量和公共沟通领域合法地使之得到纠正，这也就是公民社会对国家的制约以及使善治得以实现的基础。国家与公民社会是在相互制约和互动中发展的（Held，1983；Pelczynski，1985）。

西方公民社会与国家的关系自近代以来有一个明显变化的过程。当近代早期洛克等人说公民社会是自由之所在的时候，黑格尔（1979）断然不同意洛克等人的观点。因为黑格尔敏锐地观察到他那个时代公民社会分裂的状况，看到了公民社会的自由只是有产者的权利，对于出卖劳动力的社会底层没有实质意义。因此，早期市民社会（公民社会）实乃"绅士社会"。也就是说，公民社会明显无法将自由普及共享。于是，黑格尔不仅诉诸国家与社会的分离，而且更寄希望于一个中立和超然的国家；认为只有这样的国家才有理性，能够超越公民社会自私的追求，即关心普遍而不是只顾特殊。① 黑格尔的这一观点，当然受到马克思（1956/1844）的严厉批判。马克思认为，在近代西方，国家与社会似乎是分开的，但决非中立、超脱的。资产阶级表面上看控制着经济，但实质上是通过控制国家来实现控制经济的。黑格尔的国家将阶级分裂建制化，其不仅不能对社会采取普遍、公正的态度以克服异化，反而本身就是异化的产物。因此，以阶级压迫为基础的国家不会使"认可"和尊严具有普遍性。

不过，历史还是朝着人们难以预料的方向发展的。当代西方现实情形表明，不论洛克还是黑格尔的观点尽管似乎不符合他们所处时代的实际，却接近当代的现实情况。如今，一方面，社会底层通过公民社会的一种形式——工会——获得了过去难以比拟的"社会权力"并以此抗拒资本和官僚权力可能的侵害；另一方面，随着中等阶层日益在社会中占多数，国家管理机构也逐渐变得比以往任何时候都接近中庸和超然（反映中等阶层意识）。当然，即便如此，韦伯有关人们谨防官僚机构成为最大利益集团或受某些压力集团影响的告诫，必须警钟长鸣。官僚机构能否公正运转，除了内部治理、国家权力划分与制衡之外，还取决于公民社会对它的制约。在西方，正是由于这种社会力量的存在，防止权力的滥用才得到有效保证，自由与秩序基本上保持均衡才有可能。这是当代西方社会稳定与和谐（赫拉克利特意义上的和谐）的基础。

不容置疑，西方国家在逐步转向国家理性和善治的同时，国家权力也在扩张。这突出表现在，原属于私人领域的经济、贸易、劳动、就业、教育、医疗等问题，逐渐作为公共问题而受到国家干预。国家不再扮演亚当·斯密所说的那种资本主义经济"守夜人"角色，而成为积极的干预者。这是现代社会越来越分工精细化、组织化和复杂化的反映，同时也是不同于共同体的现代陌生人抽象社会难当此任的结果。在这种情况下，国

① 黑格尔心中的理想典型是被美化了的普鲁士君主立宪国家（Avineri, 1972）。

家与社会的互动比以往任何时候都更加紧密。尽管古老的斯巴达幻象在西方仍不时闪现，但随着自由文化在现代的发展，以往那种"全景监狱式"监管在社会中已受到普遍唾弃。那么在国家权力不得不扩张的条件下应当如何进行社会管理呢？以下大概是现代西方社会在此问题上所遵循的基本原则和方向。

其一，尊重法治（不同于法制）。远在西方文化的源头亚里士多德（1981：1287a～1287b30）就说过，民主社会的基础是"法治"，"法治应当优于一人之治"，因为"法律恰恰正是免除一切情欲影响的神祇和理智的体现"（神祇在此当指"逻各斯"）。在现代西方，这已逐渐形成传统（尽管有反复），即社会管理逐渐由过去的以行政为治转为"以法律为治"，前面所引李普曼的话就是这个意思。这要求法别于甚至高于政治而"相对自治"，亦即具有相对独立性（伯尔曼，1993：44）。借用英国古老名言来说，就是政府不在任何人之下，但必须在上帝和法律之下，因为法律创造了政府。当然，不仅国家行政权力要尊重法治，公民社会也要尊重法治，也就是说，权力与自由都要接受法律的"规训"，这也就是所谓"文明之规训"。没有法治就没有作为善治的社会管理。"法律的尽头是暴政的起点"这一洛克的格言道出了其本质。

其二，政府对社会的管理要理性、适度，懂得常态与非常态管理之别并保护和爱护正当的自发性。如奥地利著名经济和社会理论家路德维希·冯·米塞斯所言（Mises，1949：239），在正常的市场经济中，作为社会的强力机构，"政府的目的在于维续市场制度的运行"，政府不仅"不得妨碍市场发挥正常作用"，而且"还必须保护市场制度以使它免遭其他人的侵犯"。米塞斯的这些话对于常态的公民社会和私领域人们的活动也应当适用。也就是说，在一般情况下，政府通过法律只提供具有"否定性价值"的抽象的普遍秩序和规则（哈耶克，2000：460），市场和公民社会在这种秩序下实行合法的自我管理或自治（自治是公民社会的另一个特征）。只有这样，自发性和自组织活动才能合理有效展开，社会才能富有活力和创造力。只有当市场失灵以及公民社会失序的时候，政府才给予必要的干预。阿玛蒂亚·森言："成功的资本主义的经验不仅建立在市场机制基础上……还建立在制度综合的发展基础上，而市场经济仅仅是其一部分。看不见的手经常高度依赖于看得见的手。"（转引自梁文松、曾玉凤，2010：

35）但是，即使在这种情况下，政府的干预也要受到法治的限制，政府只有在自由、开放社会普遍规则和法治范围内才能合法地干预市场和社会。

其三，国家与公民社会尽可能地采取协商、合作的方式互动，也就是法治下的文明互动。这要求：一方面是政府的文明化（civilization of government），政府要从几个世纪以来习惯的"全景监狱式"监管模式转变到尊重法律的服务型模式上来，管理要富有理性和人性化；另一方面，公民社会也必须遵守一视同仁的普遍规则，使自身行为受到"规训"，成为"文明社会"、"礼貌社会"或"绅士社会"（文明、礼貌、宽容、无暴力、文质彬彬和富有绅士精神是公民社会的传统），并限制过激行为。当各个方面的相关者都被纳入法治化程序的时候，社会秩序受到的威胁被降到最低限度。

其四，在当代西方世界，"大社会"与"小政府"（"最小国家"）之论已不再为许多社会理论家所提倡（哈耶克，2000：332），原因是随着社会复杂性的增加，即使在西方，大社会也需要增加政府活动的范围。这是政府从统治型向服务和管理型转变的反映。哈耶克曾说过，在市场能够为人们提供有效服务的地方，诉诸市场当然是最佳方法，但是，在市场无法胜任的地方，就不能不依靠政府的功能了。不过，为了防止人们担心的政府过于强大而发生侵害，一方面人们必须把政府的政治统治（实施法律和抵御外敌）的职能与服务性职能明确界分开来，另一方面不能把赋予前一种职能的权威和尊严同样赋予后一种职能。换言之，前者具有排他性和垄断性，而后者不具有这种性质。因此，政府活动范围的增大主要大在服务职能上而非统治职能上。政府的服务性职能是一种合作、协商和与市场相联系的职能，而非高压强制职能。因此，当今时代，在政府服务性职能扩大的同时，必须谨防政府对服务的垄断（哈耶克，2000：333，485）。

参考文献

阿隆，雷蒙，2009，《论自由》，姜志辉译，上海译文出版社。

奥古斯丁，2006，《上帝之城》，王晓朝译，人民出版社。

柏拉图，2001，《法律篇》，张智仁、何勤华译，上海人民出版社。

——，2002，《理想国》，郭斌和、张竹明译，商务印书馆。

鲍曼，齐格蒙特，2006，《被围困的社会》，郇建立译，江苏人民出版社。

——，2007，《共同体》，欧阳景根译，江苏人民出版社。

贝尔，丹尼尔，2001，《意识形态的终结》，张国清译，江苏人民出版社。

边沁，2000，《道德与立法原理导论》，时殷弘译，商务印书馆。

——，J.，1995，《政府片论》，沈叔平等译，商务印书馆。

波普尔，卡尔，1999，《开放社会及其敌人》（第一卷），郑一明等译，中国社会科学出版社。

伯尔曼，哈罗德，1993，《法律与革命》，贺卫方等译，中国大百科全书出版社。

达仁道夫，拉尔夫，2000，《现代社会冲突》，林荣远译，中国社会科学出版社。

福柯，米歇尔，1998，《治理术》，赵晓力译，《社会理论论坛》第 4 期。

——，1999a，《规训与惩罚》，刘北成、杨远婴译，三联书店。

——，1999b，《疯癫与文明》，刘北成、杨远婴译，三联书店。

贡斯当，邦雅曼，2003，《古代人的自由与现代人的自由》，阎克文、刘满贵译，上海人民出版社。

哈耶克，弗里德利希·冯，2000，《法律、立法与自由》（第二、三卷），邓正来等译，中国大百科全书出版社。

赫尔德，戴维，2004，《民主的模式》，燕继荣等译，中央编译出版社。

黑格尔，1979，《法哲学原理》，范扬、张企泰译，商务印书馆。

拉吉罗，圭多·德，2011，《欧洲自由主义史》，杨军译，吉林人民出版社。

利普塞特，1993，《政治人》，刘钢敏、聂蓉译，商务印书馆。

梁文松、曾玉凤，2010，《动态治理》，陈晔等译，中信出版社。

卢梭，1982，《社会契约论》，何兆武译，商务印书馆。

路德，马丁，2004，《论基督徒的自由》，载马丁·路德、约翰·加尔文《论政府》，吴玲玲编译，贵州人民出版社。

罗斯，E. A.，1989，《社会控制》，秦志勇、毛永政译，华夏出版社。

洛克，1981，《政府论》（下篇），叶启芳、瞿菊农译，商务印书馆。

洛克伍德，1997，《社会整合与系统整合》，李康译，《社会理论论坛》第 3 期。

马基雅维利，2005，《论李维》，冯克利译，上海人民出版社。

马克思，1956 /1844，《黑格尔法哲学批判》，载《马克思恩格斯全集》（第 1 卷），人民出版社。

曼海姆，卡尔，2002，《重建时代的人与社会》，张旅平译，三联书店。

孟德斯鸠，1982，《论法的精神》，张雁深译，商务印书馆。

密尔，约翰，1982，《论自由》，程崇华译，商务印书馆。

莫斯卡，加塔诺，2002，《统治阶级》，贾鹤鹏译，译林出版社。

施特劳斯，列奥、约瑟夫·克罗波西主编，2009，《政治哲学史》，李洪润等译，法律出版社。

斯金纳，昆廷，2003，《自由主义之前的自由主义》，李宏图译，上海三联书店。

斯密，亚当，2008，《道德情操论》，谢宗林译，中央编译出版社。

滕尼斯，费迪南，2006，《新时代的精神》，林荣远译，北京大学出版社。

涂尔干，1999，《宗教生活的基本形式》，渠敬东、汲喆译，上海人民出版社。

托克维尔，1992，《旧制度与大革命》，冯棠译，商务印书馆。

——，2004，《论美国的民主》，董果良译，商务印书馆。

韦伯，马克斯，2005a，《韦伯作品集Ⅵ：非正当性的支配：城市的类型学》，康乐、简惠美译，广西师范大学出版社。

——，2005b，《韦伯作品集Ⅷ：宗教社会学》，康乐、简惠美译，广西师范大学出版社。

西塞罗，2002，《国家篇　法律篇》，沈叔平、苏立译，商务印书馆。

亚里士多德，1981，《政治学》，吴寿彭译，商务印书馆。

伊利亚德，米尔恰，2004，《宗教思想史》，晏可佳等译，上海社会科学院出版社。

Aquinas, Thomas. 1964. *Summa Theologiae.* London：Eyre & Spottiswoode.

Avineri, S. 1972. *Hegel's Theory of the Modern State.* Cambridge：Cambridge University Press.

Bauman, Zygmunt. 1991. *Modernity and Ambivalence.* Cambridge, UK：Polity Press.

Beck, L. W. （ed.）1959. *Foundations of the Metaphysics of Morals and What is Enlightenment?* Indianapolis：Bobbs-Merrill.

Bell, D. 1988. "The End of Ideology Revisited." *Government and Opposition* 23.

Bulmer, Martin. 1984. *The Chicago School of Sociology：Institutionalization, Diversity, and the Rise of Sociological Research.* Chicago：The University of Chicago Press.

Dawson, Christopher. 1991. *Religion and the Rise of Western Culture.* New York：Doubleday.

Faris, Robert E. L. 1970. *Chicago Sociology 1920 – 1932.* Chicago：The University of Chicago Press.

Foucault, M. 1984. "Space, Knowledge and Power." In Paul Rabinow（ed.），*The Foucault Reader.* N. Y.：Pantheon.

Freud, Sigmund. 1957. *Future of an Illusion.* Trans. by W. D. Robson-Scott. Garden City, N. Y.：Doubleday.

Giddens, A. 1994. "Living in Post-Traditional Society." In Ulrich Beck, Anthony Giddens & Scott Lash, *Reflexive Modernization：Politics, Tradition and Aesthetics in the Modern Social Order.* Cambridge：Polity.

Held, D. （ed.）1983. *States and Societies.* New York：New York University Press.

Janowitz, Morris. 1975. "Sociological Theory and Social Control." *American Journal of Sociology* 81.

Lippmann, Walter. 1937. *An Inquiry into the Principles of a Good Society*. Boston: Little, Brown and Company.

Lipset, Seymour Martin. 1979. *The First New Nation: The United States in Historical and Comparative Perspective*. New York: W. W. Norton & Company, Inc.

Mises, Ludwig Von. 1949. *Human Action: A Treatise on Economics*. New Haven, CT: Yale University Press.

Morrow, Glenn H. 1963. *The Ethical and Economic Theories of Adam Smith*. New York: Longmans.

Park, Robert E. 1967. *On Social Control and Collective Behavior*. Ed. by Ralph H. Turner. Chicago: The University of Chicago Press.

Parsons, Talcott. 1951. *The Social System*. New York: The Free Press.

——. 1954 /1942. "Propaganda and Social Control." In Talcott Parsons, *Essays in Sociological Theory*. New York: The Free Press.

——. 1954 /1945. "The Problem of Controlled Institutional Change." In Talcott Parsons, *Essays in Sociological Theory*. New York: The Free Press.

——. 1968. *The Structure of Social Action*. New York: The Free Press.

Parsons, Talcott & Edward A. Shils (eds.) 1951, *Toward a General Theory of Action*. Cambridge: Harvard University Press.

Pelczynski Z. A. (ed.) 1985. *The State and Civil Society*. Cambridge: Cambridge University Press.

Polybius. 2007. *The General History of Polybius V*6. Trans. by Mr. Hampton. Whitefish, MT: Kessinger Publishing, LLC.

Schweitzer, Albert. 1929. *Civilization and Ethics*. Trans. by John Naish. London: A. & C. Black.

Sorokin, Pitirim. 1937. *Social and Cultural Dynamics* (Volume1 – 4). New York: American Book Company.

Thucydides. 1972. *History of the Peloponnesian War*. New York: Penguin Group.

Tierney, Brian. 1964. *The Crisis of Church and State*, 1050 – 1300, *with Selected Documents*. Englewood, Cliffs, N. J. : Prentice-Hall.

Turner, Ralph H. 1967. "Introduction." In Robert E. Park, *On Social Control and Collective Behavior*. Ed. by Ralph H. Turner. Chicago: The University of Chicago Press.

Vidich, Arthur J. & Stanford M. Lyman. 1985. *American Sociology: Worldly Rejections of Reli-*

自由与秩序：西方社会管理思想的演进

gion and their Directions. New Haven: Yale University Press.

Vincent, George. 1896. "The Province of Sociology." *American Journal of Sociology* 1 (4).

Voegelin, Eric. 2000. *Israel and Revelation* (*Order and History*, Vol. Ⅰ). Columbia, Missouri: University of Missouri Press.

创新福利模式　优化社会管理[*]

景天魁

摘　要： 创造适合国情的福利模式，是社会管理成功的基础和奥妙所在。一个好的福利模式要能保持四个基本均衡：经济发展与福利支出的均衡，福利支出中的基础部分与非基础部分的均衡，福利机制中的刚性与柔性的均衡，福利责任结构中的政府与市场、家庭、个人之间的均衡。中国一些富裕农村所搞的集体福利为实现这些均衡提供了实践经验，而这些经验与底线公平理论非常契合。底线公平福利模式具有四个特点和优势：教育为基，劳动为本，服务为重，健康为要。它充分发挥中国优秀文化和社会结构优势，把发展性要素内置于福利模式之中，可以实现社会福利的内外平衡，为社会安全奠定基础。

关键词： 福利模式　底线公平　服务型社会　系统平衡

社会保障或广义的社会福利建设，是社会安定的基础，也是最有效的基本的社会管理。一个好的福利模式[①]所要解决的不仅是养老、医疗、失业、社会救助等事务性问题，它实际上着眼于基本的社会关系的平衡和社会基础的构建，而这正是搞好社会管理的前提。福利建设具有不可替代的社会功能，它可以降低社会紧张度，增强社会团结，让穷人得实惠、富人得面子、政府得政绩、社会得安宁，从而使社会管理事半功倍。正因为如此，世界上凡是发达的成功的社会，必搞完善的福利建设，差别只在于模式不同。适合国情的福利模式，是这个社会成功的社会管理和建设的奥妙

---

[*]　本文是 2009 年度国家社会科学基金重大招标项目（09&ZD061）"普遍型社会福利体系的基础和设计研究"的阶段性成果。原文发表于《社会学研究》2012 年第 4 期。

[①]　本文使用的是"大福利"概念，它包括社会保障，也包括以优惠方式提供给广大社会成员的教育补助、劳动保护、公共服务、社会服务和社会工作等。参见景天魁等，2010。

所在和主要标志。

社会保障制度（Social Security System），台湾称为社会安全制度（詹火生等，1993），具有化解社会和生活风险、促进社会公平、维护社会稳定的功能，它是社会管理的重要机制之一。然而，近几年的英法大罢工、希腊等国深陷债务危机却表明，弄得不好，社会安全制度倒可能带来社会不安全。这就警示我们，选择什么样的福利模式具有非常重大的意义（郑秉文，2011）。对于正在谋求可持续发展的中国来说，经济发展与福利模式之间的关系是必须破解的难题：怎样才能增进人民福利，却不发生福利危机；保障劳动权利，却不引发失业危机；进入老龄化社会，却不陷入养老危机？

与欧洲相比，我国实行社会福利的有些条件要差得多。首先，我们虽然经济总量大，但人均水平太低，而社会福利最终是要落实到人头的；其次，我国收入差距、城乡差距、地区差距很大，就是说，我们选择好的福利模式的难度和风险远比欧洲大得多（景天魁，2011）。因此，我们必须认清我国有哪些社会的、文化的因素和优势可资利用；如何扬长避短，克服西方福利模式的缺陷，从而依据中国国情和中国文化，创造出适合自己的福利模式。

一　福利模式的可靠基础

总结欧洲的经验教训，可以看到，一个福利模式是否会导致福利危机，要看对四个基本关系的处理是否正确，能否保持四个基本均衡：一是经济发展与福利支出的关系能不能均衡，二是福利支出中的基础部分与非基础部分的关系能不能均衡，三是福利机制中的刚性与柔性的关系能不能均衡，四是福利责任结构中的政府与市场、家庭、个人之间的关系能不能均衡。这四个基本关系如果均衡了，那么福利制度就可以健康地运行，否则就可能发生危机。这是我们判断一个福利模式好不好的标准。

如上所述，中国的经济和社会条件如此不均衡，如何才能够使福利模式的基本关系达到均衡呢？社会福利固然有普遍性的东西，但它又有特殊性乃至主观性的一面，满意不满意、幸福不幸福与文化及社会认同有很大的关系。可见，要想实现均衡，就必须为福利模式找到坚实可靠的基础。

自己脚下的土地、自己土地上的实践是最可靠的。那么，我们中国的实践有没有实现这几个基本均衡的经验？

目前，在中国大地上有一种实践，就是那些富裕了的农村所搞的集体福利。比如，江苏的华西村，山东的南山集团、后田村，河南的刘庄，北京的花乡等。它们都在走向富裕的同时，在村里搞了很高水平的福利。这些福利的特点是什么？第一，它们都把住了"底线"，就是基础福利。村里管的就是满足每家每户日常生活最基本的需要，如米、面、菜、肉、油，且不论家庭人口多少、富裕与否。第二，明确区分基础部分与非基础部分的界限。各家各户有了钱，自己去解决那些自己想要解决的问题，比如你要买辆宝马车，你自己买去。这就是说，它们的责任界限把握得好，虽然村里解决的是基础福利，但是每一个家庭、每一个人可以依据他们的劳动收入，来把雪中送炭转化为锦上添花，提高他们底线以上的福利水平。第三，他们特别强调劳动和就业在福利中的基础意义。每个有劳动能力的人，只有参加劳动（工作），才能获得福利，这是一个前提，绝不养懒汉。第四，他们都把教育，特别是基础教育纳入福利范围，把教育福利作为消除贫困、提升福利的根本措施。令人感兴趣的是，这些村做到了较高水平的福利，但是没有发生福利危机、失业危机、养老危机，更没有像欧洲那样的债务危机。更可喜的是，这些村社会安定，家庭和睦，邻里友善，发案率近乎为零，社会管理井然有序。他们就是依据中国的传统文化，依据中国社会结构优势，如家庭和社区的作用等，来设计他们的福利模式。这些村是否存在别的问题，它们的做法是否具有典型性可另当别论，但并不妨碍我们从中得到启示：依据中国的传统文化和社会结构的优势，我们有可能在搞出高水平福利的同时不陷入福利危机。

上述四个特点和基本含义，与我在2004年提出的"底线公平"非常契合（景天魁，2004）。我从首次论述这个概念的文章开始就一再强调，底线公平不是说的低水平的公平、低水平的保障。尽管"底线"和"低水平"容易混淆，但它们的含义是两码事。保障水平高低，主要是由经济水平决定的。而"底线"讲的是政府和市场、政府和社会、政府和个人的关系里面的责任底线、制度底线、政策底线、道德底线。"底线公平"特别强调它的"不能含糊、必须坚持"的含义。以往几十年，我们的社会保障、社会福利建设，很大的教训就是这些界限不清，该坚守的底线没有守住。所以，吸取这个教训，我们这几年在养老保险、医疗保险等制度的改革中都特别强调了基础的部分，这是政府必须保障的；底线以上的非基础部分，可以由市场、家庭和个人去负责。例如，在住房问题上，不能一个时期搞清一色的福利房，一个时期又全部搞商品房，不管有钱没有钱都得自己到市场上买房。现在，我们也明确了商品房和保障房要有一个恰当的比例，这里面就体现了政府在住房问题上的责任底线。

就社会福利的公平性来说，底线公平的实质是重点保障大多数人的利益，优先满足基本需要，重在雪中送炭，而非锦上添花。在存在着巨大社会差距的情况下，底线公平最有利于保障占人口大多数的中低收入者的利益，保障他们的基本需要。因为巨大的社会差距会形成强势的利益导向——财富分配向富有阶层倾斜，在这种情势下，如果实行所谓的"一般公平"，形式上是公平的，实质上会造成"越富越保"的逆向调节，结果却更不公平。

就社会福利的有效性来说，占人口大多数的中低收入者的基本需要属于弹性小的福利需求，如果腹之需总是有限的；而富有阶层的需求，特别是奢侈性消费是弹性很大的，难以满足。因此，重点保障占人口大多数的中低收入者的基本需要，福利效益最大。

就社会福利的合理性来说，像中国这样的发展中的人口大国，福利需求总量远远大于福利供给能力，政府的福利责任必须既是明确的，又是有限的。而社会差距大，也意味着福利需求层次多。在满足底线以上的需求上，让市场充分发挥作用，不仅是重要的，也是明确市场作用的边界所必需的。

既然底线公平可以实现社会福利的公平、有效、合理，那就可以认为，底线公平是福利模式可靠的理念基础。也就是说，建立在自己经验的基础上，建立在科学地总结自己经验的基础上，这样的福利模式才有可靠的基础。

二　福利系统的内外平衡

对于发展迅速的转型中的大国而言，要达到福利基本关系的均衡很难，而要在剧烈变动中保持均衡更难。这就要求福利系统不仅能够与外部条件和环境保持平衡，系统内部也要有自我维持、自我调节、自我平衡的能力。而底线公平，有助于解决公平与效率、福利与发展的关系，将发展性要素内置于福利模式之中，实现福利系统的内外平衡，夯实社会管理的保障基础。从这个角度看，底线公平福利模式有以下四个特点。

（一）教育福利在福利结构中占据突出地位

尽管教育不一定完全是福利，但从发展性福利的观点看，教育福利具有重要意义。以韩国和希腊的有关经验为例。韩国和希腊人均收入水平基本相同，如 1995 年人均国民收入水平韩国为 7660 美元，希腊为 7390 美元。但韩国的教育投入在财政支出中所占比重为 16.8%，约为希腊（8.5%）的 2 倍；希腊的住宅和社会福利占财政支出的比重为 14.7%，倒过来是韩国（7.2%）的 2 倍；医疗支出在财政支出中所占比重相差更为悬殊，希腊占 7.4%，是韩国（1.5%）的 5 倍（顾俊礼、田德文，2002：342；杨玲玲，2009）。二者的福利结构不同，且正好相反：韩国的福利结构更重视教育这一对经济发展和国民素质提高有直接促进作用的因素，希腊更重视对提高生活质量有直接作用的因素。而这两个国家在金融危机和债务危机中的表现也正好相反。虽然我们不好断定福利结构差异是其不同表现的唯一原因，但也无法否定它是一个重要原因。

由此我们可以得到启发：不要仅仅关注社会保障和社会福利水平，更重要的是社会福利结构；不能仅仅重视提高社会福利在财政支出中的比重，更要重视财政支出的结构。我国要想在世界科技和经济发展中居领先地位，真正提高国民生活品质，要先把教育支出比重提到最高水平。目前，我国初中文化程度及以下的劳动力所占的比重仍然很大。根据 2000 年第五次人口普查数据测算，初中文化程度及以下的劳动力所占的比重高达 47%，这一比例在农村地区则高达近 60%（冯明亮，2009）。我们要在发挥家庭重视教育的优秀传统的同时，尽快将义务教育年限扩大到 12 年以上，逐步争取将人均受教育年限提高到发达国家的水平；同时，要扩展基础性的教育保障，实现学前幼儿免费教育和中学毕业生就业前一年的义务职业教育，并将儿童的营养和健康保障纳入教育保障的范畴。大量研究证明，教育福利投入具有很高的经济回报率，让教育福利在福利结构中占据突出地位，教育投入就可以转化为增进福利的可靠源泉。

（二）　福利保护劳动，劳动创造福利

福利是普遍性的权利，但这种权利本身却不产生福利。福利要想持续，就必须激发劳动和就业的积极性。福利不是消极地应付失业，而是积极地促进就业，开展职业培训，提高劳动技能；不是被动地缓解贫困，而是主动地消除贫困；不是纯粹的消费，而是发展性投资。福利制度既要维护无劳动能力者的权利，又要求有劳动能力者必须以劳动作为获得福利的前提（索洛等，2010；吉登斯，2000）。

中国要实现现代化，实现民族复兴，真正可以依赖的就是无与伦比的人力资源，我们必须对人力、人才变化情况保持高度的敏感。因此，福利与劳动的关系就显得特别重要。本来，福利制度的初衷就是保护劳动和劳动能力再生产的，福利和劳动本质上是相辅相成的。但是如果福利制度设计欠妥，二者也可能相互抵消。实践表明，并不是只有福利水平很高了，才可能产生福利依赖，高低总是相对的，即使是现在的低保，如果与最低工资标准不保持恰当的比例，也会影响就业和劳动市场，如在一些大城市，已经有一定数量的低保人员就业意愿明显下降，有劳动能力而不就业的人数显著上升。北京市社会科学院城市问题研究所的调查显示，该市有6.1%有能力就业的低保未就业人员表示"无论什么工作都不感兴趣"，其中一个原因是"与低保资格挂钩的福利政策有 25 项，而如果低保人员选择工作的话，其收益有可能只相当于低保收益的 75% 左右"（齐心，2007）。不光是部分低保人员，有劳动能力而不就业的"啃老族"在一些大城市所占比例也很高，中国老龄科研中心的调查显示，在 19～35 岁的青年中，有 30% 左右基本靠父母供养（戴香智、侯国凤，2006）。

一种福利制度，一旦割裂了权利与义务的联系，默许和鼓励人们只知索取、不思奉献，那对一个民族来说，福利与其说是"免费午餐"，不如说是"最后的晚餐"①。因为，一旦滋生福利病，我国人力资源丰富这一最大优势就可能转化为最大的劣势。只有在初步富裕以后，仍能激励一代代人愿意奋斗、乐于奉献才智，中国崛起才有希望。对于福利建设来说，发票子是人人都会的，但要发得好，有好的历史效益，却是很难的。一个好

---

① 原为达·芬奇一幅著名画作的名称，这里只取"无以为继"的意思。

的福利模式应该能够激励劳动、促进就业，凡有劳动能力者，人人有工作，社会才好管理；人人靠劳动立世，才有基础正义和底线公平。这是福利模式好坏的又一重要标志，也是福利模式设计的最大难点。

（三） 以服务型社会化解老龄化危机

欧洲最初设计福利制度时，并没有遇到老龄化问题，如今，这个问题已经构成对福利制度可持续能力的最大挑战。老龄化是社会发展进步的必然趋势，迟早会到来，只是中国"未富先老"，陡增了应对的难度。中国人多，就要发挥人多的优势；老年人多，就要发挥他们的长处。如何把老人由负担变为财富，将老龄化社会建设成文明社会的更高阶段，考验着中国人的智慧。

导致危机的因素可能正好成为化解危机的力量。实现转化的关键是在资金保障之外，大力发展服务保障，建设服务型社会。一般而言，面向大众基本需要的服务保障是成本低廉的，不需要建大工厂，造机器人、代步车，人人都可以搀扶老人；不需要盖大医院，看医生，人人都会给老人捶捶背；就连几岁孩童，也能陪老人说说话、解解闷。这些都不需要什么资金成本，但效果极佳。这里有我们可以倚重的中国社会结构和文化的优势。比如，中国人多，提供服务的能力就强；中国人代际联系紧密，家庭伦理深厚，有亲属邻里守望相助的传统，如能在政策上大力倡导社会服务，支持服务型组织，发展服务型产业，即可有力地推进服务型社会建设。又如，在大力支持机构养老的同时，积极组建由不同年龄段的老人、志愿者、在校学生、社工人员组成的养老互助组、合作社、微型社区；建立"时间银行"，用年轻时为他人服务换取年老时享受他人服务，尤其是鼓励不同身体状况的老人之间开展互助服务；大力发展社区居家养老。再如，鼓励进城务工人员进入规范的服务产业，将生活型服务业置于与生产型服务业同等重要的地位。从对就业的贡献率来说，生活型服务业提供的就业岗位将大大多于生产型服务业；从对生活品质的贡献率来说，生活型服务业的贡献远大于生产型服务业；即使就对 GDP 的贡献而言，生活型服务业也可与生产型服务业相比肩。由此可期望服务型社会成为中国福利模式的最大优势。

（四）发挥中国特有优势的健康实现方式

目前人类疾病60%是因不良生活方式造成的，但现在的医疗支出却有90%用于疾病的临床治疗（首都社会经济发展研究所课题组，2008）。世界卫生组织（WHO）的一项调查发现，在影响人的健康长寿的因素中，现代医疗药物的作用只占8%（黄明达，2012）。当慢性病已经成为人类主要杀手时，醉心"高难度"技术不仅对大多数人没有什么好处，也使医疗福利成为社会发展的陷阱。西方福利解不开的难题是医疗"无底洞"，医疗支出凭借单一治疗的生物医学模式和高技术崇拜这两只翅膀而成了脱缰的野马，将医疗保险拖入无法摆脱的困境。在我们的医疗卫生保健习俗中，有重在预防的"上医治未病"的传统，有注重养生修身的生活方式的保健传统，更有中医中药、中西医结合的医疗系统的独有优势。这些传统、优势有利于我们探索用独特的社会医学模式超越生物医学模式之限，有利于我们探索独特的社会医疗保障机制。

医疗保险要面向人，而不是把人只当作生物体；要着眼于大多数人的健康，而不是极少数人的需要；要重在保基本、保基层，保证公益性。比如，要建立维护公立医院公益性的法人治理结构和运行机制，公立医院要在服务质量上立标杆，在服务态度上立榜样，在服务价格上立尺度，在服务市场上立秩序，在服务目的上立旗帜。应加强农村和城市社区医疗卫生体系建设，建立全民健康计划，立法保护婴幼儿、青少年的营养供给和全民食品药品安全，从而将单一治疗模式转换为全面健康模式，让医疗支出（药罐子）不再是"无底洞"，而能换成"甘露瓶"①——支持发展的不竭源泉。由此走出一条发挥中国特有优势的医疗保健道路，让健康中国人成为福利发展的主要象征。

综上所述，尽管我们不可能在短时间内把人均收入提高到世界先进水平，但可以通过总结国内外经验教训，发挥中国的制度和文化优势，创造适合中国的福利模式，让中国人过上有尊严的幸福生活。而教育为基、劳动为本、服务为重、健康为要，应该是中国福利模式的四大特点和优势。

这是一个本身具有"造血"功能（产生福利）的福利模式，不是一个

---

① 传说中是观音菩萨手持的宝器，只洒几滴，即可化作无尽甘霖。

仅仅消费、消极的福利模式。它把形成福利的功能内化在模式之中，而不是作为模式的外在条件；它把福利支出转化为经济和社会发展的投入，使二者由相互抵消转变为相互促进；它把难以调节的刚性需求置于可以调控的柔性体系之中，防止陷入福利危机；它把源于西方社会的福利制度结合到中国的文化传统和社会结构之中，后者的优势不是遭到弱化而是得到发挥。由此看来，它是可以支撑中国经济和社会持续发展的福利模式。

参考文献

戴香智、侯国凤，2006，《"啃老"现象的社会工作视域分析》，《社会工作》第 11 期。

冯明亮，2009，《从教育保障入手完善社会福利体系》，《中国发展研究基金会·研究参考》第 17 号。

顾俊礼、田德文，2002，《福利国家析论——以欧洲为背景的比较研究》，经济管理出版社。

黄明达，2012，《2012 世界健康产业大会北京宣言》，北京，4 月 7 日。

吉登斯，安东尼，2000，《第三条道路——社会民主主义的复兴》，郑戈译，北京大学出版社、三联书店。

景天魁，2004，《论底线公平》，《光明日报》8 月 10 日。

——，2011，《社情人情与福利模式——对中国大陆社会福利模式探索历程的反思》，《探索与争鸣》第 6 期。

景天魁等，2010，《福利社会学》，北京师范大学出版社。

齐心，2007，《低保未就业人员求职意愿及影响因素研究》，《城市问题》第 7 期。

首都社会经济发展研究所课题组，2008，《中国医疗模式应由"重病治疗"向"重病预防"转变》，《北京日报》7 月 17 日。

索洛，罗伯特、格特路德·希梅尔法尔、安东尼·刘易斯、格伦·劳里、埃米·古特曼，2010，《工作与福利》，陆云航、刘文忻、黄雪蒙译，中国社会科学出版社。

杨玲玲，2009，《韩国社会福利模式的特点、问题及对我国的启示》，《中国党政干部论坛》第 9 期。

詹火生、杨莹、张菁芬，1993，《中国大陆社会安全制度》，五南图书出版公司。

郑秉文，2011，《从福利国家走向债务国家——欧债危机对中国养老金制度提出的改革清单》，《战略与管理》第 9 /10 期。

——，2011，《欧洲国家掉入"福利陷阱"了吗？》，腾讯博客，12 月 7 日，09：57（http://www.nbd.com.cn）。

混合研究方法的方法论、研究策略及应用[*]
——以消费模式研究为例

朱　迪

摘　要：近年来，定量定性相结合的研究方法在社会科学中被广泛应用，但鲜有研究注意到其方法论含义并科学地选取研究策略。事实上，学术界对于定量定性方法的结合仍有争议，而且不同的结合方法背后的本体论和认识论的含义也不同，对于研究结论的意义和作用也不同。本文以中产阶级消费模式的研究为例，详细阐述了该研究使用混合研究方法的原因、目的、方法论、具体研究策略及其应用。文章使用定量和定性的研究发现说明了混合研究方法如何丰富和深化了研究结论，如何以具有代表性的样本为背景挖掘了消费生活的复杂性和多面性。

关键词：方法论　定量定性混合研究方法　多元对应分析　访谈消费

一　引言

基于消费模式的变迁所反映的社会结构的转变以及对社会生活各方面的影响，学术界和市场研究都表现出对中国消费文化和消费者行为的浓厚研

* 本文在笔者博士学位论文《中国中产阶级的消费模式：以北京为例》的基础上修改而成。感谢所有被访者的倾力配合及中国综合社会调查项目组分享数据。论文导师艾伦·瓦德（Alan Warde）和温蒂·奥森（Wendy Olsen）、答辩评审西莉亚·卢瑞（Celia Lury）和戴尔·索则顿（Dale Southerton）给予了重要指导建议。写作和构思过程中得到了李培林、夏传玲、张翼、卢汉龙等诸位老师的指导和帮助。匿名评审和责任编辑提供了中肯的修改意见。李凌博士帮助仔细校对并给予了意见和点评。在此一并表示衷心感谢。原文发表于《社会学研究》2012年第4期。

究兴趣。近年来，国内学术界在消费模式的研究中开始重视定量和定性方法的结合（郑红娥，2006；周晓虹，2005；王建平，2007；赵卫华，2007），一般包括收集调查数据和个案访谈，有的还包括参与式观察。然而，在这股潮流中，很多研究并未充分说明为什么要使用混合研究方法或者其所蕴含的方法论含义：定量或定性指的是数据收集方法还是分析方法？客观观察到的调查数据是否"可以"与主观建构的数据相结合？很多研究也未详述具体使用的研究策略，是定量数据主导还是定性数据主导？是为了研究结论的完整互补还是更加深入，抑或是为了检验研究方法的有效性？

事实上，学术界对定性和定量方法的结合仍有争议，而且在不同的结合方法背后，本体论和认识论的含义也不同，对研究结论的意义和作用也不同。本文将以中产阶级的消费模式为例展开讨论。研究的主要目的是揭示中产阶级的消费行为特征及其中蕴含的消费倾向和动机。在这里，消费倾向是指购买和使用某种物质产品或服务的独特的或主要的原因，它暗含在人们对自身消费行为的解释中。本文定量数据来自2003年中国综合社会调查（CGSS）。但只用定量分析不足以揭示消费模式的复杂性和丰富性，因此作者于2008年又对北京的中产阶级做了30个访谈。为使研究发现更加深入和丰富，本文采用一种以定性数据为主的、定量和定性相结合的研究方法。本文的结构如下：首先讨论混合研究方法的一些争论，其次说明本研究使用混合研究方法的目的、研究策略和数据来源，然后分别阐述对两种数据的分析方法和简要的研究发现，并在此基础上，讨论这种混合研究方法如何有利于更好地理解中产阶级的消费模式。

二　关于混合研究方法的争论

如柏森（Pawson，2008：120）所总结的，研究者将定量和定性方法进行结合的主要原因是社会是多面的、多层次的、多视角的，这种观点得到了社会科学研究者的广泛接受。因此，学术界需要那些能够融合各种形式的材料和证据并整合当前多种研究视角的研究方法。基于这种哲学观点，研究者针对具体的研究目的将这两种方法以不同形式相结合，并根据不同的理论原则为这种方法论辩护。布莱曼（Bryman，2008：91-92）曾对一些期刊论文进行研究，发现大多数融合定量定性方法的研究是为了"强化"（使用定性或定量方法收集更多数据来增强定量或定性方法的研究发现）、"完整"（既使用定量方法也使用定性方法会使得研究的解释更为全面）以及"三角测量法"（综合定量和定性方法对研究发现进行三角测量，这些发现之间或许可以相互确证）。

但是，传统观点认为，定量和定性方法的本体论和认识论互不相容，因此二者之间有不可逾越的"鸿沟"，这使得定量定性相结合的方法常常受到挑战。表1列出了定量和定性方法在认识论和本体论上不同的倾向。习惯上，定量方法与客观主义相联系，通过收集"客观的"观察资料来理解这个世界；而定性方法与建构主义相联系，致力于发现意义和解释以及动机和目的。

表1　定量和定性研究策略的根本区别

	定量	定性
认识论倾向	自然科学模型，尤其是实证主义	解释主义
本体论倾向	客观主义	建构主义

资料来源：Bryman，2001：20。

然而，定量和定性方法之间的区别并不会带来二者相结合的研究方法的无效。如布莱曼（Bryman，2001）强调，就认识论和本体论来讲，研究方法比研究者通常认为的要更加具有"流动性"。例如，定性研究很可能与经验主义和现实主义结合，通过可观察的现象并联系内在的结构和机制来解释世界；定量研究也可能与解释主义和建构主义结合，来发现那些为人们的行动提供倾向的意义、动机、解释和规则。

对此，博格曼做出了更为系统的论述，他建议在混合研究方法的应用中"混合"不同的数据收集和分析方法，而不是"混合"边界模糊的定量和定性方法，这给研究者们提供了一种全新的视角。博格曼（Bergman，2008：14-15）认为，传统的关于定量和定性方法的分工应当被抛弃，而且建立在此基础上的混合研究方法的前提也是错误的。事实上，每一种定量或定性方法的实践都相去甚远，也很难为整个定量或者定性方法大家庭总结出彼此区别的特征。基于此观点，博格曼（Bergman，2008：17）指出了混合方法研究中的两个主要原则。一是区分"数据收集方法"（比如，无结构式口述访谈、建立在封闭式问题上的调查研究）和"数据分析方法"（比如，定性的内容分析、福柯式的话语分析、定量的内容分析、结构方程模型等）。二是研究者可以根据具体的研究问题、理论和目标选择不同的搭配来理解他们的数据。有鉴于此，研究者是在处理客观现实还是建构起来的现实，是在做假设检验论文混合研究方法的方法论、研究策略及应用还是探索性的分析，都与数据是通过统计调查或其他什么方法收集的无关（Bergman，2008：16）。

当然，完全打通定量和定性方法之间的区隔不免有些极端，因为数据收集方法所传达的本体论和认识论观点会对数据分析方法有一定的要求。这也是为什么很多专家都提醒，在使用计算机辅助软件分析定性数据时，横剖式的编码要与变量分析的定量逻辑区分开来。如梅森（Mason，2002）认为，要达到定性数据每一部分之间高度的一致性是不可能的，并且定性数据所反映的复杂的社会过程和机制也不应该被缩减为一个静止的或简单的变量，所以编码形式和分析方法可能会在不同数据上有变化。本文也持类似的观点，因此在处理定性数据时使用了多种分析逻辑和分析方法。但是，将客观分析的方法应用于定性数据毫无疑问是可行的，而且已经在社会科学中得到应用，比如对被访者的年龄、收入等人口特征的分析以及对被访者的语言构成的分析，后者在本研究中尤其重要，下文将有进一步的解释。

总的来说，布莱曼和博格曼的观点非常富有启发性。他们不仅为混合研究方法提供了比较一致的辩护理由，也增加了混合研究设计的可能性。关于混合研究方法的争论也提醒研究者，应当根据研究目的、数据类型甚至研究者的资质选择一种合适的策略来系统地联结数据及合适的数据分析方法。

三　研究策略和数据来源

本文研究有关中产阶级的消费模式。很多现有研究中隐含的或理所当然的假设是，西方文化①、跨国公司在这场"消费革命"中发挥了主导作

---

① 本文时常提到"西方文化"，指的是一套在最发达的资本主义国家（比如北美和欧洲的资本主义国家）具有普遍性和广泛性的观点和倾向，但这并不意味着"西方文化"是同质的或单向度的。同理，"西方国家/社会"或"西方"也用来指代最发达的资本主义国家。

用，而中国消费者都不同程度地"受到了"西方文化的"辐射"或"影响"，因此"消费主义"在中国得到了发展。然而，消费文化的扩散机制是不是简单地从西方国家辐射到东方和发展中国家，全球化的结果是否就是全世界被同质为西方文化？事实上，很多民族志和社会学的研究证实，全球化从来不是一种单向的力量，而是各种力量参与的"竞技场"（Jackson，2004）。本土文化也从来不是被动的接受者，而是能够与外来文化互动甚至改变它（Watson，1997；Miller，1998）。同时，现有研究片面关注消费主义的兴起，然而"消费主义"是产生发展于西方，直至今日西方学术界仍有争论的一个名词，并且也缺乏实证证据证明中国新出现的消费倾向与"消费主义"或"享乐主义"是同质的。

另外，正如现有文献所强调的，中国的"新富"和"中产阶级"非常热衷于炫耀性消费。昂贵的礼物是显示个人支付能力的一种方式（Wong & Ahuvia，1998）；只要是进口的，无论奢侈的还是普通的商品都具有某种符号价值（Zhou & Hui，2003）。但是，"个人的取向"，即出于身体和精神需要而购买的动机，常被研究中国消费文化的学者们所忽略。本文将采用一种动态的、互动的理解全球化的观点，使用定量和定性相结合的方法，以期对消费模式和消费倾向提供更为恰当的分析。定量分析可以使用具有代表性的样本来描述中产阶级的人口特征和消费模式，定量数据的图表尤其可以非常直观地展现消费模式的特征及其如何与社会经济指标相联系。中国综合社会调查（CGSS2003）[①] 包含了有关人口特征和消费行为的一些变量，能够完成这两个任务，也节省了数据收集的精力。

但是，在 CGSS2003 中，有关消费行为参与的变量非常有限，不能充分揭示中产阶级消费生活的复杂性。定量分析也难以获得主观的解释、个体之间微妙的区别以及消费行为如何被具体的文本所塑造等信息。这三个任务只能由对定性数据的分析来完成。现有研究片面强调消费的符号逻辑和消费主义的倾向，部分原因是研究者热衷于将社会学的理解强加给消费过程。为了解决这个问题，伍德沃德（Woodward，2003）建议了一个有效方法，即从行动者的角度来探索消费问题，试图挖掘消费行为

---

① 这是由中国人民大学社会学系和香港科技大学社会科学部合作主持的全国城镇范围的随机抽样问卷调查。详细信息可见 http://www.chinagss.org/ 。CGSS2003 的调查人群为 18 ~ 69 岁居住在中国城镇的成年人，样本量为 5894 户，应答率为 77% 。

的语言构成：策略、叙述和解释。本研究借助这种研究路径，考察中产阶级对消费选择和行为的解释中暗含着怎样的辩护理由，由此建构出有关消费倾向的性质和程度的结论。本研究收集定性数据的方法主要是半结构式访谈。

本研究始于定量数据的分析，然后进行访谈和分析。本研究使用混合研究方法的主要目的，是强化和深化研究发现并使用定性数据进一步探索相关结论。定量分析能够产生初步的结论和一些分析的结构，而定性数据是丰富的深度信息的主要来源，将产生研究的主要结论。这是一种以定性数据为主的策略。根据布兰嫩（Brannen，2008：57）对大量混合方法研究的分析，该策略被很多社会科学研究者使用。这种研究策略也类似于梅森（Mason，2006：3）所总结的"定性取向的混合研究方法"，不过本研究的定量分析比梅森假设的只使用一些定量文献资料要复杂。在梅森（Mason，2006）看来，这种策略有利于以较大规模的客观样本为背景来理解研究对象；它以定性的方法论逻辑为主导，能够减少定量和定性方法之间的"本体论鸿沟"所带来的风险，也避开了产生一种"混合"解释的挑战。因此，混合研究方法的哲学陷阱给本研究带来的威胁较小。

在文化资本和消费文化研究领域，广泛应用的研究方法是调查数据的多元对应分析（multiple correspondence analysis，即 MCA）结合定性访谈数据的分析。这种方法自布迪厄（Bourdieu，1984）开始受到拥护，在当代研究中仍然受到欢迎（比如 Silva & Wright，2008；Bennett et al.，2009）。秀娃等研究者认为（Silva et al.，2009），MCA 方法提供了一种描述社会的"关系性"（relationality）的途径——在调查数据的使用中没有预设任何有关"因变量"的分布；对座谈会和定性访谈的分析可以进一步论述 MCA 所揭示的区分和整合的形式，深化我们对意义和行为的理解。另外，采用 MCA 分析也出于实际情况的考虑。在 CGSS2003 中，有关消费行为参与的变量为定序变量，本研究尝试了因子分析和主成分分析，然而这些定序变量显著地呈偏态分布，所以本研究只能求助于多元对应分析。根据以上的方法论讨论和现有消费文化研究的范式，本研究将应用 MCA 于调查数据、应用定性分析于访谈数据。

本研究对中产阶级的定义主要关心的是社会分层如何区分生活方式和消费。在中国这样一个发展中国家，建立在生产关系基础上的阶级是区分消费行为乃至其他很多领域的一个重要结构,[1] 这得到了很多社会学家的认同（李培林、张翼，2008；刘欣，2007；李友梅，2005）。本研究的定义主要建立在职业基础上，中产阶级指的是 CGSS2003 中的党政机关企事业单位的负责人（包括私营业主）、中级和一般机关干部、专业人士及技术人员。都市定义为北京、上海、天津三个直辖市的城市地区。根据数据，中产阶级约占都市总人口的 14.8%，[2] 约占都市就业人口的 26%；在都市中，中产和非中产没有显著性别差异，中产阶级年收入集中在 1 万至 6 万元之间，只有 5.8% 的中产阶级年收入超过 6 万元，接近 52% 的中产阶级的受教育程度为全日制大专及以上。

关于定性数据，作者于 2008 年在北京访谈了 29 位中产阶级成员，在 2007 年做过一次试探访谈（pilot interview）。[3] 访谈主要关注消费的三个领域，即日常消费、品味（对消费品和活动的偏好）和物质文化（具体理论框架可见朱迪，2012，这里不再赘述）。访谈的结构如下：（1）与行为和社会规范相联系的日常消费，包括购物频率、地点、支出类型、家族购物、为父母子女及他人的消费、赠送礼物、消费中的社会互动，以及代际差异。（2）品味，即对消费品和活动的偏好，关心的是品味在中产阶级中的分布，中产阶级如何在个人品味的基础上做出有关品味的判断，以及如何对自己的品味做出辩护。（3）物质文化，主要指物质产品的处置、物质欲望的性质和程度、维持物质欲望和收入之间平衡的策略。（4）消费行为的变化及都市效应，关心的是消费行为在生命历程中的变化及居住在北京

---

[1] 很多关于当代西方社会的研究也强调文化资本和社会资本在社会分层中的作用，如布迪厄（Bourdieu，1984）、陈和戈德索普（Chan & Goldthorpe，2007a，2007b），但本研究认为在发展中国家，劳动力市场的成果尤其显著，而且很多时候"中产"在中国语境下代表一种品味，同职业紧密相连，这在后文的实证分析中也得到体现。

[2] 对于都市中产阶级人口特征的估计使用了性别和年龄的加权，权重的计算参考了第五次人口普查数据。

[3] 由于数据获得上的原因，定量数据来自 2003 年，定性数据来自 2008 年，这给本研究带来一定局限性。但在本研究的方法论中，定量分析主要用以揭示中产阶级的人口特征以及城镇人口消费模式的差异等背景信息，同时为定性分析提供一些分析的结构；而定性分析阐述消费生活的复杂性，是研究结论的主要来源。研究结论也并非定量和定性分析之间的互补或整合（具体见前文中有关方法论和研究策略的论述），所以即使在 2003 年至 2008 年之间城镇人口平均收入或消费倾向发生了变化，也不会对研究结论的可靠性造成威胁。本文所建议的这种混合研究方法也可以看作在数据获得一定局限性的条件下，如何尽量发挥两种数据的优势又避免可能冲突的一种策略。

对消费行为产生的影响。（5）焦虑和困境，关注的是消费中的焦虑、矛盾和压力，以及消费者的策略。（6）人口特征作为背景信息，包括职业、住房、家族、迁移、年龄和收入（包括工资收入及其他投资、经营等收入）。与定量分析对中产阶级的定义一致，访谈对象的选择也建立在职业的基础上，包括私营企业主、经理人员、专业人士和公务员，同时考虑了职位的级别和雇主的规模。在样本选择过程中，本研究特别注意避免研究者所熟知的人，并希望选取的样本覆盖尽可能广泛的人口特征。这种样本选取策略旨在避免样本局限在某个特殊人群而导致结论的偏差，并非追求概率抽样的普遍性或代表性，正因为如此，本研究对定性分析的结论使用的是理论推广而非经验推广（详见后文）。

被访者的年龄在 27 岁至 60 岁之间，11 位为出生于北京的本地人，15 位为男性，分散于诸多行业，单位性质既有国有部门也有非国有部门。年收入集中于 5 万元至 20 万元之间；收入的性别差异显著，更多的女性年收入为 5 万元至 20 万元之间，而更多男性的年收入为 20 万元以上。

四　城镇人口的消费模式地图："节俭—适度型"和"奢侈型"

调查数据中有一系列关于社会和个人活动参与的变量，本研究选择了六个有关购买和使用物质产品和服务的变量来测量受访者所表现出的主要消费倾向的性质和程度。数据中原始的变量数值标签是同意度量表。[①] 但是在解释研究发现时使用这些"符合程度"的标签有些语焉不详，因此本研究将变量转化为有关消费行为参与的变量，即：（1）我和我的家人购买"非必需"物品；（2）我和我的家人过生日或遇上重要节日时去餐馆聚餐；（3）我到较有名气的商店购物；（4）我家拥有名牌耐用消费品；（5）我家使用艺术品装饰家庭；（6）我去专门的体育场馆或健身房锻炼身体。同

---

① 原始变量为六个有关消费的描述：第一，除非必要，我和我的家人从不轻易购买生活必需之外的物品；第二，我和我的家人过生日或遇上重要节日时，总是到餐馆去聚餐；第三，我总是到较有名气的商店去购物；第四，我家的耐用消费品大多是名牌、高档；第五，我家用了好些艺术品、艺术画来装饰家庭气氛；第六，我经常去专门的体育场馆或健身房锻炼身体。变量标签是对这六种描述回答"很符合"、"较符合"、"不太符合"或"很不符合"。

时，原始的同意度量表也被转化为相应的频率量表：1 表示频繁，2 表示有时，3 表示偶尔，4 表示从不。可以看出，这些变量大体上测量一种追求乐趣和舒适的消费倾向。基本上所有转化后的变量没有改变原有变量的含义，只是第 4 个和第 5 个变量在使用频率标签时有些不准确，所以在解释时会稍有调整。对应分析可以看作主成分分析在定类变量上的应用，该方法考虑的是主成分分析的几何定义而非统计定义（Blasius & Greenacre，2006：12；Greenacre，2006：42）。多元对应分析作为一种非线性多变量分析方法，不像主成分分析那样对变量有正态分布的假设，又可以形象地展示两个以上定类变量之间的关系（Greenacre，2006：41 – 42）。此外，MCA 还有两个优势。第一，研究发现的图表展示非常易于解释。首先，两个类别之间的距离使得研究者可以推断个体之间的相似程度；其次，每个类别对各个轴的贡献指标可以让研究者进一步解释数据所揭示的模式。第二，在消费模式地图做出来之后，可以加入补充变量，将消费模式与人口特征联系起来，但不改变原图的系数。

本研究使用 STATA10.0 进行多元对应分析。进入分析的总共有 6 个变量，每个变量包含 4 个定序类别，一共产生 24 种不同的模态。分析的结果是在 5659 个样本的基础上产生了 4 个轴。轴 1 可以解释 84.29% 的方差，主要惯量（principal inertia）为 0.169；轴 2 可以解释 9.67% 的方差，主要惯量（principal inertia）为 0.019。因此，轴 1 和轴 2 是最重要的两个轴，也说明了这 6 个变量构成一个量表。

图 1 揭示了城镇居民消费模式的分化。四种不同程度的参与模式分别聚集在不同空间内。"频繁地"去餐馆吃饭的人也"频繁地"在较有名的商店购物，拥有的家庭耐用品大多为名牌，使用大量艺术品装饰家庭，也"频繁地"去健身房健身。"有时"参与这些消费行为的人也集中在一个区域，"偶尔"和"从不"也是同样的情况。[①]

根据现有文献，消费模式主要同社会阶层、年龄、收入和居住地区有关。因此，这些因素被当作补充变量加入了 MCA 分析，如图 2 和图 3 所

---

① "频繁购买非必需品"是个异数，可能的原因是"非必需"这种表述有点模糊，让被访者感到困惑。

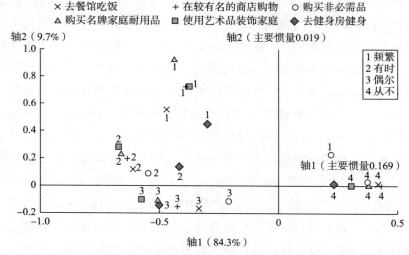

图1　2003年城镇居民消费行为参与的多元对应分析

注：横轴（轴1）为主轴，代表"节俭—适度型消费模式"；纵轴（轴2）代表"奢侈型消费模式"。

数据来源：中国综合社会调查 CGSS2003；调查人群：2003年居住于中国城镇地区住户中的15~77岁的男性和女性；样本总数：5659。

示。很明显，年龄和阶层①两个变量紧密地沿着轴1分布（见图2）。从左向右，这两个变量按照从白领类职业到体力劳动职业、从年轻到年长的模式排列。根据分布在轴1左侧和右侧的类别，研究发现区分消费模式的界限大体上可以划在白领从业者（企事业单位负责人、专业和技术人员、办事人员）和（半）体力劳动者（商业服务业人员、个体户、农林牧渔水利业生产人员、生产运输设备操作人员）之间、小于36岁的人群和大于36岁的人群之间。另外，如图3所示，"都市移民"②和"都市本地人"③的消费模式较接近白领从业人群和较年轻人群，而"其他城市居民"的消费模式较接近（半）体力劳动人群和较年长人群，这体现了都市对人们消费行为的影响。但是，居住在都市地区的影响不如年龄和社会阶层的影响来得显著。

因为年龄和职业阶层两个变量沿着轴1紧密地分布而且较少有沿着轴

---

① MCA分析中使用的职业阶层变量只包括了就业人口。因此，图2中的一些系数发生了微小改变，但各模态在空间中的相对位置保持不变。

② 出生后迁移到都市地区的居民。

③ 出生并且调查时居住于都市地区的居民（包括在三个直辖市区内迁移的人群）。

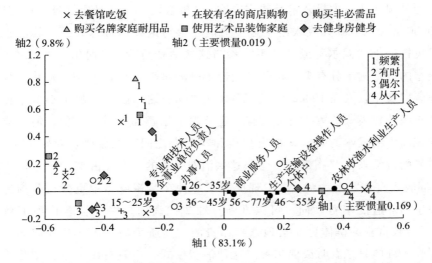

图2　2003年城镇居民消费行为参与的多元对应分析（职业阶层与年龄为补充变量）

注：横轴（轴1）为主轴，代表"节俭—适度型消费模式"；纵轴（轴2）代表"奢侈型消费模式"。

数据来源：中国综合社会调查CGSS2003；调查人群：2003年居住于中国城镇地区住户中的15～77岁的男性和女性；样本总数：3277。

2的纵向分布，可以说年龄和职业阶层是轴1所代表的消费模式的最重要影响因素，又因为轴1是解释最多变异的主轴，因此可以说年龄和职业阶层是区分城镇人口消费模式的最重要因素。通过考察每一种模态对两个轴的变异所做的贡献，[①] 轴1主要被"偶尔"和"从不"两种模态所解释，二者的贡献分别占35%和36.5%，因此轴1大体上可以被描述为一种"节俭—适度型消费模式"，较年长、（半）体力职业阶层的人群和"其他城市居民"较为节俭，而较年轻、白领职业阶层的人群和都市居民则更经常参与多种消费行为（适度消费）。

收入是区分轴2所定义的消费模式的最显著因素（见图3）。沿着轴2，顶端是年收入60000元及以上，再往下是年收入30000元至60000元；其他收入组集中于轴2的底端，但是年收入5000元至10000元和年收入低于5000元两组也沿着轴1分布。高于60000元的收入组尤其接近"频繁地"去餐馆吃饭、"频繁地"在较有名的商店购物、拥有的家庭耐用品大

———————

① 受篇幅限制，该表没有在本文列出。

多为名牌、使用大量艺术品装饰家庭、"频繁地"去健身房健身。相应地，30000 元至 60000 元收入组接近"有时"参与这些消费行为，而其他收入组更接近于"偶尔"或"从不"参与这些消费行为。"偶尔"和"有时"模态的位置则十分有趣，这些点接近于白领职业、小于 36 岁、居住在都市地区以及年收入在 10000 元至 60000 元之间。这一区域反映了都市年轻中产阶级消费模式的重要特征：有一定的追求乐趣和舒适的欲望，但受收入和较高生活成本的限制，物质欲望和购买力之间存在紧张。对轴 2 来说，主要的贡献来自"频繁地"参与这些消费行为的模态，占 53.1%，由于轴 2 同收入有着紧密关系，该发现反映了一种在富裕群体中更为显著的追求快乐和舒适的消费倾向。可以推断，轴 2 代表的是一种"奢侈型消费模式"：较富裕的群体更频繁地选择昂贵的、高质量的物质产品和服务，中等收入群体只是有时或偶尔参与这种消费模式，而较贫困的群体则趋于节俭型消费模式（沿着轴 1 分布）。

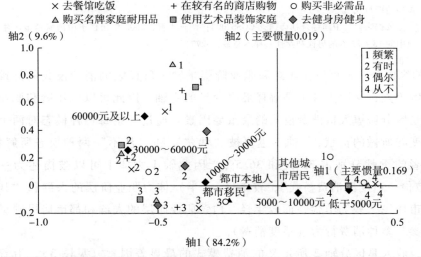

图 3　2003 年城镇居民消费行为参与的多元对应分析（收入与居住地区为补充变量）

注：横轴（轴 1）为主轴，代表"节俭—适度型消费模式"；纵轴（轴 2）代表"奢侈型消费模式"。

数据来源：中国综合社会调查 CGSS2003；调查人群：2003 年居住于中国城镇地区住户中的 15～77 岁的男性和女性；样本总数：5007。

定量分析表明，在城市人群中存在一定程度的追求乐趣和舒适的消费倾向，从中我们得到以下启示：（1）年龄和职业阶层是区分城镇居民消费模式的最重要因素，出生于 20 世纪 70 年代及以后的人群更广泛地参与追求乐趣和舒适的消费活动，可能与其成长的社会背景有关，一定程度上反映了我国近 30 多年来的巨大社会变迁。(2) 就消费模式来讲，白领阶层和（半）体力劳动者之间的区别比白领阶层内部的区别更为显著，尤其是职业中产（企事业单位负责人、专业和技术人员、办事人员）更频繁地追求乐趣和舒适的消费行为，体现了其较高的经济资本和文化资本。(3) 居住在都市地区对消费行为的影响明显：消费模式的主要区别在都市居民和其他城市居民之间，而非都市移民和都市本地人之间，可以推断出移民的品味和生活方式在迁入都市后受到了一定程度的影响。(4) 相对于年龄和职业，收入对消费模式的区分起了次要作用，该发现说明消费/品味不仅是种经济行为，也为社会文本和生活方式——或布迪厄所言之"惯习"[1]——所塑造。

分析也发现，虽然一种追求快乐和舒适的新的消费倾向有所发展，但节俭—适度型消费模式在城镇居民中仍然占主导地位，这反映了我国还并不富裕的经济发展程度以及传统价值观的影响，更重要的是暗示了城镇居民在物质欲望和购买力之间有意识的取舍。

五 品味的辩护和消费倾向

定量分析让我们对城镇人口的消费模式有了总体上的了解，得到了一些关于城镇居民消费倾向的发现，也进一步坚定了将职业作为社会分层主要依据的信心。但其实我们对"追求乐趣和舒适的消费倾向"这一研究发现的建构仍有疑问。中国人在消费中到底是追求"自我导向"的舒适乐趣还是"他人导向"的地位炫耀？"乐趣"和"舒适"的含义是什么？在传统文化强调"奉献""节省"的社会背景中，这种新的消费倾向是否具有合法性？显然，这些问题的最佳答案来自能够挖掘主观解释和分析潜在问题的访谈数据。另外，定量分析只是显示了消费模式在年龄上的差异，在无法获得时间序列数据的情况下，定性分析也是判断这种年龄差异是否可以理解为受到社会变迁影响的代际差异的一种有效途径。

---

[1] 据布迪厄（Bourdieu, 1990: 53）解释，惯习是一个"持续的、可转换的处置的体系，它是预先被结构化了的结构起着组织社会结构的作用"（system of durable, transposable dispositions, structured structures predisposed to function as structuring structures）。

本研究将 30 个访谈转录为文本之后，使用 Nvivo7.0 辅助分析。分析基本上经历了四个阶段：编码、关联编码、建构结论/观点以及验证结论。数据主要通过文本的、解释的和反身性的逻辑进行解读和分析。大多数编码为横剖类型。一方面，文本分析可以得到有关消费模式、主观解释和社会文本的信息；另一方面，解释的和反身性的逻辑能将客观观察与社会文本相联系并考虑研究者的角色作用，可以克服文本分析的质量取决于数据是否真实的局限性。此外，本研究也将横剖分析与语境分析、个案分析相结合，在这些分析方法的基础上建构结论。

研究结论的推广主要是理论推广，这种推广被认为在定性分析中比经验推广更为有效（Mason，2002；Hammersley & Atkinson，1995）。首先，被访者是从非常广泛的中产阶级群体中选择而来，并非只针对某个特殊的人群。其次，结论指明了这种消费倾向在中国实践的不同方式及社会文本。方法论和验证分析也表明，本文结论也可以被用来解释其他社会情境（settings）中的消费模式。

定性分析印证并进一步扩展了定量分析。年龄、性别和收入是区分都市中产阶级的日常支出、购物频率和地点以及品味的重要因素。通过被访者对于自己同父母、子女在消费上的差异的叙述和解释，证明定量分析所揭示的年龄差异一定程度上可以理解为代际差异——同其所成长的社会环境有关。从被访者对代际差异的解释也可以看出，追求乐趣和舒适的倾向大体上可以得到验证。

定性分析最重要的发现是消费倾向的性质、程度和实践。从日常消费、物质产品的处置以及品味三个维度，都市中产阶级表现出了一种追求乐趣和舒适的消费倾向。30 位被访者中，8 位清楚地使用了"乐趣"、"好玩"或者"开心"等语词来解释为什么偏爱某种活动或物质产品。另外 10 位被访者在品味的解释中暗含着对乐趣的追求，例如，从物质产品和看画展中获得审美的乐趣，从旅游中获得体验的乐趣。同时，没有被访者谴责对乐趣的追求。在 18 位体现出乐趣追求倾向的被访者中，很多人也偏好使用高品质的商品或借助各种服务来追求一种舒适的生活。对于其余 10 位被访者来说，舒适和满足是消费的主要动机。只有两位被访者（潘先生和张女士）提到他们主要关心的是地位显示或社会认同，这种动机也被其他 5 位被访者提到，但作为消费中次要的动机。至此，访谈数据发现了不同模式的消费行为。

在此基础上，本研究区分了"自我导向型"和"他人导向型"的消费倾向，前者强调个人身体和精神上的需要——乐趣和舒适是典型例子，后者看重的是他人的赞赏或评价——地位炫耀是典型例子。定性分析显示，在北京中产阶级的消费行为中，自我导向型和他人导向型消费倾向都发挥了一定作用，但自我导向型消费倾向占主导地位。

接下来讨论这种自我导向型消费倾向的具体含义和性质。总的来说，被访者对品味主要进行了审美辩护和道德辩护。在审美辩护中，对感官性乐趣、功能性乐趣、思考性乐趣和社会性乐趣的追求交织着对舒适——满足各种需要——的追求（详见表2）。

表2 满足的类型学

	满足的类型			
	感官性	功能性	思考性	社会性
低密度	乐趣	满足	娱乐	参与
高密度	愉悦	成就	欣赏	互依

资料来源：Warde & Martens，2000：187。

体现出明显或暗含的追求个人乐趣倾向的18位被访者大多可以获得感官的乐趣。功能性乐趣进入到了成就的世界，有关消费品的价格符合价值和自我提高。10位将舒适作为主要追求的被访者可以落在这个类别中，因为舒适同身体和精神需要的功能满足相联系。成就感是高密度的功能性乐趣，在几位男性被访者的消费行为中较明显，他们将消费作为履行家庭责任的途径或者作为体现工作的物质回报的途径。对于事业较成功的唐先生来讲，成就感较少来自个人物质欲望的满足，而更多地来自照顾好父母。在潘先生的消费行为中，高密度和低密度的功能性满足感都显示了出来。这位27岁的IT专业人士对于奢侈品有很大的激情，在接受访谈的时候，他用的是一个价值上万元的BOTTEGA VENETA（宝缇嘉）手提包。

> 它（拥有奢侈品）对我来讲是种乐趣。当一个人有钱的时候，拥有质量很好的奢侈品让你很开心。比如一个爱马仕或者菲拉格慕的手提包，或者一块宝珀的手表，我认为它们当然值这个价钱，它们通过我的努力工作获得。如果我现在能买得起一个大房子，会给我带来很

大的乐趣。（27 岁，外地人，跨国 IT 企业项目主管）

潘先生的消费行为体现了地位显示的动机，但是可以发现，更深层次的动机还是使用这些物质产品所带来的乐趣——来自事业成就感的功能性乐趣以及为自己和家人提供舒适生活所带来的社会性乐趣。由此得到的一个重要启示是，奢侈消费和炫耀消费不应简单理解为"他人导向型"的行为，其中可能也交织着"自我导向型"的乐趣。

有关思考性乐趣的发现揭示了新的消费模式，指出了新的辩护依据。思考性满足包含类似白日梦和幻想的体验、审美及智力上的反思，它们会产生一些回报（Warde & Martens，2000：186）。白日梦和幻想在产生思考性乐趣中发挥了重要作用，主要是建构乐趣——甚至从日常活动中。这种技巧被坎贝尔（Campbell，1987）认为在"现代享乐主义"（modern hedonism）中很重要，现代享乐主义是现代社会消费文化的内在动力。在对品味的解释中，一些被访者将乐趣、玩或刺激作为追求，所以实际的活动是可变的、广泛的，包括喝酒、购物、度假，甚至烹饪和驾车等非典型的娱乐活动。此外，基本上所有提到喜欢旅游的被访者（7 位）都偏爱自助游，虽然这种方式更耗费时间和体力，但它允许了更大的自由进行乐趣的建构，因此能够产生高密度的思考性乐趣。

社会性乐趣强调互相依赖、互惠和分享，"包含参与、同情和信任，其中陪伴是……一个非常重要的例子"（Warde & Martens，2000：186）。该类型的满足感常常被学者忽略，但在强调家庭责任和义务的中国社会是获得愉悦的非常重要的元素。在通过旅游获得个人乐趣的同时，被访者也将这种乐趣延伸到了家庭，将其看作履行家庭责任的方式之一。不仅如此，被访者还通过鼓励子女和父母追求乐趣和舒适来获得社会性乐趣。在外企工作、月收入约 4 万元的麦先生（40 多岁）是个典型例子。他觉得与家人一起旅游更有乐趣，他还热衷于为两个儿子投资各种"玩儿"的课程，包括游泳、空手道、骑马等。他对儿子从中获得乐趣感到很满足，也通过想象将来孩子能过上快乐的生活感到很开心。由此也可以看出，虽然在通常情况下强调个人乐趣和舒适的"自我导向型"倾向比较明显，但是在与家庭有关的"私领域"中，中产阶级的消费倾向带有一些"他人导向型"的色彩——个人同家人的乐趣和舒适的体验紧密相关，体现了新的消费倾向与传统价值观的交叉。

在乐趣的寻求中，性别和年龄扮演了重要角色。在表现出明显追求个人乐趣倾向的被访者中，大部分为男性和年轻女性，他们通常不是家庭购物等日常琐事的主要承担者。而较年长的女性被访者往往强调消费中的舒适、放松，可能的原因是，负责家庭购物的女性通常从家庭长期福利的角度来进行消费决策，而男性和较年轻的女性可以更加专注于寻求乐趣，虽然可能也会考虑其他维度。此外，比较年轻的被访者显示出了更为明显的追求个人乐趣和舒适的消费倾向，同时也想要与家人和朋友分享乐趣和舒适，并鼓励自己的子女——一定程度上也鼓励父母——追求乐趣和舒适。

在有关乐趣和舒适的审美辩护之外，几乎所有被访者都提供了道德辩护，主要关于"量入为出"，即保持消费与储蓄、长期福利相平衡的能力。传统的节省和适度的价值观再次体现出来，但是其实践方式又有所区别。宋先生（31 岁）是一位上市房地产公司的部门经理，喜欢买房子和投资。他可以为自己的消费行为辩护，因为"负担得起"：

> 我认为为了应急存钱是没有意义的，因为我们是在等待幸福而不是等待意外（笑）……我的想法很简单。如果有意外，我可以把钱从投资里取出来，比存在银行好多了。

宋先生的辩护理由暗示着对生活舒适和幸福的追求，也体现出"量入为出"这种传统价值观在当代新的实践方式——中产阶级用积极的理财策略在满足物质欲望的同时努力保持收支平衡，这不同于传统的强调禁欲的节省伦理。

定性分析发现，大多数被访者对自己的品味很自信；很小一部分样本曾经经历或正在经历一些矛盾情绪，主要是那些将地位体现或社会认同作为主要消费动机的被访者。因此，对大多数被访者来讲，通过消费追求舒适和乐趣是"正当的"（justifiable），只要"负担得起"。

通过定性分析，本文对当代中产阶级消费倾向乃至价值观的转变有了更深入的认识。节省这一传统道德对人们的消费行为仍然有相当的影响。但是，如果经济上可以负担，对于乐趣和舒适的追求在被访者看来具有合法性，所以不需要在其他道德基础上进行辩护，如工作伦理或家庭责任。虽然被访者可以通过工作成就和同家人分享来获得功能性乐趣和社会性乐趣，但是努力工作和足够的家庭责任大多不被认为是追求乐趣和舒适的必要条件。

六 结论

本文以中产阶级的消费模式研究为例讨论了混合研究方法的方法论、研究策略及应用。研究的主要目的是揭示中产阶级消费行为的特征以及潜在的消费倾向的性质和程度。本研究使用混合研究方法，目的是强化和深化研究发现并使用定性数据做进一步的探索。主要研究策略是以定性分析为主导，将多元对应分析应用于具有代表性的调查数据，将定性分析应用于半结构式访谈数据。

研究发现，一种新的倾向已融入都市中产阶级对这个世界的日常理解中。本研究将该倾向总结为"对个体乐趣和舒适的追求"。它引出一套新的可以被辩护的行为——一个人在决定如何生活时被允许考虑自己的乐趣和舒适。因此，在以北京为例的中产阶级中，"自我导向型"消费倾向比"他人导向型"消费倾向更显著。

分析显示，中产阶级并非一个同质的群体，而且他们对乐趣和舒适的追求交织着很多"取舍"，如为履行家庭责任的妥协及为保持量入为出的理性和克制。中产阶级是一个复杂、多元化的群体，他们的消费模式必须结合其对社会实践的参与和具体的社会文本才能得到理解。本研究挑战了对中国"新富"群体的刻板印象，指出对其消费倾向或趋于炫耀或趋于节俭的单向度的认识需要调整。

由此也可以总结，在全球化背景下，中国消费者并非西方文化的被动接受者或跨国公司及其产品的"被动消费者"；相反，他们表现出显著的消费者主权和自主性：强调乐趣建构的自主性、有意识的取舍并抵制权威，包括市场、媒体和政治权威。因此，不能简单地将中国中产阶级的消费倾向归结为"消费主义"或"享乐主义"。当代新出现的消费倾向融合了那些更为传统的理解体系，所以我们看到的是一个独特的、具有不同表现形式的消费伦理：既不同于西方发达国家中产阶级的消费倾向，也区别于先前中国社会的一些动机和倾向。

本文的分析显示了这种混合研究方法如何丰富、深化研究结论。定量分析使用具有代表性的样本发现了城镇居民消费模式的分化，以及年龄、收入和职业阶层对消费模式的区分。定性分析证实了这些发现，并带来了更多生动的故事和更多维度的理解，包括日常生活、品味和物质文化。定量分析揭示了城镇居民消费模式最显著的特征是节俭和适度，定性分析则给出了进一步的解释——这种"适度"的倾向与传统的节俭伦理在性质和程度上有何不同。此外，定量分析的另一重要发现是城镇居民中存在一定程度的追求乐趣和舒适的消费倾向，定性分析结合社会文本和主观解释深入讨论了这种倾向，从而获得了"乐趣"和"舒适"的具体内容、类型以及消费行为的代际差异，更重要的是，揭示了消费者为自己的品味和行为进行辩护的依据，从中建构出了都市中产阶级的主要消费倾向以及这种消费倾向是否具有合法性的研究结论。类似于秀娃等人的研究（Silva et al.，2009），本研究的多元对应分析揭示了社会的"关系性"，访谈分析则深化了对消费行为的动机和意义的理解，也揭示了一些隐蔽的社会规范和习俗。

当然，正如梅森（Mason，2006）提到的，这种以定量或定性数据为主导的混合研究方法是比较保守的，虽然较少受到"本体论鸿沟"的挑战，但收获的成果也较单薄，不能充分展示定量和定性方法相结合的精彩之处。将来若能结合更新的全国调查数据和更多的田野调查，则会进一步丰富对中产阶级消费模式的理解。

实践证明，定量和定性研究方法的结合能够提高研究发现的可靠性和深入性。此外，本文也提醒研究者在采用混合研究方法时注意可能遇到的风险。研究者应当根据研究目的、数据来源以及所掌握的技术来选择具体研究策略，并且要明白这种研究策略背后的方法论含义及其优势和局限性，这样才能得到可靠的、有效的研究结论。

参考文献

李培林、张翼，2008，《中国中产阶级的规模、认同和社会态度》，《社会》第 2 期。

李友梅，2005，《社会结构中的"白领"及其社会功能——以 20 世纪 90 年代以来的上海为例》，《社会学研究》第 6 期。

刘欣，2007，《中国城市的阶层结构与中产阶层的定位》，《社会学研究》第 6 期。

王建平，2007，《中国城市中间阶层消费行为》，中国大百科全书出版社。

赵卫华, 2007,《地位与消费——当代中国社会各阶层消费状况研究》, 社会科学文献出版社。

郑红娥, 2006,《社会转型与消费革命》, 北京大学出版社。

周晓虹, 2005,《中国中产阶层调查》, 社会科学文献出版社。

朱迪, 2012,《消费社会学研究的一个理论框架》,《国外社会科学》第 2 期。

Bennett, Tony, Mike Savage, Elizabeth Bortolaia Silva, Alan Warde, Modesto Gayo-Cal & David Wright. 2009. *Culture*, *Class*, *Distinction*. London and New York: Routledge.

Bergman, Manfred Max. 2008. "The Straw Men of the Qualitative-Quantitative Divide and Their Influence on Mixed Methods Research." In Manfred Max Bergman (ed.), *Advances in Mixed Methods Research*: *Theories and Applications*. Los Angeles, London, New Delhi, Singapore: Sage.

Blasius, Jorg & Michael Greenacre. 2006. "Correspondence Analysis and Related Methods in Practice." In Michael Greenacre & Jorg Blasius (eds.), *Multiple Correspondence Analysis and Related Methods*. London: Chapman & Hall/CRC.

Bourdieu, Pierre. 1984. *Distinction*: *A Social Critique of the Judgement of Taste*. London: Routledge & Kegan Paul.

——. 1990. *The Logic of Practice*. Cambridge: Polity.

Brannen, Julia. 2008. "The Practice of a Mixed Methods Research Strategy: Personal, Professional and Project Considerations." In Manfred Max Bergman (ed.), *Advances in Mixed Methods Research*: *Theories and Applications*. Los Angeles, London, New Delhi, Singapore: Sage.

Bryman, Alan. 2001. *Social Research Methods*. Oxford: Oxford University Press.

——. 2008. "Why Do Researchers Integrate/Combine/Mesh/Blend/Mix/Merge/Fuse Quantitative and Qualitative Research?" In Manfred Max Bergman (ed.), *Advances in Mixed Methods Research*: *Theories and Applications*. Los Angeles, London, New Delhi, Singapore: Sage.

Campbell, Colin. 1987. *The Romantic Ethic and the Spirit of Modern Consumerism*. Oxford: Basil Blackwell.

Chan, Tak Wing & John H. Goldthorpe. 2007a. "The Social Stratification of Cultural Consumption: Some Policy Implications of a Research Project." *Cultural Trends* 16 (4).

——. 2007b. "Social Stratification and Cultural Consumption: Music in England." *European Sociological Review* 23 (1).

Davis, Deborah. 2005. "Urban Consumer Culture." *The China Quarterly* 183 (September).

——(ed.) 2000. *The Consumer Revolution in Urban China*. Berkeley; London: University of

California Press.

Greenacre, Michael. 2006. "From Simple to Multiple Correspondence Analysis." In Michael Greenacre & Jorg Blasius (eds.), *Multiple Correspondence Analysis and Related Methods*. London: Chapman & Hall/CRC.

Hammersley, Martyn & Paul Atkinson. 1995. *Ethnography: Principles in Practice* (2nd ed.). London: Routledge.

Jackson, Peter. 2004. "Local Consumption Cultures in a Globalizing World." *Transactions of the Institute of British Geographers* 29 (2).

Mason, Jennifer. 2002. *Qualitative Researching* (2nd ed.). London: Sage Publications.

——. 2006. "Six Strategies for Mixing Methods and Linking Data in Social Science Research." Real Life Methods, Sociology, University of Manchester. Retrieved from http://eprints.ncrm.ac.uk/482/1/0406 _ six% 2520strategies% 2520for% 2520mixing% 2520 methods. pdf.

Miles, Matthew B. & A. Michael Huberman. 1994. *Qualitative Data Analysis: An Expanded Source-book* (2nd ed.). Thousand Oaks, Calif. ; London: Sage.

Miller, Daniel. 1998. *A Theory of Shopping*. Cambridge: Polity Press.

Pawson, Ray. 2008. "Method Mix, Technical Hex, Theory Fix." In Manfred Max Bergman (ed.), *Advances in Mixed Methods Research: Theories and Applications*. Los Angeles, London, New Delhi, Singapore: Sage.

Silva, Elizabeth, Alan Warde & David Wright. 2009. "Using Mixed Methods for Analysing Culture: The Cultural Capital and Social Exclusion Project." *Cultural Sociology* 3 (2).

Silva, Elizabeth & David Wright. 2008. "Researching Cultural Capital: Complexities in Mixing Methods." *Methodological Innovations Online* 2 (3).

Warde, Alan & Lydia Martens. 2000. *Eating Out: Social Differentiation, Consumption and Pleasure*. Cambridge: Cambridge University Press.

Watson, James L. (ed.) 1997. *Golden Arches East: McDonald's in East Asia*. Stanford, California: Stanford University Press.

Wong, Nancy Y. & Aaron C. Ahuvia. 1998. "Personal Taste and Family Face: Luxury Consumption in Confucian and Western Societies." *Psychology and Marketing* 15 (5).

Woodward, Ian. 2003. "Divergent Narratives in the Imagining of the Home Amongst Middle-Class Consumers: Aesthetics, Comfort and the Symbolic Boundaries of Self and Home." *Journal of Sociology* 39 (4).

Zhou, Lianxi & Michael K. Hui. 2003. "Symbolic Value of Foreign Products in the People's Republic of China." *Journal of International Marketing* 11 (2).

从"大众社会"到"社会学的想象力"*

——理解米尔斯的一条内在线索

闻 翔

摘 要：本文试图阐明，在米尔斯对美国社会的经验研究与其关于社会科学的认识论纲领之间存在着一以贯之的内在逻辑。通过对米尔斯最具代表性的三个经验研究成果，即由《权力新贵：美国的劳工领袖》、《白领：美国的中产阶级》以及《权力精英》所组成的"美国社会分层三部曲"的考察，作者发现，从这些研究中所浮现出的"大众社会"图景深刻地影响了米尔斯关于"社会学的想象力"的论述。在此基础上，本文进一步揭示了米尔斯的社会学著述所关注的两个基本问题，即对于社会变迁可能性的探寻，以及对于现代社会中人的意义的关切。

关键词：大众社会 社会学的想象力 米尔斯

一 引言

"社会学的想象力"（the sociological imagination） 也许是我们这门学科最著名的概念之一，米尔斯在 1959 年出版的同名著作也早已成为社会学的经典。人们通常从"破"和"立"两个方面来理解《社会学的想象力》。"破"是指米尔斯在书中对"宏大理论"、"抽象经验主义"和"科层实用性"等美国社会学的主流倾向提出了脍炙人口的批评。因此，在一些学者

* 本研究受到中国社会科学院社会学研究所课题"米尔斯的学术遗产与当代意义"的经费资助，特此致谢。本文初稿曾在上海大学社会学院举办的首届社会理论工作坊（2012 年 5 月）上宣读，感谢李英飞、陈涛、刘拥华、孙飞宇的评论和建议。文责自负。原文发表于《社会》2012 年第 4 期。

的笔下，米尔斯被描述为一个与其同时代的社会学家截然不同的异端人物：他没有如幻想破灭的老左派一样拥抱"意识形态的终结"，反而孤独地挑战自由主义的"现代化意识形态共识"（赵刚，2000，2003）；与追求体制化和专业化的同行不同，他还写作了大量面向学院外读者的通俗作品，因此也被视为最后的公共知识分子之一或公共社会学的先驱（雅各比，2006；布洛维，2007）。从"立"的方面来说，《社会学的想象力》之所以受到重视，甚至在许多国家成为社会学入门必读书，是由于其在方法论上的贡献。人们认为，米尔斯在书中提出了一个社会研究的独特方法论纲领，即"将个人困扰与公共议题结合起来，在结构和个人、历史与传记、宏观与微观之间穿梭"，在一些学者眼中，这构成了社会学独特的"心智品质和洞察能力"（郭于华，2006）。

然而，上述两个方面的理解可能都潜伏着一定的危险。首先，对米尔斯边缘化历史处境的了解，并不意味着我们可以简单地将其写作《社会学的想象力》的主旨理解为边缘对中心的"反叛"。有学者已经指出，米尔斯活跃的20世纪四五十年代，正是美国社会学的一个重要转型期，欧洲社会科学，尤其是韦伯学说在美国的传入以及应用社会研究模式的确立是这一时期最重要的两个变化，米尔斯本人也深深地嵌入这一转型过程之中。在这些方面，他与其批评对象如帕森斯、拉扎斯菲尔德之间的共识甚至要远远大于分歧（参见 Geary，2004）。其次，如果仅仅从方法论的层次来理解的话，很容易使"想象力"被架空为一个抽象空洞的概念，成为一个什么都往里面装的"筐"，相反米尔斯本人在使用它时原初的关怀则常常被人遗忘。此类状况其实与英国学者布鲁尔（Brewer，2004）观察到的一种倾向相关，即一方面20世纪60年代之后新生代的激进社会学家们往往大多被米尔斯关于社会学之独特性的论述吸引，但另一方面却并不关心米尔斯对美国社会和政治所做的实质性分析。布鲁尔的观察提示我们注意到《社会学的想象力》的具体针对性。在笔者看来，这种针对性是双重意义上的，不仅是对当时美国社会学学科现状的回应和批判，也是——或者说更重要的是——对米尔斯在其实质性的经验研究和社会分析中揭示的一个"大众社会"（mass society）的形成这一总体性社会事实的知识社会学回应。米尔斯正是要"通过保持社会学的想象力来对抗朝向顺从、同质化和工具理性，简言之，即朝向大众社会的随波逐流"（Wakefield，2000：3）。

本文认为，从"大众社会"到"社会学的想象力"，构成理解米尔斯思想的一条内在线索。在下文中，笔者将通过对米尔斯最具代表性的三部经验研究著作，即由《权力新贵：美国的劳工领袖》（1948）（以下简称《权力新贵》）、《白领：美国的中产阶级》（1951）（以下简称《白领》）以及《权力精英》（1956）构成的"美国社会分层三部曲"①的梳理，来具体考察从这些经验研究中浮现出来的"大众社会"图景如何影响了米尔斯关于社会学想象力的论述，并进而试图勾勒出米尔斯的社会学著述关怀的总体问题。

二　米尔斯笔下的"大众社会"

（一）《权力新贵》与"劳工形而上学"

按照世代的划分，出生于 1916 年的米尔斯可以算作一个"大萧条中的孩子"。但是，20 世纪 30 年代的危机似乎并没有给米尔斯政治意识的发育造成什么影响：早年的他并不关心政治。在 1940 年之前，他发表的几篇重要学术论文都是哲学和知识社会学领域"相当技术性的研究"（Mills，2000：251），这也是他的主要兴趣所在。然而，第二次世界大战的爆发改变了这一切，米尔斯因身体原因没有被征召入伍，但他曾自陈"对这场战争的关注和思考造就了一个激进的我"（Mills，2000：251）。不过，与大多数投入应战努力的美国社会学家（如帕森斯等人）不同，米尔斯关注的焦点并不是德国法西斯主义的崛起，而是美国自身的问题②。米尔斯忧虑的是，战争经济刺激了美国国内军事工业共同体的出现，对国家安全的担忧又使得官僚组织以前所未有的严密方式实施控制，军事化、集权化以及政商关系的进一步密切，使得二战期间的美国发生了重大变化（参见Geary，2009：46）。在这方面，米尔斯受到杜威极大的影响。早在 1939年，杜威（［1939］1964：125）就提醒人们警惕战争"迫使国家，即使是

---

① 《白领》和《权力精英》都已经被翻译成中文，其中《白领》在中国大陆已经先后出版过两个中译本，且在最近几年关于中国中产阶级的讨论中屡屡被应用（参见周晓虹，2007）。相比之下，《权力新贵》至今尚未受到大陆学界的广泛关注。
② 帕森斯在二战时主要的政治关怀是对抗德国的国家社会主义，美国则被视为与其相对的、民主的"整合社会"（参见格哈特，2009：10；王楠，2010）。

那些自称为最民主的国家，都变成权威的和极权的国家"，"民主的目的要求有民主的方法来实现它们。权威的方法现在以新的伪装来向我们推销……要用一种极权制度来向极权主义进行战斗"（杜威，［1939］1964：132～133）。在杜威和米尔斯看来，美国的变化，隐约代表了另一种极权主义的趋势。

正是在这样的背景下，劳工进入了米尔斯的视野。与欧洲国家相比，在资本主义最发达的美国，工会不是一支传统的政治力量。新政以前，除铁路业外，美国基本上没有有关规定劳资关系及保护劳工基本权利的成文法，工人罢工甚至往往被裁定为破坏企业主私有财产的违法行为。直到罗斯福新政时期，为了应对经济危机，美国才陆续颁布了《全国工业复兴法》（1934）、《全国劳工关系法》（1935）等缓解劳资矛盾的法律，赋予工人组织工会、罢工与集体谈判的权利，[①] 工会数量和会员人数因此大幅度增长。根据米尔斯的估算，到1944年，美国成年人口中大约有33%与工会有关（Mills，［1948］2001）。工会因此成为一支重要的政治力量。在这种情况下，很多对现状不满的左派知识分子都将希望寄托在劳工身上，希望工会能够组建第三党，改变现有政治格局。米尔斯也认为，"真正的民主在今天能够依赖的主要社会力量就是劳工"（转引自Geary，2001：331）。

1946年，米尔斯在哥伦比亚大学应用社会研究中心成立劳工研究分部，在他的领导下，进行了一系列全国性的工会邮寄问卷调查。两年后问世的《权力新贵》正是这一系列调查的产物。在书中，米尔斯通过对410名工会领袖的调查资料的分析，勾勒了一副权力新贵的"集体群像"，内容包括他们的种族、年龄、教育背景和职业生涯；对各种实质政治问题的态度；两大工会系统（劳联和产联）领袖之间的对比；地方性工会和全国性工会领袖的对比。

在《权力新贵》的开篇，米尔斯写道："25年前，工会运动只是分散和弱小的，因为这个国家本身是安全和有希望的，民主本身也是安全的；

---

① 《全国工业复兴法》的第7条第1款规定不能干涉工人组织工会和行使集体谈判权，也不能以加入公司工会作为雇佣条件。而《全国劳工关系法》则进一步规定成立强有力的执行机构——新的全国劳工关系委员会，该机构可以就任何试图非法干预工人组织工会权利的行为进行制裁。

而到了 20 世纪中叶，工会运动已经席卷了三分之一的美国人口，美国在世界上有了一半的发言权，而民主则到处都在受到威胁和倒退。美国现在所做的，或没能做到的，也许就是决定未来世界将会怎样的钥匙。劳工领袖现在所做的，或没能做到的，也许就是决定未来美国将会怎样的钥匙。"（Mills，［1948］2001：3）米尔斯认为，美国社会正在经历一个"繁荣—萧条—战争"的循环运动，只有掌握着 1500 万工人的劳工领袖才能够阻止向战争和萧条的"大漂流"（the main drift）。

米尔斯不仅研究工会，也积极参与到工会实践中去。1946 年，他加入工会联盟研究院（IUI），担任其下属杂志《劳工和国家》的特约编辑。1947 年，他出席了当时美国最激进的工会之一——美国汽车工人联合会在亚特兰大的年会，对第三党倾向的领导人沃尔特·鲁瑟（美国工运史上最著名的领袖之一）的当选表示祝贺。米尔斯之所以如此做，是因为在他看来，工会与知识分子的结合是十分重要的。《权力新贵》这本书就是献给一位劳工知识分子的。米尔斯认为，只有在热情的普通工人、劳工知识分子和政治敏锐的工会领袖同时存在的情况下，一个强大的美国劳工运动才有可能（Mills，［1948］2001：219）。因此，劳工领袖应当允许和促进权力与知识的联合。

米尔斯虽然寄希望于工会，但又有所保留。《权力新贵》所体现的调查显示，工会领袖大多是白手起家，与商界和政界精英相比，工会领袖对职业起点和受教育程度的要求较低，因此工人阶级和中产阶级的孩子更容易将工会视为向上流动的机会（Mills，［1948］2001：84 – 111）。罢工虽然已经取得法律上的合法性，但在重视私有财产的美国，罢工往往被视为破坏私有财产的行为，虽然一般受访者对罢工行为表示理解和支持，但是对煽动罢工的工会领袖并无好感（Mills，［1948］2001：31 – 46）。因此，工会领袖的个人利益与工会组织和工会成员的利益之间并非完全一致。米尔斯认为，工会领袖一旦成为全国性权力精英中的新成员，维持这一地位就成为其个人的核心焦虑。

在《权力新贵》的结尾，米尔斯不无担忧地写道："从未有如此缺乏准备和如此不打算担负起责任的人被如此严重地仰赖。"（Mills，［1948］2001：219）后来的历史也证实了米尔斯这一担忧。20 世纪 40 年代末，随

着 "塔夫脱—哈特莱法" 的通过，工会权力受到极大的限制。① 此外，麦卡锡主义的反共政治氛围也使得工会放弃了成立独立的劳工党的梦想。工会领袖从此成为 "不满的操纵者"，他们致力于压制普通工人的激进主义倾向，工会蜕变为高度官僚化的机构。劳联仅仅组织产业工人和半技术工人，且只关心工会成员的利益，成为一个狭隘的利益集团，而非推动整体社会变迁的、具有独立意识形态的主体。②

在 1954 年发表的《工会领袖与权力精英》一文中，米尔斯写道，人们习惯于将商业、市场工团主义与意识形态或政治工团主义对立起来，似乎它们代表了工会的不同类型。但实际上，工会在不同的情境（contexts）中扮演不同的角色，采取不同的取向。米尔斯认为有三种主要的情境：地方性劳动力市场、企业或产业、全国性的政治经济。米尔斯主要考察工会领袖作为权力精英的一员在全国性政治经济中的角色，他认为，工会在当今全国性政治经济中最核心的功能就是作为一个（城市中中等技术和收入者的）大众组织的压力集团（a mass-organization pressure group）（Mills，[1954] 1963：108）。"在今天，工会领袖无论是作为个人还是一个集团，都不能让我们相信他们能够或者愿意超越最大化调适（maximum adaptation）的策略，他们只是大漂流的一个因变量。"（Mills，[1954] 1963：105）

米尔斯因此认为，美国民主的未来不是由劳工运动，而是由劳工运动的缺席造成的。在 1960 年的《给新左派的信》中，米尔斯写道："对于有些新左派作者，我所不能理解的是，为什么他们如此强烈地坚持将发达资本主义社会的工人阶级视为历史主体，甚至是最重要的主体，虽然历史证据如今正站在这一期望的反面。"（Mills，1960a）他认为，发达资本主义的雇佣工人几乎从未成为 "无产阶级先锋队"，从未成为任何革命性变迁的主体。米尔斯将这种坚信工人阶级能够从自在到自为，从而成为决定性政治力量的观点称为 "劳工形而上学"（labor metaphysic），认为后者是 "从维多

① "塔夫脱—哈特莱法" 是一部著名的反劳工立法，它限制工人参加工会的权利，禁止全国性同业工人的集体谈判等（参见刘绪贻、杨生茂，2005：63~65）。

② 工会的官僚化是与米尔斯同时代的大多数研究者的共识。如李普塞特（1997）就认为美国工会内部实行的是 "寡头政治"。但他与米尔斯的实质分歧在于，李普塞特认为工会内部虽然不民主，却维持了更大的政治体中的民主，工会越发民主，反而越发可能狭隘和不负责任，并据此提出一个著名的判断：内部不民主的组织反而能促进整个社会的民主进程。这显然与米尔斯对工会与美国民主的判断是背道而驰的。

利亚时代的马克思主义继承下来的遗产",不再现实（Mills, 1960a）。对"劳工形而上学"的批评和放弃，实际上也意味着米尔斯对《权力新贵》的自我否定。在笔者看来，《权力新贵》在某种意义上延续了桑巴特"为什么美国没有社会主义"的经典论题。桑巴特将美国工会运动视为一种"行业政治"，追求职业群体的排他性和垄断，而不关注作为整体的工人阶级（特别是不代表非技术工人），其结果和倾向则是加强了资本主义的经济制度（桑巴特，[1906] 2005: 29~32），这个判断其实也正是米尔斯对美国工会运动的最终结论。

（二）《白领》与"政治冷漠"

如果说《权力新贵》代表米尔斯处在从"希望"到"去魅"的中间（Geary, 2001: 339）的话，那么，1952年问世的《白领》则可以说是一本调子更加灰暗的，或者正如一位批评家所指出的"缺少温情"（Macdonald, 1952: 111）的书。事实上，与汉语学术界的一般解读恰恰相反，米尔斯对于白领中产阶级"悄然登上现代舞台"并没有显露任何所谓"现代化理论的乐观"。

虽然名为《白领》，但是本书前三章讲的却是并非"白领"的老中产阶级，即农场主、小商人和小业主。在米尔斯看来，19世纪的农场主和小商人、小业主代表了"独立、自主，积极参与地方事务"的传统美国人形象，而他们所构成的地方社会也正是托克维尔（1996）在《论美国的民主》中曾经描述过的充满活力的新英格兰基层乡镇的面貌。但是，随着工业、交通的发展和全国市场的形成，乡镇生活方式的解体，独立自主的老中产阶级逐渐被科层制组织中的新白领阶级所取代。在米尔斯看来，这样一个新老交替的过程，不仅是职业结构的变动，更是权力结构的变动，暗示了美国文明所赖以立足的基础正在发生改变。

在《白领》一书中，米尔斯对各种各样的白领阶级成员进行了描述和分析，他们中有官僚或管理者、医生、律师等职业专家、技术人员、销售人员和办公室职员，这些人在一起形成了一个职业结构的金字塔。但与老中产阶级相比，金字塔中自上而下所有的人都是不自由的，受制于现代社会不断发展的科层制和工具理性。而这样一个社会结构变化的心理学后果就是"政治冷漠"。"所谓政治冷漠，就是对所有的政治迹象漠然视之，与政治这个体现忠诚、要求和希望的世界保持距离。……无论他们有什么不安、要求和希望，都与政治无涉，他们的个人渴求和焦虑同政治符号和政治权力也没有关联。无论是客观事件还是内心压力都无法建构他们的政治意识。"（米尔斯，［1951］2006：260）

米尔斯认为，正是在这个地方，当代的两种主要政治思潮都面临着解释危机："这种政治上的冷漠既是自由主义步入穷途末路的标志，也是社会主义理想坍塌的征兆，同时还是我们时代的政治不适的核心所在。"因为"无论是马克思主义还是自由主义都采取了理性主义假设，认为人一旦获得了机会，就会自然而然地产生和自己及自己所在阶级利益相关的政治意识。自由主义以个体公民的方式，马克思主义以阶级的方式"（米尔斯，［1951］2006：260）。而白领阶级却完全遁入私人生活中，对公共领域和政治事务不感兴趣。"公共事件的意义和重要性与人们最感兴趣的东西之间存在着巨大的差异。……那些过去被称为最深沉的信念的东西，变得像流水一样转瞬即逝。"（米尔斯，［1951］2006：262）

那么，米尔斯是如何解释政治冷漠的呢？从理论上讲，长期的物质丰裕、收入的增长、生活水平的提高、向上流动的可能性、受教育机会的增加，以及移民团结代替了阶级团结等诸多因素都有助于解释政治冷漠（米尔斯，［1951］2006：270~272），但是米尔斯在书中尤其强调的却是大众媒介的作用。米尔斯认为，政治意识的形式最终可能和生产方式有关，但是一开始却和沟通媒介的内容有关。源于结构地位和历史变迁的剥夺感和不稳定感，如果没有在适当的场景下有媒介报道，并因此赋予它们普遍的、可以传授的意义，就不可能具有政治象征意义。例如，阶级意识的有无，不仅涉及个人在某种客观的阶级情境中的经历，而且也和他接触的大众传播相关。而在美国，大众媒介"很少讨论政治意义，更不要说对它进行生动的表现，提出尖锐的要求或期望了。它们一方面使主流符号陈腐不堪，另一方面又压制相反的政治符号，通过神话般的人物和变化万千的形象持续不断地吸引大众，转移他们对政治的注意。成功者的形象极其个性化的心理是大众文化最生动的部分，也是最远离政治的一部分。媒体将视野聚焦于个人成功之上，根本不反映集体的政治行动，即通过集体的政治性改变地位的活动"（米尔斯，［1951］2006：264~270）。

米尔斯以美国总统大选中不断下降的投票率作为政治冷漠的例子。"美国政府既是一个靠选票产生的政府，也是靠弃票产生的政府。"即便投票本身，其意义也发生了变化：投票不再是出于对某一政党的政策纲领的认同，而可能仅仅是出于对家族传统的忠诚①（米尔斯，[1951] 2006：263）。事实上，在米尔斯看来，不仅白领所处的工作环境是科层组织，甚至政治本身也在科层化。在个人和权力中心之间，横亘着政党、工会等科层组织。美国政治中"有竞选机器而无意识形态政党、有工会而无工人运动"。政治秩序中不存在要改变整个政治结构的政党，一个党越是要赢得越多的公众，其纲领就要缺乏决断、缺乏战斗性。同样，工会也早已经从"成为的政治"（politics of becoming）转变为"获得的政治"（politics of gaining）。因此，无论是对政党还是对工会的支持，其动机都不是广泛的政治意识，这里既没有深度的认同，也没有有意的反抗。"一端是政治的科层化，另一端是大众的冷漠。这就是今日美国政治具有决定意义的方面。"（米尔斯，[1951] 2006：273~278）

（三）《权力精英》与"大众社会"

米尔斯曾经在《白领》中提到："为了深入细致地理解白领人士，我们起码需要勾勒一幅他们作为其成员生活于其间的社会结构的简略草图。因为任何阶层的特征在相当程度上是由其与其上或其下阶层形成的关系（或缺乏这种关系）构成的。"（米尔斯，[1951] 2006：10）对于位于白领之下的劳工阶层，米尔斯早已在《权力新贵》中做了分析，而对处在白领之上的社会阶层的剖析，则是在《白领》出版的四年之后，即1956年出版的《权力精英》中展开的。

早在1954年的一篇文章中，米尔斯就曾提到，目前"还没有人对美国社会结构中政治、经济和军事领域最有权势的行动者做一个系统研究"。米尔斯认为，虽然对权力精英中各个部分的独立研究已经有很多，但这些研究大多是不完整的，且是"想象的多过系统的、意识形态的多过经验的"（Mills，[1954] 1963：98）。在这方面，米尔斯受到了曼海姆的深刻影响。后者认为，应当研究"不同的精英群体的内部结构，它们的相互关系和它们与整个社会的关系"（曼海姆，[1962] 2003：214~215）。两年之后，《权力精英》问世。

---

① 译文有改动。

　　人们通常将《权力精英》视为对美国政治学中流行的多元主义和平衡理论的批评。但实际上，《权力精英》并非反对多元主义，而是承认中层的多元主义，只是在关于权力结构的顶层问题上，米尔斯认为，经济、政治和军事这三大领域彼此间已经渗透融合，这三种权力的掌门人——公司富豪、政治董事和军界领袖——共同组成了所谓的"权力精英"（power elite），他们不仅有着类似的心理结构和社会习性，而且有着一致的利益，共同制定具有全国性效果的决策（参见吕鹏，2006）。与顶层的权力精英相比，处于中层的各个集团（如农场主、工会和中产阶级）则只关心自己的利益，无意在政治上表示出自己的重要性。

　　《权力精英》发表后，在学界和政界均受到了极大关注。有批评者指出，米尔斯在《权力精英》中的分析过于笼统，并没有对三类精英如何就某一议题达成决策的具体过程进行研究，且书中过于关注了外交和军事议题上的精英支配，而没有涉及美国国内问题上的决策（如税收、种族、劳工议题等）。① 对于该书不足之处的讨论并不是本文关注的焦点。相反，笔者更关心的是米尔斯在书中对于权力精英的人格特征及其遴选机制的分析。马克斯·韦伯曾经批评道:德国的政治结构选不出既有能力又负责任的政治领袖来领导德国人实现国家理想（成为"主子民族"），成为权力国家，他从功能的角度肯定英美议会民主制，认为通过政党竞争可以选出负责任的政治领袖（参见苏国勋，1988：37 ~ 40、252）。但是，米尔斯对美国权力精英的研究却质疑了这一点。在米尔斯看来，权力精英的一个系统性特征就是所谓的"高层的不道德"（higher immorality）和"有组织的不负责任"（organized irresponsibility）。这里的"不道德"并非一般意义上的政治腐败，而是指责任感和修养的缺乏。米尔斯辛辣地写道："乔治·华盛顿在1783年以伏尔泰的《波斯人信札》和洛克的《论人类的理解力》来放松自己；艾森豪威尔则依靠阅读牛仔故事和侦探小说。"② （米尔斯，2004：438）

　　在米尔斯看来，权力精英之所以"不道德"和"不负责任"，在于其社会结构的基础发生了由公众社会向大众社会的转变。权力运作虽仍然以

---

① 后来的精英研究学者恰恰在这一方面做出了突破（例如，多姆霍夫，2009）。

② 译文有改动。

公众之名，但卢梭意义上的古典公众已经消失了。米尔斯（2004：382）强调，古典公众共同体正在变为大众社会，这种转变实际上是美国现代生活的社会与心理意义的关键之一。

"大众社会"可以说是理解米尔斯的社会理论的一个核心概念。早在1940年，米尔斯在其所写的关于曼海姆《重建时代的人与社会》一书的书评中，就已经讨论过曼海姆对"大众社会"的用法。曼海姆将"从少数人的民主到大众社会"视为现代社会的三个结构性变迁趋势之一。而米尔斯认为"大众社会"是该书表述最不充分的概念之一（Mills，1940：967）。在《权力精英》一书中，米尔斯本人则主要是从公众与大众的对比来定义大众社会的。公众与大众的首要区别是表达意见与接收意见者的比率。公众社会中人们表达意见与倾听意见的机会同样多，在自由讨论中胜出的观点被实践；而大众社会中，表达意见的人要比倾听意见的人多得多，因为公众共同体变成从大众媒介那里接收印象的个体的抽象结合。① 其次，在公众社会中，"官方机构不会渗入自主运作、自治的公众"；而在大众社会中，"大众没有任何权威，相反，权威机构渗入到大众中"（米尔斯，2004：386）。

当然，这里必须指出的是，"大众社会"并不是米尔斯独创的概念，与他同时代的和比他更早的学者中许多人都曾使用过这一术语，虽然他们的用法可能大相径庭。克伦豪瑟（Kornhauser，1960）认为，存在两个互相对立而又相映成趣的大众社会理论传统，即对大众社会的"精英批评"和"民主批评"，二者分别是对18、19世纪之交的法国大革命和20世纪纳粹极权主义的兴起所做出的反应。暴风骤雨般的法国大革命首先引出了人民和大众这两个近代的概念，从大革命之后，保守主义思想家如勒庞等人就一直从精英文化的角度警惕大众的兴起，这便是对大众社会的"精英批评"。而20世纪出现的纳粹极权主义则代表了一种精英实现总体支配的企图，一些自由主义的思想家如阿伦特等人基于民主角度而担心大众成为

---

① 米尔斯尤其强调意见形成与大众媒介之间的关系，这里涉及他与另一位重要的社会学家，也是他在《社会学的想象力》中所着力批评的一位学者拉扎斯菲尔德的一个实质分歧。拉扎斯菲尔德强调在意见形成过程中的水平影响，即同侪群体中"意见领袖"（opinion leaders）的作用，而米尔斯则看重意见形成过程中的垂直影响，特别强调大众媒介的操控（参见 Sterne，2005）。

被统治阶级操控、塑造和利用的工具，这便是对大众社会的"民主批评"。在笔者看来，米尔斯对"大众社会"概念的使用主要接续了"民主批评"派的传统，但是又糅合进了他所观察到的美国经验的独特性，尤其是他对于"快乐机器人"的分析，而这一点更加显著地体现在他于 1959 年问世的《社会学的想象力》之中。

三 从"大众社会"到"社会学的想象力"

《社会学的想象力》问世三年后，米尔斯就因心脏病突发去世，因此有人说这本书是米尔斯献给社会学的"天鹅之歌"。在笔者看来，《社会学的想象力》是米尔斯的集大成之作，一方面，它承续社会分层三部曲中对于大众社会（以二战以来的美国为代表）的实质分析，并进一步提出大众社会中的人性问题，即所谓的"快乐机器人"的问题；另一方面，更在此基础上讨论了知识分子或社会研究者在面对这样一个正在形成中的大众社会时所应采取的立场、姿态和涉入方式，尤其是提出了以想象力来追寻一个公众社会的理想——用马克思的话说，米尔斯在这本书中不仅要"解释世界"，还试图"改变世界"。

米尔斯在书中非常明确地指出，"在我们的时代，成为议题的正是人的本质，以及我们怀有的对人之为人所具有的种种限制的可能的意象"（米尔斯，［1959］2001：185）。他认为，当代两种最主要的社会思想传统，即自由主义和社会主义，都来源于启蒙运动，它们对人性的假定都认为理性和自由之间存在着内在联系，"自由的个人是理性之载体"。然而，现时代的问题在于，"理性的增进并不必然伴随着自由的增进"（米尔斯，［1959］2001：181）。

受到韦伯和曼海姆的影响，米尔斯在书中对"合理性"（rationality）和"理性"（reason）做出了区分，他认为，现代社会的一个重要特征是庞大的合理性组织的增多，但是本着合理性原则组织起来的社会秩序并不一定是增进自由的手段，实际上，它们往往用于暴政和弄权，用于剥夺个体理性思考的机会和作为自由人行动的能力。由此，造就了只有合理性却没有理性的个体。例如，教育的普及塑造的是只懂技术的白痴和狭隘的民族主义者，而不是具有独立的理性思考的个人。随着工作和消费领域的合理性化，个体"不仅与产品和劳动相异化，而且与消费，与本源意义上的休闲相异化"，沉溺于消费社会制造的种种幻象之中，拼命玩乐、消费、"享受快乐"而失却了反思的能力，成为"快乐机器人"（米尔斯，[1959] 2001：183~185）。事实上，米尔斯在《白领》中曾经描述的新中产阶级，恰恰是"快乐机器人"最好的现实写照。

"快乐机器人"与"大众"同为一枚硬币的两面。在某种意义上，大众即快乐机器人的集合。而在快乐机器人充斥的大众社会中，"继续根据人性的形而上学的观点，单纯地假设在人作为人的深层本质中，存在着对自由的渴望和理性的意志，已经毫无意义"。"我们必须问的是，是人性中的什么东西，是当前人类处境中的什么东西，是在不同社会结构中存在的什么东西，使快乐机器人渐趋流行？又有什么来抗拒这一潮流？"（米尔斯，[1959] 2001：185）

正是在这里，米尔斯将希望寄托于"社会学的想象力"上，他（米尔斯，2001：84）痛切地写道："我们所力图理解的世界并不总是让我们所有人政治上充满希望，道德上自我满足，也就是说，社会科学家们有时发现自己很难扮演无忧无虑的白痴。"米尔斯认为，社会学家和普通人一样"置身于这个时代创造历史的主要决策之外"并为之承担后果，但是却有能力也有必要积极介入政治和公共事务，面向公共议题发言，从而影响具体的历史进程和结构变迁。因为，在社会学的想象力的帮助下，社会学家拥有了关于社会的结构性知识，明了个人困扰和更广泛的社会结构、历史进程之间的关系，因而也就具备了一种"脆弱的权力手段"（米尔斯，[1959] 2001：200）。因此，社会学家要积极介入政治和公共事务，打破焦虑和淡漠，刻意提出有争论的理论和事实，鼓励公共生活的讨论，使人们能够触及生活世界的真实，而不使公共生活依赖官方定义。"他应当为社会所做的，就是反抗一切摧毁真实公众而创造一个大众社会的力量，或者从积极的目的看，他的目标就是帮助培养自我修养的公众"（米尔斯，[1959] 2001：202），让"所有人都成为具有实质理性的人，他们的独立理性将对他们置身的社会、对历史和他们自身的命运产生结构性的影响"（米尔斯，[1959] 2001：188）。社会学的想象力的重要性于是在这样一个追寻公众社会的过程中表现出来，而在米尔斯看来，只有真实公众占主体的社会才是一个民主社会（米尔斯，[1959] 2001：203）。

米尔斯说:"我不相信社会科学能拯救世界……我所具有的知识使我对人类的机遇有非常悲观的估计。但即使这是我们现在所处的境地,我们还是必须问,如果凭借智识确能发现摆脱我们时代危机的出路,那么不正轮到社会科学家来阐述这个出路吗?我们所代表的——尽管并不总是很明显——是对人和人类处境的自觉。"① (米尔斯, [1959] 2001: 208)

从米尔斯对于"社会学的想象力"的期许上,我们可以看到韦伯的影响。早在1946年,米尔斯就与其老师格特一起合作翻译了《韦伯社会学文选》,这是除《新教伦理与资本主义精神》外,最早引入英语世界的韦伯著作之一。在该书收入的名篇《学术作为志业》中,韦伯曾经提到,在诸神之争的现代世界中,负责任的个体面对的重要问题就是如何做出选择的问题。韦伯尤其强调"科学有助于保持头脑的清明"(Weber, 1946)。米尔斯因此认为,"对韦伯来说,社会学知识是现代文明的复杂性所要求于就公共议题表明富有见识的立场的人所具备的知识。这种负责任的决定远不是自命不凡者愤世嫉俗的强词夺理或者庸人们老于世故的自鸣得意,同样也不是煽动家的追随者们的情感发泄"(格特、米尔斯, [1946] 2010: 71)。

但是,作为一个美国社会学家,除了韦伯所代表的欧洲古典传统之外,米尔斯也受到美国实用主义哲学,尤其是其代表人物杜威的深刻影响。在20世纪20年代,杜威与李普曼曾经有过一场关于"公众"的经典争论。李普曼在1925年出版的《幻象公众》一书中直斥"公众"的概念其实是一种幻象。他认为普通公民在民主制度中的作用是有限的。对此,杜威在1927年出版的《公众及其问题》中针锋相对地进行了反驳。在杜威看来,公众是真实存在的,是那些拥有共同问题并需要共同解决这些问题的民众,公众扎根于美国传统社群生活中,是美国民主政治的基础。但是,杜威也承认,工业化带来了非人格化的新型人际关系,瓦解了传统的社群生活,而公众也有消失之虞(关于这场论战,参见徐贲,2009: 218~219)。

米尔斯认可杜威的观点,但他关于公众社会的设想却又与杜威有着非常重要的不同。在杜威心目中,公众社会的理想是杰弗逊意义上的自治小城镇。杜威([1939] 1964: 117)认为,"在现代人中,是他(杰弗逊)首先从人的角度阐述民主原则"。而杰弗逊关于美国民主的要点,"虽然聚

---

① 译文有改动。

焦于州与联邦的权力划分，但这只是他的一个方面，另一个更重要的根本原理是，在他的理论著作中，主要的是把重要性放在地方的自治单位，即像新英格兰那种市镇会议计划"（杜威，［1939］1964：120）。杜威本人在《公众及其问题》中则写道，"民主一定要从家乡开始，而所谓的家乡就是互相邻近的这种公社（即社群）"（Dewey，1927：38）。米尔斯所不同意的正是杜威这种退回到小国寡民般的杰弗逊式小城镇的主张。他认为，杜威所主张的古典民主模式早已无法面对当今权力分配的问题，因为它预设了一个相对同质的、没有权力结构的共同体的存在（参见 Geary，2009：46－47）。

这里牵扯到一个非常重要的问题，即对于乡镇在美国政治生活中的重要性的理解。托克维尔在《论美国的民主》中将乡镇作为考察美国民主制度和民情的起点。他非常细致地描述了新英格兰的乡镇集会（town meeting）和公民自治，在他的笔下，乡镇是一个居民置身于其中的"自由且强有力的法团有机体"，新英格兰乡镇为"联邦其他地区提供了典范，并逐步成为其他地区的标尺"，美利坚革命在某种程度上正是为了捍卫受到英王威胁的殖民地乡镇自治，美利坚合众国实则脱胎于若干个乡镇共和国（托克维尔，1996：65~76；参见任军锋，2011）。

然而，随着时代的变迁，尤其是在 20 世纪 30 年代罗斯福新政以及二战的影响下，美国的权力结构趋向于集中化，美国已经从托克维尔笔下的乡镇共和国变成了一个帝国，华盛顿则成为权力的中心（贝尔，1992：254）。米尔斯的《白领》和《权力精英》等著作所揭示的恰恰是：一方面，原本在美国生活中占支配地位的小城镇生活方式，已经受到城市化和大众消费的严重侵袭，而小城镇中独立自主的、参与公共事务的老中产阶级也已经为受制于科层组织合理性、政治冷漠的白领阶级所取代（米尔斯，［1951］2006）；另一方面，"或许曾经有过一个时期，在内战以前，地方社会是美国仅有的社会"，然而，当代的"地方社会已经成为全国经济的一部分，其身份地位和权力的层级已成为更大的全国性层级的附属"（米尔斯，［1956］2004：44、49）。"大多数政治决策已经从地方转到州、再转到联邦政府的手中"，地方精英已然为全国性精英所取代，"权力在美国要比它的任何理论所承认的更加集中和以阶级为基础"（米尔斯，［1951］2006：276）。

四 米尔斯的总体问题

在去世前编纂的一部社会学名著导读中，米尔斯指出："经典社会学家问的都是大问题：整体社会及其变迁，居住于其中的个体的不同类型。对其的回答则为社会、历史和传记提供了概念。社会的结构和历史的机制被放在相同视角下考察，人类本性的变迁也在此视角下得以界定。"（Mills，1960b：4）在该文中，米尔斯实际上从"社会"和"人"这两个层面上概括了经典社会学家的问题意识，这一概括其实也可以置于他自己的研究之上。通过前文的讨论，我们已经可以隐约地看出，在米尔斯那里，无论是具体的经验研究（社会分层三部曲），还是关于社会科学的认识论纲领（《社会学的想象力》），都贯穿着两个交织在一起的问题意识，即对于社会变迁的可能性的探寻以及对于"人"的意义的关切。这两个问题构成了米尔斯的社会学著述的总体问题意识。

（一）探寻社会变迁的可能性

米尔斯认为，除了揭示社会变迁的趋势"是什么"之外，社会研究者还需要对"怎么办"的问题予以回答。"当米尔斯的同代人止于对科层化、权力集中、文化的同质化、自由和反省性公民的消失等的历史分析时，米尔斯除了对此不满之外，还在积极寻找能够行动者。"（Birnbaum，2009）米尔斯批评他的同行们"放弃对精英的愚蠢政策和政策缺位的抗议以及对另类可能性的探讨，放弃在人类事务中扮演理性角色，放弃对历史的创造"（米尔斯，［1959］2001）。在给他的朋友和老师格特的信中，他曾经就社会研究的犬儒状态反问道："我们真的已经到了不再能说出'怎么办'的境地了么？"（Mills，2000：121）因为，在米尔斯看来，对于社会研究而言，"任何一个完整的答案，都应找出它可以介入的战略据点，即找到结构维持或变迁的控制杆"（米尔斯，［1959］2001：140）。

与一般意义上的分层研究不同，在米尔斯的大众社会三部曲背后，暗含着米尔斯对实现一个民主社会的可能性的追问，以及对于推动社会变迁的历史主体的探寻。布洛维曾经指出，米尔斯的三部曲每一部都可以分成两个部分，一是社会学分析，二是政治计划（political program）（Burawoy，

2008：367）。在《权力新贵》中，他曾经将希望寄托在正在崛起的劳工组织身上，而到了《白领》中，他在对工会失望的同时，发现曾经作为美国政治文明的人格基础的中产阶级也已被异化为科层组织中政治冷漠的"快乐机器人"，最后，《权力精英》将目光聚焦于上层精英集团，认为他们成为决定历史但同时又对历史不负责任的关键行动者。然而，米尔斯并没有就此失去信心，在《社会学的想象力》中，米尔斯最终又反求诸己，回到了知识分子自身。在米尔斯看来，社会变迁是以知识分子或社会研究者为载体的。"曾有批评者说我太过关注权力。其实这是不正确的。我最关心的是知识，权力只是首先与它联系在一起的。作为一个社会分析家和文化批评家，我最关心的其实是观念在政治和社会中的角色以及知识分子的权力。"（Mills，2000）于是，对大众社会的批判最终与社会学想象力所赋予的知识分子的主体性相结合。① 在那封著名的《给新左派的信》中，他所召唤的，即认为能够成为新的"可能的、直接的和激进的变迁主体"的，正是他称之为"文化器官"（cultural apparatus）的青年知识分子！然而，这里的"知识分子"已经不是在《权力新贵》中米尔斯曾经设想过的与工会领袖相结合的作为一个阶级的知识分子，而是个体化的社会研究者。也就是说，社会变迁不再是一个集体性的方案，而是依靠个体的各自修为。

因此，如果将视野置于左派的脉络中，可以说米尔斯正处在罗蒂（2006）所说的从杜威式的实用左派向旁观的、批判的文化左派的过渡之中；而如果将视野置于激进社会学的脉络中，那么，我们又可以说米尔斯既是一个先驱，又与20世纪60年代以后退回到学院围墙里的激进社会学家有着根本不同，后者仅仅关心社会学的变迁，而米尔斯更为关心的是社会的变迁。正是在这个意义上，拉塞尔·雅各比（2006）才在《最后的知识分子》中发出这样的感慨："有一千个激进社会学家，却再也没有一个米尔斯。"②

（二）对"人格意涵"的关切

1948年春天，在给一位文学批评家的信中，米尔斯不同寻常地提到一

---

① 在此，我们可以将米尔斯同布迪厄做一个有趣的类比：布迪厄指出了现代社会中符号暴力和分类图式的支配性，但同时也强调社会科学的"去神秘化"作用，这在某种程度上与米尔斯对社会学的想象力的期许是异曲同工的。对这一问题的讨论，参见 Burawoy（2008）。
② 译文有改动。

个他"已经为之困扰了六七年之久的问题":

> 一个作者,如何既能够完整地报告社会科学使他得以发现的事实,同时又在他的诠释中包含该对象对于他而言通常来说所具有的人格意涵?(Mills,2000:111)

米尔斯认为,"今天的社会科学家在大多数对人的观察和智识作品中已经打造了一个内在的理性化和仪式化的疏离"。他将此称为"出世(悬置)技术"(detaching techniques)。相比之下,米尔斯提出,我们需要的是一种"社会学的诗"(sociological poetry),它"是一种经验和表达的方式,既报告社会事实(social facts),同时又揭示它们所蕴含的人的意义(human meaning)"。平庸的社会学著作厚于事实而薄于意义,而一般的艺术形式则厚于意义而薄于事实,"社会学的诗"则处于两者中间,是意义和事实的美妙结合,在对显著的事实描述中包含了深刻的人格意涵(Mills,2000:112)。

在笔者看来,这里的"人格意涵"在某种程度上相当于布迪厄提出的"social weigh",即社会学家不是生活在一个真空中,而是实在地承当和感受着社会世界的重量(参见田耕,2005)。米尔斯曾经夫子自道:"我努力做到客观。我从未宣称超然。"① (Mills,1962:10)在他看来,社会学家在其自身的个人生活经历中所感受到的"私人困扰"恰恰可以成为其所关注和写作的"公共议题"的重要来源。"社会科学家以及许多人文教育家的政治使命就在于,不断地将个人困扰转化为公共议题,再将公共议题转化为对不同的个体而言具有人格意涵的形式。"(Mills,1959:187)

从这个意义上讲,社会学家的每一部著作都应当是作者的自传。米尔斯就曾经自承,《白领》一书"主要是为了表达我自己从1945年来到纽约城之后的经历所驱使而进行的一个工作"(转引自Wakefield,2000:9)。米尔斯1945年后赴纽约哥伦比亚大学任教,当时的美国社会科学界正在经历科层化和企业化倾向,大规模的应用社会研究成为主流,而"安安静静

---

① 原文为"I have tried to be objective. I do not claim to be detached"。在米尔斯1961年因心脏病发作猝然离世后,他的好友,英国政治学家拉尔夫·米利班德将这句话选为他的墓志铭。

写书授课的老派教授已经成为学术界的历史陈迹"。米尔斯本人也曾经在拉扎斯菲尔德领导的哥伦比亚大学应用社会研究中心工作过数年，最终因为学术观点的矛盾和工作方式的分歧离开。这段经历使米尔斯亲身体验到科层组织对于个体理性的压抑，在《白领》中他将这种私人困扰转化为公共议题，对于法人资本主义统治下包括学者在内的新中产阶级的迷茫、焦虑和冷漠给予了生动的刻画和揭示。因此，有人认为，米尔斯在《白领》中提供的不是一种关于新中产阶级兴起的精确历史分析，而是关于人的"相互竞争的形象"（Horowiz，1983：74-75）。也正是在这个意义上，《白领》"是每一个人的书"（Geary，2009：116）。

因此，我们也可以说，对"人格意涵"的关切，在经验层面上正是对"大众社会"中现代人的处境的关注。米尔斯曾经说过，他要像巴尔扎克写《人间喜剧》那样，写尽他那个时代的美国人。[①] 在社会分层三部曲中，无论是靠操纵普通工人上位的工会领袖，还是办公室的白领或商场的售货员，抑或手掌大权的军事大亨，在米尔斯的笔下，都是其人间喜剧里的一个角色、一个形象。而他自己，则基于社会学的想象力，通过对现实世界各阶层典型人群的实证调查和系统剖析，超越了自身的处境和个人的生命传记，从而实现了如后来布迪厄（2003）所谓的使人的存在"去自然化"和"去神秘化"。

五　结语

通过将米尔斯关于美国社会最重要的三部经验研究著作，与其关于社会科学的认识论纲领（《社会学的想象力》）结合起来进行考察，本文试图梳理出贯穿于米尔斯一系列社会学著述中的一条核心线索，即"从大众社会到社会学的想象力"的内在理路，并进而揭示出其社会研究关注的两个基本问题意识。[②]

---

① 米尔斯对于巴尔扎克这位法国小说家一直怀有浓厚的兴趣，他曾经反复阅读他的小说，且十分推崇其试图在作品中涵盖那一时代所有主要阶级和类型人物的努力。米尔斯甚至一度打算开设一门名为"作为社会学家的巴尔扎克"的课程（参见 Mills，2000：159；Mills，［1948］2001：216-217）。

② 作为一个参照，在米尔斯离世前几年所写的书信体自传《给同志的信》中，我们能够更加清楚地看到米尔斯本人对自己的著述及问题意识的描述和评价（参见闻翔，2011）。

当然，作为二战之后美国最具争议的社会学家之一，米尔斯的丰富性和复杂性远远不是这篇小文所能充分展现的。在此尤其需要强调的是，本文基本上还属于一个从米尔斯本身的文本出发的"内证的研究"。为了更好地理解米尔斯，我们还必须回到米尔斯本人具体所处的制度和智识环境中，回到社会理论发展的整体脉络中去。而这其中尤为重要的一点就是应当将米尔斯置于其同时代人之中来予以理解和把握。以米尔斯与帕森斯为例，尽管米尔斯在《社会学的想象力》中对帕森斯抽象晦涩的写作风格多有批评，然而两者对于"美国的民主"的实质关怀是一致的。在帕森斯那里，所谓的"社会化"其实就是要解决个体参与民主的能力，或者说人进入社会的能力，而不再只是作为古希腊意义上的"私人"，这实际上与米尔斯的"社会学想象力"是殊途同归的。不过，两者的分歧在于，帕森斯并不同意米尔斯关于"大众社会"的经验判断，他认为米尔斯过于强调政治参与的面向，而在帕森斯看来，美国社会整合的重心向来不寄托在政治方面（帕森斯，1988：187）。所以，他批评米尔斯的大众社会图景中忽略了宗族和朋友，以及包括教会在内的各种社团活动和关系。帕森斯还尤其看重不为米尔斯所关注的教育，他强调高等教育尤其是大学通识教育对于获得超越种族、移民和联邦－地方等关系的"公民资格"乃至公民权的重要意义，而公民权对于并非以民族国家方式立国的美国社会共同体的整合，又具有着关键的作用（参见赵立玮，2009）。

以上，我们对米尔斯与其同时代的主要理论对手帕森斯之间的思想、观点及立场方面的异同之处做了简要的概述，虽然这里无法深入展开，但通过这种概述，我们可以注意到，在米尔斯的社会理论中，其实还有很多值得深入讨论的地方，其中蕴含着巨大的张力，甚至可能是局限性。囿于篇幅，相关的讨论只能留待另文来展开了。

参考文献

贝尔，丹尼尔，［1976］1992，《资本主义文化矛盾》，赵一凡等译，生活·读书·新知三联书店。

布迪厄，［1980］2003，《实践感》，蒋梓骅译，译林出版社。

布洛维，麦可，2007，《公共社会学》，沈原等译，社会科学文献出版社。

杜威，［1939］1964，《自由与文化》，傅统先译，生活·读书·新知三联书店。

多姆霍夫，威廉，［2006］2009，《谁统治美国：政治、权力与社会变迁》，吕鹏、闻翔译，译林出版社。

格哈特，乌塔，［2002］2009，《帕森斯学术思想评传》，李康译，北京大学出版社。

格特、米尔斯，［1946］2010，《导读　韦伯其人其作》，载马克斯·韦伯《马克斯·韦伯社会学文集》，阎克文译，人民出版社。

郭于华，2006，《社会学的心智品质与洞察能力》，《社会学家茶座》第14期。

李普塞特，［1981］1997，《政治人：政治的社会基础》，张绍宗译，上海人民出版社。

刘绪贻、杨生茂主编，2005，《美国通史（第六卷上）》，人民出版社。

吕鹏，2006，《权力精英五十年：缘起、争议与再出发》，《开放时代》第3期。

罗蒂，理查德，［1999］2006，《筑就我们的国家：20世纪美国左派思想》，黄宗英译，生活·读书·新知三联书店。

曼海姆，卡尔，［1962］2003，《文化社会学论集》，艾彦等译，辽宁教育出版社。

米尔斯，C．赖特，［1959］2001，《社会学的想像力》，陈强、张永强译，生活·读书·新知三联书店。

米尔斯，C. 莱特，［1951］2006，《白领：美国的中产阶级》，周晓虹译，南京大学出版社。

米尔斯，查尔斯·赖特，［1956］2004，《权力精英》，许荣、王崑译，南京大学出版社。

帕森斯，［1960］1988，《现代社会的结构与过程》，梁向阳译，光明日报出版社。

任军锋，2011，《民德与民治：乡镇与美利坚政治的起源》，上海人民出版社。

桑巴特，［1906］2005，《为什么美国没有社会主义》，王明璐译，上海人民出版社。

苏国勋，1988，《理性化及其限制》，上海人民出版社。

田耕，2005，《社会学知识中的社会意象——Doxa概念与布迪厄的社会学知识论》，《社会学研究》第1期。

托克维尔，［1951］1996，《论美国的民主（上卷）》，董果良译，商务印书馆。

王楠，2010，《帕森斯与民主社会——评乌塔·格哈特的〈帕森斯学术思想评传〉》，《社会学研究》第4期。

闻翔，2011，《米尔斯的瓶中信》，《社会学家茶座》第38期。

徐贲，2009，《通往尊严的公共生活》，新星出版社。

雅各比，拉塞尔，［1987］2006，《最后的知识分子》，洪洁译，江苏人民出版社。

赵刚，2000，《社会学如何才能和激进民主挂钩？重访米尔士的"社会学想像"》，《台湾社会研究季刊》第39期。

赵刚，2003，《知识分子米尔斯先生》，《读书》第11期。

赵立玮，2009，《塔尔科特·帕森斯论"教育革命"》，《北京大学教育评论》第 3 期。

周晓虹，2007，《〈白领〉、中产阶级与中国的误读》，《读书》第 5 期。

Bell, D. 1958. "The Power Elite Reconsidered." *American Journal of Sociology* 64 (3): 238 – 250.

Birnbaum, N. 2009. "The Half-Forgotten Prophet: C. Wright Mills" *The Nation* 3 (30).

Brewer, J. 2004. "Imagining the Sociological Imagination: The Biographical Context of a Sociological Classic." *British Journal of Sociology* 55 (3).

Burawoy, M. 2008. "Open Letter to C. Wright Mills" *Antipode* 40 (3): 365 – 375.

Dewey, J. 1927. *The Public and Its Problems.* Oxford University Press.

Geary, D. 2001. "The 'Union of the Power and the Intellect': C. Wright Mills and the Labor Movement." *Labor History* 42 (4): 327 – 345.

Geary, D. 2004. "C. Wright Mills and American Sociology." Paper presented at the annual meeting of American Sociological Association, San Francisco.

Geary, D. 2009. *Radical Ambition: C. Wright Mills, the Left, and American Social Thought.* Berkeley: University of California Press.

Gilam, R. 1981. "White Collar from Start To Finish." *Theory and Society* 10 (1): 1 – 30.

Hayden, T. 2006. *Radical Nomad: C. Wright Mills and His Times.* Boulder: Paradigm Publishers.

Horowitz, I. 1983. *C. Wright Mills: An American Utopian.* New York: Free Press.

Kornhauster, W. 1960, *The Politics of Mass Society.* London: Routledge & Kegan Paul.

Macdonald, D. 1952. "Abstractio Ad Absurdum." *Partisan Review* 14 (1): 110 – 114.

Mills, C. Wright. 1940. "Review of Man and Society in An Age of Reconstruction." *American Sociological Review* 5 (6): 965 – 969.

Mills, C. W. (1948) 2001. *The New Men of Power: America's Labor Leaders.* Urbana and Chicago: University of Illinois Press.

Mills, C. W. (1954) 1963. "The Labor Leaders and the Power Elite." In *Power, Politics and People: The Collected Essays of C. Wright Mills.* New York: Oxford University Press.

Mills, C. W. 1959. *The Sociological Imagination.* New York: Oxford University Press.

Mills, C. W. 1960a. "Letter to the New Left." *New Left Review* (5): 18 – 23.

Mills, C. W. 1960b. *Images of Man: The Classical Tradition in Sociological Thinking.* New York: George Braziller, Inc.

Mills, C. W. 1962. *The Marxists.* New York: Dell Publishing Co., Inc.

Mills, C. W. 2000. *C. Wright Mills: Letters and Autobiographical Writings.* Mills, K. and P. Mills (eds.) Berkeley: University of California Press.

Sterne, J. 2005. "C. Wright Mills, the Bureau for Applied Social Research, and the Meaning of Critical Sociology." *Cultural Studies/Critical Methodologies* 5 (1): 65 – 94.

Wakefield, D. 2000, "Introduction." In *C. Wright Mills: Letters and Autobiographical Writings*, edited by K. Mills and P. Mills. Berkeley: University of California Press.

Weber, M. 1946. *From Max Weber: Essays in Sociology.* Gerth and Mills (eds.). New York: Oxford University Press.

流动人口心理层面的社会融入
和身份认同问题研究[*]

崔　岩

摘　要： 在我国城市化进程加快的背景下，大量人口从农村涌向城市，从中西部地区流入东部发达地区。在这一过程中，外来人口通过与本地居民互动，形成对自己社会身份的认同，而这一认同又会对外来人口的社会行为产生相应的影响。本文通过对外来人口是否认同其属于本地居民身份，藉以研究外来人口在居住地心理层面的社会融入问题。在建立多层次广义线性模型（GHLM）的基础上，本文对制度排斥、社会歧视、相对剥夺感和社区融合等因素对外来人口社会融入的影响进行了讨论，并提出了相应的政策建议。

关键词： 社会融入　制度排斥　社会歧视　相对剥夺感　社区融合
多层次模型

一　研究背景

根据第六次全国人口普查统计数据，我国流动人口已达约 2.6 亿，流动人口占总人口的比例为 16.53%。流动人口不断增加的重要原因之一是城市化进程的快速推进，人口向城镇迁移成为我国城市化的主要驱动力（邹湘江，2011）。如此大规模的人口迁徙，为我国社会经济发展提供了持

---

*　本文在写作过程中，得到了李培林教授、李炜教授的指导；文章在数据上得到了中国社会科学院社会学研究所"中国社会状况综合调查"（CSS2011）课题组的大力支持；匿名评审专家提出了宝贵的修改建议。笔者在此一并表示感谢。原文发表于《社会学研究》2012 年第 5 期。

续的人力资源支持，为城市建设做出了巨大贡献。与此同时，外来人口"本地化"，即外来人口是否能够在现居住地实现社会融入的问题也引起了广泛关注（李培林，1996；谭深，2003；王春光，2006；李强，2011）。社会融入在个体层面能体现出个人的社会身份认同感和归属感，在宏观层面能体现出社会各个群体的融合程度。因此，真正意义的社会融入必然是建立在外来人口对迁入地高度的心理认同之上的。如果仅仅在迁入地就业、生活，但是在心理上与当地居民有很大距离，对迁入地的非功利性价值（如本地文化和价值观）缺乏认同，则不能说外来人口实现了充分的社会融入，其在现居住地的社会活动也仅仅是对经济利益追求的表现。

外来人口的社会融入受多重因素的影响。这些影响既有制度层面的，也有非制度层面的。同时，社会融入也是一个动态过程，外来人口通过与本地居民互动，形成对自己社会身份的认同，这一认同又会对外来人口的社会行为产生相应影响。正如郭星华、姜华（2009）在研究中指出的，在城市化过程中，外来群体的社会认同产生分化，一部分人倾向于认同城市社会，而另一部分人进城务工只是为了生计。因此，外来人口，尤其是农民工群体，会采取自我隔离与积极融入两种截然不同的适应方式。然而，何种因素对外来人口的社会融入过程产生影响，则需要进行深入分析和讨论。本文从外来人口是否认同本地居民身份这一角度，研究外来人口在居住地社会心理层面的融入问题，从制度性和非制度性因素等方面对外来人口的社会融入问题进行分析。

二 文献综述

（一）社会融入的界定

随着城市化进程和原有户籍制度的逐步改革，我国社会跨区域人口流动规模逐渐增大，流动人口数量逐渐增加。与此同时，旧有的"单位制"逐渐为市场化程度越来越高的劳动力市场所取代，导致越来越多的流动人口在流入地长期居住并在当地工作和生活。因此，外来人口的"本地化"，即外来人口在现居住地区的社会融入问题，引起了学界的广泛关注和研究。

外来人口的融入研究涉及对多个层面问题的讨论。首先，对社会融入这一概念，学界给出了不同定义。张广济（2010）提出，"社会融入是指特殊情境下的社会群体，融入主流社会关系网当中，能够获取正常的经济、政治、公共服务等资源的动态过程或状态"。任远、邬民乐（2006）提出，"社会融入是个体和个体之间、不同群体之间或不同文化之间互相配合、互相适应的过程，并以构筑和谐的社会为目标"。还有学者指出，社会融合和新市民化不仅仅是一个地域变迁和人口转移问题，更是一个在思想观念、行为方式、生活方式等维度以现代性为参照系逐渐向城市范式变换的过程（江立华，2003；张文宏、雷开春，2008；毛丹，2009；黄晓燕，2010）。可见，社会融入这一概念的外延比较宽泛，涉及不同维度。综合上述观点，本文提出，社会融入概念的核心是指社会中某一特定人群融入社会主流群体，与社会主流群体同等地获取经济社会资源，并在社会认知上去差异化的动态过程。

就社会融入问题的研究对象而言，当前大多数学者着重研究的是进城农民工这一群体。例如，朱力（2002）从社会适应的角度对农民工的社会融入进行了讨论，他提出，在城市生活的农民工的适应状况有三个依次递进的层次，分别是经济层面、社会层面和心理层面。通过调查，他认为，当前农民工的适应状况仅仅停留在经济层面，政策性与制度性因素阻碍了农民工适应的深入。王春光（2006）在对农民工群体半城市化问题的研究中指出，城市化应当是经济体系、社会体系、文化体系及制度体系的有机整合，而当前的流动人口，尤其是农民工群体，仅仅在经济体系上被接纳，在其他体系上却受到排斥，在心理认同上，也缺乏对城市社会的归属感。其他学者也分别从城市适应、社会交往、定居选择等角度对外来务工人员的社会融合进行了实证研究（张继焦，2004；杨黎源，2007；王嘉顺，2010；李强，2011；刘建娥，2011）。与此同时，也有学者从制度排斥、社会排斥、社会差异、社会网络等理论视角对外来人口的本地融入问题进行了讨论分析（胡宏伟等，2011）。

（二）制度性排斥对社会融入的影响

有学者指出，外来人口尤其是农民工群体，不能融入城市社会主要是制度性因素导致的，而其中的核心原因是户籍制度障碍。基于户籍制度的差异性待遇，外来人口在子女教育、社会保险、公共医疗、住房保障等领域与本地居民有较大差异，从而导致外来人口社会融入困难（张展新，2007；李强，2011）。尽管部分外来人口有强烈的愿望融入城市，然而户籍制度却成为不可逾越的鸿沟，使其无法真正取得与本地居民相同的权利。一些地方政府更对农民工的就业进行了排斥性限制，使得外来务工人员只能通过非正式就业在城市立足（李强，2000；柏骏，2003；胡宏伟等，2011）。与此同时，与户籍制度相关的医疗保险、失业保险、养老保险等社会保障制度，以及经济适用房等住房保障制度也将外来人口排斥在城市公共资源之外。

（三）社会歧视和社会排斥对社会融入的影响

除了制度性因素，还有学者提出，社会歧视和社会排斥的存在也影响着外来人口的社会融入。在社会交往中，人们通常以相互之间的相似性和差异性把交往对象区分为"我们"和"他们"，即"本群"和"他群"。对于他群，人们往往更关注的是其与本群之间的总体差异，而忽视了该群体中的异质性，从而产生强烈的差异感。正是在这一机制下，社会优势群体容易对地位相对较低的群体产生社会排斥。对社会排斥，学界给出了不同定义。李斌（2002）认为，社会排斥主要是指社会弱势群体在劳动力市场及社会保障体系中受到主流社会的排挤，日益成为孤独无援的群体。孙炳耀（2001；转引自周林刚，2004）把社会排斥定义为集团垄断的后果之一，并认为社会排斥的表现是权力集团通过社会关闭来限制外来者的进入。周林刚（2004）认为，"……社会排斥既是一种既定的社会机制，又是一个排斥与被排斥的动态过程…… 在这种社会机制中，那些处于劣势的社会群体及个人是客体，是被排挤的对象，而各种正式的和非正式的制度和政策则是社会排斥的主体，是排斥这一社会行为的支配者…… 社会排斥不单纯指物质层面，而且拓展到精神心理层面和符号层面"。郭星华、姜华（2009）指出，社会排斥这一概念将非经济因素纳入了对社会问题的分析框架之中，为社会问题的解决提供了新思路。

综上，我们认为，较之制度性排斥（如户籍制度），狭义上的社会排斥更多指的是建立在社会主导群体达成的社会偏见和社会歧视之上的不平等的社会资源分配过程或状态。社会排斥往往最初以非制度性形态存在，如社会主流群体对弱势群体的"污名化"描述和社会距离的产生。针对外来务工人员，尤其是农民工群体，本地居民往往抱有偏见和歧视，认为他们的出现影响了城市人文环境，导致了各种社会问题，并认为外来人口在一定程度上与本地人在就业上构成了竞争。基于上述原因，本地居民在与外来人口的交往中往往抱有一定的不满心理。因此，现有的二元体制逐渐从一种制度安排内化为人们的价值观念，并可能成为一种普遍的社会心理（覃国慈，2007；刘林平，2008）。一旦社会排斥通过政策、法律形式转化为社会制度，就可以形成社会主导群体对社会资源的排他性占有。并且，这种在一个领域的排斥或资源垄断往往会在另一个领域形成排斥或垄断，即社会排斥的"累积性"，从而阻碍外来人口的本地化过程（景晓芬，2004）。

（四）社会差异和相对剥夺感对社会融入的影响

胡宏伟等（2011）指出，社会差异是影响外来人口社会融入的另一个重要因素。一方面，因地区发展不平衡和城乡差异，我国的人口迁入地与迁出地在经济社会发展上有较大距离，这一差异是客观存在的。另一方面，外来人口在现居住地，其社会参照群体变成了本地居民，在就业、生活上往往以本地居民的标准为参考。如果两者之间有较为显著的不同，外来人口就会感知到周围存在的社会差异，形成相对剥夺感，进而影响其在居住地的社会融入（许传新，2007）。

（五）社区融合和社会资本对社会融入的影响

刘建娥（2010）在社区实务研究的基础上提出，社区层面应当及时回应移民的普遍性需求，提供制度支持，改善政策环境，营造融入文化，从而促进外来人口的全面社会融入。覃国慈（2007）提出，居住地的边缘化对"本地人""外地人"这两个群体之间隔阂的产生有直接影响。尽管与本地居民生活在同一空间，但由于缺乏互动，形成"一座城市、两个生活圈子"的现象，进而导致外来人口心态上的边缘化与身份上的边缘化。李强（2011）提出，外来人口社会融入困难的一个突出表现是人际交往断裂和社会网络的"孤岛化"，也就是说，他们与周边的市民基本上是没有交集的。这一状态使得当他们遇到困难的时候，可以求助的社会网络基本局限于原有的亲缘和地缘关系。郭星华、姜华（2009）从社会资本角度对外来人口的社会融入问题进行了理论归纳，指出社会资本理论能为外来人口的城市融入研究提供重要的解释框架。从这一角度出发，有学者指出，外来人口通常依赖以亲缘、地缘为纽带的社会关系网络来实现在城市的初步适应，而在其后的适应过程中，这种原始性社会资本依然建构着外来人口的主要社会关系，从而在城市中形成了"二元社区"（李培林，1996；周大鸣，2000；谭深，2003；张继焦，2004；吕青，2005；徐祖荣，2008）。

（六）问题的提出和本研究的意义

对于外来人口的社会融入问题，以往研究大多集中在对外来人口经济、社会融入的讨论。然而，我们认为，社会融入的深化应当建立在外来人口对迁入地的心理认同上，因此，本文首先将重点放在对外来人口社会心理层面融入问题的讨论上。只有实现了心理层面的社会认同，外来人口的"本地化"过程才能得以实现，从而使社会融合和社会参与成为可能。其次，如前所述，在研究对象的选择上，大多数学者把关注的重点放在外来农民工的社会融入问题上。然而，外来人口这一概念包含多个群体，其中既有城镇户籍人口，也有农业户籍人口；既有已经取得本地户籍的人口，也有未取得本地户籍的人口。在讨论外来人口的社会融入问题时，现有研究大多限定在不具有本地户籍的农民工群体，而忽视了那些虽具有本地户籍，但其户口是因为学习、就业、婚姻等原因迁入本地的群体。以户籍为基准的划分方法忽视了对这一群体社会融入的讨论，没有充分考虑到非户籍因素对这一群体社会融入的影响。换言之，即使户口已经迁入本地，在非户籍因素的影响下（如社会歧视、文化排斥等），获得"制度平等"的外来人口仍有可能出现社会融入困难，并对本地身份缺乏认同。因此，本文在研究社会融入时，仅把是否具有本地户籍作为控制变量，而非样本选择标准。

基于上述考虑，本研究建立了多层次模型，通过对数据的分析，以实证方法研究上述各个因素对外来人口社会心理融入的影响，进而讨论外来人口身份认知这一社会互动过程。

三　研究假设和数据

结合以往文献，本文从制度排斥、社会排斥、社会差异以及社区融入等方面对外来人口的社会心理融入和对本地身份的认同进行讨论。为研究上述问题，我们提出以下研究假设。

假设1：外来居民如果拥有本地户口，则更可能实现心理层面的社会融入。

假设2：外来居民与本地居民经济、社会差距越小，越可能实现心理层面的社会融入。

假设3：外来居民的社区融合程度越高，越可能实现心理层面的社会融入。

假设4：外来居民所受社会排斥程度越低，越可能实现心理层面的社会融入。

本文数据来自中国社会科学院社会学研究所于2011年7月至11月开展的第三次"中国社会状况综合调查"（CSS2011）。该调查采用多阶段混合概率抽样方式，抽取了全国28个省、市、自治区的100个县（市、区）和5个大城市所辖的480个村（居）委会，共入户访问了7036位18周岁及以上的城乡居民。为研究外来人口的社会心理融入，我们选择样本的标准是：被访者不是在现居住地出生，而是后来迁入该地区，且其出生地和现居住地不属于同一个县（市、区），也就是说，受访者是后来从本省或外省其他县（市、区）迁入到现居住地的。

有学者指出，外来人口是否认同自己属于"本地人"这一社会身份可以被作为衡量其在居住地社会融入的重要标志（张文宏、雷开春，2008；陆淑珍、魏万青，2011）。本研究认同这一观点，并认为外来人口的社会心理融入主要可以通过其对本地身份的认同进行测量。因此，模型中的因变量为本地身份认同，该变量是二分变量，如果受访者认同其本地人身份，则赋值为1，如果认为自己是外地人，则赋值为0。

结合研究假设，我们分别在模型中引入制度排斥变量、社会排斥程度变量、社会经济变量、社区融合变量，具体定义如下。

首先，本文主要以受访者是否拥有本地户口来衡量受访者是否受到制度性排斥。尽管制度排斥还可以通过其他变量来测量，如地方政府对外来人口的管理模式，就业、教育等方面的限制，然而，从模型简约的角度看，是否拥有本地户口基本能够反映受访者受到制度排斥的程度，因为我国当前的户籍制度对公民的工作、生活各个方面都有直接影响，如社会保障、社会福利等权益。因此，用是否拥有本地户籍可以比较充分地测量制度排斥程度。

其次，以受访者对外来务工人员的排斥程度作为社会排斥程度的测量指标。问卷调查问题分别涉及是否应对城市里的农村外来务工人员数量进行控制、是否允许农村外来务工人员在城里购房、是否允许农村外来务工人员子女在城里上公立中小学等问题。上述问题分别涉及城市居民最为关注的几个问题，即就业、住房、教育等问题。对各项回答的赋值情况如下：1 = 不应做任何限制；2 = 应当在一定程度进行限制；3 = 应当进行严格限制；4 = 不应允许外来人口享受上述资源。① 在建立统计模型时，我们将上述变量的得分相加，构成社会排斥程度变量，用来测量受访者对"他群"的排斥程度，变量值越高，表明受访者对"他群"的排斥程度越强。然后，通过对样本中县（市、区）的本地居民社会排斥程度计算其平均值，构造出城市层面的社会排斥程度变量。

再次，为了测量社会经济地位，我们采用了两个变量，一是受访者主观判断的在当地的社会地位，对回答分别赋值为：1 = 上层；2 = 中上层；3 = 中层；4 = 中下层；5 = 下层，在分析中该变量为定序变量。二是我们还从客观角度测量了受访者的家庭年收入与本地居民家庭年收入之差。引入这两个变量可以为我们研究社会差异和相对剥夺感对外来人口本地身份认同的影响提供现实依据。

最后，对社区融合程度的测量，主要是询问受访者是否了解其周围邻居的基本信息，是否到邻居家做客、吃饭，以及是否在有各种困难时向邻居求助等共 10 个问题。上述问题分别从浅层次的物质交换到深层次的情感交流，全面测量了受访者对邻里的熟识程度，以及在其所居住的社区小环境中的融入程度。通过对上述变量的得分进行相加，我们得到社区融合程

---

① 在调查问卷设计中，每个问题的回答选项因题目不同而有所不同，以便受访者理解。具体问卷设计参见"中国社会状况综合调查（CSS2011）"调查问卷。

度这一变量，受访者在该变量上得分越高，表明其在所居住的社区融合程度越高。① 与此同时，我们还加入了受访者在该社区居住时间这一变量，因为居住时间可能对受访者对现居住地的心理认同和依附有所影响，因此应当通过统计模型进行分析。

另外，在统计模型中，我们引入了性别、年龄（以及年龄的平方值）、婚姻状况、受教育程度、居住地类型、工作类型作为控制变量。

在城市层次，我们加入的核心解释变量为本地人对外地人的社会排斥程度，另外还加入了各省人均 GDP、外地人与本地人平均家庭收入差异，以及该城市的外来人口是否超过 25% 的哑变量（具体变量定义见表1）。②

表 1 模型变量说明

个体层次变量					
类别变量	频数	百分比		频数	百分比
是否认同是本地人（N = 1125）			受教育程度（N = 1171）		
是本地人	700	62.22	未上学	108	9.22
不是本地人	425	38.78	小学	210	17.93
			初中	320	27.33
工作类型（N = 673）			职高、技校	101	8.63
目前从事非农工作	543	80.68	高中	130	11.10
非农工作为主，同时也务农	16	2.38	大专	136	11.61
务农为主，也从事非农工作	10	1.49	大学	140	11.96

---

① 尽管以往研究表明，外来流动人口有聚集居住的倾向（魏立华、闫小培，2005；覃国慈，2007），尤其是在城市化过程中出现了大量的"城中村"，因此外来人口居住的社区可能会以非本地人为主，从而使得我们对社区融合变量的测量出现偏差。也就是说，尽管被访者在以社区邻里为核心的社会资本一项上得分较高，但是其居住环境可能是以其他非本地居民为主，因此该项得分较高并不代表其在居住地与本地居民之间有较强的社会联系；相反，较高的得分表明其社会网络仅仅局限在"本群"，而非由本地居民构成的"他群"。然而，数据分析表明，样本中仅有 6.5% 的受访者居住在"城中村"这一类型的社区，城市中的其他外来人口大多居住在普通居民社区，因此以社区邻里为核心的社会网络有较强的异质性，从而保证了"社区融合"这一变量测量的有效性。

② 根据 2005 年全国 1% 人口抽样调查数据计算外来人口占当地总人口的比例。

续表

	频数	百分比		频数	百分比
目前只务农	104	15.45	研究生	26	2.22
是否已婚（N=1170）			是否有本地户口（N=1171）		
已婚	126	10.76	有本地户口	685	58.50
未婚	1044	89.54	没有本地户口	486	41.50
居住地性质（N=1107）			性别（N=1171）		
市/县城的中心城区	618	55.83	男性	691	59.00
市/县城的边缘城区	202	18.25	女性	480	41.00
市/县城的城乡接合部	79	7.13			
市/县城区以外的镇	21	1.90			
农村	187	16.89			
连续变量	平均值	标准差			
年龄（N=1171）	48.34	17.88			
年龄平方（N=1171）	2656.27	1850.4			
在本地居住时间（N=1165）	15.15	16.01			
社区关系（N=1163）	15.42	3.32			
与本地人家庭年收入之差（N=1076）	400.43	182813.3			
城市层次变量（N=79）					
人均GDP	38267.15	15460.64	外来人口是否超过25%的城市		
本地人与外地人平均家庭年收入差异	-5880.97	24668.78	外来人口未超过25%	83	95.40
本地人对外地人的社会排斥程度	3.79	.48	外来人口超过25%	4	4.60

四 模型和分析

（一）外来人口本地身份认同的二元逻辑斯蒂回归分析

本文首先采用了二元逻辑斯蒂回归分析方法（binary logistic regression）。在模型中，二元逻辑斯蒂回归模型可以分析因变量在各个类别之间发生转变的概率。也就是说，在控制其他自变量的情况下，我们可以对某一特定自变量对因变量变化的影响进行分析，从而检验本文提出的研究假设。二元逻辑斯蒂回归模型中发生比率（odds ratio），即 exp β，表明当自变量取值每增加一个单位时，属于该组的发生比率是属于参照组的发生比率的 exp β 倍，分析结果见表 2。

表 2　外来人口本地身份认同的二元逻辑斯蒂回归模型

	回归系数	标准误	Wald	显著性	Exp（B）
居住地性质	.125	.106	1.396	.237	1.133
工作类型	.013	.176	.005	.942	1.013
年龄	.179	.073	5.967	.015	1.196
年龄平方	−.002	.001	3.860	.049	.998
性别	−.315	.241	1.716	.190	.730
是否已婚	.026	.444	.004	.953	1.027
受教育程度	.146	.074	3.912	.048	1.157
本地户口	1.947	.256	58.041	.000	7.008
在本地居住时间	.057	.017	11.185	.001	1.059
社区融合	.068	.039	3.037	.051	1.071
社会地位主观认同	−.288	.138	4.358	.037	.750
家庭年收入与本地人平均家庭年收入差异（标准化）	.036	.075	.233	.629	1.037
常数项	−5.588	1.679	11.071	.001	.004
−2Log likelihood	471.479				
Cox & Snell R Square	.401				
Nagelkerke R Square	.539				

我们可以看出，首先，就控制变量而言，性别、居住地性质、工作类型、婚姻状况对外来人口的本地身份认同没有显著影响，而受教育程度则与本地身份认同有正相关关系。具体而言，在控制其他变量的情况下，受教育程度每增加一个层次，外来人口认同本地身份的发生比是不认同本地身份的 1.157 倍（β＝0.146，$p < 0.05$）。而年龄对外来人口本地身份认同

的作用则不是简单的线性关系。首先，年龄每增加一岁，外来人口认同本地身份的发生比是不认同本地身份发生比的 1.196 倍（$\beta = 0.179$，$p < 0.05$）。然而，在统计模型中加入年龄平方这一变量后，我们发现，年龄平方变量的回归系数 β 为 -0.002，且在 0.05 水平上显著，也就是说，年龄和本地身份之间呈现倒 U 形曲线关系，年龄较大的群体和年龄较小的群体较之中年群体，对本地身份的认同程度都较低。

其次，就是否拥有本地户口这一变量而言，我们发现，拥有本地户口的外来人口认同本地身份的发生比是没有本地户口的外来人口的 7 倍（$\beta = 1.947$，$p < 0.001$）。这说明，户籍制度对外来人口的本地身份认同有着显著作用，从而支持了本文提出的假设 1，说明户籍制度的确是外来人口实现心理认同的重要障碍之一。正如有关学者指出的（张展新，2007；李强，2011），户籍制度与就业、住房、社会保障等制度紧密相关，户口这一标签通常会被泛化到社会生活的各个领域，导致相当数量的外来人口对现居住地缺乏心理认同，存在"漂泊"心态，从而使户口成为外来人口自我认知的重要判断标准之一。

再次，模型显示，外来人口与本地居民的平均家庭年收入差异，也就是客观上的经济地位差异与其本地身份认同有着正相关关系。换句话说，外来人口与本地居民的平均家庭年收入差异越小，其认同本地身份的可能性也就越高，这基本符合其他学者的观察（刘建娥，2011；胡宏伟等，2011）。然而，我们也注意到，客观经济地位差异这一变量并不具备统计上的显著性（$p = 0.629$）。与之相对，受访者的主观社会地位评价这一变量的系数为 -0.288，且具有统计上的显著性（$p = 0.037$），这说明，外来人口的社会地位主观评估每下降一个档次，其认同本地身份的发生比是不认同本地身份发生比的 0.750 倍。换句话说，社会地位自我评估越低的外来群体，其认同本地身份的可能性也就越低。这表明，客观经济差异本身虽然对外来人口的身份认同有一定影响，但心理上的"相对剥夺感"才是影响外来人口身份认同的重要因素之一。对外来人口而言，其"相对剥夺感"是与本地居民相比较的结果，这种心态不仅仅是由于客观经济条件差异造成的心理预期落差，更是制度性社会资源分配不平等所导致的主观心态。"相对剥夺感"越强烈，外来人口就会越认同"外地人"这一处在相对剥夺地位的社会身份。因此，"相对剥夺感"是强化本地人和外地人身份差别的重要机制，这部分支持了我们提出的假设 2，即外来人口主观认知的经济社会差距越小，越可能实现心理层面的社会融入。

从社区融合角度看，我们发现，首先，在本地居住时间每增加一年，其认同本地身份的发生比是不认同本地身份发生比的 1.059 倍（$\beta = 0.057$）。这符合我们的一般认知，即在现居住地居住时间越长，越有可能认同本地身份。另外，社区融合程度变量对外来人口的本地身份认同也有显著作用（$\beta = 0.068$，$p < 0.10$），社区融合程度越高，在居住地拥有的社会资本可能越丰富，外来人口越有可能认同于本地身份，从而支持了假设3，也印证了以往的研究结果（邵彩玲、张洪杰，2011），即社区融合程度越高，越有可能实现心理层面的社会融入。

综上，通过该模型，我们可以看到，－2 倍对数似然检验值（Log Likelihood）和各项调整后的 R^2 参数体现出模型的拟合程度较好，如模型的 Nagelkerke 指标说明该模型可以解释因变量 53.9% 左右的变化。

（二）外来人口本地身份认同的多层次广义线性回归模型（Generalized Hierarchical Linear Model）

对二分变量作为因变量的模型，传统 logit 回归模型在处理多层次结构的数据时存在很大局限性。在社会科学中，很多问题都体现为多层次的数据结构。如果在对个体进行研究时，没有考虑到变量施加影响的层次，忽视了数据之间的嵌套关系，并简单地将具有高层次特征的变量放在个体水平进行分析，则会因为高层次变量之间存在的同质性而违背统计估计中的基本假定，从而对参数估计产生影响（Kreft & De Leeuw，1998；Snijders & Bosker，1999；Raudenbush & Bryk，2002）。

在本文中，当我们假设外来居民所受到的社会排斥对其本地身份认同有影响时，一般回归模型无法进行多层次分析。首先，数据中的受访者来自不同城市，因此城市层次的宏观变量分布情况有所不同。在这种情况下，不同城市宏观层面的特征对居民的社会排斥感会产生结构性的影响。其次，因为我们假设每个"外地人"都生活在以"本地人"为主的社会生态环境中，外来人口感受到的社会排斥并不一定是以被歧视经历的显性形式存在的，而更有可能是以基于本地居民歧视心态产生的隐性形式存在的。因此在建立模型时，这种隐性的社会排斥不能直接作为个体层次变量而应当作为高层次变量进行分析，从而得到无偏且最有效的参数估计。缘此，本文引入有随机效应的多水平 logit 模型，建立随机截距模型，允许城市之间的回归分析在截距上存在差异，从而分析社会排斥等地区特征变量对因变量的独立影响。

基于研究假设，在控制变量之外只加入与各假设有直接理论相关的解释变量，以避免过多变量可能对参数估计造成的影响。具体而言，在多层次模型中，因变量仍是受访者对其本地身份的认同。性别、年龄（以及年龄的平方值）、婚姻状况、受教育程度、居住地性质、工作类型仍然作为控制变量。自变量则分为个体层次和城市层次两类，其中个体层次的变量与二元逻辑斯蒂回归模型基本相同，仅因模型简约原则去掉了外来人口与本地居民收入差异这一不显著的变量。在城市层次引入的自变量有：各省人均GDP、外地人与本地人平均家庭年收入差异、本地人对外地人的社会排斥程度、城市的外来人口是否超过 25% 等变量（见表 3）。模型描述如下。

1. 基本模型

在建立多层模型中，首先建立虚无模型（null model），即除截距以外不包括其他任何变量的模型，以与本研究建立的模型进行比较，通过拟合程度来对模型进行评估。

虚无模型（null model）：

$$\log\left(\frac{P_{ij}}{1-P_{ij}}\right) = Y_{ij} = \beta_{0j} \quad 其中: \beta_{0j} = \gamma_{00} + \varepsilon_{ij}$$

经过计算，虚无模型中随机部分方差为 0.3436，并且在 0.001 水平上显著。另外，通过计算，组内相关系数（intra-class correlations）是 0.1038。这表明，在不加入任何解释变量的情况下，城市层次的方差占所有方差之和的 10.38%，因此，可以得出结论，城市之间存在一定程度的区域性差异。

2. 多层次模型

首先，个体层次的统计模型如下：

$$\log\left(\frac{P_{ij}}{1-P_{ij}}\right) = Y_{ij} = \beta_{0j} + \sum \beta_{ij}X_i + \varepsilon_{ij}$$

其中，β_{ij} 是个体层次的回归系数，X_i 为个体层次自变量向量，ε_{ij} 是个体层次的城市 j 中个体 i 未被方程解释的残差。

其次，城市层次的统计模型为：

$$\beta_{0j} = \gamma_{00} + \sum \gamma_{0k} Z_k + \mu_{0j}$$

$$\beta_{ij} = \gamma_{i0}$$

其中，γ_{0k}是城市层次变量的回归系数，Z_k为城市层次自变量向量，μ_{0j}是城市层次的残差。从城市层次的模型可以看出，本研究中只有截距项可以随机变动，而每个城市的回归系数则是相同且固定的，其原因主要为，对于个体层面的变量，如居住地性质、工作类型等，并没有充分理由来假定宏观层面的特征会对其产生结构性影响。同时，建立多层次模型主要是研究社会排斥对身份认同的影响，出于模型简约的考虑，从而忽略个体层面变量系数的随机效应。模型分析结果见表 3。

从模型分析结果可以看出，在个体层次，社会地位主观认同与外来人口的本地身份认同有显著相关关系，即受访者感受的在当地的社会地位越高，越有可能认同本地人身份。除此之外，拥有本地户口、在本地居住时间越长、社区融合程度越高，越有可能认同本地人身份。在宏观层次，引入城市层次变量后，我们发现，社会排斥程度变量对外来人口的本地认同有显著作用（$\beta = -0.602$，$p < 0.05$），也就是说，在社会排斥越严重的地区，外来人口的本地认同程度越低。另外，通过模型计算出的本地身份认同的概率值，我们发现，北京、上海、广州以及浙江等发达地区的本地身份认同概率值较低，同时，这些地区的社会排斥得分均高于全国平均水平。上述数据支持了我们提出的社会排斥对外来人口在居住地实现社会融入起负面作用的假设。

总体而言，本文所建立的多层次模型与虚无模型相比，在拟合程度上有较大的提高，通过计算，McFadden's Pseudo R^2 为 0.677。同时，通过加入城市层次的变量，模型对外来人口的本地身份认同有了更好的解释力。模型的随机方差部分为 0.103，该指标反映了模型的随机截距方差相较于虚无模型的变化程度，也就是说，较之虚无模型中的随机方差部分（0.3436），该模型的各个层次变量总共可以进一步解释 70.02% 的随机方差变化。

表 3　外来人口本地身份认同的多层次回归模型

	回归系数	标准误	显著性
个体层次变量			
居住地性质	.098	.079	.211

续表

	回归系数	标准误	显著性
工作类型	-.089	.194	.648
年龄	.171	.058	.004
年龄平方	-.002	.001	.022
性别	-.272	.185	.140
是否已婚	-.071	.541	.896
教育	.156	.068	.021
本地户口	1.880	.201	.000
在当地居住时间	.052	.014	.001
社区融合	.074	.034	.030
社会地位主观认同	-.291	.116	.012
城市层次变量			
截距	-2.627	1.822	.154
人均 GDP	.000	.000	.809
外地人与本地人平均家庭年收入差异（非标准化）	.000	.000	.854
城市的外来人口是否超过 25%	.432	.437	.327
本地人对外地人的社会排斥程度	-.602	.259	.023

五　总结与政策建议

结合上述模型，笔者认为，外来人口在迁入地的社会融入是其与当地社会主流群体在获取经济社会资源的结果上的比较而形成的心理上的认知和判断，其结果可以通过对其本地身份的认同来进行衡量。这一过程不仅是个体主观情感认知的过程，更是一个在居住地的"再社会化"过程。通过分析，我们发现，外来人口对个体社会身份的选择受到多重因素的影响，其中既有制度和政策层面的因素，也有个体特征性因素。数据表明，除了年龄、文化水平、在本地居住时间等因素，户籍制度、社会排斥和社会差异，以及社区融合等因素会直接影响外来人口的自我认同。

基于上述分析，笔者提出以下政策建议。

（一） 改革现行户籍制度

户籍制度从根本上剥夺了公民共享城市资源的权利，造成了社会经济资源分配的不平等，阻碍了社会阶层的地位流动，以政策形式肯定了社会不公正的合法性。与此同时，户籍制度还造成了外来人口在社会融入过程中的心理上的"天花板效应"。换句话说，户籍制度本质上是一种身份制度（李强，2004），当外来人口的身份被严格地通过户籍制度所限定时，其心理上的社会融入动机则会受到削弱。即使外来人口长时间生活在现居住地，生活习惯、行为方式、价值观念逐渐与当地人趋同，与本地人已经没有很大区别，但是，由于户籍上的差异，他们认知的身份却依然是外来人口。并且，户籍上的本地化并不是通过个体努力就能够改变的，而是制度安排的问题。因此，个体在心理上会对这种制度上的障碍有较强的认同，从而主动放弃融入这一选择。这种情况在大城市尤为明显。正是户籍制度使得一部分外来人口形成心理上的融入"效能感"降低，从而选择主动隔离和不融入，在其现居住地抱有一种"暂时性"的心态。因此，政府部门应该不断通过制度创新使户籍政策与经济社会发展阶段相适应。通过推进新型社会管理模式，寻求公正公平理念与现实发展状况的平衡点。在提高城市发展水平的同时提升城市服务水平，拓展城市容量，从而消除"本地人"与"外地人"虽同处于一个城市空间，却在制度层面和心理层面相互隔离的现象。此外，应当通过推进经济改革，从根本上消除二元社会结构和区域发展不平衡导致的社会不平等。只有缩小地区差异、逐步推进户籍制度改革，才能真正实现建立公平社会、和谐社会的理念，为实现外来人口的社会融入提供可行性。

（二） 避免歧视性政策对外来人口的排斥作用

在我国社会发展过程中，因为地区发展不平衡，要求城市本地居民在短时间内改变对外来人口的态度是不现实的。然而，当前迫切需要转变的是一些地方政府以政策形式造成的制度性歧视和机会排斥。一些地方政府面对城市就业、教育、生活资源紧缺的情况，没有寻求合理的解决方案以增加城市容量，而是希望通过出台限制性政策，建立歧视性门槛，从而保护本地居民的利益。例如，一些地方政府对外来人口的就业范围采取"集体排斥"的强制性规定，使得外来人口只能通过非正规就业谋生，在城市中从事低端体力劳动。尽管这一措施有可能在短时间内缓解本地居民的就业压力，但是，从长远来看，这种做法一方面不利于本地建立良性竞争的、充分市场化的人力资源市场，进而阻碍中高层次人才流入当地，妨碍地方经济发展。另一方面，对外来人口采取的"集体排斥"政策，往往会产生适得其反的效果：就业限制政策不仅难以真正限制外来人口流入本地，而且"集体排斥"政策通常促使外来人口集中在非正规就业市场，使其丧失了向上流动的机会，从而容易引发基于不平等感受的群体意识，使原本可以通过常规社会管理手段解决的问题逐渐积累并激化。长此以往，"集体排斥"政策可能对当地的社会管理造成负面影响，对当地的社会治安造成隐患。

（三）大力弘扬城市平等包容的公民精神

在现阶段的城市化过程中，大规模外来人口涌入城市和经济发达地区是不可避免的，因此，城市原生态的"本地居民"应当采取理性的态度面对城市化过程中出现的城市扩容和城市资源紧张问题。在这一过程中，外来人口在很大程度上解决了城市劳动力短缺问题，促进了城市第三产业的发展，为城市建设做出了重大贡献。当然，不可否认，外来人口的确打破了原有城市资源的分配格局，造成城市资源的紧张。外来人口在居住地的融入是一个漫长的过程，这一过程必然伴随着各种各样的社会矛盾和冲突。

正如郭星华、姜华（2009）指出的，如果处于相对强势的本地居民长期对外来人口采取排斥的社会心理，并形成群体性意识，则可能使得这种社会排斥从个体性排斥发展为群体性排斥、从隐性的心理排斥外化为显性的行为排斥、从被动隔离型排斥转化为主动拒绝型排斥。与此同时，群体间的排斥具有一定的社会累积性和代际传承性，如果实施排斥的主体处于强势地位，这种社会排斥则可能演化为污名标签和制度性的社会资源垄断，从而使得社会排斥取得合法性，并演化为新的社会不平等机制。

为了防止这种情况的发生，就要求我们在流动人口比重较大的城市弘扬平等、包容的公民精神。这种精神代表了一个城市的人文现代化程度和市民精神风貌的深层次的社会意识，是城市精神文明软实力的集中体现。

以往研究表明（肖红缨，2004），通过弘扬这种精神可以有效建立起城市的核心价值观，提高社会凝聚力，促进不同群体的社会融入。因此，在我国迅速的城市化过程中，不仅要重视城市基础设施的硬件建设，更应当注重培养市民平等宽容、相互尊重的精神涵养，树立共同追求和现代性基础上的平等、包容的价值观体系，使城市社会成为有机整体，形成发展合力。

（四）加强社区建设，发挥社区整合社会资源和促进社会融入的功能

社区是社会的基本组成部分，因此社区建设也自然成为城市建设的有机组成部分。充分发挥社区的社会组织功能，避免社区仅仅成为"睡城"，对于构建和谐社会、促进社会融入、维护社会稳定都起着至关重要的作用。有关研究显示，融洽的社区关系和较高的社区融入水平不仅增强了社区居民之间的情感交流，更有助于加强居住在该社区的外来人口的社区归属感，从而提高其对本地身份的认同。换言之，社区融入是社会融入的重要环节，它使得外来人口对所居住城市的认同不仅仅停留在该地区可能带给个体的经济利益，更能使外来人口认可所居住地区给其带来的社会价值和情感价值，从而促进其进一步参与当地的社会建设。实现外来人口本地化这一情感认知过程，是现代城市中社会融合作用的意义所在，因此应当确保城市化过程不仅是简单的高楼大厦的建设，更是社会各阶层相互融合、逐步缩小差距的过程。

进一步讲，社区资源中社会资本的建构是外来人口社会资源的重要组成部分。在城市社区中，如果城市居民对外来人口抱有消极的刻板印象，外来人口也对本地居民抱有较强的疏离感，两个群体则有可能逐渐形成封闭的社会交往群体，使得外来人口逐渐被排斥在本地居民的社会关系网络之外，这不仅影响外来人口的城市融入，更易使我国的城市化发展与社会各个阶层融合进程出现不匹配的情况。因此我们要充分重视外来人口在城市融入过程中的社会资本建构，加强社区建设，发挥社区整合社会资源、促进社会融入的功能。

随着我国经济发展和城市化过程的推进，人口流动越来越频繁。尽管有相当一部分外来人口在其现居住地长时间居住，有了稳定的工作和生活，但是，他们并没有完全认同"本地人"这一身份，没有实现心理上的

融入。而只有实现心理层面的社会融入，外来人口才能更加积极地加入到城市建设中，才能更广泛地参与到公共事务的决策和管理中，从而实现建立和谐社会的目标。

参考文献

柏骏，2003，《农民身份—— 一个社会学研究的视角》，《唯实》第 12 期。

郭星华、姜华，2009，《农民工城市适应研究的几种理论视角》，《探索与争鸣》第 1 期。

胡宏伟、李冰水、曹杨、吕伟，2011，《差异与排斥：新生代农民工社会融入的联动分析》，《上海行政学院学报》第 4 期。

黄晓燕，2010，《新市民社会融入维度及融入方式——以天津市外来人口为例》，《社会科学家》第 3 期。

江立华，2003，《城市性与农民工的城市适应》，《社会科学研究》第 5 期。

景晓芬，2004，《"社会排斥"理论研究综述》，《甘肃理论学刊》第 2 期。

李斌，2002，《社会排斥理论与中国城市住房改革制度》，《社会科学研究》第 3 期。

李培林，1996，《流动民工的社会网络和社会地位》，《社会学研究》第 4 期。

李强，2000，《我国城市农民工的劳动力市场》，《大连民族学院学报》第 3 期。

——，2004，《农民工与中国社会分层》，社会科学文献出版社。

——，2011，《中国城市化进程中的"半融入"与"不融入"》，《河北学刊》第 5 期。

刘建娥，2010，《乡—城移民社会融入的实践策略研究—社区融入的视角》，《社会》第 1 期。

——，2011，《农民工融入城市的影响因素及对策分析——基于五大城市调查的实证研究》，《云南大学学报》（社会科学版）第 4 期。

刘林平，2008，《交往与态度：城市居民眼中的农民工——对广州市民的问卷调查》，《中山大学学报》（社会科学版）第 2 期。

陆淑珍、魏万青，2011，《城市外来人口社会融合的结构方程模型——基于珠三角地区的调查》，《人口与经济》第 5 期。

吕青，2005，《新市民的社会融入与城市的和谐发展》，《江南论坛》第 5 期。

毛丹，2009，《赋权、互动与认同：角色视角中的城郊农民市民化问题》，《社会学研究》第 4 期。

任远、邬民乐，2006，《城市流动人口的社会融合：文献述评》，《人口研究》第 3 期。

邵彩玲、张洪杰，2011，《农民工的"三种资本"对其社会融入的影响》，《调研世界》

第 6 期。

覃国慈，2007，《关于农民工与城里人的隔阂探讨》，《湖北社会科学》第 1 期。

谭深，2003，《农民工流动研究综述》，《中国社会科学》（英文版）第 4 期。

王春光，2006，《农村流动人口的"半城市化"问题研究》，《社会学研究》第 5 期。

王嘉顺，2010，《区域差异背景下的城市居民对外来人口迁入的态度研究——基于 2005 年全国综合社会调查数据》，《社会》第 6 期。

魏立华、阎小培，2005，《中国经济发达地区城市非正式移民聚居区——城中村的形成与演进：以珠江三角洲诸城市为例》，《管理世界》第 8 期。

肖红缨，2004，《试论城市精神》，《汉江论坛》第 8 期。

徐祖荣，2008，《流动人口社会融入障碍及其破解》，《重庆社会科学》第 8 期。

许传新，2007，《新生代农民工城市生活中的社会心态》，《社会心理科学》第 Z1 期。

杨黎源，2007，《外来人群社会融合进程中的八大问题探讨——基于对宁波市 1053 位居民社会调查的分析》，《宁波大学学报》（人文社科版）第 6 期。

张广济，2010，《生活方式与社会融入关系的社会学解读》，《长春工业大学学报》（社会科学版）第 3 期。

张继焦，2004，《差序格局：从"乡村版"到"城市版"——以迁移者的城市就业为例》，《民族研究》第 6 期。

张文宏、雷开春，2008，《城市新移民社会融合的结构、现状与影响因素分析》，《社会学研究》第 5 期。

张展新，2007，《从城乡分割到区域分割——城市外来人口研究新视角》，《人口研究》第 6 期。

周大鸣，2000，《外来工与"二元社区"——珠江三角洲的考察》，《中山大学学报》（社会科学版）第 2 期。

周林刚，2004，《论社会排斥》，《社会》第 3 期。

朱力，2002，《论农民工阶层的城市适应》，《江海学刊》第 6 期。

邹湘江，2011，《基于"六普"数据的我国人口流动与分布分析》，《人口与经济》第 6 期。

Kreft, I. G. & J. De Leeuw. 1998. *Introducing Multilevel Modeling*. London：Sage.

Raudenbush, S. W. & A. S. Bryk. 2002. *Hierarchical Linear Models：Applications and Data Analysis Methods*. Thousand Oaks, CA：Sage.

Snijders, T. A. B. & R. J. Bosker. 1999. *Multilevel Analysis：An Introduction to Basic and Advanced Multilevel Modeling*. Thousand Oaks, CA：Sage.

效率逻辑还是权力逻辑[*]

——公司政治与上市公司 CEO 强制离职

杨 典

摘 要: 基于 1997~2007 年 676 家中国上市公司的面板数据及对其 CEO、董事长、独立董事、基金经理和相关政府官员的访谈资料,本文深入分析了中国上市公司 CEO 强制离职的影响因素及作用机制,揭示出一种与代理理论预测和西方经验不同的中国的 CEO 解职规律。研究表明,CEO 解职不仅仅是一个经济过程,受"效率逻辑"的支配,更是一个社会政治过程,受"权力逻辑"的强烈影响。组织中普遍存在的"权力逻辑"压倒"效率逻辑"的现象可能是阻碍中国公司治理改革和其他组织和制度变迁的深层原因,从而使改革流于形式,新制度止于表象。

关键词: 效率逻辑 权力逻辑 公司政治 CEO 强制离职 公司治理

无论在西方成熟的市场经济国家还是在一些新兴的市场经济体,最高管理者的更替都是企业的重大战略决策之一,在中国尤其如此。由于市场经济体制的不完善和"关系导向"的管理模式,"能人经济"特征在中国表现得十分明显。不管是国有企业还是民营企业,企业最高管理者的强弱往往与企业的业绩密切相关,甚至关系企业的生死存亡。因此,研究中国

———————————

* 本研究受到了哈佛大学费正清中国研究中心 Shum 奖学金和中国社会科学院社会学研究所所课题的资助。国务院发展研究中心李善同、中央组织部单向前、中国证券监督管理委员会陈飞、深圳证券交易所周健男和北京大学光华管理学院张建君等师友为论文实地调研和资料收集提供了大力帮助。本文初稿曾在法国巴黎政治学院举办的高级社会经济学会(SASE, Society for Advanced Social Economy)第 21 届年会上宣读,道宾教授(Frank Dobbin)、弗雷格斯坦教授(Neil Fligstein)和哈夫曼教授(Heather Haveman)提供了富有帮助的点评和建议。李培林研究员、张翼研究员和《社会》杂志匿名评审人提供了宝贵的指导和修改建议。作者在此一并表示感谢。文责自负。原文发表于《社会》2012 年第 5 期。

企业管理者的更替机制具有重要的理论和现实意义。对上市公司而言，CEO[1] 的更替情况——比如在公司业绩不佳时公司 CEO 能否被及时撤换——也是透视和衡量公司治理有效性的一个重要指标（周建等，2009；Coffee，1999）。

在经济学的代理理论（agency theory）看来，CEO 必须对公司运营负责，当公司绩效不佳时他们应该被解职。CEO 变更[2]是最小化代理成本和最大化股东利益的一种有效方式，遵循一种"效率逻辑"（Weisbach，1988）。但对秉持新制度主义理论信念的学者来说，公司绩效和 CEO 变更之间并没有直接的线性因果关系[3]，因为 CEO 的变更事实上更多是一个社会政治过程，遵循"权力逻辑"（Fredrickson, et al.，1988；Cannella & Lubatkin，1993）。尤其考虑到 CEO 往往是公司中拥有最高权力的人，因而 CEO 能否成功地被解职，在很大程度上取决于其拥有的权力大小。即使在公司绩效很差时，现任 CEO，尤其是那些同时身兼董事长的强势 CEO，也往往会竭尽所能试图控制 CEO 变更过程，并最大限度地避免被解职的命运。

新制度主义趋向的经验研究表明，公司治理是一个政治过程，这在自由资本主义的美国或在效率导向的跨国公司巨头中也不例外（Davis & Thompson，1994；Fligstein，2001）。在中国企业治理中，这一点体现得就更为明显：无论在改革前还是改革后，国有企业和各类单位组织中的"派系结构"和"依附与庇护"关系无处不在，权力斗争司空见惯（华尔德，1996；张维迎，2000；张翼，2002；李猛等，2003）。即使在确定最基层的生产车间的工人下岗名单时和工人业绩相对容易测量的情况下，也充斥着

---

[1] 即首席执行官（Chief Executive Officer），在中国上市公司中通常被称为总经理，为论述方便，本文用 CEO 作为统称。

[2] 英文中对应的词是 CEO turnover，与此相关的英文词有 CEO departure（离职）、CEO dismissal（强制性离职/解职）和 CEO succession（CEO 继任/更替）。总体而言，CEO 变更可以分为强制性变更/离职（forced turnover/departure）和非强制性变更/离职（non-forced turnover/departure）本文主要关注 CEO 离职和绩效之间的关系，以及权力因素在 CEO 离职中的作用，因此本文的研究对象是强制性离职（比如辞职、被董事会解雇等），因为非强制性离职（比如退休、健康问题导致的离职）与企业绩效及权力因素没有直接关系。

[3] 比如，如果一个 CEO 权力很大并在公司地位很稳固，即使其公司业绩表现不好，也很难被解职；相反，如果一个 CEO 权力较小且地位不稳，并对董事长权力造成威胁时，业绩表现越好越有可能被解职。

"车间政治"（李钑金，2003），就更不要说企业最高管理者"下岗"这样的重大事件了，这无疑将是一个深受"权力逻辑"支配的"公司政治"过程。

基于 1997～2007 年 676 家中国上市公司的面板数据，以及对上市公司 CEO、董事长、独立董事、基金经理和相关政府官员的访谈资料，本研究试图深入探讨中国上市公司 CEO 的解职机制及其影响因素。在理论框架上，本文主要采用新制度主义公司治理理论的视角和方法，深入剖析"公司政治"中的董事会（董事长、独立董事）、控股股东、资本市场、国家（作为股东或主管部门）等各方在 CEO 解职中的角色和作用。具体来说，本文主要试图厘清以下几个问题：中国上市公司 CEO 的强制离职是基于公司绩效吗？当公司绩效不佳时，董事会能有效监督和约束 CEO 的行为而及时将其罢免吗？在罢免 CEO 这样的重大公司决策方面，到底谁拥有最终的决定权？在回顾相关文献的基础上，本文将对这些问题做出分析和回答，并试图在理论上探讨组织运行中的"权力逻辑"对新制度落实及组织变革和制度变迁的影响。

一　关于 CEO 更替的两种理论

（一）代理理论：CEO 更替是一种最小化代理成本的方式

人们通常认为董事会应该在公司治理，尤其在监督和约束公司高管方面发挥重要作用，比如应该监督高管的所作所为、提供指导意见和否决差的决策等。所以，董事会应该是股东防止无能高管的第一道防线，甚至可以在个别情况下解雇 CEO。然而在现实中，董事会常备受责难，因为它们大多不是这样做的。批评者认为，公司高管的每一次滥用职权，无论是出于有意还是疏忽，都得到了董事会的支持或默许（Weisbach，1988）。有些批评者甚至声称，公司经营每一次出现困难，都是由于董事会不愿或不能履行职责造成的。按照这种观点，如果要提高公司绩效，就必须首先增强董事会作用的有效性。董事会之所以无法有效履行监督和激励公司高管的职能，在很大程度上与其缺乏独立性密切相关（Mintzberg，1983）。

根据代理理论，有两种公司治理因素是董事会"半瘫痪"的重要原因，即董事会构成和领导结构（CEO 兼任董事长）。董事会成员通常分为"内部"和"外部"成员。内部董事是公司内部的全职人员，通常由公司的 CEO、总裁或副总裁组成。外部董事①来自公司之外，不参与公司的日常经营管理。"董事会构成"通常被定义为外部董事数量占董事会董事总数的比例（Weisbach，1988），该比例是衡量董事会独立性的重要指标。内部董事比例相对较高的董事会往往很难对像解职 CEO 这样的重要公司事务进行独立判断和决策。

如果说董事会构成会影响公司事务决策，那么董事会的领导结构可能会使问题更严重。代理理论认为，CEO 和董事长两职合一的双重角色往往意味着利益冲突，会对董事会的独立判断造成很大威胁。因此，代理理论认为董事会构成及 CEO 兼任董事长都会对董事会的独立性造成危害。而董事会独立性遭到破坏也会导致公司高管的职能滥用（如滥用对股东的信托责任），进而增加代理成本，损害股东利益。

代理理论给出的解决之道是提高外部董事的比例，并将 CEO 和董事长两职分设。在这种理论看来，与内部董事相比，外部董事在监督公司高管方面能起到更大作用。外部董事越多的公司，越有可能基于公司绩效解除 CEO 的职务（Weisbach，1988）。同样，没有同时兼任董事长的 CEO 也更有可能在绩效差时被免职。

（二）新制度主义理论：CEO 更替是一个社会政治过程

在代理理论看来，CEO 变更是最小化代理成本和最大化股东利益的一种有效方式。分设 CEO 和董事长以及委任更多外部董事能够增强 CEO 的责任感，强化公司绩效和 CEO 变更之间的关联度。但在新制度主义理论看来，这种因果关系并非如此直接明了，CEO 更替本质上是一个社会政治过程，社会和政治因素往往在公司绩效与 CEO 更替之间的关系中起干扰和调节作用（Cannella & Lubatkin，1993）。特别是对那些在职的强势 CEO 来说，即使公司绩效很差，他们也往往会竭尽所能试图控制 CEO 更替的过程，并最大限度地避免被解职。

从更大视野上看，新制度主义的研究显示公司治理是一个政治过程

---

① 在中国一般称为"独立董事"或"外部独立董事"。

（Davis & Thompson，1994；Fligstein，2001）。由于组织是一个利益的政治竞技场（Davis & Thompson，1994），某项公司重大决策或新制度的实施不可避免地会对组织权力和资源的分配带来重大影响。因此，组织中的强势力量会不惜一切代价地维护自身利益，并极力阻碍可能损害其利益的公司决策或新制度的"真正"实施。拿外部独立董事制度的实施来说，现有国内外相关研究均表明，公司 CEO 为维护和巩固权力，避免来自独立董事对其权力的可能挑战和制约，会千方百计地对独立董事的提名和任命进行控制，挑选自己的朋友或最可能支持自己的人作为独立董事人选，从而导致独立董事在监督和制约 CEO 方面没有多少真正"独立性"。因此，旨在削弱 CEO 权力和强化董事会独立性的独立董事制度并不一定能真正削弱 CEO 权力，增强 CEO 离职对公司绩效的敏感度。这样的理论逻辑已被诸多经验研究证实：不少新制度主义实证研究发现，很多新的和股东导向型的公司治理制度要么仅仅是象征性地实施，要么是被现有制度、文化规范和利益群体改变或扭曲（Vitols，2003；Ahmadjian & Robbins，2005；Cioffi & Hopner，2006）。

二　解释中国上市公司 CEO 的强制离职：几项假设

（一）公司绩效和 CEO 强制离职

公司绩效是 CEO 离职最常见的解释变量，在对美国和其他西方国家公司的研究中，绩效和离职的负相关关系已经得到一致验证（Salancik & Pfeffer，1980；Kaplan，1994；Kang & Shivdasani，1995）。Groves 等（1995）对中国 1980～1989 年国有企业管理层离职和企业绩效的研究也发现，二者之间存在负向关系。企业绩效之所以对 CEO 离职有重要影响，是因为人们认为组织绩效应该由领导负责（Pfeffer & Salancik，1977），或有时企业领导充当"替罪羊"而离职（Brown，1982）。这也符合常识，当公司绩效比较差时，股东当然希望有其他人可以改善局面。公司绩效不佳也会让董事会倍感压力，而企业管理层的变更会有助于投资者重拾信心，并避免潜在的股东诉讼。

以往研究大多以当期或滞后（lagged）的利润率、股票收益率和公司增长率等衡量公司绩效（Kaplan，1994）。在本文的样本公司中，由于很多CEO 离职事件发生在前半年，因此当年的公司绩效可能既反映了离任 CEO 的业绩，同时也反映了继任 CEO 的业绩。鉴于此，本文选择前一年的公司绩效衡量 CEO 的业绩表现。实际上用滞后绩效指标更符合中国上市公司CEO 变更的实际情况，因为上市公司主要领导人员的变动往往需要当地政府和公司党委的正式审批（Chang & Wong，2004）。这些额外的科层和行政程序都会进一步延长 CEO 变更决策所需的时间。随着股权多元化和资本市场约束的不断增强，上市公司绩效越差，其 CEO 离职的可能性越大，也就是说，企业绩效与 CEO 离职之间是一种负向关系。

值得注意的是，公司绩效的不同测量指标可能对 CEO 离职和绩效之间的关系产生不同的影响。具体来说，上文提到的三个公司绩效测量指标（利润率、股票收益率和增长率）对不同的公司利益相关者有不同的意义。股东最关心的是股东利益的最大化，因此相比于公司增长率，他们更看重公司的股票收益率。相对而言，公司高管和政府官员更看重公司的快速规模扩张能力，希望能提供更多的就业岗位，促进当地经济的增长。因此相比于股票收益率，他们更看重企业的增长率。基于此，以至于长期以来，中国企业界都把"将企业做大做强"作为重要口号，"GDP 增长崇拜"也成为中国政治最有力的指引方针之一。因此，企业增长率无论是衡量企业还是 CEO 的绩效都是一个重要指标。

另一个重要指标是利润率。如果一个企业的利润率不够高，就无法在激烈的市场竞争中存活下去，因此利润率的高低会直接或间接地给 CEO 施加很多压力。相比而言，股票收益率对上市公司 CEO 更替的影响就没那么重要，至少有两个原因。其一，和控股股东①相比，机构投资股东势单力薄。同时，2005 年股权分置改革之前，中国资本市场上的流通股只占总市值的三分之一左右，这意味着上市公司 CEO 并不会感受到太多来自机构投资者和资本市场进行股东价值最大化的压力。其二，2005 年之前对于中国上市公司的高管基本不存在股权或期权激励制度，这意味着当时的上市公

---

① 控股股东可以是一个自然人（上市公司的董事长或创办企业家），一个公司、企业集团，或一个政府机构（比如国资委）。这些控股股东属于"耐心的"战略投资者，他们更关心对公司的控制权和公司的长期增长和盈利，而不像股市上的机构投资者那样更关心短期投资回报。

司 CEO 并没有努力提高公司股价和股票收益率的充足动力。因此，本文提出第一个假设。

假设 1：在中国上市公司中，CEO 强制离职与公司增长率和利润率相关性较强（负相关），但和股票价格相关性较弱。

（二）CEO 和董事长两职分设对 CEO 离职和绩效关系的影响

相关研究表明，CEO 权力越大，被解职的可能性越低（Ocasio，1994）。CEO 的权力大小是多方面因素共同作用的结果，包括个人的个性和在职时间、公司股权结构和董事会构成（外部董事的比例）等。然而，CEO 和董事长两职是否分设常常是衡量 CEO 相对于董事会权力大小的最常用测量指标（Ocasio，1994；Zajac & Westphal，1996）。研究公司治理的学者一直反对 CEO 兼任董事长，认为这样会破坏董事会的独立性，容易发生"管理层自利"（management entrenchment）行为（Cannella & Lubatkin，1993）。一般 CEO 如果兼任董事长，就会比董事会中的其他董事拥有更多正式或非正式的权力（Harrison，et al.，1988），这也意味着其行为不易受到董事会的监督和约束。Boeker（1992）、Zajac 和 Westphal（1996）通过经验研究发现，没有同时兼任董事长的 CEO 离职率更高一些。因此，增强董事会权力和独立性的一个重要方法就是将 CEO 和董事长两职分设。

由于《中华人民共和国公司法》的有关规定和中国证监会发起的公司治理改革，1997～2007 年平均有 87% 的上市公司都分设了 CEO 和董事长。两职分设本来旨在削弱 CEO 的权力，同时增强董事会的权力和独立性。由于两职分设是由政府强制实施的，身兼 CEO 和董事长两职的企业管理者必须在两个职位中选择其一。在中国语境下，由于董事长职位比 CEO 职位更具分量和影响力，因此，如果只能保留一个职位，大多数人往往会选择保留董事长的位置，企业因此就需要另行委任 CEO。而在这样的强制性职位分离之后，现任董事长（原 CEO 兼董事长）出于惯性和维护自身权力的需要，自然还是希望和以前一样由一人掌控公司（"一言堂"），而新的 CEO 当然也期望能够尽快接手公司并树立起自己的个人权威。由此，中国不少上市公司 CEO 和董事长职位的强制性分离导致了两者激烈的权力斗争。特别是在中国特殊的情境下，很多董事长并不满足于履行公司董事会的"监督权"和"决策权"，而是对公司管理层的"执行权"兴趣十足，常常参与公司的日常运营决策，从而引发了董事长和 CEO 之间持续不断的冲突，使二者的关系进一步恶化。由于在大多数情况下董事长的权力都要比 CEO 更大，权力基础也更稳固，两者权力斗争的结果往往是 CEO 出局，被迫辞职或被调到其他公司。这意味着，在中国上市公司中，很多 CEO 离职并非因为绩效不佳（相反，因为董事长更容易感受到威胁，有时绩效很好的 CEO 更容易被解职），而是受社会和政治因素的影响，比如董事长和 CEO 之间的权力斗争、个性不合或管理理念的差异等。因此，本文提出第二个假设。

假设 2：CEO 和董事长两职分设并没有显著增强 CEO 离职对企业绩效的敏感性。

（三） 独立董事对 CEO 离职和绩效关系的影响

理论上，董事会应该代表所有股东的利益，但在公司治理改革前，中国上市公司中的董事会成员往往直接或间接地受控于控股股东，使中小股东的利益无法得到有效代表和保护。在这种情况下，保障中小股东利益的一个重要方法就是在董事会中保证一定比例的外部董事，这些外部董事要既不隶属于控股股东，也不隶属于上市公司，而仅作为中小股东的代表。中国上市公司中独立董事制度遵循的就是这一逻辑。

研究发现，外部独立董事的比例和 CEO 离职率成正比（Huson, et al., 2001；Zajac & Westphal, 1996）。外部董事的比例越高，他们对高管的影响力也越大。Weisbach（1988）也认为外部董事更能代表股东的利益。他在控制了所有权、公司规模和行业变量之后发现，外部董事比例越高的公司，CEO 越有可能因为绩效不佳而被解职。鉴于中国上市公司中"内部人控制"（insider control）现象的盛行，真正独立于控股股东的外部独立董事的任命有很大潜力改善中国的公司治理。笔者在实地调研中了解到，近年来中国上市公司中一些独立董事已开始聘请独立的审计师对公司财务报表进行独立审核，还有一些独立董事则拒绝顺从公司高管和控股股东的不合理决定。[①]

但从总体上看，中国上市公司中的大部分独立董事都是"花瓶"董

---

① 参见独立董事访谈 D02。

事，他们在约束和监管 CEO 行为方面的作用相当有限。首先，80% 以上的独立董事都是由控股股东或公司高管提名或任命的[①]，缺乏足够的独立性和动机去监督和约束 CEO。其次，中国股份制企业的大部分独立董事都有全职工作，而且工作都很繁忙（如学者、其他公司的高管等），每年参加董事会会议仅有 8～10 次。[②] 因此，他们也没有足够的时间和信息有效监督 CEO 的行为。最后，目前中国上市公司董事会中独立董事的数量还比较少，平均只占董事会成员的三分之一左右，因此，即使他们有时间和精力，也没有足够的权力在公司业绩不佳时将 CEO 解职。中国媒体戏称独立董事为"既不独立、也不懂事"的公司"装饰品"，虽然比较偏激，但也从一个侧面反映了独立董事在监督、约束 CEO 行为和公司重大决策时面临的尴尬境地。

据了解，中国上市公司董事会的平均规模一般是 10 人左右，在国家强制性要求设立独立董事之前，都是由公司内部各个部门的人员组成的。这些内部董事会成员通常分属公司内部各个不同派系，因此，这些不同派系的董事会成员在公司重大决策方面发挥了隐性的相互制约与平衡的作用（李猛等，2003）。但是，强制性要求设立独立董事的政策打破了这一公司内部的权力结构平衡，给 CEO 和控股股东等公司最高决策者提供了一个清除内部对手的机会，在笔者的实地访谈中很多被访者都提到过这种现象。因此，独立董事制度的实施常常不但没有削弱 CEO 的权力和增强董事会的权力和独立性，反而强化了 CEO 或控股股东的权力，并破坏了企业内部原先存在的权力制衡机制。根据以上分析，不难想象，在中国上市公司中委任更多独立董事并不一定能够增强 CEO 离职对绩效的敏感性，甚至会削弱 CEO 离职对绩效的敏感性，因为独立董事的任命实际上削弱了董事会的权力，同时强化了 CEO 的权力，使其即使在公司绩效较差时也不易被解职。鉴于以上理论推理和初步经验证明，本文提出第三个假设。

假设 3：在中国上市公司中，委任更多独立董事削弱了 CEO 离职对公司业绩的敏感性。

---

① 数据来自中国股票市场和会计研究数据库（CSMAR）、上市公司年报和网站数据。
② 数据来自中国股票市场和会计研究数据库（CSMAR）、上市公司年报和网站数据。

（四） 控股股东在 CEO 强制离职中的主导作用

中国上市公司的一个典型特征是股权高度集中化，根据色诺芬（Sino-fin）信息服务数据库数据，35% 的上市公司第一大股东持股比例超过 50%；第一大股东或控股股东（为表述方便，以下称为"大股东"）的平均持股比例超过 43%；前五大股东的平均持股比例超过 55%。这种高度集中的股权结构一方面反映了政府不愿放弃对国有企业的控制权，另一方面也反映了在中国，由于缺乏对外部投资者利益的有效保护，政府或家族等所有者不得不通过高度集中的所有权保护其投资利益。值得指出的是，虽然一定程度的股权集中能够在股权高度分散的国家（如美国）减少股东和管理层之间的代理成本，但中国上市公司这种过分集中的股权结构却加剧了大股东和中小股东之间的利益冲突。Z 指数（第一大股东和第二大股东持股比例的比值）是衡量第一大股东或控股股东相对于非控股股东而言，对公司控制能力的重要指标。数据显示，本研究样本公司的平均 Z 指数高达 57，这意味着中国上市公司大股东或控股股东在公司重大决策方面拥有绝对的控制权。

中国媒体将这种大股东的主导权力形容为"一股独霸"。笔者在田野调查期间发现，很多被访者也认为，要想改善中国上市公司的公司治理状况，亟待解决的两个问题就是"一股独霸"和"内部人控制"。在 2001 年中国证监会强制要求设立独立董事之前，董事长、CEO 和几乎所有董事都由大股东任命或控制。同时，尽管中小股东作为一个群体平均持有 30% 左右的公司股权，但在董事会中几乎没有董事代表其利益。总的来说，大股东往往通过任命和控制 CEO、董事长和董事会成员来行使自己的"霸权"。因此，中国引入独立董事制度的主要目标就是限制大股东的过大权力。然而在实践中，55% 左右的独立董事都是由大股东任命或控制的，同时 25% 以上的独立董事是由 CEO 任命或指派的[①]。鉴于绝大多数 CEO 也是由大股东任命或指派的，不难推断，中国上市公司中绝大多数独立董事实际上是受大股东控制的。再加上几乎所有内部董事（大约占董事会成员的三分之二）也是由大股东控制和任命的，所以大股东即使在实施独立董事制度之后，仍然对 CEO 任免这样的公司重要事务拥有无可争辩的主导权。

---

① 数据主要来自中国股票市场和会计研究数据库（CSMAR）。

　　具体来说，与美国等西方国家相对独立的 CEO 不同，中国上市公司 CEO 要么直接被大股东控制，要么被大股东通过董事会（外部独立董事和内部董事基本上都是由大股东控制的）间接控制。对民营控股上市公司来说，大股东往往是公司创始人或其家族。对国有控股上市公司来说，大股东的身份更复杂一些：可能是一家国有企业，也可能是一家国有控股企业集团或国有资产管理机构（比如各级国资委）。一般来说，国有控股上市公司 CEO 的任命和罢免，通常是由像国资委这样的控股股东决定的。但对一些特别重要的重点骨干国有企业，组织部门才是真正的"幕后老板"。据一位在组织部门工作的受访官员透露①，在中国 100 多家中央企业中，53 家一把手由中央组织部任命，副职则由国资委管辖；另外，11 家国有金融机构的整个领导班子配备都由中央组织部负责选拔和任命。同样，那些最重要的地方骨干国有企业，其 CEO 也由当地组织部门直接任命。总的来说，在中国，那些 CEO 和董事长由组织部门任命的国有控股企业往往是最重要的企业。同时，由组织部门任命的 CEO 往往行政级别比较高，也代表一种很高的荣誉和地位。在调查访谈中笔者发现，很多 CEO 都以能够被组织部任命而自豪，成为一名被组织部门管辖的干部是较高社会地位的象征。②

　　值得注意的是，对极其重要的个别中央或地方国有企业，其 CEO 的任免甚至连组织部门也无法决定，而是由相应级别的最高党政领导层决定。比如，尽管青岛啤酒的控股股东是青岛市国资委，但其前 CEO 金志国却是由青岛市委书记直接任命的（金志国，2008）。

　　总的来看，在中国，无论是民营控股上市公司还是国有控股上市公司，其 CEO 的任命和罢免都是由大股东决定的③，但也需要履行一些正式程序，比如需要经董事会审批并以董事会名义进行公告（尽管幕后的真正决策者是大股东或政府领导人）。因此，董事会和独立董事更多地充当了"橡皮图章"的角色，被用来帮助公司从内部员工和外部利益相关者（如证券监管机构和机构投资者）中获得合法性。但由于各家上市公司大股东

---

① 参见政府官员访谈 G02。
② 参见公司高管访谈 E03 和政府官员访谈 G01。
③ 该观点也被一位被访者所证实，他是一名公司律师，同时担任好几家上市公司的独立董事。据他观察，无论国有控股企业还是民营控股企业，独立董事在 CEO 任免方面基本没有话语权，最主要的决策都是由大股东决定的（参见公司律师访谈 L02）。

的持股比例不尽相同，并不是所有大股东都能对 CEO 的行为进行有效监督和约束。因此，本文提出第四个假设。

假设 4：控股股东权力越大（持股比例越高），CEO 强制离职对绩效的敏感度越高。

（五） 资本市场对 CEO 强制离职的影响

中国资本市场的显著特征之一是流通股和非流通股的股权分置，这严重阻碍了资本市场在激励和约束上市公司高管方面有效发挥作用。政府和证券监管部门意识到非流通股的存在会带来很多问题。第一，流通股持有者通常都是小股东，基本无法影响公司决策。第二，因为无法出售手中的非流通股，大股东对股票价格的涨跌漠不关心。第三，流通股数量有限，使中国股票市场流动性有限，股价起伏变化不定，很容易导致市场操纵和内部交易行为。第四，非流通股问题的悬而未决一直阻碍着股票市场改革的推进和发展，每一次将非流通股转化为流通股的政策建议总会导致股价的暴跌和投资者的恐慌。第五，由股权分置问题造成的股票市场的低效和其他一系列问题，使很多优秀中国企业被迫到境外上市，特别是去香港上市。这对投资者造成了很大负面影响，由于没有优秀公司可以投资，只能投资那些绩效较差的公司，最终被套牢。随着市场体制的不断改革和发展，国家有关部门针对非流通股问题出台了很多政策，困扰中国股市发展多年的股权分置问题逐渐得到解决。2005 年 4 月 29 日，中国证监会宣布一项新的试点项目，首批四家公司将其非流通股转化为流通股，并通过送股、送现金或送权证等方式对原有股东进行对价补偿。2006 年底，几乎所有上市公司都完成了股权分置改革，中国资本市场真正实现了"全流通"。由于每家上市公司的流通股比例不尽相同，而流通股所占比例越高，意味着资本市场对 CEO 的约束力越大，因此，笔者提出如下假设。

假设 5：流通股比例越高，CEO 离职对公司业绩的敏感性越强。

三　数据和研究方法

（一） 样本和数据描述

CEO 相关信息和财务数据主要来自上市公司年报、中国股票市场和会计研究数据库（CSMAR）。公司治理方面的数据主要从色诺芬（Sinofin）信息服务数据库和万德（Wind，中国商业金融专业人士最常用的数据库）数据库中搜集整理。[①] 除这些定量数据之外，还有一些定性访谈资料作为补充，主要涉及对上市公司 CEO、董事长、独立董事、相关政府机构官员、证券交易所监管人员以及基金经理和证券分析师等人的深度访谈。

回归分析中使用的观察单位是"公司—年份"，总共收集了 1997 ~ 2007 年 676 家公司的 7436 条观察值。[②] 在这些上市公司中，有 403 家在深圳证券交易所上市，其余 273 家在上海证券交易所上市。本研究排除了任期不满一年 CEO 的离职事件，因为本研究以年度公司业绩作为 CEO 离职的解释变量，任期不满一年的 CEO 的离职和公司绩效没有太大关系。遵循前人的研究惯例（Ocasio，1994），笔者将公司内某一财年有多次 CEO 离职的情况进行合并，即如果一家公司在同一财年有两位或更多的 CEO 离职，只记录其中一位。

从 1997 ~ 2007 年，676 家样本公司中共发生过 1579 例 CEO 离职事件。如图 1 所示，中国上市公司 CEO 的年均离职率是 21%，远高于美国和日本的 CEO 年离职率。[③] 中国股票市场和会计研究数据库（CSMAR）显示上市公司 CEO 离职主要有 12 种理由：（1）工作变动；（2）合同到期或任期届满；（3）控股股东变更；（4）退休；（5）健康原因；（6）辞职；（7）被免职；（8）公司治理改革；（9）个人原因；（10）法律诉讼或被拘捕；（11）其他原因；（12）未知原因。

图 2 列举了各种离职原因的分布情况。其中工作变动是最常见的离职原因，占离职总数的 38%；其次是合同到期或任期届满，占离职总数的 19%；第三大原因是辞职，占离职总数的 18%；第四大原因是公司治理改革[④]，占离职总数的 7.5%；公开宣布的 CEO 强制离职（被免职）案例只

---

① 本文所有图表数据，除特别注明外，均来源于笔者整合的以下几个数据源的自建数据库：上市公司年报、中国股票市场和会计研究数据库（CSMAR）、色诺芬（Sinofin）信息服务数据库和万德（Wind）数据库。

② 由于在随后的回归分析中使用了滞后的财务数据，因此在回归分析中样本涵盖的时间段是 1998 ~ 2007 年，而不是 1997 ~ 2007 年。

③ Weisbach（1988）、D. J. Denis 和 D. K. Denis（1995）在其文章中提到美国 CEO 的年离职率分别为 7.8% 和 9.3%，而 Kang 和 Shivdasani（1995）提到日本 CEO 的年均离职率是 12.88%。

④ 此处的公司治理改革是指分设董事长和 CEO 两职，原董事长兼 CEO 通常选择辞去 CEO 职位，而保留董事长职位。

占离职总数的 4% 。

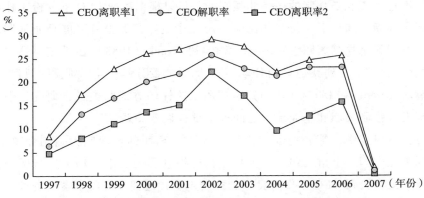

图 1　CEO 离职和强制离职（解职）的频率（1997～2007 年）

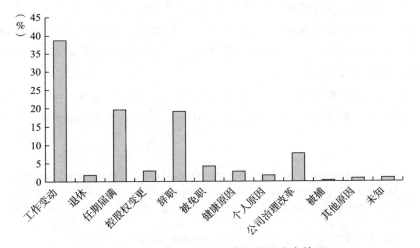

图 2　中国上市公司 CEO 离职原因分布情况

　　要检验董事会行使控制权和监督权的有效性，必须区分 CEO 强制离职和非强制离职两类情况，因为只有强制离职（CEO 被免职）才能充分反映股东和董事会对经理人的监督和惩处。但正如很多学者的观点，仅仅依靠市场公开信息很难区分强制离职和非强制离职，因为媒体报道很少清楚地指出 CEO 离职是否与业绩不佳有关（Weisbach，1988；Denis & Denis，1995；Kang & Shivdasani，1995）。在本研究中，笔者也遇到了这一问题。虽然可以清楚地界定一些离职案例的性质，比如"被免职"、"辞职"和"合同到期"应归类于强制离职，"健康原因"应归类于非强制离职，但对那些"工作变动"的情况则很难判别其为强制性还是非强制性离职。不过，离职是强制的还是非强制的，可以根据离职 CEO 下一份工作的好坏来推断。如果下一份工作比前一份工作更好，那很有可能是非强制离职，否则就是强制离职。Warner、Wats 和 Wruck（1988）在研究中将"寻求其他机会"、"到其他公司任职"以及"政策分歧"等离职原因归为强制离职。Denis 和 Denis（1995）也试图以这样的方式归类进行研究，但最后却发现强制离职和企业绩效之间根本没有显著关系。

在本研究中，笔者把因"工作变动"而离职的情况归为强制性离职，是因为在中国，上市公司是极少数能在严格管制的资本市场上进行融资的企业，上市公司 CEO 不仅有良好的社会声望，还拥有各类丰富的资源，比这更好的工作机会比较少见[1]。因此，本研究除了将退休、健康问题和公司治理改革等原因归类为非强制离职（这些离职与企业绩效无关）外，其他原因都归类为强制离职。[2] 根据以上分类标准，在 1997~2007 年的 1579 次 CEO 离职事件中，有 1398 次属强制离职，181 次属非强制离职（见图 1 中的 CEO 离职率曲线 1）。[3]

表 1 是对主要变量的描述性统计分析，从中可以看出中国上市公司 CEO 的平均年龄是 47.4 岁，与中国一般企业 CEO 的平均年龄相似。[4] 但上

---

[1] 但也有一些例外情况：在中国，很多国有控股企业上市公司 CEO 的最终职业生涯目标并非在企业任职，而是把 CEO 职位作为担任高级政府官员的跳板，因此一些上市工作 CEO 主动或被动地进入相关政府部门任职，这种情况的 CEO "工作变动"不属于强制离职，但考虑到升至政府官员的上市公司 CEO 数量还是比较少的，相对比例还是比较低的，因此，本研究把"工作变动"导致的 CEO 离职事件归类为强制性离职大体上是符合实际情况的。更重要的是，这种归类并不会影响统计结果和统计推论，因为就算把一些"工作变动"类的非强制性离职当作了强制性离职，但只要在统计分析中得出的统计结果显著，反而说明研究是能够经受住敏感性测试（sensitivity tests）的。因为这意味着，即使有噪音和干扰因素（把一些非强制性离职算作了强制性离职），仍然得到了统计意义上的显著结论。

[2] 现有文献通常将与企业绩效无关的离职原因，如死亡、疾病和公司控股权的改变，作为缺省值处理。本文也遵循了这一研究惯例。

[3] 此外，笔者又用更严格的方法重新划分了 CEO 强制离职和非强制离职：把"工作变动"类算作非强制性离职，仅将"合同到期"、"辞职"、"被免职"和"被拘捕"导致的离职归类为强制离职（见图 1 中的 CEO 离职率曲线 2）。在数据分析中，笔者对这两种分类方法都进行了验证，发现统计结果基本一致。

[4] 根据由中国企业家调查系统编著的 2004 年《中国企业家成长与发展报告》，中国企业 CEO 的平均年龄是 48 岁。

表 1　主要变量的描述性统计和相关系数矩阵

变量	CEO强制离职	资产收益率	净资产增长率	两职分任	独立董事比例	大股东持股比例	流通股比例	资产负债率	CEO年龄	CEO任期
观察值	7.436	6786	6310	6393	5742	6874	6784	6774	1535	1512
均值	0.178	0.016	0.09	0.838	0.195	0.427	0.412	0.549	47.4	2.32
标准差	0.383	0.197	1.34	0.369	0.164	0.179	0.136	1.57	7.63	1.61
CEO强制离职	1									
资产收益率	-0.094***	1								
净资产增长率	-0.044***	0.305***	1							
两职分任	0.082***	-2.0	-0.012	1						
独立董事比例	0.045***	-0.12***	-0.04***	0.073***	1					
大股东持股比例	-0.055***	0.096***	0.019	0.087***	-0.14***	1				
流通股比例	-0.036***	-0.04***	-0.005	-0.021*	0.256***	-0.5***	1			
资产负债率	0.026**	-0.22***	-0.04***	0.008	0.103***	-0.03***	0.015	1		
CEO年龄	-0.174***	0.068***	0.013	0.027	-0.14***	0.09***	-0.006	-0.06**	1	
CEO任期	-0.011	0.047*	0.043*	0.080***	0.135***	0.037	0.091***	0.09***	0.26***	1

$* p < 0.1$; $** p < 0.05$; $*** p < 0.01$。

市公司 CEO 的平均任期只有 2.3 年，远远低于中国一般企业 CEO 的平均任期。① 与美国和日本的上市公司相比，中国上市公司 CEO 要年轻得多，平均任期也短得多。②

（二）测量指标

1. 因变量：CEO 强制离职。如果上市公司过去一年内发生了 CEO 强制离职事件，则取值为 1，反之取值为 0。

2. 自变量。本研究的主要目的是检验中国上市公司 CEO 的离职和惩处是否基于公司业绩，董事会（独立董事）能否提高 CEO 强制离职对公司业绩的敏感性，以及大股东和资本市场在惩处和约束 CEO 行为方面的作用。因此，本文有如下 5 个自变量。

公司业绩：本文用三个测量指标来衡量公司业绩，分别是：盈利性（profitability），用资产收益率（ROA）衡量；股票市场表现，用年股票收益率（annual stock return）衡量；增长性，用净资产增长率（annual growth rate of equity）衡量。

两职分任：虚拟变量，代表分设 CEO 和董事长两职，如果两职分设取值为 1，反之取值为 0。

独立董事比例：董事会中外部独立董事的比例。

大股东持股比例：第一大股东或控股股东的持股比例。

流通股比例：流通股占公司总股份的比例。

为检验两职分任、独立董事、大股东和资本市场能否提高 CEO 强制离职对公司业绩的敏感性，需要设立公司业绩变量和这四个公司治理变量之间的交互作用变量。从交互变量的系数可以看出在分设 CEO 和董事长、任命更多独立董事、大股东持股比例更大以及流通股比例更高的情况下，CEO 强制离职是否对公司业绩更敏感。

3. 控制变量。包括一系列可能影响 CEO 离职的公司特征变量，比如

---

① 中国企业家调查系统的调查发现，1998 年中国企业 CEO 任期在 1~5 年、6~10 年、11~15 年、16~20 年和 20 年以上的比例分别是 36%、28.3%、26.7%、6.4% 和 2.6%。2000 年同样的调查显示，1990~2000 年每家企业平均只有 1.6 位高管离职。

② 美国和日本上市公司 CEO 的平均年龄均超过 60 岁，平均任期分别是 9.3 年和 7.3 年（Lucier et al.，2004）。

公司行政级别、公司规模、杠杆率（资产负债率）和所处行业等。此外，笔者还用年份和"是否沿海企业"变量来发现影响 CEO 离职的时间和地区效应。

公司行政级别：虚拟变量，1 = 非国有控股企业，2 = 县及乡镇政府控股，3 = 市政府控股，4 = 省政府控股，5 = 中央政府控股。

公司规模：用公司资产的对数衡量。公司规模与公司高管离职密切相关，但公司规模和高管离职率的具体关系并不明确。有研究发现，公司规模和高管离职率之间存在正相关关系（Grusky，1961），也有研究发现，公司规模和 CEO 任期之间没有关系（Pfeffer & Leblebici，1973）。Jensen（1986）则认为大公司的 CEO 地位更稳固，更不容易离职。笔者认为，Jensen 的观点更符合中国企业的实际情况，因为中国大公司的 CEO 更有权力，和政府的关系更密切，其在公司中的地位也更稳固。因此，公司规模和上市公司 CEO 离职的关系应该是负向的。

资产负债率（debt-to-asset ratio）：用来衡量公司风险。相关研究发现，资产负债率与 CEO 任期成反比（Pfeffer & Leblebici，1973）。资产负债率反映了公司的财务风险。在财务风险很高和借贷很多的公司中，CEO 面临的压力很大，地位也不稳固，所以离职率偏高。除衡量财务风险外，本文也用资产负债率衡量银行对上市公司的压力，因为中国上市公司 70% 以上的融资都来自银行。如表 1 所示，中国上市公司的平均资产负债率是 0.55，说明上市公司的贷款负担很重，其 CEO 可能会面临来自银行的很大压力。

沿海地区[①]：虚拟变量，1 = 公司在沿海地区，0 = 公司在非沿海地区。中国沿海和内陆地区在市场化和国际化程度方面差异很大，因此本文引入"沿海地区"变量来检验地区差异对 CEO 离职的影响。

行业变量：为控制行业因素对 CEO 离职情况的影响，本文在模型中引入行业变量，并按照中国证监会的分类，将中国上市公司分为六大行业，即制造业、商业（批发和零售）、综合多元化企业、公用事业、房地产业和金融业。

---

① 如果公司注册地在以下东南沿海省份，包括上海、江苏、浙江、福建、广东和海南，则被认为是沿海公司。

此外，本文还引入年份变量测量时间效应。在所有模型中，自变量和控制变量都是滞后一年的数据。

（三） 模型构建和估算

和现有文献研究（Weisbach，1988；Kang & Shivdasani，1995；Ocasio，1994）类似，本文采用二项 Logit 模型来估计 CEO 离职的可能性，并首先建立以下基准模型：

$$\ln \frac{Pr(y)}{1 - Pr(y)} = \alpha + \beta x_1 + \gamma Z + u$$

公式中，公司当年发生 CEO 强制离职（y）取值为 1，否则取值为 0；y 代表"绩效"；Z 是控制变量矢量；α 是要估算的常数项；β 是要估算的系数；γ 是控制变量矢量的系数；u 是干扰项。

为检验公司治理变量能否增强 CEO 强制离职对公司绩效的敏感性，本文将四个公司治理变量 ［两职分任（x_2）、独立董事（x_3）、大股东持股（x_4）、流通股（x_5）］和绩效变量构建交互变量，并和这四个公司治理变量一起加入方程，形成方程 2：

$$\ln \frac{Pr(y)}{1 - Pr(y)} = \alpha + \beta 1 x_1 + \beta 2 x_2 + \beta 3 x_3 + \beta 4 x_4 + \beta 5 x_5 + \beta 21 x_1 x_2 +$$
$$\beta 31 x_1 x_3 + \beta 41 x_1 x_4 + \beta 51 x_1 x_5 + \gamma Z + u$$

通过观察四个交互变量的系数，可以分别检验假设 2、假设 3、假设 4和假设 5。

在估算模型中，有三个问题值得注意。第一，本文用随机效应模型[①]来消除潜在的异方差；第二，正如表 1 所示，笔者对模型中所用变量进行了皮尔逊相关分析，发现所有变量之间的相关系数均小于 0.7，表明本文模型不存在多重共线性问题；第三，由于董事会改革（分设 CEO 和董事

---

① 本文之所以使用随机变量模型而不是固定效应模型主要有两个原因：一方面，模型中的因变量"CEO 离职"是一个反复出现的事件，而不是像通常的事件史分析模型一样，因变量是单独事件，而随机变量模型更有助于解决同一公司多次 CEO 离职之间的相互依赖和相关问题对估计系数的扭曲和影响；另一方面，本研究中一些独立变量如政府隶属情况、两职分设、独立董事比例等都是相对稳定的随时间变化非常有限的变量，如果使用固定效应模型，就很可能使得许多解释性变量都出现值等于 0 的情况，因此，在这种情况下，更适合使用随机变量模型。

长、任命独立董事）和股权分置改革（非流通股转化为流通股）都是由政府发起的外生事件，因此本研究中这些公司治理变量对 CEO 离职影响的内生性偏差会比较小。

四　模型分析结果

（一）公司业绩与 CEO 强制离职

表 2 是方程 1 的最大似然估计结果，可以看到资产收益率、年股票收益率和净资产增长率的系数都为负值，并分别在 0.05、0.1 和 0.01 的显著性水平上显著，这表明中国上市公司 CEO 的强制离职基本上是基于公司业绩的。资产收益率和净资产增长率在预测 CEO 强制离职方面更有解释力，这意味着，比起股票收益和股市表现，中国上市公司在过去十几年中更注重公司规模的快速扩张。

从表 2 可以看出，大多数控制变量的系数都至少在 0.1 的显著性水平上显著，尤其是公司行政级别的系数大多为负值，说明与民营控股公司相比，无论是隶属于哪个层级的国有控股公司，其 CEO 的地位都更稳固和更不容易离职。公司规模的系数为负且显著，表明规模越大的公司，CEO 越不容易离职。资产负债率的系数与预测方向一致但在统计意义上不显著，意味着在 1998～2007 年，中国的银行在约束上市公司 CEO 行为方面没有发挥重要作用。这可能是因为银行本身也是国有企业，公司治理较差，软预算约束情况比较严重，因此这些银行既没有动力也没有能力监督和约束上市公司 CEO 的行为。[①] 沿海地区变量的系数在 0.01 的显著性水平上显著且为负值，说明中国沿海地区上市公司 CEO 的离职率更低，也更不容易被解职。这有点出乎意料，因为沿海地区的企业经理面临着来自市场和董事会的更大压力和约束，理应离职率更高，更容易被解职。行业变量中公用事业和房地产业的系数显著且为正值，说明与制造业相比，这两个行业里的 CEO 更容易被免职。年份变量中，2006 年（滞后的）的系数在 0.01 的显著性水平上显著且为负值，意味着在 2007 年中国股市大牛市期间，上市

---

① 随着中国的银行部门大规模改革的实施，如银行股票上市和引入国外战略投资者等，2005 年后中国的银行的公司治理和绩效情况大大改善。

公司 CEO 被免职的可能性明显降低。

表 2　公司业绩与 CEO 强制离职（1998～2007 年）随机效应 Logit 模型（滞后数据）

	CEO 强制离职		
	模型 1	模型 2	模型 3
绩效变量			
资产收益率	-0.3606^{**} (0.171)		
年股票收益率		-0.1884^{*} (0.11)	
净资产增长率			-0.6397^{***} (0.14)
控制变量			
上市公司行政级别（非国有控股企业 　为参照）			
县乡镇控股企业	-0.4979^{**} (0.23)	-0.4801^{**} (0.24)	-0.5537^{**} (0.24)
市政府控股企业	-0.1779^{*} (0.11)	-0.2304^{**} (0.11)	-0.2477^{**} (0.11)
省政府控股企业	-0.2284^{**} (0.10)	-0.2632^{**} (0.11)	-0.2968^{***} (0.10)
中央政府控股企业	-0.1435 (0.16)	-0.2025 (0.17)	-0.2365 (0.16)
公司规模	-0.2183^{***} (0.04)	-0.2324^{***} (0.04)	-0.185^{***} (0.04)
资产负债率	0.0409 (0.04)	0.0591^{*} (0.03)	0.047 (0.04)
沿海地区（沿海＝1）	-0.2027^{***} (0.08)	-0.2441^{***} (0.08)	-0.2684^{***} (0.08)
行业（制造业为参照组）			
商业	0.0471 (0.14)	0.0943 (0.15)	0.0424 (0.14)
综合	-0.1025 (0.13)	-0.1197 (0.13)	-0.1289 (0.13)
公用事业	0.2426^{**} (0.12)	0.2202^{*} (0.13)	0.2497^{**} (0.12)
房地产业	0.446^{***} (0.15)	0.4128^{***} (0.15)	0.4537^{***} (0.15)

续表

	CEO 强制离职		
	模型 1	模型 2	模型 3
金融业	0.4577	0.4107	0.4367
	(0.46)	(0.48)	(0.46)
年份（1997 年为参照组）			
1998	0.1041	0.0414	0.0733
	(0.17)	(0.21)	(0.21)
1999	0.2493	0.0574	0.0181
	(0.16)	(0.20)	(0.20)
2000	0.1885	0.1871	0.0925
	(0.16)	(0.20)	(0.20)
2001	0.3842**	0.1286	0.1755
	(0.16)	(0.20)	(0.19)
2002	0.217	0.0117	$-7.10E-04$
	(0.16)	(0.20)	(0.20)
2003	0.1315	-0.0744	-0.0784
	(0.16)	(0.20)	(0.20)
2004	0.2464	0.04	0.0103
	(0.16)	(0.20)	(0.20)
2005	0.265	0.0506	0.0045
	(0.16)	(0.21)	(0.20)
2006	-2.946***	-3.21***	-3.183***
	(0.37)	(0.50)	(0.38)
常数项	3.29***	3.808***	2.956***
	(0.86)	(0.90)	(0.88)
N	6116	5273	5652

* $p<0.1$；** $p<0.05$；*** $p<0.01$。

注：括号内是标准误差。

（二）两职分设对 CEO 离职和公司绩效关系的影响

表 3 显示，无论是以资产收益率还是净资产增长率衡量公司绩效，绩效和两职分任的交互变量系数都不显著，表明分设 CEO 和董事长两职并没有显著增强 CEO 离职对公司绩效的敏感性。假设 2 得到验证。

（三）独立董事对 CEO 离职和公司绩效关系的影响

在表 3 中，无论以资产收益率还是净资产增长率衡量公司绩效，绩效

和独立董事比例的交互变量系数都在 0.01 的显著性水平上显著且为正值
（与预测方向相反），说明中国上市公司中独立董事的任命不仅没有提高
CEO 离职对公司绩效的敏感性，反而削弱了，假设 3 得到验证。这是一个
颇为发人深思的发现：在中国，独立董事制度的实施不但没有达到监督和
约束 CEO 的预期目的，反而出现了相反的效果，使得董事会中独立董事越
多，越有利于 CEO 逃避监督和惩处。皮莉莉（2011）的研究也印证了这
一点，她发现上市公司中独立董事比例越高，CEO 被强制性变更的可能性
越低，说明与西方国家普遍认为的独立董事承担着监督和制约 CEO 的角色
不同，中国上市公司的独立董事实际上很可能扮演了 CEO"帮手"的角
色，使得 CEO 更容易逃避监管和责任。Kato 和 Long（2006）对中国上市
公司的实证分析也得出了相似的结论，他们发现，当独立董事的比例从 0
提高到 33.33% 时，CEO 被强制性变更的可能性则由 19% 下降到 8%。

（四）大股东在监督和约束上市公司 CEO 中的作用

表 3 数据显示，以净资产增长率衡量公司绩效时，绩效和大股东持股
比例的交互变量的系数在 0.1 的显著性水平上显著且为负值，说明大股东
持股比例越高，CEO 离职对公司绩效的敏感性越强。这也意味着，大股东
的权力越大，越能有效监管和约束 CEO 的行为。

表 3　CEO 强制离职的随机效应估计模型（1998 - 2007 年）（滞后数据）

	CEO 强制离职	
	模型 1	模型 2
绩效变量		
资产收益率	- 0.3944 (1.66)	
净资产增长率		0.1577 (0.26)
董事会特征		
两职分任	0.042 (0.11)	0.0496 (0.11)
独立董事比例（%）	- 0.8902 (0.55)	- 0.7145 (0.56)
控股股东		

续表

	CEO 强制离职	
	模型 1	模型 2
大股东持股比例（%）	− 0. 7856 ***	− 0. 8166 ***
	（0. 27）	（0. 28）
资本市场		
流通股比例（%）	− 0. 7742 **	− 0. 7437 *
	（0. 39）	（0. 39）
公司治理和绩效的交互作用		
资产收益率 × 两职分任	− 0. 7416	
	（0. 66）	
资产收益率 × 独立董事比例	6. 652 ***	
	（2. 21）	
资产收益率 × 大股东持股比例	− 0. 9225	
	（1. 56）	
资产收益率 × 流通股比例	− 2. 127	
	（2. 32）	
净资产增长率 × 两职分任		0. 0593
		（0. 08）
净资产增长率 × 独立董事比例		2. 004 ***
		（0. 45）
净资产增长率 × 大股东持股比例		− 0. 4683 *
		（0. 26）
净资产增长率 × 流通股比例		− 1. 685 ***
		（0. 52）
控制变量		
上市公司行政级别（以非国有控股企业为参照）		
县乡镇控股企业	− 0. 3143	− 0. 3537
	（0. 24）	（0. 24）
市政府控股企业	− 0. 1674	− 0. 1883 *
	（0. 11）	（0. 11）
省政府控股企业	− 0. 1652	− 0. 2183 *
	（0. 11）	（0. 11）
中央政府控股企业	0. 0509	− 0. 0114
	（0. 17）	（0. 17）
公司规模	− 0. 2046 ***	− 0. 2034 ***
	（0. 05）	（0. 05）

续表

	CEO 强制离职	
	模型 1	模型 2
资产负债率	0.0485	0.0481
	(0.03)	(0.03)
沿海地区（以沿海 = 1 为参照）	− 0.2525 ***	− 0.2817 ***
	(0.08)	(0.08)
行业（以制造业为参照）		
商业	− 0.0242	− 0.0088
	(0.15)	(0.15)
综合	− 0.1526	− 0.1657
	(0.13)	(0.14)
公用事业	0.2709 **	0.2832 **
	(0.13)	(0.13)
房地产业	0.3121 **	0.3167 **
	(0.16)	(0.16)
金融业	0.4606	0.5392
	(0.46)	(0.46)
年份（以 1997 年为参照）		
常数项	0.9645	3.877 ***
	(1.00)	(0.90)
N	5172	4999

$^*p < 0.1$；$^{**}p < 0.05$；$^{***}p < 0.01$；

注：①括号内是标准误差；②为节省篇幅，"年份"的回归结果在此略去。

（五）资本市场对 CEO 强制离职的影响

由表 3 可知，以净资产增长率衡量公司绩效时，绩效和流通股比例的交互变量系数在 0.01 的显著性水平上显著且为负值，说明资本市场能够显著增强 CEO 离职对公司绩效的敏感性，支持了假设 5 的预测。

五 结论与讨论

通过数据分析，本文深入探讨了中国上市公司 CEO 强制离职的影响因素及其作用机制，并揭示出一种与代理理论预测和西方经验颇为不同的

CEO 解职规律：分设 CEO 和董事长对增强 CEO 离职对公司业绩的敏感度没有显著影响，而且独立董事的任命产生了适得其反的意外效果，不但没有增强，反而削弱了董事会在监督和约束 CEO 行为方面的作用。尽管独立董事（及董事会）在惩戒 CEO 方面还没有发挥其应有的积极作用，但进一步的研究发现，在中国，大股东在监督和约束 CEO 方面的角色却颇为有效，资本市场也显著提高了 CEO 离职对公司绩效的敏感性，使不称职的 CEO 在公司业绩不佳时更容易被解职。此外，本文的经验数据表明，中国上市公司 CEO 的强制离职大多基于公司业绩，但净资产增长率和资产收益率对 CEO 强制离职的解释力比年股票收益率更强，说明中国上市公司更注重盈利性和公司规模的快速扩张，而不是股票市场的短期回报和表现。

总的来看，中国上市公司大体上是以公司业绩为基础对 CEO 进行惩戒和解职的，但对 CEO 的解职通常并不是由董事会（尤其是独立董事）而是由大股东决定的。这种大股东"一股独霸"和董事会力量薄弱的状况，主要是和中国上市公司高度集中的股权结构有关。在股权高度集中于某个大股东时，董事会就很难摆脱大股东的操纵而独立运作。同时，由于董事会是一个西方舶来品，中国很多企业家和管理者，尤其是国有企业和家族企业的管理者，甚至不知道董事会到底是什么和该如何运作。[1] 对中国大多数上市公司而言，无论是国有控股企业还是民营控股企业，董事会只是为了满足证券监管机构的上市要求和合规需要而不得已设立的，仅仅是大股东用来获取合法性的"橡皮图章"。在涉及 CEO 任免这样的重大公司决策时，还是大股东说了算。

本文的研究结果很好地支持了社会学新制度主义的观点，即 CEO 离职不仅仅是一个经济过程，受效率逻辑的支配，更是一个社会政治过程，受权力逻辑的强烈影响。[2] 需要指出的是，中国上市公司控股股东对 CEO 基

---

[1] 在实地调研中，笔者也对几位非上市公司 CEO 进行了访谈，发现大多数 CEO 名片上的职位都是董事长兼 CEO，但他们的公司压根没有董事会（因为大多数公司都是由创始人全资所有）。他们之所以称自己为董事长，只是因为在中国，董事长的头衔听起来似乎更好听和更"现代"，也比 CEO 的权力更大。

[2] 此处的"权力逻辑"不仅指中国语境下的宏观"行政权力逻辑"（比如党管干部体制对国有控股上市公司 CEO 更替的影响），还包括中观层面的资本市场权力和微观公司层面的大股东权力、董事会权力以及董事长、独立董事等个人权力对 CEO 离职的影响，这些不同层面的权力透过公司这一平台，以公司政治的形式展现出来，共同影响了 CEO 的（强制）离职过程。

于公司业绩进行解职判断，并不意味着效率逻辑在 CEO 解职决策中居于主导地位。这仅仅说明，上市公司作为承受较大绩效压力的经济组织，其"公司政治"的运作是基于一定"业绩底线"的，而权力逻辑的施展空间和运行边界也受到了效率逻辑的制约。然而，有"业绩底线"的公司政治仍然是政治，受效率逻辑制约的权力逻辑在很多情况下依然显现出强大的支配作用。这种在 CEO "解职政治"中体现的"业绩"和"能力"因素，是符合中国企业诸多组织现象的一般规律的，比如国有企业"有原则的任人唯亲"制度（华尔德，1996）及车间政治中在确定工人下岗名单时的"刚性与弹性"（李铒金，2003）等。

总之，CEO 强制离职事件不仅是一项重大公司决策，也折射出一个组织的潜在深层权力结构（Pfeffer，1981）。此外，本研究也表明，一项新的组织实践的实际效果往往最终取决于那些在组织中拥有决策权的当权者的利益（Fligstein，2001；张翼，2002）。独立董事在约束中国 CEO 行为方面的无力和意外负面后果，以及大股东在 CEO 任免决策中的延续主导地位，一方面表明任何激励机制或组织结构的有效性都是有前提条件的（周雪光，2008），另一方面也生动体现了组织中既有权力结构的顽固性（李铒金，2003）和组织实践中根深蒂固的权力逻辑（张兆曙，2012）。尽管中国政府推动实施独立董事制度的初衷是削弱大股东的权力以改善公司治理，但像大股东这样的"公司统治者"却把新公司治理制度的实施作为一个进一步增强其权力、巩固其地位的机会（如借任命独立董事的机会清除内部异己和竞争对手）。这在有效维护和巩固其权力与实现组织权力再生产的同时，也阻碍了新制度实施中从"形式绩效"到"实质绩效"的达成（刘玉照、田青，2009）。从更大视野看，组织中这种普遍存在的权力逻辑压倒效率逻辑的现象，可能是阻碍中国公司治理改革和其他各类组织和制度变迁，使改革流于形式、新制度止于表象的深层原因，需要进一步研究其规律和厘清其机制，以更好地完善组织变革理论，推动改革发展实践。

参考文献

华尔德，1996，《共产党社会的新传统主义：中国工业中的工作环境和权力结构》，龚小夏译，牛津大学出版社。

金志国，2008，《一杯沧海：我与青岛啤酒》，中信出版社。

李钺金，2003，《车间政治与下岗名单的确定——以东北的两家国有工厂为例》，《社会学研究》第 6 期。

李猛、周飞舟、李康，2003，《单位：制度化组织的内部机制》，载中国社会科学院社会学研究所编《中国社会学》（第二卷），上海人民出版社。

刘玉照、田青，2009，《新制度是如何落实的？——作为制度变迁新机制的"通变"》，《社会学研究》第 4 期。

皮莉莉，2011，《中国上市公司 CEO 的权力与强制性 CEO 变更的关系研究》，《广东商学院学报》第 6 期。

张维迎，2000，《产权安排与企业内部的权力斗争》，《经济研究》第 6 期。

张翼，2002，《国有企业的家族化》，社会科学文献出版社。

张兆曙，2012，《新制度落实：单位内部的上下分际及其运作》，《社会学研究》第 3 期。

周建、刘小元、方刚，2009，《基于中国上市公司的 CEO 更替与公司治理有效性研究》，《管理学报》第 7 期。

周雪光，2008，《基层政府间的"共谋现象"：一个政府行为的制度逻辑》，《社会学研究》第 6 期。

Ahmadjian, Christona L. and Patricia Robinson. 2005. "A Clash of Capitalisms: Foreign Shareholders and Corporate Restructuring in 1990s Japan." *American Sociological Review* 70 (3): 451 – 471.

Boeker, W. 1992. "Power and Managerial Dismissal: Scapegoating at the Top." *Administrative Science Quarterly* 37 (3): 400 – 421.

Brown, M. C. 1982. "Administrative Succession and Organizational Performance: The Succession Effect." *Administrative Science Quarterly* 27 (1): 1 – 16.

Cannella, A. A., Jr. and M. Lubatkin. 1993. "Succession as a Sociopolitical Process: Internal Impediments to Outsider Selection." *Academy of Management Journal* 37 (4): 763 – 793.

Chang, Eric C. and Sonia M. L. Wong. 2004. "Chief Executive Officer Turnovers and the Performance of China's Listed Enterprises." Hong Kong Institute of Economics and Business Strategy Working Paper No. 1113.

Cioffi, J. W. and M. Hopner. 2006. "The Political Paradox of Finance Capitalism: Interests, Preferences, and Center-Left Party Politics in Corporate Governance Reform." *Politics & Society* 34 (4): 463 – 502.

Coffee, J. 1999. "The Future as History: The Prospects for Global Convergence in Corporate Governance and its Implications." *Northwestern University Law Review* 93 (3): 641 – 708.

Davis, G. F. and T. A. Thompson. 1994. "A Social Movement Perspective on Corporate Control." *Administrative Science Quarterly* 39 (1): 141 – 173.

Denis, D. J. and D. K. Denis. 1995. "Performance Changes Following Top Management Dismissals." *Journal of Finance* 50 (4): 1029 – 1057.

Fligstein, N. 2001. *The Architecture of Markets: An Economic Sociology of Twenty- First-Century Capitalist Societies.* Princeton, N. J. : Princeton University Press.

Fredrickson, J. W. , D. C. Hambrick, and S. Baumrin. 1988. "A Model of CEO Dismissal." *Academy of Management Review* 13 (2): 255 – 270.

Groves, T. , Y. Hong, J. McMillan, and B. Naughton. 1995. "China's Evolving Managerial Labor Market." *Journal of Political Economy* 103 (4): 873 – 892.

Grusky, O. 1961. "Corporate Size, Bureaucratization, and Managerial Succession." *American Journal of Sociology* 67 (3): 261 – 269.

Harrison, J. Richard, David L. Torres, and Sal Kukalis. 1988. "The Changing of the Guard: Turnover and Structural Change in the Top-Management Positions." *Administrative Science Quarterly* 33 (2): 211 – 232.

Huson, M. , R. Parrino, and L. Starks. 2001. "Internal Monitoring Mechanisms and CEO Turnover, a Long-Term Perspective." *Journal of Finance* 56 (6): 2265 – 2297.

Jensen, Michael C. 1986. "Agency Costs of Free Cash Flow, Corporate Finance and Takeovers." *American Economic Review* 76 (2): 323 – 329.

Kang, Jun-Ko and Anil Shivdasani. 1995. "Firm Performance, Corporate Governance, and Top Executive Turnover in Japan." *Journal of Financial Economics* 38 (1): 29 – 58.

Kaplan, S. 1994. "Top Executives, Turnover, and Firm Performance in Germany." *Journal of Law, Economics and Organization* 10 (1): 142 – 159.

Kato, T. and C. Long. 2006. "CEO Turnover, Firm Performance, and Enterprise Reform in China: Evidence from Micro Data." *Journal of Comparative Economics* 34 (4): 796 – 817.

Lucier, Chuck, Rob Schuyt & Edward Tse. 2004. "CEO SUCCESSION 2004: The World's Most Prominent Temp Workers." Internal Report of Booz Allen Hamilton Company.

Mintzberg, H. 1983. *Power in and Around Organizations.* Englewood Cliffs, NJ: Prentice-Hall.

Ocasio, W. 1994. "Political Dynamics and the Circulation of Power: CEO Succession in US Industrial Corporations, 1960 – 1990. " *Administrative Science Quarterly* 39 (2): 285 – 312.

Pfeffer, J. and H. Leblebici. 1973. "Executive Recruitment and the Development of Interfirm Organizations." *Administrative Science Quarterly* 18 (4): 449 – 461.

Pfeffer, J. 1981. *Power in Organizations.* Cambridge, MA: Ballinger Publishing Company.

Pfeffer, J. and G. Salancik. 1977. "Organizational Context and the Characteristic and Tenure of Hospital Administrators." *Academy of Management Journal* 20 (1): 74 – 88.

Salancik, G. and J. Pfeffer. 1980. "Effects of Ownership and Performance on Executive Tenure in U. S. Corporations." *Academy of Management Journal* 23 (4): 653 – 664.

Vitols, Sigurt. 2003. "Negotiated Shareholder Value: The German Version of an Anglo-American Practice." WZB Markets and Political Economy Working Paper No. SP Ⅱ 2003 – 25. Available at SSRN: http://ssrn. com/abstract = 510062.

Warner, Jerold B. , Ross L. Watts, and K. H. Wruck. 1988. "Stock Prices and Top Management Changes." *Journal of Financial Economics* (20): 461 – 492.

Weisbach, M. S. 1988. "Outside Directors and CEO Turnover." *Journal of Financial Economics* 20: 431 – 460.

Zajac, E. and J. Westphal. 1996. "Who shall Succeed? How CEO/Board Preferences and Power Affect the Choice of New CEOs." *Academy of Management Journal* 39: 64 – 90.

中国农民工社会融入的代际比较[*]

李培林　田　丰

摘　要： 本文依据2011年中国社会科学院社会学研究所中国社会状况综合调查数据，描述了老一代农民工和新生代农民工在经济、社会、心理和身份四个层面的社会融入状况，分析了人力资本、社会资本和政策制度等因素对社会融入的影响。研究发现，新生代农民工社会融入状况与老一代农民工相比并没有根本差异；影响社会融入的人力资本因素更显著地体现在农民工的工作技能上；政策制度对农民工社会融入具有重要影响；农民工社会融入的经济—社会—心理—身份四个层次不存在递进关系，经济层次的融入并不必然带来其他层次的融入。

关键词： 农民工　社会融入　城市化

一　问题的提出

2011年，中国城镇人口超过6.9亿，城市化率首次突破50%，达到51.3%（国家统计局，2012）。尽管中国用大约三十年时间走完了西方发达国家上百年的城市化历程，但始终没从根本上解决城市化滞后于工业化、户籍改革滞后于城市化这两大问题。根据中国国家统计局2010年的监测数据，中国农民工总数已达2.42亿人，其中外出就业者1.53亿人，本地非农就业0.89亿人。数以亿计的进城农民工成为中国经济社会发展的重要"推动力量"之一，但同时也面临着难以融入城市社会的突出问题。

---

[*]　原文发表于《社会》2012年第5期。

从经济发展角度看，帮助农民工融入城市社会，将该群体纳入较高水平的城市社会保障体系中，使其能够长期稳定地在城市安居乐业，既可以提高他们的生活质量，改变他们的生活方式和消费方式，也有利于从宏观上刺激居民消费和拉动内需，为中国经济中长期发展提供动力。从维护社会秩序的角度看，农民工无法融入城市社会，缺乏归属感，显然不利于中国社会的长治久安。农民工群体庞大，一旦遇到经济周期波动无业或失业，想在城市居留，却无法获得相应的救济和保障，就容易出现"自我救济式犯罪"，有可能演化为社会的不稳定因素（赵光伟，2010）。

正因如此，在城市化进程中，政府和社会看待农民工的态度和应对流动人口的政策正在改变，从最初的强力控制和限制，逐渐转变为以引导疏导为主，并出台了一些市民化的管理与服务措施。这些变化确实在部分地区和局部范围内为农民工在城镇生活和居留提供了便利条件，但也必须看到，新生代农民工仍循着父辈们的足迹，徘徊于城乡之间。这表明现行的社会政策并没有从根本上解决农民工融入城市社会的问题，这正是本文关注的重点，即与老一代农民工相比，新生代农民工在城市社会的融入程度上有何不同？究竟是哪些因素束缚着新生代农民工融入城市社会？这迫切需要学者们进行深入的科学研究，为社会政策的制定提供充足的经验依据。

一 文献回顾

社会融入有两个不同的理论来源：经典社会学理论和现代社会政策理论。在经典社会学研究中，社会融入是解读社会和谐和社会冲突的核心概念。一些学者认为，社会融入概念源自涂尔干，他在劳动分工论中提出了这一概念，并由此被现代社会学家所借鉴和使用（Friedkin，2004；Jupp，Nieuwenhuysen & Dawson，2007；Green & Janmaat，2011）。涂尔干在研究社会为什么能在社会发展不同阶段保持社会凝聚力时，从社会团结机制的变化推演出社会融入的概念，并构想一个稳定的社会应该建立在集体意识、共同价值观和持续合作的基础之上（Durkheim，1933）。社会融入的着眼点和研究视角偏重于宏观，是基于人群特征研究整个社会中的社会链接和社会融入，比如种族和移民等。除了宏观的理论视角之外，在微观方面，社会心理学家对社会融入理论的发展也有重要贡献。他们把社会融入指标区分为态度和行为两个方面，并据此测量个体认同和群体融入（McPherson & Smith-Lovin, 2002）。弗里德金（Fredkin, 2004）认为，早期的社会心理学对社会融入的定义侧重于个体的态度和行为，随着研究的深入，其焦点不再简单地集中在个体层次上，越来越多的研究者开始关注群体性社会融入。研究者还发现，社会网络、社会链接与社会融入具有密切联系，较强的人际关系纽带有助于社会融入。比如，Lawler 和 Yoon（1996）就将社会融入界定为个人在社区层次上建立主要的社会网络，把社会瓦解（social dissolution）视为与社会融入相对应的概念。在中国这样一个强调社会关系的文化中，社会网络、社会链接与社会融入之间的关系也多为研究者所强调，是一个非常重要的理论视角。

在现有文献中，很多学者将社会融入（social cohesion）与社会融合（social assimilation）概念交互使用，实际上，这两个概念确实有很多共通之处。芝加哥学派对社会融合理论的发展做出了非常重要的贡献。帕克（R. E. Park）把社会融合视为一个渐进和不可逆的社会过程，认为移民族群融入有四个阶段：相遇（contact）、竞争（competition）、适应（accommodation）和融合（assimilation），并发展出"边缘人"、"陌生人"和"社会距离"等概念。Warner 和 Srole（1945）开创性地提出了"直线型融合"概念，认为移民在新的社会环境中的社会融合有许多步骤，但随着时间的推移，其行为与本地原住民会越来越相似。随着越来越多新移民的涌入，即便是崇尚多元文化的美国社会对新移民的吸纳也出现了一些问题。学者们通过对美国 20 世纪 60 年代纽约这样的大城市的研究发现，移民越来越多地保留了来源地的传统和习惯。这一发现开启了后来社会融合的多元文化论（Glazer & Moyniham, 1970）。对芝加哥学派"直线型融合"的批判来自 Gans（1979；1996），他提出了"曲线型融合"（bumpy line theory）的研究范式，认为移民未必能够在新社会环境中实现经济和社会条件的改善，即便是第二代移民也可能被主流社会边缘化，无法真正融入新的社会环境。关于社会融合比较新的理论是"区隔型融合"（segmented assimilation）的研究范式，Portes 和 Zou（1993）认为，新移民适应新的社会环境有多种不同的方式：既可能按照传统直线型融合模式，融入主流社会或者中产阶级圈子，也可能被迫融入下层社会。当然，进入下层社会的移民也有可能通过其他路径实现向上的社会流动。由于户籍制度、人力资本和关系网络的现实，区隔型融入理论对研究中国农民工在城市的社会融入具有更强的借鉴意义。

社会融入和社会融合产生的社会现实基础有显著差别，前者来自涂尔干关于从前工业社会向工业社会过渡时期如何维系社会稳定和社会团结的思考；社会融合产生在工业化、城市化和全球化背景下，试图解决大规模移民从农村向城市、从农业向工业、从欠发达国家向发达国家转移过程中的适应和融入新社会的问题。这两个概念虽然来源不同，却有异曲同工之妙。在西方学者对这两个概念的使用中，社会融入偏重于宏观社会，社会融合则多与个人和群体相联系。但随着社会政策理论对社会融入概念的使用和推广，前者的政策意义和可操作化性强于后者，因而本文统一使用"社会融入"概念。

现代社会政策理论是社会融入的另一个理论来源。这一理论产生的时间并不长，但影响却越来越大。其原因在于，近年来对移民问题研究的焦点，已经从类似成本收益分析的经济学视角转向社会价值观（social value）和国家认同（national identity）等社会学视角（Bischoff, 2002）。其原因并不是经济学视角不再重要，而是人们对经济学的观点已经耳熟能详，而社会政策制定者更需要知道新移民在社会生活中的真实需要（参见 Ritzen, 2002）。

自 20 世纪 90 年代中期以来，社会融入与全球化一样，成为国际社会和国际组织的一个流行语（J. Chan & E. Chan, 2006）。经合组织（OECD）和世界银行等国际组织开始意识到社会融入等社会文化因素在经济增长和社会发展中的重要作用。加拿大政府在 1996 年组建了"社会融入工作网络"（Social Cohesion Network）。社会融入这一概念还被引入讨论反恐和穆斯林人口在西方社会的融入问题，如在法国，作为第二代移民的阿拉伯人和罗姆人，虽然已经是在法国出生的法国人，但他们不但难以融入社会，甚至还成了城市骚乱的主力（参见 Martin, 2006）。

第一个把社会融入作为政策工具界定的是马克斯威尔（Maxwell, 1996）。他认为，社会融入包括建立共享的价值观，缩减财富和收入差距，总体上让人们感觉到他们融入一个共同体中，作为共同体的成员，面对共同的挑战。Jenson（1998）发展出一套理论，用五个连续维度的指标来衡量社会融入程度。Bernard（1999）在其基础上将社会融入的指标发展为六个维度，包括"归属感—孤独感、包容—排斥、参与—不参与/漠视、认可—拒绝、合法化—非法化、平等—不平等"（Bernard，1999）。他还把这六个维度按照经济、政治和社会文化区分为形式和本质的两组测量指标。这一政策工具在不同国家和地区被操作化为不同的具体指标，广泛用于测量社会融入状况的政策研究中。可见，经典社会学家虽然提供了社会融入这个概念的基本界定，但社会融入被引入具体的政策实施却是在近十几年由政策制定者和基于政策取向的研究者完成的。

表 1　Bernard 关于社会融入的类型划分

行为层面	关系的特征	
	形式	本质
经济层面	包容—排斥	平等—不平等
政治层面	合法化—非法化	参与—不参与/漠视
社会文化层面	认可—拒绝	归属感—孤独感

与西方国家关于移民社会融入研究的大量文献相比，国内关于农民工社会融入的研究才刚起步，且多沿袭西方社会融入理论的脉络。一些学者虽归纳和改进了已有的关于社会融入的研究范式和指标体系，但并未根据中国的经验进行验证。比如：梁波和王海英（2010）归纳了关于移民融入的类型化研究，列举了以戈登（Gordon）为代表的结构性和文化性"二维度"模型，以杨格－塔斯（Junger-Tas）等为代表的结构性融入、社会—文化性融入和政治—合法性融入"三维度"模型，以及以恩泽格尔（Entzinger）等为代表的社会经济融入、政治融入、文化融入和主体社会对移民的接纳或拒斥等"四维度"模型。杨菊华（2009）的观点更接近于直线型融入，她认为，在经济整合、文化接纳、行为适应和身份认同之间存在着层级关系、先后次序和因果关系，经济整合应该在先，次为文化接纳，再次为行为适应，最后是身份认同；杨菊华（2010）还建立了一个三级指标体系，包括 16 个具体指标和若干可测量变量或参数。吴新慧（2004）认为，由于迁入地和迁出地的文化差异，移民往往出现一种"非整合"现象，表现为群体分割、文化多元主义和远离主体社会的三种生存状态。

也有一部分学者结合西方社会融入分析范式进行中国的经验研究，比较有代表性的包括：风笑天（2004）对三峡移民的社会适应研究；张文宏和雷开春（2008）对上海流动人口中白领人群的社会融入研究；关信平和刘建娥对广州、昆明、上海、沈阳和天津五大城市农民工的社会融入研究（关信平、刘建娥，2009；刘建娥，2010）；周莹（2009）对青年农民工和老一代农民工社会融入的比较研究，等等。此外，任远和邬民乐（2006）、王桂新和王利民（2008）先后对近年来城市移民的社会融合研究做了较为详尽的综述，本文在此不做赘述。

对于国内学者实证研究的分析框架，可以做以下评析。一是社会融入的测量及指标设定。尽管不同的研究者对社会融入的分类和指标设计各有不同，但在社会融入的层次划分上基本能够形成一致性观点（如将社会融入分为经济、社会、文化、行为、心理和身份等层次），而在具体的测量指标设定上分歧较大。二是学者们对于社会融入的过程是否存在从经济、社会到文化或心理层面这样一个递进的逻辑关系，或者这种递进关系的顺序是什么，都存在不同意见。三是对社会融入的归因解释上，国内学者基本上达成了较为一致的意见，即人力资本、社会资本和政策制度三个主要原因，但也有学者将流入地的社会排斥作为一个影响因素。四是研究者的分析主要集中在个体层次。几乎所有研究者都是以个体层次的案例和变量作为主要研究内容，样本分布主要集中在少数地区或者单一城市，缺乏全国范围内有代表性的调查样本。

二　研究思路及假设

关于农民工群体的划分，可以按照农民工流动区域，如国家统计局就按此分为本地农民工和流动农民工；也可以按照农民工年龄划分代际，比如国家统计局在涉及 31 个省、市、自治区的农民工监测调查报告中包括了对新生代农民工基本信息的详细分析（国家统计局住户调查办公室，2011）。新生代农民工这一概念提出的依据是中国社会中存在农民工代际更替的现实状况和发展趋势，这一概念的提出对研究中国社会农民工的演变具有重要意义。王春光（2001）最早提出"新生代农民工"概念，他（王春光，2010）在新近的研究中还发现，新生代农民工在城市融入上面临三大难以化解的张力：政策的"碎步化"调整与新生代农民工越来越强烈的城市化渴望和要求之间的张力；新生代农民工对城市化的向往与他们实现城市化的能力之间的张力；中央政府城市化政策与地方落实城市化措施之间的张力。因此，"碎步化"社会政策调整已不足以满足新生代农民工城市融入的需求。李培林和田丰（2011）的研究发现，生活压力的变化和个人权利意识的增强，对新生代农民工的社会态度和行为取向具有非常重要的影响。与按照农民工流动区域的划分方式相比，依照代际来划分农民工的方式能更有效地凸显农民工的未来发展趋势和特点。因此，本文将流动农民工群体按照年龄划分为老一代农民工和新生代农民工，以1980年为界，1980年及以后出生的农民工定义为"新生代农民工"，1980年以前出生的农民工定义为"老一代农民工"。

与以往的研究设计相比，本项研究设计具有以下特点：第一，研究按照区域流动范围，将进城农民工划分为本乡镇流动、跨县流动和跨省市流动；第二，本研究划分了经济层次融入、社会层次融入、心理层次接纳、身份层次认同等四个层次，并假定四个层次之间存在递进关系；第三，在社会融入归因方面，本文接受以往学者总结的人力资本、社会资本和制度政策三个因素。据此，本文提出三个研究假设。

首先，中国的农民工流动是在城市化、工业化过程中，人口从农村向城市转移的过程。受户籍制度等因素的影响，中国数以亿计的农民工难以在城市社会扎根，从而形成与西方社会"二代移民"不同的新生代农民工群体。关于新生代农民工与老一代农民工在社会融入状况上的差异，至少可以从以下三个层次理解。第一，从代际差异看，一般西方移民理论认为"二代移民"由于在迁入地的城市社会中成长起来，其社会融入状况要比"一代移民"好，但中国新生代农民工却与父辈一样，仍然是在迁入地的农村地区长大后才流动到城市社会的，其社会融入状况是否优于老一代农民工，还存有疑问。第二，从社会政策的影响看，针对农民工的社会制度和社会政策已有较大改善，至少政策设计的意图是增加农民工在城市化过程中融入城市的可能性，制度环境改善的受益者显然是新进入城市社会的新生代农民工。第三，从劳动力结构需求变化看，以廉价劳动力为基础的经济发展模式正在悄然改变，对劳动力结构的需求也出现了相应的变化，技术工人短缺越来越明显。作为廉价劳动力的老一代农民工已经逐步退出城市劳动力市场，而新进入的新生代农民工具有更高的技能水平，其适应程度应该好于老一代农民工。综上所述，本文提出第一个假设。

假设 1：新生代农民工的社会融入状况要好于老一代农民工。

其次，从以往的研究成果可以看到，人力资本和社会资本是最受关注的农民工在城市社会融入的影响因素，现有研究认为，人力资本和社会资本越高的农民工在城市的社会融入程度越高。此外，考虑到中国不平衡的城市化过程，不同地区的政策制度因素存在显著差别，且对农民工社会融入程度存在潜在影响，故而提出本文的第二个假设。

假设 2：人力资本、社会资本、政策制度等因素对农民工社会融入有显著影响。

假设 2.1：流动农民工人力资本越高，其在城市融入程度越高。

假设 2.2：流动农民工社会资本越高，其在城市融入程度越高。

假设 2.3：流动农民工获得保障越多，其在城市融入程度越高。

最后，根据社会融入和社会融合理论，学者对社会融入的认识从直线型融入到曲线型融入，再发展出多元文化论和区隔型融入理论。而中国学者多强调直线型融入的理论脉络，本文试图提出一个近似于直线型融入的研究假设，并加以验证。

假设 3：经济层次融入、社会层次融入、心理层次接纳和身份层次认同存在着依次递进的因果关系。

本文数据来自中国社会科学院社会学研究所于 2011 年 7～11 月开展的第三次“中国社会状况综合调查”（CSS，CASS 2011）。该调查通过 PPS 抽样，覆盖了全国 28 个省、市、自治区的 100 个县（市、区）的 480 个村居，共入户访问了 7036 位 18 周岁及以上的城乡居民。

调查结果显示，老一代农民工和新生代农民工的平均年龄分别为 44.76 岁和 25.58 岁，平均受教育年限分别为 6.97 年和 10.17 年，两者差异非常显著，这说明新生代农民工比老一代农民工具备更好的文化知识储备。老一代农民工和新生代农民工中男性比例分别为 64% 和 54%，两者相差 10 个百分点。这与农民工的流动模式相关，一些女性农民工在婚后或者生育子女后就不再外出打工，所以年龄较大的老一代农民工中女性比例较少。

由于本次调查在抽样设计时是以住户为主的地图抽样，将工厂、企业和工棚等农民工可能高度集中居住地排除在地图抽样范围之外，因此，这些地点的农民工样本相对较少。从分析结果看，居住在集体宿舍、工棚及其他地点的老一代农民工不到2%，新生代农民工也仅略高于5%；老一代农民工和新生代农民工居住在自建或者自购房屋的比例分别为78%和60%，租/借公房或他人住房的比例分别为21%和35%。农民工的居住模式在很大程度上取决于他们的流动区域，在本乡镇流动的农民工显然更可能居住在自建或者自购房屋中，而离开家乡到外地流动的农民工则需要居住在租住房屋或者集体宿舍等地方，因此，农民工的居住模式和流动区域存在较强的相关性，这一点在农民工流动区域中也可以体现出来。

老一代农民工流动区域主要集中在本乡镇，新生代农民工的流动区域则更为宽泛。老一代农民工和新生代农民工本乡镇流动的比例分别达到72%和49%，本县市流动比例分别为13%和17%，跨县市流动的比例分别为16%和34%。流动区域对农民工社会融入的影响是不同的，比如在本乡镇流动的农民工在生活方式和习惯上与本地城镇人口差异不大，他们在本地的社会融入过程要容易一些。跨县市流动的农民工的境况则显著不同，流动到大城市的一些农民工不但面临经济上的困境，而且受到生活方式差异上的歧视，社会融入的难度显然要大一些。

老一代农民工和新生代农民工在年龄、受教育年限、性别、居住模式和流动区域上具有不同的特征，新生代农民工在年龄、知识储备上有一定优势，流动区域更为宽广（见表2）。本文将在后面分析这些特征对老一代农民工和新生代农民工社会融入的影响。

表 2　新老农民工的主要特征

主要特征	老一代农民工			新生代农民工		
	均值	标准误	样本量	均值	标准误	样本量
年龄	44.76	0.31	886	25.58	0.19	343
受教育年限	6.97	0.11	885	10.17	0.16	341
性别（男性＝1）	0.64	0.02	886	0.54	0.03	343
居住模式						
自建或者自购房屋	0.78		690	0.60		205
租/借公房或他人住房	0.21		182	0.35		120
集体宿舍/工棚/其他	0.02		14	0.05		18
流动区域						
本乡镇	0.72		634	0.49		167

主要特征	老一代农民工			新生代农民工		
	均值	标准误	样本量	均值	标准误	样本量
本县市	0. 13		112	0. 17		58
跨县市	0. 16		118	0. 34		118

三　社会融入及其影响因素的描述性分析

参考前文对以往研究的回顾，本文将社会融入分为经济层次融入、社会层次融入、心理层次接纳和身份层次认同等四个不同的层次，并逐次描述老一代农民工和新生代农民工在四个不同的社会融入层次的基本状况。

（一）经济层次的融入

在任何一个国家，城市化进程都不可避免会遇到新移民问题，而新移民问题的关键是就业问题。威尔逊（2007）在底层社会研究中发现，即便是在获得了法律上平等的公民权利前提下，美国大城市里的新移民——黑人群体，由于无力应对结构性的经济变迁，比如从生产性行业向服务性行业的转移，与流入城市的主流社会之间的社会断裂现象仍普遍存在。梁波和王海英（2010）总结国外学者的研究认为，经济层次融入主要指移民在劳动力就业市场、职业地位、经济收入、消费水平、消费模式和住房等方面的融合。这种融合可以通过其与流入地居民的平均水平的差距来测量。

经济层次融入主要强调农民工在劳动力市场中所处的职业地位，以及从事该职业的收入及家庭消费情况。长期以来，农民工在从农村到城镇的流动过程中，缺乏充分的技术培训，人力资本提高相对有限，加之企业很少有对人力资本投入的回报预期，导致农民工职业流动主要体现为低层次的水平流动，职业地位改善程度相当有限。从调查结果看，虽然农民工群体中也有部分人具有较高教育水平，拥有较高技术能力，但大多数仍在流入地从事较低职业地位的体力劳动和半技术半体力劳动。如果按照职业类别区分新生代农民工社会融入状况，显而易见的是，农民工在城市社会的融入状况非常糟糕，因为他们大多数从事的是一般城里人不愿意从事的艰苦和劳累的职业，老一代农民工和新生代农民工之间并没有本质差别。因此，本文通过具体的工作条件、收入和消费状况来分析老一代农民工和新生代农民工之间的差异。

老一代农民工和新生代农民工平均每月工作分别为 23.96 天和 25.68 天，平均每天工作 9.69 小时和 9.00 小时，换算成每月共计的工作小时数分别为 232.17 小时和 231.12 小时，两者之间差异并不是很大。老一代农民工工作技术水平比新生代农民工要低一些，同样在平均每月收入上，老一代农民工平均月收入（2549.84 元）也要低于新生代农民工（2873.33 元）。在扣除了最高 1% 和最低 1% 较为偏倚分布值影响后，两者的收入分别为 2152.84 元和 2432.05 元，仍然存在着比较明显的差异。在家庭年消费的差异上，新生代农民工也要高于老一代农民工（见表 3）。

表 3　新老农民工的就业、收入与消费状况

主要特征	老一代农民工			新生代农民工		
	均值	标准误	样本量	均值	标准误	样本量
每月工作天数（天）	23.96	0.29	871	25.68	0.53	339
每天工作小时数（小时）	9.69	0.20	875	9.00	0.14	339
工作技术水平	2.00	0.03	852	1.61	0.04	338
月收入 1（元）	2549.84	189.17	886	2873.33	278.30	343
月收入 2（元）	2152.84	87.14	844	2432.05	134.69	323
家庭年消费（元）	44680.77	2117.69	886	53512.84	4375.55	343

注：①工作技术水平：1 为技术，2 为半技术半体力，3 为体力；②月收入 1 根据调查原始数据计算；③月收入 2 根据调查原始数据删除最高 1% 和最低 1% 样本计算。

（二）社会层次的融入

经济层次的融入会有助于迁移人口或流动人口在社会层次的融入，社会层次的融入是在经济层次融入基础上的进一步发展。与经济层次融入强调劳动、就业和收入不同，社会层次融入更强调流动人口在社会关系、社会互动上的融入。对社会层面融入，尤其是与周边邻居社会互动的测量方法大致可以分为两类：第一类是数量角度，即通过测量被调查者在其居住的社区中拥有的能够进行良好互动的邻居的数量来辨识其社会层面的融入程度；第二类是强度角度，即通过测量被调查者与周边邻居互动行为的强度差异来辨识其社会层面的融入程度。本文选取的测量指标包括与流入地居民社会互动的强度。

在中国社会中，邻居是一个非常宽泛的概念，比如居住在一个小区内和居住在一个楼层的人都可能被界定为邻居，这样就会增加调查数据的模糊性。为了统一社会互动的测量标准，调查问卷中对社会互动交往的测量题目是问被调查者"您对住得最近那一家邻居有多少了解，交往有多深"？之所以选取最近的邻居作为问题的对象，是因为被调查者与距离最近的邻居产生社会互动的可能性要高一些。测量社会互动的十项指标及数据见表4。调查结果显示，新生代农民工社会互动状况不如老一代农民工，无论是比例最高的"平时见面相互打招呼"，还是比例最低的"向邻居家借过钱物"，老一代农民工的表现都要优于新生代农民工。这一状况与两代农民工的流动区域有很大的关系，老一代农民工的流动区域主要集中在本乡本土，故而其社会互动的频率要高一些；新生代农民工流动在异途他乡，社会互动程度明显不如老一代农民工。

表4　不同人群的社会互动状况

单位：%

社会互动内容	老一代农民工	新生代农民工
平时见面是否互相打招呼	93.34	83.67
知道他们家户主的姓	82.73	58.89
知道他们是干什么工作的	81.94	65.89
知道他们家里住着几口人	82.28	67.35
和他们家里人聊过家常	81.26	65.01
和他们家互赠过礼物	55.53	44.61
到他们家吃过饭	56.21	40.82
相互说过自己的烦恼，并请对方参谋	55.76	35.28
向他们家借过钱物	46.84	29.45
各自家里长期没人住时，请对方照看房子	55.87	43.44

（三）心理层次接纳

本次调查对被调查者心理层次接纳有两组递进式问题（见表5）。这两组问题从两个维度分别测量了被调查者对农村人和城里人的心理接纳程度，即社会融入过程中与农村人和城市人之间的心理距离。

表5　不同人群对农村人和城里人的心理接纳程度

单位：%

	是否愿意与农村人		是否愿意与城里人	
	老一代	新生代	老一代	新生代
聊天	96.61	98.25	75.06	85.13
一起工作	96.84	95.34	78.89	85.71
成为邻居	98.31	96.79	78.67	84.55
成为亲密朋友	96.61	96.21	78.22	83.38
结成亲家	87.02	81.92	70.09	72.59

老一代农民工和新生代农民工对农村人的心理接纳程度差异并不明显，只有在与农村人结为亲家上有较大差距。在对城里人的接纳程度上，新生代农民工显然高于老一代农民工。新生代农民工选择愿意与城里人聊天、一起工作、成为邻居、成为亲密朋友的比例高于83%，老一代农民工在这方面的比例则低于79%。

新生代农民工与老一代农民工的生命历程不同，后者多数有农村务农的经历，或多或少带有叶落归根的情结；前者多数直接从学校走向城市，缺少农村生活的感受，比后者多的是对城市生活的向往。故此，老一代农民工和新生代农民工对农村人和城里人的心理接纳是不同的，老一代农民工对农村人的心理接纳程度较高，新生代农民工对城里人的心理接纳程度较高。

（四）身份层次认同

社会融入过程中最关键的一环，也是最后一环，即流动人口的身份认同。西方社会移民研究发现，特别是在跨国或者跨民族的第一代移民中，放弃对原先国籍和民族的身份认同，转而认同自己为新国家或者新民族的一员是非常困难的。这一过程远远超过了经济和社会层次的融入，有的移民甚至终身无法实现在迁入地的身份认同。

中国流动农民工难以实现"城里人"和"本地人"的身份认同，主要原因是现实社会中存在严格的制度隔阂，这种隔阂很难因为流动农民工已经适应了城市生活和本地习惯而改变。也即，中国流动农民工身份认同的最大障碍，不是来自个人内心，而是来自外部环境。这可能是中国流动农民工与西方社会移民在身份认同上的最显著差别。正是在户籍制度的隔阂下，很多在城市里工作或者居住了较长时间的农民工也不认同自己是城里人。分析发现，老一代农民工中认同自己是城里人的比例只有9.04%，而新生代农民工则有17.6%，明显高于老一代农民工（见表6）。

表6　不同人群的身份认同

单位：%

	老一代农民工	新生代农民工
农村人和外地人	12.54	20.82
农村人和本地人	78.42	61.58
城里人和外地人	1.02	8.80
城里人和本地人	8.02	8.80

（五）影响因素

国内学者对流动人口社会融入的归因解释主要可以分为流动人口自身因素和流入地环境因素两个方面，其中自身因素包括人力资本和社会资本两类。人力资本越高，流动人口在流入地的劳动力市场上找到的就业岗位越好，收入也相对较高，经济层面融入更为容易。此外，人力资本对流动人口社会融入的一个潜在影响，是在工作环境中能够更多接触人力资本较高层次的本地居民，加快其社会融入的速度，提高其社会融入程度。对流动人口而言，受教育水平是衡量其人力资本的主要指标。前文已经分析了新生代农民工和老一代农民工平均受教育年限的差异，调查结果显示，平均受教育年限越高的农民工，其流动区域越大，这意味着，具有较高人力资本的农民工更容易在经济较为发达地区找到工作。

社会资本的重要性在以往研究中也被关注，在中国注重"社会关系"的现实环境中，社会资本可能发挥比人力资本更为重要的作用。有学者认为，农民工的人力资本往往需要通过社会资本或社会网络发挥作用。本文根据流动人口在当地社会组织的参与程度衡量社会资本的差异，发现城镇人口参与社会组织的比例比农民工更高；农民工群体参与社会组织的比例与流动距离呈正相关关系。跨省农民工参与校友会、同乡会和联谊组织的比例要高于跨县流动农民工，而跨县流动农民工参与校友会、同乡会和联谊组织的比例要高于本乡镇流动农民工。出现这一特征的原因可能是距离越远的流动农民工越希望通过参加社会组织来扩展自己的社会网络，获得更多的社会资本，流动区域越大，越有可能有意识地去利用社会资源，或者相应的社会资源能够帮助他们流动到更远区域。从这个意义上讲，社会组织实际上是农民工获得社会网络和社会资本的指标。调查发现，新生代农民工参与社会组织的比例更高，比如参加同乡会、校友会、联谊组织和职业团体的比例都高于老一代农民工，而老一代农民工参与宗教团体和宗亲会的比例要比新生代农民工高（见表7）。

表7　不同人群的社会组织参与情况

单位：%

社会组织参与情况	老一代农民工	新生代农民工
宗教团体	4.75	2.34
宗亲会	3.16	1.75
同乡会	3.28	8.19
校友会	6.56	23.68
联谊组织	2.49	11.99
民间团体	1.36	4.09
职业团体	4.52	6.43
其他团体	0.90	0.88

　　政策制度因素在欧洲国家移民研究中备受重视，特别是在欧洲一体化进程中，相关政策、法律和制度的改变对欧洲国家之间移民社会融入是非常重要的。中国的现实情况是城乡二元分割的户籍制度没有根本性的改变，这一制度鸿沟的存在阻碍了流动农民工在城市的社会融入。随着覆盖城乡的社会保障体系的逐步建立，农民工具有了更多获得社会保障待遇的机会，这有利于他们融入城市社会。因此，在户籍制度没有根本改变的情况下，本文衡量政策制度因素影响所使用的指标是被调查者获得社会保障的情况，具体包括养老保险、医疗保险、失业保险、工伤保险和生育保险等。从分析结果来看，新生代农民工的社会保障状况要好于老一代农民工

（见表8）。

表8　不同人群的社会保障获得情况

单位：%

社会保障获得情况	老一代农民工	新生代农民工
养老保险	11.44	16.96
医疗保险	9.72	18.37
失业保险	3.79	10.91
工伤保险	6.88	19.35
生育保险	2.18	8.90

除了上述影响因素外，本文还分析了农民工对成为城里人的条件的看法（见表9）。分析结果显示，老一代农民工和新生代农民工对"农村人"成为"城里人"最为重要条件的看法较为一致，即大部分被调查都将经济层面融入视为最重要的条件，选择在城镇购买住房和在城镇工作的比例较高。其次是选择制度性因素，即获得城镇户口。最后才是选择社会层面融入，即选择与城里人结婚和在城市有很多熟人。事实上，在严格的户籍制度下，经济层面的融入可能也是最为容易实现的。

表9　不同人群对成为城里人条件的选择情况

单位：%

成为城里人需要的条件	老一代农民工	新生代农民工
获得城镇户口（制度性因素）	38.87	44.31
在城镇购买住房（经济层面）	63.62	66.47
在城镇工作（经济层面）	63.05	58.02
成为城里人需要的条件	老一代农民工	新生代农民工
与城里人结婚（社会融入）	18.64	18.08
在城市有很多熟人（社会融入）	28.81	32.07
其他	8.47	6.41

综上所述，我们描述了新生代农民工和老一代农民工社会融入不同层面的基本状况，包括经济层面融入、社会层面融入、心理层次接纳和身份层次认同；分析了影响社会融入的几个主要因素，包括人力资本、社会资本、政策制度。在下文中，我们将利用线性回归模型和 Logit 回归模型等工

具来分析这些因素对社会融入各个层面的影响。

五　社会融入的影响因素分析

在使用回归模型分析社会融入的影响因素前，有必要对相关因变量和自变量加以调整以便后续分析。这些调整包括五个方面。

第一，在经济层面融入的模型中，本文将流动人口与本地城镇户籍人口平均收入差异作为因变量，按照不同省份计算本地城镇户籍人口的收入均值和标准差，将流动人口与本地城镇人口的收入差距转化为相对值。同时，考虑到少数省份样本量相对较少，为避免误差的影响，将一些省份的样本进行了合并，如将北京、上海和天津三地合并，将新疆、青海和内蒙古合并。此外，还对一些收入较高的奇异值做了处理。

第二，在社会层面融入的模型中，本文将社会互动程度作为因变量，对十项不同内容的社会互动做因子分析，获取其公因子。经因子分析后，提取出一个特征根为 5.00、各个因子负荷在 0.61 以上的公因子，作为因变量。其变量类型为连续型变量。

第三，在心理层次接纳的模型中，本文使用的因变量是流动农民工对城里人的心理接纳程度，包括是否愿意与城里人聊天、一起工作、成为邻居、成为亲密朋友和结成亲家等五个方面的内容，同样是做因子分析，获取其公因子。经因子分析后提取出一个特征根为 2.98、各个因子负荷在 0.66 以上的公因子，作为因变量。其变量类型为连续型变量。

第四，在身份层次认同的模型中，本文将流动农民工对城市人身份的认同与否作为因变量，认为自己是农村人的赋值为 0，认为自己是城市人的赋值为 1。变量类型为分类变量，使用 Logit 回归模型进行分析。

第五，在影响因素中，人力资本变量使用的是受教育年限、性别、工作年限和工作年限平方；社会资本变量是被调查者参与本地组织的累积频次，参与社会组织数量越多，视为社会资本越多；政策制度变量是被调查者获得社会保障的累积频次，获得社会保障数量越多，意味着面临的政策制度环境越宽松。

表 10 模型 1 以农民工的相对收入为因变量，主要分析了农民工在经济层次上的融入。男性与女性之间相对收入的差异在统计上是显著的，男性

要高于女性；工作技术水平越低，相对收入也越低，从事半技术半体力劳动农民工的相对收入在 0.1 水平上显著低于从事技术工作的农民工，从事体力劳动力农民工的相对收入在 0.001 水平上显著低于从事技术工作的农民工。这说明从人力资本影响来看，从事技术工作和男性农民工的相对收入及经济融入程度更高。尽管前文中分析新生代农民工的绝对收入要高于老一代农民工，但模型 1 发现，在控制其他变量的情况下，新生代农民工相对收入在 0.1 水平上显著低于老一代农民工。同样，在控制其他变量的情况下，跨乡镇流动农民工和跨县市流动农民工的相对收入在统计上显著高于本乡镇流动农民工。而代表人力资本的受教育年限、代表社会资本的社会组织参与数量和代表政策制度的社会保障获得数量对农民工的相对收入在统计上则没有显著影响。

表 10　农民工社会融入影响因素分析模型

	模型 1	模型 2	模型 3	模型 4
	经济	社会	心理	身份
常数项	- 0.33 (0.26)	- 0.07 (0.23)	0.13 (0.27)	- 3.40 ** (1.05)
受教育年限	0.01 (0.01)	- 0.01 (0.01)	0.01 (0.01)	0.09 * (0.05)
男性（女性为参照组）	0.42 *** (0.06)	0.10 * (0.05)	- 0.00 (0.06)	- 0.55 * (0.22)
工作年限	0.00 (0.01)	0.02 * (0.01)	- 0.01 (0.01)	0.04 (0.05)
工作年限平方	- 0.00 + (0.00)	- 0.00 * (0.00)	0.00 (0.00)	- 0.00 (0.00)
半技术半体力（技术工作为参照组）	- 0.12 + (0.07)	0.07 (0.06)	- 0.02 (0.07)	- 0.42 + (0.25)
体力劳动	- 0.40 *** (0.07)	- 0.03 (0.06)	- 0.06 (0.07)	- 1.23 *** (0.33)
社会保障获得数量	- 0.00 (0.03)	- 0.01 (0.02)	0.06 * (0.03)	- 0.04 (0.08)
社会组织参与数量	0.04 (0.04)	0.05 (0.03)	0.03 (0.04)	0.01 (0.14)
新生代农民工（老一代农民工为参照组）	- 0.23 + (0.12)	0.05 (0.10)	- 0.08 (0.12)	0.17 (0.43)

续表

	模型 1	模型 2	模型 3	模型 4
	经济	社会	心理	身份
跨乡镇流动农民工（本乡镇农民工为参照组）	0.25 ** (0.08)	− 0.90 *** (0.07)	0.07 (0.09)	0.94 ** (0.30)
跨县市流动农民工	0.30 *** (0.07)	− 1.16 *** (0.06)	0.00 (0.08)	1.04 *** (0.29)
经济层面融入		− 0.02 (0.03)	0.05 + (0.03)	0.15 (0.10)
社会层面融入			− 0.02 (0.04)	− 0.32 ** (0.12)
心理层面接纳				0.63 *** (0.18)
N	1148	1148	1148	1146
R^2	0.132	0.355	0.031	
pseudo R^2				0.180
AIC				687.92
BIC				763.58
ll_0				− 401.15
ll				− 328.96
df_m				14.00

$^+ p < 0.10$, $^* p < 0.05$, $^{**} p < 0.01$, $^{***} p < 0.001$。

模型 2 分析了代表社会层次融入的社会互动状况。性别和工作年限在统计上有显著影响，男性比女性的社会融入程度更高；工作年限越长，社会融入程度也越高。跨乡镇流动农民工和跨县市流动农民工的社会融入显著低于本乡镇流动农民工。在控制其他变量的情况下，受教育年限、工作技能水平、社会保障获得数量和社会组织参与数量在统计上对社会层面融入没有显著影响。同样，在控制其他变量情况下，新生代农民工和老一代农民工在社会层面融入上并无显著差别，经济层面融入对社会层面融入的影响在统计上也不显著。

模型 3 分析了农民工对城里人的心理接纳程度。社会保障获得数量在统计上显著，即社会保障数量越多，农民工对城里人的接纳程度越高。另外，经济层面融入会对农民工心理上接纳城里人有所帮助，在 0.1 的水平上显著，即农民工的相对收入越高，对城里人的心理接纳程度越高。其他变量均对农民工的心理接纳程度没有显著影响。实际上，造成诸多变量对农民工心理层面接纳没有显著影响的主要原因是，农民工对城里人的心理接纳程度已经很高，且彼此差异相对不大。

模型4分析了农民工对自己身份的认同。分析发现，在控制其他变量的情况下，受教育程度越高的农民工在统计上显著倾向于认同自己是城里人 [exp（0.09）= 1.09]，男性农民工比女性农民工认同自己是城里人程度更低 [exp（-0.55）= 0.57]；与从事技术工作的农民工相比，从事半技术半体力工作和从事体力工作的农民工认同自己是城里人在统计上的可能性也显著更低 [exp（-0.42）= 0.66，exp（-1.23）= 0.29]；跨乡镇流动农民工和跨县市流动农民工对自己是城里人的认同在统计上可能性显著要高 [exp（0.94）= 2.56，exp（1.04）= 2.83]。还可以看到，在控制其他变量的情况下，新生代农民工认同自己身份是城里人的可能性与老一代农民工并无显著差异。

经济层面融入对身份层面认同在统计上不显著，社会层面融入和心理层面接纳均有显著影响，但影响方向不一样。在控制其他变量的情况下，社会层面融入程度越高的农民工，认同自己身份是城里人的可能性就越低 [exp（-0.32）= 0.73]；而心理层面接纳程度越高的农民工，认同自己身份是城里人的可能性越高 [exp（0.63）= 1.88]。这说明，农民工的社会融入并非融入主流的城市社会，而是接近于区隔型的融入，即融入城市底层，这种区隔型的社会融入虽然可以增加农民工的社会互动，却进一步加深了农民工群体与城市社会的裂痕。

综合上述四个模型的分析结果，我们可以检验本文提出的三个假设。关于假设1，新生代农民工的社会融入状况要好于老一代农民工的假设几乎完全被推翻，新生代农民工虽然平均受教育年限更长，流动区域更为广泛，但其社会融入状况较之老一代农民工，却并没有得到显著改善。关于假设2，流动农民工拥有的人力资本对其社会融入确实有一定影响，但人力资本中最具代表性的受教育年限，却始终没有显著影响，因此，假设2.1只是部分成立，假设2.2则完全被否定，在控制其他变量的情况下，社会组织参与程度与社会融入程度在统计上没有显著因果关系，而假设2.3只在解释力较差的模型3中显著，因而也可以说基本上被推翻。假设3

经济层次融入、社会层次融入、心理层次接纳和身份层次认同存在着依次递进的因果关系，在研究中并没有被验证，在模型 4 中，社会层次融入、心理层次接纳对身份层次认同有显著影响，但社会层次融入的影响是负面的，因此假设 3 也基本被否定。本文提出的三个看似合理的假设都难以成立，这说明对中国农民工社会融入问题的研究和认识，不能仅从看似正确的常识性判断和评价出发，不然对政策制定来说是很危险的。

六　结论与讨论

城市化过程中城市移民的社会融入问题是一个世界性难题。比如在欧洲，尽管欧盟国家就移民问题达成了广泛性的共识，并出台了相对较为严格的平等、非歧视约定，但是新移民仍然会遭受到种族、文化等方面的歧视。中国当前城市化过程中出现的流动农民工融入城市的问题，其产生的机制和原因显然不同于西方发达国家。我们较少有种族、宗教等影响因素，但户籍身份以及子女教育、就业、医疗、住房等方面的生活制度差异影响很大，相关的法律、政策和制度的改革远远滞后于城市化进程。中国用大约三十年的时间走过了西方发达国家上百年的城市化进程，在一个较短的时间内社会结构变动剧烈，大量已经成为城市常住人口的农民工多是半城市化的，没有真正融入城市社会。现在，老一代农民工已经逐渐退出城市劳动力市场，新生代农民工已经成为外出务工的主要力量，他们的社会融入问题是真正影响到中国未来长治久安和经济可持续发展的重大社会问题。因此，本文对此问题给予重点关注，主要有以下新的发现。

1. 要重新思考提高农民工人力资本的途径。人力资本是一个影响流动农民工融入城市社会的重要变量，其作用是不可忽视的。但本研究发现，在影响农民工社会融入的变量中，受教育年限影响往往是不显著的，而农民工的工作技能水平影响更为显著。

2. 要重新思考社会资本和社会网络在农民工流动过程中扮演的角色。流动农民工的社会资本和社会网络根植于农村，其社会互动也集中在流动农民工群体内部，本研究发现，社会资本虽然可能对农民工进入城市社会有很大帮助，但对农民工融入城市社会发挥的作用并不明显。

3. 与常识性的判断相反，流动农民工在心理层次接纳城里人的程度相对较高，不同的流动农民工群体内部心理接纳层次差异并不明显。

4. 流动农民工是否认同自己是城里人与人力资本有密切关系，同时，这种身份认同还受到社会互动的影响。

5. 流动农民工外出打工的最主要目的是获取经济利益，但其经济层次的融入与社会层次融入、心理层次接纳和身份层次认同之间并没有显著的相关关系，本文最初假设的从经济—社会—心理—身份依次递进的社会融入模式并不成立，社会融入的不同层次更有可能是平行和多维的。

6. 流动农民工的社会互动主要集中在农民工群体内部，缺乏与城市人群的社会互动，比较类似于所谓的"区隔型融入"。因此，我们看到，流动农民工社会互动程度越高，其对自身城里人身份认同越低。

7. 不同流动区域的农民工，在经济、社会和身份等层面的社会融入上有显著差别，跨乡镇流动和跨县市流动农民工比本乡镇流动农民工的相对收入更高、社会互动更少，认同自己是城里人的可能性更大。

8. 非常重要的一点是，尽管新生代农民工在绝对收入、受教育年限和工作技能等方面都要好于老一代农民工，但新生代农民工的社会融入状况与老一代农民工并没有出现根本性差异。

根据上述研究发现，本文提出以下政策建议。

第一，尽快酝酿和制定未来 20 年将进城农民工转变为新市民的规划。在中国过去的发展规划中，往往只有如何把农村富余劳动力转移出来的规划，却没有明确的把进城农民工转变为新市民的规划。一些学者和政策制定者认为，随着时间的推移，进城农民工融入城市社会的问题自然会得到解决。一些城市管理者甚至觉得，吸纳农民工进城只是为了劳动力的补充，或者是为了土地的征用，而农民工最终留在城市则会成为城市的负担，成为各种社会问题的产生因素之一。国际经验表明，移民的社会融入是非常艰难的过程，即便是在城市居住地出生并获得法律身份的第二代移民，仍然难以完成身份认同，并有可能成为社会秩序的反抗者。我们应当充分认识到城市化对引领中国在新阶段发展的意义，重视城市化在改变生活方式、促进国内消费、降低公共服务成本、形成聚集经济效益和提高社会运行效率等方面的重要作用，从国家利益的大局出发，制定明确的路线图，通过就业、医疗、教育、住房、城乡管理等社会体制的改革，争取每年将 1500 万进城农民工转移成新市民，用 20 年的时间，把约 3 亿进城农民工转变成新市民。

第二，实施大规模的农民工技术培训计划。本研究表明，无论是从提高农民工自身收入和待遇来看，还是从提高农民工社会融入的能力来看，农民工自身所具有的人力资本都具有重要的作用。但这里所说的农民工的人力资本，更重要的不是其以学历为标志的受教育水平，而是工作技能水平。根据国际和中国自己的经验，快速提高农民工工作技能的方法就是实施大规模的技术培训计划。中国在改革开放以前，曾实施过大规模的成人识字班计划和半工半读计划，把一大批文盲半文盲劳动力改造成技术工人；改革开放以后，干部的大规模在职攻读和培训也极大地提高了干部的普遍文化素质。如今，中国劳动力供求关系发生了深刻变化，低成本劳动力供给时代即将结束，这种变化倒逼产业结构实现快速升级，而产业升级的重要条件之一就是要有大量的技术工人。因此，国家应当设立专项资金，一方面资助大规模的职业教育，培养劳动力市场的技术工人后备军；另一方面实施大规模的农民工技术培训计划，普遍提高已经进入劳动力市场的农民工的技术水平。

第三，建立农民工向上流动的社会机制，营造社会融合的宏观环境。流动农民工在经济、社会、心理等各个层面的社会融入，既不是整体推进的，也不是逐次递进的，而是呈现平行多维的特点。不能简单地认为，只要农民工解决了收入问题，社会融入的问题就能自然解决。要特别注意防止进城农民工跌入城市社会底层，形成社会底层，造成社会分离。要从舆论宣传、社会互动、社区融合、管理体制到法律制度，全面营造农民工融入城市社会的宏观环境，形成农民工不断向上流动的社会机制。

参考文献

风笑天，2004，《"落地生根"？三峡移民的社会适应》，《社会学研究》第 5 期。

关信平、刘建娥，2009，《我国农民工社区融入的问题与政策研究》，《人口与经济》第 3 期。

国家统计局，2012，《中华人民共和国 2011 年国民经济和社会发展统计公报》，http://www. stats. gov. cn/tjgb/ndtjgb/qgndtjgb/t20120222 _402786440. htm，2 月 22 日。

国家统计局住户调查办公室，2011，《新生代农民工的数量、结构和特点》，http://

www. stats. gov. cn/tjfx/fxbg/t20110310 _402710032. htm。

李培林、田丰，2011，《中国新生代农民工：社会态度和行为选择》，《社会》第 3 期。

梁波、王海英，2010，《国外移民社会融入研究综述》，《甘肃行政学院院报》第 2 期。

刘建娥，2010，《乡—城移民社会融入的实践策略研究——社会融入的视角》，《社会》第 1 期。

任远、邬民乐，2006，《城市流动人口的社会融合：文献述评》，《人口研究》第 5 期。

王春光，2001，《新生代农村流动人口的社会认同与城乡融合的关系》，《社会学研究》第 3 期。

王春光，2010，《新生代农民工社会融入进程及问题的社会学分析》，《青年探索》第 3 期。

王桂新、王利民，2008，《城市外来人口社会融合研究综述》，《上海行政学院学报》第 6 期。

威尔逊，威廉·朱利叶斯，2007，《真正的穷人：内城区、底层阶级和公共政策》，成伯清等译，上海人民出版社。

吴新慧，2004，《关注流动人口子女的社会融入状况——社会排斥视角》，《社会》第 9 期。

杨菊华，2009，《从隔离、选择融入到融合：流动人口社会融入问题的理论思考》，《人口研究》第 1 期。

杨菊华，2010，《流动人口在流入地社会融入的指标体系——基于社会融入理论的进一步研究》，《人口与经济》第 2 期。

张文宏、雷开春，2008，《城市新移民社会融合的结构、现状与影响因素分析》，《社会学研究》第 5 期。

赵光伟，2010，《农民工问题与社会稳定相关性研究》，《人民论坛》第 17 期。

周莹，2009，《青年与老一代农民工——融入城市的代际比较研究》，《中国青年研究》第 3 期。

Bernard, P. 1999. "Social Cohesion: A Critique. " In CPRN Discussion Paper. Ottawa: Canadian Policy Research Networks, Inc.

Biscoff, H. 2002. *Immigration Issues.* Westport, CN: Greenwood.

Chan, J. , Ho-Pong To, and Elaine Chan. 2006. "Reconsidering Social Cohesion: Developing a Definition and Analytical Framework for Empirical Research. " *Social Indicators Research* 75 (2): 273 – 302.

Chan, Joseph Ho-Pong and Elaine Chan. 2006. "Reconsidering Social Cohesion: Developing a Definition and Analytical Framework for Empirical Research. " *Social Indicators Research* 75 (2): 273 – 302.

Durkheim, E. 1933. *The Division of Labor in Society*. New York: Free Press.

Friedkin, N. E. 2004. "Social Cohesion." *Annual Review of Sociology* (30).

Friedkin, Noah E. 2004. "Social Cohesion." *Annual Review of Sociology* (30) 409 – 425.

Gans, H. 1979. "Symbolic Ethnicity: The Future of Ethnic Groups and Cultures in America." *Ethnic and Racial Studies* 2 (1): 1 – 20.

Gans, H. 1996. "Second-Generation Decline: Scenarios for the Economic and Ethnic Futures of the Post-1965 American Immigrants." In *Immigration and Integration in Post-Industrial Societies: Theorical Analysis and Policy-Related Research*, edited by Carmon, N. Basingstoke: Macmilan.

Glazer, N. and D. Moynihan. 1970. *Beyond the Melting Pot*. Cambridge, Mass. MIT Press.

Green, Andy and Jan Germen Janmaat . 2011. *Regimes of Social Cohesion: Societies and the Crisis of Globalization*. New York: Palgrave Macmillian.

Jenson, J. 1998. *Mapping Social Cohesion: The State of Canadian Research*. Ottawa: Canadian Policy Research Networks Inc.

Jupp, J. , J. Nieuwenhuysen, and E. Dawson, eds. 2007. *Social Cohesion in Australia*. New York: Cambridge University Press.

Lawler, E. J. and J. Yoon. 1996. "Commitment in Exchange Relations: Tests of a Theory of Relational Cohesion." *American Sociological Review* (61): 89 – 108.

Martin, Cynthia. 2006. "Muslims in Europe: Culture, Identity, Social Exclusion and Community." http://rozprawy-spoleczne. pswbp. pl/pdf/ii_2 _cynthia _martin _ok _. pdf.

Maxwell, J. 1996. *Social Dimensions of Economic Growth*. Ottawa: Canadian Policy Research Networks.

McPherson, M. and L. Smith-Lovin. 2002. "Cohesion and Membership Duration: Linking Group, Relations and Individuals in an Ecology of Affiliation." *Advanced Group Research* (19): 1 – 36.

Portes, A. and M. Zou. 1993. "The New Second Generation: Segmented Assimilation and Its Variants among Post-1965 Immigrat Youth." *The Annals of the American Academy of Political and Social Sciences* (530): 74 – 96.

Ritzen, J. 2002. "Social Cohesion, Public Policy, and Economic Growth: Implications for OECD Countries." http://www. oecd. org/dataoecd/25/2/1825690. pdf.

Warner, W. L. and L. Srole. 1945. *The Social Systems of American Ethnic Groups*. New Haven: Yale University Pres.

在"生人社会"中建立"熟人关系"*

——大学"同乡会"的社会心理学分析

杨宜音　张曙光

摘　要：本文以半结构化的访谈方法，通过分析在读大学生的同乡交往，试图探讨异地求学的大学生在进入"生人社会"后，如何通过同乡会这一特殊的、具有社团组织和关系网络双重特点的平台，适应学校生活，完成身份转换。研究发现，在这一过程中，"我们"概念的两种形成机制——"关系化"与"类别化"之间实际发生了相互缠绕、竞争与协商，导致了"关系化"的"我们"概念以新的形式——"关系的类别化"与"类别的关系化"——出现，而看似作为一个组织的同乡会，在性质上却仍然没有脱离差序格局所包含的"关系网"的含义。借此研究，可以窥见社会转型期由"熟人社会"向"生人社会"过渡的身份协商过程的基调。

关键词：同乡会　生人社会　熟人关系　关系的类别化　类别的关系化　差序格局

一　问题的提出

借助经验研究，一些学者采用"个体化"视角来讨论中国社会正在发生的变迁（阎云翔，2006；贝克等，2011）。从社会心理学有关自我构念

---

* 本文的访谈资料来自张曙光的硕士论文《同乡交往的社会表征研究——以大学生群体为例》。原文发表于《社会》2012年第6期。

（self construal）的角度来看，所谓"个体化"是个体的自我边界更为坚实、清晰，自我变得更为独立的过程。这样的自我，在社会心理学中被称为"独立自我"（independent self）。与之相对应的是"互依自我"（interdependent self），其特点是那些对个人来说的重要他人会被包容在个体的边界之内，形成"你中有我、我中有你"的相互依赖关系（Markus & Kitayama，1991）。

镶嵌在差序格局关系网中的个体是互依性自我的一种类型，人们彼此之间会根据"尊尊亲亲"的伦理规定，与他人形成相互依赖。然而随着社会变迁，个体经由一些途径逐渐变得更为独立，这一变化被称为"转型性的变革"（阎云翔，2011）。其途径之一，就是因空间上的流动，脱离原有的亲属、熟人网络，进入"生人社会"。这可能迫使个人更多获得一些组织成员身份，从而推进个体化过程。为此，通过考察大学校园中的一个普遍现象——"同乡会"，本文试图借此具体而微地探究个体化过程是否发生和如何发生。

大城市的高校学生中活跃着一些由来自同一学校的不同院系、不同年级而同一地域的学生组成的同乡群体，俗称"同乡会"或"老乡会"。同一籍贯的学生在同乡会的组织下常在一起活动，共度在异乡的时光。特别是在一些重要节日（如中秋节、国庆节、新年等）、重要时段（如新生入学、新学期开学、毕业等）和重要事件（例如，四川籍学生在汶川大地震之后）中，同乡兼校友（或同系、同班、同级、同社团）的人就会参与进来。地缘社团的成员原本大多并不相识，但是借助对故乡的熟悉、在故乡生活的经历和一些人脉，彼此之间成为不曾相识的"熟人"，感到一种亲切。将异地老乡关系组织起来的同乡会，在中国转型社会中，似乎为在个人层面从"熟人社会"到"生人社会"的转变提供着一个特殊的平台。然而，同乡会这样的组织具有什么样的性质呢？它为个体提供的是旧有的差序格局的社会结构背景，将每个人作为关系网上的节点，还是为个体提供某些组织规则，将个体化的个人作为"成员"而凝聚起来呢？

人类学家许烺光（1990）曾在其著述《宗族·种姓·俱乐部》（*Clan, Caste and Club*）中对中国人、印度人和美国人的处世态度进行了跨文化的比较，认为三个民族各自以其母体文化为背景，拥有自己独特的民族性——世界观、心理文化取向和行为模式。中国人的处世态度以情境取向和相互依赖为特征，印度人的处世态度以超自然取向和片面依赖为特征，美国人的处世态度则以个人取向和自我依赖为特征。它们分别对应着三种不同的社会交往形态，即宗族、种姓和俱乐部。在许烺光看来，中国人的处世态度与美国人的处世态度是处世态度的两极面向，前者强调相互依赖，个体自我在社会生活中受亲族组织的牵制和制约，并在其中处于一个稳定的位置，很少能发展出超出其亲属边界的第二群体；而后者则强调自我依赖，崇尚个体自立、自主，基于自己的自由意志与人打交道，应对所遭遇的一切困难，其社会交往呈现较强的水平化取向。从许烺光的这一观点来看，大学校园里的同乡会这一形式中所蕴含的性质当属传统中国宗族文化的延续，简单地说，可以将它看成一个关系网。但是从现象上看，同乡相聚在一个组织中，又好像带有美国文化性质的俱乐部。说它像关系网，是因为它的身份资格来自差序格局中的一环：在外乡中最为接近中心——自己——的一种关系。因为这时，家人、邻里、亲属、以往的朋友、熟人都不在身边，同乡比起陌生人在差序格局中的位置更接近圆心（己身）。说它像俱乐部，是因为它是以相同身份——大家都是同乡，都有资格加入同乡组织——作为成员资格（membership），而且在加入同乡组织之前，大家一般彼此并无交往历史。在这种情境中，同乡关系不是已经有所交往的熟人或邻里，而是仅仅以来自同一地区作为进入同乡会的资格。组织中的非正式关系是很常见的现象，但是，关系网的组织化就值得探究了。研究发现，华人关系的建立、保持和中断有其独特之处（杨宜音，2001），但是在这方面，缺乏关系向组织化的演变过程这一角度的考量和探索。因此，本文试图探讨，在学生同乡会中，关系网和俱乐部这两种性质是否会同时存在？在什么条件下存在？是分别独立存在还是相互缠绕，抑或是表为俱乐部，里为关系网？在中国熟人社会传统下，同乡会是否蕴含着“生人社会”的某些规则？人们如何通过这两种性质的交往使自己的社会生活需要得到满足？从身份认同的角度看，学生同乡会能否为其成员提供双元身份认同的平台，并且借此平台，使其成员完成身份协商和身份转变的过程？

为回答这些问题，本文采用双通道“我们”的概念模型（杨宜音，2008）。这一模型认为，中国人的“我们”概念形成的路径可能是两个而不是一个，即分别为“关系化”和“类别化”（参见图1）。其中，“类别化”是指，当一个个体将自我与一个类别——以与其成员的同质性为基础——建立心理联系之后，会形成对该类别的认同（identification），进而会建构、凸显与该类别以外的人或其他类别相区隔的特异性（distinctiveness），由此形成"我们"概念。个体所认同的类别被称为"内群体"（in-group），而其他类别则被称为"外群体"（out-group）。这一个体与类别建立联系的心理过程被称为"自我类别化"（self-categorization）（Turner, et al.，1987）。在本文中，通过类别归属而形成群体凝聚的机制，我们称为俱乐部式的"类别化"。

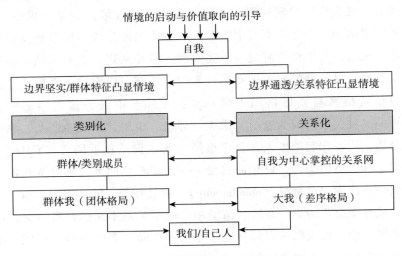

图 1 情境化的"我们"概念形成机制

"关系化"则是指通过包容关系他人而形成"我们"概念的心理过程。在比较传统的乡土中国，存在着"自己人"式的"我们"概念。它的特点是：（1）个体的自主性。个体将高关系先赋性和高关系交往性的他人包容进入自我的边界，形成所谓"自己人"，而将低关系先赋性和低关系交往性的他人排斥在自我边界之外，形成所谓"外人"。（2）边界的通透性。无论是外人还是自己人，都可能因改变在这两个维度上的特性而从"自己人"变为"外人"，或者从"外人"变为"自己人"。（3）边界的伸缩性。在不同的情境中，个体划定的边界是不同的，因而被包容在"自己人"边界内的人数也有多有少。以上这些特性均来自"关系"所具有的情感、义务和信任的伦理规定性（杨宜音，2001），其中，特别是亲密的情感诉求和表达的需要，将人际关系笼罩在"亲情"的追求和判别之下。本文中，在关系运作基础上形成群体凝聚的机制，我们称其为编织关系网式的"关系化"。

根据这一模型，本文需要回答的问题是：在人际交往中，表现为关系网的关系化过程和表现为俱乐部的类别化过程如果是共存的话，那么，关系化和类别化是如何共存的？具体的过程是怎样的？本文提出差序格局的知觉定势和凸显的关系类别化情境作为路径选择的两个中介因素，以流动适应与交往性吸引方面的变化作为调节因素，希望通过对大学同乡会的质性研究来厘清概念，建立分析框架。

二　概念和理论

（一）乡情与同乡

反观中国社会史，不难发现，封闭静止的农耕文化使得民众对累世同居的乡土社会生发出强烈的心理依赖感和安土重迁的行为取向。"自己人/外人"的人际交往和分类模式，将人们的情感、信任和责任局限于"自己人"之中，而作为别人眼中的"外人"将意味着孤立无援、清冷无助的境遇。"出门一里，不如屋里""在家千日好，出门一时难""家贫不是贫，路贫贫煞人""金窝银窝，不如自己的狗窝"等俗语就佐证了这一点。从社会心理学的角度看，对背井离乡情境的负面情绪体验（焦虑、孤独、无助、怀乡）是流动后得不到原有充分的社会支持，难以融入新的寄居地文化、获得新的社会资源等原因造成的。

人口流动在一定程度上对人们原有的心理社会稳态（psychosocial homeostasis）① 形成了挑战。为了生计和发展，人们不得不背井离乡，远离亲人，生活于一个陌生人组成的社会，于是，生存的意义感和秩序感都亟待重建。这对具有相互依赖的文化心理取向，仰赖家庭或宗族这一初级群体来解决其生活问题的中国人而言，确为一个难题：身在异乡，人地两疏，血缘、地缘关系无从迁转，只能栖身于陌生社会的边缘。

---

① 心理社会稳态是人类学家许烺光（Hsu, 1985）提出的一个过程性概念。他认为，对每一个活着的人来说，"人"不是一个固定的实体，如同人体处于动态平衡状态，它是一种模型或结构，在其中每一个人都寻求保持令人心理满意的心理平衡和人际平衡。

在此境况下，寄居者一般会寻求并建立另一种亲族性质的纽带，以期能够归属并受助于特定的次级群体。人们对这一纽带的采认实质上是其在异乡的境遇激活了相关心理图式，进而将身边的人群区隔为"自己人"和"外人"。由于原有的血缘亲属框架无法采用，因而，在异地他乡沿用"自己人/外人"的信任、情感、义务的思维定式下的认知框架，一方面将通过交往建立的友人关系作为替代，发展为"拟亲属关系"；另一方面，将同样流落在外的同乡作为先赋性关系纳入"自己人"和"外人"的分类系统。如果仅仅是这种改变，同乡与传统的"自己人/外人"分类系统并无差别，仅仅是以差序格局中的较远的先赋性关系补充和替代了较近的先赋性关系。然而，一个值得细究的问题是，同乡在个体的差序格局中固然处于某个亲疏位置，但是"同乡"概念一般是作为先赋性关系远近判断的参照系，那么，当在异地他乡"同乡"关系被启动后，同乡是一种差序格局中的人际关系（同乡与同乡之间的对偶角色交往）还是一种相同属性的群己关系（同是该地域的一个成员）？它是否蕴含着一种转换的可能性以及适应"生人社会"的可能性？

（二）自我类别化过程中的显著性

在现实生活中，人们总是会通过类别化的社会认知过程，将自身与某一社会类别或社会群体联系起来，成为其中的一员（Jan & Peter, 2000）。当一个人同时具有多种社会类别或群体成员身份的可能性时，情境的启动和个人的选择就会使某一身份在特定条件下凸显出来，具有一定的显著性。

当个体获得某一显著社会类别或群体成员身份，即可能增强群体成员身份对知觉和行为的影响，并且增强他人对于这个个体的身份印象（Brewer, 1979；Hamilton, 1979）。例如，当一些女大学生与一些男大学生在一起讨论课堂作业，性别身份的显著性就增强了；而当这些女大学生与一些男女中学生在一起活动，大学生的身份就被凸显出来。因此，新的身份的凸显与情境的启动有极大的关联（Turner, et al., 1987）。

凸显身份与个体的选择也有密切关系。当个体认定某一身份，并且表现出与该身份的行为规范一致的行为时，这一身份的显著性就会很高。例如，假如一个女大学生在外出旅游时，更希望自己的大学生身份被凸显，而不是女性或者游人身份被凸显，那么她在行为中就会表现出自我认定的大学生行为方式。

身份显著性在分析同乡交往的启动和保持中非常重要。它可以帮助理解同乡关系凸显的情境因素和个人选择。

（三）交往性关系

当类别或群体成员进行交往后，群体成员的个性化会模糊群体的边界，并因此减弱该群体成员身份的显著性。人际交往的可能结果有两个：一是使得吸引、交换等表达性与工具性的人际关系建立与保持的社会心理机制变得重要，而社会身份认同的作用变得次要；二是个体重新进行自我类别化（也称作"再类别化"）或者重新进行关系化，改变原有情境启动的或自我选择的显著的身份。

交往展示的显著性改变，使我们不仅在情境中而且在互动过程中认识同乡关系。因此，社会情境和个体选择相互建构是理解同乡关系形成和变化的关键。

交往性关系本身是一种获得性关系，但在中国社会、文化背景下既有可能通过拟血亲关系复合成为中国社会、文化中特有的"关系"（Guan-xi），也有可能以个体间相互吸引、相互交换来保持或中断人际连带，关键是个体的自我边界是坚实独立的，还是通透伸缩的，也就是由是否存在差序格局的认知定势来决定。

三　研究对象与方法

本文以在校大学生作为研究对象。选择在校大学生的主要原因是：第一，大学生群体的同乡交往比较普遍，特别是在一些大都市，学生来自全国不同地区，同乡会、老乡会成为学校生活的一个组成部分。第二，大学同乡会从性质上较之其他同乡会更为单纯，并无政府或经济实体的介入，比政府或企业办事处的功能少很多，也没有海外移民的文化背景，比较容易简化同乡交往行为，从而更直接地探讨同乡关系形成的社会心理机制。第三，大学生比较善于陈述和概括自己的体验，也比较适宜与研究者一起进行分析和讨论，这使研究的探索性能够得到充分实现。

研究采用半结构化访谈方法。访谈以一种日常生活对话的形式进行，研究者仅列出访谈要点，根据受访者的言谈反馈灵活展开。

研究通过 BBS 招募与熟人引介两种方式，先后从某大学在校生中选取 9 名被访者（以访谈达到资料饱和为准，即数据趋同、再无有价值的新信息出现，且足以支撑研究即停止招募被访者），其中包括 2 名在读本科生（一名是大三学生，一名是大四学生），7 名在读硕士生（来自辽宁、陕西、重庆等地方院校）。访谈中，在征得被访者同意后，我们使用录音设备记录了访谈内容。每一次访谈结束后，我们将录音转录成文字，呈示给被访者进行审核。

在获得完整详细的访谈文本后，本研究对文本进行了质性分析。具体步骤是：（1）在全面深入理解访谈文本的基础上，依照一定编码体系对其进行初步编码；（2）对访谈文本进行详审，梳理相关资料，从中抽绎出相应的理论构念，来诠释所获得的文本；（3）讨论所抽绎出的理论构念；（4）尝试回答前文提出的问题，讨论自下至上的归纳与选择研究题目时的思考是否一致。

四　结果分析

（一）差序格局的认知定势

浸润在中国传统文化中的人，由于社会结构的差序格局的性质，也会将这一性质迁移到人际认知中，即把被认知对象放入"尊尊亲亲"的差序格局的认知框架中进行定位。这也是许烺光所谓的"心理社会稳态"的意义，即中国人在亲属网络中容易获得亲密关系和保持亲密关系，而无须借助偶像就能保持其心理社会稳态。下面的访谈文本就典型地说明了这一点。

> 出了一个省，一个省的就是老乡；出了国，一个国的就是老乡。在我心里边是这个概念。然后又比如说去自己本省读书，来自同一个市里的就是老乡，感觉就是更深一点儿，反正就像剥竹笋一样，一层一层的。（1－G－2）

（二）类别凸显的条件

通过相应的访谈文本分析，可以发现，同乡类别作为社会支持的资源在流动中凸显出来。其原因有三点：一是在面向全国招生的院校中比较容易接触到同乡；二是同乡具有强烈的符号差异，有着与非同乡鲜明的差别（包括方言、习俗、祖籍地、信仰、集体记忆）；三是同乡在个体的差序格局思维框架中，属于在异地与自己心理距离最为接近的一类人。这三点使得个体在类别化过程中满足了"相对易取性"（relative accessibility）、"标准切合度"（normative fit）和"比较相符度"（comparative fit）。

依据自我类别化理论（Turner, et al., 1987），社会认同本质上是自我分类的凸显，而任何自我分类的显现都是分类的相对易取性、标准切合度、比较相符度三种因素交互作用的结果。其中，相对易取性是指个体在过往经验和当前预期、动机、价值取向、目标以及需要的影响下使用某一分类的难易度；标准切合度是指背景中的刺激与个体所采用的分类标准相匹配的程度；比较相符度则是指"我们之间"的差异相比于"我们与他们之间"差异的大小程度，它实质上就是一种元比较（meta-contrast）。这三个因素共同决定了某一自我分类在特定情境下能否被激活或凸显出来（Thoits & Virshup, 1997）。

1. 他乡中的同乡：相对易取性

谈到"同乡"，一般需要一个流动在外的情境或者对来自外乡者指称地缘关系、与外乡人对照时使用。前一种情境是使用同乡概念更为典型的场景，本文的分析主要从这一场景分析入手。正如受访者所言，寄居异地时人们遇到乡亲会以"同乡"或"老乡"相称。

> 我觉得老乡或者同乡这个概念是在跨出一定地域才能产生的。所以说，大一和别人一起去上大学嘛，那时候不叫老乡，叫同学。进入大学之后，才开始有老乡的概念。（1－B－1）
> 当我到县城读书时，我第一次对来自同一个乡镇的同学亲近一些，只因为我们来自同一个乡镇，但这时我们不称彼此为老乡，因为这个圈子还不够大，来自不同乡镇的同学差异不是特别大，还没有使我觉得有太大的文化或习俗的冲突。真正产生老乡的概念还是在进大

学以后，因为这个时候我才体会到了一种巨大的差异，使我要寻找我过去那个生活环境中的一切事物，寻找一种故乡的味道，一种亲切的家的感觉……刚进大学的一段时间里我特别想家，一看到有江苏老乡会的海报我就有种莫名的冲动。记得第一次参加老乡会，我和几个老乡在大校门的毛主席雕像下聊了好长一段时间，大家都舍不得离开。我觉得那时只有他们是最理解我的。(2 - F - 1)

（问：你能不能回忆一下自己是什么时候开始产生老乡概念的呢？）我想应该是从进大学以后的一段时间产生的吧……来到这里，我发现很多人说话的口音和我们的差距太大了，寝室同学的生活习惯也不同，有一次出去买东西还被别人骗了，这时我才发现家是最温暖的地方，我当时好想家啊。那时常常打电话回家，每打一次就哭一次，爸妈还埋怨我没有听他们的话……后来看到有辽宁老乡会的海报，我当时就抱着一种复杂的心情去参加了，觉得既亲切又好奇。再后来认识了几个老乡，我们都很谈得来，现在大家还常常联系，互相帮助。(2 - E - 1)

因为当我们没有离开自己出生和成长的地方的时候，我们不太会有老乡的概念。当我们的活动圈子逐渐扩大时，面对的陌生人越来越多，在第一次交往的时候，大家总要找共同点，其中来自同一个地方就是一个最大的共同点。(1 - F - 2)

刚刚来到异地他乡，个体感到与原有环境的巨大差异，原有社会支持系统（社会关系，如家庭）的功能减弱，需要寻找和建立新的支持系统，而最为便利、交往成本最低的关系便是学校中的同乡关系。同乡之间，相似性高，个体在这种交往中既可以重温故乡的旧情，也可以得到具体而微的帮助。这种与同乡建立关系的动机是为了适应新的环境，因此，对大学新生来说显得比较重要。

2. 同乡之"乡"：标准切合度

籍贯并不只是一个简单的地理概念，它有着丰富的社会、历史及文化意涵。籍贯相同意味着彼此之间共有和共享更多的社会文化特征，其中包括生活习惯、文化习俗、方言土语、社会记忆、区域性性格特征等多个方面。事实上，人们在长期的社会实践中必定会基于相关的知识经验，以生于斯、长于斯的原籍地为核心发展出相应的认知图式。即使是同籍者，他们有关原籍地的社会认知图式作为一种个体建构也不尽相同，但可以肯定的是，来自同一原籍地的人们因受到同一地域文化的模塑，会发展出相同的思考世界的方式（对个体而言，它具有一定的先在性），他们对原籍地有着相当程度的共识理解。这种共识理解实质上是一种文化建构，也被称作"共享现实"（shared reality）（Hardin & Higgins，1996；Echterhoff，2012）。在现实生活中，文化建构与个体建构是相互肯定的，并最终会使个体建构与文化建构趋于一致。这也就注定了有关原籍地的共识理解作为一种地方性知识，会相当普遍地被同化入同籍者的认知图式中去，进而地缘认同凸显的社会心理过程便会发挥其应有的作用。这种作用可粗略地概括为以下两点：一是提供认知资源支持，很难想象一个自我归类过程没有相应的认知资源支撑；二是简化社会认知过程，使之与有限的认知容量相适应。

从访谈文本可以看出，受访者在对"同乡"进行地域性限定的背后实际上是采用"同乡"来指代群体的共同性或同质性。例如，受访者 B 来自内蒙古自治区呼伦贝尔盟（以下简称呼盟），从地理位置上说，内蒙古地域辽阔，东西两端相距千里，因此 B 自觉其对东北的心理认同度要高于对内蒙古的认同度。她说：

> 最初的时候，你觉得生活在一个地方的就是老乡，可时间长了就会发现只有生活在你那个地区的人才真正是你老乡。（1-B-3）
>
> 在我的概念里，老乡是和我有着共同生活背景的。比如我们家那一块，我就不需要问，咦，你们家怎么怎么样。但是我要和（内蒙）中西部交往，就会问你们家怎么怎么样，比如说有没有草原，你们家什么口味，你们家的口音怎么怎么样。我们和中西部文化差异非常大，我们和东北接近，我们的生活习惯、口音、表达方式、性格和东北人太相似了，太接近了。相反，在内蒙的中西部这一块，口音就是不一样的，吃饭的口味是不一样的，气候也是不一样的，生活方式差异都很大。（1-B-6）
>
> 我原来想着把他们（临近地区的东北人）看作老乡……但是我觉得把他们归到老乡这个概念里，我脑子里其实不太承认这一点。我一直在强调老乡是一个地域性的概念。尽管说我和内蒙古中西部这一块

在心里不是很（认同），但我嘴里会说我们是老乡，因为我们来自内蒙古。但西北部，我知道和他们差异很大，跟他们交往就要重新了解。东北这一块，我在心理上的亲切感与认同感要强于中西部，他们的那些东西我可能更了解，但是老乡这个概念不能扣到他们头上，因为我们来自不同的地方。你说他来自黑龙江，我来自内蒙古，那你说我们跨两个省是老乡，你觉得这合适吗？我觉得还有一些表面上共同的东西来支撑这个概念。或者他说他是东北的，我说我也是东北的，可以说咱俩是半个老乡。（1-B-7）

特别奇怪的是，每个省都有老乡会，但内蒙（人）在陕师大就没有老乡会。没有老乡会，只是有一个赤峰的老乡会，就是赤峰市的人。但那个赤峰和我们那儿是完全不搭界的。内蒙地域太大了，你要找老乡，不能说你是内蒙的，我也是内蒙的，ok，我们就是老乡了。要是找的话，我们只限在呼盟这一块儿，就不能跨到内蒙那么大一个界限，内蒙地域太大。可能我要是见到一个东北人就比见一个什么赤峰人、呼和浩特人都觉得亲切。就是你生长在那个环境，而不是生长在这一环境，这是不一样的。我不会把呼和浩特人当老乡……（1-B-2）

基于以上文本叙述，可以看出同乡认同的"乡"是以行政区划为基础的，但是，地域的接近对于行政区接壤处的人有一定影响，这就引出了地域上承载的文化含义。

3. 同乡之"同"：比较相符度

个体认定哪些人是同乡呢？籍贯是区隔"同乡"与"非同乡"的重要符号。它限定了"同乡"须是来自同一个地方的人。然而所谓"同一个地方的人"的界定也会随环境的不同而不同。它受到决定分类的比较相符度的限定。正如受访者所言：

老乡就是在地理上与我有相互瓜葛的人，或者说有共同点的人吧。一般提到"老乡"这个词，首先想到的是大家来自同一个地方，如同一个县、市、省。（1-F-1）

比如一个聚会上或一个班上都是湖北人的时候，我就会去区分。

比如我们班 30 个人，来自 24 个省市，其中有 5 个人都是湖北的，来自湖北不同的地方……那个时候我就会区分，哪个跟我是一个地方，哪个跟我不是一个地方。(3 – D – 3)

（在本省读大学时）我就觉得这是湖北省，到处是湖北人，没觉得有老乡的概念……直到来到北京，出了湖北省，才觉得他是湖北的，他是我老乡。然后觉得这边好多（人）都是北方的。(1 – D – 2)

我们现在的西南大学，四川、重庆地区的同学比重很大，他们找老乡一般都是找来自一个市、一个县甚至是一个学校的同学，他们把这个范围缩小了，不像我们只要是一个省来的都觉得非常亲切。在整个学校我才认识三个我们辽宁省的老乡。(1 – E – 3)

我看我们那儿老乡会办得比较好的就数云南的了。因为我们学校在云南招的比较少，刚招两年，大概有 30 来个，他们云南的在校园里一看就能认出来，比较黑的那一种。两个人搭讪，一听话音就知道他是云南的。(1 – C – 5)

像我们寝室广东的那位同学，她另外一个同学就住在我们那一层楼，几乎每天晚上都要碰到，一有什么事情，她们就会在一块儿说，而且用她们那儿方言说。那个上海的同学也是，比如说回家买火车票什么的，她都会跟她们那一帮上海老乡约好一起走，来的时候也一样。这都是很平常的事情，像聊天什么的。(3 – D – 7)

把什么人视作"我们"，一方面需要认定"我们"内部的共同点，另一方面需要比较"我们"与"他们"的差异。当同乡和外乡的差异足够大的时候，"同乡"就被选定了。例如，当整个学校只有三个可以被识别出来的辽宁人，其他大多是四川人、重庆人，那么辽宁人与川渝人之间的差别大过了三个辽宁人之间的差别。

(三)"关系化"凸显的条件

以往关于"关系"的研究并没有将"关系化"与"类别化"作为两个在社会情境中相互竞争的路径来看待，而是将"关系化"作为中国传统熟人社会的一种行为方式和社会资本来看待。这种研究取向忽略了"关系"本身在外推到亲属关系之外后可能具有的类别特征，例如，乡亲、朋友、同事等基于同质性而被类别化（关系的类别化和类别的关系化）的状况，进而忽略了对关系化产生条件的研究。本文认为，关系化需要的条件是"相对易取性""表达性与工具性需求满足"。

1. 同学交往：相对易取性

有关中国人关系的研究表明，关系的建立与发展一般依赖两个维度的因素：一个是先赋性关系，也就是所谓"关系基础"（Guan-xi bases），比如血缘、地缘等；另一个是交往性关系，是通过相互接触，形成个体之间的情感、信任与义务的认定（杨宜音，2001；Chen & Chen，2004）。

社会交往是人际关系建立与发展的一个过程要素。对于个体而言，籍贯作为一种地理性符号是与生俱来的，自己无法选择，因而与他人是否同籍同样具有一种不可抗拒的先在性。然而，同乡边界的确定比较灵活，既可以是有交往历史的，也可以是没有交往历史的，这就增加了类别的意味。从关系扩大到类别，而这一类别是比较容易在异地遇到的，这就是同乡关系出现的现实性。

2. 相互吸引：表达性与工具性

同乡之间关系的发展状况最终取决于后继的来自表达性或工具性的相互吸引，而与地缘这一先赋性基础的连带越来越少。交往的结果可以有两种：一是"再类别化"，二是"再关系化"。

来看访谈文本：

> 尽管知道对方是老乡，会有一种亲切感，但真正交往的时候，就要看那个人是否值得信任，是否与自己合得来。（3 - A - 2）
>
> 是不是老乡并不是我选择好朋友的必要条件，虽然与老乡的第一次交往比较非理性一点，许多老乡也仅仅停留在一面之交上，而许多非老乡的同学往往成为知心朋友。能否成为好朋友，特别是知心朋友，关键是要看有没有共同的爱好、性格、价值理念等，而是不是来自同一个地方显得并不重要。（3 - F - 2）
>
> （问：面对老乡与非老乡，你在与他们的交往过程中心理感受会有所差异吗？）一开始会有的。要是随着交往深入一点儿的时候，我觉得另外一个地方的同学比我那个随州老乡还好，我的那种交往倾向就会有所偏差。但是，一开始听说是我们随州市的，他离我那么近，

我肯定会偏向随州的。但最后就可能不再以地域来分是跟这人交往深还是交往浅,而是以这人到底怎么样来区分。(3-D-12)

我现在在学校也有几个比较要好的朋友,能说很多真心话,交流比较深入的话题,但他们不全是我的老乡,一个是四川的,一个是云南的。像我的老乡王X虽然和我比较谈得来,但我们其实并不十分了解,仅仅停留在老乡的交往层次上。四川那个朋友是个男生,我见到他就觉得很想说话,他很理解我,和我性格也差不多,我们常常有说不完的话题。我是学数学的,他也非常喜欢数学,他比我还厉害,我以前对数学还不是特别感兴趣,现在被他对数学的热情感染了,自己学起来也很投入。(3-E-2)

另外一个目前和我还有来往的老乡是一个女生,大家除了放假一起坐车回家以外,大多数时候都各忙各的事。她心情不好了也会打电话向我诉说,偶尔也会与她一起出去吃顿饭,但没有那种特别交心的感觉。所以,老乡并不是成为好朋友的必要条件。相反,我和几个不是老乡的同学交情很深,就是因为我们一起参加软件设计,一起申报学校的学生科研项目,这种共同的学习经历把我们连接在了一起。(3-F-3)

(问:那你们因为是老乡才更亲切吗?)嗯,或许有一点点吧,不过我还是觉得谈得来最重要,其实老乡这一成分也很少的。我跟她比较好可能还是因为跟她还是比较谈得来,住得近,在一起的时间也就比较多,有什么事情也好帮忙,而且现在我们还在一起读研,还有就是她在待人接物方面比我更成熟老练,经常教训我,我也需要跟她学习吧。(3-G-11)

由上述访谈文本可以看出,即便是同乡,如若物理距离阻隔、交往频次较低等客观因素对两人交往构成了明显障碍,或者说,交往双方在爱好、性格、价值取向等个性方面难以相互接纳,两人关系的发展也将难以为继,虽可能保持在一种较浅的层次,但并不能建构起相应的人际信任,发展出相互的义务感、亲密感和更深层次的价值观共鸣。相反,即使交往对象是具有较少社会共同性的非同乡,但如若两人物理距离较近,交往频繁,并在个性方面也较为投合或具有一定的互补性,也同样可以建立起深厚的关系。

（四）同乡会中人际交往的特点

对访谈文本的分析表明，相比于非同乡，同乡会中的人际交往在关系的建立与发展上具有如下四个特点。

1. 履行应尽义务

地缘作为一种先赋性关系基底，能够激活与之相关的角色图式，引导交往参与者彼此抱有一种"应有之情"。应有之情是一种义务之情，它是先赋性关系对人情感与行为的规定性。也就是说，当人们认可该关系的性质时，就会按照相应的社会规范来行为。这种情感并不是双方基于具体的交往经验而产生的自发性情感（喜欢或憎恶，积极或消极），即"真有之情"。受访者在访谈中曾频繁提到这一点，并认为它对人际交往有一定影响。

> 我是这样定位成一种传承。上一届的老乡照顾我，我照顾下一届的老乡，下一届再接着照顾以后来的。我不可能顾全两届，我把下一届带好就 ok。我告诉她下一届就靠你了，后来我就没再管。在我们这儿，每一级都有接新生的义务，在接新生中，就会关注一下本地的学生，就是顺便就跑着找一下。（2 - B - 2）

2. 共享文化共识

同乡之间具有相对较多的社会文化共识及心理认同度，能够降低个体之间的交往成本。而对非同乡来说，交往双方之间相对较少的社会文化共识及相对较低的心理认同度，极易导致两人在相互适应上的困难，从而不可避免地滞缓两人的关系发展。这在访谈中有鲜明的体现。

> （问：你觉得与老乡交往和与其他人交往有什么不同吗？）肯定是有的，不过在交往的初期表现得明显一些。比如我听说对方是我的老乡，我一般会热情一点儿，没有什么戒心，和他一起说家乡话，大家很快就能成为好朋友。而和不是老乡的人第一次接触的时候不会这么快就进入角色，要去适应对方不太标准的普通话、语调和其他一些不

太熟悉的表达方式，交流起来吃力一些。(3－F－1)

（问：同样是与人交往，老乡与非老乡有什么不同的地方吗？）我就觉得这是个性的原因吧，我就觉得肯定要先接触，而且我也觉得每一个人也都有他自己的优点，最后能不能成为那种长期交往的朋友，很多时候来说是一种缘分，而且应该说是在交往之后才能知道的。至于是不是老乡，可能会觉得如果是老乡的话，那就在有新鲜感的第二阶段（相互进行自我披露，开始启动交往）话题更多一些，就会讲以前去哪儿玩，怎么玩，挺好玩呀。但是真正到了第三阶段（逐步加深了解），大家在彼此深入了解对方的生活、性格各个方面以后，老乡这一层关系本身起的作用不会特别大。但是，要考虑的是，我们是在相似的文化环境下长大的，可能在某些性格方面会觉得彼此欣赏，比如我比较欣赏他的幽默……老乡这两个字本身并不代表任何趋势。只是在第一个阶段（打破陌生感），老乡更容易突破那层隔阂，不必那样太注重。第二阶段呢，因为是老乡，大家会聊得更多一些。(3－D－11)

那时候是觉得很亲切，我觉得都一样的，就像到了一个陌生的环境，突然冒出了与你曾经生活在同一个地方的人，你就会觉得很亲切，但这种亲切感随着新的社会关系和生活圈子的建立就会淡化。(2－B－1)

3. 加深真有之情

虽然地缘作为一种先赋性关系基础，并不是同乡关系发展状况的决定性因素，但它与交往性的叠合势必会加深同乡之间的真有之情。

（问：那老乡成为朋友之后与其他那些不是老乡的朋友在心理距离、心理感觉上相比有差别吗？）那也有一点儿吧，得具体看。老乡（同时也是）好朋友跟好朋友相比，老乡好朋友更近，毕竟多了地缘这一层。要是一般老乡跟朋友比，那当然朋友更近了，因为感情毕竟是交往出来的，单凭老乡来套住一个人是不可能的，必须得有交往、有感情。(3－H－11)

4. 补充亲近关系

同乡关系在个体的关系格局中属于不远不近的位置，在交往关系中又属于没有直接利害冲突的关系，因此，这类关系可以填补原有关系的不足，避免亲近关系和利害关系的负面交往后果，成为个体亲近关系类型的一种补充。

> 应该是有两个方面吧：一个方面是好久没联系了，突然想起来那种感觉；还有就是有时候心里积压了好多东西，想找人说，但你可能又觉得找室友、找老师都不很适合。这时，你一般不可能去找一个陌生人。你就会去找一个以前的同乡去说，他对你有一定的了解，他又不离你的生活本身很近，就是特别近的那种。比如，你们班级有乱摊派的问题呀，你就不可能给同宿舍里的人说，怕影响不好。你就可以给你同乡说，有一定的距离感，他对你也有一定了解，这样从心理释放的角度来讲效果更好一些。另外，大家小时候是一起长大的，有一些爱好吧……总之，老乡是一层亲密关系。另外一个是，有一定距离，大家不在彼此的利益范围之内，你说很多话会更加自由，更加能释放好多东西。(3-D-7)

> 反正老乡间感觉就是不一样，大家互帮互助。还有就是有了情绪上的问题可以找老乡聊聊，就算是不管用，但听到乡音的感觉还是很亲切的。(3-H-8)

> 看见同一个市的就比同一个省的亲，同一个区的比同一个市的亲，而同一个镇、同一个村就更不用说了。(3-G-1)

（五）关系网和俱乐部的形成机制

在社会流动日益普遍的今天，同乡交往将会越来越多地出现在日常生活中。探讨同乡交往的性质——究竟是俱乐部，还是嵌入在个体关系网中的一部分——不仅可以更深刻地认识同乡交往的社会心理学特性，而且可以提供对社会流动的心理适应问题的认识。本文在此使用"关系化"指代关系网建立与保持的心理过程，使用"类别化"指代俱乐部建立和保持的心理过程。

1. 俱乐部的性质

每当大一新生入学报到时，同乡会中高年级（多为大学二年级）的同学会有组织地联络新来的同乡新生，或到新生住处嘘寒问暖，或在校园内张贴告示，集合同乡新生，欢迎他们的到来。这样的联谊活动经由新老同乡之间几近制度化的过渡交接而得以延续下去。受访者也都在访谈中谈到了这些近乎仪式化的实践。

> 是组织（老乡会）先找的我，因为每年只要有新生到，老乡会的同志都会到每个系去查看的，然后再列成一个表，一个一个去找。而且就算组织没找到你的话，毕竟一般每个系都有自己的人嘛，你也可以通过你所认识的一两个老乡、同学找到组织的。（3-H-1）

> 老乡会就像联谊会一样。一开始第一次离家相对比较远，人生地不熟的，很多人又都不认识，比较孤单，于是就想找老乡，多认识几个人说说家乡话，通融一下感情。那时的心情的确比较雀跃，很想找个老乡聊一聊的，同时也想早一点适应环境，好向那些前辈们讨教一点儿经验，这样才可能尽快适应。还有，以前在高中的时候就想在大学多锻炼锻炼，而老乡会又是一个相对比较活跃自由的地方，到那里也可以表现一下吧。（2-H-2）

由此可见，大学里的同乡会虽然被称为"组织"，但相对松散，其功能主要集中在新生的入学适应、年节聚会、学习生活中的困难解决、毕业聚会时告别离校等活动的组织和日常生活的相互扶持上，旨在减少游子在情感支持上的匮乏和其他社会资源的短缺。它只能被看作地缘认同凸显下的短暂性聚合体，而不能算作俱乐部化的社会团体。

2. 用关系来形成类别，用交往再建关系

同乡作为差序格局中的一环，是关系系统中最接近亲属关系的一类，然而，当个体流动在外时，异乡中的同乡就成为一种没有直接交往关系的类别，开始出现在个体新的生活环境中。个体往往将他们识别为与非同乡相互区别的类别，并加入到他们中间，与他们保持交往。这一同乡人身份凸显的过程可以概括为"关系的类别化"。这种类别化，不同于性别、民族、宗教的类别化，因为它带有差序格局的意义。

在同乡会中，"关系"被"类别化"之后，一般会有一段时间的交往。通过交往，个人与类别的关系往往出现新的改变，即将个人与类别的关系转变为直接的人际关系。这时，同乡人身份不再凸显，而转为"类别的关系化"。这两个过程，在情境的启动下，相继呈现也相互交融。

3. 双元身份认同

在异地求学之初，个体拥有两个身份：其一是学生身份，其二是外地人身份。在大学新生生活中，"同乡"和"学生"成为个体比较重要的两个身份。同乡会启动的同乡关系身份，使"外地人"身份转化为"同乡"身份，让个体有了关系上的延伸和替代，为个体提供了异地生活适应的社会支持。同时，同乡会启动的组织成员身份，使个体扩大了以学校生活为内容的交往，为交往关系的建立提供了平台，为学生身份的凸显做好了准备。同乡会的双重特性给异地求学的大学生提供了身份过渡的平台。这其中，两种身份之间交织、互动、协商，逐渐从一个双元身份（大学同乡）发展到二者有一定的区隔，而更加凸显学校生活中的学生身份。

五　小结

可以用图2来简化本文的观点：

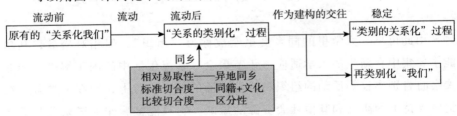

图2　"关系的类别化"和"类别的关系化"在大学生
同乡交往过程中的建构

根据以上分析，我们发现：第一，在差序格局的认知定势下，会出现"类别化"和"关系化"的相互交织，即"关系的类别化"和"类别的关系化"。这意味着某种类别被放入差序格局的认知框架中来知觉，某种关系被以类别的方式来加工；自我与他人的关系，超出对偶关系，而表现为群己关系、同类或类属关系。第二，日益增强的社会流动性使传统社会更多依赖的"关系化"出现了一些新的改变，即"关系的类别化"。然而这种类别化在以差序格局为特征的社会结构支持下，仍然很容易转化为关系，即通过"类别的关系化"，强化每个人自己的"自己人"关系网络。进一步说，"关系的类别化"源于人们对人际关系越来越多样化的社会现实予以积极回应和有效把握的需要，它是"类别化"这一最为普遍而有效的认知策略在人际交往中的具体应用，可借以简化认知，帮助人们更好地应对环境的复杂性；"类别的关系化"源于人们在人际交往中对"关系化"这一在中国传统农耕社会中形成的路径的依赖。"关系的类别化"与"类别的关系化"相互衔接、相互转化，反映了对满足两种需求的适应性。

从本文的发现来看，"关系的类别化"实质是"类别的关系化"，是关系化的一种表现形式，因而，大学同乡会并未超出"差序格局"的解释范围。这说明，就大学同乡会而言，俱乐部是表，关系网是里，二者还不能形成相互继替的关系。把关系化视为传统性，把类别化视为现代性，都是过于简单和急躁的结论。

那么，关系化与类别化是否有可能相互并存、相互协商？一种可能是，在市场化和社会流动的推动下，"关系的类别化"过程在现代制度和生活方式中逐渐走向"再类别化"，即突出属性的同质性这一类别形成的路径，从而使自我概念从"大小我"或"关系我"转变为"独立我"或"契约我"；另一种可能是，关系化形成对新环境的适应性，发展出类似"类别关系化""交往性关系化"等新的方式，满足人们保持交往、形成亲密关系的需求。

本文试图加深已有的对"独立我"和"关系我"性质的认识。"独立我"通过"类别化"的社会认同而形成个体与新的社会类别范畴的联系（Brewer，1991，1993），而"关系我"则通过扩大自我的边界而形成与新的类别范畴的联系。看似都是同心圆，都以自我为核心，但是，"独立我"的社会认同主要采取同质性或类属性原则，而"关系我"则在同心圆背后有一个尊尊亲亲（上下尊卑、远近亲疏）的框架，规定着人们的判断和选择，暗含着一种伦理和情感的导向。生活在差序格局社会结构中的人们，在社会认知上很容易带有关系网的图式，他们即使表现出个体化的倾向，也很容易导向费孝通所言的差序格局下的"自我主义"（费孝通，1985）而非"个体主义"。这与阎云翔（2006）的研究结论也是一致的（参见图3）。

因而，本文讨论中国人"自我"的崛起，探究从"关系化"到"类别化"的转变过程，就是希望能够帮助我们更加真切地解读社会转型，发现生人社会、契约社会在个人心理层面提出的运行条件，以及目前各类组织中或多或少具有的双重特性和正在发生的协商过程。

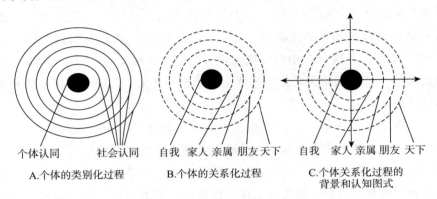

A.个体的类别化过程　　　B.个体的关系化过程　　　C.个体关系化过程的
背景和认知图式

图 3　类别化、关系化过程比较

注：图 3A 中实线表示基于同质性划分的类别边界，清晰且坚实；中心是自我认同，外围是不同情境下的类别的社会认同，如不同性别、不同宗教、不同职业、不同国籍等，各类别之间并无差序结构性关系。图 3B 中虚线表示基于关系划分的"自己人"边界，通透且易伸缩。图 3C 中的"十"字形结构表示个体在关系化过程中所遵循的差序性框架，纵轴为尊卑维度（上尊下卑），横轴为亲疏维度（内亲外疏）。

参考文献

贝克，乌尔里希、伊丽莎白·贝克-吉恩斯海姆，2011，《个体化的种类》，载贺美德、鲁纳编著《"自我中国"：现代中国社会中个体的崛起》，许烨芳等译，上海译文出版社。

费孝通，1985，《乡土中国》，三联书店。

许烺光，1990，《宗族·种姓·俱乐部》，薛刚译，华夏出版社。

阎云翔，2006，《私人生活的变革：一个中国村庄里的爱情、家庭与亲密关系（1949—1999）》，龚小夏译，上海书店出版社。

——，2011，《自相矛盾的个体形象，纷争不已的个体化进程》，载贺美德、鲁纳编著《"自我中国"：现代中国社会中个体的崛起》，许烨芳等译，上海译文出版社。

杨宜音，2001，《自己人：一项有关中国人关系分类的个案研究》，《本土心理学研究》第 13 期。

——，2008，《关系化还是类别化：中国人“我们”概念形成的社会心理机制探讨》，《中国社会科学》第 4 期。

Brewer, M. B. 1979. "In-Group Bias in the Minimal Intergroup Situation: A Cognitive-Motivational Analysis." *Psychological Buletin* 86 (2).

Brewer, M. B. 1991. "The Social Self: On Being the Same and Different at the Same Time." *Personality and Social Psychology Bulletin* (17).

Brewer. M. B. 1993. "Social Identity, Distinctiveness, and In-Group Homogeneity." *Social Cognition* (11).

Chen, Xiaoping and Chen Chao C. 2004. "On the Intricacies of the Chinese *Guanxi*: A Process Model of *Guanxi* Development." *Asia Pacific Journal of Management* (21).

Echterhoff, G. 2012. "Sheared Reality Theory." In Paul Van Lange, Arie Kruglanski, and E. Tony Higgins (eds.), *Handbook of Theories of Social Psychology*. Los Angeles: Sage Publications.

Hamilton, D. L. 1979. "A Cognitive-Attributional Analysis of Stereotyping." In *Advances in Experimental Social Psychology* (vol. 12), edited by L. Berkowitz. New York: Academic Press.

Hardin, C. D. and E. T. Higgins. 1996. "Shared Reality: How Social Verification Makes the Subjective Objective." In R. M. Sorentino and E. T. Higgins (eds.), *Handbook of Motivation and Cognition: The Interpersonal Context*, vol. 3. New York: Guilford Press.

Hsu, Franis L. K. 1985. "The Self in Cross-Cultural Perspectives." In Anthony J. Marsella, George DeVos and Francis L. K. Hsu (eds.), *Culture and Self: Asian and Western Perspectives*. New York: Tavistock Publications.

Jan, E. S. and J. B. Peer. 2000. "Identity Theory and Social Identity Theory." *Social Psychology Quarterly* 60 (3).

Markus, H. and S. Kitayama. 1991. "Culture and Self: Implications for Cognition, Emotion, and Motivation." *Psychological Review* (98).

Thoits, Peggy A. and Lauren K. Virshup. 1995. "Me's and We's: Forms and Functions of Social Identities." In Richard Ashmore and Lee Jussim (eds.), *Self and Identity: Fundamental Issues*. New York: Oxford Pac.

Turner, J. C., M. A. Hogg, P. J. Oakes, S. D. Reicher, and S. M. Wetherell. 1987. *Rediscovering the Social Group: A Self Categorization Theory*. Oxford: Blackwell Publishers.